2023年版
中国科技期刊引证报告（扩刊版）

北京万方数据股份有限公司

科学技术文献出版社
·北京·

图书在版编目(CIP)数据

2023年版中国科技期刊引证报告：扩刊版 / 北京万方数据股份有限公司编著. —北京：科学技术文献出版社，2024.5

ISBN 978-7-5235-1370-5

Ⅰ．①2… Ⅱ．①北… Ⅲ．①科技期刊—期刊索引—中国—2023 Ⅳ．①Z89：N55

中国国家版本馆CIP数据核字（2024）第100010号

2023年版中国科技期刊引证报告（扩刊版）

策划编辑：周国臻 张 丹 责任编辑：张 丹 邱晓春 李 鑫 责任校对：张永霞 责任出版：张志平

出 版 者	科学技术文献出版社
地 　 址	北京市复兴路15号 邮编 100038
编 务 部	（010）58882938，58882087（传真）
发 行 部	（010）58882868，58882870（传真）
邮 购 部	（010）58882873
网 　 址	www.stdp.com.cn
发 行 者	科学技术文献出版社发行 全国各地新华书店经销
印 刷 者	北京厚诚则铭印刷科技有限公司
版 　 次	2024年5月第1版 2024年5月第1次印刷
开 　 本	787×1092 1/16
字 　 数	759千
印 　 张	32.75
书 　 号	ISBN 978-7-5235-1370-5
定 　 价	180.00元

版权所有　违法必究

购买本社图书，凡字迹不清、缺页、倒页、脱页者，本社发行部负责调换

2023年版中国科技期刊引证报告（扩刊版）

主任编委	赵志耘				
副主任编委	刘琦岩	姚长青	乔晓东	蒋勇青	张玉华
	潘云涛	郑彦宁	曾建勋	庞景安	彭 鹏
	宋培元	张 勇	杨代庆	梁 冰	王 异
编写人员	李旭林	王 星	池国强	郑一波	刘敏健
	肖 涵	杨桂先	李晓光	刘 洋	王 静
	耿京雷	杨 希	何 洁	刘祥屹	李伏香
	李 惠	张亮亮	李 芸	宋 绵	马 赛
	王艳萍	冯 蕊	刘世平	陈 艳	孟红胜
	赫 然	耿德远	张 蓉	谷晓萌	张梦希
	俞征鹿	盖双双	田瑞强	焦一丹	程 铭
	杨佳琳	贾晓莹	赵新月	翟丽华	王海燕
	杨 帅	宋 扬	张贵兰	李曼迪	胡志宇
	郑楚华	崔怡文	王 娴	李 馨	侯志东

2023年版中国科技期刊引证报告（扩刊版）

通信地址：北京市海淀区复兴路15号　100038
　　　　　北京万方数据股份有限公司

网址：www.wanfangdata.com.cn
电话：010-58882754
传真：010-58882642
电子信箱：qikan@wanfangdata.com.cn

前　言

为了更加科学地建立期刊综合评价指标体系，更加完整地统计期刊的被引用计量指标，更加高效地进行期刊文献计量和评价工作，使期刊统计分析结果具有更大的影响力，使核心期刊遴选具有更强的说服力，推进知识服务系统的发展，中国科学技术信息研究所科学计量与评价研究中心与北京万方数据股份有限公司合作，联合编制出版《中国科技期刊引证报告（扩刊版）》。

《中国科技期刊引证报告（扩刊版）》基本囊括了我国出版的学术技术类科学技术期刊和理论研究性社会科学期刊，是一种专门用于期刊引用分析研究的重要检索评价工具。从中可以清楚地了解期刊引用和被引用的情况，以及引用效率、引用网络、期刊自引等数据的统计分析。同时，还可以方便地定量评价期刊的相互影响和相互作用，正确评估某种期刊在科学交流体系中的作用和地位，确定高被引作者群等。

《中国科技期刊引证报告（扩刊版）》的出版，是我国期刊界和知识界的一件大事，是《中国科技期刊引证报告（核心版）》的扩展和补充。《中国科技期刊引证报告（扩刊版）》将全方位、完整地提供我国期刊的评估数据，为国家择优支持期刊评定，以及为国家期刊管理部门和地方的期刊管理部门提供科学管理依据，有力地填补我国期刊评价数据不全的空白，因此是一项非常重要的科学评价基础工程建设。

《2023年版中国科技期刊引证报告（扩刊版）》，还需不断完善和充实，适时进行指标的增补和修订。衷心希望《中国科技期刊引证报告（扩刊版）》能成为广大读者检索查询的友好助手和得力工具，热忱期待《中国科技期刊引证报告（扩刊版）》能成为社会评价期刊发展状况的参考依据。

在整个编写过程中，尽管力求严格规范，细致准确，精益求精，但由于一些实际情况，例如期刊的更名合并、大学学报版本更迭、期刊引用文献著录不规范、期刊缩（简）写各异或期刊类目复杂等，给我们的编制工作带来很大困难。因此，错误和疏漏在所难免，诚望广大读者不吝赐教，批评指正。

北京万方数据股份有限公司
2024年4月

主要计量指标统计（6507种期刊）

指标	平均值	统计数字
扩展总被引频次	1628 次/刊	≥1000 次/刊以上的期刊为 2759 种
扩展影响因子	1.197	≥1 的期刊共 2614 种
扩展即年指标	0.271	202 种期刊为 0.000
基金论文比	0.573	86 种期刊无基金论文
海外论文比	0.037	≥0.2 的期刊共 200 种（英文版 189 种）；2614 种期刊无海外论文
扩展他引率	0.91	
平均作者数	3.3 人/篇	
平均引文数	22.6 条/篇	
来源文献量	219 篇	
地区分布数	20 个	
机构分布数	122 个	

目 录

1 编制说明 1

2 使用说明 4

3 期刊学科分类表 7

4 名词解释 9

5 2022年中国科技期刊被引指标按类刊名字顺索引 11

6 2022年中国科技期刊来源指标按类刊名字顺索引 213

7 中国期刊名称类目索引 415

1　编制说明

《2023年版中国科技期刊引证报告（扩刊版）》是依托中国科学技术信息研究所国家工程技术数字图书馆"知识服务"系统，在"万方数据——数字化期刊群"基础上，结合中国科技论文与引文数据库（CSTPCD），以2022年在中国正式出版的各学科6507种中英文期刊（其中，社会科学类期刊2210种、自然科学类期刊4297种，英文版期刊357种）为统计源期刊（暂不包括少数民族语种期刊和港、澳、台地区出版的期刊），对全部期刊的引文数据，严格按题名、作者、刊名、年、卷、期、页等进行分项切分后，进行规范化处理和有效链接，经统计分析、编制而成。现将编制过程中的具体处理方法做如下说明。

1.1　总体设计说明

《中国科技期刊引证报告（扩刊版）》按年编卷出版，每版以上一年度在中国出版的中英文版期刊论文引文数据为统计依据。本报告包括：期刊被引用计量指标、来源期刊计量指标，以及期刊名称类目索引。限于篇幅暂未编排各个学科期刊扩展总被引频次和扩展影响因子的分类排序表。为了便于读者多用途、多层次地查询和评价期刊，将在中国科学技术信息研究所国家工程技术数字馆网站（http://www.istic.ac.cn）上采用多种形式的排序格式，包括全部期刊名称字顺排序、学科内期刊名称排序、全部期刊评价指标排序和来源期刊总排序等，以帮助读者综合全面地评价分析期刊，迅速有效地检索出所需要的期刊统计信息。期刊被引用计量指标和来源指标是本报告的主体部分。

《中国科技期刊引证报告（扩刊版）》为《中国科技期刊引证报告（核心版）》提供所有来源期刊的统计基础数据，两者同属一宗，为姊妹篇，所以，两者编制体例和统计原则完全一致。《中国科技期刊引证报告（扩刊版）》包含了《中国科技期刊引证报告（核心版）》所列中国科技核心期刊的期刊来源计量指标、期刊被引计量指标，但由于引文统计样本的差异，两者对应的计量指标会有所不同。

期刊的合并、歧化和新增是社会发展的必然趋势，在对各期刊被引用数据进行统计的过程中，尽量按编者所掌握的情况做出归并。

1.2　期刊评价指标的选择

为了全面、准确、公正、客观地评价和利用期刊，《中国科技期刊引证报告（扩刊版）》

在与国际评价体系保持一致的基础上，结合中国期刊的实际情况，选择了18项计量指标，基本涵盖和描述了期刊的各个方面。这些指标包括：

（1）期刊引用计量指标：扩展总被引频次、扩展影响因子、扩展即年指标、扩展他引率、扩展引用刊数、扩展学科影响指标、扩展学科扩散指标、扩展被引半衰期和扩展H指标。

（2）来源期刊计量指标：来源文献量、文献选出率、平均引文数、平均作者数、地区分布数、机构分布数、海外论文比、基金论文比和引用半衰期。

其中，期刊引用计量指标主要显示该期刊被读者使用和重视的程度，以及在科学交流中的地位和作用，是评价期刊质量优劣的重要依据和客观标准。

来源期刊计量指标通过对来源文献方面的统计分析，全面描述了该期刊的学术水平、编辑状况和科学交流程度，也是评价期刊的重要依据。

由于目前国内所有数据库多数都采用镜像包库方式服务和使用，与网上点击率和全文下载量相关的社会使用期刊情况数据难以完全统计，即便列出也是以点带面，所以暂不列出相关网络使用的计量指标。

1.3　期刊的学科分类

为了更方便读者使用，《2023年版中国科技期刊引证报告（扩刊版）》在期刊分类体系上采用《2023年版中国科技期刊引证报告（核心版）》的分类体系，将6507种期刊分别归类到152个学科类别。由于很多期刊的研究内容是跨学科的，同时，新的学科不断涌现，给期刊的分类造成很大困难，有时很难准确反映期刊的学科内容。这里的分类是仅按一种分类编排的，不妥之处敬请读者批评指正，以便我们不断修正完善。

1.4　各类指标的编排

《中国科技期刊引证报告（扩刊版）》分为3个部分，其中，期刊被引指标和期刊来源指标是本报告的主体部分。

（1）期刊被引指标（按类刊名字顺索引表）——一个主表，包含6507种期刊的各项引用数据。指标包括扩展总被引频次和扩展H指标等9项指标。为保证数据的公正性和客观性，期刊引文数据仅取文献类型为期刊的引文条目进行统计，剔除与刊名相同或部分相同的非期刊引文条目。不包括内部期刊发表论文的引文，更不包括在境外出版的中文期刊或非法出版的期刊发表论文的引文。

（2）期刊来源指标（按类刊名字顺索引表）——一个主表，包含6507种期刊来源文献的各项指标数据。指标包括来源文献量、文献选出率、基金论文比和引用半衰期等9项指标。为保证数据的客观性和公正性，来源期刊数据仅取期刊正式刊期中的数据，而增刊、专辑、专刊和特刊等的数据未予采用。

（3）期刊名称类目索引，包括期刊的名称、学科分类（代码）和各项被引用数据、来源文献数据所在页码等信息。

1.5　特殊情况的规范化处理

（1）目前，期刊改名的现象很多，尤其是随着大学的合并与升格，学报更名的现象更为普遍。例如，《西安财经学院学报》改为《西安财经大学学报》等。本报告所汇集的统计数据一律按新刊名计算引文数据。

（2）对于引文中采用中英文对照格式，即在一条中文引文之后又列出其英文翻译的参考文献者，一律按一条引文处理。对于一篇论文后重复引用一篇文章者，一律按一条引文处理。

（3）计算被引半衰期时，有些新加入统计源的期刊被引用数据太少无法计算，因此会出现个别无数值现象。而对于一些半衰期大于或等于10年的期刊，则表示为"≥10"。

（4）在计算影响因子时，由于某些期刊或前两年数据不全或新创办而不可能有前两年数据，所以无法计算影响因子值。

（5）由于部分期刊单期发文量超过100篇或年度总发文量超过2000篇，报告出版时，未予统计归入。有需要者，请与北京万方数据股份有限公司联系。

（6）由于部分期刊被引指标很低，报告出版时，未予统计归入。有需要者，请与北京万方数据股份有限公司联系。

2 使用说明

《中国科技期刊引证报告（扩刊版）》是基于论文引文统计而编制的专用于中国期刊分析与评价的科学计量工具。

作为科学计量工具，本报告可用于定量分析和科学评价期刊的学术特征和学科地位，较为客观地反映期刊发展的趋势和规律，为科研管理和决策提供依据。因此，本报告在期刊分析评价和科学计量学研究与应用等方面具有其他检索评价工具难以取代的独特功能。正确使用和充分开发本报告，可以使其成为科研工作者、期刊编辑部、图书情报人员、科研管理者和科学计量学家的得力助手和有效工具。

现将本报告的主要功能和使用方法进行如下介绍。

2.1 主要功能

《中国科技期刊引证报告（扩刊版）》应用引文分析方法及各种量化指标，可以清楚地表明：

- 在某一学科领域内，哪些期刊学术影响力最大；
- 某一种期刊被引用了多少次；
- 某一种期刊出版后多久被引用；
- 某一种期刊引用其他期刊多少次；
- 某一种期刊在学科中的学术指标所在位置。

根据使用者的工作性质，本报告可以给使用者不同的有益提示。例如：

- 科研人员：帮助您确定相关领域的核心期刊并发表您的论文，提高所发表论文的知名度，让更多的同行专家了解、引用、评价您的论文；
- 期刊编辑：帮助您与同类刊物相比较，并评估所出版期刊的地位，从而确定该期刊的编辑和出版策略；
- 科研管理人员：帮助您科学地评价期刊，为您开展期刊评比和择优资助提供决策依据；
- 图书情报人员：帮助您更有效地管理馆藏期刊文献，确定核心期刊，合理运用有限的期刊订购预算；
- 科学计量学家：帮助您开展期刊评价研究和文献老化研究，以及学科的科学评估。

2.2 查阅方法

2.2.1 期刊引用数据的查阅

如果读者需要了解期刊被引用的情况，可查阅期刊被引指标按类刊名字顺索引，找到待检索的期刊，从中查阅到该期刊的各项被引用指标数据，包括扩展总被引频次、扩展影响因子、扩展即年指标、扩展他引率、扩展引用刊数、扩展学科影响指标、扩展学科扩散指标、扩展被引半衰期和扩展H指标。

如果在字顺索引中难以检索到需查阅的期刊，可通过期刊名称类目索引，确定该期刊的学科分类，然后再依上述步骤查阅。

2.2.2 来源期刊数据的查阅

如果读者需要了解来源期刊的有关指标数据，可查阅期刊来源指标按类刊名字顺索引，查阅到该期刊来源文献的多项指标数据，包括来源文献量、文献选出率、平均引文数、平均作者数、地区分布数、机构分布数、海外论文比、基金论文比和引用半衰期。

如果在字顺索引中难以检索到需查阅的期刊，可通过期刊名称类目索引，确定该期刊的学科分类，然后再依上述步骤查阅。

2.2.3 期刊在学科内学术指标位置的查阅

如果读者希望了解期刊在其学科领域中的地位，可查询期刊被引指标按类刊名字顺索引，查阅本学科期刊的扩展影响因子或扩展总被引频次值，进行分析对比，自行确定该期刊按这两项指标排序的学科位置。还可以参照本报告"主要计量指标统计"全部6507种期刊的扩展总被引频次和扩展影响因子平均值，了解与评估由于学科不同所造成的指标差异的整体情况。

2.3 评价方法

利用《中国科技期刊引证报告（扩刊版）》评价期刊有两种方式，即单一指标评价和综合指标评价，具体方法如下。

2.3.1 单一指标评价

单一指标评价主要是指按照扩展影响因子和扩展总被引频次这两个国际通行评价指标，对期刊进行评价。这时可通过对期刊的扩展影响因子和扩展总被引频次进行对比排序，确定该期刊在同类期刊中所处的位置，从而对该期刊的学术影响力和学科地位进行评价和评估。

单一指标评价也可以通过期刊来源指标按类刊名字顺索引对期刊的编辑状况、交流范围、论文质量和老化速率等情况进行分析、比较、统计和评估。

2.3.2 综合指标评价

由于期刊评价工作是一项非常复杂的工作，涉及领域广，学科差异大，影响因素多，因此单一指标往往难以全面、准确地评价期刊的学术水平和学科地位，这时一般需要通过综合指标评价，以使期刊评价更加客观、全面和准确。

要进行期刊的综合指标评价，首先需要建立期刊综合评价指标体系，利用数学方法确定各指标的权重值，然后求出期刊的综合指标排序值，最终得到期刊综合指标的排序。

这种期刊评价方法已被广泛地推广和使用，中国科学技术信息研究所已经建立期刊综合评价指标体系，可以利用该体系的指标值，通过层次分析法和模糊隶属度转化，确定各学科指标的权重值，最终得出每一个期刊的综合指标排序值，完成对期刊的评价。

3 期刊学科分类表

A01　自然科学综合
A02　自然科学综合大学学报
A03　自然科学师范大学学报
B01　数学
B02　信息科学与系统科学
B03　力学
B04　物理学
B05　化学
B06　天文学
B07　地球科学综合
B08　大气科学
B09　地球物理学
B10　地理学
B11　地质学
B12　海洋科学、水文学
B13　生物学基础学科
B14　生态学
B15　植物学
B16　昆虫学、动物学
B17　微生物学、病毒学
B18　心理学
C01　农业综合
C02　农业大学学报
C03　农艺学
C04　园艺学
C05　土壤学
C06　植物保护学
C07　林学
C08　畜牧、兽医科学
C09　草原学
C10　水产学
D01　医学综合
D02　医药大学学报
D03　基础医学
D05　临床医学综合
D06　临床诊断学
D07　保健医学
D08　内科学综合
D09　呼吸病学、结核病学
D10　消化病学
D11　血液病学、肾脏病学
D12　内分泌病学与代谢病学、风湿病学
D13　感染性疾病学、传染病学
D14　外科学综合
D15　普通外科学、胸外科学、心血管外科学
D16　心血管病学
D17　泌尿外科学
D18　骨外科学
D19　烧伤外科学、整形外科学
D20　妇产科学
D21　儿科学
D22　眼科学
D23　耳鼻咽喉科学
D24　口腔医学
D25　皮肤病学
D26　性医学
D27　神经病学、精神病学
D28　核医学、医学影像学
D29　肿瘤学
D30　护理学
D31　预防医学与公共卫生学综合
D32　流行病学、环境医学
D33　优生学、计划生育学
D34　军事医学与特种医学
D35　卫生管理学、健康教育学
D36　药学
D37　中医学
D38　中医药大学学报
D39　中西医结合医学
D40　中药学
D41　针灸、中医骨伤
E01　工程与技术科学基础学科
E02　工程技术大学学报
E03　信息与系统科学相关工程与技术
E04　生物工程
E05　农业工程
E06　生物医学工程学
E07　测绘科学技术

E08	材料科学综合	J01	马克思主义
E09	金属材料	J02	哲学
E10	矿山工程技术	J03	宗教学
E11	冶金工程技术	K01	语言学综合
E12	机械工程设计	K03	外国语言学
E13	机械制造工艺与设备	K04	中国文学
E14	动力工程	K05	外国文学
E15	电气工程	K06	艺术学
E16	能源科学综合	K08	历史学
E17	石油天然气工程	K10	考古学
E18	核科学技术	L01	经济学综合
E19	电子技术	L02	经济大学学报
E20	光电子学与激光技术	L04	国民经济学、管理经济学、数量经济学
E21	通信技术	L05	会计学、审计学
E22	计算机科学技术	L06	生态农业经济学
E23	化学工程综合	L08	工商业经济学
E24	高聚物工程	L10	财政学、金融学、保险学
E25	精细化学工程	M01	政治学综合
E26	应用化学工程	M02	政治大学学报
E27	仪器仪表技术	M03	行政学
E28	兵器科学与技术	M04	国际政治学、外交学
E29	纺织科学技术	M05	法学综合
E30	食品科学技术	M07	部门法学、刑事侦查学、司法鉴定学
E31	建筑科学与技术	M08	军事学
E32	土木工程	N01	社会学综合
E33	水利工程	N02	人口学、劳动科学
E34	交通运输工程	N04	民族学与文化学
E35	公路运输	N05	新闻学与传播学
E36	铁路运输	N06	图书馆学、文献学
E37	水路运输	N07	情报学
E38	航空、航天科学技术	N08	档案学、博物馆学
E39	环境科学技术及资源科学技术	P01	教育学综合
E40	安全科学技术	P03	学前教育学、普通教育学
F01	管理学	P04	高等教育学
H01	社会科学综合	P05	成人教育学、职业技术教育学
H02	社会科学综合大学学报	P07	体育科学
H03	社会科学师范大学学报	Q07	统计学

4　名词解释

为方便读者查阅和使用，现将《中国科技期刊引证报告（扩刊版）》中所使用的期刊评价指标的理论意义和具体算法简要解释如下：

扩展总被引频次：指该期刊自创刊以来所登载的全部论文在统计当年被引用的总次数。这是一个非常客观实际的评价指标，可以显示该期刊被使用和受重视的程度，以及在科学交流中的地位和作用。

扩展影响因子：这是一个国际上通行的期刊评价指标，是E.加菲尔德于1972年提出的。由于它是一个相对统计量，所以可公平地评价和处理各类期刊。通常，期刊影响因子越大，它的学术影响力和作用也越大。具体算法为：

$$扩展影响因子 = \frac{该期刊前两年发表论文在统计当年被引用的总次数}{该期刊前两年发表论文总数}$$

扩展即年指标：这是一个表征期刊即时反应速率的指标，主要描述期刊当年发表的论文在当年被引用的情况。具体算法为：

$$扩展即年指标 = \frac{该期刊当年发表论文在统计当年被引用的总次数}{该期刊当年发表论文总数}$$

扩展他引率：指该期刊全部被引次数中，被其他期刊引用次数所占的比例。具体算法为：

$$扩展他引率 = \frac{被其他期刊引用的次数}{期刊被引用的总次数}$$

扩展引用刊数：引用被评价期刊的期刊数，反映被评价期刊被使用的范围。

扩展学科影响指标：指期刊所在学科内，引用该期刊的期刊数占全部期刊数量的比例。

$$扩展学科影响指标 = \frac{所在学科内引用被评价期刊的数量}{所在学科期刊数}$$

扩展学科扩散指标：指在统计源期刊范围内，引用该期刊的期刊数量与其所在学科全部期刊数量之比。

$$扩展学科扩散指标 = \frac{引用期刊数}{所在学科期刊数}$$

扩展被引半衰期：指该期刊在统计当年被引用的全部次数中，较新一半是在多长一段时间内发表的。被引半衰期是测度期刊老化速度的一种指标，通常不是针对个别文献或某一组文献，而是对某一学科或专业领域的文献的总和而言的。

扩展H指标：指该期刊在统计当年被引的论文中，至少有h篇论文的被引频次不低于h次。

来源文献量：指来源期刊在统计当年发表的全部论文数，它们是统计期刊引用数据的来源。

文献选出率：按统计源的选取原则选出的文献数与期刊的发表文献数之比。

平均引文数：指来源期刊每一篇论文平均引用的参考文献数。

平均作者数：指来源期刊每一篇论文平均拥有的作者数，是衡量该期刊科学生产能力的一个指标。

地区分布数：指来源期刊登载论文所涉及的地区数，按全国31个省（自治区、直辖市）计(不包括港澳台)。这是衡量期刊论文覆盖面和全国影响力大小的一个指标。

机构分布数：指来源期刊论文的作者所涉及的机构数。这是衡量期刊科学生产能力的另一个指标。

海外论文比：指来源期刊中，海外作者发表论文占全部论文的比例。这是衡量期刊国际交流程度的一个指标。

基金论文比：指来源期刊中，各类基金资助的论文占全部论文的比例。这是衡量期刊论文学术质量的重要指标。

引用半衰期：指该期刊引用的全部参考文献中，较新一半是在多长一段时间内发表的。通过这个指标可以反映出作者利用文献的新颖度。

5　2022年中国科技期刊被引指标

按类刊名字顺索引

2022 年中国科技期刊被引指标按类刊名字顺索引

学科代码	期刊名称	扩展总被引频次	扩展影响因子	扩展即年指标	扩展他引率	扩展引用刊数	扩展学科影响指标	扩展学科扩散指标	扩展被引半衰期	扩展H指标
A01	Engineering	1963	1.576	0.250	0.91	936	0.34	13.18	4.6	13
A01	Fundamental Research	117	—	0.347	0.92	73	0.05	0.80	2.2	3
A01	High Technology Letters	55	0.156	—	0.91	51	0.02	0.56	6.5	2
A01	National Science Review	1149	0.935	0.149	0.96	498	0.15	5.47	4.2	12
A01	Research	18	0.045	0.020	0.67	12	0.01	0.13	3.1	2
A01	Science Bulletin	4728	1.314	0.313	0.94	1094	0.31	12.02	≥10	11
A01	安徽科技	309	0.262	0.107	0.95	230	0.24	2.53	4.4	3
A01	安徽农业科学	18334	0.922	0.220	0.94	2193	0.51	24.10	8.5	9
A01	安全与电磁兼容	343	0.521	0.163	0.65	137	0.07	1.51	5.1	4
A01	沉积与特提斯地质	1017	2.596	0.600	0.88	196	0.07	2.15	9.8	9
A01	大众科技	1404	0.404	0.088	0.98	793	0.25	8.71	4.9	5
A01	大自然	74	0.056	0.024	1.00	62	0.03	0.68	≥10	2
A01	电大理工	166	0.467	0.050	0.96	113	0.05	1.24	4.6	3
A01	福建分析测试	338	0.620	0.107	0.97	206	0.08	2.26	6.0	4
A01	福建农业科技	965	0.786	0.096	0.93	348	0.08	3.82	6.6	5
A01	甘肃科技	2708	0.394	0.035	0.98	1240	0.31	13.63	4.8	6
A01	甘肃科技纵横	788	0.511	0.047	0.99	491	0.20	5.40	4.3	5
A01	甘肃科学学报	602	0.576	0.170	0.95	441	0.19	4.85	5.0	5
A01	高技术通讯	843	1.024	0.091	0.91	459	0.15	5.04	4.6	7
A01	高原科学研究	157	0.697	0.035	0.87	101	0.03	1.11	3.8	4
A01	光电技术应用	384	0.579	0.052	0.86	194	0.09	2.13	5.5	4
A01	广西科学	678	1.025	0.105	0.89	351	0.12	3.86	5.9	7
A01	广西科学院学报	362	0.838	0.137	0.96	236	0.07	2.59	6.6	4
A01	贵州科学	529	0.529	0.060	0.98	323	0.10	3.55	7.8	4
A01	杭州科技	76	0.244	0.031	0.93	63	0.03	0.69	5.0	2
A01	河北省科学院学报	230	0.607	0.056	1.00	200	0.09	2.20	4.7	4
A01	河南科技	2668	0.348	0.116	0.97	1129	0.36	12.41	4.4	5
A01	河南科学	1247	0.678	0.143	0.93	749	0.24	8.23	5.4	5
A01	黑龙江科学	3957	0.603	0.263	0.99	1304	0.34	14.33	3.5	7
A01	华东科技	816	3.744	0.195	1.00	378	0.24	4.15	4.3	4
A01	集成技术	171	0.440	0.255	0.91	144	0.05	1.58	5.4	4
A01	江苏科技信息	1719	0.501	0.111	0.96	874	0.37	9.60	3.9	5
A01	江西科学	807	0.692	0.088	0.96	546	0.27	6.00	5.2	5

2022 年中国科技期刊被引指标按类刊名字顺索引(续)

学科代码	期刊名称	扩展总被引频次	扩展影响因子	扩展即年指标	扩展他引率	扩展引用刊数	扩展学科影响指标	扩展学科扩散指标	扩展被引半衰期	扩展H指标
A01	今日科苑	384	0.431	0.056	0.92	274	0.23	3.01	5.9	3
A01	科技传播	3702	0.431	0.118	0.97	997	0.36	10.96	4.7	7
A01	科技创新发展战略研究	155	0.689	0.220	0.93	105	0.11	1.15	3.3	3
A01	科技创新与生产力	889	0.456	0.069	0.99	539	0.27	5.92	4.3	5
A01	科技促进发展	598	0.667	0.048	0.97	424	0.26	4.66	4.0	6
A01	科技导报	4483	1.457	0.323	0.97	2015	0.45	22.14	6.2	13
A01	科技风	8145	0.423	0.189	0.98	1794	0.42	19.71	3.9	7
A01	科技通报	1778	0.668	0.075	0.97	956	0.31	10.51	5.9	7
A01	科技与创新	4673	0.539	0.248	0.98	1466	0.49	16.11	4.3	8
A01	科技与经济	598	0.697	0.227	0.99	387	0.20	4.25	5.4	4
A01	科技中国	684	0.628	0.264	1.00	450	0.30	4.95	3.5	5
A01	科技资讯	7815	0.403	0.241	0.98	1863	0.38	20.47	4.6	6
A01	科学（上海）	6252	1.037	0.364	1.00	2027	0.41	22.27	≥10	7
A01	科学技术创新	8271	—	0.131	0.99	1935	0.44	21.26	4.9	7
A01	科学通报	10375	1.791	0.840	0.96	2151	0.59	23.64	9.7	23
A01	内江科技	1435	—	0.109	0.97	647	0.25	7.11	4.0	4
A01	内蒙古科技与经济	2369	0.310	0.065	0.97	976	0.32	10.73	4.3	5
A01	前沿科学	138	0.055	—	1.00	114	0.09	1.25	≥10	5
A01	青海科技	361	0.536	0.083	0.94	235	0.19	2.58	4.7	4
A01	山东科学	549	0.623	0.149	0.96	406	0.16	4.46	5.7	6
A01	石河子科技	378	0.559	0.251	1.00	250	0.11	2.75	3.1	5
A01	实验科学与技术	1458	1.085	0.233	0.92	473	0.24	5.20	5.9	8
A01	实验室科学	2120	0.901	0.080	0.82	556	0.21	6.11	5.2	8
A01	特种橡胶制品	457	0.384	0.068	0.88	164	0.05	1.80	≥10	4
A01	天津科技	851	0.485	0.118	0.95	528	0.24	5.80	4.3	5
A01	通讯世界	2829	0.237	0.015	0.97	711	0.24	7.81	5.0	5
A01	武夷科学	130	0.364	0.111	1.00	84	0.02	0.92	≥10	3
A01	厦门科技	138	0.258	0.068	0.92	114	0.08	1.25	4.8	3
A01	新型工业化	1777	—	0.152	0.73	535	0.23	5.88	3.0	6
A01	张江科技评论	129	0.358	0.196	1.00	119	0.07	1.31	2.8	3
A01	智能城市	4582	0.636	0.159	0.99	800	0.30	8.79	3.5	6
A01	中国高新科技	1752	0.428	0.060	1.00	667	0.30	7.33	3.2	6
A01	中国基础科学	444	0.638	0.143	1.00	350	0.16	3.85	7.9	7

学科代码	期刊名称	扩展总被引频次	扩展影响因子	扩展即年指标	扩展他引率	扩展引用刊数	扩展学科影响指标	扩展学科扩散指标	扩展被引半衰期	扩展H指标
A01	中国科技论文	2398	0.960	0.358	0.91	1061	0.27	11.66	4.8	7
A01	中国科技论文在线精品论文	40	—	—	1.00	37	0.03	0.41	7.5	2
A01	中国科技人才	95	—	0.145	0.94	60	0.09	0.66	2.5	4
A01	中国科技史杂志	419	0.408	0.036	0.95	235	0.12	2.58	≥10	4
A01	中国科技术语	345	0.541	0.200	0.79	202	0.05	2.22	7.8	4
A01	中国科技信息	2563	0.390	0.150	1.00	1272	0.43	13.98	6.0	6
A01	中国科技纵横	954	0.054	0.021	0.98	512	0.20	5.63	5.8	3
A01	中国科学基金	1537	2.190	0.396	0.92	750	0.33	8.24	4.5	12
A01	中国科学数据（中英文网络版）	268	0.579	0.082	0.78	147	0.07	1.62	4.1	5
A01	中国科学院院刊	5474	5.307	1.337	0.97	1832	0.59	20.13	4.8	25
A01	中国西部	175	0.608	0.112	0.98	146	0.04	1.60	3.7	4
A01	中华医院感染学杂志	14419	2.636	0.267	0.95	1036	0.16	11.38	4.9	17
A01	自然科学史研究	482	0.414	—	0.96	243	0.10	2.67	≥10	4
A01	自然杂志	988	0.827	0.250	0.99	685	0.20	7.53	≥10	7
A02	Acta Scientiarum Naturalium Universitatis Sunyatseni	1445	1.106	0.388	0.95	787	0.24	5.25	≥10	7
A02	Wuhan University Journal of Natural Sciences	109	0.153	0.015	0.88	89	0.05	0.59	8.8	3
A02	安徽大学学报（自然科学版）	435	0.806	0.176	0.93	314	0.20	2.09	5.5	5
A02	宝鸡文理学院学报（自然科学版）	126	0.311	0.046	0.97	113	0.03	0.75	6.0	3
A02	北华大学学报（自然科学版）	875	0.802	0.041	0.97	522	0.11	3.48	5.4	6
A02	北京城市学院学报	324	0.631	0.151	0.98	231	0.03	1.54	4.2	5
A02	北京大学学报（自然科学版）	2401	1.494	0.283	0.98	1049	0.25	6.99	8.7	11
A02	北京联合大学学报	545	1.723	0.518	0.97	389	0.10	2.59	4.9	8
A02	渤海大学学报（自然科学版）	227	0.605	—	0.85	156	0.03	1.04	5.2	4
A02	长江大学学报（自然科学版）	1405	0.811	0.209	0.96	729	0.19	4.86	6.7	6
A02	常州大学学报（自然科学版）	287	0.497	0.108	0.85	196	0.04	1.31	5.6	4
A02	成都大学学报（自然科学版）	446	0.790	0.088	0.98	345	0.07	2.30	5.7	4
A02	赤峰学院学报（自然科学版）	1841	0.539	0.196	0.99	902	0.21	6.01	6.4	5
A02	重庆工商大学学报（自然科学版）	642	1.168	0.221	0.97	385	0.12	2.57	4.6	6
A02	德州学院学报	277	0.333	0.109	0.97	235	0.07	1.57	4.6	4
A02	佛山科学技术学院学报（自然科学版）	267	0.651	0.088	0.97	212	0.05	1.41	4.6	5
A02	福州大学学报（自然科学版）	942	1.230	0.261	0.96	592	0.22	3.95	5.7	6

2022 年中国科技期刊被引指标按类刊名字顺索引(续)

学科代码	期刊名称	扩展总被引频次	扩展影响因子	扩展即年指标	扩展他引率	扩展引用刊数	扩展学科影响指标	扩展学科扩散指标	扩展被引半衰期	扩展H指标
A02	复旦学报（自然科学版）	655	0.799	0.088	0.98	496	0.15	3.31	7.6	5
A02	广西大学学报（自然科学版）	1176	0.743	0.065	0.93	686	0.18	4.57	6.2	6
A02	广西民族大学学报（自然科学版）	226	0.180	—	0.98	176	0.05	1.17	9.7	3
A02	广州大学学报（自然科学版）	310	0.374	0.103	0.97	253	0.06	1.69	9.2	4
A02	贵阳学院学报（自然科学版）	253	0.546	0.043	0.98	211	0.08	1.41	4.4	4
A02	贵州大学学报（自然科学版）	707	0.979	0.346	0.93	470	0.19	3.13	5.3	6
A02	哈尔滨商业大学学报（自然科学版）	544	0.615	0.126	0.97	394	0.10	2.63	5.9	5
A02	哈尔滨师范大学自然科学学报	335	—	0.051	0.96	276	0.09	1.84	6.8	3
A02	海南大学学报（自然科学版）	349	0.848	0.118	0.97	257	0.04	1.71	7.3	4
A02	合肥学院学报（综合版）	384	0.500	0.027	0.96	295	0.07	1.97	4.6	4
A02	河北北方学院学报（自然科学版）	726	0.800	0.312	0.96	468	0.05	3.12	4.2	6
A02	河北大学学报（自然科学版）	479	0.652	0.099	0.96	360	0.09	2.40	6.8	5
A02	河南大学学报（自然科学版）	587	1.162	0.211	0.85	396	0.13	2.64	5.7	6
A02	河南教育学院学报（自然科学版）	225	0.470	0.076	0.87	155	0.07	1.03	5.5	4
A02	黑龙江大学自然科学学报	392	0.469	0.096	0.95	271	0.15	1.81	5.9	4
A02	湖北大学学报（自然科学版）	476	0.765	0.176	0.95	372	0.08	2.48	5.1	6
A02	湖北民族大学学报（自然科学版）	406	0.661	0.176	0.96	275	0.09	1.83	5.4	4
A02	湖北文理学院学报	361	0.311	0.083	0.95	280	0.09	1.87	5.2	4
A02	湖南文理学院学报（自然科学版）	301	0.766	0.194	0.86	206	0.11	2.26	5.0	4
A02	华侨大学学报（自然科学版）	634	0.698	0.286	0.94	459	0.13	3.06	5.7	5
A02	怀化学院学报	476	0.309	0.057	0.95	345	0.06	2.30	7.2	3
A02	黄山学院学报	489	0.402	0.058	0.98	341	0.05	2.27	5.4	4
A02	惠州学院学报	345	0.556	0.146	0.92	260	0.05	1.73	4.1	5
A02	吉林大学学报（理学版）	1005	0.924	0.174	0.90	478	0.35	3.19	4.4	6
A02	吉首大学学报（自然科学版）	296	0.273	—	0.95	249	0.07	1.66	6.3	3
A02	集美大学学报（自然科学版）	299	0.500	0.055	0.93	188	0.05	1.25	7.4	4
A02	济南大学学报（自然科学版）	577	1.168	0.347	0.95	432	0.13	2.88	4.5	6
A02	暨南大学学报（自然科学与医学版）	701	1.582	0.244	0.97	471	0.05	3.14	5.4	7
A02	佳木斯大学学报（自然科学版）	593	0.410	0.100	0.94	420	0.15	2.80	4.8	3
A02	嘉兴学院学报	304	0.379	0.126	0.93	238	0.06	1.59	5.5	4
A02	嘉应学院学报	293	0.281	0.062	0.97	230	0.06	1.53	7.3	4
A02	江汉大学学报（自然科学版）	395	0.840	0.114	0.95	322	0.07	2.15	5.0	4
A02	井冈山大学学报（自然科学版）	412	0.453	0.167	0.81	280	0.08	1.87	5.4	4

2022 年中国科技期刊被引指标按类刊名字顺索引(续)

学科代码	期刊名称	扩展总被引频次	扩展影响因子	扩展即年指标	扩展他引率	扩展引用刊数	扩展学科影响指标	扩展学科扩散指标	扩展被引半衰期	扩展H指标
A02	九江学院学报（自然科学版）	245	0.410	0.055	1.00	201	0.05	1.34	4.2	3
A02	兰州大学学报（自然科学版）	1353	1.260	0.117	0.90	586	0.17	3.91	8.9	7
A02	丽水学院学报	356	0.488	0.055	0.94	277	0.05	1.85	4.9	5
A02	辽东学院学报（自然科学版）	186	0.509	0.082	0.94	153	0.03	1.02	6.2	3
A02	辽宁大学学报（自然科学版）	283	0.670	0.083	0.98	232	0.09	1.55	5.9	4
A02	聊城大学学报（自然科学版）	300	0.721	0.127	0.88	214	0.08	2.35	4.6	4
A02	鲁东大学学报（自然科学版）	204	0.420	0.132	0.97	180	0.08	1.20	6.6	3
A02	南昌大学学报（理科版）	496	0.555	0.022	0.90	324	0.11	2.16	6.7	5
A02	南华大学学报（自然科学版）	339	0.517	0.036	0.94	255	0.09	1.70	6.2	4
A02	南京大学学报（自然科学版）	1095	1.000	0.066	0.97	581	0.16	3.87	8.1	7
A02	南开大学学报（自然科学版）	389	0.636	0.051	0.98	292	0.10	1.95	5.3	5
A02	南通大学学报（自然科学版）	188	0.617	0.098	0.88	148	0.03	0.99	5.6	3
A02	内蒙古大学学报（自然科学版）	480	0.682	0.159	0.86	305	0.13	2.03	7.8	4
A02	内蒙古民族大学学报（自然科学版）	586	0.724	0.077	0.95	316	0.10	2.11	6.4	5
A02	宁夏大学学报（自然科学版）	289	0.432	0.108	0.97	234	0.12	1.56	7.2	3
A02	攀枝花学院学报	345	0.477	0.228	0.96	253	0.05	1.69	5.0	3
A02	莆田学院学报	246	0.363	0.057	0.71	152	0.03	1.01	5.0	3
A02	齐齐哈尔大学学报（自然科学版）	382	0.624	0.330	0.96	278	0.09	1.85	4.3	4
A02	青岛大学学报（自然科学版）	381	0.765	0.217	0.69	226	0.11	1.51	4.6	4
A02	青海大学学报（自然科学版）	568	0.811	0.138	0.98	365	0.07	2.43	6.7	5
A02	山东大学学报（理学版）	677	0.543	0.103	0.90	384	0.29	2.56	5.9	6
A02	山西大同大学学报（自然科学版）	451	0.473	0.093	0.96	342	0.08	2.28	4.7	5
A02	山西大学学报（自然科学版）	532	0.435	0.152	0.92	372	0.16	2.48	6.4	5
A02	汕头大学学报（自然科学版）	109	0.545	0.129	0.97	96	0.04	0.64	5.1	3
A02	上海大学学报（自然科学版）	626	0.697	0.170	0.96	463	0.15	3.09	5.9	6
A02	邵阳学院学报（自然科学版）	295	0.805	0.087	0.91	236	0.06	1.57	3.9	4
A02	沈阳大学学报（自然科学版）	387	0.667	0.101	0.92	301	0.10	2.01	6.0	4
A02	石河子大学学报（自然科学版）	876	0.845	0.187	0.96	497	0.05	3.31	6.8	6
A02	四川大学学报（自然科学版）	1075	0.976	0.203	0.89	579	0.24	3.86	5.6	7
A02	宿州学院学报	510	0.331	0.067	0.95	365	0.07	2.43	5.7	3
A02	塔里木大学学报	287	0.618	0.071	0.98	190	0.03	1.27	7.3	4
A02	台州学院学报	242	0.379	0.047	0.94	190	0.07	1.27	8.0	4
A02	泰山学院学报	257	0.272	0.098	0.85	187	0.02	1.25	7.2	3

2022 年中国科技期刊被引指标按类刊名字顺索引(续)

学科代码	期刊名称	扩展总被引频次	扩展影响因子	扩展即年指标	扩展他引率	扩展引用刊数	扩展学科影响指标	扩展学科扩散指标	扩展被引半衰期	扩展H指标
A02	皖西学院学报	503	0.495	0.086	0.98	379	0.09	2.53	5.0	5
A02	温州大学学报（自然科学版）	147	0.328	0.107	0.99	126	0.06	0.84	≥10	3
A02	五邑大学学报（自然科学版）	95	0.310	0.114	0.96	83	0.05	0.55	5.6	3
A02	武汉大学学报（理学版）	601	1.139	0.169	0.95	418	0.21	2.79	6.7	6
A02	西安文理学院学报（自然科学版）	359	0.701	0.184	0.98	275	0.11	1.83	4.8	5
A02	西北大学学报（自然科学版）	1536	1.607	0.470	0.97	814	0.33	5.43	8.0	8
A02	西北民族大学学报（自然科学版）	299	0.835	0.164	0.99	250	0.05	1.67	4.8	5
A02	西昌学院学报（自然科学版）	398	0.517	0.122	0.98	291	0.11	1.94	5.5	5
A02	西南大学学报（自然科学版）	3058	1.922	0.414	0.92	1171	0.38	7.81	5.6	9
A02	西南民族大学学报（自然科学版）	592	0.820	0.292	0.96	389	0.11	2.59	7.0	6
A02	厦门大学学报（自然科学版）	1120	0.913	0.195	0.98	643	0.18	4.29	9.6	7
A02	湘潭大学学报（自然科学版）	316	0.428	0.089	0.93	257	0.06	1.71	6.1	4
A02	新疆大学学报（自然科学版）（中英文）	422	0.827	0.156	0.75	253	0.12	1.69	5.1	4
A02	新乡学院学报	305	0.318	0.092	0.97	249	0.05	1.66	4.0	4
A02	延安大学学报（自然科学版）	382	0.507	0.085	0.95	290	0.09	1.93	6.0	4
A02	延边大学学报（自然科学版）	168	0.444	0.030	0.91	133	0.08	0.89	5.7	3
A02	扬州大学学报（自然科学版）	260	0.503	0.013	0.92	213	0.09	1.42	6.1	3
A02	宜春学院学报	624	0.383	0.055	0.96	473	0.11	3.15	4.9	5
A02	云南大学学报（自然科学版）	1463	1.588	0.193	0.89	751	0.22	5.01	5.5	9
A02	云南民族大学学报（自然科学版）	415	0.807	0.138	0.94	295	0.11	1.97	4.6	5
A02	浙江大学学报（理学版）	850	1.116	0.215	0.97	570	0.26	3.80	7.2	6
A02	浙江万里学院学报	274	0.390	0.085	0.99	225	0.07	1.50	4.8	4
A02	镇江高专学报	159	0.221	0.066	0.91	118	0.01	0.79	5.1	2
A02	郑州大学学报（理学版）	488	1.243	0.356	0.85	300	0.17	2.00	4.6	6
A02	中国传媒大学学报（自然科学版）	164	—	0.117	0.94	130	0.03	0.87	4.8	4
A02	中国科学技术大学学报	622	0.325	0.012	1.00	472	0.19	3.15	8.9	5
A02	中国科学院大学学报	874	1.020	0.225	0.93	551	0.17	3.67	6.0	8
A02	中国人民公安大学学报（自然科学版）	396	0.792	0.069	0.93	198	0.02	1.32	6.3	5
A02	中南民族大学学报（自然科学版）	559	0.907	0.182	0.87	322	0.11	2.15	5.4	5
A02	中央民族大学学报（自然科学版）	317	0.593	0.173	0.98	260	0.09	1.73	7.8	5
A03	安徽师范大学学报（自然科学版）	480	0.611	0.088	0.96	338	0.17	4.45	7.0	5
A03	安庆师范大学学报（自然科学版）	343	0.728	0.137	0.98	251	0.14	3.30	4.3	5
A03	北京师范大学学报（自然科学版）	1430	1.540	0.350	0.97	686	0.25	9.03	7.0	9

学科代码	期刊名称	扩展总被引频次	扩展影响因子	扩展即年指标	扩展他引率	扩展引用刊数	扩展学科影响指标	扩展学科扩散指标	扩展被引半衰期	扩展H指标
A03	重庆师范大学学报（自然科学版）	750	0.926	0.139	0.94	493	0.25	6.49	6.6	5
A03	东北师大学报（自然科学版）	534	0.682	0.043	0.96	370	0.17	4.87	6.1	5
A03	福建师范大学学报（自然科学版）	665	0.833	0.233	0.97	433	0.25	5.70	6.1	6
A03	阜阳师范大学学报（自然科学版）	291	0.667	0.059	0.72	185	0.11	2.43	4.6	4
A03	广西师范大学学报（自然科学版）	773	1.322	0.299	0.82	426	0.21	5.61	4.9	7
A03	贵州师范大学学报（自然科学版）	698	0.972	0.202	0.94	425	0.20	5.59	5.5	6
A03	海南师范大学学报（自然科学版）	295	0.470	0.121	0.96	236	0.11	3.11	7.0	4
A03	杭州师范大学学报（自然科学版）	418	0.513	0.118	0.96	316	0.16	4.16	5.9	5
A03	河北师范大学学报（自然科学版）	313	0.460	0.103	0.97	250	0.13	3.29	8.6	4
A03	河南师范大学学报（自然科学版）	741	1.171	0.500	0.91	475	0.21	6.25	5.0	7
A03	湖北师范大学学报（自然科学版）	282	0.586	0.173	0.97	205	0.11	2.70	5.0	5
A03	湖南师范大学自然科学学报	679	1.497	0.798	0.94	437	0.20	5.75	4.1	7
A03	华东师范大学学报（自然科学版）	802	0.904	0.121	0.96	523	0.28	6.88	7.8	7
A03	华南师范大学学报（自然科学版）	706	1.029	0.140	0.88	445	0.12	5.86	6.4	6
A03	华中师范大学学报（自然科学版）	1404	1.566	1.171	0.97	807	0.38	10.62	4.9	10
A03	淮北师范大学学报（自然科学版）	205	0.557	0.061	0.97	150	0.09	1.97	5.3	3
A03	淮阴师范学院学报（自然科学版）	192	0.361	0.205	0.99	167	0.04	2.20	4.6	5
A03	吉林师范大学学报（自然科学版）	408	0.841	0.127	0.85	296	0.16	3.89	5.2	5
A03	江苏师范大学学报（自然科学版）	261	0.545	0.136	0.94	188	0.14	2.47	5.7	4
A03	江西师范大学学报（自然科学版）	576	1.000	0.055	0.87	332	0.20	4.37	5.1	7
A03	廊坊师范学院学报（自然科学版）	433	0.742	0.225	0.83	268	0.09	3.53	4.5	5
A03	辽宁师范大学学报（自然科学版）	312	0.532	0.137	0.89	226	0.09	2.97	6.0	4
A03	辽宁师专学报（自然科学版）	229	0.353	0.032	0.98	170	0.01	1.13	4.9	3
A03	闽南师范大学学报（自然科学版）	228	0.410	0.108	0.94	185	0.11	2.43	5.9	3
A03	牡丹江师范学院学报（自然科学版）	352	0.918	0.319	0.65	171	0.07	2.25	4.6	4
A03	南京师大学报（自然科学版）	763	1.247	0.253	0.95	506	0.28	6.66	6.5	6
A03	南京师范大学学报（工程技术版）	247	0.699	0.104	0.89	188	0.04	2.47	5.8	5
A03	南宁师范大学学报（自然科学版）	150	0.527	0.085	0.95	126	0.07	1.66	3.2	4
A03	内蒙古师范大学学报（自然科学汉文版）	419	0.444	0.155	0.96	320	0.16	4.21	7.4	3
A03	宁德师范学院学报（自然科学版）	272	0.578	0.110	0.97	210	0.08	2.76	5.2	5
A03	青海师范大学学报（自然科学版）	271	0.371	0.038	0.96	227	0.11	2.99	9.0	3
A03	曲阜师范大学学报（自然科学版）	213	0.323	0.055	0.98	182	0.08	2.39	6.1	3
A03	山东师范大学学报（自然科学版）	311	0.617	0.173	0.99	258	0.09	3.39	6.5	4

2022 年中国科技期刊被引指标按类刊名字顺索引(续)

学科代码	期刊名称	扩展总被引频次	扩展影响因子	扩展即年指标	扩展他引率	扩展引用刊数	扩展学科影响指标	扩展学科扩散指标	扩展被引半衰期	扩展H指标
A03	山西师范大学学报（自然科学版）	338	0.513	0.041	0.92	251	0.17	3.30	6.9	4
A03	陕西师范大学学报（自然科学版）	932	1.231	0.138	0.95	576	0.32	7.58	7.2	8
A03	上海师范大学学报（自然科学版）	347	0.352	0.072	0.96	266	0.11	3.50	8.2	4
A03	沈阳师范大学学报（自然科学版）	394	0.519	0.020	0.90	292	0.09	3.84	6.3	5
A03	首都师范大学学报（自然科学版）	667	0.857	0.284	0.94	478	0.21	6.29	6.5	6
A03	四川师范大学学报（自然科学版）	446	0.564	0.119	0.91	314	0.26	4.13	6.2	5
A03	太原师范学院学报（自然科学版）	201	0.451	0.074	0.99	163	0.09	2.14	7.3	4
A03	天津师范大学学报（自然科学版）	370	0.757	0.101	0.87	227	0.12	2.99	5.8	4
A03	西北师范大学学报（自然科学版）	800	0.962	0.159	0.97	534	0.32	7.03	6.1	7
A03	西华师范大学学报（自然科学版）	428	0.713	0.286	0.89	261	0.10	1.74	6.9	5
A03	西南师范大学学报（自然科学版）	2576	1.391	0.214	0.93	1177	0.46	15.49	5.5	9
A03	新疆师范大学学报（自然科学版）	223	0.903	0.143	0.82	160	0.08	2.11	7.5	4
A03	信阳师范学院学报（自然科学版）	587	0.844	0.245	0.82	375	0.11	4.93	5.3	5
A03	伊犁师范大学学报（自然科学版）	115	0.333	—	0.99	90	0.04	1.18	5.7	3
A03	云南师范大学学报（自然科学版）	435	0.761	0.346	0.87	305	0.16	4.01	6.0	5
A03	浙江师范大学学报（自然科学版）	369	0.761	0.333	0.96	265	0.12	3.49	6.4	5
B01	Acta Mathematica Sinica	321	0.143	0.008	0.90	102	0.59	2.00	≥10	3
B01	Acta Mathematicae Applicatae Sinica	138	0.096	0.074	0.90	79	0.47	1.55	9.3	2
B01	Algebra Colloquium	82	0.025	0.020	0.82	34	0.29	0.67	≥10	2
B01	Analysis in Theory and Applications	17	—	—	1.00	14	0.14	0.27	≥10	1
B01	Applied Mathematics A Journal of Chinese Universities, B	68	0.169	—	0.87	45	0.29	0.88	≥10	2
B01	Applied Mathematics and Mechanics	357	0.512	0.041	0.57	103	0.16	2.02	5.0	3
B01	Chinese Annals of Mathematics, Series B	155	0.191	—	0.92	63	0.47	1.24	≥10	2
B01	Chinese Quarterly Journal of Mathematics	58	0.233	—	0.76	39	0.25	0.76	7.0	2
B01	Communications in Mathematical Research	46	0.190	0.036	0.96	31	0.24	0.61	≥10	1
B01	Frontiers of Mathematics in China	112	0.109	0.033	0.96	56	0.49	1.10	8.4	2
B01	Journal of Computational Mathematics	95	0.129	0.021	0.80	55	0.31	1.08	≥10	2
B01	Journal of Mathematical Research with Applications	92	0.100	0.036	0.91	54	0.27	1.06	≥10	2
B01	Journal of Mathematical Study	37	—	—	1.00	26	0.12	0.51	≥10	3
B01	Journal of Partial Differential Equations	21	0.043	—	0.90	17	0.20	0.33	≥10	1
B01	Peking Mathematical Journal	3	0.143	—	1.00	3	0.02	0.06	—	1

2022 年中国科技期刊被引指标按类刊名字顺索引(续)

学科代码	期刊名称	扩展总被引频次	扩展影响因子	扩展即年指标	扩展他引率	扩展引用刊数	扩展学科影响指标	扩展学科扩散指标	扩展被引半衰期	扩展H指标
B01	Probability, Uncertainty and Quantitative Risk	11	0.208	0.050	0.36	5	0.10	0.10	2.9	1
B01	Science China(Mathematics)	579	0.165	0.025	0.94	178	0.71	3.49	≥10	4
B01	纯粹数学与应用数学	107	0.189	—	0.89	66	0.12	1.29	9.4	2
B01	大学数学	830	0.783	0.157	0.67	269	0.24	5.27	6.1	8
B01	高等数学研究	493	0.525	0.043	0.70	171	0.16	3.35	5.3	5
B01	高等学校计算数学学报	65	0.154	—	0.91	47	0.16	0.92	≥10	2
B01	高校应用数学学报	150	0.280	0.060	0.87	101	0.35	1.98	8.5	3
B01	计算数学	149	0.328	—	0.91	85	0.18	1.67	8.4	3
B01	模糊系统与数学	549	0.536	0.077	0.82	276	0.08	5.41	7.7	6
B01	数理天地（初中版）	53	—	0.040	0.64	17	0.02	0.33	—	2
B01	数理天地（高中版）	46	—	0.032	0.80	20	0.06	0.39	—	2
B01	数理统计与管理	1360	1.669	0.439	0.86	679	0.24	13.31	6.4	10
B01	数学的实践与认识	3778	0.608	0.066	0.94	1426	0.35	27.96	5.4	8
B01	数学建模及其应用	126	0.582	0.089	0.84	78	0.10	1.53	4.5	4
B01	数学教学通讯	920	0.161	0.045	0.89	146	0.14	2.86	3.7	5
B01	数学教学研究	154	0.216	0.048	0.93	74	0.16	1.45	7.5	3
B01	数学教育学报	2766	3.295	0.816	0.78	351	0.18	6.88	6.3	13
B01	数学进展	274	0.130	0.032	0.92	110	0.47	2.16	≥10	4
B01	数学理论与应用	66	0.013	—	1.00	55	0.06	1.08	≥10	2
B01	数学年刊A辑	153	0.273	—	0.95	85	0.45	1.67	≥10	3
B01	数学通报	1664	1.703	0.239	0.90	216	0.22	4.24	5.4	10
B01	数学物理学报	352	0.363	0.028	0.76	135	0.45	2.65	6.3	3
B01	数学学报	302	0.131	0.021	0.93	122	0.47	2.39	≥10	4
B01	数学杂志	199	0.396	0.094	0.98	126	0.27	2.47	6.8	2
B01	应用概率统计	182	0.287	0.068	0.90	122	0.29	2.39	≥10	3
B01	应用数学	243	0.276	0.118	0.90	141	0.29	2.76	5.8	3
B01	应用数学学报	350	0.583	0.047	0.94	193	0.41	3.78	7.2	5
B01	应用数学与计算数学学报	48	0.030	—	0.98	43	0.12	0.84	7.7	2
B01	运筹学学报	166	0.500	0.045	0.93	117	0.35	2.29	5.6	3
B01	运筹与管理	2868	1.246	0.187	0.87	841	0.14	16.49	4.9	9
B01	中国科学（数学）	583	0.626	0.051	0.96	332	0.57	6.51	8.6	7
B02	Journal of Systems Science and Complexity	454	0.519	0.264	0.53	158	0.35	3.10	5.2	4

2022 年中国科技期刊被引指标按类刊名字顺索引(续)

学科代码	期刊名称	扩展总被引频次	扩展影响因子	扩展即年指标	扩展他引率	扩展引用刊数	扩展学科影响指标	扩展学科扩散指标	扩展被引半衰期	扩展H指标
B02	Journal of Systems Science and Information	57	0.365	0.028	0.72	39	0.23	3.00	4.1	2
B02	Journal of Systems Science and Systems Engineering	165	0.430	0.091	0.78	96	0.01	1.05	6.5	3
B02	复杂系统与复杂性科学	416	1.047	0.302	0.90	251	0.38	19.31	7.4	6
B02	控制理论与应用	2831	1.675	0.220	0.86	686	0.69	52.77	5.7	13
B02	控制与决策	5480	2.058	0.914	0.88	1062	0.92	81.69	5.3	16
B02	系统工程	2021	1.804	0.518	0.96	878	0.62	67.54	7.5	9
B02	系统工程理论与实践	6633	3.061	0.779	0.88	1492	0.85	114.77	6.8	16
B02	系统工程学报	1141	0.962	0.033	0.83	426	0.62	32.77	7.2	9
B02	系统管理学报	1505	1.684	0.420	0.91	563	0.62	43.31	5.6	9
B02	系统科学与数学	951	0.908	0.107	0.82	466	0.77	35.85	4.9	7
B02	信息与控制	995	1.694	0.478	0.93	442	0.38	34.00	5.2	8
B02	中国科学(信息科学)	1926	2.311	0.440	0.94	783	0.46	60.23	5.3	14
B03	Acta Mechanica Sinica(English Series)	854	1.069	0.186	0.57	218	1.00	13.62	5.5	4
B03	Acta Mechanica Solida Sinica	298	0.585	0.115	0.75	115	0.81	7.19	6.3	4
B03	Theoretical & Applied Mechanics Letters	167	0.471	0.100	0.83	91	0.44	5.69	5.3	4
B03	动力学与控制学报	379	0.728	0.121	0.74	155	0.62	9.69	6.1	5
B03	固体力学学报	642	0.770	0.172	0.89	324	0.75	20.25	8.8	7
B03	计算力学学报	1099	0.700	0.132	0.87	431	0.75	26.94	9.2	6
B03	力学季刊	536	0.601	0.106	0.86	289	0.81	18.06	8.0	5
B03	力学进展	1151	1.822	0.615	0.98	506	1.00	31.62	≥10	11
B03	力学学报	2329	1.458	0.266	0.76	625	1.00	39.06	5.9	11
B03	力学与实践	1330	1.023	0.266	0.79	525	0.81	32.81	8.1	7
B03	气体物理	164	0.494	0.196	0.88	59	0.19	3.69	4.7	4
B03	实验力学	938	0.877	0.065	0.80	400	0.75	25.00	8.0	7
B03	医用生物力学	1094	1.311	0.130	0.67	339	0.31	21.19	5.0	6
B03	应用力学学报	1538	0.720	0.145	0.90	599	0.88	37.44	5.7	6
B03	应用数学和力学	1046	1.175	0.150	0.79	447	0.75	27.94	6.9	6
B03	振动工程学报	1783	1.333	0.185	0.90	484	0.69	30.25	6.9	9
B04	Acta Mathematica Scientia	332	0.252	0.064	0.68	98	0.49	1.92	8.5	3
B04	ChemPhysMater	11	—	0.125	0.73	5	0.05	0.13	2.5	1
B04	Chinese Journal of Acoustics	82	0.133	—	0.83	25	0.12	0.51	9.3	2
B04	Chinese Optics Letters	1386	1.343	0.364	0.68	163	0.83	7.09	4.2	4

学科代码	期刊名称	扩展总被引频次	扩展影响因子	扩展即年指标	扩展他引率	扩展引用刊数	扩展学科影响指标	扩展学科扩散指标	扩展被引半衰期	扩展H指标
B04	Chinese Physics B	3724	0.599	0.136	0.51	546	0.80	11.14	5.2	5
B04	Chinese Physics C	805	0.591	0.170	0.54	73	0.31	1.49	4.6	5
B04	Chinese Physics Letters	1883	1.247	0.261	0.88	298	0.73	6.08	6.4	3
B04	Communications in Theoretical Physics	444	0.308	0.050	0.74	122	0.39	2.49	7.0	3
B04	Frontiers of Physics	722	1.949	0.606	0.61	131	0.47	2.67	3.9	3
B04	Journal of Thermal Science	642	0.723	0.054	0.69	196	0.14	4.00	4.8	5
B04	Journal of Zhejiang University Science A: Applied Physics & Engineering	791	1.152	0.333	0.88	400	0.09	2.67	7.3	4
B04	Light: Science & Applications	2545	2.218	0.586	0.80	236	0.87	10.26	4.3	5
B04	Magnetic Resonance Letters	5	—	0.100	0.80	5	0.07	0.17	—	1
B04	Science China Physics, Mechanics & Astronomy	1396	1.429	0.706	0.79	277	0.61	5.65	4.3	5
B04	波谱学杂志	314	1.029	0.178	0.66	143	0.04	2.92	5.7	4
B04	大学物理	1308	0.861	0.192	0.73	346	0.39	7.06	7.2	8
B04	低温物理学报	112	0.128	0.020	0.88	66	0.16	1.35	7.4	3
B04	低温与超导	1064	0.652	0.168	0.78	323	0.24	6.59	5.9	5
B04	低温与特气	280	0.329	0.047	0.88	149	0.08	3.04	8.6	4
B04	发光学报	1136	1.256	0.271	0.68	279	0.29	5.69	4.4	6
B04	高压物理学报	723	0.859	0.126	0.87	259	0.20	5.29	6.1	6
B04	光散射学报	252	0.370	0.077	0.92	146	0.20	2.98	8.8	4
B04	光学学报	6968	2.329	0.293	0.76	801	0.49	16.35	4.3	13
B04	光子学报	2229	1.214	0.227	0.84	522	0.47	10.65	5.0	8
B04	核聚变与等离子体物理	185	0.331	0.050	0.68	81	0.10	1.65	8.1	3
B04	红外与毫米波学报	802	0.788	0.157	0.86	312	0.27	6.37	6.2	7
B04	计算物理	557	0.673	0.100	0.56	194	0.31	3.96	6.8	4
B04	量子电子学报	358	0.582	0.023	0.76	143	0.27	2.92	5.5	4
B04	量子光学学报	97	0.343	—	0.87	49	0.20	1.00	4.7	3
B04	强激光与粒子束	1837	0.666	0.122	0.77	371	0.43	7.57	8.8	6
B04	热科学与技术	436	0.756	0.051	0.83	215	0.08	4.39	5.9	4
B04	声学技术	852	0.712	0.075	0.88	377	0.14	7.69	7.4	6
B04	声学学报	1322	0.834	0.153	0.81	288	0.20	5.88	9.9	6
B04	物理	893	0.327	0.113	0.94	457	0.69	9.33	≥10	7
B04	物理测试	444	0.596	0.013	0.75	155	0.04	3.16	8.0	4

2022 年中国科技期刊被引指标按类刊名字顺索引(续)

学科代码	期刊名称	扩展总被引频次	扩展影响因子	扩展即年指标	扩展他引率	扩展引用刊数	扩展学科影响指标	扩展学科扩散指标	扩展被引半衰期	扩展H指标
B04	物理教师	1968	1.029	0.258	0.84	207	0.12	4.22	4.7	8
B04	物理教学探讨	546	0.336	0.074	0.89	106	0.12	2.16	5.3	5
B04	物理实验	866	0.887	0.056	0.79	222	0.27	4.53	5.9	6
B04	物理通报	1060	0.467	0.121	0.77	255	0.14	5.20	4.3	5
B04	物理学报	7864	1.010	0.188	0.81	1261	0.86	25.73	7.0	9
B04	物理学进展	160	0.355	0.071	0.99	111	0.33	2.27	≥10	4
B04	物理与工程	897	1.074	0.197	0.79	249	0.27	5.08	4.8	7
B04	现代应用物理	194	0.481	0.038	0.73	79	0.16	1.61	4.9	5
B04	应用光学	1356	1.188	0.152	0.80	359	0.24	7.33	5.5	7
B04	应用声学	958	0.792	0.158	0.89	362	0.18	7.39	5.8	6
B04	原子核物理评论	206	0.231	—	0.78	99	0.16	2.02	7.7	3
B04	原子与分子物理学报	382	0.401	0.073	0.65	141	0.22	2.88	5.2	5
B04	真空与低温	441	0.649	0.122	0.82	176	0.16	3.59	6.9	5
B04	中国科学(物理学 力学 天文学)	1171	0.840	0.134	0.92	487	0.67	9.94	6.0	5
B05	Chemical Research in Chinese Universities	480	0.645	0.078	0.80	196	0.62	5.03	3.9	3
B05	Chinese Chemical Letters	4919	2.009	0.408	0.50	475	1.00	12.18	3.5	8
B05	Chinese Journal of Chemical Physics	224	0.217	0.010	0.78	125	0.38	3.21	7.6	3
B05	Chinese Journal of Chemistry	1441	1.161	0.438	0.56	232	0.87	5.95	3.5	4
B05	Chinese Journal of Polymer Science	855	0.978	0.253	0.73	179	0.62	4.59	4.5	4
B05	Journal of Energy Chemistry	4905	2.634	0.980	0.53	366	0.18	4.16	2.9	6
B05	Science China (Chemistry)	1877	1.554	0.371	0.77	359	0.90	9.21	4.3	5
B05	催化学报	3968	4.081	0.712	0.75	439	0.87	11.26	4.3	8
B05	大学化学	3161	2.030	0.429	0.68	471	0.46	12.08	3.6	13
B05	电化学	451	0.822	0.174	0.89	195	0.49	5.00	6.0	5
B05	分析测试学报	3396	2.008	0.294	0.88	732	0.56	18.77	6.0	10
B05	分析化学	3361	1.473	0.243	0.92	867	0.82	22.23	8.0	8
B05	分析科学学报	1123	1.056	0.260	0.91	418	0.49	10.72	5.8	6
B05	分析试验室	2330	1.092	0.340	0.88	600	0.56	15.38	6.7	7
B05	分子催化	613	1.745	0.942	0.65	162	0.38	4.15	5.4	5
B05	分子科学学报	285	0.382	0.078	0.80	149	0.33	3.82	6.0	5
B05	高等学校化学学报	2346	1.016	0.196	0.85	674	0.97	17.28	5.9	6
B05	高分子通报	1595	1.570	0.357	0.88	532	0.64	13.64	6.2	8
B05	高分子学报	1525	1.415	0.319	0.82	370	0.67	9.49	6.4	8

2022 年中国科技期刊被引指标按类刊名字顺索引(续)

学科代码	期刊名称	扩展总被引频次	扩展影响因子	扩展即年指标	扩展他引率	扩展引用刊数	扩展学科影响指标	扩展学科扩散指标	扩展被引半衰期	扩展H指标
B05	功能高分子学报	518	1.341	0.262	0.81	219	0.46	5.62	5.3	6
B05	光谱学与光谱分析	6537	1.323	0.270	0.94	1362	0.56	34.92	6.1	9
B05	广州化学	316	0.610	0.106	0.94	199	0.28	5.10	6.0	5
B05	合成化学	423	0.288	0.029	0.86	191	0.41	4.90	6.5	4
B05	化学分析计量	1459	1.161	0.266	0.83	462	0.31	11.85	4.8	6
B05	化学进展	2268	1.190	0.147	0.91	753	0.79	19.31	8.2	9
B05	化学试剂	1204	0.842	0.269	0.90	473	0.51	12.13	4.3	6
B05	化学通报（印刷版）	1217	0.802	0.139	0.91	537	0.62	13.77	8.2	7
B05	化学学报	2250	2.084	0.280	0.78	619	1.00	15.87	6.9	8
B05	化学研究	433	0.507	0.108	0.89	239	0.36	6.13	6.3	5
B05	化学研究与应用	1664	0.843	0.125	0.74	545	0.67	13.97	5.0	6
B05	色谱	2929	1.865	0.543	0.92	584	0.56	14.97	6.5	9
B05	无机化学学报	1428	0.891	0.165	0.80	400	0.67	10.26	5.5	6
B05	物理化学学报	2809	2.596	1.346	0.87	563	0.95	14.44	4.8	9
B05	影像科学与光化学	1235	2.649	0.302	0.96	417	0.28	10.69	3.3	11
B05	应用化学	1148	1.096	0.124	0.87	437	0.74	11.21	6.1	6
B05	有机化学	1949	0.651	0.130	0.63	346	0.72	8.87	5.1	4
B05	质谱学报	962	1.183	0.282	0.95	352	0.41	9.03	6.7	7
B05	中国科学（化学）	1542	0.801	0.253	0.96	669	0.85	17.15	≥10	10
B05	中国无机分析化学	1211	2.257	0.699	0.65	254	0.28	6.51	4.0	9
B06	Astronomical Techniques and Instruments	243	0.560	0.082	0.60	91	0.67	15.17	5.3	4
B06	Research in Astronomy and Astrophysics	264	0.125	0.019	0.94	92	0.83	15.33	6.2	4
B06	空间科学学报	536	0.504	0.061	0.75	213	1.00	35.50	7.5	4
B06	时间频率学报	138	0.299	0.050	0.77	66	0.50	11.00	6.4	3
B06	天文学报	273	0.406	0.086	0.82	104	0.83	17.33	8.3	4
B06	天文学进展	136	0.197	—	0.91	66	0.83	11.00	≥10	3
B07	Acta Geochimica	330	0.280	0.101	0.95	155	0.47	2.63	7.7	3
B07	Frontiers of Earth Science	539	1.492	0.347	0.89	249	0.46	10.38	4.8	3
B07	GEOSCIENCE FRONTIERS	847	0.867	0.322	0.79	209	0.13	5.36	4.6	7
B07	Geospatial Information Science	229	1.306	0.125	0.51	75	0.21	1.92	3.9	4
B07	Journal of Earth Science	533	0.540	0.280	0.84	172	0.71	7.17	6.3	5
B07	Journal of Global Change Data & Discovery	153	0.440	0.013	0.93	84	0.12	3.50	4.8	5
B07	Science China(Earth Sciences)	3941	1.771	0.532	0.92	491	0.76	8.32	≥10	11

2022年中国科技期刊被引指标按类刊名字顺索引(续)

学科代码	期刊名称	扩展总被引频次	扩展影响因子	扩展即年指标	扩展他引率	扩展引用刊数	扩展学科影响指标	扩展学科扩散指标	扩展被引半衰期	扩展H指标
B07	城市地质	476	1.304	0.242	0.74	194	0.21	8.08	4.9	6
B07	大地测量与地球动力学	2557	1.247	0.150	0.90	435	0.54	18.12	7.3	9
B07	地球化学	2141	0.844	0.033	0.98	318	0.71	13.25	≥10	13
B07	地球环境学报	462	0.828	0.164	0.96	253	0.50	10.54	5.9	5
B07	地球科学	7960	3.374	0.718	0.78	603	0.92	25.12	5.6	17
B07	地球科学进展	4809	2.000	0.402	0.97	992	0.92	41.33	≥10	16
B07	地球科学与环境学报	1296	2.150	0.405	0.96	368	0.62	15.33	8.2	9
B07	地球学报	3529	2.769	2.575	0.88	487	0.83	20.29	9.8	13
B07	地球与环境	1830	2.147	0.426	0.96	543	0.79	22.62	8.7	9
B07	地学前缘	8302	2.578	0.764	0.97	726	0.83	30.25	≥10	21
B07	复杂油气藏	324	0.481	—	0.90	113	0.17	4.71	6.2	4
B07	国土资源导刊	418	0.717	0.129	0.94	214	0.29	8.92	9.3	5
B07	吉林大学学报（地球科学版）	4106	2.475	0.335	0.90	628	0.79	26.17	9.7	12
B07	矿物岩石地球化学通报	2215	1.428	0.240	0.93	371	0.58	15.46	8.3	11
B07	四川地震	193	0.600	0.088	0.94	66	0.29	2.75	≥10	3
B07	中国科学（地球科学）	7261	2.630	0.938	0.95	870	1.00	36.25	≥10	22
B08	Advances in Atmospheric Sciences	1904	1.487	0.665	0.86	271	0.94	7.97	7.5	8
B08	Advances in Climate Change Research	322	0.970	0.180	0.87	149	0.50	4.38	4.4	4
B08	Atmospheric and Oceanic Science Letters	277	0.493	0.077	0.91	103	0.74	3.03	7.1	5
B08	Journal of Meteorological Research(JMR)	733	1.187	0.312	0.91	173	0.85	5.09	6.1	5
B08	Journal of Tropical Meteorology	122	0.296	0.171	0.72	43	0.56	1.26	6.7	3
B08	暴雨灾害	1667	2.243	0.377	0.84	198	1.00	5.82	6.3	10
B08	大气科学	3859	2.262	0.381	0.90	416	1.00	12.24	≥10	14
B08	大气科学学报	1719	2.197	0.415	0.85	347	1.00	10.21	7.4	10
B08	大气与环境光学学报	292	0.887	0.086	0.90	157	0.35	4.62	6.2	4
B08	干旱气象	2320	1.748	0.264	0.85	412	1.00	12.12	6.9	9
B08	高原气象	4507	3.324	0.530	0.81	423	1.00	12.44	8.8	12
B08	高原山地气象研究	694	0.898	0.077	0.73	200	0.88	5.88	7.8	5
B08	广东气象	1057	1.129	0.117	0.48	193	0.71	5.68	6.1	6
B08	海洋气象学报	536	1.295	0.261	0.72	169	0.85	4.97	5.2	6
B08	黑龙江气象	200	0.300	0.036	0.73	92	0.44	2.71	7.8	3
B08	内蒙古气象	318	0.556	0.019	0.82	123	0.47	3.62	8.1	4
B08	气候变化研究进展	2378	4.153	0.975	0.96	727	1.00	21.38	5.8	15

2022 年中国科技期刊被引指标按类刊名字顺索引(续)

学科代码	期刊名称	扩展总被引频次	扩展影响因子	扩展即年指标	扩展他引率	扩展引用刊数	扩展学科影响指标	扩展学科扩散指标	扩展被引半衰期	扩展H指标
B08	气候与环境研究	1431	1.376	0.161	0.95	372	1.00	10.94	≥10	10
B08	气象	6074	2.872	0.485	0.86	523	1.00	15.38	9.1	17
B08	气象科技	2726	2.198	0.317	0.75	450	0.97	13.24	7.9	9
B08	气象科技进展	922	0.639	0.045	0.93	308	1.00	9.06	5.7	8
B08	气象科学	1631	1.168	0.096	0.87	348	1.00	10.24	9.0	8
B08	气象学报	3936	3.181	0.329	0.94	416	1.00	12.24	≥10	17
B08	气象研究与应用	1191	1.675	0.389	0.56	266	0.79	7.82	6.3	7
B08	气象与环境科学	1426	1.961	0.367	0.78	320	0.94	9.41	6.2	9
B08	气象与环境学报	1729	1.850	0.087	0.78	397	0.88	11.68	6.9	9
B08	气象与减灾研究	398	0.612	0.071	0.80	156	0.82	4.59	8.4	5
B08	气象灾害防御	153	0.573	—	0.75	79	0.50	2.32	6.0	3
B08	热带气象学报	1630	1.333	0.111	0.86	245	1.00	7.21	≥10	7
B08	沙漠与绿洲气象	1430	1.682	0.171	0.75	245	0.88	7.21	6.0	9
B08	陕西气象	531	1.066	0.080	0.62	171	0.62	5.03	5.3	5
B08	应用气象学报	3260	3.732	1.100	0.82	470	1.00	13.82	≥10	14
B08	浙江气象	163	0.553	0.061	0.91	95	0.53	2.79	6.8	3
B08	中低纬山地气象	738	1.179	0.150	0.70	181	0.79	5.32	4.9	5
B09	Earth and Planetary Physics	477	1.895	0.792	0.81	51	0.17	2.12	3.7	6
B09	Earthquake Engineering and Engineering Vibration	593	0.842	0.162	0.49	118	0.07	2.00	7.9	4
B09	Earthquake Science	338	0.705	0.647	0.90	66	0.71	3.14	≥10	4
B09	Geodesy and Geodynamics	153	0.284	0.293	0.81	72	0.39	3.13	6.5	3
B09	地球物理学报	13589	2.704	0.339	0.73	746	1.00	35.52	9.0	22
B09	地球物理学进展	6285	2.229	0.496	0.76	672	0.90	32.00	7.2	14
B09	地震	1263	0.960	—	0.94	138	0.81	6.57	≥10	7
B09	地震地磁观测与研究	926	0.423	0.039	0.77	131	0.71	6.24	7.6	5
B09	地震地质	2860	1.870	0.229	0.89	251	0.90	11.95	≥10	12
B09	地震工程学报	1912	1.061	0.284	0.87	419	0.90	19.95	6.9	8
B09	地震工程与工程振动	2419	1.132	0.114	0.83	390	0.86	18.57	≥10	10
B09	地震科学进展	126	0.574	0.356	0.58	42	0.76	2.00	2.7	4
B09	地震学报	2090	1.417	0.250	0.92	228	0.90	10.86	≥10	10
B09	地震研究	1138	1.195	0.377	0.91	225	0.86	10.71	8.9	7
B09	防灾减灾学报	327	0.621	0.116	0.93	119	0.76	5.67	8.2	4

2022 年中国科技期刊被引指标按类刊名字顺索引(续)

学科代码	期刊名称	扩展总被引频次	扩展影响因子	扩展即年指标	扩展他引率	扩展引用刊数	扩展学科影响指标	扩展学科扩散指标	扩展被引半衰期	扩展H指标
B09	华北地震科学	434	0.655	0.046	0.92	130	0.76	6.19	8.5	5
B09	华南地震	547	0.463	0.085	0.86	141	0.81	6.71	≥10	5
B09	内陆地震	514	0.939	0.087	0.48	67	0.71	3.19	9.1	5
B09	世界地震工程	1037	1.025	0.190	0.93	311	0.71	14.81	8.7	6
B09	灾害学	2715	1.725	0.455	0.91	835	0.76	39.76	6.6	10
B09	中国地震	1377	1.324	0.288	0.88	180	0.90	8.57	9.7	9
B10	Advances in Polar Science	49	0.226	0.032	0.76	31	0.12	1.29	7.2	2
B10	Chinese Geographical Science	752	0.962	0.153	0.91	318	0.64	8.15	6.9	5
B10	Geography and Sustainability	73	—	0.056	0.82	44	0.26	1.13	3.2	4
B10	International Journal of Sediment Research	339	0.641	0.085	0.79	135	0.18	3.46	6.8	4
B10	Journal of Arid Land	530	0.718	0.067	0.90	205	0.38	8.54	6.2	4
B10	Journal of Geographical Sciences	1817	1.134	0.244	0.88	486	0.74	12.46	7.2	8
B10	Journal of Mountain Science	854	0.401	0.154	0.78	302	0.49	7.74	5.9	4
B10	Sciences in Cold and Arid Regions	137	0.247	—	0.90	74	0.17	3.08	7.8	3
B10	冰川冻土	4170	1.846	0.272	0.83	710	0.62	18.21	9.9	10
B10	测绘地理信息	1563	1.462	0.309	0.79	440	0.33	11.28	4.7	8
B10	地理科学	10553	5.504	0.594	0.95	1569	0.82	40.23	6.4	24
B10	地理科学进展	9270	5.351	0.695	0.93	1556	0.85	39.90	6.9	23
B10	地理学报	18050	7.048	1.222	0.95	1854	0.92	47.54	7.4	37
B10	地理研究	12680	5.336	1.206	0.96	1759	0.82	45.10	6.7	28
B10	地理与地理信息科学	3034	2.746	0.616	0.90	895	0.77	22.95	7.3	12
B10	地域研究与开发	4167	3.319	0.372	0.84	1047	0.59	26.85	5.6	14
B10	干旱区地理	3356	2.854	0.795	0.85	717	0.77	18.38	5.6	10
B10	干旱区研究	3633	2.854	0.534	0.87	658	0.56	16.87	6.3	12
B10	国土与自然资源研究	911	0.845	0.435	0.97	499	0.64	12.79	5.3	6
B10	国土资源科技管理	505	0.935	0.133	0.99	332	0.38	8.51	6.9	5
B10	经济地理	15987	6.699	1.077	0.93	1829	0.77	46.90	5.9	30
B10	南方自然资源	356	0.408	0.104	0.97	194	0.21	4.97	5.9	3
B10	热带地理	2271	2.607	0.503	0.91	812	0.69	20.82	6.8	11
B10	山地学报	2126	1.863	0.053	0.94	615	0.72	15.77	9.9	9
B10	山东国土资源	1634	1.426	0.490	0.58	305	0.23	7.82	6.0	8
B10	上海国土资源	803	1.503	0.420	0.70	325	0.41	8.33	6.5	6
B10	湿地科学	1728	1.800	0.260	0.84	423	0.51	10.85	7.2	9

2022年中国科技期刊被引指标按类刊名字顺索引(续)

学科代码	期刊名称	扩展总被引频次	扩展影响因子	扩展即年指标	扩展他引率	扩展引用刊数	扩展学科影响指标	扩展学科扩散指标	扩展被引半衰期	扩展H指标
B10	湿地科学与管理	603	1.296	0.218	0.80	246	0.15	6.31	5.7	6
B10	时空信息学报	1007	0.977	0.187	0.91	423	0.56	10.85	5.5	7
B10	世界地理研究	2180	3.168	1.035	0.92	779	0.64	19.97	4.6	10
B10	西部资源	913	0.606	0.097	0.95	342	0.26	8.77	4.1	4
B10	云南地理环境研究	473	0.655	0.053	0.88	285	0.49	7.31	≥10	5
B10	浙江国土资源	351	0.240	0.067	1.00	193	0.28	4.95	4.7	4
B10	中国沙漠	4313	2.410	0.420	0.84	677	0.64	17.36	9.2	11
B10	资源环境与工程	1120	0.986	0.248	0.79	348	0.26	8.92	6.6	6
B10	自然资源情报	664	1.283	0.319	0.93	326	0.36	8.36	4.1	6
B11	Acta Geologica Sinica (English Edition)	1371	0.754	0.201	0.84	227	0.80	3.85	7.4	5
B11	China Geology	450	1.865	0.344	0.80	96	0.46	1.63	3.8	6
B11	Earthquake Research Advances	28	0.129	—	0.96	25	0.05	0.42	4.6	2
B11	Global Geology	29	0.098	—	0.93	22	0.10	0.37	≥10	2
B11	Journal of Palaeogeography	49	0.079	—	0.80	29	0.05	1.38	7.6	2
B11	Journal of Rock Mechanics and Geotechnical Engineering	916	1.004	0.211	0.79	240	0.38	15.00	5.7	8
B11	Reviews of Geophysics and Planetary Physics	135	0.775	0.404	0.87	61	0.08	1.03	2.6	4
B11	安徽地质	509	0.641	0.036	0.85	167	0.61	2.83	9.3	4
B11	沉积学报	4077	2.476	0.659	0.94	343	0.81	5.81	≥10	12
B11	大地构造与成矿学	2645	2.393	0.304	0.96	233	0.81	3.95	9.5	13
B11	地层学杂志	1031	1.086	0.162	0.92	154	0.71	2.61	≥10	6
B11	地质科技通报	3255	2.675	0.477	0.78	499	0.85	8.46	7.0	11
B11	地质科学	2017	1.483	0.432	0.92	263	0.92	4.46	≥10	10
B11	地质力学学报	1896	3.481	0.618	0.74	340	0.85	5.76	5.0	11
B11	地质论评	4700	2.717	0.582	0.84	459	0.90	7.78	≥10	14
B11	地质通报	6144	1.918	0.407	0.94	524	0.95	8.88	≥10	16
B11	地质学报	9961	2.979	1.061	0.87	517	0.95	8.76	9.3	21
B11	地质学刊	886	0.855	0.052	0.88	294	0.78	4.98	9.2	6
B11	地质与勘探	3235	2.281	0.513	0.76	392	0.85	6.64	9.1	10
B11	地质与资源	1049	1.550	0.172	0.82	231	0.69	3.92	7.0	7
B11	地质灾害与环境保护	740	0.943	0.203	0.87	284	0.44	4.81	≥10	6
B11	地质找矿论丛	876	0.705	0.127	0.96	171	0.73	2.90	≥10	5

2022年中国科技期刊被引指标按类刊名字顺索引(续)

学科代码	期刊名称	扩展总被引频次	扩展影响因子	扩展即年指标	扩展他引率	扩展引用刊数	扩展学科影响指标	扩展学科扩散指标	扩展被引半衰期	扩展H指标
B11	地质装备	228	0.504	0.190	0.93	123	0.17	2.08	6.5	3
B11	第四纪研究	3622	2.521	0.429	0.67	445	0.86	7.54	≥10	12
B11	福建地质	283	0.319	—	0.86	97	0.49	1.64	≥10	4
B11	高校地质学报	2099	0.993	0.211	0.97	352	0.83	5.97	≥10	13
B11	高原地震	227	0.267	0.041	0.91	70	0.19	1.19	9.0	4
B11	古地理学报	2320	2.216	0.235	0.91	255	0.75	4.32	8.4	12
B11	古脊椎动物学报	469	0.179	0.056	0.84	81	0.36	1.37	≥10	3
B11	古生物学报	930	0.586	0.565	0.70	137	0.56	2.32	≥10	5
B11	贵州地质	816	0.819	0.098	0.87	196	0.71	3.32	≥10	6
B11	华北地质	800	2.081	0.250	0.87	164	0.59	2.78	8.8	7
B11	华东地质	679	1.343	0.122	0.84	194	0.78	3.29	8.8	7
B11	华南地质	626	1.477	0.267	0.78	130	0.61	2.20	7.9	5
B11	化工矿产地质	531	0.813	0.109	0.83	157	0.56	2.66	≥10	6
B11	吉林地质	348	0.300	0.051	0.89	139	0.46	2.36	≥10	3
B11	矿床地质	4024	2.276	0.187	0.89	215	0.78	3.64	≥10	16
B11	矿物岩石	1154	0.933	0.250	0.92	246	0.75	4.17	≥10	7
B11	山西地震	177	0.298	0.021	0.92	67	0.12	1.14	8.7	2
B11	陕西地质	212	0.448	0.065	0.87	90	0.49	1.53	≥10	4
B11	世界地质	1026	0.895	0.190	0.91	289	0.75	4.90	8.2	7
B11	四川地质学报	971	0.872	0.157	0.73	284	0.68	4.81	6.6	5
B11	微体古生物学报	486	0.431	—	0.88	109	0.49	1.85	≥10	4
B11	物探化探计算技术	773	0.457	0.052	0.89	263	0.68	4.46	9.5	5
B11	物探与化探	3142	1.455	0.141	0.89	454	0.76	7.69	8.9	10
B11	西北地质	1698	1.548	0.336	0.82	293	0.81	4.97	8.6	9
B11	现代地质	2824	1.456	0.239	0.91	435	0.90	7.37	9.8	11
B11	新疆地质	1130	0.714	0.076	0.90	209	0.68	3.54	≥10	6
B11	岩矿测试	2235	2.584	0.380	0.84	442	0.71	7.49	8.5	11
B11	岩石矿物学杂志	2063	1.871	0.342	0.91	272	0.78	4.61	≥10	10
B11	岩石学报	14177	2.833	1.176	0.81	365	0.88	6.19	≥10	25
B11	铀矿地质	1673	1.114	0.230	0.72	146	0.63	2.47	≥10	10
B11	云南地质	491	0.270	0.062	0.93	143	0.56	2.42	≥10	4
B11	中国地质	6175	3.280	1.037	0.86	531	0.95	9.00	8.3	18
B11	中国地质调查	722	1.782	0.321	0.90	251	0.76	4.25	4.4	9

学科代码	期刊名称	扩展总被引频次	扩展影响因子	扩展即年指标	扩展他引率	扩展引用刊数	扩展学科影响指标	扩展学科扩散指标	扩展被引半衰期	扩展H指标
B11	中国地质灾害与防治学报	2090	2.468	0.642	0.88	483	0.59	8.19	6.7	10
B11	中国岩溶	1878	1.305	0.167	0.79	435	0.61	7.37	7.3	8
B12	Acta Oceanologica Sinica	879	0.448	0.165	0.82	197	0.75	6.16	6.7	5
B12	China Ocean Engineering	418	0.453	0.198	0.77	134	0.50	4.19	7.4	3
B12	Journal of Ocean University of China	579	0.417	0.075	0.88	240	0.72	7.50	6.0	4
B12	Journal of Oceanology and Limnology	664	0.331	0.140	0.84	200	0.75	6.25	6.5	4
B12	Marine Science Bulletin	45	0.207	—	1.00	35	0.38	1.09	8.5	2
B12	城市与环境研究	226	1.585	0.306	0.98	181	0.03	5.66	4.0	6
B12	海岸工程	439	0.606	0.073	0.95	191	0.72	5.97	≥10	4
B12	海洋地质前沿	1078	1.185	0.067	0.84	288	0.69	9.00	6.9	6
B12	海洋地质与第四纪地质	2197	1.008	0.171	0.88	317	0.69	9.91	≥10	8
B12	海洋工程	1789	0.985	0.202	0.93	452	0.75	14.12	5.9	5
B12	海洋工程装备与技术	306	0.405	—	0.94	134	0.19	4.19	5.2	5
B12	海洋湖沼通报	1156	1.000	0.161	0.95	393	0.72	12.28	7.3	6
B12	海洋技术学报	706	0.486	0.025	0.91	339	0.75	10.59	8.7	5
B12	海洋经济	285	0.867	0.054	0.86	127	0.28	3.97	4.7	5
B12	海洋开发与管理	1486	0.911	0.278	0.83	493	0.88	15.41	5.9	6
B12	海洋科学	2333	1.036	0.099	0.93	604	0.81	18.88	9.4	7
B12	海洋科学进展	852	0.734	0.127	0.95	296	0.81	9.25	≥10	6
B12	海洋通报	1350	1.252	0.066	0.91	423	0.78	13.22	9.8	7
B12	海洋信息技术与应用	163	0.466	—	0.96	115	0.34	3.59	5.6	4
B12	海洋学报（中文版）	2643	1.043	0.153	0.93	507	0.84	15.84	9.0	8
B12	海洋学研究	501	0.538	0.111	0.96	225	0.78	7.03	≥10	5
B12	海洋与湖沼	2395	1.040	0.265	0.92	431	0.88	13.47	≥10	8
B12	海洋预报	625	0.838	0.061	0.81	197	0.72	6.16	8.7	5
B12	湖泊科学	4728	3.559	0.614	0.85	636	0.44	19.88	6.6	15
B12	极地研究	455	0.761	0.080	0.79	159	0.47	4.97	7.6	5
B12	热带海洋学报	1215	1.133	0.252	0.89	323	0.72	10.09	≥10	7
B12	水文	1571	1.434	0.117	0.92	387	0.44	12.09	9.3	8
B12	水文地质工程地质	3551	2.770	0.539	0.90	656	0.31	20.50	8.3	12
B12	亚太安全与海洋研究	376	2.226	1.317	0.91	175	0.19	5.47	3.1	7
B12	盐湖研究	555	0.748	0.218	0.84	193	0.12	6.03	≥10	6
B12	应用海洋学学报	1012	1.466	0.288	0.94	330	0.69	10.31	8.6	7

2022年中国科技期刊被引指标按类刊名字顺索引(续)

学科代码	期刊名称	扩展总被引频次	扩展影响因子	扩展即年指标	扩展他引率	扩展引用刊数	扩展学科影响指标	扩展学科扩散指标	扩展被引半衰期	扩展H指标
B13	Acta Biochimica et Biophysica Sinica	1162	0.911	0.141	0.91	558	0.59	13.61	5.4	7
B13	Biomedical and Environmental Sciences	831	0.645	0.055	0.93	440	0.45	9.36	6.4	6
B13	Cell Research	2486	1.788	0.436	0.99	808	0.83	19.71	6.7	16
B13	Genomics, Proteomics & Bioinformatics	550	1.179	0.337	0.81	287	0.41	7.00	5.4	9
B13	Journal of Molecular Cell Biology	516	0.564	0.188	0.92	297	0.56	7.24	5.9	6
B13	Journal of Zhejiang University Science B: Biomedicine & Biotechnology	1115	1.290	0.259	0.90	591	0.41	14.41	6.7	5
B13	mLife	6	—	0.143	0.00	1	0.08	0.08	—	1
B13	Protein & Cell	1078	2.137	0.514	0.96	490	0.71	11.95	5.2	8
B13	Science China(Life Sciences)	2286	1.948	0.647	0.88	828	0.88	20.20	4.6	10
B13	工业微生物	370	0.974	0.115	0.91	181	0.17	4.41	5.7	4
B13	化石	71	0.055	—	1.00	50	0.02	1.22	≥10	2
B13	基因组学与应用生物学	3673	0.711	0.093	0.99	1019	0.54	24.85	4.9	11
B13	激光生物学报	438	0.600	0.082	0.96	299	0.27	7.29	6.6	5
B13	热带生物学报	499	0.664	0.209	0.98	279	0.22	6.80	6.9	5
B13	人类学学报	1127	0.738	0.280	0.75	157	0.15	3.83	≥10	6
B13	生理科学进展	952	1.306	0.068	0.99	509	0.44	12.41	5.9	7
B13	生理学报	917	1.464	0.286	0.95	482	0.49	11.76	5.3	9
B13	生命的化学	1615	1.184	0.112	0.93	670	0.46	16.34	3.8	9
B13	生命科学	1560	0.838	0.137	0.99	771	0.56	18.80	6.8	10
B13	生命科学研究	568	0.898	0.120	0.96	361	0.37	8.80	7.3	6
B13	生物安全学报	561	1.432	0.264	0.86	201	0.15	4.90	5.6	6
B13	生物多样性	5966	2.774	0.789	0.87	739	0.39	18.02	7.7	21
B13	生物化工	681	0.638	0.062	0.99	424	0.12	10.34	3.8	6
B13	生物化学与生物物理进展	928	0.882	0.265	0.92	533	0.51	13.00	6.8	6
B13	生物技术	522	0.443	0.063	0.97	307	0.29	7.49	≥10	4
B13	生物技术进展	827	1.303	0.328	0.88	403	0.29	9.83	6.0	8
B13	生物信息学	261	0.841	0.182	0.93	186	0.29	4.54	5.9	5
B13	生物学通报	1446	0.308	0.024	0.92	561	0.29	13.68	≥10	8
B13	生物学杂志	1427	1.115	0.294	0.96	639	0.49	15.59	5.7	8
B13	生物资源	765	1.021	0.167	0.98	408	0.27	9.95	6.5	7
B13	水生生物学报	2631	1.345	0.259	0.89	423	0.37	10.32	9.3	9
B13	四川生理科学杂志	518	—	0.051	0.94	264	0.05	6.44	3.6	4

学科代码	期刊名称	扩展总被引频次	扩展影响因子	扩展即年指标	扩展他引率	扩展引用刊数	扩展学科影响指标	扩展学科扩散指标	扩展被引半衰期	扩展H指标
B13	遗传	2063	1.576	0.396	0.95	699	0.73	17.05	8.8	9
B13	中国科学（生命科学）	2301	2.255	0.589	0.98	994	0.61	24.24	5.4	14
B13	中国生物化学与分子生物学报	1123	0.905	0.380	0.94	543	0.46	13.24	5.1	7
B13	中国细胞生物学学报	1494	0.873	0.120	0.97	689	0.49	16.80	4.8	8
B13	中国野生植物资源	1700	1.363	0.179	0.93	563	0.27	13.73	7.5	9
B13	中国应用生理学杂志	1290	1.642	0.107	0.79	502	0.29	12.24	5.2	7
B13	中学生物教学	898	0.227	0.028	0.63	139	0.07	3.39	4.5	5
B13	蛛形学报	56	0.071	—	0.88	31	0.05	0.76	≥10	2
B14	陆地生态系统与保护学报	8	—	0.031	0.25	3	0.08	0.25	2.3	1
B14	生态毒理学报	1958	1.369	0.063	0.84	535	0.67	44.58	6.2	9
B14	生态环境学报	8394	2.802	0.322	0.94	1211	0.92	100.92	8.0	16
B14	生态科学	2471	1.749	0.417	0.95	730	0.83	60.83	5.7	10
B14	生态文化	8	—	—	0.88	7	—	0.58	≥10	1
B14	生态学报	38652	4.430	1.030	0.90	1829	1.00	152.42	7.2	31
B14	生态学杂志	11381	2.654	0.607	0.95	1209	1.00	100.75	7.6	16
B14	水生态学杂志	1456	1.777	0.315	0.92	391	0.67	32.58	6.6	7
B14	野生动物学报	1244	1.057	0.207	0.79	292	0.92	24.33	5.3	8
B14	应用生态学报	18454	3.676	0.678	0.94	1321	0.92	110.08	8.0	19
B14	中国微生态学杂志	3545	2.000	0.217	0.96	799	0.42	66.58	4.7	12
B14	自然保护地	54	—	0.140	0.59	18	0.25	1.50	2.4	3
B15	Journal of Integrative Plant Biology	2438	1.456	0.248	0.96	497	1.00	35.50	≥10	8
B15	Journal of Plant Ecology	437	0.862	0.500	0.52	107	0.64	7.64	4.1	4
B15	Journal of Systematics and Evolution	1097	0.888	0.511	0.78	276	0.93	19.71	≥10	7
B15	Molecular Plant	2696	1.820	0.214	0.94	343	0.86	24.50	6.2	13
B15	Plant Diversity	1587	1.115	0.230	0.96	391	0.93	27.93	≥10	10
B15	Plant Phenomics	115	1.283	0.214	0.70	36	0.21	2.57	3.4	3
B15	广西植物	2444	1.395	0.441	0.91	535	0.86	38.21	6.1	8
B15	热带亚热带植物学报	1225	1.386	0.392	0.93	380	0.71	27.14	7.7	7
B15	西北植物学报	5304	1.645	0.242	0.91	638	0.86	45.57	9.4	10
B15	植物科学学报	1542	1.207	0.167	0.97	418	0.71	29.86	8.6	8
B15	植物生理学报	4625	1.739	0.342	0.92	597	0.71	42.64	8.1	13
B15	植物生态学报	6373	3.197	0.448	0.96	687	0.79	49.07	≥10	19
B15	植物学报	2270	1.497	0.291	0.94	566	0.86	40.43	≥10	11

2022 年中国科技期刊被引指标按类刊名字顺索引(续)

学科代码	期刊名称	扩展总被引频次	扩展影响因子	扩展即年指标	扩展他引率	扩展引用刊数	扩展学科影响指标	扩展学科扩散指标	扩展被引半衰期	扩展H指标
B15	植物研究	1661	1.489	0.239	0.93	412	0.79	29.43	8.3	7
B16	Asian Herpetological Research	83	0.361	0.200	0.93	18	0.05	0.44	5.5	3
B16	Avian Research	58	0.049	—	0.79	26	0.01	0.30	≥10	2
B16	Current Zoology	724	0.160	0.039	0.95	209	0.71	14.93	≥10	5
B16	Entomotaxonomia	161	0.173	—	0.84	56	0.43	4.00	≥10	3
B16	Insect Science	607	0.790	0.173	0.82	160	0.57	11.43	5.7	5
B16	Zoological Research	989	1.217	0.195	0.90	313	0.79	22.36	≥10	5
B16	Zoological Systematics	399	0.281	0.269	0.91	133	0.57	9.50	≥10	3
B16	动物学杂志	1545	0.627	0.043	0.93	341	0.43	24.36	≥10	7
B16	昆虫学报	2534	1.189	0.299	0.88	378	0.64	27.00	9.9	8
B16	实验动物科学	559	0.599	0.041	0.90	279	0.29	19.93	7.4	4
B16	兽类学报	1476	1.944	0.372	0.73	214	0.43	15.29	≥10	8
B16	四川动物	1461	1.095	0.099	0.90	342	0.71	24.43	≥10	8
B16	应用昆虫学报	2899	1.251	0.100	0.91	445	0.50	31.79	≥10	10
B16	中国实验动物学报	1122	1.671	0.164	0.93	403	0.29	28.79	5.1	8
B17	Virologica Sinica	682	1.074	0.185	0.93	277	0.75	23.08	4.2	6
B17	病毒学报	1200	1.337	0.219	0.93	402	0.75	33.50	4.6	8
B17	国际病毒学杂志	678	1.389	0.126	0.94	241	0.67	20.08	3.9	7
B17	菌物学报	2945	2.130	0.343	0.79	469	0.42	39.08	5.7	12
B17	菌物研究	530	1.900	0.265	0.93	198	0.33	16.50	6.0	9
B17	微生物学报	2509	1.317	0.319	0.93	677	0.67	56.42	5.7	9
B17	微生物学免疫学进展	512	0.615	0.149	0.93	242	0.67	20.17	5.9	6
B17	微生物学通报	4894	1.984	0.478	0.92	1075	0.83	89.58	5.1	14
B17	微生物学杂志	977	1.144	0.126	0.96	471	0.58	39.25	6.5	7
B17	中国病毒病杂志	973	2.403	0.385	0.96	379	0.50	31.58	4.2	12
B17	中国病原生物学杂志	2228	1.091	0.085	0.92	584	0.58	48.67	4.8	10
B17	中华实验和临床病毒学杂志	902	1.145	0.094	0.94	317	0.67	26.42	4.9	8
B18	心理发展与教育	3421	2.663	0.840	0.93	749	1.00	68.09	8.8	14
B18	心理技术与应用	642	0.959	0.211	0.90	269	1.00	24.45	5.6	7
B18	心理科学	5027	1.467	0.098	0.96	1276	1.00	116.00	≥10	15
B18	心理科学进展	8174	1.959	0.691	0.95	1735	1.00	157.73	9.7	19
B18	心理学报	6291	2.558	0.232	0.97	1435	1.00	130.45	≥10	22
B18	心理研究	778	0.966	0.221	0.98	424	1.00	38.55	8.6	7

学科代码	期刊名称	扩展总被引频次	扩展影响因子	扩展即年指标	扩展他引率	扩展引用刊数	扩展学科影响指标	扩展学科扩散指标	扩展被引半衰期	扩展H指标
B18	心理与行为研究	1562	1.157	0.192	0.95	637	1.00	57.91	6.6	9
B18	应用心理学	809	1.338	0.269	0.93	417	1.00	37.91	≥10	7
B18	中国临床心理学杂志	6721	2.467	0.332	0.90	1092	1.00	99.27	7.9	21
B18	中国心理卫生杂志	6700	2.539	0.472	0.96	1133	1.00	103.00	≥10	24
B18	中小学心理健康教育	770	0.174	0.048	0.74	262	0.82	23.82	4.4	3
C01	Agricultural Science & Technology	606	0.359	0.031	1.00	340	0.54	3.51	8.5	4
C01	Journal of Integrative Agriculture	2890	1.278	0.188	0.90	573	0.64	5.91	6.0	9
C01	北方农业学报	1188	0.903	0.109	0.95	395	0.71	4.07	7.4	6
C01	大豆科技	519	0.695	0.262	0.82	154	0.44	1.59	7.0	5
C01	东北农业科学	1773	1.228	0.330	0.75	486	0.71	5.01	6.1	8
C01	福建农业学报	1942	1.016	0.168	0.96	523	0.70	5.39	7.0	6
C01	甘肃农业	997	0.436	0.217	0.97	435	0.59	4.48	4.6	6
C01	干旱地区农业研究	4178	1.915	0.321	0.93	606	0.81	6.25	7.7	8
C01	高等农业教育	1218	1.348	0.055	0.92	455	0.27	4.69	5.8	7
C01	高原农业	254	0.599	0.110	0.91	168	0.25	1.73	4.0	4
C01	古今农业	329	0.327	0.053	0.91	196	0.20	2.02	≥10	5
C01	广东农业科学	5058	1.871	0.307	0.90	971	0.87	10.01	9.5	9
C01	广西农学报	498	0.500	0.049	0.96	248	0.47	2.56	6.4	4
C01	贵州农业科学	3762	0.950	0.130	0.97	819	0.86	8.44	7.8	7
C01	河北农业	398	0.390	0.125	0.98	187	0.42	1.93	4.2	4
C01	河北农业科学	1354	0.760	0.125	0.95	424	0.74	4.37	≥10	6
C01	河南农业	2335	0.428	0.166	0.98	703	0.74	7.25	3.8	5
C01	河南农业科学	3982	1.724	0.322	0.94	666	0.82	6.87	7.1	8
C01	核农学报	5111	1.979	0.416	0.91	776	0.82	8.00	5.2	11
C01	黑龙江农业科学	2677	0.768	0.193	0.94	650	0.82	6.70	6.2	7
C01	湖北农业科学	7073	0.892	0.161	0.96	1447	0.92	14.92	6.5	9
C01	湖南农业	264	0.129	0.035	1.00	166	0.33	1.71	5.0	3
C01	湖南农业科学	2801	0.891	0.164	0.96	695	0.85	7.16	7.4	7
C01	湖南生态科学学报	307	1.110	0.414	0.96	218	0.33	2.25	4.4	4
C01	华北农学报	3669	1.675	0.235	0.95	532	0.77	5.48	8.6	8
C01	江苏农业科学	12502	1.362	0.222	0.95	1732	0.95	17.86	5.5	11
C01	江苏农业学报	2794	2.093	0.222	0.95	643	0.78	6.63	6.0	10
C01	江西农业学报	3035	1.140	0.098	0.97	767	0.78	7.91	7.8	7

2022 年中国科技期刊被引指标按类刊名字顺索引(续)

学科代码	期刊名称	扩展总被引频次	扩展影响因子	扩展即年指标	扩展他引率	扩展引用刊数	扩展学科影响指标	扩展学科扩散指标	扩展被引半衰期	扩展H指标
C01	辽宁农业科学	1007	0.712	0.206	0.96	387	0.73	3.99	7.6	6
C01	南方农业学报	4575	1.634	0.211	0.92	782	0.78	8.06	5.7	9
C01	宁夏农林科技	1043	0.485	0.033	0.91	423	0.69	4.36	7.0	5
C01	农产品质量与安全	957	1.561	0.643	0.92	326	0.52	3.36	4.7	7
C01	农村·农业·农民 B	443	0.374	0.187	0.98	263	0.38	2.71	3.3	4
C01	农村科技	452	0.352	0.101	0.96	180	0.46	1.86	6.7	4
C01	农村实用技术	1806	0.537	0.170	0.98	459	0.56	4.73	3.3	7
C01	农电管理	186	0.131	0.064	0.95	95	0.04	0.98	3.1	3
C01	农技服务	2025	0.419	0.092	0.95	540	0.74	5.57	6.5	5
C01	农学学报	2266	1.379	0.248	0.96	632	0.80	6.52	5.3	10
C01	农业大数据学报	232	1.506	0.074	0.95	139	0.21	1.43	3.8	6
C01	农业科技管理	1231	1.497	0.438	0.62	280	0.49	2.89	4.7	6
C01	农业科技通讯	3655	0.492	0.136	0.89	475	0.90	4.90	4.8	6
C01	农业科技与信息	3053	0.526	0.200	0.91	641	0.72	6.61	4.1	7
C01	农业科学研究	497	0.607	0.076	0.98	290	0.52	2.99	8.5	4
C01	农业生物技术学报	1633	1.049	0.216	0.93	419	0.57	4.32	5.6	7
C01	农业与技术	5587	0.751	0.208	0.98	1081	0.86	11.14	4.7	7
C01	农业灾害研究	1098	—	0.093	0.91	375	0.57	3.87	3.0	5
C01	青海农技推广	188	—	0.034	0.94	104	0.29	1.07	4.8	3
C01	青海农林科技	421	0.455	0.091	0.97	234	0.51	2.41	6.4	4
C01	热带农业科学	2142	0.985	0.169	0.93	565	0.70	5.82	6.3	7
C01	山地农业生物学报	887	1.070	0.247	0.91	365	0.57	3.76	7.2	6
C01	山东农业科学	3557	1.292	0.279	0.96	653	0.86	6.73	6.3	7
C01	山西农业科学	3093	1.147	0.328	0.92	652	0.81	6.72	5.8	7
C01	陕西农业科学	2000	0.692	0.154	0.96	582	0.79	6.00	6.8	6
C01	上海农业科技	1082	0.425	0.119	0.95	331	0.73	3.41	6.0	4
C01	上海农业学报	1319	0.980	0.106	0.96	462	0.70	4.76	7.0	7
C01	世界农业	2977	2.320	0.790	0.95	921	0.73	9.49	5.7	11
C01	世界竹藤通讯	632	0.995	0.365	0.65	161	0.22	1.66	4.8	6
C01	四川农业科技	1054	0.631	0.127	0.88	341	0.65	3.52	4.5	5
C01	特产研究	897	1.192	0.236	0.94	382	0.32	3.94	5.4	8
C01	天津农林科技	315	0.502	0.083	0.98	180	0.49	1.86	5.0	4
C01	天津农业科学	1579	0.864	0.179	0.95	563	0.78	5.80	6.3	6

学科代码	期刊名称	扩展总被引频次	扩展影响因子	扩展即年指标	扩展他引率	扩展引用刊数	扩展学科影响指标	扩展学科扩散指标	扩展被引半衰期	扩展H指标
C01	西北农业学报	3720	1.648	0.184	0.96	618	0.78	6.37	8.0	8
C01	西南农业学报	5421	1.504	0.327	0.94	794	0.84	8.19	6.7	9
C01	西藏农业科技	336	0.469	0.060	0.83	154	0.46	1.59	4.9	4
C01	现代农村科技	1883	0.343	0.192	0.98	614	0.71	6.33	3.7	6
C01	现代农业	1255	0.388	0.155	0.99	454	0.71	4.68	4.7	6
C01	现代农业科技	11073	0.560	0.201	0.95	1362	0.95	14.04	5.7	8
C01	现代农业研究	1760	0.667	0.304	0.98	550	0.64	5.67	3.2	6
C01	乡村科技	3245	0.464	0.130	1.00	666	0.71	6.87	3.7	5
C01	乡村论丛	74	—	0.121	0.91	52	0.13	0.54	2.4	3
C01	新疆农业科技	376	0.433	0.009	0.96	192	0.47	1.98	6.9	3
C01	新疆农业科学	2894	1.187	0.155	0.88	534	0.73	5.51	7.1	8
C01	新农业	2558	0.495	0.288	1.00	523	0.71	5.39	2.8	7
C01	云南农业	614	0.317	0.144	0.99	265	0.52	2.73	4.6	4
C01	云南农业科技	537	0.450	0.209	0.97	236	0.56	2.43	5.6	4
C01	浙江农业科学	4177	0.891	0.311	0.90	809	0.89	8.34	4.9	8
C01	浙江农业学报	2969	1.756	0.221	0.95	767	0.76	7.91	5.6	9
C01	智慧农业（中英文）	441	2.495	0.442	0.87	168	0.31	1.73	3.7	7
C01	智慧农业导刊	606	—	0.336	0.94	177	0.28	1.82	—	4
C01	中国农村科技	439	0.536	0.238	1.00	279	0.47	2.88	4.9	5
C01	中国农技推广	983	0.434	0.100	0.95	265	0.71	2.73	4.6	6
C01	中国农民合作社	358	0.290	0.230	0.99	182	0.34	1.88	3.8	5
C01	中国农史	1143	1.214	0.158	0.88	456	0.36	4.70	≥10	9
C01	中国农学通报	14405	1.460	0.266	0.95	1467	0.92	15.12	8.9	13
C01	中国农业科技导报	3158	1.920	0.500	0.96	792	0.87	8.16	5.2	13
C01	中国农业科学	15775	2.915	0.361	0.95	1042	0.90	10.74	8.6	22
C01	中国农业气象	2243	1.736	0.305	0.88	487	0.69	5.02	8.8	9
C01	中国农业信息	963	0.733	0.163	0.95	381	0.69	3.93	7.4	6
C01	中国农业资源与区划	7223	2.923	0.723	0.89	1338	0.88	13.79	4.5	17
C01	中国热带农业	819	1.023	0.352	0.92	230	0.45	2.37	6.4	6
C01	中国生态农业学报（中英文）	6372	3.222	0.919	0.95	918	0.81	9.46	7.3	16
C02	Journal of Northeast Agricultural University(English Edition)	61	0.114	—	0.95	48	0.09	1.37	7.9	2
C02	安徽农业大学学报	1705	1.208	0.068	0.98	625	0.69	17.86	7.0	7

2022 年中国科技期刊被引指标按类刊名字顺索引(续)

学科代码	期刊名称	扩展总被引频次	扩展影响因子	扩展即年指标	扩展他引率	扩展引用刊数	扩展学科影响指标	扩展学科扩散指标	扩展被引半衰期	扩展H指标
C02	北京林业大学学报	4057	1.969	0.373	0.94	704	0.89	9.64	8.6	11
C02	北京农学院学报	652	0.835	0.218	0.95	348	0.51	9.94	7.5	5
C02	东北林业大学学报	3823	1.548	0.194	0.93	776	0.90	10.63	8.0	8
C02	东北农业大学学报	2154	1.378	0.317	0.95	630	0.83	18.00	9.2	7
C02	福建农林大学学报(自然科学版)	1430	1.219	0.357	0.96	510	0.54	14.57	7.2	7
C02	甘肃农业大学学报	1883	1.362	0.083	0.91	569	0.69	16.26	6.9	7
C02	河北农业大学学报	1407	1.043	0.125	0.93	549	0.69	15.69	8.9	6
C02	河南农业大学学报	1947	1.906	0.607	0.89	564	0.66	16.11	5.7	8
C02	黑龙江八一农垦大学学报	825	0.863	0.129	0.88	374	0.54	10.69	6.2	5
C02	湖南农业大学学报(自然科学版)	1633	1.323	0.243	0.96	518	0.69	14.80	9.2	8
C02	华南农业大学学报	1909	2.182	0.489	0.98	597	0.77	17.06	6.5	11
C02	华中农业大学学报	2128	2.036	0.645	0.93	617	0.69	17.63	7.4	9
C02	吉林农业大学学报	1764	1.724	0.515	0.87	521	0.69	14.89	8.0	9
C02	吉林农业科技学院学报	605	0.953	0.216	0.77	284	0.14	8.11	3.4	5
C02	江西农业大学学报	2209	1.651	0.192	0.95	616	0.69	17.60	7.7	8
C02	南京林业大学学报(自然科学版)	3530	2.408	0.625	0.91	670	0.85	9.18	6.6	8
C02	南京农业大学学报	2207	1.420	0.412	0.95	547	0.74	15.63	7.8	10
C02	青岛农业大学学报(自然科学版)	488	1.102	0.140	0.98	261	0.37	7.46	9.0	5
C02	山东农业大学学报(自然科学版)	1522	0.962	0.215	0.99	790	0.60	22.57	5.8	7
C02	山东农业工程学院学报	1184	0.584	0.300	0.98	599	0.09	17.11	4.1	6
C02	山西农业大学学报(自然科学版)	1051	1.385	0.200	0.98	418	0.71	11.94	6.7	5
C02	沈阳农业大学学报	1626	1.455	0.138	0.98	546	0.74	15.60	9.4	6
C02	四川农业大学学报	1279	1.468	0.293	0.98	505	0.66	14.43	6.1	7
C02	天津农学院学报	461	0.832	0.157	0.92	283	0.31	8.09	5.6	5
C02	西北林学院学报	4458	2.024	0.453	0.87	780	0.89	10.68	6.8	10
C02	西北农林科技大学学报(自然科学版)	4528	1.867	0.472	0.98	939	0.80	26.83	9.2	9
C02	西南林业大学学报	2438	2.841	0.474	0.92	673	0.89	9.22	4.9	8
C02	新疆农业大学学报	540	0.368	—	0.97	276	0.23	7.89	≥10	4
C02	信阳农林学院学报	332	0.470	0.097	0.99	262	0.14	7.49	4.5	4
C02	延边大学农学学报	431	0.951	0.158	0.96	215	0.37	6.14	6.0	4
C02	扬州大学学报(农业与生命科学版)	957	1.008	0.108	0.95	386	0.71	11.03	6.1	7
C02	云南农业大学学报(自然科学)	1981	1.552	0.246	0.97	554	0.71	15.83	7.0	8
C02	浙江大学学报(农业与生命科学版)	1477	1.712	0.247	0.99	552	0.63	15.77	8.7	8

学科代码	期刊名称	扩展总被引频次	扩展影响因子	扩展即年指标	扩展他引率	扩展引用刊数	扩展学科影响指标	扩展学科扩散指标	扩展被引半衰期	扩展H指标
C02	浙江农林大学学报	2391	1.732	0.426	0.94	658	0.86	9.01	7.2	9
C02	中国农业大学学报	4622	2.452	0.598	0.96	1096	0.91	31.31	5.4	11
C02	中南林业科技大学学报	4443	2.865	0.500	0.91	777	0.88	10.64	5.8	11
C02	仲恺农业工程学院学报	299	0.783	0.070	0.99	209	0.46	5.97	7.4	4
C03	Oil Crop Science	50	0.403	0.107	0.94	36	0.12	0.86	3.8	2
C03	Rice Science	400	0.871	0.255	0.86	141	0.45	3.36	6.3	5
C03	The Crop Journal	798	1.273	0.407	0.83	182	0.48	4.33	4.3	6
C03	北方水稻	572	0.488	0.107	0.87	173	0.55	4.12	8.0	4
C03	茶叶	495	0.848	0.091	0.87	156	0.21	3.71	≥10	4
C03	大豆科学	2140	1.504	0.282	0.86	359	0.60	8.55	8.2	9
C03	大麦与谷类科学	548	0.794	0.205	0.87	190	0.48	4.52	5.6	6
C03	分子植物育种	6143	1.063	0.395	0.83	610	0.98	14.52	4.4	10
C03	福建茶叶	4774	0.484	0.206	0.55	695	0.24	16.55	4.2	6
C03	福建稻麦科技	279	0.398	0.032	0.85	93	0.45	2.21	5.9	4
C03	福建热作科技	366	0.445	0.083	0.92	163	0.26	3.88	7.1	4
C03	甘蔗糖业	755	1.000	0.342	0.67	155	0.26	3.69	8.2	6
C03	耕作与栽培	800	0.598	0.049	0.93	250	0.71	5.95	7.3	5
C03	广西糖业	213	0.438	0.048	0.87	78	0.24	1.86	5.9	4
C03	花生学报	710	1.471	0.167	0.88	183	0.40	4.36	7.0	6
C03	麦类作物学报	3715	1.653	0.244	0.88	390	0.71	9.29	7.8	10
C03	棉花科学	389	1.216	0.224	0.76	106	0.29	2.52	4.4	5
C03	棉花学报	1205	1.949	0.044	0.94	218	0.55	5.19	9.0	9
C03	农业研究与应用	513	0.721	0.083	0.90	207	0.43	4.93	8.1	4
C03	热带农业科技	285	0.477	0.089	0.94	126	0.36	3.00	≥10	5
C03	热带作物学报	4757	1.707	0.260	0.93	846	0.88	20.14	5.3	8
C03	世界热带农业信息	1000	0.830	0.504	0.99	239	0.38	5.69	2.5	6
C03	特种经济动植物	1051	0.573	0.181	0.96	382	0.31	9.10	3.6	5
C03	亚热带农业研究	489	0.979	0.111	0.92	217	0.48	5.17	7.6	4
C03	玉米科学	3402	2.122	0.293	0.91	368	0.64	8.76	8.4	10
C03	杂交水稻	1524	0.910	0.273	0.72	195	0.60	4.64	7.4	8
C03	植物遗传资源学报	3591	2.160	0.658	0.89	410	0.93	9.76	6.7	13
C03	中国茶叶	1594	1.525	0.477	0.88	302	0.24	7.19	4.8	11
C03	中国稻米	2163	2.086	0.576	0.90	328	0.67	7.81	5.0	12

2022年中国科技期刊被引指标按类刊名字顺索引(续)

学科代码	期刊名称	扩展总被引频次	扩展影响因子	扩展即年指标	扩展他引率	扩展引用刊数	扩展学科影响指标	扩展学科扩散指标	扩展被引半衰期	扩展H指标
C03	中国麻业科学	551	0.832	0.128	0.76	154	0.40	3.67	9.4	5
C03	中国马铃薯	905	1.250	0.189	0.81	194	0.40	4.62	8.5	7
C03	中国棉花	1336	1.040	0.126	0.67	196	0.40	4.67	6.5	6
C03	中国水稻科学	2168	2.554	0.823	0.94	305	0.69	7.26	≥10	11
C03	中国糖料	986	2.264	0.421	0.79	173	0.38	4.12	6.0	8
C03	中国油料作物学报	2497	1.912	0.430	0.91	382	0.64	9.10	6.8	11
C03	中国种业	2785	1.051	0.395	0.73	359	0.81	8.55	4.6	8
C03	种业导刊	282	0.603	0.069	0.91	125	0.31	2.98	5.7	3
C03	种子	4330	1.656	0.225	0.89	534	0.98	12.71	6.0	9
C03	种子科技	4379	0.750	0.299	0.88	443	0.71	10.55	3.3	7
C03	作物学报	7721	2.848	0.959	0.93	532	0.95	12.67	≥10	16
C03	作物研究	1505	1.121	0.204	0.95	344	0.71	8.19	7.6	8
C03	作物杂志	3185	2.136	0.348	0.96	443	0.88	10.55	6.2	11
C04	Horticultural Plant Journal	447	2.804	0.186	0.77	105	0.26	2.44	3.5	6
C04	Horticulture Research	39	—	—	1.00	27	0.09	0.63	—	2
C04	Journal of Cotton Research	45	0.311	0.074	0.84	24	0.14	0.57	4.1	2
C04	北方果树	616	0.458	0.085	0.94	185	0.51	4.30	7.3	4
C04	北方园艺	8593	1.393	0.247	0.95	971	0.93	22.58	7.1	11
C04	茶叶科学	2035	2.571	0.397	0.94	377	0.40	8.77	8.1	9
C04	茶叶通讯	943	1.607	0.195	0.86	255	0.21	5.93	4.6	7
C04	长江蔬菜	2336	0.506	0.159	0.83	328	0.60	7.63	6.0	7
C04	东南园艺	446	0.456	0.023	0.93	174	0.58	4.05	7.7	4
C04	广东园林	664	0.636	0.175	0.87	227	0.26	5.28	6.8	3
C04	果农之友	512	0.284	0.053	0.97	154	0.47	3.58	6.1	5
C04	果树学报	4908	2.305	0.316	0.89	448	0.67	10.42	7.0	14
C04	果树资源学报	254	0.630	0.165	0.91	112	0.40	2.60	2.9	4
C04	河北果树	469	0.313	0.082	0.98	167	0.44	3.88	6.8	3
C04	花卉	1626	0.186	0.050	0.87	244	0.28	5.67	4.2	4
C04	辣椒杂志	296	0.875	0.048	0.90	100	0.30	2.33	8.4	5
C04	林业与生态科学	593	1.031	0.266	0.92	288	0.33	6.70	7.2	4
C04	落叶果树	863	0.602	0.140	0.92	217	0.53	5.05	6.3	6
C04	南方园艺	608	0.719	0.097	0.79	214	0.72	4.98	6.0	5
C04	人参研究	589	0.699	0.089	0.93	249	0.14	5.79	6.0	6

学科代码	期刊名称	扩展总被引频次	扩展影响因子	扩展即年指标	扩展他引率	扩展引用刊数	扩展学科影响指标	扩展学科扩散指标	扩展被引半衰期	扩展H指标
C04	上海蔬菜	700	0.466	0.075	0.95	198	0.56	4.60	6.1	4
C04	食用菌	1344	0.892	0.311	0.91	271	0.40	6.30	7.8	6
C04	食用菌学报	1149	1.621	0.347	0.92	268	0.35	6.23	6.8	9
C04	蔬菜	1008	0.822	0.240	0.95	289	0.56	6.72	4.6	7
C04	亚热带植物科学	728	0.810	—	0.96	309	0.51	7.19	8.7	5
C04	烟草科技	3226	1.648	0.335	0.80	415	0.40	9.65	8.1	10
C04	烟台果树	328	0.389	0.105	0.98	135	0.47	3.14	5.8	4
C04	园艺学报	6320	2.662	0.481	0.89	502	0.91	11.67	8.3	11
C04	园艺与种苗	1234	0.496	0.075	0.96	381	0.53	8.86	6.3	5
C04	浙江柑橘	282	0.500	0.020	0.93	104	0.35	2.42	8.1	5
C04	中国瓜菜	2186	1.247	0.333	0.78	323	0.60	7.51	4.4	8
C04	中国果菜	1412	1.130	0.277	0.94	397	0.70	9.23	4.5	7
C04	中国果树	2538	1.463	0.299	0.87	461	0.72	10.72	4.5	9
C04	中国南方果树	2563	1.351	0.122	0.85	346	0.65	8.05	6.8	7
C04	中国食用菌	2337	0.709	0.386	0.84	453	0.53	10.53	4.7	8
C04	中国蔬菜	3891	1.610	0.300	0.92	483	0.79	11.23	6.5	10
C04	中国烟草科学	2356	2.500	0.322	0.91	307	0.30	7.14	8.3	10
C04	中国烟草学报	2128	1.804	0.304	0.93	361	0.33	8.40	7.9	12
C05	Journal of Bioresources and Bioproducts	92	0.950	0.156	0.80	43	0.11	4.78	3.6	3
C05	Pedosphere	831	0.698	0.086	0.97	295	0.67	24.58	8.9	7
C05	Soil Ecology Letters	18	—	0.049	0.67	12	0.33	1.00	3.1	2
C05	肥料与健康	196	0.866	0.143	0.85	122	0.50	10.17	3.1	5
C05	土壤	4284	2.481	0.222	0.95	701	0.83	58.42	7.5	12
C05	土壤通报	4775	2.263	0.315	0.96	758	0.92	63.17	9.1	12
C05	土壤学报	6706	4.107	1.296	0.94	778	0.92	64.83	8.9	19
C05	土壤与作物	674	2.042	0.583	0.95	262	0.75	21.83	5.2	8
C05	植物医学	578	1.033	0.134	0.81	200	0.25	16.67	5.0	5
C05	植物营养与肥料学报	8861	3.600	0.312	0.92	589	0.67	49.08	8.1	20
C05	中国土地科学	5408	5.599	0.811	0.88	861	0.25	71.75	5.0	20
C05	中国土壤与肥料	4330	2.617	0.326	0.88	559	0.75	46.58	5.7	13
C06	广西植保	226	0.541	0.233	0.96	107	0.81	6.69	7.3	3
C06	湖北植保	441	0.525	0.075	0.91	154	0.94	9.62	5.1	3
C06	环境昆虫学报	2085	1.380	0.199	0.89	344	0.88	21.50	5.8	11

2022 年中国科技期刊被引指标按类刊名字顺索引(续)

学科代码	期刊名称	扩展总被引频次	扩展影响因子	扩展即年指标	扩展他引率	扩展引用刊数	扩展学科影响指标	扩展学科扩散指标	扩展被引半衰期	扩展H指标
C06	农药	2645	1.196	0.300	0.88	464	1.00	29.00	7.3	8
C06	农药科学与管理	958	0.757	0.122	0.92	281	0.88	17.56	7.5	6
C06	农药学学报	1920	2.064	0.478	0.86	386	1.00	24.12	5.1	10
C06	生物灾害科学	468	0.748	0.177	0.93	214	0.88	13.38	6.6	5
C06	世界农药	667	0.862	0.182	0.90	222	0.81	13.88	6.6	7
C06	现代农药	738	1.214	0.365	0.92	244	0.94	15.25	6.8	7
C06	杂草学报	684	1.505	—	0.86	189	0.81	11.81	9.2	6
C06	植物保护	5509	2.080	0.366	0.89	498	1.00	31.12	5.8	18
C06	植物保护学报	3119	1.877	0.579	0.83	391	1.00	24.44	6.4	11
C06	植物病理学报	1808	1.319	0.533	0.94	284	0.81	17.75	9.9	7
C06	植物检疫	1182	0.712	0.452	0.87	256	0.88	16.00	9.4	7
C06	中国生物防治学报	2584	1.899	0.574	0.85	379	1.00	23.69	6.8	11
C06	中国植保导刊	2677	1.381	0.223	0.92	402	1.00	25.12	5.4	9
C07	Forest Ecosystems	91	0.058	—	0.97	65	0.27	0.89	≥10	2
C07	Journal of Forestry Research	951	0.499	0.148	0.87	306	0.66	4.19	5.9	4
C07	安徽林业科技	375	0.527	0.149	0.94	173	0.60	2.37	5.4	4
C07	桉树科技	350	1.044	0.174	0.77	118	0.48	1.62	6.0	4
C07	防护林科技	1459	0.468	0.255	0.95	362	0.81	4.96	7.0	4
C07	风景园林	2725	2.402	0.507	0.88	446	0.47	6.11	4.8	12
C07	福建林业	124	0.288	0.132	0.97	84	0.32	1.15	4.6	3
C07	福建林业科技	1133	0.760	0.230	0.96	331	0.82	4.53	≥10	5
C07	甘肃林业科技	374	0.333	0.129	0.80	162	0.44	2.22	≥10	4
C07	广西林业	124	—	—	1.00	76	0.21	1.04	9.0	2
C07	广西林业科学	923	0.939	0.292	0.87	250	0.68	3.42	6.4	5
C07	贵州林业科技	340	0.742	0.167	0.87	163	0.49	2.23	7.6	4
C07	河北林业科技	581	0.500	0.118	0.97	247	0.68	3.38	≥10	4
C07	河南林业科技	322	0.483	0.135	0.95	167	0.53	2.29	8.4	4
C07	湖北林业科技	614	0.660	0.119	0.92	246	0.75	3.37	6.4	5
C07	湖南林业科技	832	0.732	0.128	0.91	299	0.78	4.10	8.2	4
C07	吉林林业科技	404	0.547	0.145	0.96	184	0.60	2.52	8.1	4
C07	江苏林业科技	607	0.696	0.069	0.97	236	0.68	3.23	9.3	6
C07	经济林研究	2119	2.308	0.267	0.88	388	0.73	5.32	6.5	8
C07	辽宁林业科技	680	0.582	0.107	0.91	237	0.68	3.25	7.2	5

2022年中国科技期刊被引指标按类刊名字顺索引(续)

学科代码	期刊名称	扩展总被引频次	扩展影响因子	扩展即年指标	扩展他引率	扩展引用刊数	扩展学科影响指标	扩展学科扩散指标	扩展被引半衰期	扩展H指标
C07	林产工业	2139	3.700	0.363	0.83	498	0.63	6.82	3.5	9
C07	林区教学	846	0.521	0.249	0.99	389	0.04	5.33	3.6	5
C07	林业调查规划	1301	0.817	0.225	0.93	414	0.81	5.67	6.0	6
C07	林业工程学报	2216	1.914	0.463	0.89	598	0.88	8.19	6.6	10
C07	林业机械与木工设备	916	1.164	0.204	0.75	290	0.38	3.97	4.5	6
C07	林业建设	452	0.782	0.062	0.95	213	0.49	2.92	4.9	5
C07	林业勘查设计	486	0.608	0.270	0.96	181	0.59	2.48	4.5	5
C07	林业科技	625	0.649	0.149	0.97	264	0.75	3.62	8.4	4
C07	林业科技情报	735	0.873	0.224	0.79	255	0.63	3.49	3.8	5
C07	林业科技通讯	1494	0.501	0.154	0.95	409	0.84	5.60	7.3	5
C07	林业科学	6390	1.780	0.148	0.94	807	0.90	11.05	9.8	14
C07	林业科学研究	3140	2.057	0.426	0.93	494	0.88	6.77	9.3	10
C07	林业与环境科学	1299	1.465	0.404	0.76	304	0.77	4.16	5.7	7
C07	林业资源管理	2020	1.623	0.250	0.92	495	0.89	6.78	6.1	9
C07	绿色科技	5305	0.483	0.147	0.88	1348	0.81	18.47	4.3	7
C07	木材科学与技术	780	1.347	0.444	0.77	179	0.41	2.45	5.6	7
C07	南方林业科学	735	0.892	0.109	0.93	280	0.68	3.84	6.7	5
C07	内蒙古林业	227	0.143	0.080	1.00	130	0.40	1.78	8.5	3
C07	内蒙古林业科技	318	0.645	0.083	0.92	156	0.52	2.14	7.4	3
C07	热带林业	320	0.507	0.075	0.93	152	0.41	2.08	5.7	4
C07	森林防火	562	—	0.031	0.62	113	0.47	1.55	4.3	9
C07	森林工程	1544	3.312	0.656	0.89	466	0.64	6.38	4.1	10
C07	森林与环境学报	1466	2.246	0.550	0.95	379	0.81	5.19	6.0	8
C07	山东林业科技	966	0.584	0.097	0.96	349	0.77	4.78	9.2	6
C07	山西林业	278	0.444	0.131	1.00	120	0.36	1.64	4.3	3
C07	山西林业科技	376	0.405	0.116	0.94	190	0.53	2.60	6.8	3
C07	陕西林业科技	791	0.419	0.129	0.90	287	0.70	3.93	7.8	4
C07	世界林业研究	2547	1.913	0.686	0.95	635	0.85	8.70	7.0	11
C07	四川林业科技	1030	0.740	0.102	0.90	342	0.75	4.68	7.7	5
C07	温带林业研究	227	1.158	0.250	0.90	125	0.45	1.71	3.8	5
C07	西部林业科学	1637	2.087	0.276	0.91	439	0.82	6.01	4.9	7
C07	新疆林业	174	0.269	0.033	1.00	102	0.22	1.40	≥10	2
C07	浙江林业科技	989	0.986	0.217	0.92	325	0.84	4.45	8.4	5

学科代码	期刊名称	扩展总被引频次	扩展影响因子	扩展即年指标	扩展他引率	扩展引用刊数	扩展学科影响指标	扩展学科扩散指标	扩展被引半衰期	扩展H指标
C07	中国城市林业	1085	1.343	0.369	0.82	326	0.66	4.47	4.8	6
C07	中国林副特产	1103	0.500	0.164	0.95	369	0.68	5.05	6.9	5
C07	中国林业经济	915	1.048	0.367	0.84	321	0.60	4.40	3.7	6
C07	中国森林病虫	1063	1.761	0.904	0.88	222	0.73	3.04	8.3	9
C07	中国园林	7756	3.046	0.459	0.88	853	0.73	11.68	6.5	15
C07	中南林业调查规划	378	0.487	0.220	0.90	162	0.67	2.22	≥10	4
C07	竹子学报	580	0.509	0.075	0.88	165	0.51	2.26	≥10	4
C08	Animal Nutrition	720	1.359	0.207	0.88	157	0.49	1.83	4.7	7
C08	Journal of Animal Science and Biotechnology	1085	1.623	0.157	0.88	197	0.52	2.29	5.3	5
C08	北方蚕业	230	0.367	0.115	0.85	88	0.15	1.02	7.0	4
C08	北方牧业	499	0.352	0.125	0.98	148	0.66	1.72	4.1	4
C08	蚕桑茶叶通讯	276	0.488	0.064	0.95	128	0.15	1.49	6.4	4
C08	蚕桑通报	286	0.382	0.026	0.78	90	0.16	1.05	7.7	4
C08	蚕学通讯	190	0.336	0.108	0.89	83	0.14	0.97	6.1	3
C08	蚕业科学	1140	0.768	0.141	0.87	265	0.26	3.08	8.7	7
C08	草食家畜	534	0.927	0.194	0.93	173	0.66	2.01	7.5	4
C08	草学	815	0.841	0.188	0.89	250	0.59	2.91	7.5	5
C08	草原与草业	357	0.729	0.022	0.95	162	0.28	1.88	8.1	4
C08	畜禽业	2172	0.561	0.283	0.95	298	0.83	3.47	3.6	6
C08	当代畜禽养殖业	778	0.388	0.077	0.99	185	0.74	2.15	4.9	4
C08	动物医学进展	2741	1.116	0.188	0.94	588	0.79	6.84	5.9	8
C08	动物营养学报	9961	2.799	0.688	0.85	599	0.97	6.97	4.5	14
C08	福建畜牧兽医	536	0.465	0.140	0.94	154	0.76	1.79	4.8	4
C08	甘肃畜牧兽医	893	0.446	0.161	0.94	220	0.81	2.56	5.6	4
C08	广东蚕业	1391	0.476	0.236	0.88	430	0.40	5.00	3.1	5
C08	广东饲料	577	0.711	0.097	1.00	187	0.66	2.17	5.5	5
C08	广东畜牧兽医科技	313	0.721	0.111	0.94	125	0.64	1.45	4.5	4
C08	广西蚕业	289	0.800	0.191	0.72	62	0.17	0.72	5.6	4
C08	广西畜牧兽医	338	0.434	0.054	0.94	118	0.70	1.37	5.9	4
C08	贵州畜牧兽医	521	0.628	0.231	0.90	178	0.79	2.07	4.9	4
C08	国外畜牧学—猪与禽	649	0.432	0.057	0.98	145	0.69	1.69	4.8	4
C08	河南畜牧兽医	237	—	0.008	0.98	82	0.56	0.95	8.4	3
C08	黑龙江动物繁殖	267	—	0.078	0.93	99	0.62	1.15	7.1	3

学科代码	期刊名称	扩展总被引频次	扩展影响因子	扩展即年指标	扩展他引率	扩展引用刊数	扩展学科影响指标	扩展学科扩散指标	扩展被引半衰期	扩展H指标
C08	湖南饲料	293	0.766	0.268	0.99	122	0.57	1.42	4.8	5
C08	湖南畜牧兽医	306	0.472	0.059	0.95	118	0.70	1.37	5.1	4
C08	吉林畜牧兽医	1806	0.468	0.161	0.95	201	0.80	2.34	3.2	5
C08	家畜生态学报	2188	1.463	0.178	0.96	392	0.88	4.56	5.7	8
C08	家禽科学	687	0.421	0.116	0.94	161	0.73	1.87	5.6	4
C08	江西农业	1274	0.160	0.031	0.98	404	0.41	4.70	4.6	4
C08	江西畜牧兽医杂志	351	0.504	0.054	0.85	132	0.69	1.53	5.7	3
C08	今日畜牧兽医	1866	0.441	0.170	0.92	229	0.85	2.66	3.6	5
C08	今日养猪业	210	0.233	0.088	1.00	69	0.53	0.80	3.8	3
C08	经济动物学报	407	0.788	0.462	0.87	162	0.52	1.88	7.7	5
C08	蜜蜂杂志	358	0.095	0.007	0.66	110	0.19	1.28	7.4	4
C08	青海畜牧兽医杂志	581	0.641	0.078	0.92	180	0.63	2.09	8.1	4
C08	山东畜牧兽医	1161	0.490	0.140	0.96	273	0.85	3.17	4.9	5
C08	上海畜牧兽医通讯	683	0.520	0.111	0.97	189	0.78	2.20	7.7	5
C08	四川蚕业	181	0.326	0.141	0.82	56	0.16	0.65	4.9	4
C08	四川畜牧兽医	639	0.281	0.075	0.98	193	0.73	2.24	5.6	4
C08	饲料博览	1370	0.434	0.204	0.98	265	0.84	3.08	4.9	5
C08	饲料工业	3422	1.452	0.379	0.95	450	0.90	5.23	6.8	9
C08	饲料研究	4449	1.740	0.499	0.71	452	0.93	5.26	3.3	9
C08	现代牧业	208	0.557	0.149	0.98	127	0.51	1.48	5.6	4
C08	现代畜牧兽医	1007	0.847	0.354	0.92	215	0.80	2.50	3.8	7
C08	新疆畜牧业	496	0.635	0.148	0.93	166	0.66	1.93	8.1	4
C08	畜牧兽医科技信息	2724	0.316	0.083	0.90	302	0.83	3.51	3.8	5
C08	畜牧兽医学报	3228	1.352	0.232	0.86	408	0.81	4.74	5.7	10
C08	畜牧兽医杂志	1401	1.021	0.598	0.75	233	0.83	2.71	4.4	6
C08	畜牧业环境	629	0.156	0.026	0.85	124	0.64	1.44	3.4	4
C08	畜牧与兽医	2682	1.173	0.168	0.96	414	0.90	4.81	6.3	8
C08	畜牧与饲料科学	1782	0.975	0.197	0.98	425	0.90	4.94	7.9	7
C08	养禽与禽病防治	372	—	0.031	0.85	100	0.59	1.16	5.5	4
C08	养殖与饲料	1504	0.479	0.185	0.94	259	0.85	3.01	3.8	5
C08	养猪	1060	0.733	0.149	0.86	167	0.74	1.94	5.0	5
C08	云南畜牧兽医	230	0.387	0.056	0.91	93	0.52	1.08	5.2	3
C08	浙江畜牧兽医	353	0.396	0.085	0.98	128	0.74	1.49	5.6	3

学科代码	期刊名称	扩展总被引频次	扩展影响因子	扩展即年指标	扩展他引率	扩展引用刊数	扩展学科影响指标	扩展学科扩散指标	扩展被引半衰期	扩展H指标
C08	中国蚕业	473	0.769	0.306	0.75	100	0.22	1.16	7.4	5
C08	中国草食动物科学	1169	1.054	0.133	0.95	224	0.77	2.60	7.7	6
C08	中国畜禽种业	3223	0.461	0.164	0.92	300	0.91	3.49	3.9	5
C08	中国动物保健	1879	0.625	0.283	0.92	228	0.81	2.65	2.9	6
C08	中国动物传染病学报	1022	1.410	0.276	0.71	200	0.72	2.33	5.0	6
C08	中国动物检疫	1784	1.208	0.264	0.82	296	0.79	3.44	4.8	8
C08	中国蜂业	535	0.190	0.040	0.81	132	0.21	1.53	8.2	4
C08	中国工作犬业	125	0.104	0.010	1.00	57	0.31	0.66	5.7	2
C08	中国家禽	3145	1.307	0.297	0.85	339	0.80	3.94	6.6	7
C08	中国奶牛	1577	0.870	0.188	0.89	251	0.74	2.92	7.5	5
C08	中国牛业科学	1162	1.234	0.215	0.81	189	0.69	2.20	5.7	6
C08	中国兽药杂志	1046	0.868	0.182	0.91	320	0.74	3.72	6.3	7
C08	中国兽医科学	1677	1.172	0.362	0.85	272	0.84	3.16	5.6	7
C08	中国兽医学报	2876	1.164	0.198	0.86	423	0.83	4.92	5.2	8
C08	中国兽医杂志	2244	0.562	0.069	0.94	414	0.86	4.81	7.0	5
C08	中国饲料	4912	1.209	0.397	0.77	537	0.92	6.24	3.9	10
C08	中国畜牧兽医	5025	1.385	0.276	0.89	567	0.92	6.59	6.0	10
C08	中国畜牧业	1053	0.343	0.103	1.00	281	0.83	3.27	3.9	6
C08	中国畜牧杂志	5190	1.682	0.514	0.89	560	0.94	6.51	4.8	10
C08	中国养兔	298	0.425	0.054	0.66	67	0.42	0.78	5.8	3
C08	中国预防兽医学报	1806	0.871	0.115	0.84	237	0.77	2.76	6.0	8
C08	中国猪业	634	1.031	0.250	0.77	149	0.62	1.73	4.6	6
C08	中兽医学杂志	837	0.110	0.075	0.87	175	0.74	2.03	5.5	4
C08	中兽医医药杂志	863	0.775	0.262	0.96	339	0.66	3.94	5.6	5
C08	猪业科学	1104	0.523	0.115	1.00	217	0.78	2.52	5.3	5
C09	草地学报	5419	3.343	0.638	0.74	534	0.83	89.00	4.9	14
C09	草业科学	5782	1.825	0.259	0.92	691	0.83	115.17	7.2	12
C09	草业学报	7047	2.960	0.493	0.93	659	0.83	109.83	7.5	15
C09	草原与草坪	1230	1.610	0.148	0.84	292	0.83	48.67	6.5	7
C09	中国草地学报	2963	2.944	0.466	0.84	414	0.83	69.00	6.4	11
C10	大连海洋大学学报	1582	1.478	0.290	0.90	350	0.85	13.46	6.3	8
C10	淡水渔业	1255	1.218	0.145	0.90	246	0.85	9.46	8.5	6
C10	广东海洋大学学报	1061	1.281	0.255	0.90	329	0.85	12.65	6.4	6

2022 年中国科技期刊被引指标按类刊名字顺索引(续)

学科代码	期刊名称	扩展总被引频次	扩展影响因子	扩展即年指标	扩展他引率	扩展引用刊数	扩展学科影响指标	扩展学科扩散指标	扩展被引半衰期	扩展H指标
C10	海洋渔业	1116	1.361	0.194	0.87	195	0.85	7.50	8.2	6
C10	河北渔业	726	0.469	0.111	0.95	243	0.88	9.35	7.5	4
C10	河南水产	178	—	0.022	0.79	94	0.62	3.62	5.7	3
C10	黑龙江水产	248	0.463	0.115	0.58	84	0.65	3.23	4.8	3
C10	江苏海洋大学学报（自然科学版）	212	0.613	0.019	0.98	177	0.03	1.27	6.1	3
C10	江西水产科技	290	0.403	0.063	0.94	126	0.85	4.85	5.5	3
C10	科学养鱼	1103	0.265	0.077	1.00	220	0.88	8.46	5.7	4
C10	南方水产科学	1296	1.676	0.183	0.87	226	0.85	8.69	6.7	7
C10	上海海洋大学学报	1596	1.516	0.338	0.85	315	0.88	12.12	8.0	7
C10	水产科技情报	563	0.903	0.217	0.90	178	0.88	6.85	8.4	4
C10	水产科学	1734	1.240	0.305	0.88	283	0.88	10.88	7.9	6
C10	水产学报	3536	1.650	0.365	0.90	373	0.88	14.35	8.5	9
C10	水产学杂志	689	1.227	0.212	0.92	207	0.85	7.96	5.3	5
C10	水产养殖	744	0.465	0.056	0.87	205	0.88	7.88	5.1	4
C10	渔业科学进展	1765	1.461	0.556	0.81	274	0.88	10.54	6.8	7
C10	渔业现代化	942	1.385	0.226	0.82	243	0.85	9.35	7.1	7
C10	渔业研究	686	0.948	0.254	0.78	217	0.88	8.35	6.5	5
C10	浙江海洋大学学报（自然科学版）	663	0.538	0.051	0.86	225	0.77	8.65	9.9	5
C10	中国海洋大学学报（自然科学版）	2310	0.876	0.213	0.95	699	0.84	21.84	8.8	7
C10	中国水产科学	2598	1.619	0.164	0.89	309	0.88	11.88	8.0	9
C10	中国渔业经济	767	0.964	0.099	0.86	250	0.81	9.62	7.8	6
C10	中国渔业质量与标准	401	1.139	0.057	0.90	164	0.81	6.31	5.5	6
D01	Blood Science	2	—	—	1.00	2	—	0.25	3.0	1
D01	Chinese Journal of Integrative Medicine	1821	1.903	0.266	0.92	499	0.94	7.45	5.6	7
D01	Chinese Medical Journal	5679	1.500	0.461	0.95	1155	0.94	9.24	5.4	12
D01	Chinese Medical Sciences Journal	244	0.652	0.083	1.00	204	0.30	1.63	5.3	4
D01	Current Medical Science	801	—	0.079	0.98	475	0.38	3.80	6.6	6
D01	Frontiers of Medicine	614	1.493	0.123	0.99	403	0.30	3.22	5.1	7
D01	Journal of Integrative Medicine	1180	1.171	0.246	0.96	392	0.87	26.13	≥10	9
D01	安徽医学	4306	1.936	0.259	0.95	739	0.79	5.91	4.5	13
D01	安徽医药	7149	1.990	0.373	0.95	933	0.86	7.46	4.5	14
D01	包头医学	310	0.688	0.074	1.00	168	0.32	1.34	3.8	4
D01	北京医学	2259	1.091	0.131	0.93	672	0.74	5.38	4.8	8

2022 年中国科技期刊被引指标按类刊名字顺索引(续)

学科代码	期刊名称	扩展总被引频次	扩展影响因子	扩展即年指标	扩展他引率	扩展引用刊数	扩展学科影响指标	扩展学科扩散指标	扩展被引半衰期	扩展H指标
D01	兵团医学	196	0.259	0.039	0.99	130	0.22	1.04	4.4	2
D01	重庆医学	13197	2.048	0.306	0.99	1285	0.92	10.28	5.0	16
D01	大医生	584	—	0.024	0.86	210	0.34	1.68	4.2	3
D01	当代医药论丛	6029	0.333	0.050	0.98	666	0.76	5.33	4.3	6
D01	东南国防医药	1331	1.547	0.181	0.90	446	0.69	3.57	4.6	8
D01	甘肃医药	1185	0.564	0.085	0.99	481	0.62	3.85	4.4	5
D01	广东医学	8273	2.166	0.263	0.99	1031	0.90	8.25	5.2	15
D01	广西医学	6225	1.726	0.117	0.99	887	0.82	7.10	4.3	13
D01	广州医药	718	0.739	0.209	0.99	363	0.46	2.90	4.5	5
D01	贵州医药	9943	2.619	0.405	0.95	757	0.81	6.06	3.7	15
D01	国际医药卫生导报	4101	0.773	0.185	0.89	689	0.78	5.51	4.2	6
D01	哈尔滨医药	999	0.660	0.150	1.00	349	0.51	2.79	3.7	5
D01	海军医学杂志	2208	2.079	0.185	0.84	500	0.64	4.00	4.0	10
D01	海南医学	10248	2.220	0.389	0.95	967	0.86	7.74	4.3	16
D01	罕见病研究	19	—	0.253	0.84	13	0.03	0.10	—	2
D01	罕少疾病杂志	1155	0.971	0.255	0.71	299	0.47	2.39	3.8	5
D01	航空航天医学杂志	2450	0.713	0.139	0.99	509	0.70	4.07	3.8	6
D01	河北医学	6621	2.731	0.358	0.99	731	0.82	5.85	4.3	14
D01	河北医药	10002	2.031	0.309	0.98	905	0.82	7.24	4.4	14
D01	河南医学研究	8435	0.832	0.095	0.96	830	0.83	6.64	3.8	7
D01	黑龙江医学	2852	0.921	0.148	0.97	550	0.70	4.40	3.5	7
D01	黑龙江医药	2632	0.872	0.221	0.98	596	0.64	4.77	4.0	6
D01	黑龙江医药科学	1687	0.622	0.094	0.92	470	0.54	3.76	4.3	5
D01	华西医学	2776	1.316	0.190	0.96	787	0.79	6.30	5.1	11
D01	华夏医学	907	0.635	0.071	0.99	389	0.54	3.11	4.3	5
D01	淮海医药	781	0.685	0.070	0.94	284	0.43	2.27	4.4	5
D01	基础医学与临床	2370	1.187	0.212	0.91	774	0.67	6.19	4.6	9
D01	继续医学教育	3587	0.834	0.153	0.93	658	0.62	5.26	4.0	9
D01	江苏医药	2583	1.015	0.142	0.99	687	0.77	5.50	5.3	9
D01	江西医药	2868	0.920	0.049	0.69	591	0.75	4.73	4.2	7
D01	交通医学	627	0.495	0.080	0.97	353	0.52	2.82	4.7	4
D01	解放军医学杂志	2615	2.423	0.448	0.92	765	0.74	6.12	4.7	12
D01	解放军医药杂志	5200	3.291	0.552	0.97	732	0.73	5.86	4.3	15

学科代码	期刊名称	扩展总被引频次	扩展影响因子	扩展即年指标	扩展他引率	扩展引用刊数	扩展学科影响指标	扩展学科扩散指标	扩展被引半衰期	扩展H指标
D01	精准医学杂志	334	0.546	0.100	0.97	223	0.38	1.78	4.1	4
D01	空军航空医学	1141	1.193	0.096	0.87	366	0.56	2.93	4.5	9
D01	联勤军事医学	1278	0.814	0.172	0.92	499	0.62	3.99	4.8	7
D01	辽宁医学杂志	571	0.697	0.134	0.99	258	0.42	2.06	3.9	5
D01	宁夏医学杂志	1392	0.585	0.119	0.96	552	0.66	4.42	4.6	5
D01	农垦医学	495	0.642	0.015	0.62	194	0.33	1.55	4.7	4
D01	青岛医药卫生	501	0.734	0.119	0.97	223	0.36	1.78	4.2	4
D01	青海医药杂志	620	—	0.060	0.97	308	0.41	2.46	4.8	4
D01	山东医药	11786	1.762	0.237	0.99	1127	0.89	9.02	4.9	15
D01	山西医药杂志	11073	1.859	0.299	0.99	867	0.82	6.94	4.0	14
D01	陕西医学杂志	6521	2.798	0.652	0.89	713	0.79	5.70	4.4	16
D01	伤害医学（电子版）	240	0.771	0.050	0.86	118	0.10	0.94	5.4	5
D01	上海医学	1409	1.225	0.097	0.98	575	0.70	4.60	4.9	9
D01	上海医药	2324	0.899	0.200	0.95	708	0.70	5.66	4.4	8
D01	社区医学杂志	1314	0.548	0.032	0.93	474	0.50	3.79	5.0	5
D01	实用休克杂志（中英文）	135	0.311	0.012	0.92	103	0.22	0.82	4.2	4
D01	世界复合医学	1452	0.647	0.095	0.97	331	0.53	2.65	3.5	5
D01	世界睡眠医学杂志	2491	0.706	0.130	0.73	402	0.51	3.22	3.8	9
D01	首都食品与医药	3967	0.304	0.053	0.98	594	0.66	4.75	4.1	5
D01	四川医学	2622	1.142	0.136	0.99	679	0.80	5.43	5.0	10
D01	天津医药	2110	1.340	0.292	0.96	683	0.72	5.46	4.8	9
D01	微创医学	903	0.646	0.084	0.93	379	0.58	3.03	4.7	5
D01	武警医学	1660	0.934	0.125	0.92	543	0.68	4.34	4.7	8
D01	西部医学	3648	1.593	0.267	0.94	718	0.80	5.74	4.6	12
D01	西藏医药	610	—	0.106	0.93	254	0.46	2.03	3.8	3
D01	系统医学	3333	0.590	0.073	0.96	538	0.67	4.30	3.8	6
D01	现代生物医学进展	11716	2.302	0.322	0.94	1154	0.84	9.23	4.4	16
D01	现代实用医学	2634	0.617	0.103	0.99	694	0.78	5.55	4.4	6
D01	现代医学	2201	1.079	0.077	0.95	540	0.70	4.32	4.6	9
D01	现代医学与健康研究（电子版）	2436	0.491	0.154	1.00	526	0.66	4.21	3.6	5
D01	协和医学杂志	1372	1.702	0.812	0.97	628	0.73	5.02	4.2	11
D01	新疆医学	1578	0.809	0.078	0.68	427	0.61	3.42	4.5	5
D01	新医学	1208	1.021	0.207	0.89	488	0.64	3.90	4.9	6

2022 年中国科技期刊被引指标按类刊名字顺索引(续)

学科代码	期刊名称	扩展总被引频次	扩展影响因子	扩展即年指标	扩展他引率	扩展引用刊数	扩展学科影响指标	扩展学科扩散指标	扩展被引半衰期	扩展H指标
D01	叙事医学	70	0.172	0.024	0.94	47	0.07	0.38	3.4	3
D01	亚太传统医药	5236	0.889	0.168	0.97	765	0.60	6.12	5.7	10
D01	医师在线	154	0.034	0.018	0.99	108	0.17	0.86	4.0	3
D01	医学理论与实践	7045	0.808	0.170	0.98	933	0.85	7.46	3.9	7
D01	医学临床研究	5626	1.236	0.224	0.96	600	0.79	4.80	4.6	13
D01	医学新知	520	1.125	0.339	0.97	298	0.50	2.38	4.5	5
D01	医学信息	4864	0.660	0.157	0.95	1037	0.81	8.30	4.5	9
D01	医学研究与战创伤救治	2663	1.817	0.278	0.85	764	0.74	6.11	4.7	12
D01	医学研究杂志	3238	0.985	0.133	0.98	857	0.81	6.86	5.1	9
D01	医学与法学	415	0.557	0.219	0.92	189	0.11	1.51	4.4	4
D01	医学综述	8861	1.816	0.397	0.99	1200	0.88	9.60	4.6	13
D01	医药论坛杂志	2472	0.728	0.127	0.88	557	0.66	4.46	4.2	6
D01	英国医学杂志(中文版)	179	0.074	0.020	0.99	138	0.19	1.10	5.4	4
D01	右江医学	646	0.643	0.076	0.97	362	0.50	2.90	4.4	5
D01	云南医药	767	0.672	0.183	0.81	273	0.44	2.18	3.9	4
D01	浙江实用医学	354	0.354	0.028	0.97	220	0.37	1.76	4.9	4
D01	浙江医学	4464	1.227	0.157	0.99	863	0.82	6.90	4.4	11
D01	中国当代医药	10089	1.014	0.199	0.92	1039	0.88	8.31	3.8	8
D01	中国高等医学教育	5442	1.029	0.145	0.91	707	0.52	5.66	4.8	10
D01	中国基层医药	3891	1.442	0.280	0.95	631	0.78	5.05	4.2	8
D01	中国急救复苏与灾害医学杂志	2624	1.656	0.152	0.73	461	0.69	3.69	4.0	9
D01	中国临床实用医学	664	1.207	0.089	0.99	281	0.48	2.25	4.2	6
D01	中国煤炭工业医学杂志	1605	1.443	0.208	0.97	470	0.58	3.76	5.4	8
D01	中国民族民间医药	4143	0.720	0.091	0.96	714	0.54	5.71	5.9	8
D01	中国实用医刊	4744	1.255	0.277	0.91	589	0.75	4.71	4.1	8
D01	中国现代医生	6729	0.827	0.134	0.94	965	0.86	7.72	4.2	8
D01	中国现代医学杂志	6763	2.546	0.439	0.99	1001	0.87	8.01	4.6	14
D01	中国乡村医药	1953	0.352	0.059	0.98	556	0.62	4.45	4.3	5
D01	中国研究型医院	544	1.475	0.295	0.88	297	0.34	2.38	3.5	8
D01	中国医学创新	7081	1.048	0.180	0.94	883	0.82	7.06	4.0	8
D01	中国医学科学院学报	1646	1.725	0.285	0.99	701	0.60	8.55	5.1	9
D01	中国医学前沿杂志(电子版)	3512	2.104	0.159	0.99	803	0.81	6.42	4.7	22
D01	中国医药导报	16979	2.181	0.333	0.94	1379	0.94	11.03	4.2	16

学科代码	期刊名称	扩展总被引频次	扩展影响因子	扩展即年指标	扩展他引率	扩展引用刊数	扩展学科影响指标	扩展学科扩散指标	扩展被引半衰期	扩展H指标
D01	中国医药科学	8694	1.372	0.268	0.94	988	0.84	7.90	3.8	9
D01	中国医院建筑与装备	721	0.617	0.143	0.83	240	0.11	1.92	3.7	5
D01	中华医学信息导报	643	0.567	0.098	1.00	392	0.45	3.14	3.9	7
D01	中华医学杂志	15078	3.015	0.710	0.94	1264	0.98	10.11	5.2	31
D01	中华重症医学电子杂志（网络版）	272	0.803	—	0.97	178	0.30	1.42	3.9	5
D01	中南医学科学杂志	2072	2.594	0.469	0.96	531	0.69	4.25	4.1	10
D01	中日友好医院学报	746	1.054	0.177	0.99	387	0.54	3.10	4.5	6
D01	中外医学研究	9195	0.879	0.184	0.96	865	0.82	6.92	3.9	7
D01	中医药管理杂志	6906	0.672	0.114	0.76	775	0.64	6.20	3.8	9
D01	转化医学杂志	480	1.112	0.170	0.88	293	0.41	2.34	4.2	5
D02	安徽医科大学学报	2979	1.274	0.156	0.90	777	0.72	9.48	4.8	9
D02	包头医学院学报	1479	0.617	0.144	0.94	551	0.32	6.72	4.5	5
D02	北京大学学报（医学版）	2370	1.665	0.234	0.98	891	0.71	10.87	5.9	10
D02	蚌埠医学院学报	4112	1.699	0.243	0.94	690	0.60	8.41	4.4	11
D02	滨州医学院学报	425	0.633	0.094	0.88	263	0.38	2.10	4.8	4
D02	长治医学院学报	387	0.563	0.073	0.99	258	0.34	2.06	4.7	3
D02	成都医学院学报	1626	1.992	0.178	0.99	547	0.40	6.67	4.1	10
D02	承德医学院学报	733	0.687	0.138	0.99	393	0.26	4.79	5.1	6
D02	重庆医科大学学报	2246	1.119	0.171	0.99	709	0.62	8.65	4.9	9
D02	川北医学院学报	3309	2.299	0.515	0.99	572	0.49	6.98	3.8	14
D02	大连医科大学学报	748	0.904	0.154	0.99	405	0.30	4.94	5.1	6
D02	东南大学学报（医学版）	1433	1.449	0.193	0.99	574	0.46	7.00	5.0	7
D02	福建医科大学学报	639	0.995	0.021	1.00	368	0.24	4.49	4.8	7
D02	复旦学报（医学版）	1439	1.965	0.268	0.99	683	0.54	8.33	4.6	10
D02	赣南医学院学报	972	0.581	0.054	0.98	489	0.43	5.96	4.7	6
D02	广东药科大学学报	1361	1.486	0.254	0.97	502	0.28	6.12	5.0	8
D02	广东医科大学学报	932	0.897	0.115	0.95	430	0.29	5.24	4.4	5
D02	广西医科大学学报	3497	1.109	0.110	0.99	755	0.61	9.21	4.8	12
D02	广州医科大学学报	1116	1.139	0.129	0.99	428	0.33	5.22	4.5	7
D02	贵州医科大学学报	1844	1.321	0.214	0.98	604	0.38	7.37	4.4	10
D02	哈尔滨医科大学学报	685	0.678	0.116	0.99	362	0.32	4.41	5.1	6
D02	海军军医大学学报	2336	1.159	0.194	0.97	827	0.61	10.09	5.4	11
D02	海南医学院学报	5091	1.761	0.599	0.99	767	0.67	9.35	5.3	11

2022 年中国科技期刊被引指标按类刊名字顺索引(续)

学科代码	期刊名称	扩展总被引频次	扩展影响因子	扩展即年指标	扩展他引率	扩展引用刊数	扩展学科影响指标	扩展学科扩散指标	扩展被引半衰期	扩展H指标
D02	河北医科大学学报	3395	1.808	0.223	0.99	711	0.62	8.67	4.5	13
D02	河南大学学报（医学版）	456	0.932	0.211	0.95	279	0.17	3.40	4.4	5
D02	河南医学高等专科学校学报	600	0.605	0.160	0.97	275	0.15	3.35	4.1	4
D02	菏泽医学专科学校学报	318	0.517	0.045	1.00	180	0.07	2.20	4.4	3
D02	湖北科技学院学报（医学版）	590	0.625	0.086	0.97	314	0.17	3.83	4.5	4
D02	湖北民族大学学报（医学版）	247	1.041	0.168	0.95	157	0.12	1.91	3.0	4
D02	湖北医药学院学报	615	0.902	0.130	0.92	323	0.20	3.94	4.2	6
D02	湖南师范大学学报（医学版）	2841	1.647	0.281	0.96	539	0.49	6.57	4.0	9
D02	华北理工大学学报（医学版）	519	0.906	0.235	0.99	363	0.27	4.43	4.9	4
D02	华中科技大学学报（医学版）	1237	1.502	0.248	0.99	586	0.55	7.15	4.9	9
D02	吉林大学学报（医学版）	1936	1.509	0.274	0.97	689	0.60	8.40	4.8	9
D02	吉林医药学院学报	966	0.974	0.323	0.99	508	0.40	6.20	4.1	9
D02	济宁医学院学报	460	0.750	0.173	0.94	320	0.18	3.90	5.0	5
D02	江苏大学学报（医学版）	595	1.000	0.367	0.85	302	0.33	3.68	4.7	5
D02	解放军医学院学报	2107	1.371	0.172	0.91	686	0.63	8.37	4.7	9
D02	锦州医科大学学报	589	0.578	0.060	0.99	328	0.30	4.00	4.8	5
D02	空军军医大学学报	897	0.814	0.152	0.94	458	0.21	5.59	7.6	6
D02	昆明医科大学学报	2809	1.544	0.284	0.97	747	0.56	9.11	4.3	10
D02	兰州大学学报（医学版）	642	1.289	0.157	0.90	362	0.27	4.41	4.1	7
D02	陆军军医大学学报	3338	1.376	0.198	0.97	951	0.77	11.60	5.0	12
D02	牡丹江医学院学报	979	0.637	0.117	0.99	475	0.34	5.79	4.5	5
D02	南昌大学学报（医学版）	793	0.794	0.091	0.99	448	0.32	5.46	5.5	6
D02	南方医科大学学报	3274	1.978	0.272	0.97	1004	0.87	12.24	5.0	11
D02	南京医科大学学报（自然科学版）	2096	1.118	0.188	0.90	727	0.59	8.87	4.6	9
D02	南通大学学报（医学版）	501	0.524	0.031	0.99	299	0.27	3.65	4.7	4
D02	内蒙古医科大学学报	1892	1.736	0.098	0.98	544	0.33	6.63	4.5	9
D02	宁夏医科大学学报	2115	1.169	0.085	0.99	638	0.46	7.78	5.0	9
D02	黔南民族医专学报	308	0.562	0.055	0.95	191	0.05	2.33	4.0	3
D02	青岛大学学报（医学版）	698	0.537	0.075	0.97	397	0.28	4.84	5.2	5
D02	山东大学学报（医学版）	1757	1.238	0.177	0.97	768	0.59	9.37	4.6	8
D02	山东第一医科大学（山东省医学科学院）学报	1229	0.666	0.123	0.99	512	0.43	6.24	5.1	5
D02	山东医学高等专科学校学报	553	0.513	0.105	0.98	255	0.12	3.11	3.9	4

2022 年中国科技期刊被引指标按类刊名字顺索引(续)

学科代码	期刊名称	扩展总被引频次	扩展影响因子	扩展即年指标	扩展他引率	扩展引用刊数	扩展学科影响指标	扩展学科扩散指标	扩展被引半衰期	扩展H指标
D02	山西医科大学学报	1344	0.694	0.110	0.98	611	0.60	7.45	5.1	7
D02	汕头大学医学院学报	248	0.883	0.063	0.98	185	0.11	2.26	4.2	4
D02	上海交通大学学报（医学版）	2379	1.362	0.217	0.99	865	0.76	10.55	5.2	10
D02	沈阳药科大学学报	1691	1.672	0.247	0.94	570	0.34	6.95	5.7	7
D02	沈阳医学院学报	593	0.801	0.196	0.98	352	0.28	4.29	4.3	5
D02	首都医科大学学报	1866	1.897	0.318	0.99	710	0.57	8.66	4.7	10
D02	四川大学学报（医学版）	1682	1.426	0.400	0.98	732	0.65	8.93	5.3	9
D02	天津医科大学学报	761	0.883	0.204	0.99	421	0.37	5.13	4.8	5
D02	同济大学学报（医学版）	1141	1.682	0.287	0.92	548	0.43	6.68	4.4	7
D02	皖南医学院学报	1149	1.315	0.167	0.99	446	0.28	5.44	4.3	9
D02	潍坊医学院学报	338	0.386	0.028	0.99	205	0.23	9.32	4.8	3
D02	温州医科大学学报	1005	0.975	0.187	0.96	523	0.43	6.38	4.3	6
D02	武汉大学学报（医学版）	1237	1.053	0.318	0.98	562	0.45	6.85	4.5	7
D02	西安交通大学学报（医学版）	1557	1.534	0.300	0.99	693	0.60	8.45	4.7	9
D02	西南医科大学学报	754	1.038	0.250	0.90	396	0.21	4.83	4.7	7
D02	新疆医科大学学报	2671	1.367	0.204	0.95	720	0.56	8.78	4.7	10
D02	新乡医学院学报	2649	1.822	0.369	0.97	623	0.55	7.60	4.4	14
D02	徐州医科大学学报	974	1.205	0.199	0.97	378	0.38	4.61	3.9	7
D02	延安大学学报（医学科学版）	426	0.748	0.084	0.99	265	0.17	3.23	4.5	4
D02	延边大学医学学报	301	0.433	0.034	0.97	220	0.15	2.68	5.7	4
D02	右江民族医学院学报	891	0.916	0.118	0.81	395	0.22	4.82	4.6	6
D02	浙江大学学报（医学版）	945	1.642	0.144	0.98	558	0.41	6.80	4.7	9
D02	郑州大学学报（医学版）	1579	1.589	0.376	0.94	617	0.56	7.52	4.4	8
D02	中国高原医学与生物学杂志	236	0.598	0.083	0.97	155	0.06	1.89	6.6	4
D02	中国药科大学学报	1085	1.323	0.122	0.96	450	0.39	5.49	7.3	7
D02	中国医科大学学报	2571	1.771	0.268	0.99	717	0.63	8.74	4.6	12
D02	中南大学学报（医学版）	2213	1.551	0.215	0.99	844	0.68	10.29	5.3	10
D02	中山大学学报（医学科学版）	1162	1.369	0.269	0.97	564	0.45	6.88	5.4	7
D02	遵义医科大学学报	181	0.609	0.031	0.83	125	0.11	1.52	3.3	3
D03	Animal Models and Experimental Medicine	133	0.852	0.219	0.83	71	0.09	1.51	3.6	4
D03	Cellular & Molecular Immunology	626	0.604	0.175	0.97	351	0.36	7.98	3.8	7
D03	Genes & Diseases	236	0.964	0.038	1.00	187	0.22	1.50	4.1	3
D03	Journal of Genetics and Genomics	896	0.593	0.110	0.97	378	0.61	9.22	≥10	5

2022 年中国科技期刊被引指标按类刊名字顺索引(续)

学科代码	期刊名称	扩展总被引频次	扩展影响因子	扩展即年指标	扩展他引率	扩展引用刊数	扩展学科影响指标	扩展学科扩散指标	扩展被引半衰期	扩展H指标
D03	分子诊断与治疗杂志	2280	1.653	0.269	0.84	483	0.36	10.98	3.4	10
D03	国际免疫学杂志	706	1.008	0.223	0.89	349	0.32	7.93	4.7	6
D03	国际遗传学杂志	210	0.397	0.080	0.99	155	0.11	3.52	5.3	4
D03	寄生虫病与感染性疾病	284	0.990	0.239	0.85	107	0.05	2.43	4.7	4
D03	寄生虫与医学昆虫学报	196	0.663	0.026	0.91	87	0.07	1.98	5.6	4
D03	解剖科学进展	858	0.842	0.021	0.79	365	0.34	8.30	4.7	6
D03	解剖学报	838	0.863	0.136	0.84	375	0.36	8.52	4.9	6
D03	解剖学研究	790	0.918	0.173	0.82	323	0.25	7.34	4.5	7
D03	解剖学杂志	1166	1.147	0.129	0.89	435	0.34	9.89	4.8	9
D03	临床心身疾病杂志	1339	1.165	0.472	0.69	318	0.16	7.23	3.8	7
D03	免疫学杂志	1392	1.502	0.242	0.88	512	0.55	11.64	4.8	8
D03	神经解剖学杂志	605	0.748	0.167	0.89	284	0.41	6.45	5.1	5
D03	生物医学工程学进展	283	0.805	0.109	0.99	195	0.07	4.43	4.6	4
D03	生物医学转化	61	0.767	0.100	0.95	57	0.05	1.30	2.6	3
D03	实验动物与比较医学	399	0.928	0.134	0.89	220	0.11	5.00	4.8	5
D03	数理医药学杂志	2483	0.755	0.203	0.97	586	0.20	13.32	3.8	6
D03	四川解剖学杂志	889	—	0.027	1.00	329	0.27	7.48	4.0	5
D03	微循环学杂志	636	1.630	0.185	0.99	294	0.20	6.68	4.6	8
D03	细胞与分子免疫学杂志	1555	1.197	0.080	0.90	570	0.55	12.95	5.9	8
D03	现代免疫学	681	1.237	0.154	0.97	368	0.36	8.36	4.6	7
D03	医学分子生物学杂志	411	0.564	0.023	0.95	189	0.20	4.30	5.0	6
D03	医院管理论坛	1369	0.942	0.116	0.91	372	0.16	8.45	4.2	6
D03	中国比较医学杂志	2072	1.418	0.243	0.88	656	0.39	14.91	4.8	8
D03	中国病理生理杂志	3330	1.739	0.323	0.87	731	0.55	16.61	4.8	9
D03	中国寄生虫学与寄生虫病杂志	1628	1.680	0.255	0.81	283	0.16	6.43	5.3	11
D03	中国健康心理学杂志	5996	2.113	0.619	0.91	1089	0.20	24.75	5.5	12
D03	中国临床解剖学杂志	1323	0.939	0.175	0.91	469	0.36	10.66	6.4	7
D03	中国免疫学杂志	5152	1.917	0.266	0.88	959	0.68	21.80	4.1	12
D03	中国血液流变学杂志	457	0.616	0.028	0.93	229	0.14	5.20	4.5	5
D03	中国医学工程	1419	0.662	0.133	0.99	515	0.18	11.70	4.3	5
D03	中国医学物理学杂志	1801	1.142	0.170	0.92	567	0.18	12.89	4.5	7
D03	中国组织化学与细胞化学杂志	543	0.695	0.067	0.97	341	0.34	7.75	5.4	5
D03	中华病理学杂志	2685	1.384	0.176	0.91	612	0.45	13.91	4.9	12

2022 年中国科技期刊被引指标按类刊名字顺索引(续)

学科代码	期刊名称	扩展总被引频次	扩展影响因子	扩展即年指标	扩展他引率	扩展引用刊数	扩展学科影响指标	扩展学科扩散指标	扩展被引半衰期	扩展H指标
D03	中华解剖与临床杂志	729	1.182	0.205	0.91	313	0.14	7.11	4.1	5
D03	中华临床实验室管理电子杂志	230	0.745	—	1.00	158	0.05	3.59	4.7	4
D03	中华临床医师杂志(电子版)	2302	0.738	0.022	0.99	831	0.48	18.89	7.9	8
D03	中华微生物学和免疫学杂志	996	1.178	0.158	0.88	390	0.30	8.86	4.7	7
D03	中华细胞与干细胞杂志(电子版)	187	0.675	—	0.96	137	0.18	3.11	4.3	4
D03	中华医学遗传学杂志	1642	0.777	0.091	0.84	390	0.34	8.86	4.6	9
D05	Chronic Diseases and Translational Medicine	120	0.683	0.083	0.98	105	0.14	0.84	4.8	3
D05	Gynecology and Obstetrics Clinical Medicine	8	—	0.023	0.88	8	0.18	0.73	2.4	1
D05	Journal of Intensive Medicine	2	—	0.050	0.50	2	0.03	0.03	—	1
D05	World Journal of Emergency Medicine	331	1.643	0.117	0.88	160	0.33	2.50	3.7	6
D05	巴楚医学	193	0.491	0.054	0.97	145	0.17	2.27	3.6	3
D05	创伤与急危重病医学	766	1.461	0.188	0.97	302	0.47	4.72	3.8	6
D05	创伤与急诊电子杂志	135	0.539	—	0.96	115	0.12	1.80	4.8	3
D05	当代临床医刊	923	0.614	0.171	0.95	260	0.19	4.06	3.5	4
D05	临床和实验医学杂志	7853	2.182	0.303	0.97	912	0.78	14.25	4.2	14
D05	临床荟萃	1623	0.961	0.142	0.99	588	0.58	9.19	5.8	8
D05	临床急诊杂志	1946	1.840	0.360	0.89	492	0.72	7.69	4.5	9
D05	临床军医杂志	4596	1.850	0.296	0.99	695	0.72	10.86	4.3	12
D05	临床输血与检验	1396	1.497	0.222	0.93	360	0.44	5.62	4.7	8
D05	临床误诊误治	3714	2.779	0.384	0.96	650	0.77	10.16	4.1	14
D05	临床研究	3463	0.868	0.160	0.98	565	0.59	8.83	3.6	6
D05	临床医学	3232	1.253	0.246	0.94	509	0.56	7.95	4.0	7
D05	临床医学研究与实践	10353	1.060	0.287	0.92	913	0.78	14.27	3.8	10
D05	临床医药实践	1151	0.793	0.186	0.97	448	0.52	7.00	4.1	5
D05	临床与病理杂志	3843	1.801	0.391	0.99	791	0.67	12.36	3.9	11
D05	岭南急诊医学杂志	692	0.589	0.088	0.98	318	0.39	4.97	4.2	4
D05	全科医学临床与教育	1434	0.813	0.167	0.97	526	0.55	8.22	4.3	11
D05	蛇志	518	0.532	0.066	0.89	237	0.17	3.70	4.7	5
D05	实用临床医学	1396	0.837	0.077	1.00	458	0.48	7.16	4.7	5
D05	实用临床医药杂志	11165	2.261	0.239	0.96	854	0.78	13.34	4.7	14
D05	实用医技杂志	2350	0.659	0.135	0.99	582	0.55	9.09	4.1	5
D05	实用医学杂志	10333	2.545	0.424	0.90	1085	0.83	16.95	4.8	16
D05	实用医院临床杂志	4637	2.285	0.339	0.98	711	0.70	11.11	4.2	13

2022 年中国科技期刊被引指标按类刊名字顺索引(续)

学科代码	期刊名称	扩展总被引频次	扩展影响因子	扩展即年指标	扩展他引率	扩展引用刊数	扩展学科影响指标	扩展学科扩散指标	扩展被引半衰期	扩展H指标
D05	现代电生理学杂志	189	0.821	0.153	0.88	110	0.12	1.72	3.7	4
D05	现代临床医学	638	0.793	0.311	0.99	351	0.33	5.48	4.4	6
D05	现代医药卫生	5232	0.848	0.164	0.97	1038	0.73	16.22	4.2	9
D05	医学研究与教育	516	0.869	0.044	0.98	323	0.23	5.05	5.2	6
D05	疑难病杂志	3332	2.206	0.337	0.95	600	0.56	9.38	4.4	12
D05	浙江临床医学	2560	0.712	0.099	0.75	528	0.61	8.25	4.4	6
D05	中国合理用药探索	1666	1.262	0.193	0.97	436	0.38	6.81	4.3	8
D05	中国激光医学杂志	591	1.256	0.017	0.90	222	0.25	3.47	5.1	6
D05	中国急救医学	4347	2.172	0.487	0.97	718	0.73	11.22	5.3	16
D05	中国疗养医学	1956	0.829	0.242	0.92	545	0.44	8.52	4.2	6
D05	中国临床新医学	1611	1.015	0.223	0.85	568	0.62	8.88	4.4	7
D05	中国临床研究	3930	1.793	0.313	0.94	714	0.70	11.16	4.3	10
D05	中国临床医生杂志	6659	2.825	0.462	0.95	870	0.83	13.59	4.3	17
D05	中国临床医学	1627	1.562	0.164	0.97	607	0.61	9.48	4.5	9
D05	中国美容整形外科杂志	1699	1.213	0.213	0.87	340	0.44	5.31	4.6	7
D05	中国全科医学	18583	4.375	1.320	0.97	1400	0.88	21.88	4.4	23
D05	中国输血杂志	3743	1.424	0.236	0.75	481	0.50	7.52	5.3	9
D05	中国疼痛医学杂志	3547	2.647	0.414	0.89	603	0.69	9.42	5.2	15
D05	中国医刊	4760	2.619	0.496	0.93	796	0.73	12.44	4.0	14
D05	中国医疗美容	1042	0.653	0.158	0.83	255	0.31	3.98	4.0	4
D05	中国医师进修杂志	2573	2.233	0.328	0.86	543	0.62	8.48	4.2	11
D05	中国医师杂志	4972	1.972	0.178	0.95	766	0.75	11.97	4.4	14
D05	中国医药	5302	2.865	0.651	0.96	710	0.72	11.09	3.8	16
D05	中国真菌学杂志	604	0.966	0.081	0.82	245	0.30	3.83	5.5	7
D05	中国综合临床	1275	2.000	0.356	0.99	430	0.59	6.72	4.7	9
D05	中华急诊医学杂志	5190	2.336	0.412	0.87	799	0.81	12.48	4.8	19
D05	中华全科医师杂志	4286	2.741	0.216	0.95	757	0.67	11.83	4.5	25
D05	中华全科医学	8350	2.862	0.325	0.92	949	0.84	14.83	4.4	15
D05	中华疼痛学杂志	566	—	0.060	0.71	199	0.39	3.11	4.1	6
D05	中华危重病急救医学	5544	3.108	0.463	0.89	778	0.81	12.16	4.7	18
D05	中华危重症医学杂志(电子版)	748	1.352	—	0.83	351	0.50	5.48	4.7	7
D05	中华医学美学美容杂志	1103	1.067	0.166	0.66	204	0.28	3.19	4.9	7
D05	中华诊断学电子杂志	372	1.000	0.053	0.94	243	0.23	3.80	4.8	5

学科代码	期刊名称	扩展总被引频次	扩展影响因子	扩展即年指标	扩展他引率	扩展引用刊数	扩展学科影响指标	扩展学科扩散指标	扩展被引半衰期	扩展H指标
D06	国际检验医学杂志	5738	1.313	0.220	0.97	934	0.82	54.94	4.9	8
D06	检验医学	2256	1.342	0.164	0.95	596	0.71	35.06	4.8	9
D06	检验医学与临床	11899	2.021	0.397	0.98	1021	0.94	60.06	4.4	15
D06	临床检验杂志	1527	1.185	0.134	0.92	541	0.71	31.82	4.9	6
D06	临床与实验病理学杂志	2621	1.020	0.148	0.80	590	0.76	34.71	4.8	7
D06	实验与检验医学	1747	0.821	0.020	0.88	500	0.88	29.41	4.5	6
D06	实用检验医师杂志	467	1.333	0.159	0.72	149	0.53	8.76	4.3	5
D06	现代检验医学杂志	2091	1.683	0.174	0.84	518	0.82	30.47	4.3	10
D06	现代诊断与治疗	6533	0.723	0.111	0.89	674	0.65	39.65	4.2	6
D06	循证医学	650	0.633	0.176	1.00	346	0.47	20.35	9.1	7
D06	医学检验与临床	473	0.456	0.079	0.83	208	0.65	12.24	4.1	3
D06	诊断病理学杂志	1257	0.684	0.045	0.86	406	0.65	23.88	5.2	7
D06	诊断学理论与实践	954	1.500	0.129	0.98	448	0.71	26.35	4.6	9
D06	中国实验诊断学	4717	1.395	0.232	0.99	859	0.82	50.53	4.5	12
D06	中国循证医学杂志	4224	2.716	0.327	0.96	939	0.59	55.24	5.4	19
D06	中华检验医学杂志	2958	2.195	0.776	0.91	666	0.94	39.18	4.9	12
D06	中华实用诊断与治疗杂志	3600	2.103	0.395	0.83	741	0.88	43.59	4.4	11
D07	保健医学研究与实践	1080	1.161	0.165	0.85	344	0.39	9.05	4.6	6
D07	大众健康	34	0.019	—	1.00	32	—	0.84	3.2	2
D07	反射疗法与康复医学	712	0.201	0.084	0.86	168	0.29	4.42	3.1	4
D07	国际老年医学杂志	984	2.198	0.425	0.88	347	0.39	9.13	3.8	9
D07	健康博览	24	0.011	0.003	1.00	21	—	0.55	5.0	1
D07	健康教育与健康促进	621	0.729	0.110	0.91	252	0.21	6.63	4.1	5
D07	健康世界	28	0.014	—	1.00	27	0.03	0.71	5.0	1
D07	健康体检与管理	70	—	0.103	0.43	25	0.08	0.66	2.6	2
D07	健康向导	46	0.050	0.044	1.00	44	0.05	1.16	3.8	2
D07	健康研究	589	0.704	0.104	0.98	311	0.32	8.18	4.1	4
D07	老年医学研究	118	—	0.169	0.97	94	0.16	2.47	2.5	4
D07	老年医学与保健	2087	1.699	0.282	0.91	500	0.50	13.16	3.8	10
D07	实用老年医学	2690	1.592	0.246	0.97	589	0.55	15.50	4.2	11
D07	中国初级卫生保健	2287	1.333	0.336	0.78	542	0.42	14.26	4.1	7
D07	中国康复	3112	3.125	0.470	0.90	532	0.45	14.00	4.6	13
D07	中国康复理论与实践	5232	2.557	0.658	0.91	841	0.58	22.13	5.9	16

2022年中国科技期刊被引指标按类刊名字顺索引(续)

学科代码	期刊名称	扩展总被引频次	扩展影响因子	扩展即年指标	扩展他引率	扩展引用刊数	扩展学科影响指标	扩展学科扩散指标	扩展被引半衰期	扩展H指标
D07	中国康复医学杂志	7589	2.942	0.435	0.94	898	0.68	23.63	5.8	19
D07	中国老年保健医学	1396	0.815	0.154	0.98	502	0.58	13.21	4.3	7
D07	中国老年学杂志	22667	2.544	0.404	0.97	1612	0.66	42.42	4.7	18
D07	中国临床保健杂志	2157	2.032	0.296	0.93	565	0.50	14.87	4.4	11
D07	中国听力语言康复科学杂志	640	0.903	0.188	0.83	223	0.37	5.87	4.6	7
D07	中华保健医学杂志	1844	1.783	0.264	0.99	536	0.53	14.11	4.3	9
D07	中华老年病研究电子杂志	206	0.714	—	1.00	148	0.26	3.89	4.9	6
D07	中华老年多器官疾病杂志	1948	1.757	0.193	0.99	570	0.50	15.00	4.4	11
D07	中华老年骨科与康复电子杂志	453	1.398	0.067	0.81	195	0.26	5.13	4.7	6
D07	中华老年医学杂志	4592	2.626	0.286	0.93	764	0.66	20.11	4.6	17
D07	中华物理医学与康复杂志	6085	3.458	0.467	0.93	685	0.61	18.03	4.9	20
D08	临床内科杂志	2029	1.729	0.233	0.89	562	1.00	51.09	3.9	11
D08	内科	1071	0.729	0.117	0.97	423	0.45	38.45	4.7	5
D08	内科急危重症杂志	1207	1.263	0.406	0.86	417	0.64	37.91	4.8	8
D08	内科理论与实践	465	0.934	0.500	0.98	283	0.45	25.73	4.2	6
D08	糖尿病新世界	4890	0.816	0.184	0.60	434	0.64	39.45	3.7	8
D08	心血管病防治知识	2303	—	0.067	0.71	332	0.45	30.18	3.4	6
D08	中国肛肠病杂志	1313	0.688	0.114	0.91	347	0.36	31.55	4.0	5
D08	中国实用内科杂志	4911	2.114	0.251	0.97	882	0.91	80.18	5.5	14
D08	中华内科杂志	6378	3.608	0.855	0.98	941	1.00	85.55	5.8	30
D08	中华胃肠内镜电子杂志	270	1.329	0.014	0.87	154	0.27	14.00	4.8	6
D08	中华炎性肠病杂志（中英文）	398	1.218	0.254	0.86	187	0.45	17.00	4.0	8
D09	国际呼吸杂志	2893	1.378	0.209	0.95	612	1.00	87.43	4.9	12
D09	结核与肺部疾病杂志	454	0.928	0.545	0.89	167	0.71	23.86	4.3	6
D09	临床肺科杂志	5068	1.675	0.311	0.98	727	1.00	103.86	4.8	12
D09	中国防痨杂志	3126	2.539	0.679	0.83	432	1.00	61.71	4.4	14
D09	中国呼吸与危重监护杂志	1531	1.852	0.166	0.94	506	1.00	72.29	4.8	11
D09	中华肺部疾病杂志（电子版）	1600	1.459	0.190	0.77	472	1.00	67.43	4.2	9
D09	中华结核和呼吸杂志	7499	3.756	0.745	0.96	845	1.00	120.71	6.0	32
D10	Hepatobiliary & Pancreatic Diseases International	868	0.888	0.438	0.93	347	0.61	10.52	5.8	7
D10	Journal of Pancreatology	38	0.488	0.214	0.61	19	0.14	0.90	3.4	2
D10	Liver Research	115	—	0.405	0.77	73	0.38	3.48	4.4	2

学科代码	期刊名称	扩展总被引频次	扩展影响因子	扩展即年指标	扩展他引率	扩展引用刊数	扩展学科影响指标	扩展学科扩散指标	扩展被引半衰期	扩展H指标
D10	肝脏	1993	0.826	0.080	0.95	518	0.57	24.67	4.5	8
D10	国际消化病杂志	832	1.054	0.062	0.96	364	0.57	17.33	5.2	8
D10	临床肝胆病杂志	6871	1.756	0.425	0.90	829	0.71	39.48	4.5	25
D10	临床消化病杂志	847	1.018	0.168	0.99	356	0.67	16.95	5.0	8
D10	实用肝脏病杂志	2922	2.200	0.382	0.90	577	0.57	27.48	4.6	16
D10	食管疾病	84	0.500	0.057	0.88	54	0.14	2.57	3.2	3
D10	胃肠病学	1903	0.804	0.009	0.98	532	0.76	25.33	6.8	14
D10	胃肠病学和肝病学杂志	2281	1.013	0.185	0.97	627	0.90	29.86	5.0	10
D10	现代消化及介入诊疗	3857	1.721	0.114	0.94	577	0.67	27.48	4.4	12
D10	中国肝脏病杂志（电子版）	494	1.356	0.068	0.91	240	0.43	11.43	5.2	7
D10	中华肝脏病杂志	3588	2.011	0.573	0.90	685	0.71	32.62	4.8	19
D10	中华肝脏外科手术学电子杂志	669	1.147	0.060	0.90	233	0.48	11.10	4.1	6
D10	中华结直肠疾病电子杂志	932	1.351	0.160	0.87	321	0.43	15.29	4.6	9
D10	中华消化病与影像杂志（电子版）	498	1.023	0.056	0.97	282	0.57	13.43	4.5	6
D10	中华消化内镜杂志	2923	1.832	0.243	0.92	507	0.86	24.14	5.2	16
D10	中华消化杂志	3617	2.826	0.526	0.95	640	0.86	30.48	5.2	22
D10	中华胰腺病杂志	723	0.936	0.120	0.95	287	0.67	13.67	4.7	7
D11	国际输血及血液学杂志	394	0.719	0.025	0.98	212	0.62	26.50	4.9	4
D11	临床肾脏病杂志	1468	1.361	0.225	0.95	437	0.50	54.62	4.4	8
D11	临床血液学杂志	1270	1.362	0.214	0.80	360	0.62	45.00	4.1	6
D11	血栓与止血学	4049	1.935	1.037	0.96	520	0.88	65.00	3.7	11
D11	中国实验血液学杂志	2521	1.287	0.213	0.89	564	0.75	70.50	4.7	8
D11	中国血液净化	2451	1.740	0.279	0.94	444	0.62	55.50	4.6	10
D11	中华肾脏病杂志	2387	2.355	0.487	0.93	567	0.62	70.88	5.0	13
D11	中华血液学杂志	2794	1.896	0.169	0.92	581	0.88	72.62	5.6	18
D12	风湿病与关节炎	2256	1.703	0.223	0.72	355	0.40	35.50	4.8	9
D12	国际内分泌代谢杂志	924	1.956	0.165	0.98	432	0.70	43.20	4.0	6
D12	实用妇科内分泌电子杂志	3089	—	0.019	0.88	473	0.20	47.30	4.6	5
D12	中国骨质疏松杂志	6086	2.956	0.375	0.87	697	0.90	69.70	4.6	18
D12	中国糖尿病杂志	3215	2.402	0.566	0.97	675	0.80	67.50	5.3	17
D12	中华风湿病学杂志	1925	0.887	0.172	0.95	540	0.80	54.00	8.5	12
D12	中华骨质疏松和骨矿盐疾病杂志	1559	1.556	0.146	0.94	484	0.90	48.40	5.7	13
D12	中华临床免疫和变态反应杂志	670	0.840	0.033	0.97	349	0.60	34.90	4.7	8

2022 年中国科技期刊被引指标按类刊名字顺索引(续)

学科代码	期刊名称	扩展总被引频次	扩展影响因子	扩展即年指标	扩展他引率	扩展引用刊数	扩展学科影响指标	扩展学科扩散指标	扩展被引半衰期	扩展H指标
D12	中华内分泌代谢杂志	3655	3.932	0.202	0.97	754	1.00	75.40	5.2	20
D12	中华糖尿病杂志	5756	6.223	0.658	0.92	768	0.70	76.80	4.2	21
D13	Infectious Diseases & Immunity	10	—	0.048	0.50	6	0.08	0.46	2.4	1
D13	Infectious Diseases of Poverty	722	1.481	0.287	0.85	244	0.92	18.77	4.1	4
D13	Infectious Medicine	3	—	0.071	0.67	3	0.08	0.23	—	1
D13	传染病信息	1258	1.701	0.400	0.91	470	0.69	36.15	4.6	12
D13	感染、炎症、修复	400	0.826	0.041	0.94	232	0.23	17.85	4.6	5
D13	国际流行病学传染病学杂志	711	1.075	0.511	0.95	322	0.54	24.77	4.3	7
D13	微生物与感染	267	0.512	0.038	0.96	192	0.69	14.77	5.4	5
D13	新发传染病电子杂志	629	1.727	0.427	0.77	257	0.62	19.77	4.3	9
D13	中国感染控制杂志	4118	4.261	0.521	0.95	733	0.77	56.38	4.4	17
D13	中国感染与化疗杂志	2453	3.842	0.340	0.97	526	0.77	40.46	4.2	15
D13	中华传染病杂志	1861	1.779	0.352	0.95	521	0.77	40.08	4.7	15
D13	中华临床感染病杂志	1238	2.437	0.197	0.97	456	0.77	35.08	4.6	13
D13	中华实验和临床感染病杂志（电子版）	781	1.301	0.062	0.87	335	0.69	25.77	5.7	6
D14	Chinese Journal of Plastic and Reconstructive Surgery	17	0.153	0.024	0.71	9	0.27	0.82	3.4	2
D14	Chinese Journal of Traumatology	401	0.631	0.200	0.94	229	0.73	20.82	5.9	5
D14	肠外与肠内营养	1187	2.182	0.239	0.88	381	0.36	11.55	5.4	8
D14	国际麻醉学与复苏杂志	2161	1.781	0.245	0.87	495	0.58	15.00	4.3	10
D14	国际外科学杂志	2662	2.455	0.616	0.96	715	0.97	21.67	4.9	8
D14	国际移植与血液净化杂志	234	0.805	0.086	0.96	148	0.06	4.48	3.8	4
D14	河南外科学杂志	1890	0.878	0.146	0.98	363	0.39	11.00	3.8	5
D14	机器人外科学杂志（中英文）	133	0.950	0.260	0.91	90	0.12	2.73	2.7	3
D14	局解手术学杂志	1768	1.498	0.198	0.98	527	0.48	15.97	4.3	9
D14	临床麻醉学杂志	5148	2.685	0.461	0.90	645	0.73	19.55	4.7	17
D14	临床普通外科电子杂志	117	0.426	0.058	0.97	91	0.12	2.76	4.3	3
D14	临床外科杂志	2778	1.371	0.181	0.91	596	0.79	18.06	4.4	11
D14	岭南现代临床外科	407	0.433	0.044	0.94	226	0.30	6.85	4.7	5
D14	器官移植	910	1.626	0.417	0.87	287	0.27	8.70	4.1	9
D14	实用器官移植电子杂志	673	1.185	0.226	0.57	174	0.24	5.27	4.2	6
D14	手术电子杂志	4	—	0.037	0.25	2	0.03	0.06	—	1
D14	外科理论与实践	738	1.119	0.112	0.99	321	0.52	9.73	4.7	6

学科代码	期刊名称	扩展总被引频次	扩展影响因子	扩展即年指标	扩展他引率	扩展引用刊数	扩展学科影响指标	扩展学科扩散指标	扩展被引半衰期	扩展H指标
D14	外科研究与新技术	222	0.451	—	0.90	134	0.15	4.06	4.7	3
D14	浙江创伤外科	1856	0.686	0.137	0.94	425	0.33	12.88	4.0	6
D14	中国内镜杂志	3151	3.039	0.424	0.92	550	0.64	16.67	4.8	13
D14	中国实用外科杂志	6904	3.585	0.814	0.90	771	0.91	23.36	5.0	25
D14	中国体外循环杂志	545	1.164	0.123	0.87	225	0.30	6.82	4.6	6
D14	中国微创外科杂志	3667	2.121	0.393	0.94	589	0.70	17.85	4.7	13
D14	中国现代手术学杂志	716	1.253	0.082	0.98	277	0.48	8.39	4.7	7
D14	中华肥胖与代谢病电子杂志	249	1.053	0.102	0.83	107	0.21	3.24	4.0	6
D14	中华麻醉学杂志	3542	1.618	0.136	0.93	603	0.67	18.27	4.7	14
D14	中华内分泌外科杂志	923	1.553	0.189	0.95	358	0.48	10.85	4.2	7
D14	中华器官移植杂志	818	0.636	0.092	0.79	246	0.36	7.45	5.0	6
D14	中华实验外科杂志	2825	0.755	0.165	0.82	680	0.73	20.61	4.5	6
D14	中华外科杂志	4796	3.287	0.859	0.97	789	0.91	23.91	5.7	23
D14	中华显微外科杂志	2291	1.699	0.157	0.73	286	0.39	8.67	5.5	8
D14	中华移植杂志(电子版)	371	0.500	0.015	0.94	153	0.33	4.64	4.7	7
D14	足踝外科电子杂志	270	1.080	0.110	0.57	109	0.15	3.30	4.1	4
D15	Chinese Journal of Heart Failure and Cardiomyopathy	425	1.115	0.096	0.94	217	0.10	7.00	5.2	7
D15	腹部外科	647	1.000	0.189	0.96	258	0.58	8.32	4.5	6
D15	腹腔镜外科杂志	2648	2.375	0.208	0.90	399	0.65	12.87	4.3	10
D15	肝癌电子杂志	166	1.029	0.128	0.90	110	0.29	3.55	3.4	5
D15	肝博士	38	0.114	0.011	1.00	32	0.03	1.03	4.1	2
D15	肝胆外科杂志	884	0.928	0.085	0.95	298	0.45	9.61	4.9	6
D15	肝胆胰外科杂志	1167	1.407	0.211	0.93	349	0.55	11.26	4.3	8
D15	加速康复外科杂志	28	0.213	0.053	0.71	14	0.10	0.45	3.2	2
D15	结直肠肛门外科	2008	2.657	0.217	0.96	420	0.45	13.55	4.3	8
D15	临床心电学杂志	377	0.350	0.107	0.84	157	0.06	5.06	6.7	4
D15	心电与循环	363	0.463	0.113	0.95	209	0.13	6.74	4.2	4
D15	血管与腔内血管外科杂志	628	0.707	0.125	0.86	241	0.32	7.77	3.7	6
D15	中国普通外科杂志	2943	2.355	0.392	0.85	580	0.77	18.71	4.9	13
D15	中国普外基础与临床杂志	1981	1.208	0.286	0.90	521	0.71	16.81	4.6	9
D15	中国现代普通外科进展	2158	1.546	0.148	0.97	466	0.61	15.03	4.3	10
D15	中国胸心血管外科临床杂志	1986	1.602	0.479	0.90	537	0.55	17.32	4.0	11

学科代码	期刊名称	扩展总被引频次	扩展影响因子	扩展即年指标	扩展他引率	扩展引用刊数	扩展学科影响指标	扩展学科扩散指标	扩展被引半衰期	扩展H指标
D15	中国血管外科杂志（电子版）	608	0.768	0.056	0.92	267	0.42	8.61	6.1	7
D15	中华肝胆外科杂志	2187	1.790	0.317	0.84	436	0.58	14.06	4.5	11
D15	中华脑科疾病与康复杂志（电子版）	229	0.365	0.039	0.95	153	0.06	4.94	4.7	4
D15	中华普通外科学文献（电子版）	780	1.026	0.222	0.95	345	0.61	11.13	4.6	6
D15	中华普通外科杂志	2833	1.216	0.229	0.94	541	0.81	17.45	5.2	11
D15	中华普外科手术学杂志（电子版）	1183	1.477	0.111	0.69	270	0.61	8.71	4.1	7
D15	中华腔镜外科杂志（电子版）	626	1.006	0.024	0.86	226	0.65	7.29	5.1	6
D15	中华乳腺病杂志（电子版）	546	0.893	—	0.95	286	0.19	9.23	5.5	6
D15	中华疝和腹壁外科杂志（电子版）	1087	1.347	0.089	0.73	197	0.32	6.35	4.3	7
D15	中华胃肠外科杂志	4828	3.099	0.540	0.92	646	0.71	20.84	5.4	20
D15	中华消化外科杂志	4381	4.138	0.803	0.94	615	0.71	19.84	4.4	20
D15	中华胸部外科电子杂志	265	0.730	0.267	0.95	157	0.19	5.06	4.8	5
D15	中华胸心血管外科杂志	1308	1.039	0.236	0.93	414	0.45	13.35	5.5	8
D15	中华血管外科杂志	285	0.822	0.113	0.91	156	0.29	5.03	4.6	4
D16	Cardiology Discovery	12	—	0.188	0.50	4	0.07	0.15	2.0	1
D16	Journal of Geriatric Cardiology	533	0.588	0.143	0.93	260	0.16	8.39	5.1	6
D16	South China Journal of Cardiology	17	0.051	—	1.00	15	—	0.56	5.1	1
D16	国际心血管病杂志	588	0.899	0.112	0.98	308	0.70	11.41	5.3	6
D16	临床心血管病杂志	2250	1.663	0.325	0.88	492	0.89	18.22	4.5	10
D16	岭南心血管病杂志	926	1.016	0.092	0.98	334	0.78	12.37	4.7	7
D16	实用心电学杂志	432	0.732	0.118	0.75	159	0.52	5.89	4.7	5
D16	实用心脑肺血管病杂志	5292	2.962	0.432	0.97	688	0.70	25.48	4.6	14
D16	心肺血管病杂志	1895	1.311	0.236	0.85	533	0.78	19.74	4.2	7
D16	心脑血管病防治	2078	1.840	0.172	0.99	543	0.74	20.11	4.4	11
D16	心血管病学进展	1549	0.941	0.134	0.98	520	0.85	19.26	4.5	8
D16	心血管康复医学杂志	1793	1.672	0.212	0.99	420	0.59	15.56	4.5	10
D16	心脏杂志	875	1.134	0.244	0.97	376	0.81	13.93	4.3	7
D16	中国动脉硬化杂志	2240	2.271	0.440	0.88	551	0.74	20.41	4.4	10
D16	中国分子心脏病学杂志	546	1.062	0.050	0.95	275	0.78	10.19	4.0	5
D16	中国介入心脏病学杂志	1650	1.870	0.354	0.87	403	0.93	14.93	4.8	12
D16	中国心血管病研究	1770	1.525	0.411	0.93	487	0.89	18.04	4.3	11
D16	中国心血管杂志	2638	2.820	0.496	0.93	654	0.89	24.22	4.4	12
D16	中国心脏起搏与心电生理杂志	913	0.822	0.072	0.85	309	0.89	11.44	5.3	7

学科代码	期刊名称	扩展总被引频次	扩展影响因子	扩展即年指标	扩展他引率	扩展引用刊数	扩展学科影响指标	扩展学科扩散指标	扩展被引半衰期	扩展H指标
D16	中国循环杂志	7147	5.952	0.831	0.94	939	0.96	34.78	4.5	29
D16	中国循证心血管医学杂志	4098	1.630	0.180	0.96	694	0.81	25.70	4.6	15
D16	中华高血压杂志	2813	1.566	0.199	0.91	645	0.81	23.89	5.2	15
D16	中华老年心脑血管病杂志	4175	2.053	0.316	0.98	684	0.85	25.33	4.6	15
D16	中华心律失常学杂志	966	1.185	1.247	0.82	283	0.89	10.48	4.6	9
D16	中华心血管病杂志	8387	2.853	0.548	0.98	820	0.96	30.37	5.8	31
D16	中华心血管病杂志（网络版）	85	—	0.121	0.91	67	0.41	2.48	3.6	4
D16	中华心脏与心律电子杂志	128	—	0.019	0.99	110	0.26	4.07	6.6	3
D17	Asian Journal of Andrology	872	0.690	0.276	0.89	303	1.00	101.00	7.2	5
D17	Asian Journal of Urology	148	0.333	0.014	1.00	81	0.58	6.75	5.7	2
D17	国际泌尿系统杂志	1827	1.198	0.260	0.94	403	0.75	33.58	4.1	9
D17	临床泌尿外科杂志	1717	1.383	0.246	0.85	391	0.58	32.58	4.6	8
D17	泌尿外科杂志（电子版）	179	0.404	0.089	0.93	109	0.58	9.08	5.2	4
D17	肾脏病与透析肾移植杂志	1163	1.322	0.154	0.91	416	0.58	34.67	5.3	8
D17	透析与人工器官	278	0.672	0.047	0.75	113	0.08	9.42	3.3	4
D17	微创泌尿外科杂志	667	1.402	0.069	0.96	218	0.58	18.17	4.6	7
D17	现代泌尿外科杂志	1693	1.018	0.165	0.92	434	0.58	36.17	4.8	9
D17	中华泌尿外科杂志	3195	2.139	0.289	0.83	480	0.58	40.00	5.5	12
D17	中华腔镜泌尿外科杂志（电子版）	766	1.086	0.122	0.81	208	0.58	17.33	4.7	6
D17	中华肾病研究电子杂志	389	1.008	—	0.97	216	0.42	18.00	4.9	5
D18	Bone Research	65	0.330	—	0.95	47	0.06	1.42	5.0	3
D18	骨科	773	1.461	0.283	0.94	274	0.95	14.42	4.1	7
D18	骨科临床与研究杂志	308	0.671	0.329	0.97	165	0.79	8.68	4.3	6
D18	国际骨科学杂志	760	1.440	0.222	0.99	336	0.95	17.68	5.3	7
D18	脊柱外科杂志	728	1.547	0.232	0.83	234	0.68	12.32	4.6	7
D18	颈腰痛杂志	2239	1.506	0.168	0.94	402	0.68	21.16	4.4	9
D18	临床骨科杂志	2069	1.596	0.197	0.84	348	0.95	18.32	3.9	8
D18	生物骨科材料与临床研究	769	1.057	0.183	0.84	260	0.95	13.68	4.7	6
D18	实用骨科杂志	1951	1.289	0.193	0.89	418	0.95	22.00	4.5	8
D18	实用手外科杂志	917	1.259	0.118	0.60	188	0.58	9.89	3.9	6
D18	中国骨与关节损伤杂志	4744	1.940	0.249	0.87	493	0.95	25.95	4.3	12
D18	中国骨与关节杂志	1465	1.539	0.116	0.97	422	0.95	22.21	4.7	9
D18	中国脊柱脊髓杂志	2422	1.706	0.188	0.94	458	0.79	24.11	6.3	11

学科代码	期刊名称	扩展总被引频次	扩展影响因子	扩展即年指标	扩展他引率	扩展引用刊数	扩展学科影响指标	扩展学科扩散指标	扩展被引半衰期	扩展H指标
D18	中华创伤骨科杂志	3688	2.757	0.447	0.91	466	0.95	24.53	5.0	14
D18	中华骨科杂志	4716	3.409	0.487	0.93	611	0.95	32.16	5.4	17
D18	中华骨与关节外科杂志	1745	1.404	0.252	0.94	461	0.95	24.26	4.7	13
D18	中华关节外科杂志（电子版）	1759	0.892	0.007	0.91	423	0.84	22.26	8.4	11
D18	中华肩肘外科电子杂志	374	0.939	0.015	0.89	148	0.68	7.79	4.8	6
D18	中华手外科杂志	2356	1.449	0.062	0.69	271	0.79	14.26	6.7	8
D19	创伤外科杂志	2563	2.179	0.276	0.96	479	0.82	43.55	4.3	11
D19	中国矫形外科杂志	5379	1.593	0.236	0.77	602	0.91	54.73	5.0	11
D19	中国美容医学	4009	1.257	0.181	0.75	574	1.00	52.18	4.4	8
D19	中国烧伤创疡杂志	598	1.339	0.299	0.82	234	0.45	21.27	3.8	6
D19	中国修复重建外科杂志	3217	2.065	0.309	0.95	551	1.00	50.09	4.7	11
D19	中华创伤杂志	2932	2.556	0.491	0.91	523	1.00	47.55	4.7	13
D19	中华烧伤与创面修复杂志	2508	2.571	0.633	0.81	445	1.00	40.45	4.2	11
D19	中华损伤与修复杂志（电子版）	898	1.184	0.294	0.87	342	0.91	31.09	5.2	7
D19	中华整形外科杂志	1748	1.229	0.167	0.84	351	1.00	31.91	4.7	8
D19	组织工程与重建外科杂志	726	1.015	0.057	0.93	292	0.64	26.55	4.5	8
D20	妇产与遗传（电子版）	118	0.340	0.043	0.96	82	0.73	7.45	5.4	3
D20	妇儿健康导刊	90	0.057	0.038	0.80	48	0.09	4.36	2.8	2
D20	国际妇产科学杂志	1623	1.696	0.238	0.97	453	1.00	41.18	4.9	10
D20	实用妇产科杂志	3676	1.998	0.342	0.98	608	1.00	55.27	5.0	13
D20	现代妇产科进展	2540	1.899	0.307	0.98	529	1.00	48.09	4.6	11
D20	中国妇产科临床杂志	2830	2.193	0.482	0.93	512	1.00	46.55	4.3	13
D20	中国实用妇科与产科杂志	6347	3.574	0.975	0.86	679	1.00	61.73	4.7	19
D20	中华产科急救电子杂志	351	0.829	0.036	0.90	163	0.91	14.82	5.6	5
D20	中华妇产科杂志	7326	4.549	0.747	0.98	736	1.00	66.91	6.2	33
D20	中华妇幼临床医学杂志（电子版）	891	1.034	0.020	0.95	371	1.00	33.73	5.6	7
D20	中华围产医学杂志	2566	1.768	0.298	0.93	456	1.00	41.45	5.1	14
D21	Chinese Journal of Neonatology	1099	1.137	0.164	0.91	329	0.88	20.56	5.0	8
D21	Pediatric Investigation	109	0.528	0.089	0.94	75	0.69	4.69	3.8	4
D21	World Journal of Pediatrics	569	0.909	0.175	0.97	303	0.88	18.94	5.1	6
D21	发育医学电子杂志	285	0.747	0.101	0.85	159	0.62	9.94	4.3	5
D21	国际儿科学杂志	1451	1.293	0.262	0.88	491	0.81	30.69	4.7	7
D21	临床儿科杂志	2134	1.078	0.238	0.98	605	0.94	37.81	6.2	9

学科代码	期刊名称	扩展总被引频次	扩展影响因子	扩展即年指标	扩展他引率	扩展引用刊数	扩展学科影响指标	扩展学科扩散指标	扩展被引半衰期	扩展H指标
D21	临床小儿外科杂志	1288	1.007	0.137	0.78	352	0.75	22.00	4.6	6
D21	中国当代儿科杂志	3467	2.642	0.574	0.97	713	0.94	44.56	4.8	15
D21	中国儿童保健杂志	3902	1.759	0.327	0.92	714	0.81	44.62	5.1	12
D21	中国实用儿科杂志	3018	1.576	0.253	0.95	660	0.88	41.25	5.5	14
D21	中国小儿急救医学	1719	1.393	0.117	0.88	432	0.81	27.00	4.5	8
D21	中国循证儿科杂志	1166	1.430	0.155	0.96	446	0.88	27.88	6.0	10
D21	中华儿科杂志	6834	2.169	0.470	0.95	818	0.94	51.12	7.4	30
D21	中华实用儿科临床杂志	5609	1.859	0.381	0.92	779	0.94	48.69	5.2	16
D21	中华小儿外科杂志	1812	1.088	0.128	0.87	433	0.88	27.06	5.4	9
D22	Eye and Vision	192	1.481	0.120	0.95	60	1.00	4.62	4.7	2
D22	国际眼科杂志	4702	1.669	0.320	0.90	588	0.92	45.23	4.7	11
D22	临床眼科杂志	875	0.882	0.104	0.97	285	0.92	21.92	5.2	6
D22	眼科	635	0.538	0.116	0.92	239	0.92	18.38	5.8	5
D22	眼科新进展	2281	1.502	0.180	0.95	450	0.92	34.62	4.8	9
D22	眼科学报	258	0.478	0.134	0.91	136	0.92	10.46	3.8	4
D22	中国斜视与小儿眼科杂志	503	1.036	0.145	0.91	166	0.92	12.77	5.2	6
D22	中华实验眼科杂志	1822	1.289	0.262	0.84	382	0.92	29.38	5.1	9
D22	中华眼底病杂志	1306	1.131	0.210	0.91	287	0.92	22.08	4.8	9
D22	中华眼科医学杂志（电子版）	309	0.863	0.014	0.91	161	0.92	12.38	4.8	5
D22	中华眼科杂志	3394	2.461	0.195	0.92	524	0.92	40.31	6.0	17
D22	中华眼视光学与视觉科学杂志	1342	1.219	0.187	0.84	282	0.92	21.69	4.9	8
D22	中华眼外伤职业眼病杂志	752	0.739	0.152	0.81	207	0.92	15.92	4.6	4
D23	Journal of Otology	103	0.452	0.026	0.96	49	0.67	3.27	4.9	4
D23	World Journal of Otorhinolaryngology - Head and Neck Surgery	95	0.459	0.067	0.97	65	0.60	4.33	4.6	3
D23	国际耳鼻咽喉头颈外科杂志	437	0.750	0.056	0.99	244	0.73	16.27	5.2	5
D23	国际眼科纵览	243	0.368	0.029	0.95	125	0.33	8.33	5.7	3
D23	临床耳鼻咽喉头颈外科杂志	3584	1.640	0.288	0.91	597	0.87	39.80	5.7	10
D23	山东大学耳鼻喉眼学报	1121	1.114	0.217	0.81	365	0.80	24.33	4.7	8
D23	实用防盲技术	128	0.403	0.034	0.97	87	0.20	5.80	4.3	3
D23	听力学及言语疾病杂志	1546	1.194	0.261	0.86	329	0.80	21.93	5.3	9
D23	中国耳鼻咽喉颅底外科杂志	962	1.056	0.190	0.84	334	0.67	22.27	4.7	6
D23	中国耳鼻咽喉头颈外科	1710	1.042	0.122	0.90	446	0.80	29.73	5.2	9

学科代码	期刊名称	扩展总被引频次	扩展影响因子	扩展即年指标	扩展他引率	扩展引用刊数	扩展学科影响指标	扩展学科扩散指标	扩展被引半衰期	扩展H指标
D23	中国眼耳鼻喉科杂志	813	0.963	0.145	0.93	327	0.87	21.80	4.8	6
D23	中国医学文摘—耳鼻咽喉科学	590	—	0.074	0.88	209	0.67	13.93	3.1	4
D23	中华耳鼻咽喉头颈外科杂志	4397	1.692	0.507	0.89	624	0.87	41.60	6.9	19
D23	中华耳科学杂志	2030	1.546	0.202	0.80	357	0.73	23.80	4.9	10
D23	中医眼耳鼻喉杂志	266	0.873	0.054	0.95	132	0.27	8.80	4.0	4
D24	International Journal of Oral Science	415	1.951	0.283	0.94	191	0.91	8.30	4.5	4
D24	北京口腔医学	613	0.994	0.057	0.78	208	0.91	9.04	5.0	6
D24	国际口腔医学杂志	938	1.197	0.176	0.97	340	0.96	14.78	5.6	6
D24	华西口腔医学杂志	1419	1.489	0.181	0.97	400	1.00	17.39	5.5	8
D24	口腔材料器械杂志	278	0.969	0.083	0.91	144	0.78	6.26	4.8	5
D24	口腔颌面外科杂志	523	0.713	0.183	0.97	229	0.91	9.96	7.1	5
D24	口腔颌面修复学杂志	614	1.186	0.269	0.76	184	0.87	8.00	4.8	6
D24	口腔疾病防治	925	1.192	0.392	0.92	335	0.96	14.57	4.4	6
D24	口腔生物医学	202	0.754	0.113	0.97	123	0.70	5.35	4.2	4
D24	口腔医学	1453	0.963	0.123	0.90	380	0.96	16.52	4.9	8
D24	口腔医学研究	1966	1.312	0.126	0.91	449	1.00	19.52	4.8	8
D24	临床口腔医学杂志	1788	1.644	0.319	0.81	373	0.96	16.22	4.4	10
D24	上海口腔医学	1191	1.344	0.094	0.96	357	0.91	15.52	5.1	8
D24	实用口腔医学杂志	1732	1.366	0.164	0.88	393	0.96	17.09	4.8	10
D24	现代口腔医学杂志	552	0.842	0.080	0.92	220	0.87	9.57	5.1	5
D24	中国口腔颌面外科杂志	790	1.048	0.112	0.91	303	0.87	13.17	4.9	8
D24	中国口腔医学继续教育杂志	50	0.193	0.063	0.74	33	0.26	1.43	3.9	2
D24	中国口腔种植学杂志	233	0.568	0.157	0.87	107	0.65	4.65	4.8	3
D24	中国实用口腔科杂志	1179	1.064	0.175	0.85	294	0.91	12.78	5.4	7
D24	中华口腔医学研究杂志（电子版）	438	1.076	—	0.94	194	0.96	8.43	4.9	6
D24	中华口腔医学杂志	2510	2.230	0.373	0.90	447	1.00	19.43	4.8	12
D24	中华口腔正畸学杂志	415	0.780	0.056	0.93	124	0.74	5.39	5.6	6
D24	中华老年口腔医学杂志	593	1.060	0.080	0.87	216	0.83	9.39	4.9	6
D25	International Journal of dermatology and Venereology	237	0.162	0.023	0.98	141	1.00	14.10	≥10	3
D25	临床皮肤科杂志	1754	0.712	0.065	0.87	420	1.00	42.00	6.1	9
D25	皮肤病与性病	1408	0.671	0.187	0.96	392	0.90	39.20	4.2	6
D25	皮肤科学通报	454	0.546	0.025	0.99	223	0.90	22.30	5.4	5

2022 年中国科技期刊被引指标按类刊名字顺索引(续)

学科代码	期刊名称	扩展总被引频次	扩展影响因子	扩展即年指标	扩展他引率	扩展引用刊数	扩展学科影响指标	扩展学科扩散指标	扩展被引半衰期	扩展H指标
D25	皮肤性病诊疗学杂志	551	0.739	0.094	0.95	250	0.90	25.00	5.3	5
D25	实用皮肤病学杂志	691	0.785	0.039	0.89	279	0.90	27.90	5.3	6
D25	中国艾滋病性病	3624	1.747	0.275	0.81	399	0.70	39.90	4.7	11
D25	中国麻风皮肤病杂志	1437	0.948	0.223	0.83	420	0.90	42.00	5.1	7
D25	中国皮肤性病学杂志	2561	1.158	0.231	0.89	554	1.00	55.40	5.3	9
D25	中华皮肤科杂志	3421	2.000	0.262	0.92	598	1.00	59.80	5.1	19
D26	中国男科学杂志	1059	1.656	0.165	0.92	321	1.00	107.00	5.3	8
D26	中国性科学	5386	1.897	0.272	0.94	621	1.00	207.00	4.3	13
D26	中华男科学杂志	2425	1.506	0.278	0.89	498	1.00	166.00	5.7	9
D27	Chinese Neurosurgical Journal	63	0.857	0.081	1.00	48	0.06	0.38	3.4	2
D27	General Psychiatry	76	0.191	0.175	0.67	47	0.21	1.21	4.1	2
D27	Neural Regeneration Research	2184	1.043	0.267	0.85	613	0.67	15.72	4.3	8
D27	Neuroscience Bulletin	866	0.965	0.127	0.84	374	0.62	9.59	4.7	7
D27	Translational Neurodegeneration	3	—	—	1.00	3	—	0.08	—	1
D27	阿尔茨海默病及相关病杂志	172	0.512	0.033	0.94	131	0.28	3.36	4.2	4
D27	卒中与神经疾病	1327	1.337	0.155	1.00	420	0.62	10.77	4.4	9
D27	癫痫与神经电生理学杂志	356	0.965	0.081	0.74	158	0.33	4.05	4.1	4
D27	癫痫杂志	212	0.401	0.216	0.88	119	0.33	3.05	4.1	4
D27	国际精神病学杂志	3849	2.282	0.252	0.94	553	0.33	14.18	4.3	12
D27	国际脑血管病杂志	1087	1.108	0.075	0.80	355	0.62	9.10	4.8	6
D27	国际神经病学神经外科学杂志	958	1.038	0.138	0.95	391	0.64	10.03	5.0	7
D27	精神医学杂志	1134	1.508	0.210	0.90	378	0.28	9.69	4.9	8
D27	立体定向和功能性神经外科杂志	405	0.808	0.027	0.96	186	0.28	4.77	4.7	6
D27	临床精神医学杂志	1928	1.448	0.159	0.97	519	0.36	13.31	7.2	10
D27	临床神经病学杂志	1099	1.303	0.165	0.94	419	0.74	10.74	5.0	8
D27	临床神经外科杂志	878	1.380	0.226	0.88	343	0.51	8.79	3.9	8
D27	脑与神经疾病杂志	1281	1.341	0.141	0.99	421	0.64	10.79	4.5	10
D27	神经病学与神经康复学杂志	181	0.383	—	0.99	142	0.18	3.64	6.2	5
D27	神经疾病与精神卫生	986	0.771	0.269	0.95	349	0.46	8.95	5.0	8
D27	神经损伤与功能重建	1997	1.889	0.164	0.91	533	0.69	13.67	4.1	9
D27	四川精神卫生	690	0.822	0.215	0.85	301	0.31	7.72	5.5	6
D27	中国卒中杂志	2558	2.048	0.197	0.96	594	0.74	15.23	4.7	16
D27	中国临床神经科学	826	1.131	0.193	0.86	380	0.69	9.74	5.0	7

2022年中国科技期刊被引指标按类刊名字顺索引(续)

学科代码	期刊名称	扩展总被引频次	扩展影响因子	扩展即年指标	扩展他引率	扩展引用刊数	扩展学科影响指标	扩展学科扩散指标	扩展被引半衰期	扩展H指标
D27	中国临床神经外科杂志	1958	1.134	0.103	0.85	452	0.62	11.59	4.4	8
D27	中国脑血管病杂志	2235	3.728	0.978	0.96	561	0.64	14.38	3.9	14
D27	中国神经精神疾病杂志	1809	1.166	0.104	0.94	564	0.77	14.46	6.1	12
D27	中国神经免疫学和神经病学杂志	1043	2.066	0.184	0.96	422	0.74	10.82	4.2	11
D27	中国实用神经疾病杂志	4217	1.799	0.486	0.86	656	0.72	16.82	5.1	9
D27	中国现代神经疾病杂志	1515	1.113	0.174	0.94	531	0.72	13.62	5.4	10
D27	中华精神科杂志	1998	2.435	0.569	0.97	532	0.62	13.64	7.6	13
D27	中华脑血管病杂志(电子版)	240	1.120	0.080	0.92	150	0.41	3.85	3.4	4
D27	中华神经创伤外科电子杂志	474	1.046	0.090	0.89	207	0.44	5.31	4.5	5
D27	中华神经科杂志	9165	2.097	0.279	0.98	798	0.90	20.46	5.9	33
D27	中华神经外科杂志	3697	1.712	0.188	0.91	586	0.69	15.03	6.2	15
D27	中华神经医学杂志	2171	1.662	0.253	0.95	536	0.79	13.74	4.6	10
D27	中华行为医学与脑科学杂志	3648	2.127	0.410	0.90	763	0.69	19.56	6.1	15
D27	中风与神经疾病杂志	1889	1.033	0.170	0.97	526	0.79	13.49	4.8	9
D28	标记免疫分析与临床	3903	1.683	0.193	0.90	631	0.47	21.03	4.3	12
D28	磁共振成像	2123	1.683	0.352	0.81	453	0.77	15.10	3.7	8
D28	放射学实践	3245	1.879	0.266	0.85	509	0.93	16.97	4.6	11
D28	分子影像学杂志	679	1.162	0.180	0.92	291	0.67	9.70	3.4	5
D28	国际放射医学核医学杂志	369	0.576	0.087	0.83	169	0.53	5.63	4.3	4
D28	国际医学放射学杂志	1033	1.429	0.250	0.93	339	0.87	11.30	4.6	6
D28	介入放射学杂志	3228	1.703	0.164	0.84	583	0.93	19.43	4.7	11
D28	临床超声医学杂志	2248	1.143	0.239	0.97	479	0.83	15.97	4.6	9
D28	临床放射学杂志	4709	1.622	0.208	0.81	574	0.93	19.13	4.6	10
D28	实用放射学杂志	4341	1.259	0.072	0.71	492	0.93	16.40	4.8	9
D28	实用医学影像杂志	1024	0.708	0.198	0.98	286	0.70	9.53	4.1	5
D28	现代医用影像学	2557	0.747	0.121	0.93	427	0.67	14.23	4.1	7
D28	医学影像学杂志	5212	1.366	0.201	0.84	608	0.90	20.27	4.7	11
D28	影视制作	238	0.404	0.133	0.98	109	0.03	3.63	3.7	3
D28	影像研究与医学应用	7936	0.657	0.133	0.81	670	0.87	22.33	3.8	7
D28	影像诊断与介入放射学	589	0.927	0.221	0.86	219	0.83	7.30	4.9	6
D28	中国CT和MRI杂志	7280	2.507	0.523	0.89	594	0.87	19.80	4.0	13
D28	中国超声医学杂志	4527	2.109	0.352	0.86	593	0.87	19.77	4.4	12
D28	中国介入影像与治疗学	1648	1.502	0.195	0.90	429	0.87	14.30	4.5	9

学科代码	期刊名称	扩展总被引频次	扩展影响因子	扩展即年指标	扩展他引率	扩展引用刊数	扩展学科影响指标	扩展学科扩散指标	扩展被引半衰期	扩展H指标
D28	中国临床医学影像杂志	2356	1.453	0.215	0.90	484	0.93	16.13	4.8	9
D28	中国数字医学	3423	1.600	0.206	0.92	698	0.53	23.27	4.3	10
D28	中国体视学与图像分析	192	0.531	0.021	0.91	143	0.17	4.77	6.9	3
D28	中国医学计算机成像杂志	1028	1.339	0.125	0.91	321	0.77	10.70	4.9	7
D28	中国医学影像技术	4708	1.278	0.190	0.90	679	0.90	22.63	4.9	10
D28	中国医学影像学杂志	2548	1.796	0.246	0.87	519	0.93	17.30	4.6	10
D28	中华超声影像学杂志	2845	2.422	0.438	0.88	526	0.83	17.53	4.8	14
D28	中华放射学杂志	4370	2.715	0.465	0.91	647	1.00	21.57	5.0	16
D28	中华核医学与分子影像杂志	1470	1.519	0.294	0.80	370	0.77	12.33	5.0	9
D28	中华介入放射学电子杂志	406	0.870	0.034	0.92	215	0.63	7.17	4.6	6
D28	中华医学超声杂志（电子版）	1954	1.229	0.022	0.90	491	0.80	16.37	5.3	9
D29	Cancer Biology & Medicine	656	1.856	0.153	0.87	331	0.76	7.88	4.0	8
D29	Chinese Journal of Cancer Research	1128	2.719	0.280	0.93	475	0.83	11.31	5.0	10
D29	Journal of Nutritional Oncology	92	1.522	0.250	0.79	10	0.05	0.24	2.9	4
D29	Oncology and Translational Medicine	77	0.160	—	0.92	69	0.21	1.64	≥10	2
D29	Signal Transduction and Targeted Therapy	76	—	0.005	1.00	58	—	1.14	2.6	2
D29	癌变·畸变·突变	435	0.783	0.092	0.94	284	0.24	6.76	5.4	5
D29	癌症	891	1.337	0.500	0.99	486	0.81	11.57	7.9	7
D29	癌症进展	5173	1.787	0.185	0.96	666	0.74	15.86	4.1	12
D29	癌症康复	6	0.038	—	1.00	6	—	0.14	4.0	1
D29	白血病·淋巴瘤	430	0.446	0.065	0.92	218	0.31	5.19	4.4	3
D29	国际肿瘤学杂志	994	0.997	0.232	0.93	365	0.55	8.69	4.7	8
D29	临床肿瘤学杂志	2218	1.599	0.269	0.98	640	0.86	15.24	5.1	13
D29	实用癌症杂志	4922	1.791	0.248	0.96	633	0.74	15.07	4.3	12
D29	实用肿瘤学杂志	729	1.633	0.248	0.95	330	0.55	7.86	3.9	7
D29	实用肿瘤杂志	1116	1.839	0.573	0.87	434	0.69	10.33	4.7	8
D29	现代泌尿生殖肿瘤杂志	355	0.415	0.054	0.94	167	0.17	3.98	5.0	5
D29	现代肿瘤医学	6793	1.376	0.308	0.94	881	0.86	20.98	4.3	12
D29	消化肿瘤杂志（电子版）	249	0.608	0.024	0.90	157	0.21	3.74	4.9	5
D29	中国癌症防治杂志	631	1.189	0.307	0.87	328	0.50	7.81	3.9	7
D29	中国癌症杂志	3014	3.849	0.434	0.99	664	0.81	15.81	4.6	19
D29	中国肺癌杂志	2605	2.741	0.472	0.98	633	0.83	15.07	5.1	15
D29	中国小儿血液与肿瘤杂志	412	0.713	0.053	0.95	217	0.24	5.17	5.1	5

2022 年中国科技期刊被引指标按类刊名字顺索引(续)

学科代码	期刊名称	扩展总被引频次	扩展影响因子	扩展即年指标	扩展他引率	扩展引用刊数	扩展学科影响指标	扩展学科扩散指标	扩展被引半衰期	扩展H指标
D29	中国肿瘤	3225	3.465	0.837	0.90	734	0.81	17.48	4.7	18
D29	中国肿瘤临床	3316	1.587	0.241	0.99	754	0.93	17.95	5.0	16
D29	中国肿瘤临床与康复	4601	2.494	0.257	0.91	558	0.57	13.29	4.2	14
D29	中国肿瘤生物治疗杂志	1178	1.117	0.267	0.92	452	0.71	10.76	4.4	7
D29	中国肿瘤外科杂志	753	1.316	0.256	0.97	351	0.48	8.36	4.1	7
D29	中华放射肿瘤学杂志	2124	1.458	0.195	0.92	439	0.67	10.45	5.0	12
D29	中华肿瘤防治杂志	4215	2.118	0.278	0.97	742	0.93	17.67	4.7	12
D29	中华肿瘤杂志	4812	4.016	0.651	0.98	821	0.95	19.55	4.6	21
D29	中华转移性肿瘤杂志	112	—	0.040	0.94	96	0.36	2.29	3.7	3
D29	中医肿瘤学杂志	496	1.597	0.277	0.94	188	0.19	4.48	3.3	7
D29	肿瘤	1040	1.492	0.046	0.96	466	0.71	11.10	5.7	7
D29	肿瘤代谢与营养电子杂志	731	1.259	0.277	0.82	290	0.45	6.90	4.6	8
D29	肿瘤防治研究	1615	1.809	0.318	0.97	589	0.76	14.02	4.2	10
D29	肿瘤基础与临床	879	0.978	0.137	0.66	271	0.36	6.45	4.4	6
D29	肿瘤学杂志	1209	0.951	0.168	0.98	469	0.64	11.17	4.8	6
D29	肿瘤研究与临床	1299	1.308	0.164	0.97	423	0.62	10.07	4.3	8
D29	肿瘤药学	821	1.292	0.192	0.98	362	0.45	8.62	4.2	7
D29	肿瘤影像学	539	0.995	0.105	0.96	227	0.43	5.40	4.6	5
D29	肿瘤预防与治疗	1157	1.582	0.265	0.95	458	0.74	10.90	3.9	9
D29	肿瘤综合治疗电子杂志	1003	5.218	0.500	0.98	458	0.76	10.90	2.9	13
D30	Chinese Nursing Frontiers	49	0.129	0.019	1.00	35	0.45	1.21	5.1	2
D30	International Journal of Nursing Sciences	316	0.690	0.203	0.93	145	0.86	5.00	5.0	5
D30	国际护理学杂志	9617	1.955	0.318	0.95	564	1.00	19.45	3.7	11
D30	护理管理杂志	4226	3.207	0.464	0.90	511	1.00	17.62	5.1	13
D30	护理实践与研究	11160	1.916	0.421	0.95	724	0.97	24.97	4.2	10
D30	护理学报	7053	2.692	0.459	0.90	697	1.00	24.03	4.9	14
D30	护理学杂志	17406	3.920	0.536	0.91	989	1.00	34.10	4.7	20
D30	护理研究	19863	3.288	0.494	0.96	1122	1.00	38.69	4.8	21
D30	护理与康复	1923	0.921	0.159	0.96	423	0.97	14.59	4.7	6
D30	护士进修杂志	10142	3.060	0.418	0.94	728	0.97	25.10	4.7	17
D30	军事护理	6450	3.151	0.470	0.96	688	1.00	23.72	5.3	15
D30	临床护理杂志	946	1.021	0.120	0.98	292	0.86	10.07	4.5	6
D30	齐鲁护理杂志	11758	2.133	0.384	0.85	655	0.97	22.59	3.8	12

学科代码	期刊名称	扩展总被引频次	扩展影响因子	扩展即年指标	扩展他引率	扩展引用刊数	扩展学科影响指标	扩展学科扩散指标	扩展被引半衰期	扩展H指标
D30	全科护理	7293	1.038	0.217	0.94	772	1.00	26.62	4.1	8
D30	上海护理	2435	2.225	0.385	0.91	428	0.97	14.76	4.4	11
D30	天津护理	1019	0.836	0.086	0.93	295	0.86	10.17	4.4	6
D30	现代临床护理	2263	2.130	0.177	0.95	405	0.97	13.97	4.8	11
D30	循证护理	1520	1.017	0.179	0.95	392	0.97	13.52	3.3	7
D30	医药高职教育与现代护理	434	0.886	0.154	0.93	204	0.72	7.03	3.7	5
D30	中国护理管理	9523	3.486	0.447	0.95	766	1.00	26.41	5.1	18
D30	中国临床护理	1058	1.180	0.161	0.82	287	0.93	9.90	4.2	7
D30	中国实用护理杂志	9377	2.950	0.418	0.95	725	1.00	25.00	4.8	18
D30	中华护理杂志	16373	6.605	0.777	0.91	986	1.00	34.00	5.6	27
D30	中华急危重症护理杂志	441	1.720	0.148	0.83	151	0.93	5.21	3.1	6
D30	中华现代护理杂志	17204	3.243	0.360	0.90	846	1.00	29.17	4.4	18
D30	中西医结合护理（中英文）	2169	0.568	0.028	0.95	416	0.97	14.34	4.3	6
D31	安徽预防医学杂志	601	0.766	0.128	0.87	240	0.77	5.11	4.6	5
D31	毒理学杂志	723	0.960	0.067	0.95	365	0.32	7.77	6.5	5
D31	公共卫生与预防医学	2529	2.434	0.568	0.79	602	0.85	12.81	4.2	10
D31	海峡预防医学杂志	1149	0.831	0.165	0.72	343	0.79	7.30	4.6	5
D31	河南预防医学杂志	1315	0.952	0.262	0.89	401	0.74	8.53	3.8	6
D31	华南预防医学	1979	1.830	0.189	0.78	501	0.81	10.66	3.4	8
D31	基层医学论坛	7141	0.601	0.114	0.97	799	0.72	17.00	3.8	6
D31	疾病监测与控制	579	0.565	0.021	0.99	321	0.62	6.83	5.9	4
D31	疾病预防控制通报	897	0.840	0.213	0.95	258	0.70	5.49	5.3	5
D31	江苏卫生事业管理	2138	1.115	0.239	0.90	444	0.57	9.45	3.8	7
D31	江苏预防医学	1755	1.177	0.231	0.70	399	0.83	8.49	4.6	7
D31	口岸卫生控制	249	0.552	0.044	0.84	135	0.30	2.87	4.4	3
D31	临床医学工程	3396	0.985	0.204	0.92	566	0.43	12.04	3.8	7
D31	上海预防医学	1713	1.362	0.307	0.83	523	0.81	11.13	4.6	8
D31	实用预防医学	4458	1.861	0.340	0.87	857	0.94	18.23	4.7	11
D31	首都公共卫生	698	1.237	0.066	0.93	228	0.68	4.85	4.7	6
D31	微量元素与健康研究	1103	0.482	0.104	0.99	542	0.49	11.53	6.9	6
D31	现代预防医学	12188	2.198	0.394	0.91	1451	0.96	30.87	4.6	14
D31	应用预防医学	945	1.123	0.201	0.91	276	0.70	5.87	4.3	6
D31	营养学报	2083	1.907	0.140	0.98	733	0.72	15.60	7.6	12

2022 年中国科技期刊被引指标按类刊名字顺索引(续)

学科代码	期刊名称	扩展总被引频次	扩展影响因子	扩展即年指标	扩展他引率	扩展引用刊数	扩展学科影响指标	扩展学科扩散指标	扩展被引半衰期	扩展H指标
D31	预防医学	2962	1.785	0.422	0.87	670	0.83	14.26	4.4	10
D31	预防医学论坛	1365	0.991	0.151	0.81	368	0.72	7.83	4.4	6
D31	预防医学情报杂志	2095	1.415	0.283	0.92	507	0.83	10.79	4.3	8
D31	职业卫生与病伤	517	0.845	0.210	0.98	197	0.62	4.19	5.6	6
D31	职业卫生与应急救援	1029	1.359	0.250	0.90	311	0.66	6.62	4.2	7
D31	中国城乡企业卫生	1541	0.376	0.058	0.96	481	0.60	10.23	3.6	5
D31	中国地方病防治杂志	2429	0.838	0.052	0.91	542	0.79	11.53	6.0	8
D31	中国辐射卫生	1312	1.165	0.219	0.73	271	0.40	5.77	5.0	6
D31	中国公共卫生	6739	2.277	0.618	0.92	1350	0.96	28.72	5.6	16
D31	中国疾病预防控制中心周报	803	1.318	0.623	0.81	201	0.60	4.28	2.6	6
D31	中国慢性病预防与控制	3782	3.018	0.394	0.94	725	0.87	15.43	4.6	14
D31	中国实用乡村医生杂志	1006	0.396	0.102	0.99	426	0.53	9.06	6.4	13
D31	中国食品药品监管	715	1.078	0.229	1.00	278	0.17	5.91	3.7	7
D31	中国卫生产业	6255	0.481	0.043	0.78	863	0.83	18.36	4.6	6
D31	中国卫生工程学	1289	0.716	0.118	0.94	490	0.79	10.43	4.1	5
D31	中国卫生事业管理	4027	3.077	0.678	0.88	836	0.72	17.79	4.7	13
D31	中国消毒学杂志	2998	1.651	0.230	0.83	567	0.77	12.06	4.7	9
D31	中国校医	1392	0.822	0.149	0.77	430	0.68	9.15	4.3	5
D31	中国医疗管理科学	572	1.313	0.443	0.94	235	0.36	5.00	3.6	6
D31	中国应急救援	318	0.706	0.143	0.87	174	0.13	3.70	4.6	5
D31	中国预防医学杂志	2352	1.774	0.212	0.98	684	0.83	14.55	4.6	10
D31	中华疾病控制杂志	4526	2.295	0.700	0.95	869	0.87	18.49	5.0	16
D31	中华临床营养杂志	760	1.461	0.074	0.94	303	0.32	6.45	5.5	8
D31	中华卫生应急电子杂志	411	0.730	0.024	0.87	205	0.38	4.36	5.2	6
D31	中华预防医学杂志	5204	3.012	0.410	0.91	977	0.94	20.79	5.3	18
D32	Frigid Zone Medicine	7	—	0.032	0.14	2	0.01	0.02	2.5	1
D32	工业卫生与职业病	1057	1.048	0.186	0.92	323	0.41	14.68	4.6	7
D32	环境与健康杂志	1671	0.274	—	0.95	597	0.64	27.14	8.7	7
D32	环境与职业医学	1878	1.314	0.271	0.89	586	0.64	26.64	5.4	7
D32	疾病监测	2737	1.975	0.317	0.91	471	0.86	21.41	4.8	13
D32	热带病与寄生虫学	517	1.477	0.385	0.81	155	0.64	7.05	4.0	6
D32	热带医学杂志	2649	1.465	0.180	0.81	650	0.77	29.55	4.3	8
D32	医学动物防制	1714	0.978	0.223	0.85	419	0.86	19.05	4.5	6

学科代码	期刊名称	扩展总被引频次	扩展影响因子	扩展即年指标	扩展他引率	扩展引用刊数	扩展学科影响指标	扩展学科扩散指标	扩展被引半衰期	扩展H指标
D32	职业与健康	5240	1.209	0.191	0.84	904	0.86	41.09	4.6	9
D32	中国工业医学杂志	1122	0.814	0.079	0.90	338	0.45	15.36	5.4	7
D32	中国国境卫生检疫杂志	625	0.932	0.209	0.85	253	0.59	11.50	4.2	5
D32	中国检验检测	667	0.629	0.136	0.89	287	0.18	13.05	4.8	5
D32	中国媒介生物学及控制杂志	2130	1.907	0.425	0.69	223	0.68	10.14	5.9	11
D32	中国热带医学	2355	1.489	0.325	0.90	563	0.82	25.59	4.9	9
D32	中国人兽共患病学报	1875	1.235	0.181	0.92	442	0.73	20.09	5.8	9
D32	中国血吸虫病防治杂志	1900	2.306	0.411	0.78	270	0.68	12.27	4.9	13
D32	中国职业医学	1824	1.837	0.621	0.78	422	0.45	19.18	5.2	10
D32	中华地方病学杂志	1990	1.601	0.271	0.68	385	0.77	17.50	5.0	9
D32	中华劳动卫生职业病杂志	2206	1.457	0.168	0.84	527	0.50	23.95	5.1	10
D32	中华流行病学杂志	9095	4.012	0.601	0.94	1151	0.86	52.32	5.4	24
D32	中华卫生杀虫药械	941	0.818	0.074	0.67	165	0.59	7.50	6.0	5
D33	Maternal—Fetal Medicine	26	0.231	0.024	0.85	15	0.45	1.36	3.1	2
D33	Reproductive and Developmental Medicine	47	—	0.103	0.64	29	0.57	2.07	4.3	2
D33	国际生殖健康/计划生育杂志	936	1.168	0.234	0.97	354	0.79	25.29	5.1	10
D33	生殖医学杂志	2756	1.660	0.296	0.85	492	0.79	35.14	4.5	14
D33	中国产前诊断杂志（电子版）	239	0.436	0.019	0.95	121	0.64	8.64	5.0	5
D33	中国妇幼保健	21413	2.580	0.361	0.94	992	0.86	70.86	4.4	18
D33	中国妇幼健康研究	4217	1.679	0.271	0.97	679	0.86	48.50	5.3	11
D33	中国妇幼卫生杂志	583	0.765	0.096	0.95	267	0.50	19.07	4.8	5
D33	中国计划生育和妇产科	2980	1.967	0.215	0.97	496	0.71	35.43	4.4	12
D33	中国计划生育学杂志	5986	2.678	0.385	0.92	602	0.86	43.00	3.8	15
D33	中国生育健康杂志	1203	1.475	0.311	0.99	404	0.71	28.86	4.4	9
D33	中国优生与遗传杂志	2447	0.746	0.108	0.95	515	0.93	36.79	5.0	7
D33	中华生殖与避孕杂志	1832	1.683	0.241	0.90	423	0.79	30.21	4.9	11
D34	Military Medical Research	384	1.980	0.262	0.92	244	0.33	27.11	3.8	4
D34	Radiation Medicine and Protection	22	0.260	0.257	0.68	11	0.33	1.22	2.7	1
D34	法医学杂志	826	0.579	0.037	0.72	301	0.22	33.44	5.9	6
D34	军事医学	1064	0.713	0.069	0.91	533	0.44	59.22	6.1	5
D34	中国法医学杂志	1028	0.741	0.210	0.70	255	0.33	28.33	6.3	6
D34	中华放射医学与防护杂志	1709	1.475	0.220	0.90	410	0.44	45.56	4.9	9
D34	中华航海医学与高气压医学杂志	1518	1.599	0.240	0.75	341	0.22	37.89	4.1	9

学科代码	期刊名称	扩展总被引频次	扩展影响因子	扩展即年指标	扩展他引率	扩展引用刊数	扩展学科影响指标	扩展学科扩散指标	扩展被引半衰期	扩展H指标
D34	中华航空航天医学杂志	486	0.452	—	0.83	100	0.33	11.11	≥10	4
D35	Global Health Journal	52	0.431	0.421	0.58	27	0.02	0.57	2.7	2
D35	儿童与健康	54	—	0.010	1.00	35	—	0.74	3.4	2
D35	基础医学教育	2457	1.702	0.443	0.82	402	0.36	8.55	4.4	9
D35	卫生软科学	1716	1.676	0.546	0.92	470	0.79	10.00	3.7	8
D35	卫生研究	2104	1.482	0.291	0.95	697	0.36	14.83	6.2	9
D35	现代医院	3644	1.643	0.564	0.73	691	0.83	14.70	3.6	9
D35	现代医院管理	1120	1.460	0.331	0.95	304	0.68	6.47	4.1	7
D35	心理与健康	51	0.017	0.009	1.00	48	0.04	1.02	4.7	2
D35	医疗卫生装备	2699	1.239	0.080	0.83	634	0.60	13.49	5.6	8
D35	医疗装备	7162	0.680	0.168	0.89	801	0.49	17.04	3.9	6
D35	医学教育管理	1038	2.023	0.257	0.93	313	0.66	6.66	3.8	8
D35	医学教育研究与实践	2854	2.130	0.659	0.90	530	0.60	11.28	4.5	12
D35	医学与哲学	4887	1.661	0.215	0.89	1065	0.81	22.66	5.7	11
D35	浙江医学教育	441	0.817	0.133	0.98	215	0.43	4.57	4.1	4
D35	中国病案	3930	1.775	0.244	0.80	598	0.77	12.72	4.3	11
D35	中国继续医学教育	10857	1.165	0.374	0.79	1012	0.72	21.53	3.9	11
D35	中国健康教育	4307	2.785	0.194	0.94	755	0.74	16.06	5.0	14
D35	中国农村卫生	2035	0.392	0.149	0.99	432	0.53	9.19	3.8	5
D35	中国农村卫生事业管理	1496	1.563	0.364	0.86	464	0.74	9.87	4.8	6
D35	中国社会医学杂志	1776	1.670	0.314	0.95	554	0.77	11.79	4.7	10
D35	中国食品卫生杂志	2078	1.649	0.278	0.87	437	0.21	9.30	5.9	10
D35	中国卫生法制	426	0.578	0.185	0.86	209	0.53	4.45	4.0	4
D35	中国卫生检验杂志	7302	1.195	0.140	0.87	1072	0.45	22.81	5.2	9
D35	中国卫生经济	4525	2.896	0.751	0.87	651	0.74	13.85	4.6	15
D35	中国卫生人才	447	0.500	0.133	1.00	223	0.53	4.74	4.5	4
D35	中国卫生统计	4398	2.379	0.214	0.92	1034	0.81	22.00	5.5	13
D35	中国卫生信息管理杂志	1773	2.531	0.656	0.83	429	0.77	9.13	3.9	10
D35	中国卫生政策研究	2742	3.335	0.534	0.93	605	0.74	12.87	5.0	12
D35	中国卫生质量管理	2517	2.055	0.397	0.78	463	0.79	9.85	4.0	10
D35	中国卫生资源	1670	2.471	0.256	0.94	466	0.74	9.91	4.3	10
D35	中国学校卫生	6808	2.094	0.332	0.88	993	0.55	21.13	5.2	14
D35	中国医疗器械信息	5408	0.671	0.171	0.88	757	0.62	16.11	3.8	7

学科代码	期刊名称	扩展总被引频次	扩展影响因子	扩展即年指标	扩展他引率	扩展引用刊数	扩展学科影响指标	扩展学科扩散指标	扩展被引半衰期	扩展H指标
D35	中国医疗器械杂志	766	0.920	0.084	0.94	345	0.43	7.34	5.2	6
D35	中国医疗设备	4925	1.552	0.332	0.85	799	0.64	17.00	4.6	11
D35	中国医学装备	5239	1.912	0.325	0.87	829	0.60	17.64	4.1	12
D35	中国医院	4232	2.584	0.988	0.91	606	0.81	12.89	4.0	12
D35	中国医院管理	6883	3.888	1.058	0.90	849	0.87	18.06	4.5	17
D35	中国医院统计	825	1.295	0.156	0.91	364	0.66	7.74	4.5	7
D35	中华护理教育	3097	2.507	0.232	0.95	427	0.62	9.09	4.6	12
D35	中华健康管理学杂志	1540	1.926	0.491	0.86	512	0.66	10.89	4.9	13
D35	中华医学教育探索杂志	3133	2.053	0.280	0.91	453	0.64	9.64	4.0	10
D35	中华医学教育杂志	2840	2.318	0.547	0.89	446	0.68	9.49	4.3	11
D35	中华医学科研管理杂志	674	1.214	0.276	0.85	206	0.51	4.38	4.7	6
D35	中华医院管理杂志	3414	2.741	0.319	0.88	537	0.83	11.43	4.7	11
D35	中外女性健康研究	2041	0.135	0.019	0.92	410	0.36	8.72	4.5	4
D36	Acta Pharmaceutica Sinica B	2134	2.809	0.518	0.76	571	0.73	8.52	3.4	11
D36	Acta Pharmacologica Sinica	2600	1.997	0.435	0.93	786	0.81	11.73	5.6	9
D36	Asian Journal of Pharmaceutical Sciences	296	—	0.161	0.82	141	0.40	2.10	4.4	4
D36	Journal of Chinese Pharmaceutical Sciences	458	0.600	0.080	0.93	211	0.49	3.15	7.1	3
D36	Journal of Pharmaceutical Analysis	288	0.980	0.104	0.86	172	0.39	2.57	3.8	4
D36	北方药学	3757	0.529	0.021	0.96	579	0.78	8.64	4.5	8
D36	儿科药学杂志	1959	1.397	0.264	0.93	479	0.75	7.15	4.6	9
D36	福建医药杂志	1360	0.648	0.091	0.98	506	0.37	7.55	4.4	5
D36	国外医药（抗生素分册）	370	0.673	0.065	0.93	229	0.49	3.42	5.1	5
D36	海峡药学	4765	0.602	0.064	0.97	866	0.84	12.93	5.0	10
D36	华西药学杂志	1566	1.516	0.300	0.88	503	0.78	7.51	5.9	9
D36	解放军药学学报	541	—	0.023	0.96	286	0.60	4.27	8.4	4
D36	今日药学	1319	1.253	0.283	0.92	405	0.76	6.04	4.7	9
D36	抗感染药学	2082	0.772	0.053	0.89	451	0.66	6.73	4.4	7
D36	临床合理用药	10419	0.856	0.207	0.94	943	0.90	14.07	3.9	9
D36	临床药物治疗杂志	1881	1.524	0.300	0.98	527	0.82	7.87	4.5	10
D36	神经药理学报	328	0.455	—	0.98	203	0.36	3.03	6.0	5
D36	实用药物与临床	2585	1.506	0.339	0.99	616	0.85	9.19	4.8	11
D36	世界临床药物	1400	1.228	0.111	0.98	496	0.73	7.40	5.0	9
D36	天津药学	799	0.940	0.140	0.98	348	0.66	5.19	5.8	6

学科代码	期刊名称	扩展总被引频次	扩展影响因子	扩展即年指标	扩展他引率	扩展引用刊数	扩展学科影响指标	扩展学科扩散指标	扩展被引半衰期	扩展H指标
D36	西北药学杂志	2297	1.960	0.300	0.84	577	0.81	8.61	4.5	11
D36	现代药物与临床	6958	2.366	0.310	0.98	740	0.90	11.04	4.5	12
D36	药品评价	1716	0.696	0.061	0.97	453	0.75	6.76	4.3	7
D36	药物不良反应杂志	1179	0.929	0.153	0.92	320	0.70	4.78	5.5	9
D36	药物分析杂志	3983	1.711	0.169	0.91	634	0.84	9.46	6.4	11
D36	药物流行病学杂志	1309	1.132	0.227	0.94	382	0.76	5.70	4.7	8
D36	药物评价研究	4087	1.933	0.509	0.96	700	0.85	10.45	4.3	13
D36	药物生物技术	929	1.153	0.113	0.88	424	0.55	6.33	5.3	7
D36	药学服务与研究	865	1.178	0.700	0.99	334	0.70	4.99	4.8	6
D36	药学进展	663	0.780	0.106	0.99	358	0.69	5.34	5.9	6
D36	药学实践与服务	1071	1.108	0.139	0.98	447	0.72	6.67	5.7	9
D36	药学学报	4998	1.984	0.419	0.87	866	0.91	12.93	5.6	14
D36	药学研究	1393	1.039	0.106	0.97	524	0.78	7.82	5.7	8
D36	药学与临床研究	1017	1.162	0.180	0.98	441	0.78	6.58	5.6	7
D36	医药导报	3752	1.619	0.399	0.92	789	0.85	11.78	4.8	11
D36	中国处方药	3833	0.840	0.149	0.96	646	0.84	9.64	3.9	7
D36	中国海洋药物	535	0.803	0.108	0.88	206	0.24	3.07	7.5	6
D36	中国抗生素杂志	2167	1.820	0.264	0.90	615	0.85	9.18	4.9	10
D36	中国临床药理学与治疗学	2110	1.332	0.276	0.94	643	0.84	9.60	5.7	9
D36	中国临床药理学杂志	8563	2.036	0.287	0.92	990	0.96	14.78	4.2	17
D36	中国临床药学杂志	876	1.688	0.114	0.95	320	0.79	4.78	4.2	7
D36	中国现代药物应用	10220	0.987	0.176	0.96	871	0.87	13.00	3.9	8
D36	中国现代医药杂志	1407	0.721	0.123	0.99	556	0.58	8.30	4.5	5
D36	中国现代应用药学	4822	1.795	0.293	0.89	853	0.87	12.73	4.3	12
D36	中国新药与临床杂志	1808	1.778	0.331	0.98	577	0.87	8.61	4.9	10
D36	中国新药杂志	5135	1.795	0.398	0.94	961	0.96	14.34	5.3	13
D36	中国药房	11213	2.888	0.454	0.96	1246	0.91	18.60	5.6	17
D36	中国药理学通报	4781	2.246	0.338	0.85	887	0.90	13.24	5.4	11
D36	中国药理学与毒理学杂志	1713	1.021	0.139	0.99	596	0.84	8.90	4.9	9
D36	中国药品标准	594	0.852	0.075	0.89	217	0.57	3.24	5.7	6
D36	中国药师	4603	1.444	0.271	0.90	823	0.88	12.28	4.7	11
D36	中国药事	2022	1.540	0.419	0.94	543	0.82	8.10	5.3	8
D36	中国药物化学杂志	578	0.598	0.133	0.95	266	0.46	3.97	7.1	5

学科代码	期刊名称	扩展总被引频次	扩展影响因子	扩展即年指标	扩展他引率	扩展引用刊数	扩展学科影响指标	扩展学科扩散指标	扩展被引半衰期	扩展H指标
D36	中国药物经济学	2027	1.094	0.164	0.97	537	0.75	8.01	4.5	7
D36	中国药物警戒	2089	1.488	0.400	0.84	468	0.87	6.99	5.1	9
D36	中国药物滥用防治杂志	796	0.949	0.335	0.69	257	0.52	3.84	3.1	5
D36	中国药物评价	641	1.095	0.182	0.96	301	0.66	4.49	4.6	7
D36	中国药物依赖性杂志	553	0.871	0.074	0.85	239	0.30	3.57	6.1	5
D36	中国药物应用与监测	851	1.286	0.288	0.87	288	0.76	4.30	4.8	7
D36	中国药学杂志	4834	1.595	0.154	0.93	936	0.99	13.97	7.0	11
D36	中国药业	5954	1.468	0.261	0.89	903	0.90	13.48	4.5	10
D36	中国医药导刊	2222	1.792	0.229	0.97	637	0.69	9.51	5.3	11
D36	中国医药工业杂志	1687	0.884	0.113	0.92	486	0.69	7.25	6.1	8
D36	中国医院药学杂志	6682	2.172	0.481	0.90	891	0.91	13.30	4.7	14
D36	中国医院用药评价与分析	3356	1.768	0.264	0.98	570	0.84	8.51	4.4	10
D36	中南药学	3321	1.289	0.225	0.91	738	0.88	11.01	4.5	10
D37	Chinese Medicine and Culture	22	0.112	0.027	0.68	13	0.06	0.19	4.1	1
D37	Digital Chinese Medicine	109	0.912	0.050	0.83	72	0.24	1.07	4.0	3
D37	Journal of Traditional Chinese Medicine	1070	1.191	0.119	0.97	373	0.87	5.57	6.0	6
D37	Traditional Chinese Medical Sciences	127	0.660	0.222	0.81	72	0.34	1.07	3.7	3
D37	World Journal of Traditional Chinese Medicine	194	1.224	0.059	0.94	82	0.33	1.22	3.5	4
D37	按摩与康复医学	2599	0.708	0.228	0.95	481	0.97	7.18	4.2	7
D37	北京中医药	4625	1.725	0.208	0.89	498	1.00	7.43	5.6	12
D37	福建中医药	1375	1.061	0.185	0.96	351	1.00	5.24	5.1	6
D37	光明中医	7456	0.904	0.139	0.92	613	1.00	9.15	4.6	8
D37	广西中医药	1093	0.882	0.162	0.98	304	0.99	4.54	6.2	5
D37	国际中医中药杂志	2518	1.581	0.298	0.95	492	0.99	7.34	4.6	9
D37	国医论坛	1017	0.797	0.103	0.98	263	0.93	3.93	5.8	5
D37	河北中医	4174	1.270	0.118	0.96	515	0.99	7.69	5.4	9
D37	河北中医药学报	1195	1.995	0.223	0.98	332	0.93	4.96	4.7	8
D37	河南中医	4789	1.441	0.287	0.96	543	1.00	8.10	6.0	9
D37	湖南中医杂志	5091	0.984	0.142	0.98	608	1.00	9.07	5.1	9
D37	环球中医药	5812	1.837	0.282	0.93	586	1.00	8.75	4.7	14
D37	基层中医药	10	—	0.050	0.80	9	0.06	0.13	—	1
D37	吉林中医药	5752	1.989	0.239	0.96	635	1.00	9.48	5.0	14

2022 年中国科技期刊被引指标按类刊名字顺索引(续)

学科代码	期刊名称	扩展总被引频次	扩展影响因子	扩展即年指标	扩展他引率	扩展引用刊数	扩展学科影响指标	扩展学科扩散指标	扩展被引半衰期	扩展H指标
D37	江苏中医药	4487	1.740	0.385	0.99	537	1.00	8.01	5.6	10
D37	江西中医药	2267	0.881	0.145	0.97	443	1.00	6.61	6.2	7
D37	辽宁中医杂志	11554	2.154	0.265	0.97	772	1.00	11.52	5.5	14
D37	内蒙古中医药	5442	0.779	0.110	0.97	611	1.00	9.12	5.3	7
D37	山东中医杂志	3519	1.711	0.314	0.98	500	1.00	7.46	5.8	10
D37	山西中医	1774	0.812	0.158	0.99	353	0.99	5.27	5.5	6
D37	陕西中医	9445	3.288	0.605	0.89	666	1.00	9.94	4.8	15
D37	上海中医药杂志	5124	2.446	0.467	0.96	652	1.00	9.73	6.4	12
D37	时珍国医国药	13192	1.449	0.140	0.97	1164	1.00	17.37	6.4	13
D37	实用中西医结合临床	4414	0.721	0.079	0.97	607	1.00	9.06	3.8	6
D37	实用中医内科杂志	3438	1.414	0.276	0.93	472	1.00	7.04	4.6	8
D37	实用中医药杂志	4301	0.740	0.123	0.96	495	1.00	7.39	4.4	6
D37	世界科学技术—中医药现代化	6425	2.146	0.143	0.94	869	1.00	12.97	4.6	13
D37	世界中医药	11659	3.211	0.489	0.97	858	1.00	12.81	4.4	17
D37	四川中医	9467	1.806	0.139	0.96	625	1.00	9.33	4.9	12
D37	天津中医药	3574	2.121	0.427	0.96	556	1.00	8.30	4.6	11
D37	西部中医药	5152	1.802	0.332	0.89	665	1.00	9.93	4.6	12
D37	现代中医临床	1469	1.915	0.389	0.96	322	1.00	4.81	5.7	8
D37	现代中医药	1308	1.129	0.215	0.96	318	1.00	4.75	5.5	7
D37	新疆中医药	1321	0.702	0.103	0.98	374	0.97	5.58	4.9	5
D37	新中医	9235	1.283	0.159	0.96	659	1.00	9.84	4.5	9
D37	浙江中西医结合杂志	1984	0.814	0.102	0.98	536	0.99	8.00	5.5	6
D37	浙江中医杂志	3434	0.890	0.152	0.91	465	1.00	6.94	5.3	7
D37	中国民间疗法	3935	0.715	0.123	0.94	476	1.00	7.10	4.1	7
D37	中国民族医药杂志	2133	0.517	0.045	0.74	391	0.82	5.84	7.3	5
D37	中国中医基础医学杂志	9770	2.378	0.362	0.96	729	1.00	10.88	5.8	15
D37	中国中医急症	8855	2.115	0.354	0.95	674	1.00	10.06	5.0	12
D37	中国中医眼科杂志	1625	1.670	0.292	0.71	295	0.88	4.40	4.2	8
D37	中国中医药科技	3695	1.382	0.342	0.97	582	1.00	8.69	4.3	8
D37	中国中医药信息杂志	5950	2.372	0.611	0.96	767	1.00	11.45	5.5	12
D37	中华中医药学刊	16584	3.455	0.847	0.96	1030	1.00	15.37	4.9	17
D37	中药药理与临床	4768	2.242	0.464	0.95	678	1.00	10.12	6.0	12
D37	中药与临床	764	—	0.066	0.98	312	0.79	4.66	6.3	7

学科代码	期刊名称	扩展总被引频次	扩展影响因子	扩展即年指标	扩展他引率	扩展引用刊数	扩展学科影响指标	扩展学科扩散指标	扩展被引半衰期	扩展H指标
D37	中医儿科杂志	1348	1.024	0.139	0.95	262	0.93	3.91	5.5	10
D37	中医临床研究	10055	0.892	0.088	0.87	739	1.00	11.03	4.8	13
D37	中医外治杂志	1259	0.801	0.070	0.91	289	0.93	4.31	5.2	5
D37	中医文献杂志	731	0.542	0.008	0.99	207	0.85	3.09	7.9	6
D37	中医学报	7215	2.085	0.345	0.95	710	1.00	10.60	4.8	13
D37	中医研究	3007	1.419	0.265	0.88	440	1.00	6.57	5.5	9
D37	中医药导报	7789	1.723	0.241	0.92	843	1.00	12.58	5.0	13
D37	中医药临床杂志	4304	1.098	0.181	0.95	536	1.00	8.00	5.0	8
D37	中医药通报	1061	1.173	0.234	0.95	232	0.91	3.46	5.4	6
D37	中医药文化	418	0.579	0.056	0.90	157	0.58	2.34	6.7	4
D37	中医药学报	3929	3.177	0.712	0.98	606	1.00	9.04	4.3	15
D37	中医杂志	16330	4.188	0.717	0.95	850	1.00	12.69	6.5	29
D38	安徽中医药大学学报	2228	2.768	0.375	0.97	482	0.95	21.91	5.1	9
D38	北京中医药大学学报	5184	3.317	0.631	0.93	592	1.00	26.91	8.9	14
D38	长春中医药大学学报	4954	2.455	0.367	0.97	643	1.00	29.23	4.6	14
D38	成都中医药大学学报	1287	1.689	0.250	0.98	376	1.00	17.09	6.6	8
D38	甘肃中医药大学学报	1184	1.216	0.188	0.98	405	0.91	18.41	5.6	7
D38	广西中医药大学学报	1193	1.226	0.181	0.99	407	0.86	18.50	5.2	7
D38	广州中医药大学学报	4951	2.092	0.506	0.97	670	1.00	30.45	4.3	12
D38	贵州中医药大学学报	286	1.000	0.142	0.99	183	0.55	8.32	2.9	5
D38	湖北中医药大学学报	2220	1.804	0.237	0.96	468	0.86	21.27	4.8	9
D38	湖南中医药大学学报	4970	2.311	0.456	0.93	717	1.00	32.59	4.9	12
D38	江西中医药大学学报	1643	1.102	0.214	0.98	442	0.95	20.09	5.7	8
D38	康复学报	1325	2.760	0.388	0.94	397	0.68	18.05	4.8	9
D38	辽宁中医药大学学报	10619	2.678	0.571	0.97	891	1.00	40.50	4.9	17
D38	南京中医药大学学报	3188	2.852	0.550	0.97	560	0.95	25.45	5.6	12
D38	山东中医药大学学报	2170	1.829	0.406	0.98	402	0.95	18.27	6.7	8
D38	山西中医药大学学报	296	1.128	0.092	0.94	166	0.36	7.55	3.0	5
D38	陕西中医药大学学报	1666	1.227	0.268	0.95	376	0.95	17.09	5.8	6
D38	上海中医药大学学报	1773	2.076	0.402	0.98	432	0.86	19.64	6.5	10
D38	天津中医药大学学报	1683	2.027	0.283	0.99	458	0.86	20.82	4.7	9
D38	云南中医药大学学报	1290	1.072	0.127	0.89	370	0.82	16.82	7.3	6
D38	浙江中医药大学学报	3387	1.854	0.175	0.90	499	0.95	22.68	5.6	9

2022 年中国科技期刊被引指标按类刊名字顺索引(续)

学科代码	期刊名称	扩展总被引频次	扩展影响因子	扩展即年指标	扩展他引率	扩展引用刊数	扩展学科影响指标	扩展学科扩散指标	扩展被引半衰期	扩展H指标
D39	深圳中西医结合杂志	4371	0.466	0.059	0.99	634	0.87	42.27	4.1	5
D39	世界中西医结合杂志	6038	2.202	0.236	0.95	601	1.00	40.07	4.8	12
D39	现代中西医结合杂志	16051	2.887	0.317	0.98	932	1.00	62.13	4.7	18
D39	中国中西医结合儿科学	1224	1.242	0.134	0.89	362	0.60	24.13	5.3	7
D39	中国中西医结合耳鼻咽喉科杂志	1084	1.324	0.133	0.96	342	0.47	22.80	5.0	7
D39	中国中西医结合急救杂志	2301	1.800	0.227	0.89	460	0.73	30.67	4.7	11
D39	中国中西医结合皮肤性病学杂志	1772	1.278	0.112	0.97	379	0.53	25.27	4.9	11
D39	中国中西医结合肾病杂志	3980	1.649	0.117	0.88	556	0.80	37.07	5.0	11
D39	中国中西医结合外科杂志	2449	2.339	0.368	0.97	516	0.87	34.40	4.3	10
D39	中国中西医结合消化杂志	3696	2.237	0.405	0.94	514	0.87	34.27	5.4	18
D39	中国中西医结合影像学杂志	1030	0.938	0.270	0.92	342	0.27	22.80	4.8	5
D39	中国中西医结合杂志	8444	3.011	0.675	0.96	813	1.00	54.20	6.7	23
D39	中西医结合肝病杂志	1670	1.378	0.213	0.91	399	0.60	26.60	4.3	9
D39	中西医结合心脑血管病杂志	12152	2.126	0.268	0.96	783	0.93	52.20	4.4	16
D39	中西医结合研究	758	1.312	0.256	0.96	265	0.80	17.67	4.0	6
D40	Chinese Herbal Medicines	415	0.775	0.294	0.92	167	0.92	13.92	5.5	6
D40	Chinese Journal of Natural Medicines	1495	1.471	0.079	0.97	489	0.72	7.30	7.6	8
D40	天然产物研究与开发	4447	2.255	0.401	0.94	856	0.92	71.33	6.2	12
D40	现代中药研究与实践	1362	1.489	0.164	0.98	464	0.83	38.67	6.2	8
D40	中草药	21120	4.122	0.765	0.90	1342	1.00	111.83	5.1	30
D40	中成药	10601	2.484	0.408	0.93	1011	0.92	84.25	4.9	16
D40	中国实验方剂学杂志	19316	3.969	1.084	0.92	1221	1.00	101.75	4.9	22
D40	中国现代中药	4015	2.160	0.415	0.94	754	1.00	62.83	4.9	15
D40	中国中药杂志	22768	4.331	1.316	0.89	1453	1.00	121.08	5.6	27
D40	中药材	8518	1.590	0.171	0.95	1008	1.00	84.00	6.9	12
D40	中药新药与临床药理	3205	2.471	0.313	0.97	631	0.92	52.58	4.6	12
D40	中医药信息	3939	4.019	0.479	0.99	618	0.92	51.50	4.7	17
D41	Acupuncture and Herbal Medicine	18	—	0.033	0.72	13	0.08	1.08	2.5	2
D41	Journal of Acupuncture and Tuina Science	538	1.022	0.143	0.91	202	0.87	3.01	6.1	5
D41	World Journal of Acupuncture—Moxibustion	449	1.270	0.260	0.86	153	0.72	2.28	5.3	5
D41	上海针灸杂志	5189	2.331	0.375	0.96	474	0.73	43.09	6.0	9
D41	针刺研究	4441	3.744	0.560	0.91	482	0.64	43.82	5.0	13
D41	针灸临床杂志	5247	2.919	0.283	0.96	464	0.73	42.18	5.4	13

2022 年中国科技期刊被引指标按类刊名字顺索引(续)

学科代码	期刊名称	扩展总被引频次	扩展影响因子	扩展即年指标	扩展他引率	扩展引用刊数	扩展学科影响指标	扩展学科扩散指标	扩展被引半衰期	扩展H指标
D41	中国骨伤	3209	1.974	0.460	0.86	520	0.73	47.27	5.0	10
D41	中国针灸	10836	3.761	0.656	0.93	642	0.73	58.36	6.2	17
D41	中国中医骨伤科杂志	3198	1.914	0.299	0.89	444	0.73	40.36	5.0	10
D41	中华针灸电子杂志	293	0.973	0.083	0.99	145	0.55	13.18	4.6	5
D41	中医正骨	2382	1.881	0.238	0.91	388	0.73	35.27	5.0	10
E01	CT 理论与应用研究	546	0.831	0.229	0.91	248	0.13	2.85	5.0	6
E01	Friction	388	0.936	0.184	0.39	70	0.02	1.75	3.8	6
E01	International Journal of Extreme Manufacturing	214	2.308	0.386	0.68	63	0.12	0.88	3.4	4
E01	Journal of Bionic Engineering	565	0.653	0.120	0.64	195	0.34	4.43	5.9	4
E01	Science China Technological Sciences	2268	1.220	0.190	0.82	732	0.18	8.41	6.6	7
E01	包装工程	11124	1.995	0.517	0.78	1374	0.39	15.79	4.4	16
E01	包装世界	292	0.028	0.012	0.96	158	0.10	1.82	7.4	3
E01	包装学报	341	0.610	0.057	0.86	168	0.11	1.93	5.3	5
E01	包装与设计	137	0.361	0.048	0.91	62	0.08	0.71	2.9	4
E01	标准科学	1264	0.760	0.238	0.83	560	0.32	6.44	4.9	6
E01	测试技术学报	380	0.530	0.129	0.96	258	0.09	2.97	6.0	4
E01	成组技术与生产现代化	117	0.253	0.025	0.91	89	0.07	1.02	6.5	3
E01	船舶标准化工程师	191	0.228	0.101	0.93	96	0.09	1.10	5.0	3
E01	大众标准化	2473	0.422	0.204	0.98	759	0.33	8.72	2.9	7
E01	电信工程技术与标准化	790	0.901	0.246	0.89	220	0.07	2.53	3.9	6
E01	福建市场监督管理	67	0.035	0.003	1.00	56	0.08	0.64	4.8	2
E01	工程爆破	1138	1.649	0.076	0.76	209	0.14	2.40	5.9	7
E01	工程地球物理学报	1596	1.405	0.245	0.77	358	0.17	4.11	7.6	8
E01	工程地质学报	5840	4.293	0.824	0.69	701	0.28	8.06	5.9	17
E01	工程技术研究	6965	0.749	0.229	0.91	877	0.36	10.08	3.5	8
E01	工程建设	688	0.894	0.245	0.92	281	0.21	3.23	4.0	4
E01	工程建设与设计	6354	0.766	0.225	0.96	841	0.41	9.67	3.6	8
E01	工程科学学报	3698	2.620	1.119	0.90	914	0.30	10.51	5.7	13
E01	工程力学	7772	2.405	0.484	0.82	905	0.39	10.40	7.7	13
E01	工程数学学报	295	0.508	0.025	0.91	195	0.02	2.24	8.5	4
E01	工程与试验	332	0.278	0.007	0.92	201	0.10	2.31	6.0	4
E01	工程造价管理	401	1.341	0.456	0.56	119	0.10	1.37	3.5	5

2022 年中国科技期刊被引指标按类刊名字顺索引(续)

学科代码	期刊名称	扩展总被引频次	扩展影响因子	扩展即年指标	扩展他引率	扩展引用刊数	扩展学科影响指标	扩展学科扩散指标	扩展被引半衰期	扩展H指标
E01	工程质量	872	0.580	0.170	0.92	302	0.17	3.47	4.7	5
E01	工具技术	1506	0.623	0.078	0.78	361	0.23	4.15	6.0	5
E01	工业 工程 设计	257	1.039	0.161	0.95	105	0.09	1.21	3.2	5
E01	工业工程	810	0.996	0.117	0.91	400	0.18	4.60	5.2	7
E01	工业计量	610	0.501	0.051	0.77	224	0.20	2.57	6.5	3
E01	工业设计	1869	0.576	0.201	0.85	513	0.22	5.90	3.9	6
E01	航空标准化与质量	326	0.442	0.053	0.92	161	0.23	1.85	8.6	3
E01	航天标准化	194	0.511	0.239	0.77	87	0.11	1.00	6.8	3
E01	河北工业科技	381	0.720	0.136	0.88	274	0.10	3.15	6.5	4
E01	计量科学与技术	987	0.815	0.244	0.70	310	0.28	3.56	4.9	5
E01	计量学报	2238	1.832	0.289	0.58	504	0.23	5.79	4.3	9
E01	计量与测试技术	1463	0.425	0.118	0.85	518	0.34	5.95	5.6	5
E01	节能	1219	0.481	0.135	0.95	522	0.21	6.00	4.6	5
E01	科学技术与工程	16412	1.669	0.271	0.72	2291	0.54	26.33	4.2	12
E01	冷藏技术	138	0.453	0.089	0.84	62	0.02	0.71	5.4	3
E01	宁夏工程技术	296	0.382	0.029	0.93	212	0.08	2.44	6.9	4
E01	轻工标准与质量	408	0.492	0.093	0.95	233	0.26	2.68	4.1	5
E01	热喷涂技术	279	0.580	0.114	0.87	104	0.10	1.20	5.9	4
E01	人类工效学	524	0.455	0.034	0.93	301	0.13	3.46	8.8	4
E01	润滑与密封	2626	0.864	0.126	0.79	527	0.22	6.06	7.9	7
E01	山东工业技术	2946	0.301	0.071	0.99	937	0.39	10.77	6.0	4
E01	上海计量测试	373	0.399	0.020	0.85	178	0.16	2.05	6.3	4
E01	设备管理与维修	2748	0.354	0.073	0.94	735	0.33	8.45	3.8	5
E01	设备监理	139	0.237	0.049	0.83	86	0.08	0.99	4.2	2
E01	设计	5196	1.265	0.433	0.60	594	0.20	6.83	3.7	9
E01	声学与电子工程	205	0.348	0.019	0.88	100	0.07	1.15	9.4	3
E01	实验技术与管理	10726	2.322	0.440	0.93	1439	0.33	16.54	4.9	18
E01	市政技术	1927	0.897	0.245	0.64	405	0.22	4.66	4.4	6
E01	市政设施管理	40	0.107	—	0.98	30	0.07	0.34	4.3	2
E01	数字与缩微影像	101	0.325	0.069	0.60	52	0.03	0.60	5.2	2
E01	塑料包装	266	0.261	0.060	0.92	129	0.07	1.48	5.5	3
E01	新技术新工艺	1072	0.580	0.117	0.75	410	0.17	4.71	7.4	5
E01	新媒体研究	2998	0.564	0.131	0.96	842	0.18	9.68	5.0	6

2022 年中国科技期刊被引指标按类刊名字顺索引(续)

学科代码	期刊名称	扩展总被引频次	扩展影响因子	扩展即年指标	扩展他引率	扩展引用刊数	扩展学科影响指标	扩展学科扩散指标	扩展被引半衰期	扩展H指标
E01	信息技术与标准化	558	0.569	0.123	0.96	349	0.18	4.01	4.7	5
E01	液晶与显示	956	1.326	0.272	0.74	281	0.13	3.23	3.9	8
E01	液压气动与密封	1327	0.555	0.096	0.72	355	0.13	4.08	6.1	5
E01	仪器仪表标准化与计量	230	0.489	0.138	0.96	148	0.14	1.70	4.5	4
E01	印刷质量与标准化	57	0.032	—	1.00	38	0.07	0.44	≥10	2
E01	应用基础与工程科学学报	1614	1.700	0.230	0.88	668	0.22	7.68	6.3	8
E01	真空	568	0.435	0.101	0.80	229	0.15	2.63	9.4	5
E01	真空科学与技术学报	922	0.463	0.143	0.85	314	0.15	3.61	7.2	5
E01	质量与可靠性	316	0.400	0.013	0.86	141	0.18	1.62	8.6	4
E01	质量与认证	327	0.290	0.104	0.91	200	0.23	2.30	3.7	4
E01	中国标准化	3058	—	0.187	0.87	1062	0.44	12.21	4.4	7
E01	中国测试	2617	1.779	0.292	0.76	821	0.38	9.44	4.2	8
E01	中国工程科学	4705	6.408	1.583	0.97	1939	0.48	22.29	5.3	21
E01	中国惯性技术学报	1342	1.510	0.181	0.79	323	0.11	3.71	5.6	7
E01	中国科学(技术科学)	2226	1.653	0.674	0.93	880	0.31	10.11	7.4	10
E01	中国新技术新产品	3631	0.393	0.044	0.99	1068	0.49	12.28	5.4	5
E01	中国质量	204	—	0.071	0.87	134	0.16	1.54	4.9	3
E01	中国质量与标准导报	296	0.474	0.056	0.97	218	0.20	2.51	5.2	4
E02	Journal of Beijing Institute of Technology	123	0.223	0.018	0.93	91	0.06	0.65	7.9	2
E02	Journal of Central South University	2431	1.354	0.107	0.84	781	0.48	5.62	5.5	8
E02	Journal of Donghua University(English Edition)	81	0.088	—	0.95	63	0.29	1.66	7.9	2
E02	Journal of Harbin Institute of Technology	105	0.161	0.017	0.98	90	0.06	0.65	8.6	2
E02	Journal of Shanghai Jiaotong University(Science)	294	0.254	0.033	0.93	203	0.13	1.46	6.4	3
E02	Journal of Southeast University(English Edition)	282	0.303	0.037	0.97	204	0.14	1.47	8.2	4
E02	Transactions of Tianjin University	267	1.160	0.200	0.87	142	0.07	1.02	5.6	4
E02	安徽工程大学学报	294	0.534	0.083	0.99	244	0.08	1.76	6.3	4
E02	安徽工业大学学报(自然科学版)	355	1.039	0.277	0.88	227	0.06	1.51	5.1	5
E02	安阳工学院学报	480	0.530	0.276	0.98	327	0.02	2.35	3.6	5
E02	北方工业大学学报	233	0.220	0.084	1.00	211	0.06	1.52	5.8	3
E02	北京电子科技学院学报	113	0.442	0.026	0.90	83	0.01	0.55	6.1	3
E02	北京工业大学学报	1886	1.400	0.352	0.97	882	0.40	6.35	7.0	9

2022年中国科技期刊被引指标按类刊名字顺索引(续)

学科代码	期刊名称	扩展总被引频次	扩展影响因子	扩展即年指标	扩展他引率	扩展引用刊数	扩展学科影响指标	扩展学科扩散指标	扩展被引半衰期	扩展H指标
E02	北京理工大学学报	2149	1.377	0.252	0.83	723	0.42	5.20	6.2	8
E02	北京信息科技大学学报（自然科学版）	360	0.723	0.077	0.98	267	0.19	2.32	4.6	4
E02	北京印刷学院学报	1142	0.685	0.097	0.99	533	0.07	3.83	3.5	6
E02	长春工程学院学报（自然科学版）	287	0.407	0.010	0.99	225	0.08	1.62	5.7	3
E02	长春工业大学学报	312	0.391	0.039	0.85	218	0.05	1.57	6.9	3
E02	长春理工大学学报（自然科学版）	626	0.660	0.025	0.83	335	0.14	2.41	5.9	4
E02	长沙理工大学学报（自然科学版）	513	1.642	0.404	0.87	257	0.05	1.71	4.8	6
E02	常熟理工学院学报	312	0.407	0.071	0.99	269	0.03	1.94	6.0	3
E02	常州工学院学报	261	0.429	0.131	0.98	221	0.04	1.59	5.3	4
E02	成都工业学院学报	237	0.495	0.089	0.98	195	0.04	1.70	4.5	4
E02	成都理工大学学报（自然科学版）	1601	1.207	0.197	0.97	360	0.79	15.00	≥10	8
E02	成都信息工程大学学报	474	0.526	0.120	0.95	261	0.04	1.88	6.0	4
E02	重庆大学学报	1871	1.223	0.431	0.96	893	0.37	6.42	8.8	7
E02	重庆科技学院学报（自然科学版）	659	0.527	0.073	0.98	356	0.07	2.37	7.3	4
E02	重庆理工大学学报	2495	1.218	0.208	0.88	1033	0.41	6.89	4.3	9
E02	大连工业大学学报	410	0.540	0.062	0.90	247	0.09	1.78	7.0	4
E02	大连理工大学学报	918	0.835	0.165	0.98	546	0.23	3.93	9.8	6
E02	电子科技大学学报	1287	1.502	0.341	0.96	647	0.55	9.80	5.8	9
E02	东北大学学报（自然科学版）	2743	1.168	0.154	0.97	997	0.46	7.17	6.8	9
E02	东莞理工学院学报	338	0.609	0.125	0.94	266	0.06	1.91	4.3	4
E02	东华大学学报（自然科学版）	946	0.673	0.113	0.96	417	0.16	3.00	7.9	5
E02	东南大学学报（自然科学版）	2466	1.407	0.199	0.98	914	0.53	6.58	8.5	8
E02	纺织科学与工程学报	581	1.657	0.577	0.96	219	0.06	1.58	4.4	9
E02	福建工程学院学报	282	0.446	0.125	0.96	237	0.06	1.71	6.0	3
E02	工程科学与技术	2398	1.677	0.844	0.96	888	0.36	6.39	6.7	10
E02	广东工业大学学报	479	0.924	0.163	0.80	304	0.07	2.03	4.7	5
E02	广西科技大学学报	387	0.931	0.296	0.66	217	0.09	1.56	4.7	5
E02	桂林电子科技大学学报	228	0.384	0.026	0.85	142	0.21	2.15	5.5	3
E02	桂林理工大学学报	1304	1.322	0.220	0.87	526	0.14	3.78	7.0	8
E02	国防科技大学学报	1207	0.996	0.111	0.95	464	0.24	3.34	7.0	7
E02	哈尔滨工程大学学报	2131	0.920	0.178	0.95	750	0.41	5.40	6.1	8
E02	哈尔滨工业大学学报	3347	1.262	0.374	0.97	1145	0.57	8.24	6.5	10
E02	哈尔滨理工大学学报	890	1.058	0.117	0.81	443	0.22	3.19	5.0	7

学科代码	期刊名称	扩展总被引频次	扩展影响因子	扩展即年指标	扩展他引率	扩展引用刊数	扩展学科影响指标	扩展学科扩散指标	扩展被引半衰期	扩展H指标
E02	海军工程大学学报	636	0.495	0.075	0.95	321	0.19	2.31	7.7	4
E02	合肥工业大学学报（自然科学版）	1916	0.867	0.152	0.96	945	0.40	6.80	6.8	7
E02	河北工程大学学报（自然科学版）	390	0.735	0.111	0.97	284	0.22	2.12	6.6	4
E02	河北工业大学学报	453	0.507	0.068	0.98	345	0.13	2.48	8.7	4
E02	河北科技大学学报	481	1.014	0.200	0.93	335	0.07	2.23	6.0	5
E02	河南城建学院学报	245	0.497	0.045	0.93	189	0.04	1.36	5.2	3
E02	河南工程学院学报（自然科学版）	211	0.556	0.063	0.95	167	0.08	1.20	5.5	3
E02	河南工学院学报	148	0.369	0.031	0.97	121	0.03	1.05	4.7	3
E02	河南工业大学学报（自然科学版）	1315	1.275	0.107	0.92	315	0.60	5.08	6.6	7
E02	河南科技大学学报（自然科学版）	765	1.260	0.433	0.80	412	0.16	2.75	5.4	6
E02	河南科技学院学报（自然科学版）	543	0.986	0.226	0.97	293	0.10	1.95	6.7	4
E02	河南理工大学学报（自然科学版）	1235	1.272	0.592	0.93	545	0.19	3.92	5.6	6
E02	黑龙江大学工程学报	738	1.820	0.286	0.91	364	0.09	2.62	4.9	4
E02	黑龙江工程学院学报	385	0.749	0.129	0.96	282	0.09	2.03	4.6	5
E02	黑龙江科技大学学报	529	0.676	0.109	0.91	315	0.10	2.27	5.2	4
E02	湖北工程学院学报	330	0.433	0.113	0.94	260	0.03	1.87	4.7	4
E02	湖北工业大学学报	495	0.459	0.080	0.98	396	0.09	2.85	5.8	5
E02	湖北科技学院学报	649	0.578	0.268	0.91	368	0.05	2.45	5.3	5
E02	湖北理工学院学报	308	0.639	0.318	0.97	244	0.05	1.76	4.2	4
E02	湖南大学学报（自然科学版）	2493	1.474	0.280	0.85	869	0.48	6.25	5.9	8
E02	湖南工程学院学报（自然科学版）	224	0.500	0.048	0.95	190	0.05	1.27	5.6	3
E02	湖南工业大学学报	428	0.860	0.205	0.92	326	0.08	2.35	5.0	6
E02	湖南科技大学学报（自然科学版）	495	0.859	0.095	0.97	321	0.11	2.31	7.9	5
E02	湖南理工学院学报（自然科学版）	269	0.775	0.342	0.90	203	0.05	1.46	3.8	4
E02	华北科技学院学报	507	0.610	0.121	0.88	283	0.06	2.04	5.7	4
E02	华北理工大学学报（自然科学版）	398	0.675	0.279	0.97	314	0.04	2.09	6.3	4
E02	华东理工大学学报（自然科学版）	818	0.890	0.183	0.88	460	0.19	3.31	7.0	6
E02	华南理工大学学报（自然科学版）	2125	1.015	0.139	0.96	900	0.50	6.47	7.3	8
E02	华中科技大学学报（自然科学版）	2689	1.270	0.380	0.92	971	0.54	6.99	6.5	8
E02	淮阴工学院学报	251	0.363	0.105	0.97	215	0.03	1.55	5.3	3
E02	黄河科技学院学报	241	0.409	0.167	0.98	190	0.03	1.27	2.9	4
E02	吉林大学学报（工学版）	2994	1.589	0.645	0.84	884	0.51	6.36	5.5	8
E02	江苏大学学报（自然科学版）	1113	1.509	0.336	0.97	532	0.27	3.83	5.6	6

2022年中国科技期刊被引指标按类刊名字顺索引（续）

学科代码	期刊名称	扩展总被引频次	扩展影响因子	扩展即年指标	扩展他引率	扩展引用刊数	扩展学科影响指标	扩展学科扩散指标	扩展被引半衰期	扩展H指标
E02	江苏科技大学学报（自然科学版）	588	0.636	0.009	0.79	324	0.13	2.33	6.5	5
E02	江苏理工学院学报	315	0.422	0.050	0.97	243	0.06	1.75	5.3	4
E02	江西理工大学学报	522	0.862	0.211	0.90	370	0.09	2.66	5.1	5
E02	金陵科技学院学报	263	0.431	0.077	0.96	175	0.03	1.17	7.8	4
E02	空军工程大学学报	584	0.711	0.117	0.94	285	0.14	2.05	6.0	5
E02	昆明理工大学学报（自然科学版）	829	0.908	0.142	0.95	556	0.10	3.71	7.0	6
E02	兰州工业学院学报	287	0.368	0.110	0.99	230	0.06	1.65	4.2	3
E02	兰州理工大学学报	1011	0.688	0.209	0.93	540	0.26	3.88	6.8	6
E02	兰州文理学院学报（自然科学版）	461	0.587	0.199	0.97	306	0.06	2.20	4.5	5
E02	辽宁工程技术大学学报（自然科学版）	1426	1.113	0.071	0.98	627	0.19	4.18	≥10	6
E02	辽宁工业大学学报（自然科学版）	284	0.489	0.132	0.99	232	0.10	1.67	5.8	3
E02	辽宁科技大学学报	277	0.500	0.014	0.95	207	0.09	1.49	6.7	4
E02	辽宁科技学院学报	551	0.595	0.160	0.97	350	0.06	2.33	3.9	5
E02	陆军工程大学学报	423	—	0.168	0.96	294	0.13	2.12	≥10	4
E02	洛阳理工学院学报（自然科学版）	197	0.524	0.106	0.97	168	0.08	1.21	4.7	3
E02	美食研究	493	1.513	0.491	0.75	184	0.02	1.32	4.6	6
E02	南昌大学学报（工科版）	349	0.583	—	0.94	275	0.09	1.98	7.0	5
E02	南昌工程学院学报	425	0.773	0.140	0.85	294	0.04	2.12	4.3	5
E02	南京工程学院学报（自然科学版）	205	0.566	0.049	0.99	171	0.06	1.23	4.9	3
E02	南京工业大学学报（自然科学版）	1009	1.327	0.390	0.90	517	0.22	3.72	7.1	6
E02	南京理工大学学报（自然科学版）	1142	1.617	0.356	0.84	532	0.32	3.83	5.6	8
E02	南京信息工程大学学报	642	0.871	0.265	0.94	384	0.10	2.76	5.4	5
E02	南阳理工学院学报	235	0.249	0.095	1.00	207	0.04	1.49	5.2	3
E02	内蒙古工业大学学报（自然科学版）	156	0.352	0.026	0.95	130	0.03	0.87	5.0	3
E02	内蒙古科技大学学报	269	0.503	0.141	0.90	183	0.04	1.59	6.8	4
E02	宁波大学学报（理工版）	476	0.495	0.202	0.94	332	0.05	2.21	6.2	4
E02	宁波工程学院学报	266	0.551	0.205	0.99	207	0.02	1.49	4.8	5
E02	齐鲁工业大学学报	360	0.885	0.028	0.98	266	0.06	1.91	5.1	6
E02	青岛大学学报（工程技术版）	304	0.767	0.033	0.96	230	0.04	1.65	5.4	4
E02	青岛科技大学学报（自然科学版）	498	0.667	0.293	0.83	292	0.09	1.95	5.8	6
E02	青岛理工大学学报	615	0.862	0.200	0.94	369	0.13	2.65	5.3	5
E02	清华大学学报（自然科学版）	3541	2.140	0.697	0.96	1494	0.53	10.75	9.4	14
E02	山东大学学报（工学版）	886	1.345	0.206	0.96	536	0.22	3.86	5.7	8

2022 年中国科技期刊被引指标按类刊名字顺索引(续)

学科代码	期刊名称	扩展总被引频次	扩展影响因子	扩展即年指标	扩展他引率	扩展引用刊数	扩展学科影响指标	扩展学科扩散指标	扩展被引半衰期	扩展H指标
E02	山东科技大学学报（自然科学版）	749	0.959	0.152	0.90	390	0.14	2.81	7.3	6
E02	山东理工大学学报（自然科学版）	419	0.725	0.256	0.97	334	0.09	2.40	5.1	4
E02	陕西科技大学学报	805	0.651	0.193	0.94	469	0.15	3.13	5.8	5
E02	陕西理工大学学报（自然科学版）	314	0.683	0.095	0.97	259	0.09	1.73	5.1	4
E02	上海第二工业大学学报	241	0.673	0.059	0.95	190	0.03	1.37	5.0	5
E02	上海工程技术大学学报	232	0.397	—	0.99	208	0.04	1.50	7.8	3
E02	上海理工大学学报	555	0.879	0.182	0.97	407	0.11	2.71	6.4	5
E02	深圳大学学报（理工版）	680	1.537	0.209	0.92	441	0.14	3.17	4.8	7
E02	沈阳工程学院学报（自然科学版）	307	0.764	0.235	0.79	188	0.06	1.35	4.6	4
E02	沈阳工业大学学报	1068	1.439	0.347	0.87	522	0.27	3.76	4.8	8
E02	沈阳理工大学学报	381	0.519	0.087	0.84	241	0.10	1.73	5.7	3
E02	苏州科技大学学报（工程技术版）	236	0.862	0.048	0.97	182	0.06	1.31	6.8	4
E02	苏州科技大学学报（自然科学版）	216	0.625	0.102	0.67	123	0.05	0.82	5.3	5
E02	太原科技大学学报	333	0.650	0.040	0.84	216	0.11	1.88	5.4	4
E02	太原理工大学学报	1049	1.193	0.232	0.92	580	0.22	4.17	6.0	6
E02	天津大学学报（自然科学与工程技术版）	1895	1.272	0.281	0.91	835	0.39	6.01	7.1	8
E02	天津工业大学学报	478	0.710	0.066	0.94	286	0.16	2.06	7.3	4
E02	天津科技大学学报	416	0.747	0.119	0.97	309	0.09	2.06	6.4	4
E02	天津理工大学学报	357	0.732	0.079	0.89	259	0.13	1.86	7.0	4
E02	同济大学学报（自然科学版）	4549	1.489	0.157	0.97	1242	0.60	8.94	9.3	13
E02	武汉大学学报（工学版）	2000	1.760	0.272	0.96	806	0.37	5.80	6.1	9
E02	武汉纺织大学学报	415	0.586	0.175	0.97	238	0.03	1.71	6.1	4
E02	武汉工程大学学报	705	0.826	0.144	0.92	442	0.11	3.18	6.5	5
E02	武汉科技大学学报	558	0.844	0.172	0.98	332	0.13	2.39	8.0	5
E02	武汉理工大学学报	1819	—	0.109	0.97	804	0.41	5.78	≥10	6
E02	武汉轻工大学学报	503	0.732	0.202	0.94	368	0.05	2.65	4.7	4
E02	西安电子科技大学学报（自然科学版）	1103	1.420	0.264	0.82	410	0.48	6.21	4.8	8
E02	西安工程大学学报	874	1.475	0.318	0.86	347	0.14	2.50	4.9	6
E02	西安工业大学学报	399	0.526	0.110	0.97	309	0.12	2.22	7.1	4
E02	西安科技大学学报	1692	1.675	0.208	0.86	567	0.19	4.08	5.7	8
E02	西安理工大学学报	585	1.200	0.159	0.96	396	0.12	2.85	5.6	6
E02	西北工业大学学报	1458	1.346	0.030	0.96	536	0.31	3.86	5.8	8
E02	西华大学学报（自然科学版）	524	0.765	0.167	0.97	377	0.14	2.71	5.6	7

2022 年中国科技期刊被引指标按类刊名字顺索引(续)

学科代码	期刊名称	扩展总被引频次	扩展影响因子	扩展即年指标	扩展他引率	扩展引用刊数	扩展学科影响指标	扩展学科扩散指标	扩展被引半衰期	扩展H指标
E02	西南科技大学学报	332	0.522	0.069	0.95	267	0.09	1.92	6.7	4
E02	厦门理工学院学报	198	0.424	0.013	0.95	162	0.02	1.17	4.7	3
E02	信息工程大学学报	375	0.561	0.099	0.87	203	0.18	2.86	4.8	4
E02	徐州工程学院学报（自然科学版）	251	0.685	0.058	0.90	186	0.01	1.34	5.3	4
E02	烟台大学学报（自然科学与工程版）	242	0.486	0.113	0.94	199	0.05	1.33	5.4	4
E02	燕山大学学报	613	1.149	0.190	0.85	337	0.13	2.42	5.7	6
E02	盐城工学院学报（自然科学版）	129	0.206	0.062	1.00	117	—	0.78	6.3	3
E02	应用技术学报	225	0.508	0.067	0.93	183	0.05	1.32	6.0	4
E02	浙江大学学报（工学版）	3616	1.457	0.275	0.96	1207	0.58	8.68	6.8	10
E02	浙江工业大学学报	924	1.295	0.227	0.78	495	0.19	3.56	5.6	5
E02	浙江科技学院学报	234	0.466	0.109	0.94	191	0.06	1.37	5.6	4
E02	浙江理工大学学报	605	0.833	0.217	0.90	352	0.13	2.35	5.6	5
E02	郑州大学学报（工学版）	904	1.194	0.381	0.90	529	0.26	3.81	6.5	7
E02	中北大学学报（自然科学版）	451	0.791	0.160	0.97	311	0.15	2.24	6.0	5
E02	中国计量大学学报	337	0.500	0.112	0.82	222	0.09	1.60	5.8	4
E02	中南大学学报（自然科学版）	6226	1.625	0.250	0.92	1281	0.63	9.22	7.7	11
E02	中原工学院学报	290	0.508	0.074	0.98	235	0.05	1.57	5.4	4
E03	Biomimetic Intelligence and Robotics	5	—	0.056	0.60	3	0.01	0.04	2.4	1
E03	Blockchain: Research and Applications	7	0.143	0.097	0.71	6	0.05	0.10	2.1	1
E03	Control Theory and Technology	131	0.378	0.042	0.71	66	0.31	5.08	6.9	3
E03	IEEE/CAA Journal of Automatica Sinica	1138	1.944	0.307	0.54	263	0.28	3.70	3.8	8
E03	Journal of Systems Engineering and Electronics	892	0.901	0.030	0.84	296	0.24	4.48	6.1	6
E03	Machine Intelligence Research	286	0.664	0.143	0.84	179	0.23	2.52	5.5	4
E03	Tsinghua Science and Technology	505	1.267	0.272	0.69	240	0.17	1.73	4.7	6
E03	当代电视	1214	0.961	0.299	0.96	311	0.08	4.38	3.7	7
E03	电气电子教学学报	1381	1.096	0.116	0.78	292	0.24	4.11	4.5	6
E03	电信快报	349	0.774	0.149	0.92	155	0.25	2.18	3.5	5
E03	光纤与电缆及其应用技术	213	0.252	0.089	0.89	113	0.07	1.59	7.6	3
E03	广播电视网络	529	0.596	0.320	0.93	157	0.23	2.21	2.5	5
E03	广播电视信息	784	0.588	0.332	0.96	171	0.30	2.41	3.4	5
E03	红外	382	0.506	0.074	0.90	199	0.11	2.80	6.4	5
E03	机电产品开发与创新	637	0.372	0.123	0.94	392	0.18	5.52	6.2	4

学科代码	期刊名称	扩展总被引频次	扩展影响因子	扩展即年指标	扩展他引率	扩展引用刊数	扩展学科影响指标	扩展学科扩散指标	扩展被引半衰期	扩展H指标
E03	机器人	1970	3.170	0.284	0.95	516	0.45	7.27	6.4	11
E03	机器人技术与应用	295	0.644	0.037	0.98	199	0.20	2.80	8.4	4
E03	计算机测量与控制	4384	1.055	0.294	0.79	996	0.56	14.03	5.2	9
E03	计算技术与自动化	602	0.978	0.124	0.97	310	0.30	4.37	4.2	6
E03	舰船电子对抗	644	0.567	0.047	0.89	213	0.35	3.00	6.0	4
E03	江苏通信	274	0.546	0.176	0.99	141	0.25	1.99	2.9	4
E03	今日自动化	139	0.053	0.008	0.93	86	0.10	1.21	3.1	2
E03	决策与信息	506	0.729	0.480	0.86	337	0.07	4.75	3.5	5
E03	决策咨询	284	0.525	0.184	0.96	216	0.04	3.04	3.8	4
E03	控制工程	2617	1.301	0.243	0.89	759	0.42	10.69	4.8	8
E03	雷达与对抗	241	0.480	0.047	0.96	115	0.14	1.62	6.7	4
E03	模式识别与人工智能	1205	1.573	0.140	0.92	468	0.41	6.59	5.4	9
E03	山西电子技术	421	0.438	0.140	0.99	262	0.30	3.69	4.3	4
E03	数字出版研究	4	—	0.364	1.00	1	—	0.01	—	1
E03	数字传媒研究	375	0.398	0.112	0.96	110	0.17	1.55	3.8	5
E03	数字技术与应用	3012	0.593	0.278	0.98	882	0.55	12.42	4.1	6
E03	数字教育	410	1.107	0.384	0.82	218	0.10	3.07	3.8	6
E03	数字通信世界	3513	0.524	0.275	0.98	796	0.54	11.21	3.6	6
E03	网络空间安全	851	—	0.174	0.76	338	0.34	4.76	4.3	6
E03	无人系统技术	406	2.212	0.270	0.64	148	0.23	2.08	3.5	8
E03	系统仿真技术	197	0.482	—	0.97	147	0.15	2.07	5.5	3
E03	系统仿真学报	3890	1.422	0.426	0.92	1072	0.55	15.10	6.6	10
E03	现代电视技术	678	0.422	0.192	0.92	140	0.20	1.97	3.6	5
E03	现代电影技术	296	0.425	0.217	0.68	106	0.10	1.49	4.1	4
E03	现代信息科技	2023	0.418	0.072	0.94	777	0.42	10.94	3.7	6
E03	信息化研究	323	0.521	0.053	0.99	211	0.30	2.97	6.2	4
E03	信息技术	1654	0.817	0.258	0.92	611	0.45	8.61	4.4	7
E03	信息技术与信息化	1940	0.610	0.134	0.96	700	0.42	9.86	3.5	7
E03	信息系统工程	1844	0.453	0.159	0.96	701	0.37	9.87	4.3	6
E03	信息与管理研究	80	0.938	0.065	0.86	61	0.04	0.86	3.3	4
E03	遥测遥控	298	0.572	0.097	0.90	167	0.21	2.35	6.2	4
E03	印制电路信息	460	0.328	0.036	0.57	127	0.20	1.79	8.3	3
E03	应用科技	539	0.704	0.111	0.95	349	0.31	4.92	5.6	5

学科代码	期刊名称	扩展总被引频次	扩展影响因子	扩展即年指标	扩展他引率	扩展引用刊数	扩展学科影响指标	扩展学科扩散指标	扩展被引半衰期	扩展H指标
E03	制导与引信	143	0.337	—	0.94	96	0.17	1.35	7.9	3
E03	制造业自动化	2777	1.005	0.241	0.93	841	0.48	11.85	5.5	8
E03	智能科学与技术学报	270	1.800	0.288	0.76	154	0.20	2.17	3.5	6
E03	智能系统学报	1352	1.650	0.237	0.91	605	0.49	8.52	4.7	10
E03	智能制造	369	0.712	0.197	0.96	238	0.20	3.35	4.6	4
E03	中国电视	1396	1.248	0.630	0.92	281	0.08	3.96	3.6	8
E03	中国电子科学研究院学报	1159	1.175	0.249	0.90	429	0.41	6.04	4.4	8
E03	中国广播	634	0.599	0.086	0.97	181	0.08	2.55	4.2	5
E03	中国信息安全	651	0.667	0.167	1.00	347	0.18	4.89	4.3	6
E03	中国信息化	817	0.685	0.189	1.00	447	0.28	6.30	3.3	5
E03	中国信息技术教育	1120	0.234	0.112	0.88	384	0.20	5.41	4.5	5
E03	中文信息学报	1935	1.630	0.099	0.88	450	0.34	6.34	5.1	11
E03	自动化技术与应用	2087	0.962	0.318	0.91	683	0.45	9.62	3.8	6
E03	自动化学报	6480	3.440	1.117	0.88	1292	0.70	18.20	5.8	24
E03	自动化应用	1322	0.429	0.049	0.96	468	0.28	6.59	4.2	5
E03	自动化与信息工程	199	0.642	0.115	0.93	147	0.18	2.07	4.4	4
E03	自动化与仪器仪表	2556	0.794	0.192	0.92	735	0.51	10.35	4.2	7
E04	aBIOTECH	33	0.464	0.115	0.85	23	0.33	2.56	3.0	2
E04	Bio-Design and Manufacturing	152	0.989	0.298	0.49	46	0.18	2.71	3.1	3
E04	Quantitative Biology	19	0.042	0.029	1.00	19	—	0.46	6.5	2
E04	合成生物学	211	1.160	0.800	0.62	60	0.56	6.67	2.6	4
E04	化学与生物工程	1029	0.780	0.145	0.97	507	0.56	56.33	7.3	7
E04	生物工程学报	2451	1.521	0.886	0.80	757	0.67	84.11	3.9	9
E04	生物技术通报	3372	1.461	0.459	0.94	769	0.67	85.44	5.4	10
E04	生物加工过程	618	1.078	0.238	0.95	310	0.78	34.44	4.6	6
E04	中国生物工程杂志	1195	1.053	0.319	0.95	571	0.67	63.44	5.9	7
E05	Frontiers of Agricultural Science and Engineering	189	0.611	0.218	0.86	117	0.19	1.21	4.3	4
E05	保鲜与加工	1862	1.679	0.322	0.92	424	0.30	7.57	4.2	8
E05	当代农机	461	0.533	0.203	0.97	180	0.43	3.21	3.0	4
E05	福建农机	124	0.485	0.106	0.88	81	0.29	1.45	4.5	3
E05	灌溉排水学报	3386	1.710	0.236	0.84	605	0.54	10.80	5.1	9
E05	广西农业机械化	240	0.291	0.049	1.00	103	0.38	1.84	4.0	3

2022 年中国科技期刊被引指标按类刊名字顺索引(续)

学科代码	期刊名称	扩展总被引频次	扩展影响因子	扩展即年指标	扩展他引率	扩展引用刊数	扩展学科影响指标	扩展学科扩散指标	扩展被引半衰期	扩展H指标
E05	河北农机	1411	—	0.050	0.94	461	0.50	8.23	2.9	5
E05	江苏农机化	212	0.480	0.116	0.93	85	0.39	1.52	3.9	3
E05	节水灌溉	2494	1.406	0.377	0.81	522	0.50	9.32	5.9	7
E05	绿洲农业科学与工程	19	0.065	—	0.79	14	0.04	0.25	4.9	1
E05	南方农机	7803	0.741	0.679	0.69	1118	0.64	19.96	3.5	9
E05	农机化研究	5309	1.072	0.629	0.78	854	0.80	15.25	6.2	9
E05	农机科技推广	476	0.388	0.063	1.00	149	0.52	2.66	4.6	5
E05	农机使用与维修	2152	0.636	0.341	0.83	397	0.59	7.09	3.2	6
E05	农业工程	1520	0.843	0.115	0.90	530	0.71	9.46	4.7	7
E05	农业工程技术	2857	0.629	0.120	0.89	527	0.59	9.41	3.5	7
E05	农业工程学报	27744	3.075	0.450	0.85	1976	0.93	35.29	7.0	22
E05	农业工程与装备	1140	0.413	0.082	0.99	475	0.50	8.48	5.5	5
E05	农业环境科学学报	8254	2.697	0.502	0.93	1006	0.68	17.96	7.1	15
E05	农业机械学报	15530	4.044	0.615	0.79	1424	0.86	25.43	5.6	22
E05	农业技术与装备	1767	0.524	0.118	0.97	516	0.59	9.21	3.6	5
E05	农业开发与装备	4393	0.732	0.226	0.96	672	0.71	12.00	3.6	8
E05	农业科技与装备	958	0.537	0.063	0.95	366	0.55	6.54	6.7	6
E05	农业现代化研究	3074	3.796	1.046	0.94	934	0.62	16.68	5.7	13
E05	农业装备技术	374	0.520	0.089	0.98	186	0.46	3.32	4.7	4
E05	农业装备与车辆工程	975	0.447	0.110	0.92	404	0.41	7.21	4.5	5
E05	排灌机械工程学报	1947	1.540	0.378	0.87	489	0.39	8.73	5.5	8
E05	热带农业工程	501	0.486	0.074	0.92	272	0.36	4.86	4.2	4
E05	山东农机化	170	0.392	0.090	1.00	75	0.38	1.34	3.9	3
E05	山西水土保持科技	166	0.391	0.028	0.96	111	0.25	1.98	6.3	3
E05	生态与农村环境学报	3571	2.764	0.494	0.92	922	0.50	16.46	5.4	12
E05	数字农业与智能农机	1328	0.168	0.035	0.97	441	0.45	7.88	3.8	5
E05	水土保持通报	4678	1.980	0.206	0.93	860	0.48	15.36	6.2	10
E05	水土保持学报	8480	2.919	0.431	0.92	853	0.71	15.23	7.2	13
E05	水土保持研究	6958	2.953	0.777	0.93	1001	0.55	17.88	5.7	12
E05	水土保持应用技术	1005	0.852	0.109	0.78	199	0.27	3.55	7.0	10
E05	四川农业与农机	221	0.355	0.086	0.94	120	0.38	2.14	4.1	3
E05	拖拉机与农用运输车	331	0.437	0.078	0.72	122	0.39	2.18	6.9	3
E05	现代化农业	1190	0.496	0.223	0.96	435	0.61	7.77	4.7	5

2022 年中国科技期刊被引指标按类刊名字顺索引(续)

学科代码	期刊名称	扩展总被引频次	扩展影响因子	扩展即年指标	扩展他引率	扩展引用刊数	扩展学科影响指标	扩展学科扩散指标	扩展被引半衰期	扩展H指标
E05	现代农机	514	0.565	0.321	0.97	218	0.43	3.89	2.7	5
E05	现代农业装备	439	1.046	0.159	0.91	195	0.55	3.48	4.4	5
E05	新疆农机化	335	0.571	0.233	0.89	143	0.50	2.55	5.4	4
E05	新疆农垦经济	425	0.588	0.252	0.92	267	0.38	4.77	4.6	5
E05	新疆农垦科技	548	0.304	0.127	0.96	233	0.39	4.16	7.4	4
E05	亚热带水土保持	317	0.592	0.200	0.94	174	0.20	3.11	7.8	4
E05	智能化农业装备学报(中英文)	5	0.114	0.062	0.60	4	0.04	0.07	2.8	1
E05	中国农村水利水电	4802	1.549	0.457	0.90	864	0.50	15.43	5.5	8
E05	中国农机化学报	3985	1.641	0.340	0.84	791	0.77	14.12	4.7	9
E05	中国农垦	219	0.104	0.093	0.99	146	0.23	2.61	4.2	3
E05	中国农业文摘—农业工程	527	0.841	0.624	0.99	232	0.38	4.14	3.1	6
E05	中国水土保持科学	1997	1.701	0.194	0.94	506	0.39	9.04	7.9	9
E05	中国沼气	616	0.942	0.179	0.86	241	0.27	4.30	6.2	5
E06	Biomaterials Translational	2	0.057	—	1.00	2	0.06	0.12	3.0	1
E06	Biosafety and Health	124	0.813	0.542	0.71	62	0.12	1.51	3.2	3
E06	Chinese Journal of Biomedical Engineering	19	0.133	—	1.00	19	—	0.43	4.9	3
E06	Intelligent Medicine	7	—	—	0.71	6	0.01	0.05	—	1
E06	Laparoscopic, Endoscopic and Robotic Surgery	14	0.182	0.057	0.79	11	0.06	0.33	3.7	1
E06	The Journal of Biomedical Research	186	0.240	0.188	0.94	142	0.20	3.46	6.5	3
E06	北京生物医学工程	587	0.898	0.125	0.94	319	0.41	18.76	4.8	5
E06	国际生物制品学杂志	129	0.301	0.061	0.91	72	0.29	4.24	5.3	3
E06	生物医学工程学杂志	1145	1.167	0.215	0.89	582	0.47	34.24	5.7	6
E06	生物医学工程研究	350	0.757	0.077	0.94	233	0.29	13.71	4.8	4
E06	生物医学工程与临床	891	1.361	0.135	0.99	389	0.29	22.88	4.2	8
E06	中国生物医学工程学报	762	1.000	0.140	0.92	426	0.41	25.06	5.9	6
E06	中国生物制品学杂志	1290	0.738	0.120	0.87	446	0.35	26.24	5.1	6
E06	中国医药生物技术	507	0.727	0.170	0.97	328	0.18	19.29	5.0	4
E06	中国疫苗和免疫	2211	2.677	0.372	0.83	308	0.24	18.12	4.9	13
E06	中国组织工程研究	11972	2.021	0.904	0.93	1425	0.59	83.82	4.9	16
E06	中华生物医学工程杂志	821	1.300	0.062	0.98	349	0.24	20.53	4.5	9
E07	Journal of Geodesy and Geoinformation Science	227	1.264	0.900	0.90	29	0.48	1.26	3.4	6

学科代码	期刊名称	扩展总被引频次	扩展影响因子	扩展即年指标	扩展他引率	扩展引用刊数	扩展学科影响指标	扩展学科扩散指标	扩展被引半衰期	扩展H指标
E07	北京测绘	1919	1.110	0.113	0.81	486	1.00	21.13	4.4	9
E07	测绘	281	0.589	0.017	0.95	134	0.70	5.83	6.8	4
E07	测绘标准化	300	0.713	0.120	0.93	116	0.65	5.04	4.5	4
E07	测绘工程	1159	1.416	0.181	0.96	424	1.00	18.43	6.9	7
E07	测绘技术装备	381	0.595	0.091	0.96	172	0.87	7.48	5.4	4
E07	测绘科学	4109	1.686	0.172	0.92	941	1.00	40.91	5.9	10
E07	测绘通报	6555	2.502	0.375	0.93	1065	1.00	46.30	5.2	14
E07	测绘学报	5456	2.681	0.663	0.84	758	1.00	32.96	6.5	21
E07	测绘与空间地理信息	4613	1.158	0.197	0.86	964	1.00	41.91	4.7	10
E07	导航定位学报	728	1.123	0.325	0.86	269	0.91	11.70	4.4	8
E07	导航定位与授时	589	0.996	0.189	0.87	227	0.57	9.87	4.4	7
E07	地矿测绘	479	2.327	0.093	0.98	216	0.83	9.39	3.8	4
E07	地理空间信息	2433	1.047	0.216	0.84	662	1.00	28.78	4.6	8
E07	地球信息科学学报	3899	3.027	0.589	0.92	986	0.91	42.87	5.0	14
E07	海洋测绘	872	0.730	0.030	0.82	241	1.00	10.48	7.7	6
E07	全球定位系统	718	1.018	0.082	0.86	238	0.87	10.35	5.0	5
E07	武汉大学学报（信息科学版）	5920	2.591	0.649	0.88	943	1.00	41.00	6.6	18
E07	现代测绘	538	0.738	0.044	0.89	230	0.87	10.00	6.2	5
E07	遥感技术与应用	2269	1.833	0.152	0.91	642	0.91	27.91	6.4	10
E07	遥感信息	1416	1.283	0.026	0.95	513	0.96	22.30	6.6	8
E07	遥感学报	3986	3.597	0.538	0.87	787	1.00	34.22	6.8	19
E07	自然资源遥感	2158	2.097	0.336	0.91	613	0.96	26.65	5.9	10
E08	China's Refractories	57	0.343	0.061	0.89	21	0.09	0.38	4.2	2
E08	Frontiers of Materials Science	124	0.323	0.045	0.90	73	0.25	1.30	7.0	2
E08	Journal of Advanced Ceramics	340	—	0.097	0.40	67	0.02	1.31	3.7	7
E08	Journal of Materials Science & Technology	7178	2.468	0.768	0.64	580	0.68	10.36	3.6	9
E08	Journal of Materiomics	492	1.133	0.155	0.59	121	0.30	2.16	3.9	2
E08	Journal of Rare Earths	1487	1.059	0.175	0.73	317	0.38	5.66	6.2	5
E08	Journal of Wuhan University of Technology (Materials Science Edition)	831	0.491	0.065	0.77	314	0.39	5.61	7.7	4
E08	Nano Materials Science	49	0.397	—	0.92	39	0.12	0.70	3.8	3
E08	Nano Research	5713	2.512	0.473	0.52	460	0.45	8.21	4.0	10
E08	Nanomanufacturing and Metrology	9	—	0.024	1.00	7	0.02	0.16	3.2	1

学科代码	期刊名称	扩展总被引频次	扩展影响因子	扩展即年指标	扩展他引率	扩展引用刊数	扩展学科影响指标	扩展学科扩散指标	扩展被引半衰期	扩展H指标
E08	Nano-Micro Letters	2161	3.513	1.150	0.71	306	0.45	5.46	3.0	6
E08	Nanotechnology and Precision Engineering	156	0.115	—	1.00	108	0.23	2.45	8.9	3
E08	Progress in Natural Science：Materials International	682	0.626	0.095	0.92	324	0.10	3.56	7.4	6
E08	Science China Materials	1978	1.967	0.534	0.72	315	0.45	5.62	3.5	7
E08	玻璃	403	0.415	0.063	0.75	138	0.20	2.46	6.3	4
E08	玻璃搪瓷与眼镜	274	0.328	0.035	0.80	111	0.21	1.98	7.8	3
E08	玻璃纤维	242	0.390	0.080	0.77	108	0.27	1.93	9.3	3
E08	材料保护	2357	0.768	0.080	0.88	587	0.52	10.48	5.4	7
E08	材料导报	10117	2.023	0.360	0.93	1514	0.73	27.04	5.7	12
E08	材料工程	3029	1.478	0.248	0.90	646	0.62	11.54	6.6	10
E08	材料开发与应用	576	0.410	0.020	0.92	282	0.39	5.04	8.9	4
E08	材料科学与工程学报	1538	0.842	0.184	0.94	612	0.55	10.93	8.8	6
E08	材料科学与工艺	914	1.093	0.403	0.96	380	0.45	6.79	9.6	6
E08	材料热处理学报	2712	1.121	0.109	0.86	438	0.43	7.82	7.6	6
E08	材料研究学报	999	0.841	0.091	0.88	343	0.45	6.12	7.0	6
E08	腐蚀与防护	2049	0.989	0.043	0.88	462	0.34	8.25	8.3	6
E08	腐植酸	504	0.880	0.111	0.73	139	0.04	2.48	7.5	5
E08	复合材料科学与工程	1696	1.006	0.128	0.85	462	0.38	8.25	5.9	7
E08	复合材料学报	4640	1.896	0.711	0.80	793	0.64	14.16	5.1	12
E08	高分子材料科学与工程	2659	1.049	0.087	0.90	564	0.48	10.07	6.8	6
E08	功能材料	3149	1.035	0.137	0.94	882	0.62	15.75	6.8	7
E08	合成材料老化与应用	1150	0.921	0.259	0.83	414	0.45	7.39	3.8	6
E08	合成润滑材料	228	0.552	0.042	0.86	91	0.14	1.62	7.8	4
E08	化工新型材料	4061	—	0.207	0.89	903	0.70	16.12	5.1	7
E08	化学推进剂与高分子材料	641	0.659	0.241	0.92	235	0.21	4.20	8.5	4
E08	绝缘材料	1745	1.295	0.210	0.73	325	0.32	5.80	5.4	8
E08	理化检验—物理分册	1268	0.579	0.074	0.76	420	0.36	7.50	7.8	6
E08	耐火材料	1190	1.292	0.084	0.55	167	0.18	2.98	7.4	6
E08	耐火与石灰	179	0.248	0.011	0.85	78	0.14	1.39	7.1	3
E08	全面腐蚀控制	1388	0.592	0.163	0.86	362	0.23	6.46	4.2	6
E08	人工晶体学报	1590	0.606	0.129	0.81	458	0.52	8.18	6.2	6
E08	润滑油	624	0.826	0.197	0.67	145	0.09	2.59	7.7	4

学科代码	期刊名称	扩展总被引频次	扩展影响因子	扩展即年指标	扩展他引率	扩展引用刊数	扩展学科影响指标	扩展学科扩散指标	扩展被引半衰期	扩展H指标
E08	散装水泥	692	0.970	0.323	0.98	152	0.09	2.71	2.6	7
E08	石材	193	0.250	0.049	0.77	85	0.04	1.52	7.2	3
E08	无机材料学报	1670	1.218	0.289	0.91	486	0.66	8.68	6.5	6
E08	稀土	1228	0.935	0.225	0.88	318	0.34	5.68	8.3	8
E08	纤维复合材料	533	1.231	0.181	0.75	188	0.25	3.36	7.4	7
E08	纤维素科学与技术	283	0.893	0.182	0.94	153	0.14	2.73	6.8	4
E08	信息记录材料	3013	0.546	0.141	0.96	795	0.23	14.20	3.3	6
E08	中国包装	682	0.797	0.463	0.75	248	0.04	4.43	3.7	5
E08	中国材料进展	1490	1.095	0.200	0.98	536	0.59	9.57	7.1	11
E08	中国腐蚀与防护学报	1487	2.050	0.354	0.71	326	0.34	5.82	7.0	8
E08	中国稀土学报	1308	1.353	0.434	0.75	324	0.27	5.79	7.5	8
E09	Acta Metallurgica Sinica	1508	1.543	0.208	0.69	215	0.56	5.24	5.4	5
E09	Baosteel Technical Research	40	0.057	—	0.98	29	0.15	0.55	8.9	2
E09	Journal of Iron and Steel Research, International	1484	0.944	0.137	0.75	234	0.49	5.71	7.9	4
E09	Rare Metals	1028	0.712	0.067	0.62	215	0.59	5.24	4.5	8
E09	Transactions of Nonferrous Metals Society of China	5160	1.875	0.145	0.78	615	0.76	15.00	7.8	9
E09	材料研究与应用	450	0.674	0.173	0.86	224	0.54	5.46	6.9	5
E09	粉末冶金材料科学与工程	565	0.660	0.129	0.90	194	0.44	4.73	8.4	4
E09	钢结构	1004	0.623	0.138	0.96	323	0.10	7.88	7.2	6
E09	钢铁	4921	3.274	0.694	0.82	409	0.59	9.98	6.1	12
E09	钢铁钒钛	913	0.676	0.098	0.84	229	0.59	5.59	6.1	5
E09	钢铁研究学报	2412	1.926	0.268	0.80	356	0.56	8.68	7.1	10
E09	贵金属	726	1.000	0.082	0.71	178	0.49	4.34	7.6	5
E09	湖南有色金属	597	0.477	0.069	0.93	205	0.54	5.00	9.0	5
E09	黄金	1619	0.894	0.180	0.76	265	0.49	6.46	7.5	5
E09	黄金科学技术	989	1.419	0.159	0.85	238	0.41	5.80	6.0	6
E09	金属功能材料	521	0.944	0.277	0.86	226	0.46	5.51	5.9	6
E09	金属学报	3958	2.589	0.246	0.93	485	0.68	11.83	8.3	15
E09	宽厚板	276	0.456	0.042	0.89	94	0.22	2.29	7.2	4
E09	南方金属	219	0.243	0.042	0.98	132	0.34	3.22	7.8	3
E09	轻金属	1216	0.744	0.134	0.74	293	0.66	7.15	8.6	6

2022 年中国科技期刊被引指标按类刊名字顺索引(续)

学科代码	期刊名称	扩展总被引频次	扩展影响因子	扩展即年指标	扩展他引率	扩展引用刊数	扩展学科影响指标	扩展学科扩散指标	扩展被引半衰期	扩展H指标
E09	上海金属	769	0.785	0.132	0.85	199	0.51	4.85	6.6	5
E09	四川有色金属	238	0.435	0.132	0.94	138	0.29	3.37	7.1	4
E09	钛工业进展	625	0.970	0.192	0.84	188	0.49	4.59	9.4	6
E09	铁合金	210	0.246	0.041	0.82	91	0.32	2.22	8.3	3
E09	稀有金属	2179	1.994	0.219	0.86	422	0.78	10.29	6.1	9
E09	稀有金属材料与工程	4748	0.774	0.095	0.83	638	0.80	15.56	7.3	6
E09	稀有金属与硬质合金	578	0.620	0.146	0.88	200	0.61	4.88	8.0	4
E09	新疆钢铁	126	0.195	0.014	0.96	82	0.15	2.00	6.8	3
E09	新疆有色金属	615	0.345	0.177	0.96	253	0.41	6.17	5.9	4
E09	冶金与材料	995	0.493	0.122	0.96	413	0.49	10.07	3.5	5
E09	硬质合金	400	0.658	0.266	0.71	115	0.32	2.80	7.5	4
E09	有色金属材料与工程	329	0.892	0.067	0.87	161	0.46	3.93	5.8	5
E09	有色金属工程	1571	1.244	0.240	0.84	458	0.66	11.17	4.5	9
E09	有色金属科学与工程	1180	1.294	0.204	0.84	346	0.68	8.44	6.5	7
E09	中国钢铁业	137	0.291	0.011	1.00	98	0.22	2.39	5.5	3
E09	中国锰业	727	0.858	0.076	0.76	231	0.49	5.63	5.8	5
E09	中国钼业	435	0.592	0.056	0.81	133	0.41	3.24	9.0	4
E09	中国钨业	531	0.679	0.044	0.77	143	0.49	3.49	8.1	6
E09	中国有色金属	310	0.198	0.068	1.00	172	0.27	4.20	4.7	4
E09	中国有色金属学报	5278	1.729	0.262	0.82	726	0.83	17.71	7.9	12
E10	International Journal of Mining Science and Technology	1518	2.032	0.775	0.65	290	0.62	7.44	5.6	7
E10	采矿技术	1309	0.776	0.199	0.80	282	0.79	7.23	4.7	5
E10	采矿与安全工程学报	4931	3.594	0.656	0.91	345	0.79	8.85	7.3	14
E10	采矿与岩层控制工程学报	538	4.214	1.259	0.86	102	0.51	2.62	3.1	9
E10	当代矿工	39	0.011	0.015	1.00	33	0.03	0.85	5.7	2
E10	非金属矿	1503	1.247	0.149	0.86	398	0.49	10.21	5.6	6
E10	工矿自动化	3619	3.100	0.500	0.84	498	0.72	12.77	4.5	14
E10	金属矿山	5478	2.007	0.420	0.84	669	1.00	17.15	6.1	12
E10	勘察科学技术	514	0.389	0.050	0.96	283	0.28	7.26	9.4	4
E10	矿产保护与利用	1699	1.918	0.261	0.87	416	0.67	10.67	4.6	11
E10	矿产勘查	1978	1.126	0.178	0.75	413	0.62	10.59	4.6	7
E10	矿产与地质	1550	0.778	0.032	0.79	242	0.44	6.21	8.9	6

学科代码	期刊名称	扩展总被引频次	扩展影响因子	扩展即年指标	扩展他引率	扩展引用刊数	扩展学科影响指标	扩展学科扩散指标	扩展被引半衰期	扩展H指标
E10	矿产综合利用	2090	1.957	0.213	0.67	336	0.62	8.62	4.5	9
E10	矿山机械	1546	0.645	0.144	0.86	411	0.72	10.54	9.4	6
E10	矿物学报	2011	1.110	0.253	0.95	340	0.62	8.72	≥10	8
E10	矿业安全与环保	2306	2.294	0.388	0.82	331	0.77	8.49	5.8	8
E10	矿业工程	464	0.545	0.099	0.92	180	0.62	4.62	7.4	4
E10	矿业工程研究	236	0.705	—	0.92	127	0.62	3.26	5.9	4
E10	矿业科学学报	671	1.872	0.549	0.81	232	0.59	5.95	3.9	7
E10	矿业研究与开发	3485	1.762	0.328	0.77	517	0.92	13.26	4.1	9
E10	露天采矿技术	1024	0.902	0.112	0.67	219	0.64	5.62	4.9	6
E10	煤矿安全	6209	1.610	0.330	0.85	605	0.87	15.51	5.3	10
E10	煤矿爆破	249	0.613	0.114	0.58	66	0.23	1.69	5.6	4
E10	煤矿机电	714	0.560	0.066	0.91	185	0.44	4.74	6.2	4
E10	煤矿机械	4737	0.908	0.256	0.81	615	0.64	15.77	6.0	8
E10	煤矿现代化	1155	0.773	0.296	0.92	179	0.62	4.59	3.7	5
E10	煤炭加工与综合利用	1455	0.877	0.339	0.72	259	0.54	6.64	4.7	7
E10	煤田地质与勘探	3431	2.556	0.802	0.84	493	0.82	12.64	5.3	12
E10	西部探矿工程	2442	0.475	0.143	0.95	585	0.69	15.00	6.6	5
E10	现代矿业	2830	0.526	0.130	0.80	499	0.97	12.79	4.8	7
E10	铀矿冶	465	0.636	0.237	0.60	113	0.26	2.90	9.0	5
E10	有色金属（矿山部分）	913	1.174	0.244	0.87	232	0.72	5.95	5.0	5
E10	有色金属（选矿部分）	1419	1.357	0.319	0.76	160	0.54	4.10	6.1	7
E10	凿岩机械气动工具	131	0.275	0.024	0.86	73	0.15	1.87	6.8	3
E10	中国非金属矿工业导刊	1026	1.258	0.256	0.69	247	0.46	6.33	8.1	7
E10	中国矿业	5148	2.089	0.477	0.91	996	0.95	25.54	5.2	11
E10	中国矿业大学学报	4702	3.317	0.577	0.92	709	0.90	18.18	8.0	14
E10	钻探工程	2319	1.572	0.278	0.68	381	0.44	9.77	6.7	8
E11	International Journal of Minerals, Metallurgy and Materials	1732	1.601	0.667	0.65	296	0.63	7.22	4.7	5
E11	鞍钢技术	482	0.478	0.055	0.94	194	0.66	3.66	8.6	5
E11	包钢科技	351	0.210	—	0.94	188	0.55	3.55	7.4	3
E11	宝钢技术	479	0.392	0.061	0.96	176	0.62	3.32	9.3	5
E11	材料与冶金学报	388	0.753	0.088	0.96	182	0.62	3.43	9.3	4
E11	电工钢	92	0.520	0.114	0.60	35	0.21	0.66	3.2	3

学科代码	期刊名称	扩展总被引频次	扩展影响因子	扩展即年指标	扩展他引率	扩展引用刊数	扩展学科影响指标	扩展学科扩散指标	扩展被引半衰期	扩展H指标
E11	粉末冶金工业	804	1.363	0.285	0.64	205	0.28	3.87	4.7	7
E11	粉末冶金技术	592	1.014	0.319	0.80	195	0.25	3.68	6.3	5
E11	福建冶金	127	0.337	0.099	0.92	82	0.26	1.55	3.6	4
E11	甘肃冶金	454	0.264	0.035	0.95	234	0.58	4.42	7.2	4
E11	河北冶金	1369	1.257	0.307	0.64	233	0.79	4.40	4.4	7
E11	河南冶金	291	0.306	0.034	0.92	119	0.55	2.25	7.2	3
E11	江西冶金	234	0.423	0.049	0.79	112	0.58	2.11	6.5	3
E11	金属材料与冶金工程	293	0.408	0.076	0.97	170	0.58	3.21	9.0	4
E11	矿冶	1030	0.816	0.190	0.92	278	0.53	5.25	7.4	5
E11	矿冶工程	2203	1.423	0.154	0.78	449	0.62	8.47	6.0	7
E11	昆明冶金高等专科学校学报	228	0.312	0.034	0.97	188	0.11	3.55	4.9	3
E11	理化检验—化学分册	2575	1.316	0.183	0.90	621	0.26	11.72	6.5	7
E11	连铸	944	1.978	0.635	0.65	103	0.55	1.94	4.6	6
E11	炼钢	956	1.150	0.130	0.86	127	0.62	2.40	7.7	6
E11	炼铁	612	—	0.035	0.70	88	0.51	1.66	7.3	6
E11	绿色矿冶	377	0.803	0.189	0.93	195	0.42	3.68	4.2	6
E11	山东冶金	497	0.286	0.062	0.96	201	0.72	3.79	6.9	4
E11	烧结球团	854	1.264	0.320	0.71	130	0.58	2.45	5.9	7
E11	湿法冶金	918	1.241	0.186	0.79	233	0.45	4.40	6.4	5
E11	四川冶金	266	0.272	0.060	0.94	156	0.62	2.94	9.5	3
E11	特钢技术	229	—	—	0.94	117	0.40	2.21	9.5	3
E11	特殊钢	856	0.654	0.090	0.86	162	0.64	3.06	≥10	5
E11	天津冶金	337	0.323	0.078	0.93	158	0.64	2.98	7.1	3
E11	铜业工程	482	0.420	0.013	0.83	182	0.38	3.43	5.7	4
E11	武汉冶金管理干部学院学报	214	0.498	0.163	0.98	160	0.04	3.02	3.5	4
E11	现代交通与冶金材料	293	0.222	0.268	0.96	169	0.55	3.19	7.5	3
E11	冶金标准化与质量	66	0.026	—	0.95	52	0.23	0.98	≥10	2
E11	冶金分析	1860	1.277	0.142	0.69	338	0.62	6.38	7.2	6
E11	冶金能源	483	0.831	0.096	0.85	179	0.49	3.38	6.2	6
E11	冶金设备管理与维修	40	0.039	—	0.92	31	0.13	0.58	6.7	2
E11	冶金信息导刊	59	0.031	—	0.98	47	0.30	0.89	8.9	2
E11	冶金自动化	689	1.247	0.610	0.81	212	0.60	4.00	5.1	6
E11	有色金属（冶炼部分）	2032	1.195	0.319	0.77	375	0.51	7.08	5.7	8

学科代码	期刊名称	扩展总被引频次	扩展影响因子	扩展即年指标	扩展他引率	扩展引用刊数	扩展学科影响指标	扩展学科扩散指标	扩展被引半衰期	扩展H指标
E11	有色矿冶	458	0.368	0.106	0.95	192	0.36	3.62	≥10	4
E11	有色设备	242	0.350	0.086	0.91	129	0.23	2.43	5.0	3
E11	有色冶金设计与研究	431	0.497	0.112	0.94	230	0.38	4.34	6.3	4
E11	云南冶金	608	0.503	0.042	0.90	224	0.64	4.23	8.3	4
E11	轧钢	1466	1.626	0.222	0.66	173	0.58	3.26	6.1	8
E11	中国金属通报	2446	0.208	0.031	1.00	621	0.77	11.72	3.7	6
E11	中国矿山工程	834	1.732	0.099	0.94	164	0.30	3.09	3.8	9
E11	中国冶金	2841	2.790	0.583	0.83	347	0.85	6.55	4.5	11
E11	中国冶金文摘	6	—	0.010	1.00	6	0.04	0.11	≥10	1
E11	中国有色冶金	904	1.041	0.106	0.90	192	0.38	3.62	6.8	6
E12	Chinese Journal of Mechanical Engineering	1150	1.004	0.100	0.86	365	0.53	5.07	6.6	5
E12	Frontiers of Mechanical Engineering	265	0.743	0.051	0.73	135	0.21	1.88	5.3	4
E12	传动技术	98	—	—	0.94	67	0.30	1.52	6.5	3
E12	电子机械工程	651	0.647	0.136	0.83	248	0.43	5.64	7.9	4
E12	钢管	832	0.801	0.056	0.38	121	0.14	2.75	8.6	5
E12	工程机械	772	0.469	0.095	0.78	289	0.48	6.57	6.6	5
E12	工程设计学报	729	0.903	0.136	0.96	367	0.64	8.34	6.2	6
E12	机电工程	1918	1.486	0.237	0.91	594	0.80	13.50	4.5	8
E12	机电设备	221	0.219	0.040	0.92	135	0.27	3.07	6.0	3
E12	机电一体化	315	—	—	0.98	212	0.48	4.82	8.9	3
E12	机电元件	229	0.265	0.019	0.85	117	0.23	2.66	7.2	3
E12	机械	713	0.562	0.078	0.84	354	0.59	8.05	7.3	4
E12	机械传动	2439	1.035	0.111	0.82	481	0.75	10.93	5.7	7
E12	机械工程材料	1820	0.938	0.066	0.93	488	0.57	11.09	7.5	7
E12	机械工程师	1997	0.356	0.102	0.94	669	0.73	15.20	6.9	5
E12	机械工程学报	13402	2.165	0.199	0.89	1398	0.86	31.77	6.9	18
E12	机械工程与自动化	1655	0.492	0.107	0.96	617	0.61	14.02	5.3	6
E12	机械工业标准化与质量	234	—	0.058	1.00	176	0.25	4.00	6.6	4
E12	机械科学与技术	2667	1.064	0.322	0.92	716	0.82	16.27	6.6	9
E12	机械设计	3257	1.579	0.208	0.88	761	0.75	17.30	4.9	10
E12	机械设计与研究	1965	1.138	0.091	0.75	551	0.77	12.52	5.3	8
E12	机械设计与制造	5826	0.884	0.183	0.85	1093	0.86	24.84	5.9	8
E12	机械设计与制造工程	1168	0.503	0.087	0.94	552	0.68	12.55	5.7	5

2022 年中国科技期刊被引指标按类刊名字顺索引(续)

学科代码	期刊名称	扩展总被引频次	扩展影响因子	扩展即年指标	扩展他引率	扩展引用刊数	扩展学科影响指标	扩展学科扩散指标	扩展被引半衰期	扩展H指标
E12	机械研究与应用	1172	0.497	0.113	0.96	497	0.66	11.30	5.1	5
E12	机械与电子	863	0.751	0.195	0.98	446	0.64	10.14	5.0	5
E12	机械制造与自动化	1473	0.661	0.087	0.87	549	0.73	12.48	5.3	6
E12	教育与装备研究	427	0.240	0.078	0.85	148	0.02	3.36	4.9	3
E12	精密制造与自动化	169	0.479	0.036	0.98	117	0.27	2.66	5.5	3
E12	流体测量与控制	72	—	0.160	0.90	51	0.07	1.16	2.4	3
E12	流体机械	2541	2.066	0.208	0.79	509	0.68	11.57	6.2	8
E12	摩擦学学报	1662	1.183	0.425	0.77	401	0.61	9.11	7.8	8
E12	失效分析与预防	473	0.556	0.104	0.87	222	0.34	5.05	7.5	4
E12	图学学报	1661	2.069	0.326	0.95	629	0.45	14.30	5.0	10
E12	现代机械	471	0.413	0.089	0.96	287	0.45	6.52	7.0	4
E12	压缩机技术	377	0.335	0.025	0.85	158	0.39	3.59	9.8	3
E12	液压与气动	3620	2.351	0.144	0.62	494	0.66	11.23	4.4	10
E12	噪声与振动控制	2059	0.931	0.095	0.88	602	0.75	13.68	6.0	6
E12	振动与冲击	11109	1.536	0.169	0.83	1206	0.82	27.41	6.0	15
E12	制造技术与机床	1959	0.820	0.169	0.88	494	0.66	11.23	5.0	8
E12	中国机械工程	6219	1.939	0.413	0.93	1203	0.89	27.34	7.1	13
E12	中国设备工程	6926	0.612	0.295	0.94	1194	0.61	27.14	3.0	7
E12	组合机床与自动化加工技术	3120	1.214	0.173	0.88	655	0.80	14.89	4.7	8
E13	China Foundry	319	0.641	0.048	0.74	78	0.17	1.08	6.2	3
E13	China Welding	236	1.471	0.258	0.83	39	0.14	0.54	4.3	5
E13	International Journal of Plant Engineering and Management	17	0.114	—	1.00	16	—	0.29	6.2	1
E13	大型铸锻件	257	0.251	0.062	0.86	109	0.38	1.51	7.4	4
E13	低温工程	580	0.611	0.040	0.89	233	0.19	3.24	≥10	4
E13	电焊机	1359	0.585	0.214	0.81	350	0.61	4.86	6.3	6
E13	电加工与模具	409	0.490	0.090	0.83	138	0.35	1.92	7.6	4
E13	锻压技术	2264	1.355	0.108	0.77	362	0.61	5.03	3.8	7
E13	锻压装备与制造技术	560	0.405	0.077	0.76	196	0.40	2.72	7.3	4
E13	锻造与冲压	160	—	0.045	1.00	78	0.32	1.08	3.7	3
E13	分析测试技术与仪器	312	0.837	0.125	0.84	172	0.04	2.39	6.5	5
E13	风机技术	579	0.956	0.182	0.70	196	0.18	2.72	7.0	4
E13	工程机械与维修	796	0.546	0.213	0.92	266	0.26	3.69	2.8	5

学科代码	期刊名称	扩展总被引频次	扩展影响因子	扩展即年指标	扩展他引率	扩展引用刊数	扩展学科影响指标	扩展学科扩散指标	扩展被引半衰期	扩展H指标
E13	管道技术与设备	593	0.622	0.072	0.84	220	0.21	3.06	8.5	4
E13	哈尔滨轴承	95	0.097	0.038	0.97	64	0.21	0.89	8.6	2
E13	焊管	792	0.490	0.079	0.82	200	0.43	2.78	7.7	5
E13	焊接	1229	1.008	0.229	0.84	289	0.61	4.01	6.6	7
E13	焊接技术	1247	0.442	0.088	0.84	354	0.61	4.92	5.8	5
E13	焊接学报	3026	1.515	0.242	0.85	436	0.65	6.06	7.0	9
E13	机床与液压	5737	1.108	0.131	0.84	935	0.69	12.99	4.9	10
E13	机电工程技术	2656	0.647	0.139	0.84	749	0.60	10.40	4.0	7
E13	机电技术	530	0.412	0.128	0.94	310	0.25	4.31	5.3	4
E13	机械强度	1815	0.969	0.090	0.83	533	0.56	7.40	6.6	7
E13	机械制造	1229	0.564	0.136	0.78	433	0.58	6.01	6.2	5
E13	机械制造文摘—焊接分册	103	0.323	0.040	0.85	56	0.18	0.78	5.0	2
E13	今日制造与升级	88	0.184	0.025	0.98	76	0.07	1.06	2.8	2
E13	金刚石与磨料磨具工程	743	1.138	0.062	0.86	178	0.33	2.47	6.4	6
E13	金属加工（冷加工）	532	0.192	0.106	0.88	202	0.49	2.81	7.2	4
E13	金属加工（热加工）	1046	0.509	0.147	0.83	311	0.72	4.32	6.5	6
E13	金属热处理	4102	0.908	0.172	0.74	521	0.76	7.24	6.0	7
E13	金属世界	397	0.490	0.100	0.84	194	0.42	2.69	6.7	5
E13	金属制品	477	0.360	0.083	0.70	149	0.32	2.07	≥10	4
E13	精密成形工程	1014	1.375	0.233	0.76	213	0.53	2.96	4.4	7
E13	铝加工	354	0.495	0.043	0.86	131	0.40	1.82	6.5	4
E13	模具工业	946	0.703	0.223	0.63	190	0.38	2.64	5.4	5
E13	模具技术	259	0.514	0.104	0.91	102	0.31	1.42	6.3	3
E13	模具制造	473	0.239	0.073	0.74	143	0.35	1.99	5.4	4
E13	起重运输机械	1090	0.455	0.079	0.87	361	0.32	5.01	6.5	4
E13	气象水文海洋仪器	751	1.054	0.293	0.68	197	0.04	2.74	5.2	6
E13	轻工机械	549	0.670	0.051	0.95	311	0.35	4.32	6.2	5
E13	轻合金加工技术	901	0.530	0.031	0.89	243	0.57	3.38	7.9	5
E13	燃气涡轮试验与研究	551	0.346	—	0.88	144	0.18	2.00	≥10	4
E13	热处理	375	0.411	0.012	0.93	157	0.42	2.18	9.1	3
E13	热处理技术与装备	550	0.548	0.113	0.73	174	0.51	2.42	7.8	4
E13	热加工工艺	6574	0.706	0.224	0.86	809	0.88	11.24	6.5	7
E13	石油管材与仪器	736	0.875	0.049	0.84	230	0.33	3.19	6.0	7

2022 年中国科技期刊被引指标按类刊名字顺索引(续)

学科代码	期刊名称	扩展总被引频次	扩展影响因子	扩展即年指标	扩展他引率	扩展引用刊数	扩展学科影响指标	扩展学科扩散指标	扩展被引半衰期	扩展H指标
E13	世界制造技术与装备市场	104	0.130	0.050	0.96	64	0.21	0.89	5.8	2
E13	塑性工程学报	2176	1.561	0.145	0.75	335	0.62	4.65	4.2	8
E13	特种铸造及有色合金	1778	0.822	0.115	0.76	326	0.61	4.53	5.9	6
E13	无损检测	1447	0.607	0.056	0.86	438	0.51	6.08	7.6	6
E13	无损探伤	283	0.551	0.116	0.86	145	0.21	2.01	6.3	4
E13	物探装备	240	—	—	0.81	91	0.03	1.26	7.4	4
E13	现代制造工程	2074	1.120	0.187	0.90	647	0.58	8.99	5.4	7
E13	现代制造技术与装备	1994	—	0.114	0.96	719	0.68	9.99	4.2	5
E13	压力容器	1708	1.953	0.227	0.74	335	0.50	4.65	6.8	9
E13	一重技术	257	0.204	0.092	0.93	149	0.36	2.07	9.7	4
E13	有色金属加工	360	0.475	0.085	0.90	156	0.38	2.17	5.7	5
E13	中国表面工程	1260	1.424	0.052	0.78	316	0.51	4.39	6.3	7
E13	中国工程机械学报	821	1.291	0.117	0.95	360	0.31	5.00	5.5	7
E13	中国重型装备	153	0.219	0.082	0.90	105	0.35	1.46	6.7	2
E13	中国铸造装备与技术	405	0.485	0.115	0.78	151	0.35	2.10	6.8	4
E13	重型机械	472	0.509	0.077	0.72	179	0.39	2.49	6.8	3
E13	轴承	1211	0.846	0.132	0.80	327	0.49	4.54	7.7	6
E13	铸造	1704	0.752	0.133	0.69	329	0.64	4.57	7.7	6
E13	铸造工程	133	0.344	0.071	0.85	58	0.18	0.81	3.8	3
E13	铸造技术	1683	0.421	0.224	0.91	405	0.64	5.62	7.1	5
E13	铸造设备与工艺	335	0.288	0.053	0.71	125	0.26	1.74	7.2	3
E13	装备环境工程	1596	0.722	0.078	0.82	485	0.47	6.74	6.5	6
E13	装备机械	197	0.435	0.060	0.88	130	0.21	1.81	6.3	4
E13	装备制造技术	2040	0.371	0.044	0.94	778	0.68	10.81	6.0	5
E14	柴油机	234	0.331	—	0.86	111	0.25	2.78	7.3	3
E14	柴油机设计与制造	139	0.309	—	0.94	73	0.20	1.82	7.4	3
E14	车用发动机	550	0.876	0.049	0.89	167	0.32	4.18	6.6	4
E14	城市燃气	285	0.436	0.053	0.87	136	0.10	3.40	5.1	4
E14	电力科技与环保	711	1.369	0.414	0.88	268	0.48	6.70	5.4	6
E14	电力与能源	689	0.763	0.168	0.92	306	0.42	7.65	4.4	5
E14	东方汽轮机	204	0.319	0.044	0.91	104	0.30	2.60	6.7	3
E14	动力工程学报	2027	1.563	0.323	0.87	502	0.60	12.55	6.9	8
E14	发电技术	1065	2.885	1.103	0.82	295	0.60	7.38	3.5	9

学科代码	期刊名称	扩展总被引频次	扩展影响因子	扩展即年指标	扩展他引率	扩展引用刊数	扩展学科影响指标	扩展学科扩散指标	扩展被引半衰期	扩展H指标
E14	工程热物理学报	3159	0.732	0.076	0.92	723	0.92	18.08	7.9	7
E14	工业锅炉	346	0.568	0.025	0.87	151	0.38	3.78	7.1	4
E14	工业加热	484	0.399	0.045	0.88	253	0.45	6.32	5.9	4
E14	工业炉	304	0.330	0.073	0.91	160	0.20	4.00	7.0	3
E14	锅炉技术	800	1.131	0.099	0.90	232	0.45	5.80	6.2	5
E14	锅炉制造	347	0.385	0.046	0.90	156	0.42	3.90	6.1	4
E14	节能与环保	1025	—	0.195	0.99	461	0.42	11.52	3.7	5
E14	内燃机	335	0.390	0.141	0.89	128	0.32	3.20	6.8	3
E14	内燃机工程	868	1.082	0.231	0.89	227	0.45	5.68	7.3	6
E14	内燃机学报	850	1.312	0.129	0.80	215	0.38	5.38	7.4	6
E14	内燃机与动力装置	341	0.536	0.075	0.77	131	0.32	3.28	5.3	4
E14	内燃机与配件	4591	0.434	0.255	0.89	857	0.62	21.42	3.4	6
E14	能源工程	404	0.472	0.141	0.96	243	0.42	6.08	8.6	3
E14	能源研究与管理	409	0.734	0.388	0.71	227	0.28	5.68	4.3	4
E14	能源与环境	841	0.519	0.147	0.96	464	0.52	11.60	4.9	4
E14	汽轮机技术	997	0.879	0.069	0.84	233	0.40	5.82	7.0	5
E14	燃气轮机技术	323	0.402	0.059	0.90	133	0.38	3.32	9.8	4
E14	燃烧科学与技术	1354	1.300	0.245	0.91	344	0.60	8.60	≥10	5
E14	热力透平	426	0.703	0.182	0.89	138	0.35	3.45	6.9	4
E14	热能动力工程	1972	1.056	0.173	0.89	518	0.72	12.95	4.8	7
E14	特种设备安全技术	277	0.386	0.101	0.92	132	0.12	3.30	4.2	3
E14	现代车用动力	126	0.320	0.019	0.87	59	0.25	1.48	5.9	3
E14	小型内燃机与车辆技术	378	0.469	0.017	0.89	145	0.30	3.62	5.6	4
E14	冶金动力	495	0.369	0.073	0.93	252	0.38	6.30	4.8	4
E14	应用能源技术	579	0.580	0.348	0.98	314	0.50	7.85	4.7	5
E14	制冷	288	0.420	0.101	0.95	154	0.25	3.85	7.2	3
E14	制冷技术	840	1.194	0.088	0.60	180	0.20	4.50	6.2	6
E14	制冷学报	1327	1.362	0.151	0.86	332	0.35	8.30	6.2	8
E14	制冷与空调	1306	0.675	0.117	0.77	314	0.35	7.85	6.5	6
E14	制冷与空调（四川）	615	0.561	0.084	0.86	250	0.25	6.25	6.5	4
E15	变压器	2995	3.468	0.249	0.49	257	0.60	2.23	3.7	11
E15	重庆电力高等专科学校学报	310	0.614	0.207	0.78	189	0.20	1.64	4.2	4
E15	磁性材料及器件	553	0.681	0.111	0.58	178	0.16	1.55	6.3	5

2022 年中国科技期刊被引指标按类刊名字顺索引(续)

学科代码	期刊名称	扩展总被引频次	扩展影响因子	扩展即年指标	扩展他引率	扩展引用刊数	扩展学科影响指标	扩展学科扩散指标	扩展被引半衰期	扩展H指标
E15	大电机技术	667	0.913	0.388	0.85	200	0.44	1.74	6.7	4
E15	大众用电	441	—	0.092	1.00	195	0.37	1.70	2.9	4
E15	电池	798	0.948	0.269	0.81	304	0.30	2.64	4.5	6
E15	电池工业	274	0.754	0.222	0.92	155	0.13	1.35	5.4	5
E15	电瓷避雷器	2055	1.878	0.240	0.69	245	0.50	2.13	4.5	7
E15	电动工具	76	0.493	0.116	0.83	57	0.10	0.50	3.8	3
E15	电工材料	362	0.603	0.128	0.93	203	0.32	1.77	4.5	5
E15	电工电能新技术	1365	1.848	0.309	0.82	330	0.67	2.87	5.1	8
E15	电工电气	652	0.578	0.219	0.93	245	0.62	2.13	4.4	4
E15	电工技术学报	16303	5.141	0.793	0.77	959	0.91	8.34	5.1	23
E15	电机技术	206	—	0.043	0.73	103	0.17	0.90	6.8	2
E15	电机与控制学报	2650	2.165	0.372	0.86	509	0.69	4.43	5.1	10
E15	电机与控制应用	1192	0.927	0.103	0.85	345	0.52	3.00	5.0	6
E15	电力大数据	817	1.114	0.091	0.80	265	0.55	2.30	4.5	6
E15	电力电容器与无功补偿	2150	2.935	0.482	0.86	256	0.63	2.23	3.7	9
E15	电力电子技术	1886	0.746	0.133	0.88	418	0.66	3.63	4.8	5
E15	电力工程技术	1969	3.072	0.658	0.92	330	0.74	2.87	3.6	10
E15	电力建设	3366	3.084	0.851	0.91	575	0.74	5.00	5.0	12
E15	电力勘测设计	644	0.646	0.177	0.90	314	0.42	2.73	4.5	4
E15	电力科学与工程	816	0.984	0.211	0.93	343	0.62	2.98	5.1	5
E15	电力科学与技术学报	2217	4.400	0.600	0.91	332	0.66	2.89	3.6	13
E15	电力设备管理	998	—	0.023	0.89	343	0.57	2.98	2.9	5
E15	电力系统保护与控制	14545	6.318	1.190	0.83	805	0.83	7.00	4.0	22
E15	电力系统及其自动化学报	3277	2.512	0.549	0.91	496	0.73	4.31	4.5	11
E15	电力系统装备	569	0.068	0.020	0.93	191	0.39	1.66	3.8	3
E15	电力系统自动化	22212	5.988	1.301	0.86	875	0.85	7.61	5.3	29
E15	电力信息与通信技术	1755	2.261	0.653	0.86	397	0.59	3.45	3.9	10
E15	电力需求侧管理	1011	1.927	0.376	0.81	257	0.56	2.23	4.3	8
E15	电力学报	367	0.868	0.087	0.90	206	0.48	1.79	5.5	5
E15	电力自动化设备	8759	4.172	0.724	0.83	690	0.83	6.00	4.7	18
E15	电气传动	1527	1.079	0.186	0.76	399	0.65	3.47	4.5	7
E15	电气传动自动化	300	0.442	0.236	0.97	174	0.31	1.51	4.7	4
E15	电气防爆	160	0.299	0.043	0.71	82	0.13	0.71	7.0	3

2022 年中国科技期刊被引指标按类刊名字顺索引(续)

学科代码	期刊名称	扩展总被引频次	扩展影响因子	扩展即年指标	扩展他引率	扩展引用刊数	扩展学科影响指标	扩展学科扩散指标	扩展被引半衰期	扩展H指标
E15	电气工程学报	557	1.081	0.274	0.91	240	0.60	2.09	5.2	6
E15	电气技术	1884	1.327	0.297	0.72	391	0.73	3.40	4.5	7
E15	电气技术与经济	453	0.893	0.180	0.90	166	0.38	1.44	3.5	5
E15	电气开关	495	0.581	0.116	0.92	226	0.52	1.97	4.7	4
E15	电气应用	1097	0.701	0.189	0.95	404	0.70	3.51	6.4	5
E15	电气自动化	899	0.850	0.278	0.94	353	0.64	3.07	4.3	5
E15	电器工业	327	0.674	0.150	0.99	209	0.30	1.82	4.2	4
E15	电器与能效管理技术	1865	1.756	0.176	0.69	349	0.66	3.03	4.6	8
E15	电世界	300	0.217	0.042	0.99	164	0.36	1.43	5.1	3
E15	电网技术	19738	5.051	1.438	0.87	943	0.85	8.20	5.3	28
E15	电网与清洁能源	3004	3.929	0.608	0.94	462	0.65	4.02	3.7	11
E15	电线电缆	451	0.542	0.110	0.85	156	0.34	1.36	8.4	6
E15	电源技术	2950	1.011	0.141	0.87	703	0.70	6.11	5.3	8
E15	电源学报	874	0.864	0.430	0.77	250	0.55	2.17	4.8	5
E15	电站辅机	130	0.311	—	0.95	82	0.17	0.71	8.3	3
E15	电站系统工程	780	—	0.296	0.93	287	0.37	2.50	6.4	5
E15	东北电力大学学报	528	0.988	0.141	0.90	286	0.12	2.06	5.2	5
E15	东北电力技术	840	0.702	0.147	0.84	284	0.63	2.47	5.1	5
E15	东方电气评论	256	0.401	0.037	0.97	156	0.26	1.36	7.5	4
E15	发电设备	430	0.616	0.094	0.92	175	0.29	1.52	6.4	4
E15	防爆电机	233	0.408	0.009	0.73	113	0.17	0.98	5.2	3
E15	高电压技术	13578	4.186	1.036	0.80	938	0.85	8.16	5.4	24
E15	高压电器	6174	2.976	0.514	0.83	516	0.72	4.49	4.6	13
E15	供用电	1848	2.863	0.628	0.84	310	0.70	2.70	3.8	10
E15	广东电力	2194	2.254	0.333	0.84	395	0.71	3.43	4.4	9
E15	广西电力	489	0.810	0.114	0.73	176	0.49	1.53	5.5	4
E15	广西电业	140	0.095	0.024	1.00	88	0.15	0.77	5.8	3
E15	河北电力技术	443	0.756	0.130	0.83	206	0.49	1.79	5.2	4
E15	黑龙江电力	323	0.524	0.047	0.94	190	0.49	1.65	4.9	3
E15	湖北电力	1045	1.812	0.333	0.42	203	0.58	1.77	5.0	6
E15	湖南电力	726	0.965	0.222	0.65	222	0.53	1.93	5.1	6
E15	华北电力大学学报(自然科学版)	1028	1.970	0.543	0.91	379	0.69	3.30	5.2	7
E15	机电信息	2145	0.313	0.116	0.98	779	0.69	6.77	4.6	5

2022 年中国科技期刊被引指标按类刊名字顺索引(续)

学科代码	期刊名称	扩展总被引频次	扩展影响因子	扩展即年指标	扩展他引率	扩展引用刊数	扩展学科影响指标	扩展学科扩散指标	扩展被引半衰期	扩展H指标
E15	吉林电力	296	0.391	0.074	0.98	173	0.43	1.50	6.2	3
E15	家电科技	850	1.066	0.282	0.49	192	0.10	1.67	5.1	4
E15	洁净与空调技术	324	0.285	0.056	0.91	193	0.03	1.68	7.7	3
E15	南方电网技术	2774	2.907	1.041	0.73	360	0.67	3.13	4.6	13
E15	内蒙古电力技术	863	1.297	0.217	0.86	246	0.51	2.14	4.5	6
E15	宁夏电力	266	0.620	0.086	0.94	129	0.39	1.12	4.8	3
E15	农村电工	379	0.134	0.067	1.00	145	0.29	1.26	3.6	3
E15	农村电气化	543	0.411	0.130	0.94	219	0.44	1.90	3.7	4
E15	汽车电器	597	0.324	0.072	0.77	206	0.17	1.79	4.6	4
E15	汽车与新动力	98	0.207	0.093	0.96	58	0.02	0.50	3.7	2
E15	青海电力	189	0.440	0.033	0.94	117	0.34	1.02	5.6	3
E15	热力发电	4078	2.267	0.738	0.86	645	0.63	5.61	5.1	14
E15	日用电器	344	0.210	0.051	0.79	156	0.17	1.36	5.2	3
E15	山东电力高等专科学校学报	305	0.576	0.138	0.95	201	0.35	1.75	3.8	4
E15	山东电力技术	972	1.233	0.210	0.76	296	0.65	2.57	4.0	7
E15	山西电力	405	0.671	0.133	0.85	157	0.40	1.37	4.8	4
E15	上海大中型电机	112	0.207	—	0.84	64	0.13	0.56	7.5	2
E15	上海电机学院学报	205	0.529	0.361	0.89	154	0.14	2.33	4.5	4
E15	上海电力大学学报	605	1.055	0.120	0.82	323	0.43	2.81	4.9	5
E15	上海电气技术	199	0.520	0.028	0.84	131	0.20	1.14	5.0	4
E15	四川电力技术	502	0.895	0.168	0.90	192	0.54	1.67	4.5	4
E15	微电机	1235	0.775	0.078	0.78	342	0.43	2.97	5.4	6
E15	微特电机	792	0.569	0.110	0.86	281	0.43	2.44	5.7	5
E15	现代电力	1105	2.494	0.782	0.89	307	0.59	2.67	4.5	8
E15	现代建筑电气	470	0.594	0.143	0.90	192	0.22	1.67	4.2	4
E15	移动电源与车辆	82	0.198	0.073	0.83	54	0.06	0.47	8.0	2
E15	云南电力技术	524	0.500	0.090	0.96	219	0.58	1.90	6.0	4
E15	云南电业	28	—	0.014	0.75	18	0.04	0.16	8.7	1
E15	浙江电力	1787	1.795	0.220	0.89	375	0.72	3.26	4.4	8
E15	智慧电力	3409	5.254	1.200	0.88	431	0.73	3.75	3.4	15
E15	中国电机工程学报	32172	5.209	1.276	0.85	1344	0.97	11.69	6.1	36
E15	中国电力	5917	3.703	1.070	0.89	814	0.83	7.08	4.5	17
E15	中国核电	346	—	0.028	0.93	178	0.14	1.55	5.0	4

学科代码	期刊名称	扩展总被引频次	扩展影响因子	扩展即年指标	扩展他引率	扩展引用刊数	扩展学科影响指标	扩展学科扩散指标	扩展被引半衰期	扩展H指标
E16	Energy & Environmental Materials	51	0.299	0.079	0.98	37	0.02	0.92	3.0	2
E16	Frontiers in Energy	263	0.605	0.178	0.66	130	0.18	2.36	4.5	3
E16	Global Energy Interconnection	241	1.496	0.049	0.84	65	0.15	1.18	3.4	5
E16	Green Energy&Environment	564	1.910	0.359	0.69	126	0.05	3.15	3.6	4
E16	International Journal of Coal Science & Technology	350	1.055	0.100	0.54	99	0.20	1.80	3.7	3
E16	Journal of Modern Power Systems and Clean Energy	434	—	0.139	0.69	96	0.35	0.83	3.7	5
E16	储能科学与技术	2480	2.173	0.840	0.67	526	0.45	9.56	3.6	13
E16	分布式能源	390	2.033	0.117	0.90	170	0.29	3.09	3.4	8
E16	建筑科技	481	0.436	0.117	1.00	260	0.15	4.73	5.6	4
E16	江西煤炭科技	931	0.923	0.168	0.69	131	0.36	2.38	3.2	6
E16	节能技术	817	1.045	0.202	0.79	297	0.38	5.40	6.1	6
E16	洁净煤技术	2205	2.215	0.763	0.81	436	0.64	7.93	4.6	10
E16	晋控科学技术	249	0.502	0.057	0.92	95	0.35	1.73	4.1	3
E16	可再生能源	3250	1.800	0.299	0.85	843	0.53	15.33	5.0	10
E16	煤	1238	0.629	0.226	0.91	211	0.40	3.84	3.9	5
E16	煤气与热力	1024	0.594	0.074	0.87	361	0.38	6.56	6.6	6
E16	煤炭工程	6290	2.195	0.528	0.80	685	0.53	12.45	5.1	12
E16	煤炭技术	5596	1.240	0.302	0.88	736	0.51	13.38	5.5	9
E16	煤炭科技	967	1.068	0.253	0.77	179	0.42	3.25	4.0	6
E16	煤炭科学技术	11603	4.560	0.716	0.88	747	0.60	13.58	5.5	24
E16	煤炭学报	19412	5.988	1.361	0.89	1061	0.65	19.29	6.4	34
E16	煤炭与化工	1838	0.673	0.128	0.89	506	0.49	9.20	4.7	6
E16	煤炭转化	809	1.152	0.290	0.80	218	0.40	3.96	8.7	5
E16	煤质技术	740	1.169	0.205	0.82	207	0.40	3.76	6.1	6
E16	南方能源建设	565	1.516	0.276	0.81	264	0.27	4.80	4.3	6
E16	能源技术与管理	1268	0.737	0.205	0.86	265	0.47	4.82	3.6	6
E16	能源科技	291	0.649	0.190	0.96	171	0.44	3.11	3.1	5
E16	能源研究与利用	246	0.445	0.215	0.93	184	0.22	3.35	5.0	4
E16	能源研究与信息	175	0.543	—	0.91	130	0.13	2.36	6.7	3
E16	能源与环保	3054	1.440	0.226	0.70	489	0.51	8.89	3.8	12
E16	能源与节能	2744	—	0.228	0.89	580	0.69	10.55	3.7	7

2022 年中国科技期刊被引指标按类刊名字顺索引(续)

学科代码	期刊名称	扩展总被引频次	扩展影响因子	扩展即年指标	扩展他引率	扩展引用刊数	扩展学科影响指标	扩展学科扩散指标	扩展被引半衰期	扩展H指标
E16	区域供热	519	0.539	0.079	0.80	188	0.36	3.42	4.8	5
E16	全球能源互联网	788	3.400	0.821	0.85	202	0.29	3.67	3.4	9
E16	燃料化学学报（中英文）	2040	1.188	0.292	0.88	407	0.45	7.40	8.2	6
E16	山东煤炭科技	2517	0.673	0.123	0.82	274	0.40	4.98	3.8	6
E16	山西焦煤科技	529	0.572	0.062	0.90	136	0.40	2.47	5.3	5
E16	山西煤炭	467	1.006	0.338	0.88	127	0.38	2.31	4.9	5
E16	陕西煤炭	1335	1.140	0.235	0.75	225	0.44	4.09	3.7	6
E16	上海节能	642	0.648	0.273	0.96	386	0.38	7.02	3.6	6
E16	上海煤气	163	0.407	0.102	0.98	99	0.16	1.80	6.2	3
E16	世界石油工业	261	1.220	0.544	0.88	133	0.09	2.42	3.0	6
E16	水电能源科学	4740	1.200	0.183	0.88	931	0.31	16.93	5.4	8
E16	太阳能学报	5864	1.652	0.280	0.81	995	0.58	18.09	4.4	13
E16	新能源进展	470	0.978	0.155	0.93	270	0.24	4.91	4.9	6
E16	新型炭材料（中英文）	790	1.304	0.402	0.85	295	0.45	5.27	5.9	6
E16	选煤技术	1241	1.052	0.381	0.71	147	0.36	2.67	6.3	6
E16	中国煤层气	373	0.566	0.066	0.90	102	0.36	1.85	8.3	4
E16	中国煤炭	2507	2.256	0.500	0.91	526	0.60	9.56	4.9	12
E16	中国煤炭地质	2071	1.117	0.219	0.78	386	0.49	7.02	7.1	8
E16	中国能源	1042	1.677	0.135	0.95	548	0.53	9.96	4.6	9
E16	中外能源	1201	0.881	0.279	0.96	490	0.58	8.91	6.2	6
E16	综合智慧能源	1621	2.463	0.854	0.76	472	0.53	8.58	3.6	11
E17	China Oil & Gas	10	—	—	1.00	9	0.03	0.10	5.5	1
E17	China Petroleum Processing and Petrochemical Technology	194	0.683	—	0.64	59	0.09	0.67	4.6	3
E17	Petroleum Research	78	—	0.077	0.72	36	0.06	0.37	4.6	2
E17	Petroleum Exploration and Development	331	0.612	0.051	0.74	101	0.27	1.15	4.1	5
E17	Petroleum Science	878	1.227	0.244	0.51	205	0.60	2.33	4.5	5
E17	北京石油化工学院学报	214	0.467	0.130	0.93	157	0.20	1.78	6.9	3
E17	测井技术	1609	0.850	0.076	0.84	238	0.57	2.70	9.8	6
E17	承德石油高等专科学校学报	204	0.323	0.025	0.90	152	0.25	1.73	4.7	3
E17	大庆石油地质与开发	2246	3.012	0.250	0.78	241	0.75	2.74	5.4	11
E17	当代石油石化	568	0.880	0.268	0.94	265	0.51	3.01	4.6	7
E17	东北石油大学学报	1169	1.965	0.217	0.82	280	0.72	3.18	7.2	7

学科代码	期刊名称	扩展总被引频次	扩展影响因子	扩展即年指标	扩展他引率	扩展引用刊数	扩展学科影响指标	扩展学科扩散指标	扩展被引半衰期	扩展H指标
E17	断块油气田	2857	2.946	0.340	0.82	254	0.72	2.89	5.8	9
E17	非常规油气	762	1.418	0.255	0.79	158	0.61	1.80	4.5	7
E17	广东石油化工学院学报	250	0.346	0.041	0.96	194	0.20	2.20	5.4	3
E17	国际石油经济	1368	1.654	0.620	0.86	441	0.61	5.01	3.9	9
E17	海相油气地质	845	1.963	0.163	0.92	133	0.49	1.51	7.5	9
E17	海洋石油	574	0.624	0.101	0.81	162	0.61	1.84	8.8	5
E17	江汉石油职工大学学报	313	0.228	0.022	0.90	155	0.38	1.76	5.0	3
E17	精细石油化工进展	534	0.447	0.075	0.94	204	0.50	2.32	≥10	5
E17	炼油技术与工程	1150	0.638	0.256	0.89	222	0.42	2.52	7.5	5
E17	炼油与化工	391	0.316	0.117	0.95	181	0.28	2.06	7.1	4
E17	辽宁石油化工大学学报	474	0.728	0.033	0.92	273	0.09	1.96	5.4	5
E17	录井工程	512	0.510	0.032	0.66	100	0.39	1.14	7.7	4
E17	内蒙古石油化工	1406	0.269	0.025	0.97	501	0.67	5.69	9.4	4
E17	能源化工	535	0.670	0.032	0.95	252	0.41	2.86	6.1	5
E17	齐鲁石油化工	303	0.434	0.028	0.96	140	0.28	1.59	9.4	4
E17	山东石油化工学院学报	186	0.288	0.060	0.95	149	0.22	1.69	5.1	3
E17	石化技术	3620	0.383	0.082	0.95	687	0.83	7.81	4.5	6
E17	石油地球物理勘探	3506	2.445	0.379	0.67	299	0.52	3.40	7.7	10
E17	石油地质与工程	1164	1.218	0.037	0.84	210	0.75	2.39	6.2	5
E17	石油工程建设	781	0.800	0.117	0.92	283	0.42	3.22	7.5	5
E17	石油工业技术监督	741	0.641	0.085	0.77	223	0.58	2.53	5.3	4
E17	石油化工	1715	0.788	0.128	0.86	374	0.56	4.25	8.3	6
E17	石油化工安全环保技术	336	0.374	0.075	0.97	163	0.32	1.85	7.2	3
E17	石油化工腐蚀与防护	666	0.846	0.062	0.91	177	0.33	2.01	8.7	5
E17	石油化工高等学校学报	592	1.044	0.169	0.94	231	0.62	2.62	5.9	4
E17	石油化工技术与经济	314	0.509	0.024	0.95	165	0.25	1.88	6.3	4
E17	石油化工设备技术	443	0.411	0.051	0.94	172	0.32	1.95	≥10	4
E17	石油化工设计	273	0.415	0.032	0.96	140	0.27	1.59	8.2	3
E17	石油化工应用	1287	0.574	0.070	0.93	332	0.83	3.77	5.9	5
E17	石油机械	3245	1.506	0.183	0.78	434	0.66	4.93	7.6	9
E17	石油勘探与开发	9124	8.149	1.127	0.94	497	0.82	5.65	7.7	28
E17	石油科技论坛	841	2.738	0.737	0.84	259	0.66	2.94	3.8	9
E17	石油科学通报	503	2.047	0.481	0.89	165	0.64	1.88	4.1	9

2022 年中国科技期刊被引指标按类刊名字顺索引(续)

学科代码	期刊名称	扩展总被引频次	扩展影响因子	扩展即年指标	扩展他引率	扩展引用刊数	扩展学科影响指标	扩展学科扩散指标	扩展被引半衰期	扩展H指标
E17	石油库与加油站	168	0.373	0.058	0.90	99	0.15	1.12	5.5	3
E17	石油矿场机械	1266	0.679	0.075	0.92	254	0.50	2.89	≥10	5
E17	石油沥青	533	0.818	0.045	0.90	149	0.09	1.69	8.1	4
E17	石油炼制与化工	2298	1.236	0.183	0.81	322	0.47	3.66	6.6	8
E17	石油商技	286	0.242	0.038	0.87	104	0.15	1.18	8.1	4
E17	石油石化节能	708	0.717	0.130	0.76	205	0.58	2.33	5.4	5
E17	石油石化绿色低碳	293	0.497	0.144	0.96	151	0.31	1.72	5.0	4
E17	石油实验地质	3012	3.761	0.375	0.88	233	0.50	116.50	6.9	12
E17	石油物探	1836	1.905	0.318	0.85	231	0.55	2.62	7.3	9
E17	石油学报	8480	5.199	0.736	0.89	549	0.82	6.24	8.6	22
E17	石油学报（石油加工）	1792	1.456	0.939	0.70	356	0.55	4.05	6.2	7
E17	石油与天然气地质	5332	5.087	1.142	0.88	285	0.67	3.24	7.0	17
E17	石油与天然气化工	1618	1.632	0.246	0.77	315	0.67	3.58	6.0	7
E17	石油知识	126	0.429	0.043	0.98	103	0.31	1.17	4.7	2
E17	石油钻采工艺	2470	1.522	0.119	0.94	303	0.75	3.44	8.8	9
E17	石油钻探技术	2816	3.393	0.479	0.81	314	0.74	3.57	6.4	11
E17	特种油气藏	2634	2.498	0.170	0.94	285	0.74	3.24	6.1	9
E17	天然气地球科学	4547	2.390	0.479	0.89	308	0.65	3.50	7.6	14
E17	天然气工业	9659	5.967	0.864	0.90	750	0.91	8.52	6.6	22
E17	天然气技术与经济	694	1.320	0.462	0.76	220	0.66	2.50	5.0	7
E17	天然气勘探与开发	746	1.214	0.076	0.88	164	0.66	1.86	6.4	6
E17	天然气与石油	1143	1.278	0.254	0.87	316	0.76	3.59	6.3	6
E17	西安石油大学学报（自然科学版）	1308	1.060	0.167	0.91	363	0.76	4.12	7.8	6
E17	西南石油大学学报（自然科学版）	2092	1.401	0.135	0.92	360	0.76	4.09	9.6	8
E17	新疆石油地质	2711	3.169	0.330	0.86	248	0.67	2.82	7.1	15
E17	新疆石油天然气	487	0.869	0.177	0.86	149	0.60	1.69	6.5	5
E17	岩性油气藏	2036	2.241	0.626	0.80	220	0.62	2.50	6.0	10
E17	乙烯工业	213	0.268	0.034	0.85	83	0.17	0.94	8.2	3
E17	油气藏评价与开发	1046	2.559	0.186	0.97	174	0.73	1.98	3.6	9
E17	油气储运	3572	2.442	0.734	0.80	527	0.78	5.99	6.2	13
E17	油气地质与采收率	2322	2.807	0.304	0.87	255	0.75	2.90	6.3	11
E17	油气井测试	804	—	0.073	0.64	151	0.61	1.72	8.3	4
E17	油气田地面工程	1815	0.966	0.110	0.80	389	0.77	4.42	7.0	6

学科代码	期刊名称	扩展总被引频次	扩展影响因子	扩展即年指标	扩展他引率	扩展引用刊数	扩展学科影响指标	扩展学科扩散指标	扩展被引半衰期	扩展H指标
E17	油气田环境保护	573	0.743	0.149	0.91	231	0.43	2.62	7.2	5
E17	油气与新能源	918	2.763	1.115	0.78	226	0.53	2.57	2.9	10
E17	油田化学	1643	1.457	0.116	0.86	212	0.66	2.41	6.7	7
E17	中国海上油气	2676	2.153	0.357	0.90	395	0.76	4.49	6.9	13
E17	中国海洋平台	634	0.613	0.075	0.88	211	0.20	2.40	8.2	4
E17	中国石化	255	0.298	0.064	1.00	144	0.36	1.64	3.6	4
E17	中国石油大学学报（自然科学版）	2912	1.810	0.152	0.89	518	0.86	5.89	9.7	9
E17	中国石油和化工标准与质量	4664	0.420	0.126	0.92	748	0.83	8.50	4.2	6
E17	中国石油勘探	3246	7.858	0.835	0.87	242	0.65	2.75	4.5	20
E17	钻采工艺	2533	1.415	0.215	0.86	283	0.70	3.22	6.9	7
E17	钻井液与完井液	2080	1.412	0.095	0.83	190	0.60	2.16	7.5	8
E18	Nuclear Science and Techniques	319	0.331	0.062	0.69	79	0.50	4.39	5.3	3
E18	Plasma Science and Technology	331	0.202	0.004	0.95	133	0.24	2.71	5.8	3
E18	辐射防护	664	0.585	0.112	0.89	212	0.72	11.78	≥10	5
E18	辐射防护通讯	285	0.284	—	0.97	133	0.67	7.39	≥10	4
E18	辐射研究与辐射工艺学报	304	0.664	0.164	0.75	154	0.44	8.56	6.6	4
E18	核安全	317	0.374	0.075	0.84	124	0.61	6.89	7.1	3
E18	核标准计量与质量	84	0.313	—	0.94	49	0.33	2.72	7.3	2
E18	核电子学与探测技术	812	0.153	—	0.78	249	0.83	13.83	≥10	4
E18	核动力工程	1761	0.835	0.100	0.82	404	0.78	22.44	7.6	6
E18	核化学与放射化学	382	0.404	0.076	0.85	145	0.56	8.06	8.6	4
E18	核技术	905	0.656	0.140	0.78	309	0.78	17.17	7.4	5
E18	核科学与工程	677	0.376	0.051	0.88	229	0.67	12.72	7.9	4
E18	世界核地质科学	456	0.857	0.276	0.78	133	0.44	7.39	9.5	6
E18	太阳能	1204	0.889	0.198	0.94	499	0.17	27.72	5.5	7
E18	同位素	288	0.571	0.070	0.72	122	0.67	6.78	5.7	4
E18	原子能科学技术	2143	0.721	0.094	0.80	451	0.83	25.06	7.4	7
E18	中国核工业	139	0.108	0.006	1.00	97	0.39	5.39	7.2	3
E19	CES Transactions on Electrical Machines and Systems	293	2.745	0.109	0.89	50	0.15	0.43	4.2	3
E19	Chinese Journal of Electrical Engineering	162	0.088	0.047	0.75	71	0.21	0.62	4.8	2
E19	Chinese Journal of Electronics	325	0.420	0.045	0.81	169	0.30	2.56	5.1	3
E19	CSEE Journal of Power and Energy Systems	529	1.209	0.166	0.68	101	0.37	0.88	3.9	8

2022年中国科技期刊被引指标按类刊名字顺索引(续)

学科代码	期刊名称	扩展总被引频次	扩展影响因子	扩展即年指标	扩展他引率	扩展引用刊数	扩展学科影响指标	扩展学科扩散指标	扩展被引半衰期	扩展H指标
E19	Cybersecurity	3	0.040	—	1.00	3	—	0.04	—	1
E19	Frontiers of Information Technology & Electronic Engineering	661	0.913	0.170	0.82	319	0.58	5.41	4.6	7
E19	High Voltage	238	0.560	0.101	0.99	77	0.26	0.67	4.0	2
E19	Journal of Electronic Science and Technology	33	0.188	0.032	0.91	29	0.01	0.41	4.5	2
E19	Journal of Semiconductors	432	0.267	0.042	0.88	184	0.42	2.79	7.7	3
E19	Microsystems & Nanoengineering	7	—	—	1.00	7	—	0.16	3.1	1
E19	The Journal of China Universities of Posts and Telecommunications	106	0.186	0.032	0.96	85	0.11	1.20	6.8	2
E19	半导体光电	762	0.893	0.100	0.90	302	0.44	4.58	4.6	6
E19	半导体技术	686	0.495	0.060	0.90	255	0.61	3.86	7.1	5
E19	传感技术学报	2316	1.098	0.135	0.89	685	0.45	10.38	5.5	8
E19	传感器与微系统	3634	1.312	0.328	0.81	892	0.64	13.52	4.5	9
E19	电声技术	523	0.326	0.070	1.00	268	0.35	4.06	4.7	4
E19	电视技术	1386	0.699	0.237	1.00	363	0.50	5.50	4.2	8
E19	电子测量技术	4047	1.281	0.314	0.82	887	0.59	13.44	3.9	9
E19	电子测量与仪器学报	3982	2.753	0.302	0.87	751	0.58	11.38	4.2	13
E19	电子产品可靠性与环境试验	585	0.829	0.206	0.89	273	0.36	4.14	5.2	5
E19	电子产品世界	454	0.254	0.100	0.93	253	0.42	3.83	4.3	4
E19	电子工业专用设备	329	0.381	0.044	0.86	181	0.32	2.74	8.7	4
E19	电子工艺技术	531	0.561	0.181	0.79	180	0.35	2.73	7.9	4
E19	电子技术应用	1917	0.976	0.158	0.93	616	0.61	9.33	4.9	8
E19	电子科技	1301	0.928	0.110	0.79	486	0.52	7.36	6.0	5
E19	电子器件	1272	0.895	0.107	0.91	427	0.50	6.47	4.5	7
E19	电子设计工程	4979	1.149	0.296	0.84	990	0.65	15.00	4.0	9
E19	电子显微学报	902	1.008	0.086	0.68	374	0.15	5.67	7.0	5
E19	电子信息对抗技术	516	0.638	0.040	0.87	165	0.36	2.50	5.5	5
E19	电子学报	4349	1.809	0.223	0.88	862	0.64	13.06	5.8	13
E19	电子与封装	722	0.724	0.222	0.78	204	0.44	3.09	4.9	4
E19	电子与信息学报	4465	2.054	0.393	0.87	791	0.67	11.98	4.5	12
E19	电子元件与材料	1076	0.724	0.128	0.80	368	0.52	5.58	6.4	6
E19	电子元器件与信息技术	2109	0.700	0.219	0.76	470	0.41	7.12	3.0	6
E19	电子政务	4528	—	2.983	0.94	1157	0.09	17.53	3.8	23

学科代码	期刊名称	扩展总被引频次	扩展影响因子	扩展即年指标	扩展他引率	扩展引用刊数	扩展学科影响指标	扩展学科扩散指标	扩展被引半衰期	扩展H指标
E19	电子制作	1831	0.487	0.126	0.95	611	0.42	9.26	4.0	5
E19	电子质量	605	0.356	0.088	0.93	334	0.44	5.06	4.4	4
E19	固体电子学研究与进展	276	0.401	0.084	0.84	112	0.41	1.70	5.7	3
E19	光源与照明	1345	0.982	0.401	0.41	205	0.23	3.11	2.4	6
E19	广播与电视技术	1160	0.833	0.257	0.88	147	0.20	2.23	3.9	5
E19	国外电子测量技术	2252	1.626	0.267	0.82	525	0.45	7.95	3.8	9
E19	黑龙江广播电视技术	28	0.059	0.020	0.68	14	0.06	0.21	2.8	2
E19	吉林大学学报（信息科学版）	649	1.080	0.176	0.85	352	0.33	5.33	4.9	6
E19	密码学报	369	0.853	0.053	0.89	151	0.24	2.29	4.6	6
E19	太赫兹科学与电子信息学报	675	0.494	0.057	0.76	263	0.52	3.98	5.2	5
E19	微电子学	581	0.507	0.033	0.83	203	0.50	3.08	6.1	4
E19	微电子学与计算机	1441	0.943	0.194	0.91	470	0.52	7.12	5.2	7
E19	微纳电子技术	626	0.636	0.118	0.84	267	0.39	4.05	5.4	5
E19	武汉理工大学学报（信息与管理工程版）	763	1.039	0.154	0.86	473	0.14	7.17	6.0	6
E19	系统工程与电子技术	4220	1.492	0.299	0.86	778	0.56	11.79	5.5	12
E19	现代电子技术	5995	1.199	0.266	0.91	1290	0.73	19.55	4.4	9
E19	消费电子	70	0.053	0.023	1.00	57	0.06	0.86	3.4	2
E19	照明工程学报	1080	1.003	0.310	0.70	305	0.26	4.62	4.7	6
E19	真空电子技术	359	0.372	0.049	0.73	127	0.18	1.92	7.6	5
E19	中国集成电路	346	0.453	0.090	0.92	178	0.36	2.70	4.6	4
E19	中国有线电视	1018	0.703	0.195	0.90	158	0.18	2.39	3.5	6
E19	中国照明电器	292	0.468	0.024	0.81	125	0.18	1.89	4.8	4
E20	Advanced Photonics	5	—	0.020	1.00	5	0.04	0.10	2.8	1
E20	Frontiers of Optoelectronics	95	0.427	0.038	0.89	53	0.43	2.30	4.4	3
E20	High Power Laser Science and Engineering	15	—	0.022	1.00	9	0.13	0.39	5.3	2
E20	Opto-Electronic Advances	105	0.797	0.135	1.00	37	0.30	1.61	3.4	4
E20	Optoelectronics Letters	189	0.360	0.031	0.68	83	0.03	1.17	4.6	3
E20	Photonics Research	269	—	0.110	0.92	70	0.24	1.43	5.2	4
E20	光电工程	1148	1.234	0.118	0.89	386	0.78	16.78	6.1	7
E20	光电子·激光	1031	0.781	0.064	0.91	384	0.70	16.70	6.3	6
E20	光电子技术	209	0.486	0.109	0.91	129	0.39	5.61	6.3	4
E20	光学技术	971	0.963	0.109	0.92	391	0.70	17.00	7.2	6
E20	光学仪器	345	0.395	0.054	0.91	178	0.52	7.74	7.0	4

学科代码	期刊名称	扩展总被引频次	扩展影响因子	扩展即年指标	扩展他引率	扩展引用刊数	扩展学科影响指标	扩展学科扩散指标	扩展被引半衰期	扩展H指标
E20	光学与光电技术	426	0.609	0.147	0.80	198	0.52	8.61	6.2	4
E20	红外技术	1512	1.334	0.197	0.84	448	0.61	19.48	5.3	8
E20	红外与激光工程	3876	1.297	0.230	0.83	654	0.65	28.43	5.5	9
E20	激光技术	1193	1.335	0.413	0.81	348	0.65	15.13	5.1	7
E20	激光与光电子学进展	6617	1.780	0.294	0.76	1001	0.74	43.52	3.7	11
E20	激光与红外	1905	1.072	0.050	0.86	525	0.70	22.83	5.8	8
E20	激光杂志	1974	0.799	0.191	0.89	697	0.70	30.30	4.3	8
E20	压电与声光	841	0.616	0.041	0.81	307	0.52	13.35	5.9	4
E20	应用激光	1523	1.495	0.064	0.65	354	0.48	15.39	4.6	9
E20	中国光学	1367	1.988	0.371	0.84	335	0.78	14.57	4.7	9
E20	中国激光	6261	2.548	0.361	0.77	673	0.96	29.26	4.3	12
E21	China Communications	1241	1.341	0.134	0.76	288	0.61	5.65	3.9	10
E21	Journal of Communications and Information Networks	65	—	—	0.80	36	0.25	0.71	4.2	2
E21	ZTE Communications	68	0.325	0.024	0.90	40	0.06	0.56	4.5	2
E21	北京邮电大学学报	876	1.242	0.200	0.96	435	0.57	8.53	5.0	9
E21	长江信息通信	3041	0.560	0.225	0.93	803	0.67	15.75	4.0	6
E21	重庆邮电大学学报（自然科学版）	941	1.869	0.269	0.94	362	0.47	7.10	3.9	9
E21	电波科学学报	963	1.209	0.169	0.77	271	0.57	5.31	6.8	7
E21	电信科学	2264	2.014	0.652	0.90	549	0.75	10.76	4.3	12
E21	电讯技术	1491	1.000	0.215	0.79	411	0.61	8.06	5.0	7
E21	光通信技术	657	0.685	0.126	0.93	207	0.33	4.06	4.7	5
E21	光通信研究	297	0.491	0.110	0.93	146	0.33	2.86	5.1	4
E21	广东通信技术	440	0.571	0.209	0.91	173	0.37	3.39	3.7	4
E21	广西通信技术	83	0.462	0.098	0.98	46	0.29	0.90	3.8	3
E21	互联网天地	249	0.507	0.198	0.99	199	0.20	3.90	3.8	4
E21	互联网周刊	264	—	0.222	0.99	188	0.12	3.69	2.7	4
E21	江西通信科技	78	0.360	0.133	0.95	53	0.16	1.04	3.3	3
E21	空天预警研究学报	391	0.654	0.083	0.75	149	0.20	2.92	5.3	4
E21	雷达科学与技术	580	0.598	0.042	0.87	163	0.31	3.20	6.7	4
E21	雷达学报	960	2.471	0.494	0.81	212	0.37	4.16	4.4	9
E21	南京邮电大学学报（自然科学版）	764	1.429	0.256	0.83	350	0.53	6.86	4.6	9
E21	山东通信技术	74	0.324	0.021	0.97	38	0.25	0.75	4.0	3

学科代码	期刊名称	扩展总被引频次	扩展影响因子	扩展即年指标	扩展他引率	扩展引用刊数	扩展学科影响指标	扩展学科扩散指标	扩展被引半衰期	扩展H指标
E21	数据采集与处理	983	1.106	0.207	0.94	468	0.41	9.18	6.0	7
E21	数据通信	210	0.701	0.234	0.95	141	0.24	2.76	3.9	4
E21	数字经济	177	0.269	0.035	1.00	159	0.16	3.12	4.1	3
E21	天地一体化信息网络	141	1.646	0.224	0.64	56	0.25	1.10	2.9	6
E21	通信电源技术	2229	0.278	0.016	0.88	526	0.35	10.31	4.0	6
E21	通信技术	1592	0.641	0.134	0.94	502	0.71	9.84	4.6	6
E21	通信学报	3390	2.576	0.353	0.91	692	0.80	13.57	4.7	15
E21	通信与信息技术	277	0.519	0.261	0.96	148	0.31	2.90	3.3	4
E21	微波学报	860	0.898	0.135	0.80	259	0.43	5.08	6.7	5
E21	无线电工程	1108	0.769	0.255	0.78	369	0.57	7.24	4.9	6
E21	无线电通信技术	655	1.291	0.260	0.90	263	0.53	5.16	4.1	6
E21	无线通信技术	100	0.365	0.080	0.94	71	0.22	1.39	5.5	3
E21	物联网学报	322	1.755	0.375	0.97	195	0.41	3.82	3.6	6
E21	西安邮电大学学报	465	0.733	0.052	0.75	252	0.24	4.94	5.4	5
E21	现代雷达	1562	0.817	0.193	0.83	343	0.41	6.73	6.7	7
E21	信号处理	1658	1.302	0.296	0.78	437	0.51	8.57	4.4	7
E21	信息通信技术	461	1.247	0.442	0.96	247	0.45	4.84	4.2	7
E21	信息通信技术与政策	1077	1.464	0.420	0.95	499	0.53	9.78	3.6	8
E21	移动通信	1306	1.551	0.522	0.86	309	0.76	6.06	4.0	9
E21	应用科学学报	614	1.713	0.209	0.96	366	0.39	7.18	4.2	7
E21	邮电设计技术	986	1.164	0.246	0.82	246	0.55	4.82	3.8	7
E21	中国电信业	192	0.369	0.085	1.00	128	0.24	2.51	2.9	3
E21	中国宽带	288	0.074	0.055	0.95	117	0.22	2.29	2.5	3
E21	中国新通信	5653	0.437	0.177	0.93	1030	0.65	20.20	3.6	6
E21	中兴通讯技术	605	1.601	0.329	0.94	214	0.55	4.20	4.3	8
E22	Computational Visual Media	148	0.957	0.400	0.73	79	0.34	1.34	3.5	4
E22	Frontiers of Computer Science	273	0.352	0.051	0.82	150	0.51	2.54	5.5	5
E22	Journal of Computer Science & Technology	241	0.306	0.011	0.93	125	0.42	2.12	6.1	4
E22	Photonic Sensors	167	0.616	0.194	0.92	81	0.14	1.65	5.8	4
E22	Science China Information Sciences	1785	1.145	0.191	0.79	452	0.44	6.37	4.3	6
E22	保密科学技术	336	0.617	0.054	0.91	173	0.42	2.93	4.3	4
E22	传感器世界	240	0.447	0.049	0.96	182	0.14	3.08	6.1	4
E22	大数据	782	2.551	0.813	0.91	400	0.71	6.78	4.0	10

2022 年中国科技期刊被引指标按类刊名字顺索引(续)

学科代码	期刊名称	扩展总被引频次	扩展影响因子	扩展即年指标	扩展他引率	扩展引用刊数	扩展学科影响指标	扩展学科扩散指标	扩展被引半衰期	扩展H指标
E22	单片机与嵌入式系统应用	1163	0.828	0.209	0.90	372	0.51	6.31	4.4	5
E22	电脑编程技巧与维护	1525	0.504	0.184	0.94	465	0.54	7.88	3.5	6
E22	电脑与信息技术	468	0.753	0.249	0.97	263	0.41	4.46	3.5	5
E22	福建电脑	1328	0.423	0.193	0.95	499	0.56	8.46	4.4	6
E22	工业控制计算机	2145	0.608	0.140	0.94	790	0.66	13.39	4.3	6
E22	计算机仿真	5608	0.809	0.118	0.91	1299	0.75	22.02	4.8	9
E22	计算机辅助工程	406	0.455	0.053	0.93	254	0.17	4.31	9.4	4
E22	计算机辅助设计与图形学学报	2124	1.244	0.245	0.93	667	0.76	11.31	5.7	9
E22	计算机工程	5545	1.756	0.755	0.88	1195	0.90	20.25	4.7	13
E22	计算机工程与科学	2437	1.359	0.212	0.92	812	0.80	13.76	4.8	9
E22	计算机工程与设计	4090	1.333	0.223	0.94	1058	0.83	17.93	4.8	9
E22	计算机工程与应用	11182	2.363	0.748	0.91	1800	0.92	30.51	4.4	21
E22	计算机集成制造系统	5853	2.154	0.671	0.82	1030	0.66	17.46	5.2	17
E22	计算机技术与发展	2708	0.978	0.166	0.93	902	0.86	15.29	5.0	9
E22	计算机教育	3871	1.912	0.306	0.80	530	0.42	8.98	3.9	12
E22	计算机科学	8124	2.373	0.452	0.94	1564	0.92	26.51	4.8	15
E22	计算机科学与探索	1745	2.154	0.719	0.89	545	0.73	9.24	3.5	11
E22	计算机时代	1338	0.955	0.240	0.94	523	0.66	8.86	3.4	7
E22	计算机系统应用	2886	1.117	0.251	0.92	952	0.80	16.14	4.4	11
E22	计算机学报	4878	3.627	0.451	0.97	1150	0.95	19.49	5.9	19
E22	计算机研究与发展	4336	2.512	0.495	0.93	1038	0.90	17.59	5.7	19
E22	计算机应用	6957	2.060	0.539	0.93	1413	0.92	23.95	4.7	16
E22	计算机应用研究	6820	1.592	0.396	0.93	1364	0.92	23.12	4.7	15
E22	计算机应用与软件	4336	1.209	0.152	0.93	1215	0.85	20.59	4.6	11
E22	计算机与数字工程	1937	0.630	0.131	0.96	750	0.78	12.71	4.6	7
E22	计算机与现代化	1205	0.879	0.151	0.93	549	0.59	9.31	4.8	5
E22	金融科技时代	485	0.529	0.305	0.85	233	0.24	3.95	3.4	5
E22	人工智能	310	0.585	0.239	0.99	238	0.29	4.03	4.7	5
E22	软件	1802	0.602	0.197	0.95	697	0.71	11.81	3.8	6
E22	软件导刊	2433	0.814	0.230	0.81	837	0.75	14.19	4.1	7
E22	软件工程	686	0.879	0.199	0.95	349	0.56	5.92	3.9	8
E22	软件学报	5435	3.128	0.343	0.89	1086	0.92	18.41	5.5	23
E22	数据与计算发展前沿	230	0.874	0.667	0.76	132	0.42	2.24	3.1	5

学科代码	期刊名称	扩展总被引频次	扩展影响因子	扩展即年指标	扩展他引率	扩展引用刊数	扩展学科影响指标	扩展学科扩散指标	扩展被引半衰期	扩展H指标
E22	数值计算与计算机应用	85	0.471	0.031	0.87	62	0.07	1.05	6.8	3
E22	网络新媒体技术	224	0.745	0.019	0.80	129	0.41	2.19	4.9	5
E22	网络与信息安全学报	578	1.339	0.417	0.86	245	0.68	4.15	4.1	8
E22	微处理机	278	0.398	0.140	0.95	174	0.27	2.95	6.3	3
E22	微型电脑应用	1886	0.891	0.222	0.84	610	0.63	10.34	3.5	6
E22	物联网技术	1972	1.128	0.295	0.81	592	0.59	10.03	3.5	8
E22	现代计算机	1572	0.424	0.076	0.96	672	0.76	11.39	4.0	5
E22	小型微型计算机系统	3427	1.677	0.360	0.78	743	0.78	12.59	4.2	10
E22	信息安全与通信保密	749	1.065	0.175	0.96	397	0.56	6.73	4.6	6
E22	信息网络安全	1272	1.713	0.281	0.93	417	0.80	7.07	4.5	10
E22	智能计算机与应用	1133	0.451	0.075	0.95	568	0.68	9.63	3.9	7
E22	中国金融电脑	264	0.319	0.086	0.98	148	0.24	2.51	3.5	4
E22	中国图象图形学报	2860	2.079	0.311	0.89	801	0.78	13.58	4.9	13
E22	中国自动识别技术	66	0.330	0.082	0.98	51	0.08	0.86	3.5	2
E23	China Surfactant Detergent & Cosmetics	1311	0.935	0.138	0.88	387	0.41	3.99	6.2	6
E23	Chinese Journal of Chemical Engineering	1706	0.732	0.115	0.75	476	0.52	4.91	5.0	5
E23	Chinese Journal of Structural Chemistry	578	0.683	0.447	0.50	122	0.56	3.13	3.4	6
E23	Frontiers of Chemical Science and Engineering	465	1.289	0.390	0.62	154	0.41	3.95	3.9	3
E23	Green Chemical Engineering	92	1.143	0.476	0.47	30	0.07	0.31	2.6	3
E23	Particuology	530	0.303	0.121	0.83	243	0.27	2.51	8.6	4
E23	安徽化工	930	0.668	0.137	0.94	476	0.49	4.91	4.0	5
E23	北京化工大学学报（自然科学版）	713	0.841	0.046	0.96	412	0.44	4.25	7.9	5
E23	纯碱工业	134	0.161	0.100	0.80	78	0.24	0.80	6.4	2
E23	大氮肥	276	0.268	0.018	0.93	100	0.32	1.03	7.4	3
E23	氮肥技术	129	0.178	0.022	0.96	62	0.29	0.64	6.1	2
E23	氮肥与合成气	268	0.360	0.071	0.62	89	0.29	0.92	4.2	3
E23	当代化工	3663	1.005	0.188	0.75	822	0.74	8.47	4.7	8
E23	当代化工研究	3984	0.641	0.197	0.94	844	0.65	8.70	3.2	7
E23	电镀与精饰	877	1.099	0.146	0.79	307	0.30	3.16	5.5	5
E23	发酵科技通讯	385	1.161	0.111	0.64	127	0.16	1.31	5.3	5
E23	佛山陶瓷	473	0.395	0.069	0.82	163	0.24	1.68	5.9	4
E23	高校化学工程学报	1179	0.693	0.038	0.91	481	0.64	4.96	7.7	5

学科代码	期刊名称	扩展总被引频次	扩展影响因子	扩展即年指标	扩展他引率	扩展引用刊数	扩展学科影响指标	扩展学科扩散指标	扩展被引半衰期	扩展H指标
E23	工业催化	819	0.497	0.014	0.91	254	0.49	2.62	7.5	5
E23	广东化工	9015	0.663	0.145	0.92	1843	0.89	19.00	4.1	8
E23	广州化工	5943	0.650	0.105	0.89	1436	0.84	14.80	4.8	7
E23	硅酸盐通报	6504	1.633	0.240	0.89	957	0.63	9.87	5.7	12
E23	硅酸盐学报	3916	1.588	0.242	0.86	714	0.54	7.36	7.9	12
E23	过程工程学报	1556	0.939	0.275	0.87	521	0.56	5.37	7.8	7
E23	杭州化工	88	0.182	—	0.82	66	0.15	0.68	≥10	2
E23	合成技术及应用	231	0.596	0.022	0.93	113	0.16	1.16	7.1	3
E23	河南化工	833	0.450	0.119	0.97	398	0.58	4.10	5.8	5
E23	湖南包装	1191	1.415	0.350	0.65	250	0.11	2.58	3.0	7
E23	化肥设计	355	0.483	0.054	0.94	160	0.41	1.65	6.4	4
E23	化工管理	8513	0.481	0.159	0.92	1313	0.78	13.54	4.2	6
E23	化工机械	707	0.410	0.108	0.93	315	0.42	3.25	7.3	4
E23	化工技术与开发	836	0.593	0.061	0.97	408	0.56	4.21	6.5	4
E23	化工进展	8042	1.867	0.564	0.86	1251	0.86	12.90	5.6	14
E23	化工科技	447	0.604	0.021	0.93	244	0.40	2.52	7.5	4
E23	化工矿物与加工	1167	1.110	0.328	0.86	332	0.37	3.42	5.9	7
E23	化工设备与管道	579	0.558	0.062	0.83	216	0.35	2.23	8.6	4
E23	化工设计	295	0.297	0.097	0.97	154	0.38	1.59	8.8	4
E23	化工设计通讯	3443	0.542	0.175	0.96	847	0.67	8.73	4.0	5
E23	化工生产与技术	240	—	0.014	0.93	150	0.34	1.55	≥10	3
E23	化工时刊	937	0.738	0.129	0.97	474	0.47	4.89	5.5	7
E23	化工学报	6480	1.436	0.280	0.86	1131	0.81	11.66	6.4	9
E23	化工与医药工程	241	0.350	0.041	0.95	154	0.32	1.59	6.8	3
E23	化工装备技术	352	0.461	0.040	0.97	230	0.34	2.37	7.6	4
E23	化工自动化及仪表	796	0.591	0.094	0.95	410	0.36	4.23	7.6	5
E23	化学反应工程与工艺	326	0.237	0.092	0.96	173	0.41	1.78	8.7	3
E23	化学工程	1062	0.469	0.051	0.91	416	0.63	4.29	8.5	4
E23	化学工程师	1535	1.048	0.149	0.95	637	0.58	6.57	4.5	10
E23	化学工业与工程	544	1.067	0.193	0.87	271	0.45	2.79	8.3	6
E23	化学世界	702	0.492	0.255	0.98	393	0.44	4.05	8.7	5
E23	吉林化工学院学报	931	0.780	0.072	0.72	452	0.27	4.66	4.4	5
E23	江苏陶瓷	551	0.250	0.158	0.88	73	0.15	0.75	5.7	3

学科代码	期刊名称	扩展总被引频次	扩展影响因子	扩展即年指标	扩展他引率	扩展引用刊数	扩展学科影响指标	扩展学科扩散指标	扩展被引半衰期	扩展H指标
E23	江西化工	1011	0.450	0.064	0.99	495	0.44	5.10	4.7	6
E23	景德镇陶瓷	383	0.306	0.095	0.92	71	0.14	0.73	8.6	4
E23	聚氨酯工业	709	1.192	0.171	0.73	190	0.30	1.96	6.6	5
E23	离子交换与吸附	338	0.817	0.038	0.91	200	0.27	2.06	8.8	4
E23	辽宁化工	1761	0.708	0.137	0.76	601	0.62	6.20	4.6	5
E23	林产化学与工业	1047	0.885	0.210	0.91	391	0.35	4.03	7.7	6
E23	磷肥与复肥	1025	0.564	0.073	0.84	312	0.41	3.22	7.3	6
E23	硫磷设计与粉体工程	219	0.428	0.147	0.84	117	0.25	1.21	7.2	3
E23	硫酸工业	593	0.449	0.070	0.74	165	0.30	1.70	5.5	5
E23	轮胎工业	589	0.691	0.076	0.69	99	0.11	1.02	4.6	5
E23	绿色包装	471	0.818	0.247	0.90	196	0.10	2.02	2.8	5
E23	氯碱工业	293	0.173	0.036	0.72	119	0.29	1.23	8.4	3
E23	膜科学与技术	928	0.956	0.193	0.77	270	0.45	2.78	5.8	5
E23	清洗世界	1437	0.560	0.314	0.93	462	0.45	4.76	2.9	6
E23	燃料与化工	402	0.340	0.106	0.84	134	0.31	1.38	7.2	4
E23	热固性树脂	642	0.845	0.122	0.89	233	0.32	2.40	5.8	5
E23	山东化工	5495	0.503	0.084	0.95	1426	0.82	14.70	4.0	8
E23	山东陶瓷	155	0.112	0.049	0.95	77	0.20	0.79	7.1	3
E23	沈阳化工大学学报	191	0.390	0.011	0.79	127	0.05	0.91	6.1	3
E23	生物质化学工程	637	1.608	0.241	0.95	307	0.29	3.16	6.6	7
E23	石油化工设备	580	0.375	0.067	0.91	238	0.35	2.45	≥10	4
E23	石油化工自动化	627	0.710	0.066	0.86	226	0.34	2.33	5.9	4
E23	四川化工	337	0.400	0.094	0.96	214	0.35	2.21	6.5	4
E23	四川轻化工大学学报（自然科学版）	328	0.079	0.123	0.94	240	0.07	1.60	9.4	4
E23	炭素	473	0.500	—	0.97	213	0.32	2.20	≥10	3
E23	炭素技术	478	0.477	0.044	0.84	208	0.31	2.14	8.5	5
E23	陶瓷	1734	0.928	0.418	0.60	297	0.23	3.06	2.7	7
E23	陶瓷学报	824	0.957	0.156	0.85	296	0.36	3.05	5.7	6
E23	陶瓷研究	441	0.335	0.071	0.73	85	0.13	0.88	4.6	4
E23	天津化工	567	0.457	0.214	0.99	344	0.47	3.55	4.6	5
E23	涂层与防护	525	0.649	0.050	0.89	187	0.31	1.93	5.2	5
E23	无机盐工业	2236	1.304	0.407	0.78	519	0.64	5.35	5.2	9
E23	现代化工	3866	1.178	0.235	0.91	967	0.82	9.97	4.9	10

2022 年中国科技期刊被引指标按类刊名字顺索引(续)

学科代码	期刊名称	扩展总被引频次	扩展影响因子	扩展即年指标	扩展他引率	扩展引用刊数	扩展学科影响指标	扩展学科扩散指标	扩展被引半衰期	扩展H指标
E23	现代技术陶瓷	276	—	0.103	0.92	139	0.16	1.43	6.4	7
E23	盐科学与化工	739	0.528	0.102	0.79	307	0.40	3.16	6.0	5
E23	应用化工	4853	1.321	0.199	0.83	1050	0.76	10.82	4.6	10
E23	影像技术	325	0.660	0.101	0.98	152	0.04	1.57	4.5	4
E23	有机氟工业	246	—	0.020	0.82	117	0.28	1.21	8.4	4
E23	有机硅材料	639	0.909	0.090	0.73	160	0.30	1.65	6.7	5
E23	云南化工	1746	0.457	0.089	0.96	699	0.69	7.21	4.2	6
E23	浙江化工	510	0.527	0.142	0.95	293	0.45	3.02	5.9	4
E23	中氮肥	294	0.325	0.137	0.91	101	0.35	1.04	5.5	3
E23	中国化工装备	95	0.231	0.034	0.94	71	0.14	0.73	6.1	3
E23	中国陶瓷	1145	0.568	0.097	0.88	321	0.39	3.31	8.5	5
E23	中国洗涤用品工业	455	0.431	0.185	0.71	162	0.28	1.67	4.7	4
E24	高科技纤维与应用	499	0.931	0.212	0.95	200	0.55	10.00	8.5	6
E24	工程塑料应用	2836	1.314	0.333	0.79	520	0.95	26.00	5.2	8
E24	合成树脂及塑料	916	1.092	0.270	0.92	263	0.80	13.15	5.7	7
E24	合成橡胶工业	557	0.614	0.147	0.85	181	0.75	9.05	7.8	4
E24	胶体与聚合物	194	0.677	0.085	0.92	123	0.65	6.15	5.2	4
E24	聚氯乙烯	333	0.196	0.038	0.75	114	0.45	5.70	9.3	3
E24	聚酯工业	349	0.364	0.110	0.89	136	0.45	6.80	7.5	3
E24	上海塑料	309	1.064	0.141	0.71	117	0.50	5.85	4.8	4
E24	塑料	1344	1.008	0.238	0.85	344	0.90	17.20	6.2	6
E24	塑料工业	2971	1.025	0.192	0.87	574	0.85	28.70	4.9	8
E24	塑料科技	1985	1.029	0.265	0.83	447	0.75	22.35	4.4	8
E24	塑料助剂	372	0.584	0.063	0.90	157	0.70	7.85	6.3	5
E24	弹性体	604	0.845	0.052	0.82	200	0.85	10.00	6.6	5
E24	现代塑料加工应用	545	0.851	0.125	0.93	184	0.65	9.20	5.9	5
E24	橡胶工业	1431	1.765	0.248	0.85	293	0.75	14.65	4.7	9
E24	橡胶科技	522	0.695	0.068	0.85	119	0.45	5.95	4.9	4
E24	橡塑技术与装备	604	0.378	0.086	0.94	254	0.85	12.70	5.3	5
E24	中国塑料	2093	1.414	0.272	0.88	458	0.90	22.90	5.2	8
E25	表面技术	4524	1.710	0.223	0.80	730	0.63	38.42	4.6	10
E25	电镀与涂饰	1435	0.677	0.101	0.77	382	0.74	20.11	5.7	5
E25	化学与粘合	639	0.783	0.179	0.95	272	0.68	14.32	6.3	5

学科代码	期刊名称	扩展总被引频次	扩展影响因子	扩展即年指标	扩展他引率	扩展引用刊数	扩展学科影响指标	扩展学科扩散指标	扩展被引半衰期	扩展H指标
E25	精细化工	2392	1.263	0.272	0.81	566	0.68	29.79	4.7	7
E25	精细化工中间体	397	0.470	0.108	0.78	184	0.47	9.68	8.8	4
E25	精细石油化工	506	0.554	0.084	0.95	202	0.53	10.63	7.3	5
E25	精细与专用化学品	716	0.511	0.259	0.94	357	0.68	18.79	7.4	5
E25	上海染料	40	0.073	0.017	0.88	30	0.26	1.58	9.6	2
E25	上海涂料	465	0.327	0.076	0.95	172	0.79	9.05	≥10	3
E25	涂料工业	1470	0.870	0.120	0.86	363	0.95	19.11	7.0	6
E25	现代涂料与涂装	769	0.238	0.016	0.83	238	0.58	12.53	7.7	4
E25	香料香精化妆品	955	1.151	0.105	0.80	276	0.26	14.53	5.4	6
E25	印染助剂	941	0.685	0.093	0.86	253	0.37	13.32	5.6	5
E25	粘接	1628	0.689	0.236	0.77	484	0.58	25.47	3.8	5
E25	中国胶粘剂	1124	1.022	0.338	0.75	287	0.53	15.11	5.5	6
E25	中国氯碱	387	0.310	0.068	0.87	166	0.32	8.74	6.1	4
E25	中国生漆	163	0.458	0.036	0.85	63	0.05	3.32	9.4	4
E25	中国涂料	655	0.486	0.061	0.86	209	0.68	11.00	6.5	4
E26	China Detergent& Cosmetics	9	0.063	—	0.67	6	0.02	0.12	3.6	1
E26	Journal of Gems & Gemmology	477	0.597	0.161	0.69	81	0.10	1.59	9.4	6
E26	Paper and Biomaterials	215	1.346	0.240	0.97	38	0.22	0.75	5.0	3
E26	超硬材料工程	300	0.367	0.056	0.70	96	0.06	1.88	9.1	3
E26	低碳化学与化工	913	1.124	0.222	0.82	251	0.12	4.92	5.4	6
E26	华东纸业	276	—	0.150	0.97	163	0.24	3.20	2.5	5
E26	混凝土与水泥制品	2607	1.536	0.346	0.74	428	0.14	8.39	5.1	9
E26	科技创新与应用	8384	0.600	0.219	0.98	1823	0.43	35.75	4.8	8
E26	粮食储藏	731	1.252	0.179	0.87	129	0.04	2.53	8.3	5
E26	煤化工	690	0.833	0.189	0.84	209	0.14	4.10	6.2	5
E26	木工机床	68	0.314	0.074	0.93	50	0.04	0.98	3.9	2
E26	皮革科学与工程	1106	1.966	0.264	0.72	201	0.16	3.94	4.0	7
E26	皮革与化工	352	1.029	0.239	0.76	109	0.12	2.14	5.5	5
E26	皮革制作与环保科技	2056	0.758	0.233	0.72	317	0.24	6.22	2.5	7
E26	石化技术与应用	586	0.650	0.098	0.92	195	0.12	3.82	6.8	5
E26	石油和化工设备	900	0.379	0.051	0.92	296	0.10	5.80	5.2	4
E26	石油化工建设	404	0.480	0.048	0.94	202	0.14	3.96	4.3	4
E26	水泥	655	0.253	0.061	0.82	211	0.20	4.14	6.7	4

2022年中国科技期刊被引指标按类刊名字顺索引(续)

学科代码	期刊名称	扩展总被引频次	扩展影响因子	扩展即年指标	扩展他引率	扩展引用刊数	扩展学科影响指标	扩展学科扩散指标	扩展被引半衰期	扩展H指标
E26	水泥工程	419	0.364	0.086	0.92	206	0.18	4.04	5.1	4
E26	水泥技术	227	0.298	0.157	0.92	126	0.16	2.47	5.6	4
E26	丝网印刷	116	0.110	0.069	1.00	71	0.16	1.39	4.0	2
E26	天津造纸	94	0.246	0.030	0.95	52	0.24	1.02	6.3	3
E26	文体用品与科技	2081	0.242	0.112	0.80	261	0.10	5.12	3.4	4
E26	西部皮革	2588	0.332	0.164	0.90	592	0.33	11.61	3.7	5
E26	现代面粉工业	262	0.585	0.077	0.91	97	0.06	1.90	4.9	4
E26	新世纪水泥导报	261	0.410	0.184	0.82	106	0.18	2.08	5.0	4
E26	蓄电池	224	0.297	0.049	0.53	78	0.04	1.53	7.0	4
E26	艺术设计研究	548	—	0.150	0.88	203	0.12	3.98	4.7	6
E26	印刷技术	143	0.059	0.027	1.00	80	0.22	1.57	8.3	2
E26	印刷杂志	78	0.098	0.073	1.00	52	0.12	1.02	5.0	2
E26	造纸技术与应用	155	0.289	0.027	0.92	87	0.20	1.71	7.6	3
E26	造纸科学与技术	537	0.836	0.338	0.71	165	0.27	3.24	4.6	4
E26	造纸装备及材料	1204	0.567	0.267	0.71	325	0.35	6.37	2.6	5
E26	纸和造纸	502	0.857	0.156	0.85	169	0.27	3.31	8.2	4
E26	中国宝玉石	74	0.135	0.116	0.73	31	0.10	0.61	4.5	2
E26	中国皮革	1575	1.468	0.292	0.65	222	0.20	4.35	4.1	9
E26	中国人造板	297	0.420	0.167	0.76	101	0.06	1.98	4.8	3
E26	中国水泥	502	0.386	0.158	0.86	198	0.18	3.88	4.3	4
E26	中国造纸	1649	—	0.286	0.72	344	0.31	6.75	4.7	8
E26	中国造纸学报	696	1.981	0.219	0.90	160	0.27	3.14	5.7	7
E26	中国制笔	34	0.230	—	0.47	14	0.04	0.27	7.0	1
E26	中华纸业	675	0.405	0.134	0.86	207	0.29	4.06	5.7	6
E27	Journal of Measurement Science and Instrumentation	146	0.482	0.135	0.92	110	0.07	1.53	4.5	3
E27	电测与仪表	7030	3.161	0.865	0.88	691	0.65	34.55	4.2	15
E27	阀门	358	0.354	0.070	0.59	118	0.20	5.90	9.0	4
E27	分析仪器	824	0.654	0.122	0.96	411	0.25	20.55	5.5	5
E27	工业仪表与自动化装置	816	1.053	0.289	0.91	357	0.65	17.85	3.9	6
E27	光学精密工程	4042	1.968	0.205	0.83	715	0.50	35.75	5.9	10
E27	计测技术	618	0.669	0.250	0.78	232	0.30	11.60	7.1	4
E27	生命科学仪器	301	0.564	0.010	0.98	245	0.20	12.25	6.4	5

学科代码	期刊名称	扩展总被引频次	扩展影响因子	扩展即年指标	扩展他引率	扩展引用刊数	扩展学科影响指标	扩展学科扩散指标	扩展被引半衰期	扩展H指标
E27	水泵技术	314	0.533	0.029	0.91	147	0.20	7.35	9.2	4
E27	现代科学仪器	592	0.333	0.023	0.97	368	0.25	18.40	9.5	5
E27	现代仪器与医疗	1091	0.556	0.135	0.99	469	0.30	23.45	5.7	7
E27	仪表技术	442	0.498	0.123	0.98	261	0.55	13.05	5.3	4
E27	仪表技术与传感器	2289	1.170	0.183	0.87	672	0.70	33.60	5.1	7
E27	仪器仪表学报	6889	3.044	0.298	0.87	1104	0.70	55.20	5.4	18
E27	仪器仪表用户	719	0.349	0.086	0.93	351	0.60	17.55	4.8	4
E27	仪器仪表与分析监测	179	0.489	0.213	0.98	142	0.30	7.10	6.0	3
E27	中国仪器仪表	449	0.421	0.096	0.96	277	0.50	13.85	6.0	4
E27	自动化仪表	1852	1.143	0.265	0.78	598	0.60	29.90	4.9	7
E27	自动化与仪表	1196	0.920	0.297	0.95	481	0.50	24.05	4.1	6
E28	Defence Technology	678	1.186	0.173	0.79	219	0.66	7.55	3.7	6
E28	爆破	1595	2.118	0.277	0.63	275	0.41	9.48	6.1	8
E28	爆破器材	539	0.885	0.177	0.89	160	0.52	5.52	6.9	4
E28	爆炸与冲击	2259	1.541	0.259	0.85	414	0.66	14.28	6.7	8
E28	兵工学报	3771	1.344	0.176	0.82	667	1.00	23.00	7.0	8
E28	兵工自动化	1332	0.763	0.151	0.84	414	0.90	14.28	6.0	5
E28	兵器材料科学与工程	1024	0.667	0.203	0.92	350	0.48	12.07	7.0	5
E28	兵器装备工程学报	2875	0.944	0.121	0.84	710	1.00	24.48	4.7	8
E28	弹道学报	623	0.878	0.081	0.85	139	0.83	4.79	9.8	4
E28	弹箭与制导学报	1270	0.518	0.075	0.92	316	0.93	10.90	9.4	4
E28	国防科技	764	0.802	0.063	0.90	325	0.72	11.21	5.8	7
E28	含能材料	1863	1.186	0.187	0.76	199	0.69	6.86	7.6	6
E28	航空兵器	810	1.365	0.133	0.85	245	0.86	8.45	4.8	7
E28	火工品	490	0.432	0.102	0.83	99	0.69	3.41	8.5	4
E28	火控雷达技术	277	0.341	0.024	0.88	134	0.41	4.62	7.1	3
E28	火力与指挥控制	2589	0.839	0.084	0.85	531	0.90	18.31	5.8	7
E28	火炮发射与控制学报	536	0.747	0.183	0.83	165	0.62	5.69	6.3	4
E28	火炸药学报	1415	1.069	0.284	0.78	165	0.66	5.69	8.8	6
E28	军民两用技术与产品	434	0.314	0.046	0.99	301	0.31	10.38	6.2	4
E28	空天防御	251	1.000	0.018	0.77	112	0.62	3.86	3.9	5
E28	空天技术	1670	1.159	0.250	0.97	358	0.83	12.34	5.8	8
E28	数字海洋与水下攻防	270	0.569	0.090	0.79	117	0.41	4.03	4.9	4

2022 年中国科技期刊被引指标按类刊名字顺索引(续)

学科代码	期刊名称	扩展总被引频次	扩展影响因子	扩展即年指标	扩展他引率	扩展引用刊数	扩展学科影响指标	扩展学科扩散指标	扩展被引半衰期	扩展H指标
E28	水下无人系统学报	622	0.632	0.009	0.80	181	0.52	6.24	5.9	6
E28	探测与控制学报	686	0.877	0.085	0.84	233	0.69	8.03	5.7	6
E28	现代防御技术	841	0.929	0.141	0.90	251	0.86	8.66	6.7	6
E28	战术导弹技术	810	0.963	0.290	0.90	221	0.76	7.62	5.4	6
E28	指挥控制与仿真	1037	0.837	0.174	0.91	272	0.76	9.38	6.0	6
E28	指挥信息系统与技术	659	1.047	0.051	0.91	211	0.55	7.28	5.1	6
E28	指挥与控制学报	575	1.947	0.100	0.73	163	0.59	5.62	4.6	8
E29	北京服装学院学报（自然科学版）	312	0.966	0.155	0.96	127	0.79	3.34	4.6	5
E29	产业用纺织品	576	0.646	0.051	0.87	164	0.79	4.32	8.1	5
E29	纺织报告	854	0.442	0.159	0.90	210	0.84	5.53	3.2	4
E29	纺织标准与质量	25	0.039	—	0.92	16	0.29	0.42	8.8	1
E29	纺织导报	1351	0.901	0.135	0.96	296	1.00	7.79	6.3	6
E29	纺织高校基础科学学报	331	1.147	0.200	0.82	136	0.63	3.58	4.0	5
E29	纺织科技进展	732	0.563	0.120	0.93	221	0.89	5.82	5.6	4
E29	纺织器材	294	0.312	0.112	0.64	73	0.50	1.92	6.8	3
E29	纺织学报	4077	1.576	0.218	0.82	557	0.92	14.66	5.9	9
E29	服饰导刊	298	0.540	0.118	0.77	88	0.50	2.32	3.9	3
E29	服装学报	484	0.742	0.169	0.92	227	0.66	5.97	5.6	5
E29	福建轻纺	370	0.429	0.210	0.97	224	0.29	5.89	4.1	3
E29	国际纺织导报	357	0.302	0.045	0.99	138	0.84	3.63	6.2	3
E29	合成纤维	771	0.785	0.122	0.88	206	0.76	5.42	5.9	5
E29	合成纤维工业	838	0.981	0.185	0.80	213	0.68	5.61	6.3	5
E29	黑龙江纺织	101	0.427	0.100	0.99	59	0.50	1.55	3.8	3
E29	化纤与纺织技术	812	0.505	0.152	0.67	215	0.82	5.66	2.6	5
E29	江苏丝绸	89	0.189	0.045	0.90	57	0.42	1.50	7.4	2
E29	辽宁丝绸	246	0.343	0.102	0.97	119	0.66	3.13	4.2	4
E29	毛纺科技	1451	1.009	0.208	0.78	256	0.89	6.74	4.5	7
E29	棉纺织技术	1643	1.046	0.306	0.77	264	0.87	6.95	4.8	6
E29	轻纺工业与技术	1423	0.484	0.148	0.97	391	0.84	10.29	3.4	5
E29	染料与染色	341	0.436	0.152	0.91	140	0.63	3.68	8.2	5
E29	染整技术	830	0.662	0.093	0.89	218	0.84	5.74	5.8	5
E29	山东纺织经济	415	0.408	0.133	0.98	175	0.55	4.61	5.1	4
E29	山东纺织科技	324	0.416	0.108	0.97	117	0.87	3.08	6.1	4

学科代码	期刊名称	扩展总被引频次	扩展影响因子	扩展即年指标	扩展他引率	扩展引用刊数	扩展学科影响指标	扩展学科扩散指标	扩展被引半衰期	扩展H指标
E29	上海纺织科技	1276	0.834	0.132	0.90	265	0.95	6.97	5.5	5
E29	丝绸	1983	1.416	0.271	0.83	361	0.92	9.50	5.3	7
E29	天津纺织科技	346	0.539	0.113	0.82	91	0.74	2.39	5.1	3
E29	现代纺织技术	720	1.010	0.472	0.85	177	0.92	4.66	4.7	6
E29	印染	2000	1.099	0.383	0.75	279	0.82	7.34	6.1	7
E29	针织工业	1191	0.762	0.099	0.79	179	0.87	4.71	5.6	6
E29	中国棉花加工	117	0.281	0.085	0.77	51	0.32	1.34	5.0	4
E29	中国纤检	846	0.406	0.089	0.85	216	0.84	5.68	5.8	4
E30	Food Quality and Safety	9	—	—	0.89	8	0.10	0.13	3.4	1
E30	Food Science and Human Wellness	377	2.243	0.273	0.89	120	0.53	1.94	3.7	4
E30	Grain & Oil Science and Technology	61	0.775	—	0.97	35	0.31	0.56	4.0	3
E30	包装与食品机械	1056	2.326	0.200	0.79	302	0.63	4.87	4.8	8
E30	茶业通报	257	0.355	—	0.97	120	0.29	1.94	≥10	3
E30	茶叶学报	464	1.286	0.125	0.94	158	0.31	2.55	8.1	5
E30	广东茶业	265	0.588	0.048	0.86	100	0.32	1.61	6.3	3
E30	黑龙江粮食	456	0.446	0.139	0.98	225	0.35	3.63	2.7	4
E30	江苏调味副食品	250	0.835	0.049	0.96	106	0.47	1.71	6.0	4
E30	粮食加工	769	0.577	0.116	0.93	195	0.58	3.15	7.4	5
E30	粮食问题研究	125	0.426	0.246	0.88	77	0.24	1.24	3.6	4
E30	粮食与食品工业	651	0.770	0.111	0.97	240	0.66	3.87	6.1	5
E30	粮食与饲料工业	1433	1.118	0.158	0.97	344	0.63	5.55	8.7	7
E30	粮食与油脂	2910	1.414	0.194	0.93	549	0.77	8.85	4.7	8
E30	粮油仓储科技通讯	488	0.476	0.081	0.80	85	0.31	1.37	7.0	4
E30	粮油食品科技	1357	1.121	0.235	0.94	317	0.63	5.11	6.8	6
E30	酿酒	1658	0.748	0.131	0.84	192	0.60	3.10	7.9	8
E30	酿酒科技	3547	1.164	0.174	0.81	352	0.68	5.68	8.5	8
E30	轻工学报	601	0.913	0.202	0.90	302	0.42	4.87	6.2	6
E30	肉类工业	820	0.599	0.127	0.88	182	0.48	2.94	7.1	5
E30	肉类研究	1884	1.608	0.277	0.89	292	0.56	4.71	5.0	7
E30	乳品与人类	49	—	0.256	0.88	30	0.15	0.48	2.9	2
E30	乳业科学与技术	689	1.448	0.188	0.91	157	0.53	2.53	7.0	6
E30	食品安全质量检测学报	10189	1.572	0.321	0.88	1181	0.84	19.05	4.0	11
E30	食品工程	453	0.837	0.077	0.98	182	0.61	2.94	7.2	4

2022 年中国科技期刊被引指标按类刊名字顺索引(续)

学科代码	期刊名称	扩展总被引频次	扩展影响因子	扩展即年指标	扩展他引率	扩展引用刊数	扩展学科影响指标	扩展学科扩散指标	扩展被引半衰期	扩展H指标
E30	食品工业	7016	—	0.187	0.91	1012	0.79	16.32	4.7	9
E30	食品工业科技	19831	2.158	0.814	0.87	1307	0.87	21.08	5.2	14
E30	食品科技	6954	1.440	0.189	0.96	882	0.85	14.23	5.9	8
E30	食品科学	26596	3.054	0.893	0.89	1388	0.89	22.39	6.2	19
E30	食品科学技术学报	1220	1.735	0.324	0.94	351	0.63	5.66	4.9	9
E30	食品研究与开发	11108	1.921	0.294	0.94	1226	0.82	19.77	5.0	12
E30	食品与发酵工业	11303	2.105	0.647	0.87	984	0.84	15.87	4.1	12
E30	食品与发酵科技	1322	1.361	0.247	0.95	346	0.63	5.58	5.3	6
E30	食品与机械	5095	1.580	0.248	0.86	915	0.79	14.76	5.1	9
E30	食品与健康	65	—	0.007	1.00	47	0.15	0.76	≥10	2
E30	食品与生物技术学报	1674	0.958	0.259	0.96	432	0.71	6.97	6.9	7
E30	食品与药品	1052	1.200	0.229	0.98	459	0.55	7.40	5.9	8
E30	现代食品	4223	0.711	0.190	0.98	757	0.82	12.21	3.7	9
E30	现代食品科技	6066	1.819	0.325	0.94	841	0.82	13.56	5.7	10
E30	现代盐化工	826	0.511	0.186	0.97	456	0.21	7.35	3.3	5
E30	盐业史研究	354	0.239	—	0.63	79	0.05	1.27	≥10	5
E30	饮料工业	692	1.141	0.221	0.93	216	0.56	3.48	6.2	6
E30	中国茶叶加工	488	0.858	0.132	0.94	148	0.40	2.39	6.9	5
E30	中国井矿盐	256	0.388	0.138	0.81	131	0.15	2.11	6.2	3
E30	中国粮油学报	4558	1.820	0.422	0.86	597	0.76	9.63	6.0	10
E30	中国酿造	6077	1.688	0.308	0.80	685	0.74	11.05	5.1	11
E30	中国乳品工业	1490	1.197	0.141	0.89	278	0.61	4.48	6.7	6
E30	中国乳业	1110	0.887	0.194	0.86	253	0.47	4.08	4.4	7
E30	中国食品添加剂	2864	1.648	0.344	0.89	553	0.73	8.92	5.6	10
E30	中国食品学报	6094	1.927	0.266	0.94	829	0.81	13.37	5.3	13
E30	中国食物与营养	2659	1.519	0.314	0.97	785	0.74	12.66	6.1	10
E30	中国甜菜糖业	158	0.416	0.032	0.76	61	0.08	0.98	≥10	4
E30	中国调味品	6428	2.768	0.304	0.57	518	0.71	8.35	4.3	12
E30	中国盐业	147	0.078	0.015	0.92	91	0.11	1.47	4.8	2
E30	中国油脂	4259	1.555	0.447	0.82	662	0.71	10.68	5.2	11
E30	中外葡萄与葡萄酒	1185	1.403	0.354	0.77	191	0.32	3.08	7.2	7
E31	Building Simulation	289	0.659	0.052	0.33	72	0.13	0.54	3.9	5
E31	China City Planning Review	62	—	0.026	0.37	22	0.06	0.16	4.9	2

学科代码	期刊名称	扩展总被引频次	扩展影响因子	扩展即年指标	扩展他引率	扩展引用刊数	扩展学科影响指标	扩展学科扩散指标	扩展被引半衰期	扩展H指标
E31	Construction Technology	8222	1.818	0.420	0.84	866	0.79	6.46	5.2	10
E31	Frontiers of Architectural Research	160	0.402	0.105	0.81	101	0.27	0.75	5.6	3
E31	Journal of Road Engineering	12	—	0.150	0.42	6	0.06	0.09	2.3	2
E31	Landscape Architecture Frontiers	387	1.204	0.024	0.95	146	0.26	1.09	4.2	5
E31	安徽建筑	2159	0.501	0.161	0.97	597	0.70	4.46	3.4	6
E31	安徽建筑大学学报	469	0.575	0.043	0.92	307	0.40	2.29	6.1	4
E31	安装	426	0.302	0.086	0.92	196	0.34	1.46	4.4	4
E31	北方建筑	294	0.681	0.362	0.99	156	0.33	1.16	3.1	5
E31	北京建筑大学学报	367	1.036	0.215	0.90	244	0.05	1.76	6.4	4
E31	城市发展研究	6225	3.002	0.383	0.96	1399	0.69	10.44	5.9	17
E31	城市管理与科技	211	—	0.037	0.95	158	0.10	1.18	5.6	3
E31	城市规划	6695	3.510	0.831	0.94	1008	0.64	7.52	7.2	20
E31	城市规划学刊	5260	6.710	0.953	0.82	720	0.58	5.37	6.9	20
E31	城市建筑	4125	0.486	0.078	0.93	809	0.87	6.04	4.0	7
E31	城市建筑空间	2177	0.722	0.184	0.82	465	0.68	3.47	3.1	6
E31	城市开发	131	0.175	0.039	0.99	97	0.12	0.72	3.6	3
E31	城市勘测	1565	1.029	0.125	0.88	424	0.34	3.16	4.7	8
E31	城市设计	112	0.079	0.017	0.95	57	0.19	0.43	5.8	3
E31	城乡规划	518	1.049	0.078	0.92	217	0.31	1.62	4.3	8
E31	城镇供水	392	0.476	0.109	0.94	174	0.16	1.30	5.7	4
E31	重庆建筑	724	0.733	0.249	0.90	334	0.56	2.49	4.2	6
E31	当代建筑	326	0.526	0.112	0.91	123	0.40	0.92	3.1	4
E31	地基处理	222	0.884	0.169	0.85	117	0.21	0.87	3.4	4
E31	低温建筑技术	1331	0.436	0.125	0.93	474	0.67	3.54	6.0	5
E31	粉煤灰综合利用	675	0.729	0.109	0.96	293	0.39	2.19	5.4	4
E31	福建建材	1075	—	0.139	0.96	352	0.53	2.63	4.0	4
E31	福建建设科技	479	—	0.197	0.97	229	0.45	1.71	4.3	4
E31	给水排水	4573	1.938	0.341	0.91	833	0.57	6.22	5.9	12
E31	工程抗震与加固改造	884	0.698	0.085	0.94	278	0.41	2.07	6.9	6
E31	工业建筑	4322	0.922	0.134	0.93	858	0.81	6.40	6.9	9
E31	供水技术	338	0.516	0.065	0.92	161	0.07	1.20	5.9	4
E31	古建园林技术	359	0.238	—	0.90	148	0.28	1.10	≥10	4
E31	广东建材	794	0.479	0.133	0.96	301	0.43	2.25	4.9	5

2022年中国科技期刊被引指标按类刊名字顺索引（续）

学科代码	期刊名称	扩展总被引频次	扩展影响因子	扩展即年指标	扩展他引率	扩展引用刊数	扩展学科影响指标	扩展学科扩散指标	扩展被引半衰期	扩展H指标
E31	广州建筑	448	1.165	0.126	0.60	141	0.31	1.05	5.5	6
E31	规划师	5585	2.432	0.461	0.90	842	0.65	6.28	5.8	14
E31	国际城市规划	3122	2.634	0.850	0.93	682	0.51	5.09	6.8	16
E31	河北建筑工程学院学报	241	0.380	0.022	0.98	195	0.24	1.46	5.6	3
E31	河南建材	1046	0.140	0.053	0.98	316	0.43	2.36	4.7	4
E31	湖南城市学院学报（自然科学版）	315	0.549	0.115	0.93	240	0.16	1.79	5.6	3
E31	华中建筑	2060	0.624	0.127	0.92	523	0.70	3.90	8.4	6
E31	混凝土	5408	1.416	0.161	0.87	602	0.58	4.49	7.1	10
E31	混凝土世界	799	0.828	0.351	0.75	234	0.40	1.75	5.1	6
E31	吉林建筑大学学报	350	0.582	0.095	0.99	249	0.30	1.86	6.0	4
E31	家具与室内装饰	2356	1.828	0.274	0.60	283	0.22	2.11	3.4	9
E31	建材技术与应用	279	0.450	0.177	0.99	178	0.31	1.33	4.7	4
E31	建材世界	474	0.377	0.055	0.95	244	0.31	1.82	6.7	3
E31	建材与装饰	8402	0.256	0.031	0.95	788	0.75	5.88	4.6	6
E31	建井技术	565	1.429	0.453	0.55	135	0.14	1.01	4.5	7
E31	建设机械技术与管理	452	0.627	0.065	0.93	235	0.25	1.75	7.0	4
E31	建设监理	551	0.401	0.069	0.91	205	0.36	1.53	4.1	4
E31	建设科技	2082	0.594	0.143	0.97	640	0.81	4.78	5.4	7
E31	建筑·建材·装饰	911	0.079	0.023	0.93	188	0.28	1.40	4.0	4
E31	建筑安全	789	0.653	0.147	0.94	266	0.40	1.99	4.0	4
E31	建筑材料学报	4024	2.387	0.717	0.90	570	0.47	4.25	7.3	11
E31	建筑电气	648	0.684	0.203	0.84	232	0.34	1.73	4.9	4
E31	建筑钢结构进展	757	0.979	0.265	0.82	224	0.38	1.67	5.1	6
E31	建筑机械	688	0.425	0.125	0.91	262	0.27	1.96	5.5	4
E31	建筑机械化	859	0.586	0.158	0.89	272	0.40	2.03	4.9	5
E31	建筑技术	2310	0.720	0.182	0.97	564	0.75	4.21	5.6	8
E31	建筑技术开发	4079	0.670	0.125	0.96	556	0.69	4.15	3.5	8
E31	建筑技艺	710	0.561	0.112	0.94	231	0.60	1.72	4.3	5
E31	建筑节能（中英文）	1903	1.153	0.129	0.81	486	0.63	3.63	4.7	7
E31	建筑结构	6623	1.403	0.564	0.82	789	0.77	5.89	5.0	11
E31	建筑结构学报	6793	2.340	0.694	0.87	601	0.63	4.49	7.5	15
E31	建筑经济	3543	3.020	0.988	0.93	743	0.69	5.54	3.9	11
E31	建筑科学	3189	1.296	0.194	0.89	733	0.75	5.47	6.0	11

学科代码	期刊名称	扩展总被引频次	扩展影响因子	扩展即年指标	扩展他引率	扩展引用刊数	扩展学科影响指标	扩展学科扩散指标	扩展被引半衰期	扩展H指标
E31	建筑科学与工程学报	1316	1.734	0.445	0.93	424	0.56	3.16	6.4	9
E31	建筑设计管理	458	0.487	0.090	0.96	231	0.44	1.72	5.9	4
E31	建筑师	911	0.702	0.109	0.89	164	0.40	1.22	9.4	7
E31	建筑施工	2659	0.645	0.080	0.85	418	0.66	3.12	4.7	6
E31	建筑学报	4647	1.869	0.432	0.96	638	0.77	4.76	8.0	14
E31	建筑与预算	1004	0.913	0.313	0.99	275	0.35	2.05	2.8	7
E31	建筑与装饰	1292	—	0.045	0.95	194	0.25	1.45	3.3	3
E31	江苏建材	332	0.414	0.216	0.99	194	0.35	1.45	3.8	3
E31	江苏建筑	605	0.567	0.081	0.92	272	0.50	2.03	5.0	4
E31	结构工程师	1196	0.659	0.059	0.87	363	0.51	2.71	7.3	6
E31	净水技术	2253	1.570	0.338	0.79	530	0.34	3.96	4.0	8
E31	居业	2450	0.636	0.326	0.92	381	0.49	2.84	3.1	7
E31	空间结构	360	0.640	0.021	0.86	137	0.25	1.02	9.7	5
E31	绿色建造与智能建筑	344	0.356	0.043	0.94	189	0.23	1.41	4.1	3
E31	绿色建筑	418	0.404	0.092	0.96	230	0.42	1.72	5.3	4
E31	南方建筑	1394	1.825	0.463	0.89	346	0.57	2.58	5.4	9
E31	暖通空调	3154	1.410	0.371	0.85	563	0.61	4.20	7.0	9
E31	山东建筑大学学报	629	1.067	0.135	0.86	356	0.09	2.56	5.8	6
E31	山西建筑	6710	0.493	0.176	0.91	1169	0.86	8.72	5.9	7
E31	上海城市规划	1559	1.785	0.197	0.92	388	0.51	2.90	5.6	11
E31	上海建材	128	0.646	—	0.97	99	0.18	0.74	6.3	3
E31	上海建设科技	459	0.429	0.073	0.97	239	0.41	1.78	5.3	4
E31	沈阳建筑大学学报（自然科学版）	1237	1.047	0.164	0.87	523	0.54	3.90	6.8	7
E31	时代建筑	1331	0.862	0.133	0.80	217	0.51	1.62	6.9	7
E31	世界建筑	907	0.701	0.146	0.95	245	0.60	1.83	8.6	7
E31	室内设计与装修	174	0.088	0.031	0.90	97	0.22	0.72	4.4	2
E31	四川建筑	1484	0.511	0.129	0.96	512	0.66	3.82	4.2	5
E31	四川建筑科学研究	1027	0.881	0.308	0.95	421	0.63	3.14	9.7	5
E31	特种结构	548	0.387	0.073	0.93	241	0.41	1.80	8.0	4
E31	天津城建大学学报	261	0.584	0.091	0.98	217	0.22	1.62	5.0	3
E31	天津建设科技	439	0.480	0.202	0.97	198	0.39	1.48	5.0	4
E31	土工基础	803	0.787	0.110	0.94	288	0.42	2.15	5.0	5
E31	土木建筑工程信息技术	1184	1.554	0.467	0.85	331	0.53	2.47	4.8	8

2022年中国科技期刊被引指标按类刊名字顺索引（续）

学科代码	期刊名称	扩展总被引频次	扩展影响因子	扩展即年指标	扩展他引率	扩展引用刊数	扩展学科影响指标	扩展学科扩散指标	扩展被引半衰期	扩展H指标
E31	西安建筑科技大学学报（自然科学版）	1354	1.197	0.179	0.92	586	0.68	4.37	7.2	7
E31	现代城市研究	3098	1.780	0.242	0.93	848	0.49	6.33	6.2	13
E31	小城镇建设	1343	1.199	0.189	0.86	330	0.40	2.46	4.9	7
E31	新建筑	1633	1.000	0.294	0.85	283	0.53	2.11	6.7	7
E31	新型建筑材料	3287	1.121	0.178	0.86	591	0.53	4.41	5.3	7
E31	园林	940	1.144	0.341	0.83	296	0.33	2.21	3.9	6
E31	云南建筑	39	0.038	—	0.69	25	0.06	0.19	4.5	2
E31	浙江建筑	370	0.405	0.160	0.98	198	0.48	1.48	7.5	3
E31	智能建筑与工程机械	147	0.100	0.036	0.99	81	0.14	0.60	2.9	3
E31	智能建筑与智慧城市	1991	0.993	0.318	0.95	535	0.60	3.99	2.8	8
E31	中国电梯	635	0.378	0.099	0.73	126	0.07	0.94	3.7	4
E31	中国粉体技术	575	0.736	0.200	0.88	324	0.08	2.42	7.7	4
E31	中国给水排水	6862	1.541	0.224	0.87	922	0.61	6.88	6.5	11
E31	中国建材科技	1120	0.639	0.157	0.96	442	0.49	3.30	4.4	6
E31	中国建筑防水	791	0.678	0.115	0.87	226	0.37	1.69	6.0	4
E31	中国建筑金属结构	1481	0.963	0.240	0.97	263	0.47	1.96	2.7	7
E31	中国建筑装饰装修	1217	0.710	0.340	0.94	233	0.40	1.74	2.4	7
E31	中国勘察设计	645	0.662	0.128	0.96	334	0.46	2.49	3.9	5
E31	中国市政工程	803	0.629	0.135	0.97	327	0.50	2.44	6.5	4
E31	中国住宅设施	1956	0.865	0.254	0.98	335	0.50	2.50	2.9	8
E31	中外建筑	1400	0.454	0.087	0.96	455	0.74	3.40	5.0	5
E31	中州建设	31	0.012	0.008	1.00	28	0.05	0.21	7.8	1
E31	住区	311	0.443	0.045	0.95	129	0.34	0.96	4.8	5
E31	住宅科技	620	0.722	0.087	0.95	267	0.60	1.99	4.6	5
E32	Frontiers of Structural and Civil Engineering	249	0.405	0.028	0.77	127	0.64	9.07	4.8	4
E32	地下空间与工程学报	6434	3.072	0.313	0.83	777	0.86	55.50	6.7	11
E32	防护工程	399	0.814	0.058	0.75	169	0.43	12.07	5.3	4
E32	工程勘察	1753	1.009	0.232	0.86	522	0.93	37.29	8.8	7
E32	广东土木与建筑	1357	0.913	0.293	0.64	302	0.36	21.57	4.1	6
E32	土木工程学报	7598	3.382	0.507	0.97	822	1.00	58.71	9.4	18
E32	土木工程与管理学报	1775	1.627	0.227	0.96	576	0.64	41.14	4.9	10
E32	土木与环境工程学报（中英文）	796	1.758	0.729	0.88	356	0.64	25.43	3.2	7
E32	岩石力学与工程学报	20518	5.108	1.040	0.95	1006	1.00	71.86	≥10	26

学科代码	期刊名称	扩展总被引频次	扩展影响因子	扩展即年指标	扩展他引率	扩展引用刊数	扩展学科影响指标	扩展学科扩散指标	扩展被引半衰期	扩展H指标
E32	岩土工程技术	600	0.923	0.120	0.89	260	0.79	18.57	6.8	6
E32	岩土工程学报	13621	3.206	0.669	0.94	901	1.00	64.36	9.8	18
E32	岩土力学	18028	2.962	0.460	0.93	1003	1.00	71.64	9.3	18
E32	砖瓦	1917	0.748	0.295	0.91	363	0.29	25.93	2.8	7
E32	砖瓦世界	689	0.055	0.020	0.94	178	0.14	12.71	3.2	3
E33	International Soil and Water Conservation Research	184	0.724	0.103	0.79	74	0.21	1.32	4.4	3
E33	Journal of Hydrodynamics	788	0.615	0.133	0.73	236	0.34	3.32	7.1	8
E33	Water Science and Engineering	185	0.529	0.270	0.84	107	0.27	1.51	6.6	3
E33	北京水务	446	1.000	0.173	0.80	178	0.49	2.51	4.9	5
E33	长江科学院院报	3938	1.519	0.498	0.89	839	0.92	11.82	5.9	8
E33	大坝与安全	378	0.428	0.043	0.89	139	0.69	1.96	7.7	4
E33	东北水利水电	900	0.482	0.134	0.95	292	0.82	4.11	5.2	5
E33	甘肃水利水电技术	582	0.444	0.086	0.88	244	0.63	3.44	6.4	4
E33	广东水利水电	1329	0.864	0.262	0.61	296	0.76	4.17	5.1	5
E33	广西水利水电	428	0.492	0.123	0.98	187	0.63	2.63	4.4	4
E33	海河水利	609	0.680	0.133	0.91	249	0.69	3.51	4.7	4
E33	河北水利	291	0.154	0.045	1.00	163	0.48	2.30	4.7	3
E33	河北水利电力学院学报	205	0.670	0.137	0.81	147	0.10	1.28	4.9	3
E33	河海大学学报（自然科学版）	1893	2.733	0.427	0.90	600	0.83	8.45	8.8	9
E33	河南水利与南水北调	1238	0.460	0.093	0.91	323	0.72	4.55	4.6	5
E33	黑龙江水利科技	2426	0.517	0.148	0.91	419	0.82	5.90	4.7	10
E33	红水河	414	0.392	0.163	0.93	190	0.55	2.68	5.0	4
E33	湖南水利水电	466	0.453	0.101	0.94	210	0.65	2.96	4.2	4
E33	华北水利水电大学学报（自然科学版）	959	1.612	0.173	0.90	409	0.11	2.73	5.5	8
E33	吉林水利	584	0.483	0.080	0.92	260	0.72	3.66	6.3	4
E33	江淮水利科技	240	0.274	0.065	0.92	103	0.51	1.45	5.5	3
E33	江苏水利	721	0.698	0.143	0.86	253	0.65	3.56	4.7	4
E33	江西水利科技	361	0.642	0.133	0.92	168	0.65	2.37	5.7	4
E33	南水北调与水利科技（中英文）	2367	2.104	0.500	0.89	575	0.86	8.10	6.3	10
E33	泥沙研究	1346	1.428	0.288	0.81	270	0.70	3.80	≥10	7
E33	人民长江	6316	1.835	0.278	0.89	1044	0.93	14.70	5.6	10
E33	人民黄河	5350	2.161	0.485	0.85	934	0.93	13.15	4.8	13

学科代码	期刊名称	扩展总被引频次	扩展影响因子	扩展即年指标	扩展他引率	扩展引用刊数	扩展学科影响指标	扩展学科扩散指标	扩展被引半衰期	扩展H指标
E33	人民珠江	1256	0.892	0.262	0.86	392	0.86	5.52	5.2	6
E33	三峡大学学报（自然科学版）	888	0.946	0.354	0.95	491	0.76	6.92	5.9	5
E33	山东水利	603	0.326	0.073	0.88	216	0.70	3.04	3.9	3
E33	山西水利科技	270	0.345	0.012	0.98	148	0.49	2.08	6.8	4
E33	陕西水利	1762	0.444	0.115	0.94	398	0.85	5.61	3.6	5
E33	水电与抽水蓄能	837	0.796	0.181	0.82	253	0.68	3.56	5.7	5
E33	水电与新能源	814	0.603	0.168	0.78	285	0.77	4.01	4.8	6
E33	水电站机电技术	1031	0.489	0.098	0.75	238	0.68	3.35	4.5	5
E33	水电站设计	401	0.464	0.122	0.99	176	0.62	2.48	8.3	4
E33	水动力学研究与进展A辑	1021	0.786	0.067	0.92	346	0.65	4.87	≥10	6
E33	水科学进展	3823	3.772	0.483	0.91	565	0.86	7.96	9.2	15
E33	水科学与工程技术	572	0.492	0.092	0.95	274	0.75	3.86	6.2	4
E33	水力发电	2437	1.083	0.288	0.93	599	0.90	8.44	6.2	7
E33	水力发电学报	3671	2.749	0.703	0.77	571	0.89	8.04	7.1	12
E33	水利发展研究	1174	0.895	0.261	0.89	314	0.80	4.42	4.6	6
E33	水利规划与设计	3426	1.715	0.568	0.85	441	0.90	6.21	4.4	9
E33	水利技术监督	3033	1.417	0.448	0.63	365	0.80	5.14	3.3	8
E33	水利建设与管理	1181	1.151	0.221	0.72	240	0.79	3.38	4.9	5
E33	水利经济	711	1.407	0.256	0.82	278	0.68	3.92	5.1	5
E33	水利科技与经济	1031	0.606	0.232	0.96	361	0.87	5.08	6.4	5
E33	水利科学与寒区工程	700	0.618	0.170	0.86	244	0.61	3.44	3.6	5
E33	水利水电工程设计	196	0.319	0.078	0.98	119	0.55	1.68	7.1	3
E33	水利水电技术（中英文）	3787	1.597	0.477	0.95	810	0.94	11.41	5.7	10
E33	水利水电科技进展	1777	1.955	0.377	0.88	483	0.86	6.80	7.1	9
E33	水利水电快报	770	0.839	0.245	0.91	284	0.83	4.00	3.8	5
E33	水利水运工程学报	1328	1.532	0.210	0.88	378	0.75	5.32	7.0	7
E33	水利信息化	655	1.187	0.386	0.84	211	0.72	2.97	4.6	6
E33	水利学报	7183	3.832	0.647	0.92	936	0.94	13.18	9.7	15
E33	水利与建筑工程学报	1650	0.940	0.243	0.83	522	0.82	7.35	5.6	6
E33	水资源保护	3022	4.411	1.029	0.78	559	0.77	7.87	4.1	14
E33	水资源开发与管理	886	1.058	0.315	0.80	281	0.68	3.96	3.9	6
E33	水资源与水工程学报	2397	1.367	0.182	0.90	653	0.86	9.20	6.0	8
E33	四川水力发电	759	0.492	0.105	0.95	267	0.66	3.76	6.0	4

学科代码	期刊名称	扩展总被引频次	扩展影响因子	扩展即年指标	扩展他引率	扩展引用刊数	扩展学科影响指标	扩展学科扩散指标	扩展被引半衰期	扩展H指标
E33	四川水利	596	0.570	0.065	0.92	230	0.72	3.24	3.9	4
E33	西北水电	807	0.798	0.178	0.69	250	0.66	3.52	5.7	5
E33	小水电	254	0.335	0.115	0.90	105	0.49	1.48	5.0	3
E33	云南水力发电	1024	—	0.087	0.83	293	0.66	4.13	3.9	5
E33	浙江水利科技	506	0.414	0.116	0.92	227	0.73	3.20	6.9	4
E33	浙江水利水电学院学报	468	0.843	0.067	0.75	223	0.10	1.94	4.6	4
E33	治淮	671	0.281	0.097	1.00	257	0.72	3.62	4.6	3
E33	中国防汛抗旱	1341	1.113	0.896	0.69	284	0.79	4.00	4.1	10
E33	中国水利	4275	1.357	0.408	0.90	706	0.87	9.94	4.6	11
E33	中国水利水电科学研究院学报（中英文）	990	1.942	0.391	0.84	334	0.80	4.70	5.7	8
E33	中国水能及电气化	483	0.549	0.083	0.86	196	0.68	2.76	4.5	5
E33	中国水土保持	2153	0.987	0.316	0.90	541	0.68	7.62	6.6	9
E34	Journal of Traffic and Transportation Engineering(English Edition)	269	1.105	0.206	0.72	116	0.19	1.68	3.9	5
E34	Journal of Transportation Engineering	317	0.682	0.066	0.92	162	0.45	2.35	4.7	4
E34	北方交通	1077	0.573	0.137	0.95	299	0.52	4.33	5.5	5
E34	北京交通大学学报	1472	1.673	0.185	0.96	636	0.32	4.58	6.2	9
E34	北京汽车	161	0.286	0.092	0.97	89	0.23	1.29	6.1	2
E34	车辆与动力技术	173	0.381	0.098	0.95	111	0.19	1.61	7.1	3
E34	城市道桥与防洪	2182	0.450	0.065	0.90	473	0.61	6.86	5.1	5
E34	重庆交通大学学报（自然科学版）	2763	1.650	0.325	0.90	763	0.70	11.06	5.4	9
E34	大连交通大学学报	617	0.535	0.062	0.93	343	0.28	4.97	6.1	4
E34	高速铁路新材料	8	—	0.079	0.50	5	0.03	0.07	—	1
E34	公路交通技术	1313	1.153	0.177	0.78	323	0.57	4.68	6.4	5
E34	公路交通科技	4190	1.870	0.223	0.89	769	0.75	11.14	7.6	10
E34	公路与汽运	1154	0.863	0.144	0.87	351	0.72	5.09	5.2	5
E34	广东公路交通	466	0.812	0.170	0.90	170	0.39	2.46	4.8	4
E34	国防交通工程与技术	574	0.784	0.204	0.94	229	0.28	3.32	5.0	4
E34	黑龙江交通科技	3559	0.674	0.109	0.96	431	0.58	6.25	3.7	6
E34	湖北汽车工业学院学报	165	0.372	0.045	0.92	110	0.19	1.59	5.5	3
E34	湖南交通科技	658	0.698	0.088	0.92	215	0.33	3.12	5.2	5
E34	华东交通大学学报	770	0.931	0.138	0.92	434	0.48	6.29	5.7	5
E34	集装箱化	147	0.145	0.050	0.93	67	0.07	0.97	5.6	3

学科代码	期刊名称	扩展总被引频次	扩展影响因子	扩展即年指标	扩展他引率	扩展引用刊数	扩展学科影响指标	扩展学科扩散指标	扩展被引半衰期	扩展H指标
E34	建筑与文化	2355	0.395	0.121	0.91	594	0.10	8.61	4.4	5
E34	交通节能与环保	617	0.680	0.298	0.83	281	0.46	4.07	3.6	5
E34	交通科技	944	0.718	0.182	0.90	298	0.52	4.32	6.2	4
E34	交通科技与经济	540	1.038	0.212	0.89	288	0.46	4.17	6.1	5
E34	交通科学与工程	508	1.181	0.176	0.86	220	0.51	3.19	5.6	5
E34	交通信息与安全	1147	1.309	0.245	0.88	436	0.68	6.32	5.6	6
E34	交通与运输	584	0.844	0.242	0.89	259	0.48	3.75	4.6	4
E34	交通运输工程学报	2447	2.949	0.174	0.93	644	0.71	9.33	6.0	13
E34	交通运输工程与信息学报	626	1.390	0.537	0.81	252	0.46	3.65	5.0	6
E34	交通运输系统工程与信息	3058	2.272	0.431	0.85	628	0.65	9.10	5.4	11
E34	交通运输研究	1062	1.293	0.190	0.94	428	0.62	6.20	9.4	7
E34	客车技术与研究	326	0.459	0.107	0.80	127	0.19	1.84	5.0	4
E34	控制与信息技术	448	0.760	0.099	0.84	210	0.13	3.04	4.7	6
E34	兰州交通大学学报	779	0.667	0.131	0.93	496	0.38	7.19	6.3	5
E34	辽宁省交通高等专科学校学报	305	0.456	0.053	0.98	194	0.19	2.81	4.2	4
E34	内蒙古公路与运输	298	0.624	0.101	0.94	128	0.29	1.86	4.9	4
E34	汽车工业研究	202	0.387	0.086	0.96	139	0.19	2.01	5.7	4
E34	汽车工艺师	243	0.220	0.071	0.95	135	0.16	1.96	5.4	3
E34	汽车工艺与材料	713	0.484	0.072	0.90	265	0.22	3.84	7.6	4
E34	汽车零部件	593	0.339	0.069	0.93	236	0.30	3.42	4.8	4
E34	汽车实用技术	2995	0.400	0.107	0.87	688	0.64	9.97	4.0	6
E34	汽车维修	113	0.184	0.042	0.93	52	0.07	0.75	5.6	2
E34	汽车制造业	102	—	0.012	1.00	76	0.19	1.10	3.8	3
E34	人民公交	77	0.076	0.020	1.00	54	0.13	0.78	4.3	3
E34	山东交通科技	515	0.393	0.056	0.95	203	0.39	2.94	4.6	5
E34	山东交通学院学报	207	0.673	0.246	0.94	154	0.29	2.23	5.3	3
E34	山西交通科技	530	0.485	0.066	0.93	200	0.35	2.90	4.9	4
E34	上海公路	292	0.467	0.071	0.96	140	0.36	2.03	5.3	3
E34	上海交通大学学报	2528	1.326	0.250	0.96	979	0.49	7.04	8.0	8
E34	上海汽车	434	0.280	0.066	0.91	196	0.36	2.84	7.6	4
E34	时代汽车	2483	0.396	0.206	0.82	586	0.55	8.49	2.9	5
E34	世界桥梁	1802	3.219	0.783	0.82	277	0.45	4.01	4.4	10
E34	武汉理工大学学报（交通科学与工程版）	1799	1.235	0.264	0.90	615	0.65	8.91	5.6	8

学科代码	期刊名称	扩展总被引频次	扩展影响因子	扩展即年指标	扩展他引率	扩展引用刊数	扩展学科影响指标	扩展学科扩散指标	扩展被引半衰期	扩展H指标
E34	物流技术	1921	0.729	0.241	0.91	631	0.41	9.14	6.4	6
E34	西安交通大学学报	3379	1.672	0.439	0.85	916	0.56	6.59	6.2	10
E34	西部交通科技	1459	0.509	0.070	0.87	342	0.51	4.96	3.9	5
E34	西南交通大学学报	2689	1.576	0.386	0.94	749	0.42	5.39	7.3	10
E34	现代城市轨道交通	1569	1.271	0.285	0.72	367	0.42	5.32	4.0	7
E34	现代交通技术	555	0.711	0.135	0.87	228	0.48	3.30	6.0	4
E34	运输经理世界	973	—	0.041	0.68	180	0.36	2.61	2.9	4
E34	中国海事	366	0.316	0.073	0.86	141	0.16	2.04	4.6	4
E34	中国交通信息化	763	0.909	0.275	0.83	208	0.42	3.01	3.8	5
E34	中国修船	226	0.270	0.032	0.94	112	0.06	1.62	6.9	3
E34	重型汽车	164	0.234	0.090	0.99	99	0.17	1.43	4.6	3
E35	Tunnel Construction	5918	4.017	0.721	0.85	657	0.52	28.57	5.0	15
E35	长安大学学报（自然科学版）	1755	2.250	0.409	0.96	497	0.65	21.61	8.4	10
E35	城市交通	1092	1.426	0.505	0.92	311	0.35	13.52	5.8	7
E35	公路	7484	1.498	0.304	0.92	859	0.61	37.35	5.1	9
E35	公路工程	3046	1.401	0.240	0.94	561	0.57	24.39	6.0	8
E35	摩托车技术	52	0.116	0.014	0.96	36	0.09	1.57	5.7	1
E35	汽车安全与节能学报	716	1.244	0.169	0.92	294	0.39	12.78	6.3	9
E35	汽车工程	3094	1.798	0.239	0.90	569	0.39	24.74	6.2	10
E35	汽车工程学报	390	0.919	0.221	0.93	190	0.35	8.26	5.4	5
E35	汽车技术	1148	0.909	0.265	0.94	375	0.39	16.30	6.9	7
E35	汽车科技	313	0.295	0.029	0.93	135	0.26	5.87	6.6	3
E35	隧道与地下工程灾害防治	277	1.554	0.489	0.89	129	0.26	5.61	3.7	6
E35	现代隧道技术	4183	3.255	0.433	0.90	542	0.52	23.57	5.6	10
E35	中国公路	1023	0.477	0.065	0.98	305	0.52	13.26	3.7	5
E35	中国公路学报	7421	3.827	0.693	0.90	908	0.87	39.48	5.6	21
E35	中外公路	4150	1.153	0.217	0.87	551	0.48	23.96	6.1	8
E35	专用汽车	241	0.273	0.081	0.87	135	0.13	5.87	4.8	3
E36	Railway Engineering Science	177	1.264	0.143	0.84	89	0.19	1.29	6.3	3
E36	城市轨道交通研究	3884	1.140	0.190	0.89	702	0.86	16.33	4.9	10
E36	电力机车与城轨车辆	740	0.443	0.086	0.89	205	0.60	4.77	8.1	5
E36	电气化铁道	637	0.823	0.129	0.84	185	0.65	4.30	4.7	4
E36	都市快轨交通	1610	1.469	0.340	0.91	409	0.70	9.51	5.8	9

学科代码	期刊名称	扩展总被引频次	扩展影响因子	扩展即年指标	扩展他引率	扩展引用刊数	扩展学科影响指标	扩展学科扩散指标	扩展被引半衰期	扩展H指标
E36	高速铁路技术	749	1.277	0.171	0.83	219	0.67	5.09	4.6	7
E36	轨道交通装备与技术	212	0.230	0.043	0.92	113	0.53	2.63	6.1	3
E36	国外铁道机车与动车	59	0.058	—	1.00	37	0.19	0.86	≥10	1
E36	哈尔滨铁道科技	62	0.117	—	0.98	50	0.26	1.16	8.0	2
E36	机车车辆工艺	249	0.227	0.033	0.93	126	0.37	2.93	7.4	3
E36	机车电传动	1178	0.853	0.121	0.87	305	0.79	7.09	5.9	7
E36	路基工程	1597	0.741	0.243	0.93	389	0.47	9.05	6.2	5
E36	石家庄铁道大学学报（自然科学版）	547	0.735	0.079	0.89	278	0.49	6.47	7.1	4
E36	铁道标准设计	4682	1.846	0.492	0.83	658	0.88	15.30	5.3	10
E36	铁道车辆	893	0.416	0.098	0.83	229	0.70	5.33	8.9	5
E36	铁道工程学报	3644	1.593	0.157	0.94	595	0.84	13.84	7.1	10
E36	铁道货运	610	0.981	0.254	0.61	122	0.37	2.84	4.2	6
E36	铁道机车车辆	1011	0.564	0.119	0.91	266	0.74	6.19	7.4	5
E36	铁道机车与动车	372	—	0.086	0.86	137	0.44	3.19	6.9	3
E36	铁道技术标准（中英文）	6	0.093	—	1.00	6	0.07	0.14	—	1
E36	铁道技术监督	506	—	0.184	0.85	206	0.72	4.79	5.5	5
E36	铁道建筑	4347	1.316	0.286	0.84	585	0.81	13.60	6.0	8
E36	铁道建筑技术	2916	1.226	0.294	0.72	436	0.67	10.14	4.5	7
E36	铁道勘察	1024	1.027	0.212	0.93	288	0.67	6.70	5.0	5
E36	铁道科学与工程学报	3688	1.445	0.315	0.87	744	0.79	17.30	5.0	9
E36	铁道通信信号	1407	0.714	0.161	0.66	189	0.70	4.40	5.6	6
E36	铁道学报	4363	1.698	0.321	0.88	738	0.91	17.16	6.8	11
E36	铁道运输与经济	2150	1.625	0.458	0.76	445	0.74	10.35	4.6	9
E36	铁道运营技术	149	0.331	0.139	0.99	93	0.47	2.16	4.5	3
E36	铁道知识	23	0.048	—	1.00	22	0.21	0.51	≥10	2
E36	铁路采购与物流	269	0.305	0.108	0.83	133	0.28	3.09	4.0	3
E36	铁路工程技术与经济	331	0.822	0.108	0.74	123	0.44	2.86	4.6	4
E36	铁路计算机应用	1041	1.121	0.204	0.82	286	0.79	6.65	4.5	7
E36	铁路技术创新	635	0.793	0.075	0.83	189	0.77	4.40	5.8	6
E36	铁路节能环保与安全卫生	323	0.621	0.143	0.76	166	0.37	3.86	5.5	3
E36	铁路通信信号工程技术	1159	1.108	0.157	0.54	171	0.67	3.98	3.8	5
E36	智慧轨道交通	183	0.157	0.131	0.96	91	0.49	2.12	9.2	3
E36	中国铁道科学	2883	2.139	0.273	0.91	584	0.88	13.58	9.0	9

学科代码	期刊名称	扩展总被引频次	扩展影响因子	扩展即年指标	扩展他引率	扩展引用刊数	扩展学科影响指标	扩展学科扩散指标	扩展被引半衰期	扩展H指标
E36	中国铁路	2276	1.504	0.258	0.80	420	0.95	9.77	4.8	11
E37	Journal of Marine Science and Application	185	0.211	0.274	0.81	85	0.26	1.81	6.9	3
E37	产业创新研究	1643	0.330	0.187	0.98	610	0.30	12.98	3.4	5
E37	船舶	539	0.505	0.076	0.90	188	0.62	4.00	7.2	5
E37	船舶工程	2234	1.182	0.061	0.91	577	0.81	12.28	4.9	8
E37	船舶力学	1307	0.753	0.105	0.87	309	0.55	6.57	8.0	6
E37	船舶设计通讯	111	0.188	—	0.97	55	0.40	1.17	8.6	3
E37	船舶物资与市场	603	0.398	0.119	0.72	209	0.60	4.45	3.4	4
E37	船舶与海洋工程	385	0.422	—	0.90	137	0.64	2.91	7.1	4
E37	船舶职业教育	252	—	0.046	0.95	167	0.13	3.55	3.6	3
E37	船电技术	597	0.392	0.098	0.89	297	0.51	6.32	5.9	4
E37	船海工程	1203	0.643	0.053	0.88	377	0.74	8.02	7.2	5
E37	大连海事大学学报	664	0.975	0.133	0.94	336	0.72	7.15	8.3	5
E37	港工技术	539	0.393	0.074	0.88	215	0.34	4.57	6.2	4
E37	港口科技	297	0.421	0.067	0.95	149	0.38	3.17	4.7	4
E37	港口装卸	303	0.363	0.079	0.84	120	0.32	2.55	5.6	4
E37	广船科技	62	0.121	—	0.95	39	0.34	0.83	7.5	2
E37	广东造船	239	0.244	0.019	0.94	118	0.68	2.51	5.2	3
E37	广州航海学院学报	125	—	0.079	0.98	105	0.26	2.23	4.7	3
E37	航海	173	0.292	0.075	0.93	90	0.55	1.91	5.0	2
E37	航海技术	326	0.193	0.059	0.90	125	0.68	2.66	≥10	3
E37	机电兵船档案	336	0.438	0.121	0.87	94	0.02	2.00	3.8	4
E37	舰船电子工程	1814	0.522	0.079	0.87	524	0.38	11.15	5.5	5
E37	舰船科学技术	3586	0.504	0.073	0.85	743	0.72	15.81	5.0	6
E37	江苏船舶	222	0.308	0.010	0.85	96	0.55	2.04	8.2	2
E37	桥梁建设	3268	4.409	0.655	0.86	378	0.28	8.04	5.2	11
E37	上海海事大学学报	619	1.353	0.211	0.93	282	0.66	6.00	4.9	7
E37	世界海运	363	0.394	0.198	0.94	167	0.77	3.55	5.5	5
E37	水道港口	875	0.952	0.076	0.61	223	0.53	4.74	6.3	5
E37	水运工程	2934	0.758	0.171	0.73	511	0.68	10.87	6.4	7
E37	水运管理	273	0.275	0.098	0.95	129	0.45	2.74	4.8	3
E37	天津航海	144	0.185	0.054	0.96	81	0.49	1.72	6.7	2
E37	造船技术	359	0.350	0.029	0.90	151	0.68	3.21	7.1	4

2022 年中国科技期刊被引指标按类刊名字顺索引(续)

学科代码	期刊名称	扩展总被引频次	扩展影响因子	扩展即年指标	扩展他引率	扩展引用刊数	扩展学科影响指标	扩展学科扩散指标	扩展被引半衰期	扩展H指标
E37	中国港湾建设	1474	0.875	0.131	0.61	299	0.51	6.36	6.3	6
E37	中国航海	791	1.017	0.200	0.89	281	0.72	5.98	6.4	6
E37	中国舰船研究	1410	1.715	0.271	0.83	370	0.60	7.87	4.9	8
E37	中国远洋海运	221	0.319	0.055	1.00	139	0.43	2.96	3.9	3
E37	中国造船	1293	1.463	0.059	0.90	327	0.66	6.96	8.2	7
E37	珠江水运	1545	0.421	0.122	0.93	389	0.64	8.28	3.6	5
E38	Aerospace China	40	0.192	—	0.90	27	0.13	0.40	4.8	2
E38	Chinese Journal of Aeronautics	3123	1.979	0.299	0.66	482	0.72	7.19	4.5	10
E38	Journal of Deep Space Exploration	494	1.042	0.087	0.81	135	0.36	2.01	5.2	8
E38	Transactions of Nanjing University of Aeronautics and Astronautics	271	0.545	0.062	0.83	144	0.33	2.15	4.9	3
E38	北华航天工业学院学报	308	0.671	0.107	0.97	217	0.09	3.24	3.7	4
E38	北京航空航天大学学报	3292	1.446	0.415	0.94	904	0.87	13.49	5.9	10
E38	测控技术	1638	0.728	0.207	0.91	586	0.58	8.75	5.9	6
E38	导弹与航天运载技术	1002	0.667	0.068	0.88	282	0.63	4.21	7.5	6
E38	导航与控制	386	0.624	0.040	0.89	199	0.27	2.97	4.7	5
E38	电光与控制	1786	1.101	0.350	0.85	451	0.52	6.73	4.8	9
E38	飞控与探测	160	0.555	0.028	0.89	71	0.21	1.06	3.9	5
E38	飞行力学	726	0.907	0.123	0.89	208	0.54	3.10	7.7	5
E38	固体火箭技术	1467	0.773	0.180	0.78	230	0.45	3.43	9.1	6
E38	桂林航天工业学院学报	179	0.410	0.068	0.97	145	0.06	2.16	4.4	3
E38	国际太空	440	0.525	0.102	0.91	184	0.45	2.75	5.4	5
E38	海军航空大学学报	343	0.544	0.052	0.95	177	0.37	2.64	9.0	3
E38	航空材料学报	1425	1.836	0.088	0.95	379	0.49	5.66	7.9	9
E38	航空电子技术	207	0.560	0.024	0.96	127	0.21	1.90	7.5	4
E38	航空动力学报	3824	0.836	0.157	0.85	502	0.72	7.49	9.1	7
E38	航空发动机	1033	0.811	0.059	0.85	258	0.46	3.85	8.3	6
E38	航空工程进展	585	0.782	0.244	0.79	240	0.54	3.58	4.9	5
E38	航空计算技术	918	0.586	0.151	0.83	315	0.58	4.70	6.0	5
E38	航空精密制造技术	437	0.474	0.043	0.93	199	0.40	2.97	8.7	4
E38	航空科学技术	1226	1.561	0.235	0.68	306	0.55	4.57	4.9	8
E38	航空维修与工程	589	0.209	0.044	0.87	254	0.45	3.79	6.8	4
E38	航空学报	6660	2.523	0.567	0.81	853	0.90	12.73	6.4	15

学科代码	期刊名称	扩展总被引频次	扩展影响因子	扩展即年指标	扩展他引率	扩展引用刊数	扩展学科影响指标	扩展学科扩散指标	扩展被引半衰期	扩展H指标
E38	航空制造技术	3565	1.196	0.200	0.87	603	0.73	9.00	7.5	9
E38	航天电子对抗	497	0.813	0.182	0.93	167	0.30	2.49	6.1	5
E38	航天返回与遥感	809	1.146	0.153	0.80	235	0.51	3.51	6.2	6
E38	航天工业管理	310	0.246	0.060	0.86	143	0.18	2.13	5.3	4
E38	航天控制	572	0.852	0.085	0.82	198	0.45	2.96	6.8	5
E38	航天器工程	1100	0.974	0.125	0.85	318	0.57	4.75	6.8	7
E38	航天器环境工程	803	0.595	0.031	0.85	255	0.57	3.81	9.6	6
E38	航天制造技术	513	0.361	0.053	0.95	235	0.43	3.51	8.7	5
E38	火箭推进	649	0.556	0.093	0.74	163	0.45	2.43	8.2	5
E38	教练机	91	0.106	—	0.90	72	0.19	1.07	8.2	2
E38	空间电子技术	475	0.714	0.067	0.68	163	0.33	2.43	5.9	7
E38	空间控制技术与应用	426	0.858	0.118	0.78	173	0.40	2.58	4.9	6
E38	空间碎片研究	85	0.815	—	0.78	36	0.18	0.54	3.6	4
E38	空气动力学学报	1428	0.974	0.242	0.88	338	0.51	5.04	7.1	7
E38	民航学报	208	0.376	0.073	0.91	133	0.27	1.99	3.7	3
E38	民用飞机设计与研究	357	0.360	0.011	0.87	154	0.52	2.30	7.6	3
E38	南昌航空大学学报（自然科学版）	281	0.605	0.027	0.95	221	0.04	1.47	5.6	4
E38	南京航空航天大学学报	1417	1.299	0.123	0.96	568	0.72	8.48	7.6	8
E38	强度与环境	491	0.945	0.169	0.71	158	0.43	2.36	8.7	5
E38	上海航天（中英文）	910	1.115	0.058	0.80	312	0.63	4.66	4.9	7
E38	沈阳航空航天大学学报	363	0.420	0.029	0.95	243	0.43	3.63	7.6	4
E38	实验流体力学	875	0.689	0.026	0.94	255	0.52	3.81	9.1	5
E38	推进技术	3110	1.086	0.242	0.65	378	0.69	5.64	6.3	7
E38	卫星应用	581	0.964	0.207	0.90	285	0.24	4.25	4.3	5
E38	西安航空学院学报	220	0.360	—	0.97	185	0.28	2.76	5.7	3
E38	现代导航	234	0.333	0.056	0.93	131	0.28	1.96	5.8	3
E38	宇航材料工艺	1040	0.793	0.043	0.94	351	0.49	5.24	9.3	5
E38	宇航计测技术	452	0.479	0.109	0.91	217	0.28	3.24	6.8	4
E38	宇航学报	2919	1.843	0.357	0.75	453	0.73	6.76	7.5	8
E38	宇航总体技术	291	1.009	0.327	0.92	129	0.42	1.93	4.4	6
E38	载人航天	691	0.533	0.055	0.85	247	0.51	3.69	7.2	6
E38	振动、测试与诊断	1731	1.303	0.135	0.89	527	0.37	7.87	6.2	9
E38	郑州航空工业管理学院学报	223	0.344	0.214	0.99	182	0.03	2.72	6.5	3

2022 年中国科技期刊被引指标按类刊名字顺索引(续)

学科代码	期刊名称	扩展总被引频次	扩展影响因子	扩展即年指标	扩展他引率	扩展引用刊数	扩展学科影响指标	扩展学科扩散指标	扩展被引半衰期	扩展H指标
E38	直升机技术	269	0.441	0.018	0.93	125	0.40	1.87	8.8	4
E38	中国航天	431	0.420	0.107	1.00	204	0.48	3.04	6.1	5
E38	中国空间科学技术	736	1.343	0.462	0.65	223	0.52	3.33	5.2	6
E38	中国民航大学学报	357	0.400	0.016	0.96	210	0.37	3.13	8.6	4
E38	中国民航飞行学院学报	289	0.333	0.181	0.93	181	0.33	2.70	6.0	3
E39	Chinese Journal of Population Resources and Environment	80	0.269	0.049	0.89	58	0.07	0.83	5.8	2
E39	Frontiers of Environmental Science & Engineering	577	0.691	0.159	0.69	193	0.37	2.76	5.1	4
E39	Journal of Environmental Sciences	2875	0.835	0.140	0.93	707	0.70	10.10	7.3	9
E39	Journal of Resources and Ecology	651	1.129	0.402	0.89	310	0.92	25.83	5.7	6
E39	Regional Sustainability	29	—	0.100	0.79	22	0.01	0.14	2.6	2
E39	长江流域资源与环境	7030	3.277	0.729	0.95	1275	0.74	18.21	5.5	17
E39	低碳世界	4595	0.623	0.115	0.99	932	0.60	13.31	4.4	7
E39	干旱环境监测	261	0.731	0.056	0.96	166	0.41	2.37	8.1	3
E39	干旱区资源与环境	7670	3.059	0.831	0.94	1452	0.80	20.74	5.8	12
E39	工业水处理	3250	1.522	0.391	0.87	655	0.57	9.36	5.6	9
E39	工业用水与废水	998	1.184	0.189	0.76	310	0.50	4.43	6.3	6
E39	海洋环境科学	1768	1.317	0.295	0.92	472	0.59	6.74	7.4	8
E39	河北环境工程学院学报	181	0.704	0.276	0.87	114	0.23	1.63	2.8	4
E39	黑龙江环境通报	308	0.431	0.165	0.99	160	0.33	2.29	4.7	3
E39	华北自然资源	504	0.599	0.208	0.96	204	0.17	2.91	2.9	5
E39	化工环保	1296	1.447	0.144	0.92	444	0.50	6.34	6.1	7
E39	环保科技	367	0.669	0.116	0.95	219	0.41	3.13	6.2	5
E39	环境保护	4912	2.956	0.578	0.95	1430	0.83	20.43	4.8	15
E39	环境保护科学	1204	1.242	0.259	0.96	525	0.73	7.50	5.7	6
E39	环境保护与循环经济	883	0.580	0.101	0.96	467	0.64	6.67	4.6	5
E39	环境工程技术学报	2073	3.054	0.852	0.74	557	0.69	7.96	3.7	11
E39	环境工程学报	6688	1.668	0.383	0.92	1136	0.79	16.23	7.1	11
E39	环境化学	4682	1.752	0.309	0.89	863	0.74	12.33	5.7	12
E39	环境技术	648	0.425	0.060	0.88	331	0.24	4.73	5.3	4
E39	环境监测管理与技术	1242	1.601	0.237	0.82	409	0.64	5.84	6.5	7
E39	环境监控与预警	685	1.308	0.216	0.94	282	0.53	4.03	5.1	6

学科代码	期刊名称	扩展总被引频次	扩展影响因子	扩展即年指标	扩展他引率	扩展引用刊数	扩展学科影响指标	扩展学科扩散指标	扩展被引半衰期	扩展H指标
E39	环境科技	922	1.352	0.337	0.83	337	0.63	4.81	6.2	6
E39	环境科学	18057	4.302	1.218	0.81	1413	0.89	20.19	5.5	20
E39	环境科学导刊	918	0.824	0.159	0.97	424	0.57	6.06	7.1	5
E39	环境科学学报	9861	2.513	0.501	0.89	1388	0.83	19.83	6.3	17
E39	环境科学研究	7166	3.981	1.388	0.84	1258	0.86	17.97	4.7	16
E39	环境科学与管理	2904	0.751	0.263	0.97	1007	0.84	14.39	7.1	6
E39	环境科学与技术	5532	1.652	0.066	0.96	1279	0.86	18.27	7.4	10
E39	环境生态学	588	1.116	0.208	0.92	334	0.50	4.77	3.2	6
E39	环境卫生工程	1071	1.226	0.186	0.91	347	0.51	4.96	5.9	8
E39	环境卫生学杂志	871	0.927	0.209	0.89	363	0.36	5.19	6.0	6
E39	环境污染与防治	3085	1.580	0.302	0.95	893	0.76	12.76	5.6	8
E39	环境影响评价	888	1.218	0.569	0.89	364	0.59	5.20	4.8	7
E39	环境与可持续发展	1715	1.640	0.078	1.00	746	0.77	10.66	4.8	10
E39	今日消防	1405	0.808	0.188	0.67	200	0.07	2.86	3.0	6
E39	能源环境保护	565	0.736	0.079	0.92	288	0.46	4.11	6.9	4
E39	农业资源与环境学报	2104	2.955	1.279	0.95	650	0.63	9.29	4.6	11
E39	青海环境	134	0.400	0.048	0.98	112	0.19	1.60	7.0	3
E39	三峡生态环境监测	228	1.176	0.595	0.92	138	0.26	1.97	4.0	5
E39	上海环境科学	223	0.155	—	1.00	167	0.46	2.39	≥10	3
E39	世界环境	449	0.651	0.104	1.00	326	0.44	4.66	5.2	5
E39	水处理技术	3234	1.305	0.280	0.90	673	0.63	9.61	5.8	8
E39	四川环境	1528	1.045	0.221	0.77	538	0.71	7.69	5.5	6
E39	西部人居环境学刊	1156	2.127	0.250	0.85	348	0.21	4.97	4.7	9
E39	消防科学与技术	3213	1.082	0.241	0.81	710	0.17	10.14	5.1	8
E39	新疆环境保护	190	0.683	0.214	0.94	136	0.30	1.94	7.0	3
E39	亚热带资源与环境学报	446	1.042	0.122	0.89	264	0.20	3.77	7.0	5
E39	应用与环境生物学报	3083	1.826	0.660	0.92	687	0.50	9.81	6.4	9
E39	再生资源与循环经济	619	1.090	0.175	0.94	354	0.43	5.06	4.9	6
E39	植物资源与环境学报	1205	1.895	0.221	0.93	370	0.14	5.29	8.6	7
E39	中国环保产业	966	0.916	0.125	0.97	441	0.56	6.30	5.5	7
E39	中国环境监测	3005	2.578	0.385	0.93	666	0.76	9.51	6.9	12
E39	中国环境科学	11459	2.643	0.682	0.85	1567	0.86	22.39	5.5	18
E39	中国人口·资源与环境	13937	6.735	0.825	0.96	1929	0.77	27.56	6.7	29

2022年中国科技期刊被引指标按类刊名字顺索引(续)

学科代码	期刊名称	扩展总被引频次	扩展影响因子	扩展即年指标	扩展他引率	扩展引用刊数	扩展学科影响指标	扩展学科扩散指标	扩展被引半衰期	扩展H指标
E39	中国特种设备安全	803	0.480	0.086	0.88	276	0.04	3.94	5.8	5
E39	中国资源综合利用	2620	0.854	0.180	0.97	832	0.71	11.89	3.9	8
E39	资源节约与环保	3565	0.872	0.362	0.95	808	0.69	11.54	3.8	8
E39	资源科学	10334	6.031	0.836	0.92	1642	0.77	23.46	6.8	24
E39	资源信息与工程	815	0.588	0.115	0.92	349	0.17	4.99	4.6	5
E39	自然资源学报	11516	7.497	1.484	0.92	1541	0.76	22.01	5.9	26
E40	International Journal of Disaster Risk Science	177	0.470	0.097	0.54	73	0.15	2.15	4.7	3
E40	Journal of Safety Science and Resilience	42	1.652	0.114	0.36	14	0.04	0.54	2.7	2
E40	安全	721	0.827	0.196	0.91	360	0.38	13.85	4.5	5
E40	安全、健康和环境	655	0.683	0.169	0.83	254	0.38	9.77	5.4	4
E40	安全与环境工程	2204	1.997	0.439	0.88	861	0.50	33.12	5.2	8
E40	安全与环境学报	4659	1.787	0.420	0.87	1278	0.50	49.15	5.5	11
E40	城市与减灾	308	0.634	0.130	1.00	190	0.27	7.31	5.3	5
E40	电力安全技术	939	0.675	0.098	0.69	283	0.19	10.88	4.8	5
E40	防灾减灾工程学报	1516	1.043	0.173	0.91	480	0.31	18.46	6.9	7
E40	防灾科技学院学报	339	0.810	0.167	0.84	189	0.23	7.27	6.1	4
E40	工业安全与环保	1831	0.873	0.149	0.94	748	0.50	28.77	6.1	7
E40	火灾科学	347	0.724	0.107	0.93	185	0.46	7.12	≥10	4
E40	现代职业安全	346	0.223	0.082	0.94	199	0.31	7.65	4.3	3
E40	信息安全学报	438	1.949	0.250	0.94	185	0.15	7.12	3.8	9
E40	信息安全研究	1119	1.587	0.652	0.82	423	0.15	16.27	3.7	10
E40	震灾防御技术	625	0.760	0.139	0.79	171	0.19	6.58	6.6	5
E40	中国安防	347	0.391	0.071	0.97	207	0.08	7.96	4.3	3
E40	中国安全科学学报	6485	2.330	0.283	0.86	1285	0.69	49.42	6.0	13
E40	中国安全生产科学技术	4924	1.720	0.237	0.89	1133	0.62	43.58	5.8	10
E40	中国减灾	376	0.422	0.071	1.00	245	0.35	9.42	4.8	4
E40	自然灾害学报	3417	1.989	0.166	0.82	824	0.42	31.69	≥10	11
F01	Frontiers of Engineering Management	155	0.667	0.255	0.74	87	0.16	1.55	3.9	3
F01	创新科技	659	1.416	0.553	0.93	353	0.38	6.30	3.6	7
F01	工程管理学报	1478	1.485	0.380	0.88	487	0.23	8.70	5.1	9
F01	工程研究——跨学科视野中的工程	281	0.468	0.081	0.84	194	0.18	3.46	6.9	6
F01	工业工程与管理	1656	1.530	0.355	0.91	580	0.54	10.36	5.7	9
F01	公共管理评论	528	3.291	0.462	0.96	330	0.36	5.89	3.9	10

学科代码	期刊名称	扩展总被引频次	扩展影响因子	扩展即年指标	扩展他引率	扩展引用刊数	扩展学科影响指标	扩展学科扩散指标	扩展被引半衰期	扩展H指标
F01	公共管理学报	3557	—	2.296	0.97	997	0.66	17.80	6.4	19
F01	公共管理与政策评论	943	4.124	1.100	0.94	461	0.36	8.23	3.4	11
F01	供应链管理	270	0.942	0.299	0.83	130	0.12	2.32	3.0	5
F01	管理案例研究与评论	530	2.020	0.184	0.90	270	0.52	4.82	4.8	7
F01	管理工程师	134	0.496	0.135	0.96	106	0.02	1.89	3.9	3
F01	管理工程学报	2348	2.254	0.685	0.91	690	0.66	12.32	6.0	12
F01	管理科学	2248	2.592	0.145	0.93	679	0.64	12.12	6.9	12
F01	管理科学学报	3292	2.613	0.143	0.92	800	0.66	14.29	7.2	17
F01	管理评论	8518	3.312	0.603	0.88	1467	0.84	26.20	5.5	20
F01	管理世界	34057	22.135	3.846	0.98	1997	0.84	35.66	6.5	60
F01	管理现代化	1523	1.876	0.290	0.99	784	0.62	14.00	4.4	8
F01	管理学报	5580	3.347	0.708	0.90	1147	0.84	20.48	5.7	17
F01	管理学家	329	0.072	0.025	0.98	158	0.09	2.82	3.6	3
F01	管理学刊	908	3.913	1.113	0.94	517	0.54	9.23	3.4	11
F01	技术与创新管理	605	1.172	0.462	0.79	341	0.39	6.09	4.5	5
F01	交通建设与管理	279	0.616	0.140	0.99	141	0.04	2.52	3.1	5
F01	交通企业管理	436	0.389	0.148	1.00	249	0.14	4.45	4.5	4
F01	科技成果管理与研究	123	0.102	0.015	0.92	91	0.05	1.62	4.7	2
F01	科技管理研究	11481	1.852	0.404	0.93	2193	0.89	39.16	4.9	14
F01	科技进步与对策	9490	3.082	1.054	0.92	1632	0.89	29.14	5.3	19
F01	科技与管理	390	0.632	0.231	0.91	265	0.34	4.73	5.9	4
F01	科学管理研究	2120	2.142	0.341	0.97	852	0.62	15.21	5.3	9
F01	科学学研究	10353	4.279	2.500	0.96	1930	0.88	34.46	7.1	23
F01	科学学与科学技术管理	4928	4.219	0.758	0.95	1106	0.82	19.75	7.4	16
F01	科学与管理	369	0.714	0.309	0.97	275	0.32	4.91	5.3	5
F01	科研管理	8822	4.226	1.007	0.93	1391	0.82	24.84	5.2	22
F01	林草政策研究	55	—	0.246	0.44	20	0.02	0.36	2.3	3
F01	南开管理评论	7942	5.688	1.567	0.96	1031	0.71	18.41	6.7	28
F01	企业改革与管理	6179	0.694	0.291	0.96	661	0.32	11.80	3.4	8
F01	上海城市管理	383	0.765	0.284	0.98	286	0.11	5.11	4.7	5
F01	上海管理科学	376	0.413	0.194	0.99	282	0.27	5.04	5.6	4
F01	施工企业管理	360	0.205	0.122	1.00	210	0.12	3.75	3.3	5
F01	实验室研究与探索	9849	1.811	0.123	0.84	1548	0.29	27.64	5.5	16

2022 年中国科技期刊被引指标按类刊名字顺索引(续)

学科代码	期刊名称	扩展总被引频次	扩展影响因子	扩展即年指标	扩展他引率	扩展引用刊数	扩展学科影响指标	扩展学科扩散指标	扩展被引半衰期	扩展H指标
F01	现代管理科学	1518	1.503	0.573	0.99	802	0.57	14.32	6.6	7
F01	销售与管理	60	—	0.001	1.00	54	0.02	0.96	4.2	2
F01	研究与发展管理	2357	3.931	0.788	0.96	707	0.71	12.62	5.7	13
F01	智库理论与实践	400	1.239	0.320	0.72	179	0.20	3.20	3.5	5
F01	中国公共卫生管理	1741	1.511	0.162	0.89	500	0.07	8.93	4.4	8
F01	中国管理科学	6898	3.245	0.963	0.84	1215	0.71	21.70	5.4	15
F01	中国环境管理	1996	4.608	0.695	0.94	799	0.38	14.27	3.7	13
F01	中国科技成果	327	0.097	0.016	0.99	274	0.12	4.89	5.5	3
F01	中国科技论坛	4493	2.617	0.681	0.95	1243	0.73	22.20	5.3	14
F01	中国软科学	9781	5.230	0.813	0.96	1811	0.91	32.34	6.1	24
F01	中国卫生标准管理	5452	0.796	0.168	0.93	870	0.11	15.54	4.1	8
H01	Confucian Academy	86	—	0.200	0.95	69	0.10	0.43	3.9	3
H01	Contemporary Social Sciences	7	—	—	0.71	5	0.01	0.03	4.5	1
H01	北方论丛	492	0.433	0.196	0.99	382	0.27	2.36	≥10	5
H01	北京社会科学	1372	1.246	0.446	0.98	872	0.44	5.38	5.9	9
H01	才智	4711	0.195	0.110	0.98	962	0.14	5.94	4.7	5
H01	长白学刊	966	1.658	0.692	0.98	631	0.43	3.90	4.1	9
H01	长江论坛	175	0.369	0.057	0.96	145	0.10	0.90	5.1	3
H01	畅谈	22	—	0.002	0.73	15	0.01	0.09	2.4	1
H01	重庆社会科学	1603	2.198	0.393	0.99	944	0.46	5.83	4.7	10
H01	传承	247	0.458	0.125	0.81	157	0.07	0.97	8.0	4
H01	创新	184	0.428	0.134	0.97	159	0.07	0.98	5.2	3
H01	创新创业理论研究与实践	3434	0.632	0.196	0.88	781	0.12	4.82	3.1	7
H01	大庆社会科学	299	0.260	0.134	0.96	194	0.09	1.20	4.3	4
H01	当代韩国	172	0.474	0.062	0.71	78	0.04	0.48	8.4	3
H01	道德与文明	868	0.750	0.245	0.99	490	0.36	3.02	8.2	6
H01	德国研究	410	1.797	0.389	0.91	261	0.14	1.61	5.9	6
H01	邓小平研究	118	0.315	0.093	0.92	97	0.12	0.60	4.0	3
H01	东方论坛	330	0.446	0.079	0.97	268	0.17	1.65	≥10	5
H01	东疆学刊	266	0.474	0.100	0.96	176	0.10	1.09	6.9	4
H01	东南学术	1860	1.864	0.772	0.98	1039	0.57	6.41	5.3	10
H01	东吴学术	206	—	0.028	0.99	144	0.14	0.89	6.5	3
H01	东岳论丛	2722	1.774	0.627	0.99	1334	0.62	8.23	5.7	12

学科代码	期刊名称	扩展总被引频次	扩展影响因子	扩展即年指标	扩展他引率	扩展引用刊数	扩展学科影响指标	扩展学科扩散指标	扩展被引半衰期	扩展H指标
H01	福建论坛（人文社会科学版）	2334	—	0.355	0.98	1164	0.58	7.19	5.3	10
H01	甘肃社会科学	2459	1.961	0.510	0.98	1212	0.61	7.48	5.6	12
H01	观察与思考	344	0.492	0.148	0.97	271	0.17	1.67	4.1	4
H01	广东社会科学	1958	1.968	0.615	0.99	1034	0.53	6.38	5.5	12
H01	广西社会科学	3082	1.556	0.549	0.99	1458	0.62	9.00	5.0	11
H01	贵州社会科学	2976	2.052	0.535	0.98	1304	0.67	8.05	4.7	15
H01	桂海论丛	189	0.206	0.042	0.98	167	0.15	1.03	6.0	3
H01	国际公关	1008	—	0.024	0.99	434	0.09	2.68	3.7	4
H01	河北学刊	1887	1.136	0.582	0.99	1057	0.62	6.52	7.3	10
H01	河南社会科学	2118	1.869	0.491	0.99	1071	0.59	6.61	5.1	11
H01	黑河学刊	555	0.363	0.206	0.99	331	0.09	2.04	4.9	5
H01	黑龙江社会科学	537	0.516	0.051	0.99	418	0.33	2.58	7.2	5
H01	宏观质量研究	730	3.217	0.926	0.92	416	0.20	2.57	3.8	10
H01	湖北社会科学	2588	1.414	0.240	0.99	1282	0.59	7.91	5.9	10
H01	湖南社会科学	1834	2.143	0.634	1.00	1068	0.41	6.59	5.4	11
H01	湖湘论坛	861	2.125	0.739	0.98	536	0.40	3.31	4.4	8
H01	江海学刊	2624	1.505	0.376	0.99	1236	0.64	7.63	6.5	12
H01	江汉论坛	2398	1.443	0.649	0.98	1210	0.69	7.47	6.3	11
H01	江汉学术	545	1.299	0.373	0.93	394	0.22	2.43	4.7	7
H01	江淮论坛	1945	2.641	0.401	0.99	1071	0.59	6.61	4.4	12
H01	江南论坛	355	0.328	0.149	0.96	243	0.10	1.50	3.5	4
H01	江苏社会科学	3102	2.675	0.918	0.99	1358	0.67	8.38	6.3	14
H01	江西社会科学	3818	1.650	0.525	0.99	1643	0.71	10.14	6.8	13
H01	晋阳学刊	578	0.522	0.198	0.99	447	0.32	2.76	9.0	5
H01	荆楚学刊	118	0.165	0.039	1.00	107	0.03	0.66	6.6	2
H01	开发研究	689	0.770	0.140	0.95	439	0.21	2.71	6.4	6
H01	科技广场	384	0.275	0.016	0.98	308	0.02	1.90	9.4	3
H01	科技智囊	237	0.505	0.339	0.96	179	0.08	1.10	3.0	5
H01	科学·经济·社会	269	0.350	0.698	0.95	222	0.17	1.37	8.1	4
H01	科学决策	837	1.519	0.355	0.96	468	0.14	2.89	4.8	10
H01	科学与社会	634	2.194	0.333	0.97	398	0.23	2.46	5.4	8
H01	克拉玛依学刊	58	0.167	0.034	0.97	54	0.04	0.33	4.7	2
H01	兰州学刊	2168	2.136	1.095	0.98	1158	0.57	7.15	4.7	10

学科代码	期刊名称	扩展总被引频次	扩展影响因子	扩展即年指标	扩展他引率	扩展引用刊数	扩展学科影响指标	扩展学科扩散指标	扩展被引半衰期	扩展H指标
H01	老区建设	448	—	0.059	0.97	316	0.11	1.95	4.4	4
H01	理论建设	316	0.888	0.256	0.98	248	0.17	1.53	3.4	6
H01	理论界	479	0.180	0.017	0.99	375	0.20	2.31	≥10	4
H01	理论学刊	1618	2.343	0.783	0.99	954	0.51	5.89	5.4	12
H01	理论与现代化	358	0.542	0.078	0.99	300	0.20	1.85	8.0	4
H01	理论月刊	2445	1.892	0.530	0.99	1203	0.60	7.43	5.3	12
H01	岭南学刊	281	0.391	0.162	0.94	220	0.18	1.36	4.9	3
H01	领导科学	1993	0.489	0.176	0.91	875	0.43	5.40	3.9	7
H01	民主与科学	210	0.105	0.134	0.98	176	0.10	1.09	6.5	4
H01	民族翻译	155	—	0.074	0.79	88	0.04	0.54	6.0	3
H01	南都学坛	425	0.363	0.366	0.88	282	0.17	1.74	8.7	4
H01	南海学刊	181	0.750	0.133	0.87	105	0.07	0.65	4.3	3
H01	南京社会科学	5324	3.648	1.718	0.98	1780	0.71	10.99	5.0	21
H01	南亚东南亚研究	246	0.573	0.143	0.90	130	0.06	0.80	6.9	4
H01	南洋资料译丛	74	0.043	0.037	1.00	41	0.04	0.25	≥10	3
H01	内蒙古社会科学	1818	2.069	0.683	0.98	987	0.56	6.09	4.5	11
H01	宁夏社会科学	1752	1.841	0.816	0.97	944	0.52	5.83	4.8	10
H01	品牌与标准化	374	0.429	0.173	0.99	247	0.05	1.52	3.0	4
H01	齐鲁学刊	830	0.783	0.284	0.98	558	0.38	3.44	≥10	6
H01	前沿	703	0.389	0.086	1.00	501	0.30	3.09	≥10	5
H01	青海社会科学	1359	1.205	0.503	0.98	813	0.49	5.02	5.1	9
H01	青藏高原论坛	65	0.140	0.018	0.91	46	0.02	0.28	5.0	2
H01	求是学刊	1585	2.345	0.316	0.99	887	0.56	5.48	6.0	11
H01	求索	2811	3.127	1.160	0.98	1363	0.64	8.41	6.3	14
H01	求知	377	0.699	0.269	1.00	288	0.17	1.78	3.2	8
H01	人文杂志	1912	1.814	0.245	0.98	1034	0.56	6.38	6.5	11
H01	软科学	5727	3.369	0.879	0.95	1362	0.46	8.41	5.1	16
H01	山东社会科学	3716	1.648	0.410	0.99	1572	0.69	9.70	5.3	14
H01	山西高等学校社会科学学报	662	0.567	0.299	0.98	421	0.15	2.60	4.9	6
H01	社会发展研究	732	2.393	0.463	0.97	406	0.35	2.51	4.5	9
H01	社会工作与管理	458	0.938	0.164	0.91	242	0.22	1.49	5.7	5
H01	社会建设	401	—	0.170	0.93	235	0.25	1.45	4.4	6
H01	社会科学	4245	2.794	0.522	0.99	1559	0.70	9.62	6.4	18

2022 年中国科技期刊被引指标按类刊名字顺索引（续）

学科代码	期刊名称	扩展总被引频次	扩展影响因子	扩展即年指标	扩展他引率	扩展引用刊数	扩展学科影响指标	扩展学科扩散指标	扩展被引半衰期	扩展H指标
H01	社会科学动态	369	—	0.118	0.99	305	0.18	1.88	3.4	5
H01	社会科学辑刊	1849	2.033	1.076	0.98	1017	0.54	6.28	5.6	10
H01	社会科学家	3204	1.561	0.320	0.98	1446	0.60	8.93	5.0	13
H01	社会科学论坛	565	0.270	0.041	0.98	441	0.25	2.72	≥10	5
H01	社会科学研究	2574	2.234	0.292	0.99	1242	0.64	7.67	7.4	12
H01	社会科学战线	4470	1.507	0.507	0.99	1684	0.79	10.40	6.5	12
H01	社科纵横	688	0.369	0.106	0.99	500	0.25	3.09	6.4	4
H01	深圳社会科学	211	0.787	0.262	0.96	180	0.15	1.11	2.9	4
H01	世界科技研究与发展	921	1.492	0.679	0.94	606	0.08	3.74	7.3	7
H01	数字人文研究	49	—	0.086	0.86	25	0.01	0.15	2.5	4
H01	思想战线	2259	1.978	0.442	0.98	915	0.60	5.65	7.8	11
H01	探索与争鸣	4906	3.430	0.770	0.98	1432	0.71	8.84	4.4	21
H01	唐都学刊	222	0.120	0.029	0.93	178	0.11	1.10	≥10	3
H01	天府新论	579	0.589	0.147	0.98	425	0.36	2.62	8.1	5
H01	天津社会科学	1631	1.702	0.528	0.99	943	0.55	5.82	8.1	11
H01	天中学刊	271	0.167	0.037	0.94	215	0.09	1.33	8.8	3
H01	未来与发展	961	0.813	0.302	0.77	512	0.17	3.16	4.5	6
H01	文史哲	1643	1.208	0.333	0.98	717	0.52	4.43	≥10	8
H01	西部学刊	912	0.248	0.062	0.99	555	0.22	3.43	3.4	4
H01	西域研究	639	0.700	0.262	0.84	202	0.11	1.25	9.9	5
H01	西藏研究	728	0.456	0.125	0.91	248	0.12	1.53	≥10	5
H01	下一代	67	—	0.002	0.97	45	0.01	0.28	3.8	1
H01	现代交际	2449	0.225	0.181	1.00	813	0.15	5.02	4.3	5
H01	新疆社会科学（汉文版）	1128	1.821	1.369	0.99	697	0.35	4.30	4.3	8
H01	新疆社科论坛	245	0.400	0.203	0.95	185	0.07	1.14	4.1	4
H01	新文科理论与实践	19	—	0.339	0.47	8	0.01	0.05	—	2
H01	学会	326	0.472	0.132	0.89	154	0.07	0.95	4.6	4
H01	学术交流	2147	1.273	0.258	0.99	1219	0.57	7.52	6.7	10
H01	学术界	2543	1.446	0.475	0.98	1226	0.70	7.57	5.7	12
H01	学术论坛	2155	2.429	0.615	1.00	1198	0.56	7.40	7.4	11
H01	学术探索	1474	1.018	0.333	0.97	936	0.51	5.78	6.0	8
H01	学术研究	3297	1.435	0.416	0.98	1420	0.74	8.77	7.0	11
H01	学术月刊	4297	2.419	0.292	0.98	1462	0.67	9.02	7.3	17

2022 年中国科技期刊被引指标按类刊名字顺索引(续)

学科代码	期刊名称	扩展总被引频次	扩展影响因子	扩展即年指标	扩展他引率	扩展引用刊数	扩展学科影响指标	扩展学科扩散指标	扩展被引半衰期	扩展H指标
H01	学习与实践	2395	2.226	0.958	0.98	1106	0.64	6.83	4.8	12
H01	学习与探索	3417	2.132	0.588	0.98	1411	0.69	8.71	5.1	13
H01	阴山学刊	173	0.168	0.069	0.96	148	0.06	0.91	≥10	3
H01	殷都学刊	282	0.162	0.087	0.96	164	0.11	1.01	≥10	3
H01	原生态民族文化学刊	546	1.130	0.402	0.92	299	0.14	1.85	4.4	6
H01	阅江学刊	411	0.843	0.878	0.96	311	0.22	1.92	3.3	8
H01	云梦学刊	334	0.653	0.217	0.98	258	0.18	1.59	6.5	4
H01	云南社会科学	1941	2.430	0.900	0.99	1027	0.59	6.34	4.8	11
H01	浙江社会科学	3558	2.060	0.775	0.99	1459	0.67	9.01	6.3	14
H01	浙江学刊	2165	1.769	0.617	0.99	1079	0.63	6.66	6.3	10
H01	中国高校科技	3230	—	0.310	0.94	969	0.22	5.98	4.1	11
H01	中国高校社会科学	1010	2.067	0.663	0.99	663	0.38	4.09	4.3	10
H01	中国国情国力	678	0.580	0.166	0.99	484	0.17	2.99	4.2	5
H01	中国人事科学	284	—	0.274	0.88	172	0.09	1.06	3.3	4
H01	中国社会科学	18430	13.152	2.280	0.99	2204	0.88	13.60	8.5	47
H01	中国医学教育技术	1930	2.486	0.620	0.92	499	0.04	3.08	3.9	11
H01	中州学刊	3926	1.976	0.607	0.98	1508	0.73	9.31	5.1	15
H01	自然辩证法通讯	1260	0.759	0.137	0.95	656	0.34	4.05	6.4	9
H02	Journal of Eastern Liaodong University (Social Sciences)	262	0.370	0.066	0.95	208	0.10	0.79	4.8	4
H02	安徽大学学报（哲学社会科学版）	1336	1.639	0.547	0.96	763	0.44	2.90	5.9	11
H02	安徽工业大学学报（社会科学版）	555	0.421	0.026	0.96	357	0.11	1.36	5.1	3
H02	安徽理工大学学报（社会科学版）	264	0.432	0.082	0.98	219	0.07	0.83	4.7	4
H02	安徽农业大学学报（社会科学版）	508	0.659	0.078	0.98	372	0.10	1.41	4.9	5
H02	安康学院学报	248	0.291	0.087	0.99	209	0.06	0.79	5.2	4
H02	百色学院学报	336	0.408	0.094	0.93	218	0.05	0.83	6.0	4
H02	宝鸡文理学院学报（社会科学版）	213	0.227	0.028	0.97	172	0.05	0.65	7.8	3
H02	保山学院学报	192	0.305	0.128	0.97	164	0.05	0.62	4.6	3
H02	北部湾大学学报	100	0.301	0.037	0.93	80	0.01	0.30	3.5	2
H02	北方民族大学学报（哲学社会科学版）	1136	1.582	0.477	0.93	575	0.35	2.19	4.5	9
H02	北华大学学报（社会科学版）	427	0.401	0.091	0.90	280	0.11	1.06	7.2	4
H02	北京大学学报（哲学社会科学版）	3791	2.410	0.605	0.99	1465	0.75	5.57	≥10	19
H02	北京工商大学学报（社会科学版）	1468	3.602	1.250	0.98	645	0.37	2.45	5.2	11

学科代码	期刊名称	扩展总被引频次	扩展影响因子	扩展即年指标	扩展他引率	扩展引用刊数	扩展学科影响指标	扩展学科扩散指标	扩展被引半衰期	扩展H指标
H02	北京工业大学学报（社会科学版）	1574	6.214	2.868	0.96	915	0.37	3.48	3.1	13
H02	北京航空航天大学学报（社会科学版）	920	1.244	0.629	0.96	612	0.30	2.33	4.4	7
H02	北京化工大学学报（社会科学版）	182	0.403	0.053	0.99	160	0.06	0.61	5.1	4
H02	北京交通大学学报（社会科学版）	956	2.434	0.783	0.97	575	0.21	2.19	4.7	10
H02	北京教育学院学报	248	—	0.151	0.99	197	0.05	0.75	6.7	4
H02	北京科技大学学报（社会科学版）	636	1.294	0.856	0.78	396	0.18	1.51	4.2	7
H02	北京理工大学学报（社会科学版）	1829	2.995	1.030	0.97	1023	0.51	3.89	4.6	11
H02	北京联合大学学报（人文社会科学版）	809	2.438	1.323	0.97	559	0.24	2.13	4.3	8
H02	北京林业大学学报（社会科学版）	566	1.155	0.213	0.98	295	0.07	1.12	8.2	7
H02	北京宣武红旗业余大学学报	67	0.265	0.019	0.85	49	0.01	0.19	4.9	2
H02	北京邮电大学学报（社会科学版）	555	0.959	0.221	0.98	395	0.13	1.50	6.2	6
H02	滨州学院学报	149	0.194	0.048	0.92	113	0.02	0.43	7.8	2
H02	渤海大学学报（哲学社会科学版）	397	0.368	0.060	0.96	302	0.10	1.15	5.8	5
H02	长安大学学报（社会科学版）	411	1.336	0.880	0.96	325	0.12	1.24	4.0	6
H02	长春大学学报	459	0.508	0.096	0.99	309	0.07	1.17	4.7	4
H02	长春工程学院学报（社会科学版）	380	0.615	0.098	0.95	232	0.06	0.88	4.0	4
H02	长春理工大学学报（社会科学版）	604	0.408	0.092	0.98	415	0.14	1.58	8.3	4
H02	长江大学学报（社会科学版）	442	0.305	0.066	0.98	340	0.12	1.29	9.4	3
H02	长沙理工大学学报（社会科学版）	470	0.853	0.419	0.87	329	0.13	1.25	5.5	5
H02	长治学院学报	273	0.361	0.070	0.95	203	0.03	0.77	4.7	4
H02	常州大学学报（社会科学版）	268	0.664	0.229	0.80	184	0.10	0.70	4.6	3
H02	常州工学院学报（社会科学版）	251	0.298	0.106	0.97	202	0.08	0.77	4.6	4
H02	巢湖学院学报	274	0.285	0.048	0.97	221	0.05	0.84	5.3	4
H02	成都大学学报（社会科学版）	370	0.528	0.211	0.99	300	0.12	1.14	7.3	4
H02	成都理工大学学报（社会科学版）	205	0.278	0.011	1.00	176	0.07	0.67	6.6	4
H02	城市学刊	270	0.348	0.031	0.96	219	0.08	0.83	5.5	3
H02	赤峰学院学报（哲学社会科学版）	865	0.310	0.072	0.97	469	0.17	1.78	6.3	5
H02	重庆大学学报（社会科学版）	2509	4.053	1.823	0.94	1192	0.59	4.53	3.8	13
H02	重庆工商大学学报（社会科学版）	561	1.017	0.648	0.93	379	0.19	1.44	4.4	6
H02	重庆交通大学学报（社会科学版）	395	0.604	0.141	0.96	314	0.09	1.19	5.8	5
H02	重庆科技学院学报（社会科学版）	724	0.442	0.253	0.99	483	0.16	1.84	8.6	4
H02	重庆理工大学学报（社会科学版）	1239	1.390	0.394	0.90	727	0.30	2.76	3.7	8
H02	重庆三峡学院学报	245	0.433	0.123	0.92	192	0.05	0.73	6.4	3

2022年中国科技期刊被引指标按类刊名字顺索引(续)

学科代码	期刊名称	扩展总被引频次	扩展影响因子	扩展即年指标	扩展他引率	扩展引用刊数	扩展学科影响指标	扩展学科扩散指标	扩展被引半衰期	扩展H指标
H02	重庆文理学院学报（社会科学版）	558	1.355	0.592	0.84	328	0.11	1.25	4.2	6
H02	重庆邮电大学学报（社会科学版）	912	1.625	0.377	0.88	532	0.29	2.02	4.5	7
H02	滁州学院学报	382	0.431	0.091	0.96	282	0.06	1.07	4.6	5
H02	大理大学学报	891	0.617	0.135	0.93	567	0.08	2.16	5.0	6
H02	大连海事大学学报（社会科学版）	331	0.584	0.179	0.94	257	0.13	0.98	5.0	4
H02	大连理工大学学报（社会科学版）	1142	2.376	0.817	0.98	725	0.35	2.76	4.5	8
H02	电子科技大学学报（社会科学版）	558	1.323	0.565	0.95	383	0.13	1.46	4.5	5
H02	东北大学学报（社会科学版）	1129	1.788	0.431	0.99	769	0.36	2.92	4.9	9
H02	东北农业大学学报（社会科学版）	352	0.759	0.085	0.95	272	0.09	1.03	5.5	5
H02	东华大学学报（社会科学版）	226	0.557	0.113	0.97	153	0.05	0.58	4.8	5
H02	东华理工大学学报（社会科学版）	531	0.920	0.221	0.74	287	0.09	1.09	4.4	5
H02	东南大学学报（哲学社会科学版）	1744	2.773	0.793	0.99	1020	0.41	3.88	6.2	10
H02	佛山科学技术学院学报（社会科学版）	149	0.354	0.082	0.93	124	0.05	0.47	5.7	4
H02	福建江夏学院学报	146	0.430	0.086	0.98	131	0.03	0.50	4.0	3
H02	福建农林大学学报（哲学社会科学版）	423	0.730	0.203	1.00	343	0.12	1.30	5.7	4
H02	福建医科大学学报（社会科学版）	332	0.864	0.056	0.94	199	0.04	0.76	4.2	5
H02	福州大学学报（哲学社会科学版）	399	0.495	0.130	0.99	335	0.14	1.27	7.5	4
H02	复旦学报（社会科学版）	1833	1.531	0.239	0.99	1018	0.49	3.87	≥10	10
H02	广播电视大学学报（哲学社会科学版）	114	0.209	0.016	0.98	94	0.12	0.80	7.0	2
H02	广西大学学报（哲学社会科学版）	713	0.845	0.218	0.97	518	0.29	1.97	5.6	7
H02	广西民族大学学报（哲学社会科学版）	1929	1.307	0.250	0.97	856	0.41	3.25	8.2	8
H02	广州大学学报（社会科学版）	907	1.314	1.011	0.98	616	0.27	2.34	5.6	8
H02	贵阳学院学报（社会科学版）	258	0.352	0.091	0.95	196	0.09	0.75	4.9	4
H02	贵州大学学报（社会科学版）	634	1.227	0.416	0.95	420	0.27	1.60	5.2	6
H02	贵州工程应用技术学院学报	226	0.196	0.029	0.93	171	0.04	0.65	7.0	3
H02	贵州民族大学学报（哲学社会科学版）	423	0.808	0.106	0.88	274	0.12	1.04	8.7	5
H02	哈尔滨工业大学学报（社会科学版）	856	1.090	0.457	0.98	622	0.28	2.37	5.0	7
H02	哈尔滨商业大学学报（社会科学版）	573	2.178	0.466	0.99	356	0.13	1.35	4.0	7
H02	哈尔滨师范大学社会科学学报	277	0.253	0.054	0.99	228	0.11	0.87	4.8	3
H02	海南大学学报（人文社会科学版）	862	1.064	0.738	0.95	538	0.29	2.05	4.6	7
H02	邯郸学院学报	160	0.274	0.042	0.96	115	0.03	0.44	6.5	3
H02	杭州电子科技大学学报（社会科学版）	224	0.609	0.106	0.97	194	0.06	0.74	4.3	4
H02	合肥工业大学学报（社会科学版）	489	0.535	0.155	0.96	372	0.12	1.41	6.0	4

学科代码	期刊名称	扩展总被引频次	扩展影响因子	扩展即年指标	扩展他引率	扩展引用刊数	扩展学科影响指标	扩展学科扩散指标	扩展被引半衰期	扩展H指标
H02	河北北方学院学报（社会科学版）	270	0.333	0.061	0.95	201	0.04	0.76	4.3	3
H02	河北大学学报（哲学社会科学版）	1126	1.394	0.564	0.98	774	0.37	2.94	5.9	10
H02	河北工程大学学报（社会科学版）	336	0.660	0.240	0.99	250	0.08	0.95	4.5	4
H02	河北工业大学学报（社会科学版）	151	0.538	0.077	0.99	136	0.05	0.52	5.1	3
H02	河北经贸大学学报（综合版）	192	0.685	0.113	0.99	160	0.06	0.61	4.2	3
H02	河北科技大学学报（社会科学版）	240	0.839	0.268	0.97	204	0.09	0.78	4.0	4
H02	河北科技师范学院学报（社会科学版）	162	0.381	0.038	0.91	130	0.06	0.49	4.9	4
H02	河北农业大学学报（社会科学版）	392	1.218	0.462	0.77	213	0.06	6.09	3.2	5
H02	河海大学学报（哲学社会科学版）	1114	2.681	0.587	0.98	684	0.36	2.60	4.4	11
H02	河南大学学报（社会科学版）	1335	1.184	0.739	0.98	849	0.41	3.23	6.5	8
H02	河南工程学院学报（社会科学版）	140	0.453	0.054	0.98	108	0.01	0.41	4.8	4
H02	河南工业大学学报（社会科学版）	315	0.624	0.156	0.97	245	0.05	0.93	4.4	5
H02	河南教育学院学报（哲学社会科学版）	372	0.420	0.074	0.99	279	0.11	1.06	7.0	5
H02	河南科技大学学报（社会科学版）	245	0.315	0.150	0.98	210	0.07	0.80	6.3	3
H02	河南科技学院学报	563	0.788	0.290	0.92	354	0.09	1.35	4.1	5
H02	河南理工大学学报（社会科学版）	226	0.372	0.326	0.97	194	0.10	0.74	5.0	4
H02	菏泽学院学报	410	0.468	0.078	0.95	290	0.07	1.10	4.6	5
H02	贺州学院学报	212	0.324	0.101	0.97	168	0.05	0.64	5.1	3
H02	衡水学院学报	274	0.234	0.145	0.92	209	0.07	0.79	5.8	3
H02	红河学院学报	363	0.288	0.093	0.91	246	0.07	0.94	4.7	3
H02	湖北大学学报（哲学社会科学版）	1343	2.117	0.523	0.99	855	0.43	3.25	5.4	11
H02	湖北经济学院学报（人文社会科学版）	1584	0.745	0.318	0.99	718	0.19	2.73	3.7	8
H02	湖北理工学院学报（人文社会科学版）	266	0.418	0.122	0.96	194	0.05	0.74	5.5	5
H02	湖北民族大学学报（哲学社会科学版）	456	1.956	0.604	0.96	303	0.21	1.15	3.0	7
H02	湖南大学学报（社会科学版）	1300	1.660	0.618	0.98	839	0.37	3.19	5.3	8
H02	湖南工程学院学报（社会科学版）	205	0.367	0.176	0.97	152	0.03	0.58	5.1	4
H02	湖南工业大学学报（社会科学版）	349	0.714	0.130	0.84	246	0.10	0.94	4.6	4
H02	湖南科技大学学报（社会科学版）	1144	1.639	0.217	0.96	734	0.34	2.79	4.5	10
H02	湖南农业大学学报（社会科学版）	1051	2.370	0.514	0.98	610	0.28	2.32	5.3	9
H02	湖南人文科技学院学报	308	0.367	0.192	0.97	233	0.09	0.89	5.5	4
H02	华北电力大学学报（社会科学版）	366	0.508	0.100	0.98	297	0.11	1.13	5.3	5
H02	华北理工大学学报（社会科学版）	582	0.839	0.373	0.97	386	0.14	1.47	3.7	5
H02	华北水利水电大学学报（社会科学版）	450	0.676	0.159	0.95	329	0.10	1.25	5.1	4

2022年中国科技期刊被引指标按类刊名字顺索引(续)

学科代码	期刊名称	扩展总被引频次	扩展影响因子	扩展即年指标	扩展他引率	扩展引用刊数	扩展学科影响指标	扩展学科扩散指标	扩展被引半衰期	扩展H指标
H02	华东理工大学学报（社会科学版）	933	1.676	0.222	0.96	574	0.32	2.18	5.8	7
H02	华南理工大学学报（社会科学版）	570	1.385	0.307	0.99	444	0.15	1.69	4.8	7
H02	华南农业大学学报（社会科学版）	1936	4.986	1.254	0.97	781	0.35	2.97	4.5	14
H02	华侨大学学报（哲学社会科学版）	580	1.247	0.217	0.93	406	0.24	1.54	4.9	7
H02	华中科技大学学报（社会科学版）	1831	3.634	1.057	0.99	990	0.54	3.76	4.8	12
H02	华中农业大学学报（社会科学版）	2872	4.433	1.355	0.96	968	0.48	3.68	4.6	16
H02	吉林大学社会科学学报	2249	1.996	0.723	0.99	1111	0.59	4.22	7.4	12
H02	吉首大学学报（社会科学版）	1645	1.996	0.382	0.98	975	0.46	3.71	5.3	9
H02	集美大学学报（哲学社会科学版）	153	0.366	0.085	0.97	126	0.07	0.48	5.4	3
H02	济南大学学报（社会科学版）	656	1.399	0.469	0.98	493	0.21	1.87	4.0	7
H02	暨南学报（哲学社会科学版）	1878	2.146	0.517	0.97	1026	0.54	3.90	5.8	11
H02	江汉大学学报（社会科学版）	383	0.745	0.250	0.98	321	0.14	1.22	5.5	5
H02	江南大学学报（人文社会科学版）	547	1.564	0.217	0.98	392	0.19	1.49	4.1	7
H02	江南社会学院学报	130	0.220	0.040	0.98	105	0.06	0.40	7.7	3
H02	江苏大学学报（社会科学版）	731	2.172	0.806	0.99	538	0.31	2.05	4.3	7
H02	江苏海洋大学学报（人文社会科学版）	553	0.636	0.108	0.99	366	0.11	1.39	5.3	5
H02	江苏科技大学学报（社会科学版）	123	—	0.066	0.97	109	0.04	0.41	6.9	3
H02	金陵科技学院学报	186	0.496	0.041	0.93	135	0.04	0.51	4.8	3
H02	锦州医科大学学报（社会科学版）	604	0.846	0.244	0.97	329	0.06	1.25	3.9	6
H02	晋中学院学报	229	0.287	0.125	0.98	192	0.04	0.73	4.8	3
H02	井冈山大学学报（社会科学版）	366	0.293	0.093	0.92	249	0.12	0.95	8.1	8
H02	景德镇学院学报	363	0.459	0.069	0.98	238	0.02	0.90	4.2	4
H02	九江学院学报（社会科学版）	131	0.139	0.033	0.96	112	0.05	0.43	9.9	2
H02	昆明理工大学学报（社会科学版）	487	1.079	0.259	0.98	368	0.16	1.40	4.4	5
H02	兰州大学学报（社会科学版）	1841	3.210	1.376	0.99	1073	0.53	4.08	4.9	14
H02	兰州文理学院学报（社会科学版）	255	0.339	0.081	0.98	202	0.06	0.77	6.0	4
H02	辽宁工业大学学报（社会科学版）	710	0.744	0.221	0.97	450	0.10	1.71	3.8	6
H02	聊城大学学报（社会科学版）	272	0.307	0.105	0.97	231	0.10	0.88	9.0	3
H02	鲁东大学学报（哲学社会科学版）	247	0.229	0.110	0.98	187	0.10	0.71	≥10	4
H02	洛阳理工学院学报（社会科学版）	218	0.434	0.155	0.96	182	0.05	0.69	5.0	4
H02	闽江学院学报	208	0.239	0.086	0.99	184	0.05	1.23	6.9	3
H02	南昌大学学报（人文社会科学版）	944	2.044	0.500	0.97	645	0.34	2.45	5.7	9
H02	南昌航空大学学报（社会科学版）	169	0.294	0.061	0.94	140	0.08	0.53	5.4	3

学科代码	期刊名称	扩展总被引频次	扩展影响因子	扩展即年指标	扩展他引率	扩展引用刊数	扩展学科影响指标	扩展学科扩散指标	扩展被引半衰期	扩展H指标
H02	南华大学学报（社会科学版）	317	0.428	0.011	0.95	270	0.13	1.03	6.1	4
H02	南京大学学报（哲学·人文科学·社会科学）	1764	2.322	0.321	0.98	970	0.51	3.69	9.2	10
H02	南京工程学院学报（社会科学版）	202	0.542	0.035	0.99	172	0.05	0.65	4.8	4
H02	南京工业大学学报（社会科学版）	858	3.821	0.712	0.96	495	0.26	1.88	3.8	10
H02	南京航空航天大学学报（社会科学版）	266	0.493	0.220	0.98	217	0.06	0.83	5.3	4
H02	南京理工大学学报（社会科学版）	553	1.095	0.338	0.95	375	0.13	1.43	4.6	7
H02	南京林业大学学报（人文社会科学版）	285	0.552	0.162	0.98	214	0.10	0.81	6.4	4
H02	南京农业大学学报（社会科学版）	4058	8.518	1.863	0.97	1076	0.56	4.09	4.3	21
H02	南京晓庄学院学报	335	0.295	0.049	0.96	254	0.05	0.97	7.2	4
H02	南京医科大学学报（社会科学版）	972	1.441	0.583	0.94	384	0.06	1.46	4.6	8
H02	南京邮电大学学报（社会科学版）	263	0.692	0.153	0.94	208	0.11	0.79	5.4	4
H02	南京中医药大学学报（社会科学版）	442	1.117	0.343	0.97	218	0.03	0.83	5.5	6
H02	南开学报（哲学社会科学版）	1643	1.763	0.792	0.99	972	0.49	3.70	6.9	11
H02	南通大学学报（社会科学版）	956	2.000	0.553	0.97	674	0.35	2.56	4.3	9
H02	内蒙古大学学报（哲学社会科学版）	439	0.295	0.069	0.97	319	0.17	1.21	≥10	3
H02	内蒙古民族大学学报（社会科学版）	232	0.263	—	0.96	174	0.06	0.66	8.6	3
H02	宁波大学学报（人文科学版）	362	0.211	0.021	0.98	279	0.14	1.06	9.7	4
H02	宁夏大学学报（人文社会科学版）	545	0.261	0.093	0.97	396	0.16	1.51	9.7	4
H02	萍乡学院学报	234	0.255	—	0.96	180	0.04	1.20	5.4	3
H02	齐齐哈尔大学学报（哲学社会科学版）	1029	0.347	0.111	1.00	619	0.23	2.35	4.5	6
H02	青岛科技大学学报（社会科学版）	233	0.463	0.133	0.98	205	0.10	0.78	4.9	4
H02	青岛农业大学学报（社会科学版）	182	0.316	0.090	0.98	150	0.06	0.57	6.0	3
H02	青海民族大学学报（社会科学版）	501	1.000	0.176	0.93	265	0.17	1.01	6.6	6
H02	清华大学学报（哲学社会科学版）	2057	1.751	0.606	0.99	1068	0.58	4.06	8.3	14
H02	三峡大学学报（人文社会科学版）	464	0.598	0.400	0.94	348	0.11	1.32	5.0	5
H02	山东大学学报（哲学社会科学版）	2028	2.752	2.000	0.98	1064	0.52	4.05	4.9	14
H02	山东科技大学学报（社会科学版）	431	0.827	0.333	0.95	326	0.14	1.24	4.8	6
H02	山东理工大学学报（社会科学版）	320	0.408	0.174	0.98	256	0.09	0.97	6.5	4
H02	山东农业大学学报（社会科学版）	337	0.637	0.049	0.98	267	0.11	1.02	4.8	5
H02	山西大同大学学报（社会科学版）	291	0.316	0.079	0.91	217	0.10	0.83	4.6	4
H02	山西大学学报（哲学社会科学版）	1088	1.714	0.514	0.99	742	0.38	2.82	5.5	9
H02	山西农业大学学报（社会科学版）	498	0.980	0.544	0.98	360	0.16	1.37	5.4	6

2022年中国科技期刊被引指标按类刊名字顺索引(续)

学科代码	期刊名称	扩展总被引频次	扩展影响因子	扩展即年指标	扩展他引率	扩展引用刊数	扩展学科影响指标	扩展学科扩散指标	扩展被引半衰期	扩展H指标
H02	陕西理工大学学报(社会科学版)	295	0.571	0.108	0.85	219	0.13	0.83	5.7	4
H02	汕头大学学报(人文社会科学版)	346	0.168	—	0.95	238	0.10	0.90	7.2	5
H02	上海财经大学学报(哲学社会科学版)	1466	4.924	1.550	0.98	677	0.34	2.57	4.3	13
H02	上海大学学报(社会科学版)	1157	2.352	1.222	0.97	681	0.36	2.59	5.9	10
H02	上海交通大学学报(哲学社会科学版)	1311	3.598	0.494	0.93	817	0.40	3.11	3.9	12
H02	上海理工大学学报(社会科学版)	301	0.729	0.394	0.96	202	0.06	0.77	4.5	5
H02	韶关学院学报	626	0.355	0.068	0.95	424	0.08	1.61	5.8	4
H02	邵阳学院学报(社会科学版)	265	0.377	0.116	0.96	210	0.06	0.80	5.3	4
H02	深圳大学学报(人文社会科学版)	1694	3.385	1.822	0.98	996	0.47	3.79	4.1	13
H02	沈阳大学学报(社会科学版)	423	0.514	0.175	0.96	312	0.08	1.19	5.1	5
H02	沈阳工程学院学报(社会科学版)	400	0.885	0.352	0.72	213	0.04	0.81	3.7	6
H02	沈阳工业大学学报(社会科学版)	322	0.737	0.237	0.73	193	0.08	0.73	4.4	4
H02	沈阳建筑大学学报(社会科学版)	509	0.932	0.198	0.78	260	0.05	0.99	4.8	7
H02	沈阳农业大学学报(社会科学版)	502	0.437	0.016	0.83	314	0.07	1.19	5.9	4
H02	石河子大学学报(哲学社会科学版)	305	0.610	0.158	0.98	252	0.10	0.96	4.5	4
H02	石家庄铁道大学学报(社会科学版)	320	1.204	0.242	0.58	153	0.03	0.58	3.6	5
H02	四川大学学报(哲学社会科学版)	1617	1.573	0.400	0.99	952	0.51	3.62	6.7	10
H02	苏州大学学报(社会科学版)	1917	2.395	0.654	0.98	933	0.52	3.55	6.0	12
H02	苏州科技大学学报(社会科学版)	232	0.427	0.135	0.98	197	0.06	0.75	5.0	3
H02	太原理工大学学报(社会科学版)	197	0.354	0.145	0.98	173	0.08	0.66	5.8	3
H02	太原学院学报(社会科学版)	139	0.220	0.062	0.91	119	0.03	0.45	5.4	2
H02	体育学研究	2567	7.476	3.053	0.93	396	0.13	1.51	4.0	18
H02	天津大学学报(社会科学版)	625	1.043	0.324	0.93	461	0.15	1.75	6.8	6
H02	天津职业院校联合学报	652	0.545	0.030	0.96	303	0.03	1.15	4.2	5
H02	同济大学学报(社会科学版)	1017	1.861	0.389	0.98	643	0.29	2.44	7.1	9
H02	潍坊学院学报	256	0.241	0.025	0.98	216	0.03	0.82	6.0	3
H02	温州大学学报(社会科学版)	205	0.325	0.157	0.96	167	0.09	0.63	6.9	3
H02	五邑大学学报(社会科学版)	153	0.439	0.068	0.95	124	0.05	0.47	4.6	3
H02	武汉大学学报(哲学社会科学版)	2584	4.374	1.052	0.99	1251	0.66	4.76	5.3	15
H02	武汉科技大学学报(社会科学版)	452	0.890	0.273	0.98	379	0.19	1.44	5.2	5
H02	武汉理工大学学报(社会科学版)	727	0.627	0.081	0.99	567	0.21	2.16	7.3	6
H02	西安电子科技大学学报(社会科学版)	334	—	0.103	0.96	277	0.11	1.05	8.1	3
H02	西安建筑科技大学学报(社会科学版)	285	0.525	0.120	0.91	206	0.06	0.78	5.7	5

学科代码	期刊名称	扩展总被引频次	扩展影响因子	扩展即年指标	扩展他引率	扩展引用刊数	扩展学科影响指标	扩展学科扩散指标	扩展被引半衰期	扩展H指标
H02	西安交通大学学报（社会科学版）	2092	4.339	1.918	0.97	1079	0.51	4.10	4.1	15
H02	西安石油大学学报（社会科学版）	262	0.606	0.231	0.82	177	0.06	0.67	3.9	4
H02	西安文理学院学报（社会科学版）	241	0.451	0.122	0.98	205	0.06	0.78	6.5	4
H02	西北大学学报（哲学社会科学版）	1805	2.945	1.229	0.99	1033	0.48	3.93	5.0	13
H02	西北工业大学学报（社会科学版）	414	1.363	0.569	1.00	319	0.14	1.21	4.4	6
H02	西北民族大学学报（哲学社会科学版）	1233	1.653	0.631	0.98	700	0.36	2.66	4.9	9
H02	西北农林科技大学学报（社会科学版）	2869	4.674	1.960	0.97	976	0.49	3.71	4.5	15
H02	西昌学院学报（社会科学版）	289	0.606	0.216	0.98	230	0.09	0.87	4.2	4
H02	西华大学学报（哲学社会科学版）	334	0.725	0.250	1.00	300	0.14	1.14	5.8	5
H02	西南大学学报（社会科学版）	2633	3.150	1.345	0.92	1196	0.50	4.55	5.3	14
H02	西南交通大学学报（社会科学版）	608	0.668	0.205	0.99	484	0.22	1.84	6.7	5
H02	西南科技大学学报（哲学社会科学版）	284	0.514	0.094	0.94	232	0.09	0.88	5.6	3
H02	西南民族大学学报（人文社科版）	5515	2.406	0.900	0.98	1799	0.78	6.84	5.1	17
H02	西南石油大学学报（社会科学版）	303	0.687	0.185	0.98	255	0.10	0.97	4.2	5
H02	西藏大学学报（社会科学版）	639	0.826	0.059	0.92	330	0.11	1.25	5.7	6
H02	厦门大学学报（哲学社会科学版）	1759	1.895	0.852	0.98	977	0.49	3.71	7.3	11
H02	湘南学院学报	288	0.366	0.100	0.94	226	0.06	0.86	4.7	4
H02	湘潭大学学报（哲学社会科学版）	1626	1.337	0.370	0.98	990	0.50	3.76	5.3	10
H02	新疆大学学报（哲学社会科学版）	808	0.876	0.299	0.94	531	0.31	2.02	6.4	6
H02	徐州工程学院学报（社会科学版）	175	0.391	0.039	0.94	146	0.06	0.56	5.4	4
H02	烟台大学学报（哲学社会科学版）	472	0.539	0.042	0.97	346	0.22	1.32	9.6	5
H02	燕山大学学报（哲学社会科学版）	302	0.533	0.165	0.96	229	0.12	0.87	6.2	5
H02	延安大学学报（社会科学版）	418	0.385	0.114	0.94	308	0.10	1.17	6.9	4
H02	延边大学学报（社会科学版）	469	0.730	0.163	0.99	358	0.16	1.36	5.2	6
H02	盐城工学院学报（社会科学版）	173	0.344	0.070	0.97	135	0.05	0.51	3.8	3
H02	扬州大学学报（人文社会科学版）	636	1.828	0.393	0.99	455	0.25	1.73	5.2	6
H02	应用型高等教育研究	248	0.714	0.123	0.94	183	0.06	0.70	6.7	4
H02	榆林学院学报	352	0.441	0.239	0.98	276	0.03	1.05	4.0	4
H02	云南大学学报（社会科学版）	545	0.891	0.279	0.97	402	0.27	1.53	5.0	6
H02	云南民族大学学报（哲学社会科学版）	1903	3.180	1.049	0.95	866	0.42	3.29	4.5	13
H02	云南农业大学学报	774	1.139	0.785	0.97	479	0.13	1.82	3.6	7
H02	肇庆学院学报	232	0.262	0.154	0.99	184	0.03	0.70	5.2	3
H02	浙江大学学报（人文社会科学版）	2202	1.394	0.331	0.98	1227	0.60	4.67	9.6	11

2022 年中国科技期刊被引指标按类刊名字顺索引(续)

学科代码	期刊名称	扩展总被引频次	扩展影响因子	扩展即年指标	扩展他引率	扩展引用刊数	扩展学科影响指标	扩展学科扩散指标	扩展被引半衰期	扩展H指标
H02	浙江工业大学学报(社会科学版)	388	0.910	0.219	0.98	315	0.14	1.20	4.8	6
H02	浙江海洋大学学报(人文科学版)	274	0.500	0.057	0.89	196	0.07	0.75	4.8	4
H02	浙江理工大学学报(社会科学版)	415	0.989	0.275	0.96	304	0.10	1.16	4.0	6
H02	浙江树人大学学报	408	1.131	0.283	0.94	272	0.05	1.03	3.8	5
H02	郑州大学学报(哲学社会科学版)	1431	1.208	0.220	0.99	881	0.46	3.35	7.5	8
H02	郑州航空工业管理学院学报(社会科学版)	224	0.240	—	0.94	177	0.04	0.67	8.7	2
H02	郑州轻工业大学学报(社会科学版)	258	0.407	0.075	0.98	207	0.05	0.79	5.7	4
H02	中北大学学报(社会科学版)	358	0.505	0.225	0.93	261	0.11	0.99	3.9	5
H02	中国地质大学学报(社会科学版)	1643	2.760	0.554	0.98	859	0.41	3.27	5.9	11
H02	中国海洋大学学报(社会科学版)	943	1.365	0.362	0.94	514	0.25	1.95	6.5	6
H02	中国矿业大学学报(社会科学版)	583	2.086	0.679	0.96	437	0.22	1.66	3.4	8
H02	中国农业大学学报(社会科学版)	1975	2.848	0.452	0.97	811	0.44	3.08	5.6	14
H02	中国人民大学学报	3232	2.819	0.921	0.99	1400	0.69	5.32	7.7	18
H02	中国人民公安大学学报(社会科学版)	1617	2.143	0.242	0.94	437	0.24	1.66	6.5	10
H02	中国社会科学院大学学报	942	1.391	0.447	0.99	679	0.33	2.58	6.6	8
H02	中国石油大学学报(社会科学版)	490	0.873	0.181	0.88	348	0.15	1.32	5.6	5
H02	中南大学学报(社会科学版)	1439	1.897	0.523	0.95	897	0.47	3.41	5.5	11
H02	中南林业科技大学学报(社会科学版)	916	2.219	0.329	0.78	453	0.14	1.72	4.2	7
H02	中南民族大学学报(人文社会科学版)	2804	2.348	0.796	0.96	1113	0.59	4.23	4.7	12
H02	中山大学学报(社会科学版)	1735	1.164	0.288	0.99	938	0.51	3.57	≥10	10
H02	中央民族大学学报(哲学社会科学版)	1736	2.158	0.670	0.97	706	0.35	2.68	7.3	10
H03	阿坝师范学院学报	191	0.489	0.129	0.96	153	0.11	1.70	5.0	3
H03	安徽师范大学学报(人文社会科学版)	908	1.347	0.217	0.98	631	0.39	7.01	5.8	7
H03	安庆师范大学学报(社会科学版)	339	0.338	0.051	0.98	265	0.27	2.94	8.2	4
H03	安阳师范学院学报	401	0.412	0.133	0.97	287	0.14	3.19	4.4	5
H03	鞍山师范学院学报	376	0.519	0.023	0.89	266	0.10	2.96	5.1	4
H03	北京师范大学学报(社会科学版)	2936	2.006	0.588	0.99	1338	0.72	14.87	≥10	16
H03	沧州师范学院学报	249	0.402	0.168	0.95	203	0.10	2.26	4.4	4
H03	长春师范大学学报	936	0.701	0.112	0.99	542	0.09	7.13	4.0	5
H03	长江师范学院学报	336	0.600	0.299	0.98	240	0.08	1.48	4.8	4
H03	成都师范学院学报	888	0.746	0.559	0.83	435	0.24	4.83	4.2	6
H03	重庆第二师范学院学报	350	0.412	0.101	0.99	261	0.21	2.90	4.8	4

学科代码	期刊名称	扩展总被引频次	扩展影响因子	扩展即年指标	扩展他引率	扩展引用刊数	扩展学科影响指标	扩展学科扩散指标	扩展被引半衰期	扩展H指标
H03	重庆师范大学学报（社会科学版）	278	0.493	0.078	0.98	224	0.08	2.95	7.4	4
H03	楚雄师范学院学报	273	0.278	0.092	0.96	214	0.07	2.38	6.7	3
H03	大庆师范学院学报	344	0.454	0.609	0.97	262	0.13	2.91	5.2	3
H03	东北师大学报（哲学社会科学版）	2225	1.886	0.651	0.99	1146	0.28	15.08	6.7	11
H03	福建技术师范学院学报	278	0.557	0.070	0.99	212	0.12	2.36	4.5	4
H03	福建师范大学学报（哲学社会科学版）	1647	3.043	1.172	0.98	985	0.49	10.94	4.5	11
H03	阜阳师范大学学报（社会科学版）	311	0.231	0.045	0.90	225	0.18	2.50	7.4	3
H03	赣南师范大学学报	462	0.457	0.103	0.93	340	0.17	3.78	6.2	4
H03	广东第二师范学院学报	273	0.516	0.148	0.97	216	0.16	2.40	6.6	5
H03	广东技术师范大学学报	353	0.445	0.113	0.97	271	0.14	3.01	6.6	4
H03	广西科技师范学院学报	365	0.336	0.035	0.97	246	0.16	2.73	5.1	5
H03	广西民族师范学院学报	382	0.338	0.018	0.96	258	0.11	2.87	5.6	3
H03	广西师范大学学报（哲学社会科学版）	1136	3.362	1.423	0.98	732	0.17	9.63	4.0	11
H03	贵州师范大学学报（社会科学版）	834	1.303	1.207	0.97	564	0.33	6.27	4.5	8
H03	贵州师范学院学报	465	0.538	0.186	0.97	326	0.08	4.29	5.8	4
H03	桂林师范高等专科学校学报	340	0.411	0.095	0.99	240	0.09	2.67	4.6	4
H03	海南师范大学学报（社会科学版）	394	0.458	0.143	0.98	296	0.04	3.89	9.2	4
H03	韩山师范学院学报	189	0.239	0.067	0.89	147	0.08	1.63	7.1	4
H03	汉江师范学院学报	273	0.356	0.087	0.94	203	0.12	2.26	4.3	3
H03	杭州师范大学学报（社会科学版）	777	1.364	0.143	0.99	554	0.14	7.29	7.1	7
H03	合肥师范学院学报	434	0.363	0.024	0.97	327	0.13	3.63	5.5	3
H03	和田师范专科学校学报	239	0.284	0.093	1.00	167	0.10	1.86	7.4	3
H03	河北科技师范学院学报	362	0.663	0.060	0.93	206	0.02	2.29	8.2	5
H03	河北民族师范学院学报	188	0.364	0.105	0.97	148	0.03	1.64	5.9	3
H03	河北师范大学学报（哲学社会科学版）	461	0.330	0.158	0.98	363	0.07	4.78	≥10	4
H03	河南师范大学学报（哲学社会科学版）	1502	1.635	0.588	0.98	935	0.42	10.39	6.2	10
H03	衡阳师范学院学报	369	0.294	0.064	0.96	278	0.13	3.09	7.7	3
H03	湖北第二师范学院学报	616	0.425	0.061	0.98	401	0.05	5.28	5.0	4
H03	湖北师范大学学报（哲学社会科学版）	601	0.713	0.178	0.98	427	0.26	4.74	4.3	7
H03	湖南第一师范学院学报	354	0.464	0.056	0.96	240	0.16	2.67	5.0	4
H03	湖南师范大学社会科学学报	1602	2.231	0.391	0.99	927	0.41	10.30	5.9	11
H03	湖州师范学院学报	573	0.394	0.082	0.84	376	0.14	4.18	5.1	4
H03	华东师范大学学报（哲学社会科学版）	1430	1.454	0.612	0.99	864	0.36	9.60	6.7	9

2022年中国科技期刊被引指标按类刊名字顺索引(续)

学科代码	期刊名称	扩展总被引频次	扩展影响因子	扩展即年指标	扩展他引率	扩展引用刊数	扩展学科影响指标	扩展学科扩散指标	扩展被引半衰期	扩展H指标
H03	华南师范大学学报（社会科学版）	1922	2.646	1.111	0.99	1152	0.48	12.80	5.6	14
H03	华中师范大学学报（人文社会科学版）	2927	2.129	0.798	0.99	1342	0.69	14.91	9.0	16
H03	淮北师范大学学报（哲学社会科学版）	402	0.502	0.046	0.95	293	0.11	3.86	7.7	5
H03	淮南师范学院学报	384	0.392	0.108	0.99	302	0.12	3.36	4.9	4
H03	淮阴师范学院学报（哲学社会科学版）	230	0.210	0.048	0.96	184	0.09	2.04	≥10	3
H03	黄冈师范学院学报	447	0.446	0.107	0.89	301	0.13	3.34	4.7	4
H03	吉林工程技术师范学院学报	815	0.573	0.061	0.99	408	0.11	4.53	3.9	5
H03	吉林师范大学学报（人文社会科学版）	418	0.542	0.136	0.95	308	0.13	4.05	7.4	5
H03	集宁师范学院学报	218	0.261	0.093	0.98	182	0.06	2.02	4.5	3
H03	江苏第二师范学院学报	412	0.249	0.067	0.99	306	0.19	3.40	9.0	4
H03	江苏师范大学学报（哲学社会科学版）	597	0.651	0.190	0.99	439	0.16	5.78	9.6	6
H03	江西师范大学学报（哲学社会科学版）	1023	1.579	0.449	0.99	646	0.16	8.50	5.3	8
H03	焦作师范高等专科学校学报	106	0.292	0.051	0.99	90	0.02	1.00	4.6	2
H03	喀什大学学报	287	0.387	0.048	0.96	228	0.08	2.53	5.1	4
H03	廊坊师范学院学报（社会科学版）	134	0.152	0.015	0.94	115	0.04	1.28	9.2	4
H03	乐山师范学院学报	503	0.244	0.089	0.94	360	0.20	4.00	6.7	3
H03	连云港师范高等专科学校学报	150	0.302	0.012	0.93	122	0.12	1.36	4.9	3
H03	辽宁师范大学学报（社会科学版）	591	0.615	0.124	0.97	440	0.18	5.79	7.3	5
H03	辽宁师专学报（社会科学版）	562	0.459	0.138	0.98	277	0.09	3.08	3.4	4
H03	岭南师范学院学报	284	0.354	0.099	0.96	223	0.07	2.48	6.8	3
H03	六盘水师范学院学报	336	0.594	0.139	0.61	171	0.11	1.90	4.4	5
H03	洛阳师范学院学报	590	0.406	0.105	0.98	419	0.21	4.66	5.0	5
H03	绵阳师范学院学报	579	0.289	0.068	0.98	415	0.16	4.61	5.4	5
H03	闽南师范大学学报（哲学社会科学版）	297	0.391	0.042	0.99	222	0.10	2.47	5.1	4
H03	牡丹江师范学院学报（哲学社会科学版）	343	0.643	0.317	0.64	174	0.09	1.93	5.0	4
H03	南昌师范学院学报	499	0.516	0.140	0.87	303	0.13	3.37	4.8	4
H03	南京大学报（社会科学版）	1823	2.827	0.758	0.99	1026	0.24	13.50	6.6	12
H03	南京师范大学文学院学报	330	0.209	0.052	0.98	245	0.18	2.72	≥10	4
H03	南宁师范大学学报（哲学社会科学版）	283	1.333	0.407	0.92	188	0.10	2.09	3.3	7
H03	南阳师范学院学报	419	0.685	0.222	0.88	306	0.22	3.40	6.9	4
H03	内江师范学院学报	768	0.507	0.185	0.79	469	0.22	5.21	4.9	4
H03	内蒙古师范大学学报（哲学社会科学版）	393	0.220	0.022	0.98	271	0.12	3.57	≥10	4
H03	宁德师范学院学报（哲学社会科学版）	202	0.489	0.136	0.95	150	0.11	1.67	4.2	4

学科代码	期刊名称	扩展总被引频次	扩展影响因子	扩展即年指标	扩展他引率	扩展引用刊数	扩展学科影响指标	扩展学科扩散指标	扩展被引半衰期	扩展H指标
H03	宁夏师范学院学报	394	0.277	0.066	0.97	287	0.13	3.19	5.6	3
H03	齐鲁师范学院学报	567	0.738	0.485	0.78	309	0.17	3.43	4.5	6
H03	齐齐哈尔师范高等专科学校学报	481	0.362	0.065	0.99	250	0.10	2.78	3.9	4
H03	黔南民族师范学院学报	253	0.278	0.067	0.96	193	0.07	2.14	5.2	3
H03	青海师范大学学报（哲学社会科学版）	357	0.231	0.007	0.98	269	0.13	2.99	8.5	3
H03	曲靖师范学院学报	269	0.318	0.143	0.96	209	0.08	2.32	4.9	4
H03	泉州师范学院学报	264	0.362	0.029	0.95	218	0.06	2.42	5.9	3
H03	山东师范大学学报（社会科学版）	925	—	0.253	0.99	625	0.20	8.22	8.9	8
H03	山西师大学报（社会科学版）	774	0.945	0.432	0.99	593	0.13	7.80	9.3	6
H03	陕西师范大学学报（哲学社会科学版）	1787	2.432	1.337	0.96	1016	0.49	11.29	5.8	11
H03	陕西学前师范学院学报	944	0.906	0.241	0.80	358	0.29	3.98	4.2	5
H03	商丘师范学院学报	517	0.342	0.173	0.94	367	0.17	4.08	4.8	4
H03	上海师范大学学报（哲学社会科学版）	1242	1.877	0.500	0.98	808	0.37	8.98	6.2	10
H03	上饶师范学院学报	227	0.290	0.010	0.97	198	0.12	2.20	5.7	3
H03	沈阳师范大学学报（社会科学版）	505	—	0.206	0.99	380	0.28	4.22	7.6	5
H03	首都师范大学学报（社会科学版）	1342	1.041	0.235	0.99	853	0.24	11.22	7.9	10
H03	四川师范大学学报（社会科学版）	1511	1.817	0.653	0.97	915	0.26	12.04	5.0	11
H03	唐山师范学院学报	402	0.295	0.031	0.92	317	0.17	3.52	6.9	3
H03	天津师范大学学报（基础教育版）	844	2.573	1.571	0.84	329	0.23	3.66	3.3	9
H03	天津师范大学学报（社会科学版）	932	1.727	1.325	0.96	597	0.16	7.86	3.5	9
H03	天水师范学院学报	295	0.229	0.172	0.91	216	0.08	2.40	7.8	3
H03	通化师范学院学报	839	0.600	0.203	0.97	529	0.28	5.88	4.2	6
H03	渭南师范学院学报	428	0.363	0.126	0.97	324	0.17	3.60	5.9	5
H03	西北师大学报（社会科学版）	2002	3.508	1.543	0.98	1054	0.26	13.87	4.8	13
H03	西华师范大学学报（哲学社会科学版）	439	0.529	0.573	0.92	315	0.09	4.14	6.3	5
H03	咸阳师范学院学报	289	0.220	0.036	0.88	214	0.11	2.38	8.3	2
H03	忻州师范学院学报	282	0.371	0.050	0.97	225	0.07	2.96	4.5	4
H03	新疆师范大学学报（哲学社会科学版）	3546	9.027	10.938	0.97	1486	0.56	16.51	3.4	22
H03	信阳师范学院学报（哲学社会科学版）	500	0.551	0.236	0.97	343	0.23	3.81	5.4	4
H03	兴义民族师范学院学报	286	0.378	0.063	0.90	194	0.12	2.16	4.9	4
H03	盐城师范学院学报（人文社会科学版）	299	0.424	0.170	0.93	223	0.14	2.48	6.0	4
H03	伊犁师范大学学报	118	0.264	—	0.99	99	0.07	1.10	9.4	3
H03	玉林师范学院学报	238	—	0.030	0.98	204	0.12	2.27	7.1	3

2022年中国科技期刊被引指标按类刊名字顺索引(续)

学科代码	期刊名称	扩展总被引频次	扩展影响因子	扩展即年指标	扩展他引率	扩展引用刊数	扩展学科影响指标	扩展学科扩散指标	扩展被引半衰期	扩展H指标
H03	豫章师范学院学报	248	0.631	0.179	0.96	169	0.09	1.88	2.8	4
H03	云南师范大学学报（哲学社会科学版）	1788	3.127	0.906	0.96	878	0.24	11.55	5.2	12
H03	浙江师范大学学报（社会科学版）	559	0.595	0.123	0.98	407	0.12	5.36	9.2	5
H03	周口师范学院学报	292	0.168	0.034	0.97	241	0.07	2.68	6.2	3
H03	遵义师范学院学报	851	0.685	0.083	0.76	401	0.24	4.46	4.5	5
J01	高校马克思主义理论研究	163	0.481	0.101	0.99	136	0.36	12.36	4.0	3
J01	理论探讨	2351	2.973	1.059	0.98	1080	0.73	98.18	4.6	14
J01	理论与改革	1793	3.444	1.974	0.99	885	0.64	80.45	4.9	13
J01	马克思主义理论学科研究	817	—	0.673	0.99	451	1.00	41.00	3.0	9
J01	马克思主义研究	3609	3.121	1.033	0.96	1048	1.00	95.27	4.9	17
J01	马克思主义与现实	2553	1.973	0.480	0.99	1034	1.00	94.00	6.6	16
J01	毛泽东邓小平理论研究	1304	1.112	0.182	0.98	718	1.00	65.27	5.8	8
J01	毛泽东思想研究	532	0.457	0.083	0.97	344	0.45	31.27	7.6	4
J01	毛泽东研究	215	0.757	0.169	0.90	138	0.45	12.55	3.1	5
J01	社会主义研究	1973	1.943	0.419	0.98	862	0.73	78.36	5.4	12
J02	Frontiers of Philosophy in China	13	—	—	0.92	12	0.24	0.71	≥10	1
J02	管子学刊	313	0.391	0.243	0.97	180	0.47	10.59	≥10	3
J02	科学技术哲学研究	788	0.671	0.171	0.97	478	0.47	28.12	8.7	6
J02	科学与无神论	158	0.400	0.015	0.30	41	0.06	2.41	5.5	3
J02	孔子研究	588	0.465	0.045	0.95	327	0.59	19.24	≥10	4
J02	伦理学研究	842	0.685	0.138	0.97	534	0.53	31.41	6.8	7
J02	世界哲学	845	0.715	0.180	0.98	443	0.88	26.06	≥10	8
J02	系统科学学报	938	1.324	0.798	0.83	554	0.12	32.59	5.0	7
J02	现代哲学	608	0.540	0.157	0.99	408	1.00	24.00	7.6	6
J02	学海	2066	1.396	0.581	0.98	971	0.41	57.12	6.3	12
J02	哲学动态	1456	0.688	0.169	0.97	683	1.00	40.18	8.5	8
J02	哲学分析	426	0.645	0.364	0.94	278	0.71	16.35	5.4	6
J02	哲学研究	3450	1.695	0.562	0.99	1091	1.00	64.18	≥10	14
J02	中国哲学史	710	0.656	0.110	0.96	320	0.65	18.82	≥10	5
J02	周易研究	335	0.292	0.027	0.82	161	0.41	9.47	≥10	4
J02	自然辩证法研究	2425	0.866	0.207	0.95	1026	0.71	60.35	8.6	10
J03	法音	159	0.076	0.010	0.87	87	0.60	8.70	≥10	2
J03	世界宗教文化	353	0.315	0.054	0.88	174	0.80	17.40	6.0	4

学科代码	期刊名称	扩展总被引频次	扩展影响因子	扩展即年指标	扩展他引率	扩展引用刊数	扩展学科影响指标	扩展学科扩散指标	扩展被引半衰期	扩展H指标
J03	世界宗教研究	651	0.324	0.052	0.92	271	0.80	27.10	≥10	5
J03	天风	40	0.007	—	0.90	15	0.30	1.50	≥10	2
J03	五台山研究	96	0.183	—	0.95	64	0.60	6.40	≥10	2
J03	中国道教	152	0.094	—	0.91	87	0.40	8.70	≥10	3
J03	中国穆斯林	104	0.100	0.022	0.64	33	0.30	3.30	8.2	3
J03	中国宗教	242	0.108	0.033	1.00	128	0.70	12.80	5.9	3
J03	宗教学研究	599	0.236	0.038	0.88	265	0.70	26.50	≥10	4
K01	辞书研究	524	0.490	0.208	0.87	186	0.52	3.32	≥10	5
K01	当代外语研究	936	1.958	0.972	0.86	353	0.41	6.30	4.5	11
K01	当代修辞学	994	1.440	0.286	0.91	325	0.64	5.80	9.7	9
K01	当代语言学	833	0.750	0.070	0.95	253	0.71	4.52	≥10	9
K01	东北亚外语研究	164	0.528	0.136	0.79	96	0.11	1.71	5.8	4
K01	方言	1125	0.402	0.019	0.86	216	0.48	3.86	≥10	7
K01	古汉语研究	485	0.301	—	0.94	182	0.43	3.25	≥10	4
K01	国际汉学	252	0.357	0.051	0.83	144	0.20	2.57	5.5	3
K01	国际汉语教学研究	284	1.447	0.310	0.83	85	0.20	1.52	3.9	6
K01	国家通用语言文字教学与研究	168	0.031	0.040	0.98	70	0.07	1.25	2.9	2
K01	海外英语	1097	0.171	0.037	0.91	303	0.27	5.41	3.9	4
K01	汉语学报	474	1.308	0.182	0.93	155	0.48	2.77	8.4	7
K01	汉语学习	1232	0.780	0.179	0.94	292	0.59	5.21	≥10	6
K01	汉语言文学研究	120	0.206	0.056	0.98	87	0.07	1.55	6.6	3
K01	汉字汉语研究	159	0.224	—	0.98	102	0.25	1.82	6.9	3
K01	课外语文	539	0.176	0.079	0.99	111	0.16	1.98	3.6	3
K01	满语研究	136	0.176	0.023	0.90	70	0.16	1.25	≥10	2
K01	民族语文	671	0.300	0.086	0.79	147	0.39	2.62	≥10	4
K01	上海翻译	1799	1.986	0.643	0.90	398	0.30	7.11	6.6	10
K01	世界汉语教学	1839	1.946	0.450	0.96	382	0.75	6.82	≥10	12
K01	外语电化教学	2515	—	0.858	0.93	567	0.46	10.12	4.9	15
K01	外语与翻译	176	0.556	0.130	0.93	110	0.21	1.96	4.5	3
K01	现代语文	374	0.083	0.030	0.95	234	0.50	4.18	9.0	2
K01	英语广场	679	0.528	0.076	0.90	209	0.18	3.73	3.2	3
K01	英语学习	540	0.599	0.257	0.91	109	0.14	1.95	4.8	8
K01	语文建设	2748	0.632	0.251	0.96	494	0.80	8.82	5.0	9

学科代码	期刊名称	扩展总被引频次	扩展影响因子	扩展即年指标	扩展他引率	扩展引用刊数	扩展学科影响指标	扩展学科扩散指标	扩展被引半衰期	扩展H指标
K01	语文教学通讯·D刊（学术刊）	659	—	0.108	0.97	138	0.20	2.46	4.1	5
K01	语文教学之友	136	0.114	0.112	0.88	54	0.20	0.96	3.3	2
K01	语文天地	137	0.064	0.026	1.00	60	0.16	1.07	4.0	2
K01	语文研究	669	0.631	0.121	0.95	223	0.59	3.98	≥10	6
K01	语言教学与研究	2158	2.062	0.229	0.95	453	0.73	8.09	≥10	10
K01	语言科学	801	0.525	0.019	0.97	253	0.62	4.52	≥10	7
K01	语言文字应用	1608	2.652	0.554	0.96	460	0.70	8.21	≥10	10
K01	语言研究	1019	0.274	0.046	0.96	280	0.57	5.00	≥10	7
K01	语言战略研究	719	1.853	0.740	0.88	267	0.50	4.77	4.0	9
K01	云南师范大学学报（对外汉语教学与研究版）	543	1.065	0.355	0.84	204	0.45	3.64	8.3	4
K01	中国翻译	3965	1.713	0.193	0.95	611	0.45	10.91	≥10	15
K01	中国科技翻译	720	0.712	0.118	0.92	248	0.30	4.43	≥10	7
K01	中国文学研究	413	0.440	0.086	0.98	278	0.25	4.96	9.6	3
K01	中国语文	3009	0.976	0.156	0.94	389	0.68	6.95	≥10	13
K03	北京第二外国语学院学报	805	1.381	0.379	0.93	383	0.70	12.77	9.2	7
K03	广东外语外贸大学学报	445	0.553	0.217	0.76	232	0.27	21.09	7.0	4
K03	基础外语教育	366	0.341	0.143	0.95	128	0.23	4.27	6.6	4
K03	解放军外国语学院学报	1488	1.123	0.167	0.96	467	0.83	15.57	9.4	8
K03	日语学习与研究	315	—	0.100	0.70	136	0.37	4.53	7.5	3
K03	山东外语教学	1011	1.441	0.288	0.92	399	0.80	13.30	7.9	7
K03	天津外国语大学学报	535	1.113	0.233	0.97	259	0.70	8.63	4.9	7
K03	外国语	1907	2.596	0.256	0.94	516	0.87	17.20	9.9	11
K03	外国语文	1421	1.300	0.100	0.93	466	0.80	15.53	7.9	10
K03	外国语言文学	237	—	0.057	0.97	146	0.43	4.87	≥10	4
K03	外语测试与教学	187	—	0.097	0.82	75	0.37	2.50	5.3	4
K03	外语教学	2632	2.921	0.592	0.97	611	0.87	20.37	6.5	14
K03	外语教学理论与实践	1045	1.696	0.212	0.95	354	0.87	11.80	8.2	8
K03	外语教学与研究	3283	1.435	0.357	0.97	661	0.87	22.03	≥10	16
K03	外语教育研究前沿	720	3.898	0.882	0.96	273	0.63	9.10	3.7	12
K03	外语界	3551	6.452	0.611	0.96	617	0.80	20.57	7.4	18
K03	外语学刊	1721	1.225	0.318	0.96	569	0.87	18.97	9.5	9
K03	外语研究	1654	1.306	0.228	0.97	512	0.87	17.07	≥10	12

学科代码	期刊名称	扩展总被引频次	扩展影响因子	扩展即年指标	扩展他引率	扩展引用刊数	扩展学科影响指标	扩展学科扩散指标	扩展被引半衰期	扩展H指标
K03	外语与外语教学	2413	2.140	0.365	0.94	595	0.87	19.83	≥10	11
K03	西安外国语大学学报	838	1.142	0.283	0.96	353	0.77	11.77	6.2	7
K03	现代外语	2214	1.642	0.635	0.94	461	0.87	15.37	7.1	16
K03	现代英语	316	0.141	0.054	0.88	132	0.10	4.40	2.9	3
K03	新东方	173	—	0.078	0.98	123	0.03	4.10	≥10	3
K03	中国俄语教学	195	0.524	—	0.78	92	0.37	3.07	9.4	3
K03	中国外语	3300	7.160	0.667	0.97	646	0.87	21.53	5.2	21
K04	Frontiers of Literary Studies in China	21	—	—	1.00	8	0.02	0.07	7.8	1
K04	边疆文学	13	—	—	1.00	9	0.04	0.08	≥10	1
K04	曹雪芹研究	119	0.250	0.034	0.83	42	0.08	0.39	5.4	3
K04	长江学术	186	0.381	0.176	0.95	135	0.15	1.26	9.8	3
K04	大观	1136	0.414	0.250	0.99	294	0.12	2.75	3.3	3
K04	大众文艺	4909	0.271	0.117	0.98	860	0.24	8.04	5.0	6
K04	当代长篇小说选刊	15	0.200	0.077	1.00	11	0.04	0.10	7.4	2
K04	当代人	39	0.008	—	1.00	38	0.04	0.36	8.5	1
K04	当代文坛	904	0.554	0.178	0.95	400	0.32	3.74	7.1	6
K04	当代作家评论	1076	0.376	0.068	0.95	334	0.36	3.12	≥10	6
K04	杜甫研究学刊	218	0.516	—	0.53	73	0.10	0.68	9.7	3
K04	国学学刊	113	0.193	0.105	0.90	88	0.07	0.82	6.7	3
K04	海峡人文学刊	13	—	0.074	0.92	11	0.02	0.10	2.2	2
K04	红楼梦学刊	677	0.320	0.041	0.71	175	0.21	1.64	≥10	4
K04	华文文学	174	0.153	—	0.86	100	0.19	0.93	≥10	3
K04	黄河之声	2085	0.201	0.025	0.85	267	0.13	2.50	4.4	4
K04	家庭科技	66	0.091	0.017	1.00	61	—	0.57	3.2	2
K04	剧作家	80	0.084	0.030	0.91	45	0.04	0.42	4.8	2
K04	鲁迅研究月刊	698	0.336	0.060	0.84	213	0.26	1.99	≥10	4
K04	芒种	164	0.067	0.023	0.96	95	0.16	0.89	8.5	2
K04	民族文学研究	707	0.486	0.089	0.80	272	0.23	2.54	≥10	5
K04	名作欣赏	1123	0.521	0.129	0.99	452	0.33	4.22	5.9	3
K04	明清小说研究	356	0.228	0.028	0.89	177	0.18	1.65	≥10	3
K04	南方文坛	792	0.449	0.175	0.95	282	0.31	2.64	8.5	5
K04	南腔北调	23	0.075	0.016	0.87	19	0.03	0.18	3.2	1
K04	青海湖	9	0.003	—	1.00	7	0.01	0.07	≥10	1

2022 年中国科技期刊被引指标按类刊名字顺索引(续)

学科代码	期刊名称	扩展总被引频次	扩展影响因子	扩展即年指标	扩展他引率	扩展引用刊数	扩展学科影响指标	扩展学科扩散指标	扩展被引半衰期	扩展H指标
K04	青年记者	4422	0.721	0.235	0.92	856	0.10	8.00	3.8	9
K04	山西青年	1978	0.193	0.116	0.98	565	0.12	5.28	3.3	4
K04	山西文学	27	0.021	—	1.00	20	0.07	0.19	≥10	1
K04	参花	901	0.149	0.073	0.92	225	0.13	2.10	3.0	4
K04	丝绸之路	298	0.133	0.026	0.96	176	0.06	1.64	≥10	3
K04	文学评论	2876	1.237	0.378	0.98	699	0.49	6.53	≥10	10
K04	文学遗产	1470	0.548	0.157	0.95	490	0.32	4.58	≥10	6
K04	文学与文化	122	0.206	—	0.99	100	0.15	0.93	7.5	3
K04	文艺研究	2836	1.300	0.174	0.98	774	0.47	7.23	≥10	10
K04	武汉文史资料	80	0.016	—	1.00	59	0.03	0.55	≥10	2
K04	戏剧文学	427	0.226	0.052	0.95	175	0.15	1.64	7.0	3
K04	小说评论	746	0.426	0.131	0.95	284	0.34	2.65	9.3	5
K04	校园心理	239	0.291	0.075	0.94	164	0.04	1.53	4.3	3
K04	新文学史料	582	0.250	0.055	0.94	213	0.27	1.99	≥10	4
K04	扬子江文学评论	274	0.380	0.159	0.96	129	0.22	1.21	5.4	4
K04	中国比较文学	603	0.779	0.190	0.96	288	0.29	2.69	≥10	6
K04	中国当代文学研究	250	0.537	0.114	0.96	117	0.21	1.09	3.1	4
K04	中国文学批评	257	0.917	0.101	0.90	155	0.23	1.45	3.8	5
K04	中国文艺评论	628	1.123	0.542	0.91	266	0.24	2.49	3.2	7
K04	中国现代文学研究丛刊	1423	0.600	0.222	0.94	414	0.38	3.87	9.0	7
K04	中国韵文学刊	141	0.087	—	0.96	94	0.15	0.88	≥10	2
K04	紫禁城	349	—	0.010	1.00	157	0.05	1.47	≥10	4
K05	International Comparative Literature	39	0.232	—	0.69	22	0.09	2.00	3.6	2
K05	当代外国文学	447	0.390	—	0.96	208	0.82	18.91	9.6	5
K05	俄罗斯文艺	195	0.179	0.073	0.90	111	0.64	10.09	9.9	3
K05	国外文学	317	0.206	0.049	0.99	192	0.64	17.45	≥10	4
K05	世界华文文学论坛	98	0.180	0.018	0.84	58	0.18	5.27	9.0	2
K05	外国文学	969	0.571	0.139	0.98	416	1.00	37.82	≥10	9
K05	外国文学动态研究	164	0.240	0.022	0.93	108	0.55	9.82	6.8	3
K05	外国文学评论	603	0.369	0.049	0.98	305	0.91	27.73	≥10	5
K05	外国文学研究	884	0.691	0.079	0.98	339	1.00	30.82	≥10	6
K05	外文研究	129	0.311	0.017	0.95	98	0.27	8.91	6.0	3
K06	北京电影学院学报	1063	1.149	0.271	0.93	262	0.45	2.15	4.9	8

学科代码	期刊名称	扩展总被引频次	扩展影响因子	扩展即年指标	扩展他引率	扩展引用刊数	扩展学科影响指标	扩展学科扩散指标	扩展被引半衰期	扩展H指标
K06	北京舞蹈学院学报	870	—	0.140	0.84	209	0.41	1.71	6.2	6
K06	大舞台	602	0.124	0.052	1.00	228	0.34	1.87	≥10	3
K06	大学书法	45	—	—	0.51	18	0.07	0.15	—	2
K06	当代电影	3434	1.459	0.410	0.93	478	0.56	3.92	6.2	14
K06	当代动画	158	—	0.333	0.91	73	0.18	0.60	2.9	4
K06	当代美术家	77	0.136	0.083	0.81	43	0.14	0.35	4.1	2
K06	当代戏剧	163	0.199	0.054	0.98	77	0.23	0.63	8.6	2
K06	当代音乐	970	0.258	0.108	0.93	185	0.26	1.52	3.8	5
K06	电影评介	1340	0.330	0.022	0.86	355	0.44	2.91	5.7	4
K06	电影文学	2130	0.345	0.101	0.87	423	0.42	3.47	5.2	5
K06	电影新作	476	0.657	0.167	0.95	153	0.34	1.25	4.2	5
K06	电影艺术	2101	1.868	1.191	0.96	319	0.41	2.61	6.3	11
K06	雕塑	195	0.223	0.089	0.91	94	0.20	0.77	6.5	3
K06	东方艺术	202	0.112	0.090	0.97	120	0.35	0.98	≥10	3
K06	福建艺术	145	0.112	0.014	0.99	84	0.30	0.69	9.9	2
K06	歌海	221	0.223	0.050	0.91	101	0.25	0.83	6.2	3
K06	公共艺术	188	0.509	0.012	0.82	97	0.23	0.80	4.5	4
K06	贵州大学学报（艺术版）	227	0.343	0.115	1.00	142	0.43	1.16	7.0	4
K06	湖北美术学院学报	159	0.177	0.034	0.99	99	0.26	0.81	7.3	2
K06	环球首映	366	0.081	0.013	0.91	80	0.06	0.66	3.0	4
K06	黄钟—中国·武汉音乐学院学报	606	0.331	0.094	0.95	141	0.34	1.16	≥10	4
K06	吉林艺术学院学报	226	0.294	0.087	0.99	132	0.31	1.08	6.9	3
K06	交响—西安音乐学院学报	402	0.212	0.043	0.95	106	0.32	0.87	≥10	3
K06	流行色	385	0.170	0.070	0.88	132	0.12	1.08	3.1	3
K06	美术	1274	0.357	0.098	0.88	288	0.58	2.36	≥10	6
K06	美术观察	1348	0.359	0.092	0.97	393	0.56	3.22	4.9	6
K06	美术界	141	0.085	0.020	0.96	75	0.16	0.61	8.4	2
K06	美术文献	370	0.119	0.022	0.96	132	0.21	1.08	3.8	2
K06	美术学报	263	—	0.072	0.92	129	0.34	1.06	7.1	3
K06	美术研究	810	0.654	0.216	0.96	299	0.54	2.45	≥10	6
K06	民族艺林	92	0.205	0.056	0.89	68	0.10	0.56	4.6	3
K06	民族艺术	1218	1.415	0.144	0.94	436	0.65	3.57	8.0	9
K06	民族艺术研究	915	1.353	0.385	0.93	358	0.62	2.93	6.2	8

学科代码	期刊名称	扩展总被引频次	扩展影响因子	扩展即年指标	扩展他引率	扩展引用刊数	扩展学科影响指标	扩展学科扩散指标	扩展被引半衰期	扩展H指标
K06	南京艺术学院学报（美术与设计版）	1347	0.653	0.102	0.96	410	0.57	3.36	7.3	7
K06	南京艺术学院学报（音乐与表演版）	538	0.514	0.076	0.86	153	0.41	1.25	9.6	4
K06	内蒙古艺术学院学报	195	0.240	0.034	0.97	123	0.24	1.01	7.9	3
K06	齐鲁艺苑	268	0.305	0.057	0.95	140	0.31	1.15	7.0	3
K06	人民音乐	1526	0.422	0.078	0.95	246	0.51	2.02	≥10	5
K06	人文天下	496	0.260	0.056	1.00	280	0.19	2.30	4.5	4
K06	山东工艺美术学院学报	257	0.356	0.076	0.95	152	0.27	1.25	5.3	4
K06	山东艺术	46	0.170	0.053	0.93	40	0.13	0.33	3.4	2
K06	时尚设计与工程	144	0.874	0.100	0.44	44	0.06	0.36	3.7	3
K06	世界电影	379	0.424	0.407	0.96	110	0.23	0.90	≥10	5
K06	世界美术	163	0.231	0.045	0.94	73	0.30	0.60	≥10	4
K06	书法研究	63	0.120	0.022	0.87	26	0.12	0.21	6.8	2
K06	四川戏剧	1404	0.462	0.139	0.93	445	0.60	3.65	4.5	5
K06	天工	446	0.207	0.088	0.79	136	0.13	1.11	2.9	3
K06	天津音乐学院学报	214	0.228	0.041	0.99	72	0.27	0.59	≥10	3
K06	文化艺术研究	388	0.952	0.458	0.98	232	0.40	1.90	4.6	6
K06	文艺理论研究	1053	0.735	0.053	0.97	491	0.49	4.02	9.3	7
K06	文艺理论与批评	719	1.184	0.120	0.97	357	0.38	2.93	8.0	7
K06	文艺评论	420	0.218	0.048	0.97	258	0.28	2.11	9.8	3
K06	文艺争鸣	1909	0.580	0.052	0.94	634	0.57	5.20	8.4	7
K06	西北美术	157	0.175	0.032	0.86	88	0.22	0.72	6.5	2
K06	西泠艺丛	29	0.042	0.031	0.86	17	0.08	0.14	5.1	1
K06	西藏艺术研究	202	0.042	—	0.76	69	0.16	0.57	≥10	3
K06	戏剧艺术	563	—	0.088	0.94	200	0.45	1.64	≥10	5
K06	戏剧—中央戏剧学院学报	464	0.828	0.099	0.95	177	0.38	1.45	8.0	6
K06	戏曲艺术	317	0.266	0.025	0.94	129	0.35	1.06	≥10	3
K06	新疆艺术学院学报	146	0.276	0.121	0.98	99	0.25	0.81	6.6	2
K06	新美术	671	0.283	0.036	0.95	278	0.54	2.28	9.2	5
K06	新美域	41	0.070	0.037	0.98	26	0.06	0.21	—	1
K06	演艺科技	226	0.189	0.099	0.87	107	0.19	0.88	5.1	3
K06	艺海	772	0.249	0.048	0.98	263	0.34	2.16	4.8	4
K06	艺术百家	1907	0.783	0.108	0.98	603	0.81	4.94	8.6	8
K06	艺术传播研究	123	0.404	0.021	0.98	85	0.24	0.70	5.0	3

学科代码	期刊名称	扩展总被引频次	扩展影响因子	扩展即年指标	扩展他引率	扩展引用刊数	扩展学科影响指标	扩展学科扩散指标	扩展被引半衰期	扩展H指标
K06	艺术工作	396	0.444	0.092	0.98	183	0.37	1.50	5.4	5
K06	艺术科技	2606	0.131	0.013	0.91	510	0.33	4.18	5.5	5
K06	艺术评鉴	2267	0.315	0.109	0.88	353	0.41	2.89	4.1	5
K06	艺术评论	1009	—	0.243	0.98	412	0.71	3.38	5.6	6
K06	艺术探索	360	0.232	0.048	0.96	186	0.54	1.52	≥10	4
K06	艺术学研究	160	—	0.147	0.96	82	0.28	0.67	2.9	4
K06	艺术研究	639	—	0.089	0.99	220	0.35	1.80	5.2	3
K06	音乐创作	649	0.193	0.040	0.99	131	0.28	1.07	7.0	4
K06	音乐生活	414	0.339	0.104	0.73	86	0.22	0.70	3.8	4
K06	音乐世界	10	—	—	0.90	7	0.03	0.06	≥10	2
K06	音乐探索	382	0.519	0.067	0.96	134	0.34	1.10	≥10	4
K06	音乐天地	179	0.248	0.086	0.91	64	0.17	0.52	5.3	2
K06	音乐文化研究	63	0.370	0.018	0.90	30	0.14	0.25	3.6	3
K06	音乐研究	1211	0.863	0.207	0.96	210	0.43	1.72	≥10	6
K06	音乐艺术	820	0.836	0.049	0.94	134	0.38	1.10	≥10	7
K06	油画	8	0.041	—	1.00	6	0.02	0.05	3.8	1
K06	乐府新声	431	0.378	0.104	0.95	97	0.31	0.80	≥10	3
K06	云南艺术学院学报	193	0.297	0.028	0.93	112	0.33	0.92	7.6	3
K06	中国京剧	94	—	0.009	1.00	48	0.16	0.39	5.1	2
K06	中国美术	239	0.375	0.025	0.97	127	0.35	1.04	4.9	5
K06	中国书法	666	0.164	0.038	0.79	167	0.30	1.37	6.7	4
K06	中国戏剧	623	0.180	0.061	0.95	204	0.47	1.67	≥10	4
K06	中国艺术	166	0.300	0.205	0.96	96	0.17	0.79	4.8	3
K06	中国音乐	1364	0.801	0.180	0.93	270	0.46	2.21	≥10	6
K06	中国音乐学	932	0.736	0.030	0.96	204	0.48	1.67	≥10	6
K06	中央音乐学院学报	883	0.941	0.145	0.94	146	0.40	1.20	≥10	6
K06	装饰	3784	1.118	0.215	0.95	665	0.56	5.45	6.6	11
K08	Frontiers of History in China	9	—	—	1.00	6	0.04	0.12	8.5	1
K08	安徽史学	736	0.453	0.037	0.98	351	0.50	7.02	9.5	5
K08	北方文物	655	—	0.139	0.85	181	0.40	3.62	≥10	4
K08	草原文物	309	0.241	0.037	0.88	85	0.20	1.70	≥10	4
K08	当代中国史研究	724	1.000	0.319	0.96	401	0.26	8.02	≥10	7
K08	敦煌学辑刊	585	0.382	0.026	0.91	201	0.28	4.02	≥10	5

学科代码	期刊名称	扩展总被引频次	扩展影响因子	扩展即年指标	扩展他引率	扩展引用刊数	扩展学科影响指标	扩展学科扩散指标	扩展被引半衰期	扩展H指标
K08	敦煌研究	1524	0.483	0.099	0.89	363	0.34	7.26	≥10	6
K08	古代文明	362	0.687	0.019	0.94	166	0.40	3.32	8.2	6
K08	广西地方志	169	0.331	0.017	0.85	72	0.16	1.44	≥10	3
K08	贵州文史丛刊	221	0.125	0.043	0.95	137	0.08	2.74	≥10	3
K08	郭沫若学刊	126	0.142	—	0.72	48	0.04	0.96	≥10	3
K08	海交史研究	190	0.250	0.044	0.85	93	0.14	1.86	≥10	4
K08	华侨华人历史研究	429	0.655	0.105	0.80	154	0.10	3.08	9.9	5
K08	近代史研究	1679	1.406	0.183	0.94	477	0.56	9.54	≥10	8
K08	军事历史	141	0.094	—	0.92	105	0.14	2.10	≥10	2
K08	历史研究	3192	1.826	0.116	0.97	786	0.82	15.72	≥10	9
K08	岭南文史	125	—	—	0.94	87	0.06	1.74	≥10	3
K08	南方文物	1441	0.633	0.105	0.85	325	0.34	6.50	8.1	7
K08	蒲松龄研究	141	0.126	—	0.62	46	0.02	0.92	≥10	3
K08	清史研究	862	1.094	0.181	0.85	299	0.46	5.98	≥10	5
K08	人文地理	5212	3.349	0.373	0.95	1055	0.12	21.10	8.5	16
K08	史林	957	0.518	0.061	0.96	437	0.62	8.74	≥10	5
K08	史学集刊	709	0.663	0.218	0.98	350	0.54	7.00	≥10	5
K08	史学理论研究	801	1.071	0.187	0.89	367	0.50	7.34	9.3	7
K08	史学史研究	467	0.421	0.038	0.91	226	0.56	4.52	≥10	4
K08	史学月刊	1844	0.676	0.150	0.96	670	0.72	13.40	≥10	7
K08	史志学刊	197	0.252	—	0.93	147	0.16	2.94	9.9	2
K08	世界历史	764	0.630	0.034	0.95	289	0.38	5.78	≥10	5
K08	文史	526	0.460	0.051	0.95	205	0.48	4.10	≥10	5
K08	文史天地	73	—	0.010	1.00	63	0.08	1.26	7.4	2
K08	文史杂志	259	0.050	0.038	0.98	188	0.28	3.76	≥10	3
K08	西部蒙古论坛	66	0.213	0.050	0.61	37	0.06	0.74	6.5	2
K08	西夏研究	187	0.172	0.013	0.75	73	0.24	1.46	7.3	3
K08	新疆地方志	96	0.226	—	0.97	46	0.10	0.92	8.4	2
K08	中国地方志	363	0.562	0.084	0.79	120	0.38	2.40	9.6	4
K08	中国历史地理论丛	934	0.444	0.086	0.89	364	0.64	7.28	≥10	6
K08	中国名城	888	0.978	0.333	0.82	339	0.08	6.78	4.8	7
K08	中国史研究	1265	0.655	0.045	0.98	393	0.62	7.86	≥10	6
K08	中国史研究动态	244	0.187	0.018	1.00	162	0.36	3.24	7.8	3

学科代码	期刊名称	扩展总被引频次	扩展影响因子	扩展即年指标	扩展他引率	扩展引用刊数	扩展学科影响指标	扩展学科扩散指标	扩展被引半衰期	扩展H指标
K08	中国文物科学研究	290	0.445	0.061	0.97	177	0.10	3.54	9.2	4
K08	中华文史论丛	451	—	0.089	0.96	215	0.42	4.30	≥10	4
K08	中华医史杂志	475	0.377	0.050	0.83	196	0.14	3.92	≥10	4
K10	大众考古	173	—	0.007	1.00	93	0.55	4.23	6.6	3
K10	华夏考古	1140	0.694	0.035	0.91	220	0.82	10.00	≥10	7
K10	江汉考古	1386	0.783	0.155	0.88	241	0.91	10.95	≥10	8
K10	考古	6463	1.797	0.327	0.95	542	0.95	24.64	≥10	12
K10	考古学报	2482	1.614	0.222	0.96	402	0.86	18.27	≥10	11
K10	考古与文物	1836	0.882	0.337	0.93	313	0.95	14.23	≥10	8
K10	民俗研究	1431	1.383	0.345	0.87	511	0.18	23.23	8.3	10
K10	农业考古	1642	0.423	0.091	0.89	572	0.64	26.00	≥10	7
K10	石窟与土遗址保护研究	2	—	0.026	0.00	1	0.05	0.05	≥10	1
K10	四川文物	829	0.579	0.138	0.87	233	0.86	10.59	≥10	6
K10	文物	7740	0.967	0.292	0.97	718	0.95	32.64	≥10	13
K10	文物保护与考古科学	1155	0.771	0.095	0.86	270	0.64	12.27	9.0	6
K10	文物春秋	479	0.211	0.061	0.87	172	0.73	7.82	≥10	4
K10	文物季刊	431	0.259	0.128	0.93	192	0.73	8.73	≥10	4
K10	文物鉴定与鉴赏	1363	0.286	0.075	0.81	383	0.55	17.41	3.5	5
K10	寻根	189	0.102	—	0.99	154	0.23	7.00	≥10	2
K10	中国边疆史地研究	989	1.052	0.278	0.92	277	0.18	12.59	9.7	7
K10	中国国家博物馆馆刊	1090	0.478	0.122	0.94	346	0.86	15.73	≥10	7
K10	中原文物	1362	0.638	0.104	0.94	312	0.91	14.18	≥10	6
L01	China & World Economy	404	1.240	0.423	0.82	209	0.25	1.37	5.8	6
L01	Frontiers of Business Research in China	37	—	—	0.97	35	0.05	0.23	6.6	2
L01	Frontiers of Economics in China	44	—	—	1.00	35	0.04	0.23	9.0	2
L01	International Journal of Novation Studies	37	0.650	0.091	0.68	24	0.02	0.16	4.9	3
L01	办公室业务	4301	0.448	0.160	0.88	537	0.19	3.51	3.7	5
L01	北方经济	550	0.431	0.181	0.93	311	0.23	2.03	4.3	4
L01	边疆经济与文化	691	0.312	0.182	0.98	404	0.16	2.64	4.1	4
L01	财经研究	5853	6.307	1.871	0.97	990	0.65	6.47	5.7	21
L01	财政研究	3405	4.063	0.704	0.95	800	0.57	5.23	5.5	16
L01	产经评论	851	2.246	0.242	0.98	456	0.43	2.98	4.9	9
L01	产业与科技论坛	6089	0.439	0.214	0.97	1495	0.32	9.77	3.4	6

2022 年中国科技期刊被引指标按类刊名字顺索引(续)

学科代码	期刊名称	扩展总被引频次	扩展影响因子	扩展即年指标	扩展他引率	扩展引用刊数	扩展学科影响指标	扩展学科扩散指标	扩展被引半衰期	扩展H指标
L01	长江技术经济	441	1.603	0.344	0.95	232	0.06	1.52	3.0	5
L01	城市	555	0.452	0.118	0.97	326	0.20	2.13	5.9	4
L01	城市观察	482	0.770	0.312	0.94	301	0.22	1.97	5.3	4
L01	创造	117	0.114	0.059	1.00	97	0.04	0.63	4.4	2
L01	当代经济	1417	0.454	0.146	0.99	720	0.39	4.71	6.2	4
L01	当代经济科学	1709	4.312	1.083	0.97	657	0.49	4.29	5.1	13
L01	当代经济研究	1559	2.184	0.393	0.95	665	0.47	4.35	4.8	11
L01	发展	323	0.177	0.053	0.99	232	0.11	1.52	4.8	3
L01	发展研究	644	1.011	0.321	0.94	426	0.30	2.78	4.2	7
L01	改革	8384	12.577	3.571	0.97	1613	0.75	10.54	4.0	36
L01	改革与战略	1278	1.117	1.268	0.98	686	0.41	4.48	6.1	7
L01	广东经济	280	0.419	0.154	0.98	184	0.17	1.20	3.9	4
L01	国际经济合作	1071	2.444	1.138	0.99	523	0.39	3.42	4.9	10
L01	国际经济评论	1808	4.680	2.594	0.95	677	0.50	4.42	4.6	15
L01	海峡科技与产业	558	0.318	0.105	0.99	359	0.14	2.35	4.4	4
L01	海峡科学	715	0.468	0.049	0.92	463	0.14	3.03	5.0	4
L01	合作经济与科技	3197	0.431	0.245	0.97	1029	0.41	6.73	3.2	6
L01	河北企业	1130	0.365	0.184	0.98	433	0.21	2.83	3.6	5
L01	河北职业教育	664	0.886	0.312	0.89	300	0.07	1.96	4.3	5
L01	宏观经济管理	2163	2.875	0.768	0.97	1000	0.54	6.54	4.2	13
L01	宏观经济研究	3414	3.642	0.726	0.98	1053	0.61	6.88	4.9	14
L01	华东经济管理	3972	4.186	1.061	0.98	1183	0.59	7.73	4.9	15
L01	环渤海经济瞭望	1368	0.360	0.033	0.99	415	0.22	2.71	3.7	5
L01	价格月刊	1286	1.675	0.533	0.93	543	0.29	3.55	4.2	8
L01	价值工程	5962	0.224	0.088	0.98	1693	0.31	11.07	5.3	6
L01	交通与港航	235	0.520	0.060	0.90	144	0.05	0.94	4.8	4
L01	金融评论	613	2.793	0.381	0.95	309	0.31	2.02	4.6	8
L01	经济	410	0.387	0.127	1.00	307	0.17	2.01	3.5	5
L01	经济管理	6162	6.107	1.099	0.96	1120	0.61	7.32	5.5	22
L01	经济界	169	0.384	0.219	0.99	149	0.17	0.97	4.4	3
L01	经济经纬	2294	3.607	0.848	0.95	803	0.52	5.25	4.8	13
L01	经济科学	1868	2.918	0.549	0.99	664	0.58	4.34	7.1	13
L01	经济理论与经济管理	2450	3.077	0.700	0.97	791	0.59	5.17	6.2	13

学科代码	期刊名称	扩展总被引频次	扩展影响因子	扩展即年指标	扩展他引率	扩展引用刊数	扩展学科影响指标	扩展学科扩散指标	扩展被引半衰期	扩展H指标
L01	经济论坛	829	0.543	0.184	0.97	490	0.29	3.20	5.7	4
L01	经济评论	2702	5.886	1.033	0.99	796	0.56	5.20	6.0	17
L01	经济社会史评论	84	0.293	0.105	0.86	54	0.03	0.35	5.2	3
L01	经济社会体制比较	2954	3.531	0.774	0.98	1048	0.56	6.85	6.5	16
L01	经济问题	4418	4.403	1.419	0.97	1285	0.61	8.40	4.5	18
L01	经济问题探索	4650	3.751	1.378	0.98	1185	0.65	7.75	5.1	15
L01	经济学(季刊)	8674	12.023	1.490	0.99	1113	0.68	7.27	6.6	26
L01	经济学报	397	2.227	0.209	0.98	250	0.27	1.63	4.8	7
L01	经济学动态	4793	4.636	0.734	0.98	1094	0.65	7.15	6.0	22
L01	经济学家	6360	7.934	1.370	0.98	1279	0.70	8.36	4.5	28
L01	经济研究	37547	14.018	1.728	0.98	1721	0.78	11.25	8.5	67
L01	经济研究参考	1966	0.660	0.331	0.99	910	0.55	5.95	7.0	8
L01	经济研究导刊	5219	0.472	0.186	0.98	1497	0.41	9.78	4.2	7
L01	经济与管理	1065	2.185	1.141	0.99	596	0.39	3.90	5.0	10
L01	经济与管理研究	3087	4.216	0.822	0.98	979	0.61	6.40	4.9	15
L01	经济资料译丛	64	0.192	0.048	0.91	51	0.04	0.33	6.4	3
L01	经济纵横	3987	4.430	1.039	0.98	1261	0.69	8.24	4.4	19
L01	经纬天地	331	0.619	0.109	0.85	133	0.03	0.87	3.7	4
L01	经营与管理	1024	0.637	0.249	0.97	508	0.31	3.32	3.6	5
L01	开放导报	605	1.478	0.464	0.96	390	0.33	2.55	4.0	6
L01	开放时代	3017	2.832	0.600	0.98	889	0.27	5.81	9.7	18
L01	科技创业月刊	1143	0.474	0.071	0.98	612	0.25	4.00	4.9	4
L01	科技和产业	1230	0.556	0.178	0.89	674	0.28	4.41	3.5	4
L01	空运商务	145	0.216	0.019	1.00	96	0.07	0.63	4.4	2
L01	劳动经济研究	592	1.694	0.086	0.98	325	0.26	2.12	5.3	8
L01	辽宁经济	446	0.301	0.061	1.00	265	0.18	1.73	4.4	4
L01	秘书	88	0.340	0.061	0.93	58	0.06	0.38	5.2	3
L01	秘书工作	203	0.113	0.050	1.00	135	0.04	0.88	5.3	3
L01	秘书之友	126	0.109	0.036	0.72	64	0.03	0.42	5.0	3
L01	南方经济	2111	3.728	0.814	0.93	735	0.50	4.80	5.0	13
L01	南开经济研究	2117	3.133	0.306	0.97	690	0.51	4.51	6.5	15
L01	宁波经济(三江论坛)	164	0.272	0.082	0.95	131	0.10	0.86	3.7	3
L01	农林经济管理学报	1429	3.351	0.667	0.97	591	0.26	3.86	4.4	11

学科代码	期刊名称	扩展总被引频次	扩展影响因子	扩展即年指标	扩展他引率	扩展引用刊数	扩展学科影响指标	扩展学科扩散指标	扩展被引半衰期	扩展H指标
L01	企业科技与发展	1916	0.408	0.076	0.99	724	0.22	4.73	4.0	5
L01	青海国土经略	203	0.174	—	1.00	112	0.03	0.73	≥10	4
L01	清华金融评论	774	0.583	0.111	1.00	379	0.41	2.48	3.9	6
L01	区域经济评论	1462	2.775	0.984	0.95	674	0.46	4.41	3.7	11
L01	全球化	374	1.146	0.293	0.96	265	0.24	1.73	4.4	6
L01	全球科技经济瞭望	550	0.641	0.137	0.90	276	0.15	1.80	5.0	5
L01	商学研究	133	—	0.158	0.95	117	0.08	0.76	9.4	3
L01	商业观察	820	—	0.359	0.97	222	0.20	1.45	2.3	5
L01	商业经济	2452	0.695	0.366	0.93	764	0.36	4.99	3.6	7
L01	生产力研究	1417	0.473	0.109	0.98	752	0.39	4.92	6.7	5
L01	世界经济	8768	6.368	0.667	0.98	956	0.65	6.25	7.7	30
L01	世界经济文汇	994	1.583	0.300	0.95	460	0.39	3.01	8.3	10
L01	世界经济研究	2903	3.572	0.767	0.97	703	0.55	4.59	5.8	13
L01	世界经济与政治论坛	666	2.198	0.512	0.94	366	0.31	2.39	5.6	7
L01	特区经济	1140	—	0.096	0.98	631	0.38	4.12	5.7	4
L01	特区实践与理论	258	0.425	0.108	0.95	202	0.17	1.32	4.4	4
L01	天津经济	245	0.465	0.189	0.96	160	0.17	1.05	4.0	4
L01	外国经济与管理	3724	4.792	0.982	0.97	1031	0.57	6.74	5.7	18
L01	卫生经济研究	3980	4.134	1.327	0.92	649	0.26	4.24	3.6	15
L01	西部论坛	796	2.914	0.583	0.98	489	0.29	3.20	4.3	9
L01	西藏发展论坛	147	—	0.124	0.93	102	0.02	0.67	4.0	3
L01	现代经济探讨	3178	4.156	1.301	0.97	1102	0.59	7.20	3.9	16
L01	现代企业	1295	0.352	0.308	1.00	403	0.24	2.63	2.8	5
L01	现代日本经济	570	2.278	0.732	0.91	334	0.27	2.18	4.9	6
L01	新经济	484	0.378	0.167	0.98	288	0.23	1.88	5.7	5
L01	信息资源管理学报	1123	3.262	1.867	0.90	446	0.10	2.92	3.6	11
L01	行政事业资产与财务	3807	0.793	0.496	0.91	425	0.24	2.78	3.0	7
L01	亚太经济	1302	2.824	0.653	0.95	523	0.50	3.42	4.3	10
L01	沿海企业与科技	245	—	0.073	0.91	181	0.11	1.18	7.4	2
L01	冶金企业文化	43	0.070	—	1.00	35	0.01	0.23	4.7	2
L01	招标采购管理	226	0.263	0.043	1.00	123	0.12	0.80	3.7	3
L01	浙江经济	544	0.301	0.086	1.00	354	0.22	2.31	4.4	4
L01	政法学刊	373	0.640	0.271	0.98	233	0.06	1.52	5.3	4

学科代码	期刊名称	扩展总被引频次	扩展影响因子	扩展即年指标	扩展他引率	扩展引用刊数	扩展学科影响指标	扩展学科扩散指标	扩展被引半衰期	扩展H指标
L01	政治经济学评论	911	2.081	1.606	0.93	465	0.32	3.04	4.4	11
L01	知识经济	2223	0.159	0.046	0.99	741	0.22	4.84	4.7	6
L01	知识就是力量	54	0.038	0.004	1.00	53	0.01	0.35	6.7	2
L01	中国大学生就业	630	1.173	0.556	0.95	283	0.12	1.85	3.5	6
L01	中国发展	330	0.581	0.168	0.94	269	0.14	1.76	5.1	4
L01	中国发展观察	1002	0.731	0.078	1.00	664	0.38	4.34	3.9	7
L01	中国工程咨询	494	0.462	0.155	0.95	301	0.11	1.97	4.2	5
L01	中国工业和信息化	426	0.915	0.320	1.00	314	0.23	2.05	3.5	5
L01	中国国土资源经济	1447	2.056	0.978	0.87	570	0.25	3.73	3.7	9
L01	中国经济报告	423	0.635	0.115	0.99	330	0.27	2.16	4.4	7
L01	中国经济评论	208	—	0.128	1.00	164	0.16	1.07	2.5	5
L01	中国经济史研究	1231	0.891	0.126	0.92	418	0.16	2.73	≥10	6
L01	中国经济问题	1167	2.190	0.103	0.93	556	0.44	3.63	6.0	9
L01	中国科技资源导刊	436	0.940	0.208	0.91	195	0.10	1.27	4.6	4
L01	中国煤炭工业	296	0.230	0.111	0.99	121	0.07	0.79	3.5	5
L01	中国民商	690	0.076	0.024	0.98	206	0.19	1.35	3.8	4
L01	中国社会经济史研究	637	—	0.026	0.94	287	0.08	1.88	≥10	5
L01	中国统计	742	0.505	0.067	0.99	553	0.21	3.61	3.9	10
L01	中国外汇	284	—	0.030	0.98	153	0.20	1.00	3.6	3
L01	中国招标	398	0.254	0.151	0.89	186	0.13	1.22	3.2	4
L01	中小企业管理与科技	6986	0.602	0.126	0.98	1180	0.30	7.71	3.6	8
L02	长春金融高等专科学校学报	182	0.529	0.238	0.92	104	0.06	2.00	3.8	3
L02	东北财经大学学报	439	1.184	1.245	0.96	335	0.23	6.44	4.6	7
L02	福建商学院学报	175	0.358	0.063	0.99	148	0.04	2.85	4.8	4
L02	广东财经大学学报	1171	3.336	1.221	0.96	548	0.52	10.54	4.0	11
L02	广西财经学院学报	275	0.862	0.123	0.93	198	0.17	3.81	4.4	5
L02	贵州财经大学学报	837	2.556	0.742	0.98	464	0.48	8.92	4.3	9
L02	贵州商学院学报	88	0.721	0.067	0.93	69	0.04	1.33	3.9	4
L02	国际商务—对外经济贸易大学学报	907	2.387	0.370	0.97	439	0.42	8.44	5.4	8
L02	海关与经贸研究	202	0.700	0.093	0.82	114	0.15	2.19	4.7	4
L02	河北地质大学学报	463	0.572	0.065	0.96	324	0.13	6.23	5.1	4
L02	河北经贸大学学报	868	2.689	0.478	0.97	534	0.48	10.27	4.0	10
L02	河南财政税务高等专科学校学报	167	0.277	0.096	1.00	131	0.06	2.52	4.3	3

2022 年中国科技期刊被引指标按类刊名字顺索引(续)

学科代码	期刊名称	扩展总被引频次	扩展影响因子	扩展即年指标	扩展他引率	扩展引用刊数	扩展学科影响指标	扩展学科扩散指标	扩展被引半衰期	扩展H指标
L02	河南牧业经济学院学报	133	0.280	0.093	0.97	110	0.08	2.12	5.3	3
L02	湖北经济学院学报	437	0.532	0.361	0.98	325	0.19	6.25	4.6	4
L02	湖南财政经济学院学报	406	0.833	0.197	0.98	252	0.21	4.85	5.6	5
L02	湖南税务高等专科学校学报	125	0.321	0.067	0.94	80	0.08	1.54	3.9	3
L02	吉林工商学院学报	383	0.548	0.232	0.99	276	0.15	5.31	4.3	4
L02	江西财经大学学报	1168	2.448	0.380	0.96	666	0.52	12.81	5.1	9
L02	兰州财经大学学报	247	0.593	0.133	0.99	205	0.19	3.94	4.9	3
L02	南京财经大学学报	477	1.549	0.533	0.92	316	0.33	6.08	4.4	5
L02	南京审计大学学报	851	2.109	0.742	0.97	371	0.52	7.13	4.6	8
L02	内蒙古财经大学学报	642	0.609	0.144	0.98	410	0.12	7.88	4.1	5
L02	山东财经大学学报	340	1.015	0.213	0.94	238	0.17	4.58	4.6	5
L02	山东工商学院学报	186	0.395	0.123	0.97	142	0.12	2.73	4.7	4
L02	山西财经大学学报	3707	3.694	1.245	0.98	1108	0.85	21.31	4.8	14
L02	山西财政税务专科学校学报	163	0.358	0.149	0.99	113	0.10	2.17	3.7	3
L02	上海对外经贸大学学报	569	2.631	0.444	0.97	376	0.25	7.23	4.0	8
L02	上海立信会计金融学院学报	146	0.438	0.080	0.98	112	0.04	2.15	4.9	3
L02	上海商学院学报	303	1.098	1.085	0.96	217	0.15	4.17	3.7	5
L02	首都经济贸易大学学报	801	2.618	0.510	0.99	482	0.60	9.27	4.6	9
L02	四川旅游学院学报	491	0.956	0.218	0.96	255	0.12	4.90	3.9	5
L02	天津商业大学学报	218	0.701	0.173	0.99	177	0.12	3.40	4.7	4
L02	天津中德应用技术大学学报	375	0.806	0.242	0.98	232	0.17	4.46	3.3	5
L02	武汉商学院学报	243	0.411	0.126	1.00	162	0.15	3.12	4.7	3
L02	西安财经大学学报	1140	3.767	1.044	0.96	630	0.35	4.12	3.6	12
L02	现代财经—天津财经大学学报	1477	3.006	1.139	0.96	582	0.65	11.19	4.7	11
L02	新疆财经大学学报	120	0.719	0.205	0.96	101	0.12	1.94	4.5	3
L02	云南财经大学学报	1182	2.429	0.470	0.98	577	0.50	11.10	4.2	9
L02	浙江工商大学学报	967	2.559	0.535	0.95	570	0.21	10.96	4.0	11
L02	中央财经大学学报	2353	2.644	0.480	0.97	809	0.73	15.56	5.7	12
L04	Global Change Data Repository	109	0.077	0.282	0.70	15	—	0.54	2.2	2
L04	财会通讯	6546	1.320	0.550	0.94	917	0.64	32.75	4.5	13
L04	财会研究	761	0.814	0.270	0.99	240	0.43	8.57	4.7	6
L04	财会月刊	4993	—	0.875	0.91	913	0.71	32.61	3.7	16
L04	城市问题	2922	2.023	0.500	0.97	939	0.54	33.54	6.8	11

2022年中国科技期刊被引指标按类刊名字顺索引(续)

学科代码	期刊名称	扩展总被引频次	扩展影响因子	扩展即年指标	扩展他引率	扩展引用刊数	扩展学科影响指标	扩展学科扩散指标	扩展被引半衰期	扩展H指标
L04	大陆桥视野	569	—	0.113	0.98	301	0.18	10.75	3.3	5
L04	工程管理科技前沿	1196	2.617	0.360	0.95	543	0.57	19.39	5.1	9
L04	航空财会	114	0.421	0.198	0.94	52	0.14	1.86	2.8	3
L04	环境经济研究	359	2.676	0.387	0.90	228	0.29	8.14	3.8	6
L04	技术经济与管理研究	2577	1.825	0.576	0.96	998	0.75	35.64	4.4	10
L04	交通财会	535	0.601	0.317	0.90	173	0.25	6.18	3.7	5
L04	教育财会研究	735	1.774	0.447	0.91	180	0.32	6.43	3.9	7
L04	教育与经济	1208	2.556	0.492	0.95	512	0.11	18.29	5.7	9
L04	经济体制改革	2982	3.961	0.935	0.98	1050	0.68	37.50	4.1	14
L04	经济与管理评论	1330	3.509	1.097	0.96	673	0.64	24.04	4.2	12
L04	经济与社会发展	334	0.310	—	1.00	272	0.04	9.71	8.4	4
L04	企业经济	2822	2.249	0.797	0.98	1075	0.57	38.39	4.8	11
L04	商业经济研究	10308	2.044	0.638	0.78	1502	0.57	53.64	3.8	14
L04	商业经济与管理	1767	2.672	0.329	0.96	717	0.50	25.61	6.3	10
L04	数量经济技术经济研究	7804	10.045	1.596	0.97	1239	0.68	44.25	5.7	30
L04	西部财会	567	0.482	0.239	0.96	181	0.21	6.46	3.5	5
L04	现代商业	5140	0.476	0.228	0.96	928	0.61	33.14	3.7	7
L04	项目管理技术	1040	0.639	0.209	0.87	410	0.11	14.64	4.2	5
L04	冶金财会	178	0.283	0.108	1.00	85	0.21	3.04	3.7	2
L04	中国改革	99	0.061	0.039	0.99	89	0.07	3.18	≥10	3
L04	中国证券期货	177	0.277	0.079	0.96	117	0.14	4.18	≥10	2
L04	中国资产评估	412	0.673	0.202	0.63	140	0.32	5.00	4.1	6
L05	当代会计	2428	0.489	0.016	0.93	277	0.65	16.29	3.4	6
L05	会计研究	11427	5.944	0.311	0.95	839	1.00	49.35	7.6	31
L05	会计与经济研究	681	2.906	0.405	0.96	289	0.94	17.00	4.8	8
L05	会计之友	6841	2.325	0.688	0.89	909	1.00	53.47	4.4	16
L05	商业会计	3731	1.191	0.429	0.72	535	0.88	31.47	3.7	10
L05	审计研究	4198	5.755	0.831	0.93	512	1.00	30.12	6.4	18
L05	审计与经济研究	2261	4.006	0.931	0.94	522	1.00	30.71	5.3	13
L05	现代审计与经济	121	0.355	0.136	1.00	62	0.53	3.65	3.6	3
L05	现代审计与会计	295	—	0.293	0.97	92	0.59	5.41	2.6	4
L05	新会计	478	—	0.092	0.94	152	0.71	8.94	4.0	4
L05	中国内部审计	1024	0.834	0.463	0.88	241	0.76	14.18	3.9	6

学科代码	期刊名称	扩展总被引频次	扩展影响因子	扩展即年指标	扩展他引率	扩展引用刊数	扩展学科影响指标	扩展学科扩散指标	扩展被引半衰期	扩展H指标
L05	中国农业会计	739	0.478	0.236	0.94	250	0.71	14.71	3.3	5
L05	中国审计	226	0.051	0.010	1.00	98	0.71	5.76	6.7	4
L05	中国乡镇企业会计	3689	0.796	0.517	0.97	378	0.59	22.24	3.3	8
L05	中国注册会计师	1609	1.088	0.317	0.96	368	0.94	21.65	4.2	9
L05	中国总会计师	2213	0.747	0.337	0.95	330	0.71	19.41	3.5	7
L06	当代农村财经	330	0.412	0.183	0.95	202	0.25	6.31	3.7	4
L06	调研世界	1249	1.924	0.538	0.97	715	0.53	22.34	4.8	9
L06	江苏农村经济	244	0.169	0.049	1.00	141	0.19	4.41	4.5	3
L06	粮食科技与经济	1336	0.807	0.173	0.86	393	0.34	12.28	4.2	7
L06	林业经济	2246	—	0.299	0.93	599	0.53	18.72	5.1	9
L06	林业经济问题	1288	2.304	0.740	0.82	328	0.38	10.25	5.2	8
L06	南方农村	183	0.590	0.222	0.98	133	0.22	4.16	5.6	3
L06	农场经济管理	289	0.271	0.132	0.98	166	0.12	5.19	3.8	3
L06	农村金融研究	854	1.531	0.653	0.90	384	0.53	12.00	4.1	8
L06	农村经济	4775	3.432	0.656	0.96	1133	0.75	35.41	5.3	15
L06	农村经济与科技	5827	0.449	0.147	0.95	1428	0.69	44.62	3.8	7
L06	农民科技培训	205	0.200	0.115	1.00	123	0.16	3.84	4.8	4
L06	农业发展与金融	142	0.099	0.066	0.99	114	0.19	3.56	3.6	3
L06	农业技术经济	5923	5.216	1.515	0.92	968	0.69	30.25	5.7	19
L06	农业经济	6399	2.359	0.702	0.94	1238	0.62	38.69	3.8	14
L06	农业经济问题	9169	8.197	1.860	0.94	1361	0.78	42.53	5.2	26
L06	农业经济与管理	904	2.718	0.710	0.98	442	0.69	13.81	4.4	10
L06	农业科研经济管理	211	1.061	0.146	0.79	96	0.06	3.00	4.4	4
L06	农业展望	1202	0.886	0.128	0.91	504	0.50	15.75	4.5	7
L06	上海农村经济	244	0.438	0.133	1.00	158	0.22	4.94	3.9	4
L06	生态经济	7042	3.141	0.888	0.96	1717	0.75	53.66	4.5	15
L06	台湾农业探索	176	0.378	0.029	0.95	140	0.16	4.38	5.3	3
L06	中国农村观察	3454	6.495	1.443	0.97	887	0.69	27.72	6.4	18
L06	中国农村金融	213	0.075	0.025	1.00	134	0.25	4.19	3.5	3
L06	中国农村经济	9504	12.374	2.632	0.97	1260	0.75	39.38	5.4	33
L06	中国土地	1545	1.331	0.395	0.95	418	0.47	13.06	4.0	11
L06	资源开发与市场	2860	1.635	0.896	0.95	1028	0.47	32.12	5.8	11
L06	资源与产业	889	1.938	0.527	0.76	410	0.19	12.81	5.7	7

学科代码	期刊名称	扩展总被引频次	扩展影响因子	扩展即年指标	扩展他引率	扩展引用刊数	扩展学科影响指标	扩展学科扩散指标	扩展被引半衰期	扩展H指标
L06	自然资源信息化	401	1.378	0.192	0.85	143	0.06	4.47	4.2	6
L08	产业经济评论	767	2.438	3.013	0.88	446	0.38	7.43	3.0	9
L08	产业经济研究	2228	6.033	1.567	0.95	625	0.53	10.42	5.1	14
L08	对外经贸	1475	0.721	0.304	0.88	593	0.47	9.88	3.7	7
L08	对外经贸实务	1126	0.876	0.226	0.91	459	0.53	7.65	4.3	6
L08	工业技术创新	337	0.469	0.088	0.94	241	0.03	4.02	4.8	4
L08	工业技术经济	3438	2.817	0.708	0.98	1071	0.63	17.85	4.6	13
L08	国际经贸探索	1835	4.327	1.119	0.93	573	0.50	9.55	4.4	13
L08	国际贸易	1924	2.777	0.902	0.91	616	0.58	10.27	4.0	13
L08	国际贸易问题	4534	3.576	0.647	0.95	799	0.67	13.32	6.6	18
L08	国际商务研究	472	1.925	0.981	0.97	280	0.33	4.67	3.7	6
L08	化学工业	503	1.207	0.132	0.98	255	0.05	4.25	7.6	5
L08	技术经济	2643	2.292	0.615	0.90	933	0.63	15.55	4.7	10
L08	技术与市场	2775	0.526	0.240	0.98	870	0.28	14.50	4.3	6
L08	价格理论与实践	4228	1.820	0.378	0.84	1256	0.72	20.93	4.0	12
L08	江苏商论	912	0.453	0.207	0.97	429	0.45	7.15	3.9	5
L08	科技经济市场	1546	0.384	0.089	0.99	576	0.40	9.60	4.2	5
L08	旅游导刊	233	1.450	0.321	0.95	125	0.18	2.08	4.4	5
L08	旅游科学	1499	2.986	0.533	0.96	511	0.40	8.52	8.9	11
L08	旅游论坛	618	0.917	0.056	0.95	282	0.32	4.70	7.1	7
L08	旅游学刊	9035	4.925	1.194	0.92	1211	0.50	20.18	7.2	21
L08	旅游研究	459	1.045	0.238	0.97	236	0.28	3.93	6.6	6
L08	旅游纵览	1638	—	0.074	1.00	544	0.30	9.07	4.7	4
L08	漫旅	14	—	0.004	0.86	8	0.07	0.13	2.2	1
L08	煤炭经济研究	836	1.044	0.156	0.86	333	0.23	5.55	4.3	8
L08	内蒙古煤炭经济	3194	0.319	0.055	0.86	513	0.30	8.55	3.7	5
L08	欧亚经济	188	0.815	0.262	0.91	111	0.15	1.85	4.6	3
L08	商场现代化	4755	0.581	0.258	0.95	806	0.53	13.43	4.0	7
L08	商业研究	2576	2.344	0.295	1.00	967	0.68	16.12	6.1	11
L08	上海经济	238	0.726	0.120	0.96	181	0.27	3.02	5.2	5
L08	上海经济研究	2930	4.365	1.089	0.98	990	0.57	16.50	4.4	16
L08	时代经贸	2118	—	0.634	0.84	398	0.35	6.63	3.5	10
L08	市场论坛	463	0.363	0.062	0.97	270	0.30	4.50	4.7	4

学科代码	期刊名称	扩展总被引频次	扩展影响因子	扩展即年指标	扩展他引率	扩展引用刊数	扩展学科影响指标	扩展学科扩散指标	扩展被引半衰期	扩展H指标
L08	铁道经济研究	321	0.707	0.469	0.76	130	0.10	2.17	5.4	4
L08	物流工程与管理	2488	0.850	0.250	0.84	673	0.50	11.22	3.8	6
L08	物流技术与应用	655	0.886	0.207	0.95	277	0.20	4.62	3.9	4
L08	物流研究	53	—	—	0.87	35	0.10	0.58	—	2
L08	西部旅游	285	—	0.064	0.82	112	0.13	1.87	2.6	4
L08	现代商贸工业	5588	0.453	0.224	0.96	1478	0.48	24.63	3.6	7
L08	消费经济	1253	3.908	1.347	0.96	545	0.58	9.08	4.6	10
L08	冶金经济与管理	241	0.450	0.224	0.90	145	0.08	2.42	4.2	3
L08	营销科学学报	298	—	0.031	0.84	136	0.17	2.27	8.7	4
L08	邮政研究	114	0.206	0.185	0.67	55	0.15	0.92	3.8	2
L08	债券	286	0.313	0.215	0.78	127	0.15	2.12	3.2	4
L08	智能网联汽车	200	0.617	0.094	1.00	144	0.13	2.40	4.5	3
L08	中国储运	1073	0.549	0.207	0.91	379	0.35	6.32	2.6	5
L08	中国工业经济	21000	18.402	3.000	0.99	1514	0.83	25.23	5.8	53
L08	中国经贸导刊	1951	0.493	0.155	1.00	961	0.65	16.02	3.8	6
L08	中国军转民	231	—	0.055	0.93	180	0.05	3.00	3.7	3
L08	中国口岸科学技术	265	—	0.130	0.84	164	0.12	2.73	3.1	3
L08	中国流通经济	3855	5.511	1.500	0.96	1043	0.75	17.38	4.4	21
L08	中国商论	5317	0.640	0.247	0.97	971	0.57	16.18	4.0	9
L08	中国市场监管研究	519	0.480	0.122	0.94	274	0.27	4.57	4.0	5
L08	中国外资	904	1.655	0.162	1.00	277	0.30	4.62	3.4	4
L08	中国物价	620	0.369	0.173	0.95	383	0.37	6.38	3.8	4
L10	保险研究	2055	2.341	0.363	0.87	509	0.73	7.60	6.0	11
L10	北方金融	373	0.276	0.133	0.97	203	0.43	3.03	3.8	4
L10	财经界	7925	0.562	0.234	0.94	644	0.54	9.61	3.4	7
L10	财经科学	3377	4.307	0.891	0.99	925	0.85	13.81	5.0	20
L10	财经理论研究	233	0.664	0.140	0.95	178	0.18	2.66	5.0	3
L10	财经理论与实践	2005	3.068	0.681	0.97	703	0.82	10.49	4.6	12
L10	财经论丛（浙江财经学院学报）	1916	2.796	0.901	0.96	678	0.81	10.12	4.5	11
L10	财经问题研究	3396	2.956	1.566	0.98	1084	0.87	16.18	5.0	14
L10	财贸经济	6830	7.149	0.949	0.98	1020	0.85	15.22	5.7	25
L10	财贸研究	2135	3.399	0.426	0.99	734	0.78	10.96	5.4	12
L10	财务研究	444	1.404	0.269	0.86	180	0.52	2.69	4.9	6

学科代码	期刊名称	扩展总被引频次	扩展影响因子	扩展即年指标	扩展他引率	扩展引用刊数	扩展学科影响指标	扩展学科扩散指标	扩展被引半衰期	扩展H指标
L10	财务与金融	277	0.636	0.041	0.94	132	0.24	1.97	4.5	4
L10	财政科学	736	0.946	0.413	0.93	359	0.58	5.36	3.4	7
L10	当代财经	2881	2.965	0.469	0.92	807	0.88	12.04	5.3	13
L10	当代金融研究	224	0.850	0.333	0.89	145	0.39	2.16	3.1	5
L10	地方财政研究	1179	1.505	0.350	0.95	513	0.55	7.66	4.3	8
L10	福建金融	277	—	0.259	0.94	157	0.42	2.34	3.4	4
L10	甘肃金融	317	0.481	0.111	0.83	159	0.42	2.37	3.5	5
L10	工信财经科技	31	—	0.143	0.87	26	0.04	0.39	2.3	2
L10	国际金融研究	3286	4.431	0.867	0.93	578	0.79	8.63	5.4	17
L10	国际商务财会	735	—	0.211	0.94	229	0.24	3.42	3.1	5
L10	国际税收	1277	—	0.683	0.86	284	0.48	4.24	3.7	9
L10	海南金融	517	0.876	0.991	0.80	218	0.52	3.25	3.2	6
L10	河北金融	325	0.416	0.247	0.93	180	0.43	2.69	3.0	4
L10	华北金融	286	0.534	0.147	0.98	168	0.45	2.51	3.9	4
L10	吉林金融研究	193	0.203	0.008	0.94	122	0.34	1.82	4.0	2
L10	金融博览	297	0.125	0.052	1.00	220	0.48	3.28	3.8	4
L10	金融发展研究	1076	1.642	0.417	0.94	455	0.76	6.79	3.8	9
L10	金融监管研究	1051	2.222	0.080	0.91	396	0.78	5.91	4.6	10
L10	金融教育研究	250	1.198	0.283	0.79	145	0.31	2.16	3.8	5
L10	金融经济	690	—	0.295	0.93	295	0.58	4.40	4.4	6
L10	金融经济学研究	1396	3.785	1.127	0.97	493	0.75	7.36	4.5	15
L10	金融会计	305	0.470	0.158	0.88	120	0.45	1.79	4.4	3
L10	金融理论与实践	1811	2.228	1.045	0.96	603	0.84	9.00	4.1	13
L10	金融论坛	1737	3.711	0.371	0.98	537	0.84	8.01	4.6	16
L10	金融研究	16057	8.659	0.583	0.97	1047	0.94	15.63	7.5	43
L10	金融与经济	1358	1.970	0.650	0.93	528	0.79	7.88	4.0	11
L10	科技与金融	157	0.451	0.105	0.97	126	0.12	1.88	3.2	3
L10	绿色财会	273	0.406	0.141	0.97	135	0.13	2.01	4.1	3
L10	南方金融	1616	3.682	1.308	0.92	551	0.82	8.22	3.7	13
L10	农村财务会计	65	0.089	0.018	1.00	49	0.04	0.73	4.0	2
L10	农银学刊	126	0.275	0.045	0.89	78	0.21	1.16	4.0	3
L10	青海金融	213	0.219	0.283	0.69	107	0.39	1.60	4.2	3
L10	区域金融研究	517	0.840	0.256	0.92	241	0.49	3.60	3.7	6

2022 年中国科技期刊被引指标按类刊名字顺索引（续）

学科代码	期刊名称	扩展总被引频次	扩展影响因子	扩展即年指标	扩展他引率	扩展引用刊数	扩展学科影响指标	扩展学科扩散指标	扩展被引半衰期	扩展H指标
L10	上海金融	1251	1.718	0.558	0.85	458	0.81	6.84	5.4	8
L10	审计与理财	540	0.428	0.209	0.98	153	0.22	2.28	3.1	5
L10	税收经济研究	392	1.370	0.344	0.96	176	0.36	2.63	3.9	5
L10	税务研究	4317	3.667	0.908	0.78	606	0.70	9.04	3.9	15
L10	税务与经济	805	1.715	0.562	0.98	431	0.49	6.43	4.3	7
L10	投资研究	1103	1.745	0.248	0.87	416	0.79	6.21	5.0	8
L10	投资与创业	1326	0.344	0.114	0.99	264	0.28	3.94	2.6	5
L10	武汉金融	902	1.294	0.414	0.97	399	0.75	5.96	4.4	8
L10	西部经济管理论坛	205	0.769	0.190	0.99	171	0.06	3.29	4.0	4
L10	西南金融	1653	4.488	1.625	0.94	599	0.75	8.94	3.3	15
L10	新疆财经	179	0.833	0.109	0.94	126	0.21	1.88	4.4	4
L10	新金融	820	1.432	0.610	0.97	370	0.66	5.52	4.0	7
L10	银行家	621	0.352	0.138	0.99	288	0.64	4.30	3.9	4
L10	浙江金融	350	0.569	0.182	0.95	199	0.46	2.97	5.2	4
L10	证券市场导报	1976	3.684	1.344	0.95	513	0.84	7.66	4.8	13
L10	中国保险	342	0.488	0.207	1.00	168	0.33	2.51	3.8	4
L10	中国财政	728	0.346	0.075	1.00	338	0.43	5.04	4.5	5
L10	中国金融	2860	0.657	0.218	1.00	752	0.91	11.22	4.2	10
L10	中国科技投资	1466	0.061	0.019	0.98	515	0.12	7.69	4.7	3
L10	中国钱币	231	0.153	0.015	0.74	73	0.10	1.09	≥10	2
M01	北京青年研究	190	0.475	0.305	0.97	146	0.06	1.74	5.0	4
M01	重庆行政	275	0.384	0.073	0.97	201	0.07	2.39	3.7	4
M01	大连干部学刊	152	0.318	0.034	0.99	128	0.04	1.52	3.8	4
M01	党的文献	989	0.902	0.212	0.99	518	0.32	6.17	7.4	8
M01	党建	1427	1.148	0.448	1.00	724	0.38	8.62	4.6	10
M01	党史博采（理论版）	401	0.286	0.122	0.98	216	0.08	2.57	3.7	4
M01	党史研究与教学	498	—	0.062	0.93	262	0.17	3.12	9.8	6
M01	党政干部论坛	119	0.168	0.057	1.00	105	0.06	1.25	3.7	2
M01	党政干部学刊	272	0.411	0.121	0.98	226	0.08	2.69	4.3	3
M01	党政论坛	354	0.520	0.133	0.98	247	0.15	2.94	4.0	4
M01	党政研究	682	1.855	1.227	0.98	444	0.25	5.29	3.5	10
M01	地方治理研究	249	1.511	0.917	0.96	191	0.10	2.27	5.2	6
M01	福建党史月刊	153	0.050	—	0.98	112	0.07	1.33	9.9	3

学科代码	期刊名称	扩展总被引频次	扩展影响因子	扩展即年指标	扩展他引率	扩展引用刊数	扩展学科影响指标	扩展学科扩散指标	扩展被引半衰期	扩展H指标
M01	甘肃理论学刊	293	0.395	0.121	0.99	248	0.13	2.95	7.4	3
M01	广西文学	25	0.015	0.004	1.00	10	—	0.12	≥10	2
M01	国际安全研究	742	2.962	2.848	0.91	325	0.06	3.87	4.5	9
M01	国家治理	1286	1.103	0.363	0.99	724	0.35	8.62	3.4	8
M01	科学社会主义	1119	1.434	0.537	0.99	604	0.40	7.19	4.6	9
M01	理论导刊	1660	1.206	0.482	0.98	895	0.33	10.65	4.8	8
M01	理论视野	956	1.011	0.168	0.98	587	0.26	6.99	4.6	8
M01	理论探索	1455	2.603	0.768	0.99	794	0.32	9.45	4.9	11
M01	理论学习与探索	144	0.139	0.050	0.97	99	0.02	1.18	4.6	2
M01	廉政文化研究	191	0.573	0.127	0.92	130	0.08	1.55	4.2	4
M01	内蒙古统战理论研究	71	0.268	0.036	0.99	62	0.04	0.74	3.6	2
M01	旗帜	458	—	0.068	1.00	345	0.15	4.11	4.2	5
M01	前进	338	—	0.077	0.99	269	0.19	3.20	8.2	5
M01	前线	910	0.509	0.190	0.98	601	0.27	7.15	4.6	8
M01	求实	1817	4.833	1.812	0.99	895	0.36	10.65	6.1	14
M01	求是	13949	34.189	11.378	1.00	1967	0.61	23.42	3.0	51
M01	人大研究	303	0.363	0.072	0.87	156	0.13	1.86	4.8	4
M01	三晋基层治理	81	—	0.104	0.99	72	0.04	0.86	2.5	3
M01	山东工会论坛	305	0.667	0.525	0.80	155	0.04	1.85	4.6	4
M01	上海党史与党建	338	0.502	0.108	0.95	212	0.15	2.52	5.0	4
M01	社会主义论坛	424	0.239	0.096	1.00	331	0.11	3.94	4.2	7
M01	石油政工研究	34	—	—	1.00	27	0.01	0.32	9.2	2
M01	实事求是	182	0.276	0.175	0.95	143	0.06	1.70	5.5	3
M01	世界知识	778	—	0.133	1.00	345	0.13	4.11	3.9	5
M01	思想教育研究	5451	3.267	1.072	0.98	1275	0.30	15.18	4.2	17
M01	思想政治课教学	747	0.470	0.154	0.95	282	0.04	3.36	4.0	7
M01	探求	262	0.567	0.200	0.95	212	0.05	2.52	4.4	4
M01	探索	2552	4.297	1.835	0.96	960	0.48	11.43	4.8	14
M01	团结	124	0.224	0.009	0.95	105	0.05	1.25	4.7	3
M01	唯实	383	0.196	0.084	0.99	308	0.10	3.67	4.8	4
M01	新视野	1150	1.926	0.689	0.98	690	0.31	8.21	4.8	8
M01	行政管理改革	2146	—	1.833	0.98	1060	0.36	12.62	3.8	14
M01	行政科学论坛	289	0.321	0.081	0.99	240	0.06	2.86	5.4	4

2022 年中国科技期刊被引指标按类刊名字顺索引(续)

学科代码	期刊名称	扩展总被引频次	扩展影响因子	扩展即年指标	扩展他引率	扩展引用刊数	扩展学科影响指标	扩展学科扩散指标	扩展被引半衰期	扩展H指标
M01	行政与法	659	0.711	0.181	0.98	450	0.18	5.36	4.8	4
M01	学习论坛	1060	1.600	0.911	0.98	665	0.29	7.92	4.3	8
M01	学习月刊	309	0.242	0.058	1.00	251	0.10	2.99	6.3	3
M01	学校党建与思想教育	8641	2.752	0.762	0.98	1398	0.29	16.64	3.9	22
M01	政策瞭望	210	0.423	0.084	1.00	165	0.07	1.96	3.6	5
M01	政工学刊	185	—	0.025	1.00	119	0.05	1.42	3.8	4
M01	政治学研究	3697	7.066	1.150	0.97	938	0.42	11.17	6.0	22
M01	治理现代化研究	241	1.092	0.692	0.97	189	0.11	2.25	2.8	5
M01	治理研究	1822	5.747	1.333	0.97	824	0.32	9.81	3.8	14
M01	中共党史研究	1616	1.640	0.207	0.93	609	0.43	7.25	9.3	10
M01	中国党政干部论坛	1218	0.901	0.214	1.00	706	0.36	8.40	4.2	10
M01	中国青年研究	4082	3.715	1.282	0.93	1190	0.26	14.17	4.9	16
M01	中国特色社会主义研究	1721	3.917	0.597	0.99	892	0.37	10.62	4.9	15
M02	北京石油管理干部学院学报	192	0.416	0.250	0.91	103	0.07	1.01	3.9	3
M02	北京市工会干部学院学报	94	0.506	0.206	0.96	61	0.04	0.60	4.0	3
M02	北京行政学院学报	1318	1.961	0.795	0.99	733	0.41	7.19	5.8	10
M02	兵团党校学报	149	0.282	0.070	0.89	106	0.10	1.04	4.5	4
M02	长春市委党校学报	113	0.212	0.088	0.99	103	0.08	1.01	5.3	3
M02	长征学刊	134	0.283	0.132	0.98	123	0.17	1.21	5.4	3
M02	成都行政学院学报	183	0.332	0.149	1.00	163	0.07	1.60	4.7	3
M02	东北亚经济研究	240	0.784	0.436	0.82	164	0.04	1.61	4.3	4
M02	福建金融管理干部学院学报	80	0.493	0.086	1.00	65	0.01	0.64	4.2	3
M02	福建省社会主义学院学报	162	0.371	0.083	0.99	132	0.15	1.29	4.9	3
M02	福州党校学报	127	0.235	0.078	0.99	116	0.07	1.14	4.4	3
M02	甘肃行政学院学报	1012	2.413	0.082	0.98	527	0.28	5.17	5.4	10
M02	工会理论研究—上海工会管理干部学院学报	125	0.557	0.139	0.92	74	0.04	0.73	4.4	3
M02	公共治理研究	362	0.629	0.274	0.98	275	0.18	2.70	6.8	5
M02	古田干部学院学报	6	—	0.018	0.83	6	0.01	0.06	2.4	1
M02	广东青年研究	129	0.758	0.275	0.87	89	0.09	0.87	4.1	3
M02	广东省社会主义学院学报	145	0.224	0.038	0.99	109	0.18	1.07	5.2	3
M02	广西社会主义学院学报	180	0.299	0.020	0.95	133	0.22	1.30	4.9	4
M02	广州社会主义学院学报	121	0.257	0.174	0.90	84	0.22	0.82	4.8	3

学科代码	期刊名称	扩展总被引频次	扩展影响因子	扩展即年指标	扩展他引率	扩展引用刊数	扩展学科影响指标	扩展学科扩散指标	扩展被引半衰期	扩展H指标
M02	广州市公安管理干部学院学报	101	0.418	0.095	0.97	60	0.05	0.59	4.5	3
M02	贵阳市委党校学报	91	0.267	0.043	1.00	82	0.04	0.80	4.4	3
M02	贵州社会主义学院学报	63	0.261	0.083	0.84	46	0.08	0.45	3.7	2
M02	贵州省党校学报	234	0.512	0.165	0.98	196	0.21	1.92	4.5	4
M02	国家教育行政学院学报	3409	4.677	0.632	0.98	1062	0.27	10.41	4.7	19
M02	国家林业和草原局管理干部学院学报	156	0.533	0.238	0.94	108	0.03	1.06	5.4	3
M02	哈尔滨市委党校学报	106	0.264	0.127	0.97	93	0.07	0.91	4.9	3
M02	河北青年管理干部学院学报	244	0.471	0.116	0.99	187	0.14	1.83	3.9	4
M02	河北省社会主义学院学报	105	0.366	0.260	0.92	77	0.19	0.75	3.8	4
M02	湖北省社会主义学院学报	132	0.214	0.064	0.91	83	0.15	0.81	5.2	2
M02	湖北行政学院学报	321	0.747	0.162	0.96	242	0.23	2.37	4.7	5
M02	湖南省社会主义学院学报	220	0.266	0.094	0.98	153	0.23	1.50	4.5	3
M02	湖南行政学院学报	244	0.517	0.204	0.98	197	0.13	1.93	3.9	4
M02	江苏省社会主义学院学报	176	0.430	0.100	0.94	106	0.19	1.04	4.6	3
M02	江苏行政学院学报	1188	1.617	0.474	0.98	707	0.40	6.93	6.1	9
M02	理论学习—山东干部函授大学学报	293	0.192	0.051	0.97	228	0.15	2.24	6.4	3
M02	辽宁公安司法管理干部学院学报	141	0.304	0.066	0.97	96	0.06	0.94	4.7	3
M02	辽宁省社会主义学院学报	114	0.212	0.060	0.94	92	0.16	0.90	4.6	3
M02	辽宁行政学院学报	375	0.602	0.110	0.98	296	0.10	2.90	7.9	3
M02	闽台关系研究	226	0.619	0.150	0.88	166	0.14	1.63	5.7	3
M02	宁夏党校学报	179	0.432	0.097	0.98	144	0.18	1.41	4.0	4
M02	青年学报	229	0.657	0.149	0.98	162	0.18	1.59	4.7	4
M02	青少年研究与实践	111	0.413	0.057	0.96	95	0.04	0.93	4.2	3
M02	山东女子学院学报	160	0.426	0.164	0.88	110	0.08	1.08	5.2	3
M02	山东青年政治学院学报	313	0.435	0.158	0.99	243	0.11	2.38	6.1	4
M02	山东行政学院学报	320	0.500	0.159	0.98	261	0.20	2.56	5.0	5
M02	山西经济管理干部学院学报	164	0.456	0.083	0.99	127	0.02	1.25	4.3	3
M02	山西社会主义学院学报	67	0.234	0.024	0.93	49	0.16	0.48	5.0	3
M02	陕西社会主义学院学报	58	0.198	0.020	0.98	50	0.13	0.49	4.4	2
M02	陕西行政学院学报	216	0.444	0.232	0.98	176	0.09	1.73	4.2	4
M02	上海公安学院学报	99	0.500	0.045	0.99	73	0.08	0.72	3.3	3
M02	上海市经济管理干部学院学报	121	0.444	0.171	1.00	100	0.04	0.98	4.8	4
M02	上海市社会主义学院学报	174	0.584	0.191	0.95	91	0.20	0.89	4.0	3

学科代码	期刊名称	扩展总被引频次	扩展影响因子	扩展即年指标	扩展他引率	扩展引用刊数	扩展学科影响指标	扩展学科扩散指标	扩展被引半衰期	扩展H指标
M02	上海行政学院学报	1215	3.050	0.426	0.98	665	0.47	6.52	5.5	11
M02	石油化工管理干部学院学报	131	0.319	0.032	0.97	84	0.02	0.82	4.1	3
M02	四川省干部函授学院学报	156	0.455	0.076	0.98	122	0.02	1.20	4.1	3
M02	四川省社会主义学院学报	96	0.412	0.086	0.93	69	0.16	0.68	3.7	3
M02	四川行政学院学报	261	0.543	0.400	0.98	213	0.13	2.09	6.1	4
M02	天津市工会管理干部学院学报	107	0.674	0.167	0.99	81	0.05	0.79	3.6	4
M02	天津市社会主义学院学报	55	0.227	0.061	0.98	48	0.11	0.47	4.2	2
M02	天津行政学院学报	750	2.086	0.727	0.98	502	0.46	4.92	5.0	8
M02	天水行政学院学报	206	0.278	0.043	0.98	169	0.06	1.66	4.5	3
M02	统一战线学研究	493	1.672	1.099	0.81	207	0.33	2.03	3.3	7
M02	武汉公安干部学院学报	179	0.712	0.054	0.68	80	0.04	0.78	3.6	3
M02	延边党校学报	144	0.309	0.170	0.97	116	0.06	1.14	3.7	3
M02	沂蒙干部学院学报	9	—	0.047	0.89	9	0.03	0.09	2.2	1
M02	云南社会主义学院学报	158	0.270	0.104	0.97	122	0.15	1.20	5.8	3
M02	云南行政学院学报	901	0.980	0.062	0.98	564	0.40	5.53	5.6	7
M02	中共成都市委党校学报	126	0.246	0.016	1.00	116	0.07	1.14	5.2	3
M02	中共福建省委党校（福建行政学院）学报	1029	1.253	0.283	0.98	646	0.57	6.33	5.5	7
M02	中共桂林市委党校学报	85	0.316	0.082	0.99	72	0.01	0.71	3.6	3
M02	中共杭州市委党校学报	330	0.743	0.367	0.98	254	0.29	2.49	5.0	5
M02	中共合肥市委党校学报	71	0.280	0.089	0.96	63	0.08	0.62	3.5	2
M02	中共济南市委党校学报	171	0.241	0.063	0.98	144	0.09	1.41	4.8	3
M02	中共乐山市委党校学报	176	0.321	0.104	1.00	143	0.06	1.40	4.2	4
M02	中共南昌市委党校学报	134	0.454	0.243	0.99	119	0.06	1.17	3.1	4
M02	中共南京市委党校学报	199	0.367	0.143	0.98	175	0.11	1.72	5.3	3
M02	中共南宁市委党校学报	84	0.300	0.032	1.00	75	0.06	0.74	4.1	3
M02	中共宁波市委党校学报	232	0.451	0.167	0.98	198	0.19	1.94	5.5	4
M02	中共青岛市委党校青岛行政学院学报	220	0.258	0.083	0.97	180	0.13	1.76	4.9	3
M02	中共山西省委党校学报	320	0.373	0.100	0.98	240	0.19	2.35	4.8	4
M02	中共石家庄市委党校学报	166	0.362	0.139	0.98	128	0.14	1.25	3.6	3
M02	中共太原市委党校学报	139	0.276	0.098	1.00	120	0.11	1.18	3.4	3
M02	中共天津市委党校学报	545	1.724	0.709	0.96	370	0.40	3.63	4.3	8
M02	中共乌鲁木齐市委党校学报	39	0.198	0.200	1.00	33	0.02	0.32	2.6	2
M02	中共伊犁州委党校学报	81	0.125	0.053	1.00	69	0.07	0.68	4.6	3

学科代码	期刊名称	扩展总被引频次	扩展影响因子	扩展即年指标	扩展他引率	扩展引用刊数	扩展学科影响指标	扩展学科扩散指标	扩展被引半衰期	扩展H指标
M02	中共云南省委党校学报	310	0.357	0.104	0.98	249	0.22	2.44	5.2	3
M02	中共郑州市委党校学报	206	0.410	0.039	0.98	167	0.08	1.64	3.8	3
M02	中共中央党校学报	1694	3.181	1.245	0.99	854	0.65	8.37	4.8	14
M02	中国井冈山干部学院学报	343	0.522	0.255	0.98	273	0.25	2.68	4.7	4
M02	中国劳动关系学院学报	777	1.952	0.629	0.91	422	0.15	4.14	4.6	9
M02	中国浦东干部学院学报	198	—	0.067	0.94	158	0.16	1.55	5.1	4
M02	中国青年社会科学	1466	2.315	0.645	0.98	741	0.31	7.26	5.2	9
M02	中华女子学院学报	420	0.681	0.291	0.90	261	0.15	2.56	5.1	5
M02	中央社会主义学院学报	760	0.914	0.350	0.96	419	0.36	4.11	4.9	7
M03	公共行政评论	2072	4.140	0.769	0.92	667	1.00	222.33	5.9	14
M03	行政论坛	2463	4.372	1.261	0.97	944	1.00	314.67	4.3	14
M03	中国行政管理	9940	3.997	0.831	0.95	1723	1.00	574.33	5.8	26
M04	Contemporary International Relations	18	0.129	—	0.78	8	0.02	0.20	3.5	1
M04	阿拉伯世界研究	288	0.771	0.220	0.73	103	0.46	2.51	6.8	4
M04	当代世界	944	1.483	0.494	1.00	432	0.85	10.54	3.7	7
M04	当代世界社会主义问题	360	0.978	0.136	0.93	229	0.44	5.59	4.6	6
M04	当代世界与社会主义	1491	1.806	0.628	0.98	684	0.68	16.68	4.9	11
M04	当代亚太	782	3.323	0.067	0.91	236	0.71	5.76	7.6	8
M04	东北亚论坛	861	3.351	1.540	0.93	378	0.71	9.22	3.9	9
M04	东南亚研究	671	1.456	0.238	0.88	238	0.56	5.80	7.4	6
M04	东南亚纵横	357	0.352	—	0.95	213	0.37	5.20	9.5	3
M04	俄罗斯东欧中亚研究	406	0.990	0.490	0.98	182	0.61	4.44	6.3	5
M04	俄罗斯研究	377	1.267	0.764	0.88	136	0.56	3.32	4.5	5
M04	国际关系研究	300	—	0.143	0.98	167	0.68	4.07	3.9	5
M04	国际观察	624	2.423	0.721	0.96	300	0.68	7.32	6.0	8
M04	国际论坛	764	2.423	1.814	0.94	320	0.76	7.80	4.3	8
M04	国际问题研究	932	3.582	1.102	0.96	368	0.78	8.98	4.7	10
M04	国际展望	747	3.517	0.873	0.97	364	0.80	8.88	4.2	9
M04	国际政治科学	586	3.980	0.792	0.93	171	0.68	4.17	4.8	8
M04	国际政治研究	631	—	0.462	0.97	280	0.78	6.83	6.8	7
M04	国外理论动态	1290	—	0.327	0.98	604	0.59	14.73	7.0	10
M04	和平与发展	322	1.793	0.571	0.93	158	0.71	3.85	3.4	6
M04	拉丁美洲研究	324	0.649	0.220	0.81	139	0.39	3.39	7.6	4

2022 年中国科技期刊被引指标按类刊名字顺索引(续)

学科代码	期刊名称	扩展总被引频次	扩展影响因子	扩展即年指标	扩展他引率	扩展引用刊数	扩展学科影响指标	扩展学科扩散指标	扩展被引半衰期	扩展H指标
M04	美国研究	625	1.489	0.425	0.93	280	0.76	6.83	6.6	6
M04	南亚研究	320	1.673	0.370	0.85	124	0.39	3.02	5.9	5
M04	南亚研究季刊	260	0.753	0.152	0.87	101	0.32	2.46	7.0	4
M04	南洋问题研究	440	1.492	0.424	0.89	172	0.41	4.20	7.5	5
M04	欧洲研究	669	2.439	0.378	0.90	277	0.68	6.76	6.0	7
M04	日本侵华南京大屠杀研究	65	0.347	0.091	0.85	39	0.02	0.95	3.7	2
M04	日本问题研究	217	0.505	0.109	0.94	160	0.24	3.90	6.4	4
M04	日本学刊	570	1.505	0.696	0.86	247	0.68	6.02	5.6	7
M04	日本研究	230	—	0.023	0.95	168	0.22	4.10	8.5	4
M04	世界经济与政治	3091	4.562	0.912	0.90	628	0.85	15.32	6.7	14
M04	世界社会科学	1524	2.159	0.351	0.98	867	0.59	21.15	8.8	10
M04	太平洋学报	1510	2.821	0.615	0.88	551	0.80	13.44	4.8	10
M04	外国问题研究	130	0.155	0.017	0.95	96	0.22	2.34	≥10	3
M04	外交评论	1087	4.015	1.800	0.95	353	0.78	8.61	6.4	10
M04	西伯利亚研究	145	0.279	0.036	0.94	88	0.07	2.15	7.3	3
M04	西亚非洲	584	1.571	0.500	0.87	207	0.61	5.05	7.1	5
M04	现代国际关系	1240	2.520	0.875	0.97	419	0.78	10.22	4.4	9
M05	Frontiers of Law in China	12	—	—	1.00	11	0.04	0.12	5.8	2
M05	Science Technology and Law	865	2.037	0.380	0.94	427	0.60	4.69	4.5	9
M05	The Journal of Human Rights	9	—	—	0.33	4	0.01	0.04	4.2	1
M05	北方法学	1213	—	0.800	0.99	485	0.86	5.33	5.5	8
M05	北京警察学院学报	463	0.824	0.108	0.95	177	0.40	1.95	4.8	5
M05	比较法研究	4656	12.481	2.337	0.98	827	0.95	9.09	4.2	26
M05	财经法学	945	—	0.960	0.98	401	0.70	4.41	3.9	10
M05	当代法学	3406	6.000	2.316	0.97	721	0.93	7.92	5.4	16
M05	地方立法研究	409	—	0.820	0.96	209	0.54	2.30	3.7	7
M05	电子知识产权	1085	1.508	0.124	0.92	402	0.62	4.42	5.4	9
M05	东方法学	4038	10.158	4.787	0.94	853	0.97	9.37	3.8	25
M05	法律科学—西北政法大学学报	5092	6.273	3.728	0.99	892	0.97	9.80	6.1	22
M05	法律适用	4343	—	0.752	0.94	754	0.98	8.29	5.3	12
M05	法商研究	4700	7.367	1.310	0.98	894	0.97	9.82	6.3	20
M05	法学	7144	6.007	1.074	0.98	1024	0.98	11.25	6.4	20
M05	法学家	4180	6.712	0.987	0.97	763	0.99	8.38	6.4	20

学科代码	期刊名称	扩展总被引频次	扩展影响因子	扩展即年指标	扩展他引率	扩展引用刊数	扩展学科影响指标	扩展学科扩散指标	扩展被引半衰期	扩展H指标
M05	法学论坛	3188	5.027	1.524	0.98	810	0.96	8.90	5.3	17
M05	法学评论	4322	5.995	1.462	0.99	916	0.96	10.07	5.7	19
M05	法学研究	8977	11.445	1.387	0.99	1012	0.99	11.12	7.8	30
M05	法学杂志	3730	3.963	1.015	0.99	922	0.99	10.13	5.6	15
M05	法制博览	2151	0.155	0.047	0.75	662	0.25	7.27	3.9	5
M05	法制与经济	405	0.154	0.016	1.00	230	0.20	2.53	4.6	3
M05	法制与社会发展	3630	7.563	2.929	0.96	766	0.95	8.42	5.4	19
M05	法治研究	1705	4.861	2.256	0.98	602	0.90	6.62	3.6	12
M05	犯罪研究	391	1.188	0.170	0.95	191	0.54	2.10	4.8	5
M05	福建警察学院学报	199	0.479	0.014	0.93	125	0.33	1.37	5.4	3
M05	甘肃政法大学学报	959	1.938	0.242	0.99	440	0.90	4.84	5.8	8
M05	公安学刊—浙江警察学院学报	429	0.716	0.125	0.92	171	0.34	1.88	5.1	5
M05	公安研究	190	—	0.020	0.94	77	0.33	0.85	≥10	5
M05	广西警察学院学报	320	0.552	0.193	0.95	138	0.32	1.52	4.5	5
M05	广西政法管理干部学院学报	218	0.387	0.129	0.98	162	0.09	1.59	4.3	3
M05	贵州警察学院学报	217	0.384	0.147	0.93	119	0.35	1.31	4.6	3
M05	国际法研究	483	—	0.591	0.90	188	0.47	2.07	3.8	9
M05	国际经济法学刊	234	1.277	0.375	0.96	148	0.27	1.63	3.6	6
M05	国家检察官学院学报	2191	6.154	1.803	0.97	518	0.86	5.69	4.7	15
M05	海峡法学	245	0.991	0.283	0.61	126	0.22	1.38	4.0	4
M05	河北法学	3069	2.906	0.879	0.90	889	0.96	9.77	6.0	11
M05	河南财经政法大学学报	844	1.213	0.462	0.96	426	0.76	4.68	6.0	7
M05	河南警察学院学报	246	0.443	0.090	0.96	134	0.46	1.47	4.6	4
M05	湖北警官学院学报	580	0.984	0.250	0.77	232	0.56	2.55	5.2	6
M05	湖南警察学院学报	221	0.439	0.011	0.91	133	0.31	1.46	5.4	4
M05	湖湘法学评论	62	—	0.304	0.95	47	0.20	0.52	2.4	3
M05	华东政法大学学报	2797	4.565	1.963	0.98	702	0.97	7.71	5.3	16
M05	环球法律评论	3117	—	1.563	0.99	693	0.91	7.62	5.6	18
M05	江苏警官学院学报	332	0.419	0.112	0.97	174	0.41	1.91	5.5	3
M05	江西警察学院学报	391	0.645	0.115	0.84	161	0.44	1.77	5.4	4
M05	交大法学	847	2.030	0.788	0.97	341	0.78	3.75	4.9	9
M05	辽宁警察学院学报	359	0.453	0.210	0.94	165	0.30	1.81	4.6	4
M05	南大法学	457	2.457	0.274	0.98	210	0.60	2.31	3.8	7

2022年中国科技期刊被引指标按类刊名字顺索引(续)

学科代码	期刊名称	扩展总被引频次	扩展影响因子	扩展即年指标	扩展他引率	扩展引用刊数	扩展学科影响指标	扩展学科扩散指标	扩展被引半衰期	扩展H指标
M05	清华法学	3638	7.163	1.486	0.99	738	0.93	8.11	5.6	21
M05	山东法官培训学院学报	288	—	0.068	0.91	160	0.44	1.76	4.9	4
M05	山东警察学院学报	510	0.507	0.048	0.97	202	0.52	2.22	6.3	5
M05	山西警察学院学报	269	0.712	0.171	0.96	141	0.37	1.55	4.0	4
M05	山西省政法管理干部学院学报	141	0.255	0.087	0.99	96	0.05	0.94	3.9	3
M05	上海政法学院学报	987	3.507	1.455	0.98	452	0.85	4.97	3.1	11
M05	时代法学	443	0.725	0.194	0.99	290	0.62	3.19	6.1	6
M05	四川警察学院学报	311	0.523	0.096	0.92	163	0.34	1.79	4.6	4
M05	苏州大学学报（法学版）	575	2.963	0.958	0.98	266	0.79	2.92	3.4	8
M05	天津法学	213	0.958	0.024	1.00	154	0.41	1.69	4.3	4
M05	铁道警察学院学报	272	0.315	0.088	0.87	118	0.34	1.30	6.0	3
M05	武大国际法评论	448	1.874	0.809	0.92	201	0.55	2.21	3.9	7
M05	西部法学评论	309	0.693	0.088	0.99	205	0.57	2.25	5.6	4
M05	西南政法大学学报	687	—	0.479	0.99	408	0.82	4.48	5.6	7
M05	现代法学	4278	7.168	0.923	0.99	876	0.98	9.63	6.3	19
M05	新疆警察学院学报	78	—	0.059	1.00	51	0.19	0.56	6.4	2
M05	行政法学研究	2554	5.200	2.305	0.95	627	0.87	6.89	4.8	15
M05	云南警官学院学报	371	0.524	0.198	0.90	157	0.29	1.73	4.7	4
M05	征信	1093	1.429	0.480	0.74	414	0.21	4.55	3.8	7
M05	政法论丛	1815	4.086	1.111	0.98	652	0.91	7.16	4.8	12
M05	政法论坛	4030	5.392	4.169	0.98	773	0.95	8.49	6.1	20
M05	政治与法律	5499	5.254	1.496	0.97	913	0.95	10.03	5.7	19
M05	知识产权	2780	4.624	0.987	0.90	590	0.73	6.48	6.0	13
M05	中国版权	207	0.231	0.030	0.96	117	0.25	1.29	7.9	4
M05	中国法律评论	2386	—	1.144	0.98	635	0.93	6.98	3.7	18
M05	中国法学	10775	13.367	3.632	0.99	1141	0.99	12.54	7.1	32
M05	中国公证	124	—	0.065	0.87	45	0.11	0.49	4.5	3
M05	中国律师	236	—	0.023	1.00	151	0.51	1.66	4.7	7
M05	中国人民警察大学学报	1008	0.963	0.223	0.65	292	0.27	3.21	4.6	6
M05	中国刑警学院学报	567	0.985	0.300	0.80	184	0.67	12.27	4.9	7
M05	中国应用法学	768	2.420	0.694	0.96	331	0.74	3.64	3.7	8
M05	中国政法大学学报	1301	—	0.698	0.97	625	0.86	6.87	4.6	9
M05	中南财经政法大学学报	1964	3.283	0.753	0.98	712	0.62	13.69	5.7	12

学科代码	期刊名称	扩展总被引频次	扩展影响因子	扩展即年指标	扩展他引率	扩展引用刊数	扩展学科影响指标	扩展学科扩散指标	扩展被引半衰期	扩展H指标
M05	中外法学	5400	9.075	2.452	0.98	825	0.97	9.07	5.9	24
M05	专利代理	76	0.215	0.015	0.89	36	0.04	0.40	4.4	2
M07	Forensic Sciences Research	115	0.304	0.260	0.35	31	0.20	2.07	4.1	2
M07	广东公安科技	158	0.221	—	0.89	79	0.33	5.27	5.0	3
M07	警察技术	373	0.486	0.041	0.85	179	0.40	11.93	5.1	4
M07	青少年犯罪问题	774	2.288	0.378	0.91	252	0.60	16.80	4.0	8
M07	人民检察	2213	0.769	0.252	0.90	433	0.67	28.87	5.4	10
M07	人民论坛	9845	1.750	0.736	1.00	2310	0.47	154.00	4.0	16
M07	刑事技术	830	0.811	0.358	0.72	201	0.53	13.40	6.1	6
M07	证据科学	750	1.843	0.240	0.82	211	0.73	14.07	7.3	7
M07	中国法治	677	0.524	0.146	0.93	294	0.53	19.60	4.6	6
M07	中国海商法研究	351	1.126	0.550	0.85	117	0.07	7.80	6.4	4
M07	中国检察官	1038	0.496	0.113	0.94	332	0.60	22.13	4.0	5
M07	中国司法鉴定	724	0.861	0.152	0.85	226	0.80	15.07	6.9	5
M07	中国刑事法杂志	2839	8.238	2.410	0.96	459	0.73	30.60	4.5	19
M08	军事运筹与评估	414	1.065	—	0.86	128	0.33	21.33	5.8	5
M08	抗日战争研究	512	0.528	0.111	0.87	176	0.17	29.33	≥10	4
M08	装甲兵学报	2	—	0.012	0.00	1	0.17	0.17	—	1
N01	China International Studies	30	0.133	0.100	0.60	17	0.02	0.31	3.6	1
N01	八桂侨刊	170	0.289	0.027	0.58	63	0.04	1.15	9.6	3
N01	残疾人研究	580	1.904	0.512	0.87	212	0.16	3.85	4.8	7
N01	成才之路	1481	0.154	0.049	0.90	362	0.11	6.58	3.6	4
N01	创意设计源	210	0.486	0.149	0.87	122	0.04	2.22	4.1	3
N01	创意与设计	230	0.339	0.112	0.96	113	0.04	2.05	6.3	3
N01	大家	121	0.092	0.025	1.00	87	0.05	1.58	≥10	3
N01	当代青年研究	1087	1.385	0.629	0.94	577	0.36	10.49	5.3	7
N01	妇女研究论丛	1422	2.295	0.597	0.93	483	0.25	8.78	6.9	10
N01	科学发展	754	1.168	0.283	0.86	421	0.13	7.65	3.8	6
N01	科学观察	155	—	0.242	0.97	124	0.02	2.25	4.9	3
N01	科学教育与博物馆	206	0.672	0.169	0.89	92	0.11	1.67	3.4	3
N01	南方论刊	550	0.249	0.105	0.98	368	0.11	6.69	4.2	3
N01	攀登（汉文版）	161	0.242	0.037	0.83	114	0.05	2.07	5.4	2
N01	秦智	20	—	0.029	0.80	17	0.04	0.31	—	2

2022年中国科技期刊被引指标按类刊名字顺索引(续)

学科代码	期刊名称	扩展总被引频次	扩展影响因子	扩展即年指标	扩展他引率	扩展引用刊数	扩展学科影响指标	扩展学科扩散指标	扩展被引半衰期	扩展H指标
N01	青年探索	703	2.092	0.875	0.91	390	0.25	7.09	4.9	9
N01	青年研究	1214	1.928	0.630	0.95	523	0.29	9.51	8.3	9
N01	青少年学刊	220	0.584	0.310	0.99	163	0.16	2.96	5.1	4
N01	情感读本	210	—	0.012	1.00	70	0.02	1.27	4.4	2
N01	群文天地	162	0.041	—	0.99	120	0.07	2.18	≥10	2
N01	人民论坛·学术前沿	3724	2.271	0.643	0.99	1549	0.51	28.16	3.9	18
N01	人与生物圈	73	0.104	—	1.00	47	—	0.85	5.2	2
N01	社会	3312	3.928	0.423	0.98	854	0.36	15.53	9.3	18
N01	社会工作	731	1.828	0.292	0.91	326	0.20	5.93	6.8	7
N01	社会学评论	791	2.113	0.405	0.94	435	0.25	7.91	4.8	9
N01	社会学研究	8468	9.443	1.033	0.98	1391	0.56	25.29	≥10	33
N01	社会主义核心价值观研究	214	0.629	0.207	0.93	172	0.13	3.13	4.2	4
N01	视听	1911	0.355	0.218	0.96	428	0.25	7.78	3.7	5
N01	视听界	528	0.466	0.228	0.98	174	0.13	3.16	3.8	5
N01	台湾研究	287	0.485	0.266	0.69	78	0.04	1.42	5.8	4
N01	台湾研究集刊	332	0.610	0.154	0.86	113	0.07	2.05	6.6	4
N01	文化创新比较研究	3043	0.349	0.058	0.97	774	0.22	14.07	3.8	6
N01	文化软实力	107	0.418	0.117	0.98	95	0.15	1.73	4.0	3
N01	文化软实力研究	134	0.517	0.062	0.98	112	0.09	2.04	5.2	4
N01	文化学刊	674	—	0.043	0.99	421	0.15	7.65	4.3	3
N01	无线互联科技	3287	0.499	0.136	0.97	869	0.09	15.80	3.5	7
N01	武陵学刊	262	0.283	0.087	0.92	207	0.13	3.76	6.9	3
N01	新华文摘	143	—	0.022	0.99	123	0.05	2.24	6.4	3
N01	医学与社会	3844	2.438	0.470	0.91	791	0.18	14.38	4.2	10
N01	知与行	174	0.255	0.056	1.00	153	0.07	2.78	5.1	3
N01	中国医学伦理学	2989	1.953	0.434	0.85	639	0.11	11.62	4.4	10
N02	劳动保护	382	0.276	0.083	0.98	230	0.09	10.45	4.0	4
N02	南方人口	663	2.027	0.211	0.97	358	0.55	16.27	6.7	8
N02	人才资源开发	1704	0.439	0.238	1.00	518	0.05	23.55	3.4	5
N02	人口学刊	2171	3.846	1.120	0.97	769	0.55	34.95	6.8	13
N02	人口研究	3776	6.295	0.907	0.96	971	0.55	44.14	7.9	20
N02	人口与发展	1942	3.859	0.915	0.96	757	0.50	34.41	5.8	11
N02	人口与经济	2230	3.884	0.800	0.98	809	0.55	36.77	7.4	12

学科代码	期刊名称	扩展总被引频次	扩展影响因子	扩展即年指标	扩展他引率	扩展引用刊数	扩展学科影响指标	扩展学科扩散指标	扩展被引半衰期	扩展H指标
N02	人口与社会	521	1.364	0.288	0.96	326	0.45	14.82	5.2	7
N02	人类居住	66	0.222	0.025	1.00	47	—	2.14	4.6	3
N02	人力资源	972	0.292	0.049	1.00	295	0.05	13.41	3.3	5
N02	社会保障评论	806	4.000	0.679	0.87	343	0.55	15.59	3.7	12
N02	社会保障研究	1190	2.835	0.386	0.95	514	0.55	23.36	5.3	10
N02	西北人口	1224	2.762	0.450	0.97	622	0.55	28.27	5.9	8
N02	职业技术	1041	1.069	0.609	0.99	429	0.05	19.50	3.4	7
N02	中国劳动	453	1.184	0.382	0.91	270	0.36	12.27	6.4	5
N02	中国人口科学	3355	6.728	1.055	0.97	941	0.55	42.77	7.3	18
N02	中国人力资源开发	2339	2.795	0.708	0.89	763	0.41	34.68	5.6	12
N02	中国人力资源社会保障	347	0.476	0.074	1.00	246	0.27	11.18	3.6	4
N02	中国社会保障	374	0.203	0.031	1.00	209	0.23	9.50	5.0	4
N04	China Tibetology	25	0.222	—	0.64	13	0.05	0.34	9.5	2
N04	地方文化研究	133	0.219	0.169	0.89	104	0.08	2.74	5.4	3
N04	东南文化	1896	1.420	0.263	0.91	525	0.34	13.82	≥10	9
N04	法国研究	133	—	0.357	0.92	97	0.03	2.55	7.8	3
N04	广西民族研究	1691	1.830	0.116	0.95	599	0.45	15.76	6.1	10
N04	贵州民族研究	2807	1.415	0.344	0.97	900	0.47	23.68	5.8	10
N04	黑龙江民族丛刊	887	—	0.088	0.93	406	0.32	10.68	6.8	6
N04	科学文化评论	198	0.136	0.036	0.89	116	0.03	3.05	≥10	3
N04	老龄科学研究	700	1.224	0.301	0.92	355	0.05	9.34	5.6	9
N04	满族研究	235	0.137	—	0.93	124	0.21	3.26	≥10	3
N04	民族大家庭	47	0.067	0.009	1.00	40	0.05	1.05	3.9	3
N04	民族学刊	717	1.765	0.082	0.86	338	0.39	8.89	3.3	9
N04	民族研究	2190	2.129	0.484	0.97	624	0.42	16.42	9.6	10
N04	鄱阳湖学刊	229	0.393	0.086	0.91	164	0.13	4.32	5.8	4
N04	青海民族研究	810	0.832	0.124	0.95	396	0.39	10.42	6.2	6
N04	上海文化（文化研究）	308	0.580	0.176	0.96	213	0.08	5.61	5.9	4
N04	世界民族	672	0.590	0.079	0.86	276	0.29	7.26	≥10	5
N04	文化遗产	1092	1.223	0.407	0.91	461	0.53	12.13	5.8	10
N04	文化纵横	869	—	0.527	0.97	516	0.21	13.58	4.6	10
N04	西北民族研究	1216	2.311	1.042	0.95	473	0.47	12.45	5.7	11
N04	现代企业文化	677	0.035	0.018	0.79	190	0.05	5.00	4.5	3

学科代码	期刊名称	扩展总被引频次	扩展影响因子	扩展即年指标	扩展他引率	扩展引用刊数	扩展学科影响指标	扩展学科扩散指标	扩展被引半衰期	扩展H指标
N04	艺苑	233	0.184	0.043	0.98	143	0.13	3.76	6.5	3
N04	中国民族博览	1583	—	0.062	0.94	471	0.18	12.39	3.7	5
N04	中国文化	333	0.236	0.050	0.98	211	0.29	5.55	≥10	6
N04	中国文化研究	576	0.641	0.068	0.98	403	0.18	10.61	≥10	5
N04	中国文化遗产	580	0.873	0.135	0.95	270	0.32	7.11	6.3	5
N04	中国藏学	1011	0.810	0.183	0.81	235	0.29	6.18	≥10	6
N04	中华文化论坛	761	0.360	0.077	0.99	467	0.34	12.29	8.5	6
N04	中原文化研究	351	0.536	0.110	0.95	239	0.29	6.29	5.6	5
N04	自然与文化遗产研究	240	0.776	0.094	0.93	152	0.16	4.00	4.1	4
N05	编辑学报	3178	3.278	0.987	0.81	445	0.59	7.54	4.8	11
N05	编辑学刊	614	0.854	0.352	0.96	243	0.69	4.12	4.9	6
N05	编辑之友	2481	2.304	0.843	0.95	622	0.95	10.54	4.5	12
N05	采写编	1406	0.527	0.312	0.95	241	0.59	4.08	2.6	6
N05	出版参考	686	0.438	0.121	0.91	202	0.58	3.42	4.5	5
N05	出版发行研究	1984	1.849	0.358	0.92	550	0.86	9.32	4.6	11
N05	出版广角	3534	1.276	0.498	0.93	797	0.97	13.51	3.8	10
N05	出版科学	1151	2.108	0.833	0.91	348	0.69	5.90	4.7	8
N05	出版与印刷	314	0.897	0.440	0.87	101	0.47	1.71	3.5	5
N05	传播力研究	3870	—	0.028	0.86	529	0.69	8.97	4.4	5
N05	传播与版权	1447		0.387	0.96	441	0.76	7.47	3.8	5
N05	传媒	3444	1.129	0.374	0.96	801	0.97	13.58	3.6	10
N05	传媒观察	898	1.430	0.565	0.96	363	0.86	6.15	3.2	8
N05	传媒论坛	4102	0.593	0.148	0.98	522	0.73	8.85	3.3	8
N05	传媒评论	407	—	0.034	0.98	125	0.66	2.12	4.4	4
N05	当代传播	2066	1.860	0.620	0.97	622	0.95	10.54	5.8	10
N05	电视研究	1199	0.739	0.234	0.94	303	0.83	5.14	4.2	6
N05	东南传播	1339	0.543	0.087	0.96	413	0.80	7.00	4.4	6
N05	公关世界	905	0.267	0.112	0.98	391	0.34	6.63	2.7	4
N05	国际新闻界	4382	5.107	0.802	0.95	809	0.95	13.71	6.0	21
N05	红旗文稿	2249	1.409	0.655	1.00	1043	0.46	17.68	4.5	12
N05	记者观察	2420	0.395	0.081	0.94	268	0.46	4.54	3.5	6
N05	记者摇篮	2095	—	0.218	0.93	173	0.53	2.93	3.0	6
N05	教育传媒研究	405	0.719	0.333	0.84	183	0.68	3.10	3.3	5

学科代码	期刊名称	扩展总被引频次	扩展影响因子	扩展即年指标	扩展他引率	扩展引用刊数	扩展学科影响指标	扩展学科扩散指标	扩展被引半衰期	扩展H指标
N05	今传媒	1254	0.359	0.174	0.98	405	0.81	6.86	5.0	4
N05	科技与出版	2795	2.136	0.887	0.89	595	0.76	10.08	4.0	11
N05	科普研究	861	1.912	0.310	0.90	304	0.46	5.15	5.3	7
N05	全媒体探索	71	—	0.072	0.93	39	0.32	0.66	—	2
N05	全球传媒学刊	550	2.768	0.371	0.97	226	0.71	3.83	3.9	9
N05	声屏世界	1039	0.285	0.041	0.96	235	0.58	3.98	3.5	4
N05	未来传播	266	0.908	0.646	0.99	168	0.63	2.85	2.8	6
N05	现代出版	906	2.728	1.302	0.95	281	0.86	4.76	3.3	10
N05	现代传播	6588	3.012	0.753	0.97	1159	0.97	19.64	5.2	18
N05	新闻爱好者	2378	1.211	0.413	0.93	746	0.90	12.64	3.9	11
N05	新闻传播	2698	—	0.227	0.95	454	0.80	7.69	3.5	7
N05	新闻春秋	159	0.416	0.200	0.94	85	0.49	1.44	4.2	4
N05	新闻大学	2204	3.066	0.683	0.95	569	0.93	9.64	5.8	11
N05	新闻记者	2578	—	0.798	0.94	522	0.95	8.85	5.4	14
N05	新闻界	2997	4.536	2.532	0.97	761	0.98	12.90	4.2	18
N05	新闻前哨	1151	0.401	0.188	0.97	262	0.64	4.44	3.0	6
N05	新闻世界	971	—	0.322	0.99	311	0.78	5.27	4.4	5
N05	新闻研究导刊	6406	0.538	0.194	0.94	760	0.83	12.88	3.9	8
N05	新闻与传播评论	740	2.305	0.938	0.97	323	0.83	5.47	3.9	8
N05	新闻与传播研究	3215	4.339	0.341	0.96	708	0.95	12.00	6.5	19
N05	新闻与写作	3275	2.796	1.225	0.98	716	0.95	12.14	3.9	15
N05	新闻知识	697	0.547	0.073	0.98	293	0.78	4.97	6.1	5
N05	中国报业	1865	0.416	0.195	0.95	407	0.85	6.90	3.2	6
N05	中国编辑	2251	2.863	1.216	0.89	545	0.97	9.24	3.3	12
N05	中国出版	2987	1.568	0.594	0.93	715	0.93	12.12	4.1	11
N05	中国传媒科技	2565	1.291	0.807	0.78	324	0.73	5.49	3.1	8
N05	中国广播电视学刊	1871	0.847	0.407	0.96	475	0.81	8.05	3.5	7
N05	中国记者	925	0.369	0.153	0.97	233	0.90	3.95	5.0	7
N05	中国科技期刊研究	4125	3.419	1.056	0.74	573	0.64	9.71	4.7	13
N06	大学图书馆学报	2496	3.116	0.809	0.94	414	0.83	14.28	5.9	13
N06	大学图书情报学刊	893	1.297	0.432	0.95	279	0.83	9.62	3.9	6
N06	高校图书馆工作	836	1.469	0.177	0.97	238	0.79	8.21	4.7	6
N06	古籍整理研究学刊	372	0.181	0.033	0.95	226	0.41	7.79	≥10	3

2022 年中国科技期刊被引指标按类刊名字顺索引(续)

学科代码	期刊名称	扩展总被引频次	扩展影响因子	扩展即年指标	扩展他引率	扩展引用刊数	扩展学科影响指标	扩展学科扩散指标	扩展被引半衰期	扩展H指标
N06	广东党史与文献研究	38	0.191	0.094	0.89	31	0.03	1.07	3.4	2
N06	国家图书馆学刊	1538	4.298	0.833	0.97	373	0.86	12.86	4.7	11
N06	河北科技图苑	352	0.645	0.160	0.95	137	0.72	4.72	4.4	4
N06	河南图书馆学刊	1575	0.681	0.183	0.90	336	0.76	11.59	3.8	6
N06	山东图书馆学刊	538	0.680	0.118	0.93	186	0.83	6.41	5.0	5
N06	数据分析与知识发现	2277	2.534	0.547	0.91	646	0.76	22.28	4.8	11
N06	数字图书馆论坛	1238	1.849	0.392	0.96	373	0.83	12.86	4.6	8
N06	四川图书馆学报	581	0.785	0.275	0.97	189	0.76	6.52	4.8	5
N06	图书馆	3075	3.068	0.539	0.94	613	0.86	21.14	4.5	12
N06	图书馆工作与研究	4219	4.286	0.824	0.88	586	0.83	20.21	4.2	14
N06	图书馆建设	2898	2.708	1.409	0.92	488	0.83	16.83	5.4	11
N06	图书馆界	446	0.578	0.167	0.98	173	0.72	5.97	5.4	5
N06	图书馆理论与实践	2020	1.942	1.051	0.97	490	0.86	16.90	5.2	8
N06	图书馆论坛	3970	2.611	1.685	0.92	724	0.83	24.97	4.5	14
N06	图书馆学刊	1683	1.131	0.256	0.96	351	0.79	12.10	4.8	6
N06	图书馆学研究	4161	2.676	0.284	0.96	689	0.86	23.76	4.7	12
N06	图书馆研究	638	1.014	0.253	0.97	213	0.79	7.34	5.0	6
N06	图书馆研究与工作	893	1.065	0.223	0.96	228	0.86	7.86	4.0	7
N06	图书馆杂志	2747	1.965	0.488	0.95	555	0.90	19.14	5.3	12
N06	文献与数据学报	109	—	0.233	0.98	77	0.55	2.66	3.4	4
N06	新世纪图书馆	1388	1.402	0.310	0.95	343	0.86	11.83	4.5	7
N06	中国图书馆学报	3885	9.084	2.410	0.96	686	0.86	23.66	6.5	23
N06	中国图书评论	484	0.276	0.091	0.99	331	0.34	11.41	8.9	6
N07	Big Data Mining and Analytics	73	—	0.040	0.84	33	0.19	0.56	3.9	3
N07	Journal of Data and Information Science	117	—	—	0.99	103	0.21	4.29	6.5	2
N07	晋图学刊	304	0.687	0.116	0.96	126	0.42	5.25	4.8	4
N07	竞争情报	168	0.529	0.396	0.97	110	0.58	4.58	4.5	4
N07	科技情报研究	159	1.667	0.353	0.90	81	0.67	3.38	3.2	5
N07	农业图书情报学报	1036	1.417	0.500	0.94	366	0.71	15.25	5.8	7
N07	情报工程	379	1.048	0.067	0.96	205	0.71	8.54	4.9	6
N07	情报科学	6012	3.290	0.810	0.91	1318	0.83	54.92	4.9	15
N07	情报理论与实践	6301	3.068	1.102	0.90	1219	0.83	50.79	4.7	16
N07	情报探索	1186	0.900	0.222	0.94	464	0.79	19.33	4.8	6

学科代码	期刊名称	扩展总被引频次	扩展影响因子	扩展即年指标	扩展他引率	扩展引用刊数	扩展学科影响指标	扩展学科扩散指标	扩展被引半衰期	扩展H指标
N07	情报学报	3421	3.843	0.664	0.92	723	0.83	30.12	5.3	14
N07	情报杂志	7181	2.999	0.694	0.92	1496	0.88	62.33	5.7	16
N07	情报资料工作	1789	4.047	0.817	0.97	448	0.83	18.67	5.2	10
N07	图书情报导刊	1502	0.771	0.215	0.98	767	0.79	31.96	≥10	5
N07	图书情报工作	9455	3.175	0.490	0.92	1270	0.83	52.92	6.0	17
N07	图书情报知识	2099	2.645	1.000	0.97	550	0.83	22.92	5.8	13
N07	图书与情报	2675	3.922	0.228	0.97	655	0.83	27.29	5.1	15
N07	文献	806	—	0.103	0.94	356	0.25	14.83	≥10	5
N07	现代情报	4327	2.951	0.649	0.95	1128	0.83	47.00	5.2	12
N07	医学信息学杂志	1336	1.082	0.186	0.88	457	0.67	19.04	4.7	8
N07	中国典籍与文化	347	0.223	0.011	0.98	226	0.17	9.42	≥10	4
N07	中国发明与专利	725	0.676	0.181	0.90	334	0.50	13.92	4.9	5
N07	中国中医药图书情报杂志	506	1.005	0.312	0.97	237	0.38	9.88	4.0	6
N07	中华医学图书情报杂志	899	0.811	—	0.96	392	0.79	16.33	5.8	6
N08	北京档案	1197	1.050	0.387	0.87	252	0.75	10.50	4.4	7
N08	博物院	282	0.550	0.058	0.91	115	0.25	4.79	4.2	4
N08	档案	312	0.315	0.048	0.96	126	0.67	5.25	7.3	4
N08	档案管理	1553	1.265	0.571	0.88	273	0.75	11.38	3.7	9
N08	档案记忆	95	0.909	0.015	1.00	57	0.54	2.38	≥10	2
N08	档案学通讯	2300	3.622	0.953	0.91	265	0.75	11.04	5.7	13
N08	档案学研究	2328	3.054	0.669	0.88	304	0.71	12.67	4.8	13
N08	档案与建设	1505	—	0.249	0.91	297	0.79	12.38	4.2	8
N08	故宫博物院院刊	1232	0.737	0.122	0.92	353	0.42	14.71	≥10	6
N08	兰台内外	2315	0.640	0.229	0.80	337	0.71	14.04	3.0	6
N08	兰台世界	2151	—	0.139	0.91	625	0.79	26.04	7.2	6
N08	历史档案	622	0.306	0.018	0.94	253	0.54	10.54	≥10	6
N08	民国档案	365	0.294	—	0.96	150	0.33	6.25	≥10	5
N08	山东档案	384	0.440	0.035	0.97	132	0.62	5.50	4.0	3
N08	山西档案	1223	1.787	0.280	0.88	302	0.71	12.58	4.3	8
N08	陕西档案	255	0.329	0.089	0.96	99	0.54	4.12	3.5	4
N08	上海地方志	62	0.360	0.021	0.42	15	0.04	0.62	3.7	3
N08	四川档案	139	0.226	0.077	0.96	67	0.58	2.79	4.1	2
N08	文博	755	0.347	0.035	0.96	281	0.25	11.71	≥10	5

2022 年中国科技期刊被引指标按类刊名字顺索引(续)

学科代码	期刊名称	扩展总被引频次	扩展影响因子	扩展即年指标	扩展他引率	扩展引用刊数	扩展学科影响指标	扩展学科扩散指标	扩展被引半衰期	扩展H指标
N08	浙江档案	1372	1.311	0.337	0.91	286	0.79	11.92	4.2	8
N08	中国博物馆	1059	—	0.236	0.84	261	0.50	10.88	6.9	8
N08	中国档案	1699	—	0.243	0.99	289	0.71	12.04	4.4	9
N08	自然科学博物馆研究	301	1.145	0.164	0.70	87	0.25	3.62	4.0	4
P01	Frontiers of Education in China	64	—	0.037	1.00	52	0.07	0.27	4.5	2
P01	安顺学院学报	281	0.341	0.155	0.93	217	0.12	1.14	4.6	3
P01	保定学院学报	304	0.535	0.305	0.95	241	0.13	1.26	3.8	5
P01	北京大学教育评论	1802	3.167	0.237	0.99	618	0.55	3.24	8.7	14
P01	蚌埠学院学报	315	0.420	0.197	0.99	250	0.12	1.31	3.8	4
P01	比较教育研究	2770	1.845	0.456	0.96	792	0.66	4.15	7.3	10
P01	兵团教育学院学报	190	0.468	0.075	0.97	147	0.15	0.77	4.4	4
P01	昌吉学院学报	278	0.563	0.112	0.90	196	0.11	1.03	4.5	4
P01	长沙大学学报	611	0.643	0.193	0.98	453	0.16	2.37	5.2	5
P01	池州学院学报	472	0.366	0.092	0.96	314	0.14	1.64	4.5	4
P01	创新人才教育	158	0.435	0.071	0.97	116	0.12	0.61	4.3	4
P01	创新与创业教育	662	0.786	0.307	0.95	318	0.26	1.66	4.8	5
P01	大连大学学报	379	0.255	0.086	0.99	321	0.14	1.68	7.4	5
P01	大连教育学院学报	205	0.371	0.055	0.94	114	0.11	0.60	4.4	3
P01	大连民族大学学报	358	0.636	0.055	0.96	285	0.10	1.49	4.7	4
P01	当代教师教育	273	0.661	0.068	0.97	199	0.32	1.04	6.0	5
P01	当代教育科学	2592	1.797	0.595	0.98	842	0.70	4.41	6.2	11
P01	当代教育理论与实践	995	1.053	0.233	0.95	480	0.36	2.51	5.8	7
P01	当代教育论坛	1408	3.006	1.506	0.90	620	0.62	3.25	4.4	10
P01	当代教育与文化	757	1.358	0.198	0.98	403	0.45	2.11	4.7	7
P01	电化教育研究	8001	5.844	1.602	0.91	1262	0.82	6.61	5.5	24
P01	鄂州大学学报	515	0.556	0.181	0.99	337	0.14	1.76	3.7	5
P01	纺织服装教育	512	0.878	0.172	0.85	178	0.12	0.93	3.9	5
P01	福建教育学院学报	1068	0.486	0.133	0.98	388	0.31	2.03	3.9	6
P01	复旦教育论坛	1961	2.694	0.262	0.98	714	0.57	3.74	7.0	12
P01	甘肃教育	987	0.082	0.105	0.96	232	0.21	1.21	4.0	4
P01	广西教育学院学报	509	0.335	0.039	0.97	311	0.18	1.63	4.6	4
P01	哈尔滨学院学报	645	0.298	0.196	0.99	433	0.20	2.27	3.9	4
P01	海南热带海洋学院学报	383	0.637	0.183	0.76	224	0.07	1.17	5.0	4

学科代码	期刊名称	扩展总被引频次	扩展影响因子	扩展即年指标	扩展他引率	扩展引用刊数	扩展学科影响指标	扩展学科扩散指标	扩展被引半衰期	扩展H指标
P01	航海教育研究	341	0.800	0.261	0.84	138	0.08	0.72	4.6	4
P01	河北师范大学学报（教育科学版）	1607	2.450	1.073	0.97	675	0.60	3.53	5.2	11
P01	河池学院学报	265	0.349	0.065	0.97	202	0.10	1.06	5.8	4
P01	河西学院学报	297	0.367	0.161	0.98	237	0.14	1.24	5.6	4
P01	黑河学院学报	1062	0.341	0.073	0.98	494	0.21	2.59	3.9	5
P01	黑龙江工业学院学报（综合版）	895	0.596	0.271	0.74	445	0.19	2.33	3.8	5
P01	黑龙江教师发展学院学报	953	0.660	0.324	0.99	382	0.27	2.00	2.6	6
P01	呼伦贝尔学院学报	300	0.440	0.053	0.95	211	0.10	1.10	3.7	3
P01	湖南师范大学教育科学学报	1944	3.842	1.000	0.98	672	0.62	3.52	4.7	11
P01	华东师范大学学报（教育科学版）	4025	7.063	1.275	0.98	1055	0.74	5.52	4.7	23
P01	华文教学与研究	439	0.764	0.302	0.92	166	0.14	0.87	8.1	6
P01	华夏教师	1248	0.108	0.051	0.99	204	0.18	1.07	4.4	4
P01	吉林省教育学院学报	1343	0.575	0.200	0.97	559	0.32	2.93	4.0	6
P01	集美大学学报	358	0.648	0.129	0.96	248	0.19	1.30	5.2	4
P01	济宁学院学报	228	0.306	0.130	0.97	187	0.07	0.98	4.9	3
P01	继续教育研究	1635	0.974	0.614	0.95	676	0.53	3.54	5.8	6
P01	江西科技师范大学学报	313	0.344	0.112	0.97	242	0.12	1.27	6.4	4
P01	焦作大学学报	263	0.379	0.173	0.98	215	0.07	1.13	4.2	3
P01	教学管理与教育研究	1061	0.274	0.099	0.79	160	0.15	0.84	3.2	4
P01	教学研究	652	1.123	0.247	0.97	388	0.41	2.03	5.6	6
P01	教学与研究	2117	2.095	0.599	0.98	1020	0.48	5.34	5.6	12
P01	教育测量与评价	636	0.900	0.484	0.87	300	0.34	1.57	5.5	6
P01	教育导刊	835	0.672	0.262	0.98	440	0.49	2.30	6.2	6
P01	教育发展研究	6854	2.706	0.454	0.97	1331	0.85	6.97	5.8	16
P01	教育科学	1890	3.503	0.377	0.97	692	0.62	3.62	6.2	13
P01	教育科学探索	308	0.639	0.111	0.99	194	0.18	1.02	5.8	4
P01	教育科学研究	2542	2.012	0.221	0.97	730	0.68	3.82	5.7	13
P01	教育理论与实践	6781	—	0.621	0.97	1368	0.84	7.16	5.3	14
P01	教育评论	2154	—	0.160	0.97	874	0.70	4.58	6.7	9
P01	教育生物学杂志	212	0.769	0.092	0.94	144	0.05	0.75	3.7	4
P01	教育探索	2089	—	0.150	0.99	832	0.65	4.36	8.8	8
P01	教育文化论坛	351	0.330	0.214	0.97	244	0.23	1.28	5.6	5
P01	教育信息技术	349	0.281	0.060	0.91	181	0.17	0.95	4.4	4

学科代码	期刊名称	扩展总被引频次	扩展影响因子	扩展即年指标	扩展他引率	扩展引用刊数	扩展学科影响指标	扩展学科扩散指标	扩展被引半衰期	扩展H指标
P01	教育学报	2093	2.367	0.273	0.98	695	0.60	3.64	6.9	13
P01	教育学术月刊	2318	2.115	0.410	0.97	886	0.65	4.64	5.2	11
P01	教育研究	13886	8.958	1.500	0.97	1697	0.93	8.88	7.1	32
P01	教育研究与实验	2124	2.096	0.297	0.98	776	0.62	4.06	8.0	12
P01	教育艺术	288	0.101	0.045	1.00	119	0.10	0.62	3.0	3
P01	教育与教学研究	1174	1.372	0.396	0.79	500	0.49	2.62	4.8	7
P01	教育与考试	190	0.479	0.076	0.95	126	0.14	0.66	4.7	4
P01	金融理论探索	261	0.968	0.725	0.92	168	0.03	0.88	4.1	4
P01	金融理论与教学	421	0.650	0.292	0.86	235	0.11	1.23	3.6	5
P01	荆楚理工学院学报	147	0.175	—	0.97	129	0.06	0.68	6.9	2
P01	开封大学学报	182	0.377	0.022	0.98	147	0.03	0.77	4.8	3
P01	凯里学院学报	330	0.294	0.065	0.98	249	0.13	1.30	7.5	3
P01	科教导刊	4492	0.407	0.080	0.96	1106	0.48	5.79	3.9	6
P01	科教文汇	5030	0.459	0.213	0.98	1138	0.53	5.96	3.8	6
P01	昆明学院学报	378	0.389	0.026	0.96	273	0.09	1.43	6.2	4
P01	历史教学（下半月）	270	—	0.054	0.97	187	0.09	0.98	8.6	3
P01	临沂大学学报	299	0.278	0.041	0.96	222	0.13	1.16	8.0	4
P01	领导科学论坛	506	0.454	0.156	0.97	347	0.14	1.82	3.7	4
P01	龙岩学院学报	291	0.316	0.036	0.96	234	0.12	1.23	6.0	3
P01	陇东学院学报	307	0.313	0.055	0.96	248	0.12	1.30	4.9	4
P01	鹿城学刊	157	—	—	0.94	127	0.07	0.66	4.6	3
P01	吕梁学院学报	200	0.347	0.136	0.99	164	0.08	0.86	3.7	4
P01	逻辑学研究	205	0.203	0.118	0.93	158	0.03	0.83	≥10	3
P01	美术教育研究	3475	—	0.142	0.87	485	0.25	2.54	4.0	6
P01	美育学刊	367	0.484	0.093	0.99	199	0.10	1.04	4.8	5
P01	民族教育研究	1543	2.688	0.304	0.88	524	0.41	2.74	4.2	12
P01	牡丹江大学学报	651	0.411	0.145	1.00	433	0.28	2.27	5.2	6
P01	牡丹江教育学院学报	741	0.420	0.049	0.98	362	0.23	1.90	3.7	5
P01	南北桥	216	0.014	0.006	1.00	105	0.07	0.55	3.8	2
P01	内蒙古电大学刊	183	0.241	0.064	0.99	152	0.08	0.80	4.3	3
P01	内蒙古师范大学学报（教育科学版）	1202	0.648	0.152	0.99	604	0.46	3.16	7.9	5
P01	宁波大学学报（教育科学版）	854	1.052	0.757	0.87	451	0.37	2.36	5.7	7
P01	宁波教育学院学报	561	0.513	0.112	0.94	299	0.23	1.57	4.6	6

学科代码	期刊名称	扩展总被引频次	扩展影响因子	扩展即年指标	扩展他引率	扩展引用刊数	扩展学科影响指标	扩展学科扩散指标	扩展被引半衰期	扩展H指标
P01	平顶山学院学报	248	0.318	0.061	0.94	207	0.08	1.08	5.4	4
P01	普洱学院学报	525	0.475	0.141	0.98	313	0.13	1.64	3.7	4
P01	青海教育	214	0.145	0.057	1.00	129	0.12	0.68	3.7	4
P01	清华大学教育研究	3123	2.859	0.716	0.98	955	0.68	5.00	6.9	16
P01	全球教育展望	4075	3.009	1.407	0.97	852	0.69	4.46	7.6	19
P01	三明学院学报	218	0.408	0.061	0.95	182	0.07	0.95	4.7	3
P01	商洛学院学报	259	0.397	0.060	0.87	183	0.06	0.96	5.1	3
P01	上海教育科研	2305	1.176	0.412	0.98	692	0.65	3.62	6.6	9
P01	上海课程教学研究	275	0.351	0.105	0.91	141	0.15	0.74	3.9	4
P01	设计艺术研究	618	0.529	0.155	0.83	277	0.14	1.45	5.1	5
P01	沈阳师范大学学报（教育科学版）	422	0.566	0.012	1.00	283	0.20	1.48	6.4	4
P01	石家庄学院学报	331	0.415	0.211	0.95	260	0.10	1.36	4.3	4
P01	世界教育信息	733	—	0.097	0.97	398	0.37	2.08	6.0	5
P01	思想理论教育	6559	5.954	1.735	0.99	1351	0.71	7.07	4.3	26
P01	思想政治课研究	601	0.738	0.217	1.00	343	0.24	1.80	4.7	8
P01	四川民族学院学报	227	0.362	0.063	0.96	168	0.08	0.88	5.6	3
P01	四川文理学院学报	353	0.359	0.110	0.89	239	0.13	1.25	5.2	3
P01	苏州大学学报（教育科学版）	729	2.924	0.817	0.98	404	0.37	2.12	3.7	8
P01	苏州教育学院学报	154	0.170	—	0.95	116	0.07	0.61	9.3	3
P01	宿州教育学院学报	495	0.518	0.054	0.98	277	0.15	1.45	4.7	4
P01	太原学院学报（自然科学版）	222	0.615	0.123	0.99	179	0.07	0.94	4.9	3
P01	唐山学院学报	180	0.260	0.024	0.99	164	0.05	0.86	6.2	4
P01	天津教育	1438	0.525	0.255	1.00	244	0.24	1.28	2.8	4
P01	天津市教科院学报	424	0.567	0.284	0.95	257	0.30	1.35	6.2	5
P01	铜陵学院学报	304	0.338	0.029	0.94	216	0.10	4.15	4.6	4
P01	铜仁学院学报	259	0.236	0.103	0.96	211	0.09	1.10	6.6	3
P01	文教资料	2451	—	0.033	0.99	759	0.47	3.97	4.7	4
P01	文山学院学报	251	0.208	0.073	0.93	192	0.08	1.01	6.2	4
P01	梧州学院学报	262	0.617	0.135	0.85	173	0.09	0.91	3.9	4
P01	武夷学院学报	445	0.301	0.108	0.96	303	0.10	1.59	4.9	4
P01	物理教学	1013	0.834	0.161	0.87	141	0.10	0.74	4.1	7
P01	西部素质教育	3325	0.233	0.179	0.95	715	0.41	3.74	4.5	6
P01	西藏教育	141	0.193	0.028	0.96	109	0.13	0.57	3.8	3

2022 年中国科技期刊被引指标按类刊名字顺索引(续)

学科代码	期刊名称	扩展总被引频次	扩展影响因子	扩展即年指标	扩展他引率	扩展引用刊数	扩展学科影响指标	扩展学科扩散指标	扩展被引半衰期	扩展H指标
P01	现代大学教育	1288	1.596	0.229	0.92	540	0.51	2.83	7.0	8
P01	现代教育管理	4156	4.335	1.583	0.94	1071	0.77	5.61	4.1	19
P01	现代教育技术	5164	3.540	1.552	0.95	1161	0.76	6.08	5.4	18
P01	现代教育论丛	290	0.500	0.118	0.99	221	0.30	1.16	6.9	3
P01	现代远程教育研究	2816	7.702	1.507	0.97	855	0.64	4.48	4.8	18
P01	现代远距离教育	1439	3.615	1.717	0.91	547	0.46	2.86	4.6	12
P01	现代中文学刊	302	—	0.088	0.97	164	0.06	0.86	8.1	3
P01	新文科教育研究	201	—	0.617	0.94	122	0.10	0.64	2.4	6
P01	新湘评论	242	—	0.030	1.00	202	0.07	1.06	4.1	4
P01	新校园	267	—	0.041	1.00	183	0.12	0.96	6.3	3
P01	新余学院学报	288	0.423	0.038	0.99	239	0.09	1.25	4.9	4
P01	邢台学院学报	352	0.519	0.282	0.98	261	0.12	1.37	3.7	4
P01	许昌学院学报	441	0.311	0.102	0.96	330	0.10	1.73	6.2	3
P01	学理论	1288	0.213	0.053	1.00	726	0.31	3.80	8.3	5
P01	延边教育学院学报	523	—	0.101	0.98	223	0.16	1.17	3.6	4
P01	扬州大学学报（高教研究版）	638	1.069	0.292	0.98	383	0.31	2.01	5.1	6
P01	扬州教育学院学报	181	0.385	0.036	0.97	145	0.10	0.76	4.7	3
P01	药学教育	958	1.727	0.193	0.82	224	0.10	1.17	4.4	7
P01	宜宾学院学报	345	0.263	0.119	0.97	285	0.09	1.49	6.7	3
P01	语文学刊	441	0.149	0.051	0.98	274	0.20	1.43	≥10	3
P01	语文学习	518	0.124	0.044	0.96	164	0.19	0.86	6.2	8
P01	远程教育杂志	3582	6.374	1.892	0.96	928	0.65	4.86	5.7	20
P01	运城学院学报	259	0.383	0.087	0.97	208	0.11	1.09	5.2	4
P01	枣庄学院学报	296	0.452	0.178	0.84	217	0.09	1.14	4.1	4
P01	昭通学院学报	142	0.225	0.009	0.99	120	0.07	0.63	4.5	3
P01	浙江外国语学院学报	311	0.354	0.024	0.97	204	0.12	1.07	5.7	5
P01	政治思想史	92	0.309	—	0.91	74	0.03	0.39	6.4	3
P01	职教通讯	1256	0.870	0.324	0.97	420	0.30	2.20	4.9	8
P01	中国毕业后医学教育	973	1.351	0.236	0.79	159	0.05	0.83	4.3	8
P01	中国电化教育	9919	6.629	1.853	0.94	1394	0.84	7.30	5.0	26
P01	中国教师	832	0.410	0.113	0.99	372	0.43	1.95	4.1	5
P01	中国教育科学（中英文）	634	2.343	0.375	0.87	279	0.38	1.46	3.5	9
P01	中国教育网络	324	0.305	0.067	0.97	183	0.18	0.96	4.6	4

2022年中国科技期刊被引指标按类刊名字顺索引(续)

学科代码	期刊名称	扩展总被引频次	扩展影响因子	扩展即年指标	扩展他引率	扩展引用刊数	扩展学科影响指标	扩展学科扩散指标	扩展被引半衰期	扩展H指标
P01	中国教育学刊	8742	1.610	0.487	0.98	1304	0.85	6.83	4.9	20
P01	中国考试	1676	2.085	0.620	0.92	474	0.47	2.48	4.3	13
P01	中国林业教育	605	0.860	0.086	0.85	228	0.15	1.19	5.2	5
P01	中国农业教育	831	1.586	0.224	0.91	336	0.17	1.76	4.6	10
P01	中国轻工教育	356	0.665	0.217	0.94	211	0.15	1.10	4.7	4
P01	中国特殊教育	3912	3.079	2.051	0.82	676	0.49	3.54	6.0	12
P01	中国现代教育装备	2670	0.733	0.267	0.89	712	0.35	3.73	3.8	7
P01	中国冶金教育	696	0.686	0.180	0.83	271	0.17	1.42	4.1	4
P01	中国音乐教育	323	0.453	0.146	0.88	115	0.13	0.60	4.9	4
P01	中国远程教育	3356	5.185	1.673	0.93	840	0.66	4.40	4.8	18
P01	中医教育	1091	1.490	0.317	0.91	266	0.11	1.39	5.0	8
P01	中州大学学报	383	0.509	0.074	0.98	303	0.12	1.59	4.5	5
P03	比较教育学报	1014	1.180	0.494	0.95	421	0.39	2.23	6.7	7
P03	地理教学	1400	0.710	0.191	0.79	283	0.27	1.50	4.1	8
P03	地理教育	582	0.555	0.296	0.63	154	0.15	0.81	3.9	5
P03	福建基础教育研究	597	0.256	0.060	0.92	186	0.39	0.98	3.8	5
P03	福建中学数学	132	0.094	0.018	0.80	41	0.13	0.22	5.5	2
P03	甘肃高师学报	456	0.457	0.090	0.91	310	0.10	1.64	5.0	5
P03	高师理科学刊	747	0.499	0.080	0.93	415	0.07	2.20	4.6	5
P03	高校后勤研究	654	0.511	0.092	0.81	273	0.04	1.44	3.7	4
P03	高中数理化	322	0.099	0.021	1.00	74	0.19	0.39	3.7	3
P03	河北理科教学研究	29	0.054	—	0.97	16	0.05	0.08	8.6	2
P03	黑河教育	296	0.133	0.050	0.98	112	0.16	0.59	3.8	3
P03	化学教学	1995	1.240	0.152	0.81	262	0.35	1.39	5.4	9
P03	化学教与学	580	0.355	0.117	0.89	114	0.25	0.60	4.5	3
P03	化学教育	4639	—	0.360	0.67	655	0.34	3.47	4.6	13
P03	基础教育	718	1.939	0.278	0.98	369	0.28	1.95	5.1	7
P03	基础教育参考	434	0.151	0.096	0.98	240	0.38	1.27	5.6	4
P03	基础教育课程	1612	1.182	0.936	0.98	407	0.58	2.15	3.9	12
P03	基础教育研究	726	0.153	0.038	0.98	255	0.38	1.35	4.5	3
P03	家教世界·现代幼教	55	0.020	0.005	1.00	43	0.05	0.23	6.6	1
P03	家长	826	0.297	0.168	1.00	137	0.23	0.72	2.7	3
P03	江苏高教	4467	3.275	0.855	0.97	1135	0.23	6.01	4.6	16

学科代码	期刊名称	扩展总被引频次	扩展影响因子	扩展即年指标	扩展他引率	扩展引用刊数	扩展学科影响指标	扩展学科扩散指标	扩展被引半衰期	扩展H指标
P03	教师博览	276	0.136	0.076	0.99	116	0.23	0.61	3.1	3
P03	教师发展研究	242	0.798	0.224	0.95	143	0.11	0.76	4.2	5
P03	课程・教材・教法	8804	3.941	0.829	0.95	965	0.72	5.11	6.5	27
P03	课程教学研究	328	0.274	0.015	0.97	198	0.34	1.05	5.4	4
P03	课堂内外（小学教研）	97	0.023	0.008	0.98	39	0.06	0.21	2.9	2
P03	快乐阅读	77	0.100	0.017	1.00	60	0.10	0.32	7.2	2
P03	历史教学问题	431	0.331	0.051	0.97	260	0.16	1.38	7.7	4
P03	辽宁教育	492	0.137	0.110	0.91	213	0.30	1.13	4.0	4
P03	七彩语文(教师论坛)	63	0.053	0.008	1.00	40	0.10	0.21	2.8	2
P03	人民教育	3594	—	0.222	0.98	865	0.63	4.58	5.2	16
P03	上海中学数学	99	0.103	0.007	0.89	39	0.14	0.21	5.4	2
P03	生物学教学	1452	0.541	0.118	0.86	438	0.24	2.32	5.0	7
P03	实验教学与仪器	552	0.239	0.052	0.82	159	0.26	0.84	4.9	4
P03	数理化解题研究	1323	0.205	0.072	0.77	127	0.31	0.67	3.0	4
P03	思想理论教育导刊	5456	2.639	0.643	0.99	1342	0.26	7.10	5.0	17
P03	外国教育研究	1828	1.602	0.143	0.98	649	0.42	3.43	9.2	9
P03	现代中小学教育	708	0.426	0.088	0.96	304	0.38	1.61	5.8	5
P03	小学教学参考	849	0.112	0.031	0.88	143	0.29	0.76	3.8	3
P03	小学科学	6	—	0.003	0.50	4	0.01	0.02	5.0	1
P03	小学语文	243	0.251	0.071	0.88	73	0.20	0.39	4.2	6
P03	新教师	269	0.097	0.059	1.00	114	0.25	0.60	3.2	3
P03	新课程导学	938	—	0.059	0.97	191	0.33	1.01	3.8	3
P03	学前教育	80	0.007	0.007	0.99	48	0.08	0.25	4.7	3
P03	学前教育研究	3076	2.600	0.417	0.87	557	0.29	2.95	7.1	10
P03	学语文	99	0.104	0.055	0.99	60	0.12	0.32	3.8	2
P03	幼儿教育研究	91	0.107	0.028	0.96	53	0.08	0.28	4.8	2
P03	早期儿童发展	5	—	0.075	0.60	4	0.01	0.02	—	1
P03	中等数学	72	0.093	0.068	0.18	9	0.04	0.05	5.4	2
P03	中华家教	67	0.155	0.113	0.88	49	0.07	0.26	2.7	3
P03	中小学班主任	173	0.098	0.081	0.73	70	0.17	0.37	2.5	3
P03	中小学管理	1544	1.270	0.304	0.96	465	0.56	2.46	4.7	12
P03	中小学教材教学	275	0.269	0.070	0.97	150	0.35	0.79	4.0	4
P03	中小学教师培训	840	0.502	0.208	0.93	292	0.50	1.54	5.6	5

学科代码	期刊名称	扩展总被引频次	扩展影响因子	扩展即年指标	扩展他引率	扩展引用刊数	扩展学科影响指标	扩展学科扩散指标	扩展被引半衰期	扩展H指标
P03	中小学教学研究	200	0.234	0.159	0.98	99	0.27	0.52	4.8	3
P03	中小学课堂教学研究	234	0.367	0.171	0.83	102	0.27	0.54	2.9	4
P03	中小学实验与装备	151	0.171	0.043	0.93	64	0.16	0.34	4.8	2
P03	中小学数字化教学	387	—	0.151	0.89	184	0.28	0.97	3.4	5
P03	中小学外语教学	1723	2.416	0.290	0.85	127	0.27	0.67	4.5	14
P03	中小学校长	145	0.162	0.050	0.97	99	0.17	0.52	3.2	3
P03	中小学信息技术教育	605	—	0.132	0.94	260	0.26	1.38	5.5	5
P03	中小学英语教学与研究	482	—	0.087	0.82	87	0.20	0.46	4.5	5
P03	中学地理教学参考	1119	0.409	0.037	0.75	216	0.30	1.14	4.5	5
P03	中学化学教学参考	1266	0.686	0.041	0.77	158	0.31	0.84	5.0	8
P03	中学教学参考	1174	—	0.024	0.94	228	0.39	1.21	3.9	3
P03	中学教研（数学）	203	0.349	0.048	0.79	53	0.17	0.28	3.8	4
P03	中学课程资源	301	0.204	0.098	0.98	110	0.21	0.58	3.2	3
P03	中学理科园地	121	0.180	0.035	0.94	41	0.08	0.22	3.3	2
P03	中学历史教学参考	394	—	0.029	0.74	86	0.21	0.46	4.4	4
P03	中学生物学	462	0.211	0.015	0.85	113	0.21	0.60	4.8	3
P03	中学数学	805	0.171	0.049	0.74	126	0.31	0.67	4.0	4
P03	中学数学教学	170	0.207	0.053	0.91	41	0.13	0.22	4.3	3
P03	中学数学教学参考	1052	0.818	0.058	0.80	125	0.32	0.66	4.1	5
P03	中学数学研究	189	0.081	0.034	0.83	44	0.13	0.23	4.9	3
P03	中学数学月刊	354	0.236	0.080	0.81	91	0.24	0.48	4.9	4
P03	中学物理教学参考	1051	0.419	0.025	0.91	147	0.31	0.78	4.1	5
P03	中学语文教学	938	0.641	0.169	0.96	183	0.29	0.97	5.2	8
P03	中学语文教学参考	541	—	0.033	0.77	130	0.21	0.69	3.9	3
P03	中学政史地(教学指导版)	179	0.112	0.058	1.00	53	0.13	0.28	2.8	2
P04	重庆高教研究	1360	3.220	2.145	0.97	607	0.84	15.97	4.0	12
P04	大学教育	3583	1.234	0.097	0.91	812	0.68	21.37	4.0	12
P04	大学教育科学	2095	3.744	1.511	0.95	740	0.89	19.47	4.3	14
P04	大学物理实验	943	0.759	0.101	0.66	234	0.13	6.16	5.4	6
P04	高等工程教育研究	8809	6.573	1.333	0.95	1223	0.95	32.18	5.5	33
P04	高等继续教育学报	345	0.698	0.216	0.95	218	0.16	5.74	4.9	4
P04	高等建筑教育	1411	1.447	0.284	0.84	334	0.42	8.79	5.3	7
P04	高等教育研究	5424	3.634	0.210	0.97	1097	0.97	28.87	7.7	15

2022 年中国科技期刊被引指标按类刊名字顺索引(续)

学科代码	期刊名称	扩展总被引频次	扩展影响因子	扩展即年指标	扩展他引率	扩展引用刊数	扩展学科影响指标	扩展学科扩散指标	扩展被引半衰期	扩展H指标
P04	高等教育研究学报	632	1.397	0.083	0.95	281	0.50	7.39	5.0	7
P04	高等理科教育	1026	1.467	0.379	0.80	350	0.71	9.21	5.0	8
P04	高教发展与评估	940	1.937	0.253	0.98	486	0.82	12.79	5.5	9
P04	高教论坛	1695	0.937	0.220	0.98	660	0.74	17.37	4.3	8
P04	高教探索	3696	2.083	0.556	0.99	1115	0.97	29.34	5.3	15
P04	高教学刊	7940	1.311	0.293	0.91	1230	0.87	32.37	3.4	13
P04	高校辅导员	426	0.930	0.137	0.99	235	0.29	6.18	4.0	7
P04	高校辅导员学刊	531	1.124	0.255	0.97	259	0.42	6.82	3.9	5
P04	高校教育管理	2237	5.297	2.662	0.98	762	0.89	20.05	4.3	16
P04	高校生物学教学研究（电子版）	430	1.057	0.182	0.71	145	0.24	3.82	4.4	6
P04	高校医学教学研究（电子版）	427	1.121	0.164	0.88	153	0.13	4.03	4.4	6
P04	工业和信息化教育	1266	1.337	0.484	0.90	418	0.45	11.00	3.5	9
P04	黑龙江高教研究	5226	2.459	0.853	0.97	1265	1.00	33.29	5.0	16
P04	化工高等教育	1284	1.511	0.222	0.85	266	0.32	7.00	4.5	7
P04	煤炭高等教育	356	0.447	0.062	0.95	221	0.58	5.82	5.5	4
P04	民族高等教育研究	335	0.837	0.176	0.77	194	0.18	5.11	4.3	4
P04	山东高等教育	323	0.638	0.147	0.95	228	0.42	6.00	5.5	4
P04	思想政治教育研究	2563	2.758	0.425	0.95	859	0.66	22.61	4.4	12
P04	现代教育科学	1236	0.806	0.177	0.99	593	0.82	15.61	6.3	6
P04	学位与研究生教育	3423	2.848	0.692	0.92	672	0.92	17.68	6.0	13
P04	研究生教育研究	1735	3.329	0.808	0.94	512	0.87	13.47	4.8	10
P04	中国大学教学	8631	6.408	1.104	0.98	1403	0.95	36.92	5.2	32
P04	中国地质教育	830	1.561	0.125	0.82	234	0.45	6.16	5.2	6
P04	中国高等教育	8996	—	0.358	0.99	1536	1.00	40.42	5.6	25
P04	中国高教研究	8501	6.104	1.321	0.97	1442	0.97	37.95	5.2	25
P04	中国教育信息化	1660	1.453	0.347	0.97	632	0.39	16.63	4.1	8
P04	中国校外教育	914	0.131	0.061	1.00	274	0.18	7.21	4.9	3
P05	安徽电气工程职业技术学院学报	195	0.420	0.130	0.98	137	0.01	0.99	4.2	3
P05	安徽电子信息职业技术学院学报	321	0.485	0.177	0.98	228	0.11	3.45	3.8	4
P05	安徽警官职业学院学报	174	0.204	0.013	0.97	117	0.25	1.29	4.8	3
P05	安徽开放大学学报	204	0.639	0.306	0.98	153	0.20	1.30	3.9	4
P05	安徽商贸职业技术学院学报（社会科学版）	165	0.517	0.203	0.96	131	0.03	0.50	3.9	4

2022 年中国科技期刊被引指标按类刊名字顺索引(续)

学科代码	期刊名称	扩展总被引频次	扩展影响因子	扩展即年指标	扩展他引率	扩展引用刊数	扩展学科影响指标	扩展学科扩散指标	扩展被引半衰期	扩展H指标
P05	安徽水利水电职业技术学院学报	220	0.381	0.134	0.99	161	0.05	1.40	4.6	3
P05	安徽冶金科技职业学院学报	209	0.257	0.039	0.91	139	0.40	2.62	5.5	3
P05	安徽职业技术学院学报	177	0.583	0.101	0.94	140	0.14	1.19	3.5	4
P05	包头职业技术学院学报	215	0.514	0.046	0.97	152	0.13	1.29	3.9	3
P05	保险职业学院学报	169	0.328	0.080	0.92	109	0.13	2.10	4.4	3
P05	北京财贸职业学院学报	391	1.177	1.149	0.80	200	0.12	3.85	3.9	7
P05	北京工业职业技术学院学报	399	0.943	0.378	0.98	250	0.10	1.31	3.8	6
P05	北京经济管理职业学院学报	137	0.386	0.073	0.96	107	0.01	1.05	5.3	3
P05	北京劳动保障职业学院学报	134	0.598	0.128	0.99	112	0.01	1.10	4.2	3
P05	北京农业职业学院学报	317	0.810	0.198	0.93	222	0.09	6.34	4.5	4
P05	北京政法职业学院学报	155	0.440	0.053	1.00	115	0.21	1.26	4.0	4
P05	长春教育学院学报	594	0.410	0.042	0.99	319	0.14	2.70	8.2	3
P05	长江工程职业技术学院学报	253	0.690	0.205	0.98	195	0.01	1.40	4.1	4
P05	长沙航空职业技术学院学报	203	0.451	0.099	0.99	165	0.09	2.46	4.3	4
P05	长沙民政职业技术学院学报	261	0.412	0.076	0.98	185	0.07	1.81	3.9	4
P05	常州信息职业技术学院学报	446	0.870	0.123	0.97	242	0.08	3.67	3.5	5
P05	成都航空职业技术学院学报	159	0.351	0.052	0.96	128	0.10	1.91	4.1	3
P05	成人教育	2003	2.234	0.840	0.93	619	0.75	5.25	4.2	9
P05	重庆电子工程职业学院学报	286	0.272	0.121	0.99	199	0.02	1.43	4.8	3
P05	重庆开放大学学报	125	0.308	0.079	0.98	117	0.15	0.99	5.1	3
P05	滁州职业技术学院学报	167	0.429	0.040	0.99	139	0.15	1.18	3.9	3
P05	当代职业教育	729	1.572	1.075	0.91	329	0.57	2.79	4.0	7
P05	阜阳职业技术学院学报	213	0.586	0.080	1.00	151	0.11	1.28	3.2	4
P05	甘肃开放大学学报	149	0.271	0.097	0.99	123	0.12	1.04	4.3	3
P05	高等职业教育探索	605	1.779	0.944	0.99	301	0.48	2.55	3.7	8
P05	工业技术与职业教育	421	0.784	0.287	0.93	257	0.26	2.18	3.4	4
P05	广东交通职业技术学院学报	273	0.506	0.126	1.00	188	0.28	2.72	4.1	4
P05	广东开放大学学报	242	0.411	0.085	0.96	194	0.29	1.64	4.5	4
P05	广东农工商职业技术学院学报	135	0.388	0.054	0.97	115	0.06	2.21	4.3	3
P05	广东轻工职业技术学院学报	236	0.904	0.270	0.99	175	0.03	1.26	3.6	5
P05	广东水利电力职业技术学院学报	192	0.488	0.276	1.00	150	0.03	1.30	3.7	4
P05	广东职业技术教育与研究	594	0.393	0.042	0.97	299	0.31	2.53	3.9	4
P05	广西广播电视大学学报	255	0.463	0.082	0.96	180	0.23	1.53	4.1	4

学科代码	期刊名称	扩展总被引频次	扩展影响因子	扩展即年指标	扩展他引率	扩展引用刊数	扩展学科影响指标	扩展学科扩散指标	扩展被引半衰期	扩展H指标
P05	广西职业技术学院学报	256	—	0.227	0.91	179	0.03	1.10	3.8	4
P05	广西职业师范学院学报	159	0.513	0.089	0.96	119	0.02	1.32	4.6	3
P05	广州城市职业学院学报	193	0.546	0.228	0.86	134	0.19	1.14	3.9	3
P05	广州广播电视大学学报	203	0.317	0.198	0.95	156	0.24	1.32	4.8	3
P05	哈尔滨职业技术学院学报	593	0.468	0.131	0.93	288	0.26	2.44	3.7	5
P05	海南开放大学学报	151	0.281	0.040	0.93	111	0.09	0.94	5.2	2
P05	邯郸职业技术学院学报	116	0.308	0.011	0.96	89	0.07	0.75	4.8	3
P05	河北大学成人教育学院学报	222	0.438	0.176	0.97	153	0.23	1.30	5.7	4
P05	河北公安警察职业学院学报	139	0.486	0.063	0.91	88	0.22	0.97	3.8	3
P05	河北开放大学学报	211	0.339	0.095	0.96	151	0.19	1.28	4.2	3
P05	河北旅游职业学院学报	230	0.424	0.154	0.96	157	0.04	3.02	4.8	3
P05	河北能源职业技术学院学报	237	0.471	0.165	1.00	159	0.09	1.35	3.9	4
P05	河北软件职业技术学院学报	182	0.588	0.173	0.97	128	0.01	0.92	3.8	3
P05	河南广播电视大学学报	139	0.257	0.059	0.99	109	0.17	0.92	4.7	3
P05	河南司法警官职业学院学报	165	—	0.120	0.95	112	0.22	1.23	4.7	2
P05	黑龙江生态工程职业学院学报	656	0.521	0.265	0.99	423	0.40	5.79	4.0	5
P05	湖北成人教育学院学报	338	0.553	0.147	0.96	214	0.15	1.81	4.5	4
P05	湖北工业职业技术学院学报	201	0.375	0.099	0.95	147	0.06	0.77	4.3	4
P05	湖北开放大学学报	311	0.786	0.206	0.93	204	0.28	1.73	7.9	4
P05	湖北开放职业学院学报	4460	0.671	0.203	0.87	819	0.68	6.94	3.2	7
P05	湖北职业技术学院学报	205	0.590	0.100	0.96	148	0.15	1.25	3.8	4
P05	湖南大众传媒职业技术学院学报	197	0.257	0.085	0.99	127	0.07	0.66	5.0	3
P05	湖南工业职业技术学院学报	370	0.458	0.071	0.97	243	0.17	2.06	4.0	4
P05	湖南广播电视大学学报	112	0.257	0.078	0.99	100	0.10	0.85	6.3	3
P05	湖南邮电职业技术学院学报	389	0.629	0.352	0.87	209	0.16	4.10	3.8	4
P05	湖州职业技术学院学报	153	0.320	0.013	0.90	116	0.14	0.98	4.7	3
P05	淮南职业技术学院学报	616	0.563	0.111	0.99	316	0.32	2.68	3.5	4
P05	黄冈职业技术学院学报	437	0.577	0.105	0.95	272	0.26	2.31	3.9	5
P05	黄河水利职业技术学院学报	274	0.600	0.227	0.97	211	0.09	4.49	4.2	4
P05	机械职业教育	606	0.866	0.131	0.97	276	0.45	2.34	4.0	6
P05	吉林广播电视大学学报	877	0.295	0.029	0.99	417	0.34	3.53	4.5	4
P05	济南职业学院学报	408	0.467	0.111	0.99	240	0.27	2.03	3.7	4
P05	济源职业技术学院学报	125	0.298	0.130	0.82	89	0.05	0.75	4.6	3

学科代码	期刊名称	扩展总被引频次	扩展影响因子	扩展即年指标	扩展他引率	扩展引用刊数	扩展学科影响指标	扩展学科扩散指标	扩展被引半衰期	扩展H指标
P05	佳木斯职业学院学报	2981	0.545	0.264	1.00	806	0.41	4.22	4.2	5
P05	江苏工程职业技术学院学报	177	0.353	0.068	0.98	137	0.02	0.99	4.5	3
P05	江苏航运职业技术学院学报	223	0.465	0.025	0.97	177	0.30	3.77	4.7	4
P05	江苏建筑职业技术学院学报	195	0.369	0.062	0.97	161	0.13	1.20	4.6	4
P05	江苏经贸职业技术学院学报	371	0.652	0.336	0.98	219	0.06	4.21	3.2	4
P05	江西电力职业技术学院学报	1035	0.349	0.063	0.99	398	0.13	3.46	3.4	5
P05	江西广播电视大学学报	141	0.385	0.104	0.92	110	0.17	0.93	4.7	3
P05	教师教育学报	981	1.755	1.357	0.88	516	0.27	4.37	4.0	8
P05	教师教育研究	2826	2.873	0.676	0.95	662	0.41	5.61	6.9	12
P05	教育与职业	9606	4.168	1.663	0.95	1243	0.97	10.53	4.2	20
P05	金华职业技术学院学报	213	0.342	0.022	0.99	168	0.14	1.42	4.9	3
P05	晋城职业技术学院学报	242	0.376	0.086	0.99	180	0.21	1.53	3.6	4
P05	九江职业技术学院学报	233	0.419	0.190	0.99	171	0.17	1.45	4.3	3
P05	开放教育研究	3544	6.699	2.959	0.97	902	0.67	7.64	5.8	21
P05	开放学习研究	336	1.186	0.439	0.85	197	0.25	1.67	4.8	5
P05	开封文化艺术职业学院学报	545	0.227	0.041	1.00	255	0.08	2.09	3.0	5
P05	兰州石化职业技术学院学报	125	0.238	0.039	0.95	107	0.06	0.91	5.4	3
P05	兰州职业技术学院学报	809	0.296	0.145	0.99	435	0.27	3.69	5.3	5
P05	黎明职业大学学报	116	0.223	—	0.97	102	0.08	0.86	4.9	3
P05	连云港职业技术学院学报	121	0.350	—	0.98	94	0.08	0.80	4.4	3
P05	两岸终身教育	85	0.211	0.106	0.95	64	0.07	0.54	5.0	3
P05	辽宁高职学报	1054	0.722	0.268	0.99	394	0.53	3.34	3.9	7
P05	辽宁经济职业技术学院·辽宁经济管理干部学院学报	570	0.643	0.156	0.99	295	0.05	2.89	3.5	5
P05	辽宁开放大学学报	289	0.603	0.089	0.69	139	0.14	1.18	3.6	3
P05	辽宁农业职业技术学院学报	352	0.577	0.386	0.98	246	0.14	7.03	4.1	5
P05	柳州职业技术学院学报	250	0.375	0.080	0.99	191	0.17	1.62	3.9	4
P05	漯河职业技术学院学报	352	0.412	0.171	0.88	224	0.12	1.90	4.1	4
P05	闽西职业技术学院学报	184	0.370	0.088	0.98	148	0.11	1.25	4.3	3
P05	南方职业教育学刊	250	0.650	0.036	0.92	152	0.22	1.29	3.9	4
P05	南京开放大学学报	163	0.645	0.098	0.98	121	0.16	1.03	4.0	3
P05	南宁职业技术学院学报	297	0.423	0.128	0.97	189	0.16	1.60	4.8	3
P05	南通职业大学学报	221	0.401	0.061	0.96	169	0.15	1.43	4.8	3

2022 年中国科技期刊被引指标按类刊名字顺索引(续)

学科代码	期刊名称	扩展总被引频次	扩展影响因子	扩展即年指标	扩展他引率	扩展引用刊数	扩展学科影响指标	扩展学科扩散指标	扩展被引半衰期	扩展H指标
P05	宁波开放大学学报	149	0.295	0.120	0.99	128	0.16	1.08	4.2	3
P05	宁波职业技术学院学报	388	0.838	0.167	0.98	234	0.29	1.98	3.8	5
P05	濮阳职业技术学院学报	216	0.221	0.142	0.95	157	0.08	1.33	4.5	3
P05	青岛远洋船员职业学院学报	130	0.400	0.086	0.97	94	0.38	2.00	4.1	3
P05	青岛职业技术学院学报	226	0.460	0.104	0.96	157	0.18	1.33	4.0	3
P05	青年发展论坛	174	0.570	0.052	0.96	120	0.04	1.02	4.6	4
P05	清远职业技术学院学报	152	0.262	0.127	0.99	127	0.09	1.08	4.5	2
P05	三门峡职业技术学院学报	201	0.399	0.092	0.98	159	0.11	1.35	4.2	3
P05	沙洲职业工学院学报	120	0.654	0.059	0.96	94	0.08	0.80	3.7	4
P05	山东开放大学学报	182	0.401	0.167	0.98	136	0.19	1.15	4.2	3
P05	山东商业职业技术学院学报	274	0.412	0.120	0.97	195	0.13	3.75	4.2	3
P05	山西广播电视大学学报	153	—	—	0.95	123	0.10	1.04	4.9	3
P05	山西青年职业学院学报	141	0.253	0.012	0.99	112	0.04	1.10	5.2	3
P05	山西卫生健康职业学院学报	356	0.355	0.009	0.99	141	0.23	3.00	3.2	4
P05	陕西开放大学学报	137	0.406	0.060	0.99	116	0.14	0.98	3.8	4
P05	陕西青年职业学院学报	135	0.357	0.091	0.96	102	0.04	1.00	4.0	3
P05	商丘职业技术学院学报	177	0.277	0.106	0.97	139	0.08	1.18	4.6	3
P05	深圳信息职业技术学院学报	162	0.444	0.077	0.99	136	0.19	1.15	4.1	3
P05	深圳职业技术学院学报	222	0.571	0.178	0.97	176	0.20	1.49	4.0	5
P05	石家庄铁路职业技术学院学报	229	0.495	0.132	0.97	150	0.21	3.49	4.2	3
P05	石家庄职业技术学院学报	219	0.496	0.059	1.00	181	0.16	1.53	3.8	4
P05	顺德职业技术学院学报	136	0.371	0.131	0.99	124	0.12	1.05	4.7	3
P05	司法警官职业教育研究	30	0.283	—	0.83	23	0.01	0.19	—	2
P05	四川职业技术学院学报	291	0.348	0.099	0.99	212	0.20	1.80	4.2	4
P05	苏州工艺美术职业技术学院学报	107	0.294	0.071	0.93	64	0.12	0.52	4.0	2
P05	苏州市职业大学学报	219	0.601	0.099	0.95	166	0.15	1.41	4.3	3
P05	太原城市职业技术学院学报	1683	0.459	0.201	0.99	648	0.19	12.46	3.8	5
P05	泰州职业技术学院学报	272	0.309	0.082	0.97	207	0.13	1.75	4.5	3
P05	天津电大学报	171	0.463	0.148	0.99	116	0.25	0.98	4.5	3
P05	天津商务职业学院学报	143	0.422	0.030	0.95	108	0.10	2.08	4.1	3
P05	天津职业大学学报	534	1.227	0.170	0.98	284	0.48	2.41	4.0	6
P05	天津职业技术师范大学学报	125	0.396	0.019	0.94	102	0.04	0.53	4.9	3
P05	铜陵职业技术学院学报	145	0.328	0.024	0.99	114	0.07	0.97	4.4	2

学科代码	期刊名称	扩展总被引频次	扩展影响因子	扩展即年指标	扩展他引率	扩展引用刊数	扩展学科影响指标	扩展学科扩散指标	扩展被引半衰期	扩展H指标
P05	潍坊工程职业学院学报	235	0.387	0.056	0.95	177	0.11	0.93	4.9	3
P05	卫生职业教育	6665	0.875	0.226	0.91	953	0.36	8.08	4.0	9
P05	温州职业技术学院学报	157	0.336	0.056	0.83	110	0.12	0.93	5.2	3
P05	乌鲁木齐职业大学学报	106	0.305	0.061	0.99	89	0.08	0.75	5.6	2
P05	无锡商业职业技术学院学报	320	0.515	0.157	0.97	224	0.10	4.31	4.4	4
P05	无锡职业技术学院学报	252	0.466	0.114	1.00	175	0.20	1.48	4.1	4
P05	芜湖职业技术学院学报	167	0.415	0.129	0.98	133	0.14	1.13	3.7	3
P05	武汉船舶职业技术学院学报	312	0.457	0.154	0.99	211	0.34	4.49	3.9	4
P05	武汉工程职业技术学院学报	257	0.509	0.094	0.95	200	0.01	1.44	4.4	4
P05	武汉交通职业学院学报	285	0.826	0.169	0.98	200	0.14	2.90	4.1	4
P05	武汉职业技术学院学报	383	0.696	0.117	0.99	243	0.33	2.06	3.9	5
P05	西北成人教育学院学报	373	0.527	0.164	0.97	251	0.25	2.13	4.3	4
P05	厦门城市职业学院学报	214	0.610	0.082	1.00	164	0.09	0.86	4.4	3
P05	现代特殊教育	1081	—	0.113	0.81	265	0.13	2.25	5.2	5
P05	襄阳职业技术学院学报	416	0.444	0.222	0.93	260	0.24	2.20	3.8	4
P05	新疆开放大学学报	160	0.748	0.067	0.76	97	0.14	0.82	3.6	4
P05	新疆职业大学学报	109	0.383	—	0.99	92	0.12	0.78	5.3	2
P05	新疆职业教育研究	175	0.736	0.176	0.97	115	0.14	0.97	3.9	4
P05	邢台职业技术学院学报	256	0.451	0.080	0.96	178	0.19	1.51	3.8	4
P05	烟台职业学院学报	116	0.285	—	1.00	97	0.11	0.82	4.5	3
P05	延安职业技术学院学报	302	0.345	0.055	0.97	215	0.16	1.82	4.7	3
P05	扬州职业大学学报	112	0.330	0.054	0.99	93	0.09	0.79	4.7	2
P05	杨凌职业技术学院学报	298	0.664	0.243	0.99	206	0.16	1.75	3.6	4
P05	岳阳职业技术学院学报	309	0.462	0.105	0.96	222	0.27	1.88	4.5	4
P05	云南开放大学学报	146	0.496	0.138	0.97	117	0.19	0.99	3.8	3
P05	张家口职业技术学院学报	103	0.246	0.099	0.99	88	0.06	0.75	3.8	3
P05	漳州职业技术学院学报	147	0.426	0.061	0.95	121	0.09	1.03	4.5	3
P05	浙江纺织服装职业技术学院学报	218	0.521	0.145	0.98	113	0.03	0.81	5.0	3
P05	浙江工贸职业技术学院学报	188	0.414	0.067	0.97	139	0.06	2.67	4.9	3
P05	浙江交通职业技术学院学报	199	0.524	0.205	0.80	132	0.25	1.91	4.3	3
P05	浙江艺术职业学院学报	172	0.185	0.037	0.95	111	0.29	0.91	9.2	3
P05	郑州铁路职业技术学院学报	246	0.472	0.119	0.98	177	0.14	4.12	3.5	4
P05	职教发展研究	258	1.570	0.735	0.87	123	0.30	1.04	2.9	6

2022年中国科技期刊被引指标按类刊名字顺索引(续)

学科代码	期刊名称	扩展总被引频次	扩展影响因子	扩展即年指标	扩展他引率	扩展引用刊数	扩展学科影响指标	扩展学科扩散指标	扩展被引半衰期	扩展H指标
P05	职教论坛	6053	3.881	1.153	0.97	930	0.91	7.88	4.6	18
P05	职业	1691	—	0.135	0.97	493	0.42	4.18	4.5	4
P05	职业技术教育	6426	2.844	0.654	0.94	1002	0.93	8.49	4.3	17
P05	职业教育研究	1301	1.314	0.337	0.97	455	0.59	3.86	4.5	8
P05	中国成人教育	3657	0.818	0.240	0.91	960	0.81	8.14	6.3	7
P05	中国职业技术教育	10874	4.277	0.906	0.95	1141	0.97	9.67	4.2	26
P05	终身教育研究	434	1.166	0.415	0.88	199	0.41	1.69	4.4	5
P07	Journal of Sport and Health Science (JSHS)	494	0.935	0.337	0.79	198	0.70	4.50	4.8	6
P07	安徽体育科技	371	0.622	0.133	0.93	99	0.66	2.25	4.3	4
P07	北京体育大学学报	6354	4.101	0.890	0.95	812	1.00	18.45	6.8	17
P07	冰雪运动	1623	2.168	0.397	0.35	156	0.70	3.55	5.5	8
P07	成都体育学院学报	2673	2.972	0.883	0.97	522	0.98	11.86	5.9	11
P07	当代体育科技	6837	0.421	0.199	0.88	646	0.95	14.68	4.1	6
P07	广州体育学院学报	2080	1.882	0.229	0.98	400	0.98	9.09	5.3	8
P07	哈尔滨体育学院学报	897	1.770	0.690	0.80	200	0.89	4.55	4.4	7
P07	河北体育学院学报	476	1.000	0.364	0.88	162	0.86	3.68	4.8	5
P07	湖北体育科技	1192	1.059	0.254	0.80	260	0.95	5.91	4.3	6
P07	吉林体育学院学报	555	0.852	0.200	0.98	210	0.93	4.77	6.3	4
P07	辽宁体育科技	767	0.874	0.409	0.97	205	0.84	4.66	4.6	5
P07	南京体育学院学报	1767	2.909	0.621	0.93	282	0.09	1.88	3.9	10
P07	青少年体育	1454	0.493	0.311	0.86	197	0.70	4.48	3.8	5
P07	拳击与格斗	396	0.075	0.028	0.87	62	0.23	1.41	3.2	3
P07	山东体育科技	442	0.452	0.247	0.98	153	0.93	3.48	7.6	4
P07	山东体育学院学报	1462	1.770	0.400	0.96	328	1.00	7.45	6.8	8
P07	上海体育学院学报	3548	5.595	1.268	0.95	499	0.98	11.34	4.7	17
P07	沈阳体育学院学报	2560	4.308	1.143	0.92	464	1.00	10.55	4.6	13
P07	首都体育学院学报	1843	3.057	1.092	0.98	416	1.00	9.45	5.5	11
P07	四川体育科学	715	0.660	0.234	0.93	218	0.80	4.95	4.8	5
P07	体育画报	117	—	0.009	0.59	27	0.11	0.61	2.6	2
P07	体育教学	680	0.350	0.145	0.90	148	0.84	3.36	3.7	6
P07	体育教育学刊	717	1.556	1.000	0.82	183	0.95	4.16	3.9	7
P07	体育科技	966	0.482	0.065	0.96	249	0.82	5.66	4.6	4
P07	体育科技文献通报	1978	0.510	0.214	0.91	399	0.93	9.07	3.8	6

学科代码	期刊名称	扩展总被引频次	扩展影响因子	扩展即年指标	扩展他引率	扩展引用刊数	扩展学科影响指标	扩展学科扩散指标	扩展被引半衰期	扩展H指标
P07	体育科学	6096	5.343	0.894	0.96	735	1.00	16.70	6.2	23
P07	体育科学研究	354	0.571	0.173	0.95	147	0.82	3.34	5.4	3
P07	体育科研	659	1.060	0.531	0.95	213	0.98	4.84	6.4	6
P07	体育师友	237	0.321	0.069	0.96	77	0.34	1.75	4.2	3
P07	体育文化导刊	5200	3.138	1.568	0.94	612	0.98	13.91	5.4	14
P07	体育学刊	3943	4.860	1.500	0.95	578	1.00	13.14	5.4	17
P07	体育研究与教育	570	0.959	0.222	0.98	199	0.91	4.52	5.6	5
P07	体育与科学	2373	3.321	1.083	0.96	449	1.00	10.20	6.4	11
P07	天津体育学院学报	2285	3.633	1.340	0.96	415	1.00	9.43	4.8	13
P07	武汉体育学院学报	4614	4.680	1.667	0.95	629	1.00	14.30	5.2	16
P07	武术研究	1188	0.400	0.155	0.82	228	0.84	5.18	4.3	5
P07	西安体育学院学报	2236	3.433	1.533	0.91	400	1.00	9.09	5.0	12
P07	运动精品	554	0.298	0.035	0.98	132	0.48	3.00	3.6	3
P07	浙江体育科学	618	0.784	0.452	0.97	214	0.89	4.86	5.0	6
P07	中国体育教练员	376	0.580	0.099	0.91	90	0.80	2.05	5.0	4
P07	中国体育科技	3074	2.888	0.586	0.95	549	1.00	12.48	5.6	13
P07	中国运动医学杂志	2138	1.484	0.147	0.96	594	0.93	13.50	6.8	9
Q07	计量经济学报	92	—	0.292	0.58	38	0.27	3.45	2.4	4
Q07	内蒙古统计	111	0.130	0.049	0.99	96	0.09	8.73	4.7	3
Q07	统计科学与实践	264	0.185	0.055	0.97	206	0.55	18.73	4.9	4
Q07	统计理论与实践	138	—	0.186	0.97	121	0.36	11.00	2.6	3
Q07	统计学报	345	3.418	0.810	0.97	111	0.45	10.09	2.8	9
Q07	统计研究	5358	5.663	1.133	0.97	1221	0.82	111.00	6.3	22
Q07	统计与管理	760	0.628	0.004	0.98	489	0.45	44.45	4.8	5
Q07	统计与决策	12122	2.382	0.809	0.94	2271	1.00	206.45	4.3	19
Q07	统计与信息论坛	2667	2.977	1.040	0.94	1097	0.82	99.73	4.8	11
Q07	统计与咨询	107	0.301	0.013	0.96	94	0.27	8.55	6.3	4
Q07	中国计量	982	—	0.050	0.99	355	0.09	32.27	6.3	5

6　2022年中国科技期刊来源指标按类刊名字顺索引

学科代码	期刊名称	来源文献量	文献选出率	平均引文数	平均作者数	地区分布数	机构分布数	海外论文比	基金论文比	引用半衰期
A01	Engineering	272	0.94	62.5	6.3	19	174	0.40	0.60	6.2
A01	Fundamental Research	124	1.00	47.9	6.9	18	78	0.02	0.86	5.8
A01	High Technology Letters	50	1.00	21.8	4.1	17	31	—	1.00	4.2
A01	National Science Review	269	0.87	45.3	8.5	21	150	0.50	0.69	6.0
A01	Research	153	1.00	59.3	8.7	19	98	0.27	0.86	4.7
A01	Science Bulletin	359	0.88	35.8	8.2	23	182	0.36	0.85	4.7
A01	安徽科技	187	0.92	4.2	2.0	12	123	0.01	0.23	3.5
A01	安徽农业科学	1719	1.00	19.9	4.5	31	966	0.00	0.75	5.9
A01	安全与电磁兼容	92	0.88	13.4	4.1	20	74	0.01	0.53	7.2
A01	沉积与特提斯地质	50	0.96	70.1	6.9	9	14	—	0.98	9.9
A01	大众科技	603	0.99	15.6	3.3	26	271	—	0.52	3.8
A01	大自然	83	0.86	—	1.9	19	56	0.01	0.07	—
A01	电大理工	60	0.92	10.6	1.3	7	20	—	0.68	3.7
A01	福建分析测试	75	0.93	12.9	2.8	11	57	—	0.27	5.8
A01	福建农业科技	157	0.93	21.8	3.9	10	75	—	0.85	6.5
A01	甘肃科技	896	0.96	10.5	2.3	29	456	—	0.26	3.8
A01	甘肃科技纵横	299	0.93	11.5	2.4	24	199	—	0.30	4.2
A01	甘肃科学学报	141	1.00	16.9	3.1	24	68	0.01	0.46	6.6
A01	高技术通讯	132	0.92	24.1	4.1	18	38	0.00	0.97	5.7
A01	高原科学研究	57	0.98	26.8	3.9	9	25	—	0.91	7.5
A01	光电技术应用	77	0.93	25.6	4.5	17	49	—	0.45	7.5
A01	广西科学	133	0.94	34.4	5.3	17	76	0.00	0.88	6.9
A01	广西科学院学报	51	0.91	38.4	5.5	5	20	—	1.00	7.4
A01	贵州科学	116	1.00	14.5	4.5	8	46	—	0.80	6.7
A01	杭州科技	64	0.59	1.3	1.8	3	34	—	0.30	2.4
A01	河北省科学院学报	71	0.92	14.3	3.1	14	32	—	0.48	4.0
A01	河南科技	817	0.82	9.4	2.4	31	512	0.00	0.37	5.1
A01	河南科学	258	0.96	23.1	3.6	25	131	0.01	0.82	5.4
A01	黑龙江科学	1394	1.00	7.0	2.0	31	774	0.00	0.47	3.2
A01	华东科技	380	0.69	4.1	1.5	30	305	—	0.31	3.0
A01	集成技术	51	0.91	31.6	4.3	10	24	0.02	0.80	5.1
A01	江苏科技信息	727	0.96	8.4	2.1	31	408	0.00	0.47	3.6
A01	江西科学	217	1.00	16.6	3.8	19	100	—	0.81	5.3

学科代码	期刊名称	来源文献量	文献选出率	平均引文数	平均作者数	地区分布数	机构分布数	海外论文比	基金论文比	引用半衰期
A01	今日科苑	143	0.97	15.8	2.0	14	66	—	0.28	8.2
A01	科技传播	942	0.89	8.5	1.8	31	551	0.00	0.36	4.5
A01	科技创新发展战略研究	59	0.94	12.3	2.6	13	36	—	0.66	3.4
A01	科技创新与生产力	506	0.98	7.0	2.3	30	308	—	0.43	3.5
A01	科技促进发展	126	0.89	23.9	2.8	21	48	—	0.67	4.6
A01	科技导报	307	0.87	41.6	4.0	24	187	0.01	0.72	4.8
A01	科技风	1975	0.99	6.7	2.3	31	1143	0.00	0.57	3.1
A01	科技通报	239	0.97	15.7	3.6	26	171	0.00	0.50	6.2
A01	科技与创新	1310	1.00	7.0	2.6	31	895	0.00	0.41	3.7
A01	科技与经济	132	1.00	12.3	2.4	24	72	—	0.84	4.2
A01	科技中国	276	0.91	—	2.2	23	101	0.00	0.39	—
A01	科技资讯	1726	0.99	7.8	1.7	31	1178	0.00	0.37	1.7
A01	科学（上海）	77	0.80	8.5	1.9	17	52	0.01	0.12	7.1
A01	科学技术创新	1707	0.98	7.0	2.3	31	1153	—	0.22	5.3
A01	科学通报	371	0.81	58.2	4.9	25	162	0.04	0.74	6.6
A01	内江科技	877	0.96	6.3	2.0	31	465	—	0.47	4.0
A01	内蒙古科技与经济	1425	1.00	7.4	1.9	31	749	0.00	0.32	4.2
A01	前沿科学	80	0.94	7.7	2.1	13	54	0.01	0.01	5.4
A01	青海科技	169	0.94	15.4	3.8	16	96	—	0.59	6.9
A01	山东科学	101	0.97	21.6	4.8	16	56	0.02	0.71	5.8
A01	石河子科技	199	0.94	4.5	1.7	29	161	—	0.14	2.2
A01	实验科学与技术	180	1.00	14.5	3.8	25	96	—	0.94	3.6
A01	实验室科学	362	1.00	12.5	3.7	29	164	—	0.86	4.7
A01	特种橡胶制品	103	0.97	7.6	4.1	17	54	—	0.08	8.5
A01	天津科技	322	0.99	8.3	3.0	22	171	—	0.24	4.6
A01	通讯世界	789	1.00	6.0	1.7	30	496	0.00	0.06	2.3
A01	武夷科学	18	1.00	27.9	3.3	2	8	—	0.83	6.1
A01	厦门科技	88	1.00	5.5	1.4	4	54	—	0.15	9.3
A01	新型工业化	858	1.00	7.4	1.9	31	712	—	0.11	3.3
A01	张江科技评论	112	0.61	—	1.4	9	86	0.04	0.01	—
A01	智能城市	334	1.00	5.9	1.9	30	260	—	0.17	3.3
A01	中国高新科技	1357	0.89	2.4	1.9	31	1060	0.01	0.10	3.5
A01	中国基础科学	48	0.98	53.5	3.9	10	28	0.00	0.65	5.2

学科代码	期刊名称	来源文献量	文献选出率	平均引文数	平均作者数	地区分布数	机构分布数	海外论文比	基金论文比	引用半衰期
A01	中国科技论文	310	1.00	13.1	3.3	28	167	—	0.72	5.1
A01	中国科技论文在线精品论文	60	1.00	19.0	3.1	19	41	—	0.52	5.0
A01	中国科技人才	76	0.90	9.0	2.0	13	44	—	0.39	5.9
A01	中国科技史杂志	56	0.95	37.6	2.0	12	32	—	0.71	≥10
A01	中国科技术语	45	0.98	20.7	2.0	14	38	0.02	0.87	≥10
A01	中国科技信息	1015	0.89	—	2.6	31	550	0.01	0.22	—
A01	中国科技纵横	1158	0.82	5.3	1.7	31	879	0.00	0.06	3.0
A01	中国科学基金	124	0.87	30.1	4.7	19	62	0.01	0.44	4.1
A01	中国科学数据（中英文网络版）	116	0.95	16.9	5.3	25	67	0.01	0.66	6.9
A01	中国科学院院刊	171	0.77	21.9	3.9	15	76	0.02	0.76	3.2
A01	中国西部	80	0.91	17.3	2.1	20	50	—	0.56	5.1
A01	中华医院感染学杂志	797	0.98	23.6	5.2	30	501	0.00	0.79	3.4
A01	自然科学史研究	38	0.90	42.5	1.7	10	21	0.03	0.66	≥10
A01	自然杂志	48	0.77	62.9	3.1	12	30	0.02	0.35	7.3
A02	Acta Scientiarum Naturalium Universitatis Sunyatseni	120	0.94	30.0	4.7	20	52	0.01	0.87	9.6
A02	Wuhan University Journal of Natural Sciences	66	1.00	24.7	3.7	15	41	0.00	0.79	8.0
A02	安徽大学学报（自然科学版）	85	1.00	23.0	4.0	26	53	0.00	0.91	6.3
A02	宝鸡文理学院学报（自然科学版）	65	0.94	22.1	3.2	8	11	—	0.97	7.3
A02	北华大学学报（自然科学版）	148	1.00	18.2	4.2	14	37	0.00	0.86	5.7
A02	北京城市学院学报	106	1.00	9.4	2.1	23	69	0.02	0.77	4.4
A02	北京大学学报（自然科学版）	120	0.97	32.9	4.5	14	32	0.02	0.80	8.2
A02	北京联合大学学报	56	0.95	18.3	2.9	11	18	—	0.86	5.4
A02	渤海大学学报（自然科学版）	51	0.93	26.6	3.7	8	14	—	0.94	5.5
A02	长江大学学报（自然科学版）	86	1.00	22.1	5.5	12	30	0.05	1.00	6.0
A02	常州大学学报（自然科学版）	65	1.00	22.0	4.4	5	10	—	0.88	6.7
A02	成都大学学报（自然科学版）	68	0.94	21.4	4.5	7	20	—	0.71	5.1
A02	赤峰学院学报（自然科学版）	321	0.93	10.9	2.9	22	99	—	0.74	3.9
A02	重庆工商大学学报（自然科学版）	86	0.99	18.6	2.6	11	27	—	0.86	6.0
A02	德州学院学报	128	0.97	14.9	2.2	20	59	—	0.54	9.1
A02	佛山科学技术学院学报（自然科学版）	68	0.93	19.8	4.2	10	23	—	0.75	5.6
A02	福州大学学报（自然科学版）	119	0.96	19.4	3.9	7	16	0.01	0.99	5.9
A02	复旦学报（自然科学版）	88	0.90	33.1	4.4	16	36	0.06	0.67	7.8

2022 年中国科技期刊来源指标按类刊名字顺索引(续)

学科代码	期刊名称	来源文献量	文献选出率	平均引文数	平均作者数	地区分布数	机构分布数	海外论文比	基金论文比	引用半衰期
A02	广西大学学报（自然科学版）	169	0.97	19.8	4.6	20	74	0.00	0.98	5.9
A02	广西民族大学学报（自然科学版）	47	0.85	21.6	2.3	12	21	—	0.74	≥10
A02	广州大学学报（自然科学版）	39	0.98	31.5	3.4	10	17	—	0.77	5.9
A02	贵阳学院学报（自然科学版）	94	0.96	11.3	2.1	13	57	—	0.70	3.4
A02	贵州大学学报（自然科学版）	104	1.00	22.0	3.4	15	41	0.01	0.88	5.9
A02	哈尔滨商业大学学报（自然科学版）	111	0.95	16.7	3.2	14	34	—	0.74	4.4
A02	哈尔滨师范大学自然科学学报	78	0.98	16.5	2.7	10	24	—	0.79	4.9
A02	海南大学学报（自然科学版）	51	0.98	22.2	3.8	10	17	—	1.00	5.2
A02	合肥学院学报（综合版）	146	0.99	17.6	2.2	17	66	0.01	0.78	7.2
A02	河北北方学院学报（自然科学版）	173	0.94	15.5	3.2	16	88	—	0.54	3.4
A02	河北大学学报（自然科学版）	91	1.00	20.6	4.5	14	34	0.01	0.93	6.3
A02	河南大学学报（自然科学版）	76	1.00	29.0	4.3	12	21	—	0.95	5.4
A02	河南教育学院学报（自然科学版）	66	1.00	11.3	2.2	15	36	—	0.83	6.5
A02	黑龙江大学自然科学学报	94	0.97	22.0	3.4	18	34	0.01	0.97	5.3
A02	湖北大学学报（自然科学版）	108	1.00	19.8	4.4	15	46	0.00	0.70	6.4
A02	湖北民族大学学报（自然科学版）	74	0.99	21.1	4.0	13	25	—	1.00	4.6
A02	湖北文理学院学报	169	1.00	18.3	1.6	25	107	0.01	0.63	8.6
A02	湖南文理学院学报（自然科学版）	67	0.99	13.9	3.3	13	45	—	0.79	5.7
A02	华侨大学学报（自然科学版）	105	0.97	20.7	3.7	10	15	0.03	0.93	6.1
A02	怀化学院学报	141	1.00	15.6	1.9	19	72	0.01	0.81	9.8
A02	黄山学院学报	189	0.99	11.6	2.1	12	65	—	0.81	7.2
A02	惠州学院学报	137	0.97	15.4	2.0	16	61	0.01	0.69	7.7
A02	吉林大学学报（理学版）	190	0.97	18.6	3.0	29	85	0.00	0.99	6.8
A02	吉首大学学报（自然科学版）	89	1.00	16.2	3.4	16	38	—	0.88	6.6
A02	集美大学学报（自然科学版）	73	0.94	23.3	4.4	4	14	—	0.89	6.6
A02	济南大学学报（自然科学版）	101	1.00	22.2	4.5	18	54	0.01	0.99	5.7
A02	暨南大学学报（自然科学与医学版）	77	0.97	26.8	4.9	16	53	0.01	0.78	4.7
A02	佳木斯大学学报（自然科学版）	251	1.00	9.5	2.6	24	111	—	0.78	3.8
A02	嘉兴学院学报	127	0.92	19.5	2.1	18	50	—	0.64	≥10
A02	嘉应学院学报	128	1.00	15.7	2.1	8	36	0.02	0.75	9.9
A02	江汉大学学报（自然科学版）	70	1.00	20.2	4.3	8	15	—	0.61	5.0
A02	井冈山大学学报（自然科学版）	96	1.00	19.7	3.9	18	45	—	1.00	5.0
A02	九江学院学报（自然科学版）	110	0.96	13.0	1.9	15	75	—	0.78	3.7

学科代码	期刊名称	来源文献量	文献选出率	平均引文数	平均作者数	地区分布数	机构分布数	海外论文比	基金论文比	引用半衰期
A02	兰州大学学报（自然科学版）	103	0.94	30.0	5.2	14	34	0.01	0.89	7.3
A02	丽水学院学报	109	0.95	15.2	2.3	12	36	—	0.59	8.9
A02	辽东学院学报（自然科学版）	49	0.92	13.6	2.8	5	29	—	0.65	4.2
A02	辽宁大学学报（自然科学版）	48	0.86	24.0	3.3	6	16	—	0.90	4.7
A02	聊城大学学报（自然科学版）	79	0.99	31.4	4.4	15	33	—	1.00	5.2
A02	鲁东大学学报（自然科学版）	53	0.95	21.3	3.9	6	22	—	0.92	5.5
A02	南昌大学学报（理科版）	89	0.99	23.5	4.3	18	44	0.00	0.90	6.6
A02	南华大学学报（自然科学版）	84	0.91	19.5	4.1	7	15	—	0.85	4.6
A02	南京大学学报（自然科学版）	106	0.99	30.0	3.8	21	54	0.00	0.92	6.2
A02	南开大学学报（自然科学版）	99	0.99	17.3	4.4	8	36	0.00	0.78	8.0
A02	南通大学学报（自然科学版）	41	0.91	31.9	4.0	6	12	—	0.90	5.3
A02	内蒙古大学学报（自然科学版）	88	0.96	22.5	4.0	10	30	0.01	0.92	8.5
A02	内蒙古民族大学学报（自然科学版）	104	0.95	17.5	4.3	13	30	—	0.99	4.9
A02	宁夏大学学报（自然科学版）	74	0.96	19.6	3.6	16	44	0.00	0.88	9.5
A02	攀枝花学院学报	79	0.93	18.3	1.9	16	52	0.01	0.71	4.9
A02	莆田学院学报	106	0.94	17.4	2.0	11	41	0.01	0.74	9.9
A02	齐齐哈尔大学学报（自然科学版）	106	1.00	13.5	3.8	10	42	—	0.88	3.5
A02	青岛大学学报（自然科学版）	92	0.98	20.8	2.9	5	12	—	0.86	4.6
A02	青海大学学报（自然科学版）	87	0.96	18.9	4.6	2	12	—	0.97	5.7
A02	山东大学学报（理学版）	156	0.98	19.0	2.8	27	85	0.01	0.96	9.0
A02	山西大同大学学报（自然科学版）	140	0.94	13.2	3.2	19	60	—	0.74	5.4
A02	山西大学学报（自然科学版）	191	0.99	27.9	3.6	18	58	0.04	0.90	6.9
A02	汕头大学学报（自然科学版）	31	0.82	22.0	3.5	8	22	0.03	0.61	8.5
A02	上海大学学报（自然科学版）	93	0.92	28.4	3.9	7	15	0.00	0.89	7.0
A02	邵阳学院学报（自然科学版）	92	0.94	16.9	3.7	17	52	—	0.91	3.8
A02	沈阳大学学报（自然科学版）	69	1.00	18.7	3.4	13	22	0.00	0.91	5.5
A02	石河子大学学报（自然科学版）	107	0.96	22.9	5.5	19	27	0.00	0.95	5.8
A02	四川大学学报（自然科学版）	148	0.97	21.7	4.2	18	51	0.01	0.84	6.3
A02	宿州学院学报	209	0.98	14.1	2.2	11	72	—	0.86	4.9
A02	塔里木大学学报	56	0.97	22.9	4.9	3	6	—	0.96	5.4
A02	台州学院学报	85	0.99	16.6	2.2	12	33	0.01	0.69	≥10
A02	泰山学院学报	122	0.92	20.9	1.7	23	84	0.01	0.57	≥10
A02	皖西学院学报	175	0.94	13.6	2.4	16	70	—	0.91	7.0

2022 年中国科技期刊来源指标按类刊名字顺索引(续)

学科代码	期刊名称	来源文献量	文献选出率	平均引文数	平均作者数	地区分布数	机构分布数	海外论文比	基金论文比	引用半衰期
A02	温州大学学报（自然科学版）	28	0.88	15.1	2.6	8	9	—	0.57	9.3
A02	五邑大学学报（自然科学版）	44	0.98	15.0	4.0	7	12	—	0.80	5.1
A02	武汉大学学报（理学版）	83	0.95	23.3	4.1	17	44	0.00	0.92	5.6
A02	西安文理学院学报（自然科学版）	87	0.96	13.0	2.9	14	60	—	0.84	4.3
A02	西北大学学报（自然科学版）	99	0.94	34.7	4.9	18	43	0.01	0.92	7.1
A02	西北民族大学学报（自然科学版）	61	0.94	20.4	4.1	17	31	—	0.69	4.0
A02	西昌学院学报（自然科学版）	90	0.95	16.9	3.2	12	52	—	0.93	5.0
A02	西南大学学报（自然科学版）	273	1.00	28.3	4.4	29	111	0.00	0.95	6.8
A02	西南民族大学学报（自然科学版）	96	0.94	23.4	4.1	16	40	0.01	0.84	5.7
A02	厦门大学学报（自然科学版）	130	0.91	36.0	4.1	19	45	0.03	0.81	7.8
A02	湘潭大学学报（自然科学版）	79	0.94	19.3	3.5	16	47	0.01	0.71	4.7
A02	新疆大学学报（自然科学版）（中英文）	96	1.00	22.3	3.3	4	7	0.00	0.93	7.4
A02	新乡学院学报	206	0.97	10.9	2.0	23	125	0.00	0.70	8.9
A02	延安大学学报（自然科学版）	82	1.00	21.9	3.7	2	14	—	0.87	6.6
A02	延边大学学报（自然科学版）	66	0.94	13.4	2.8	11	21	—	0.88	5.7
A02	扬州大学学报（自然科学版）	77	1.00	14.7	3.9	13	32	—	1.00	3.5
A02	宜春学院学报	289	1.00	16.2	2.1	25	152	0.00	0.68	7.4
A02	云南大学学报（自然科学版）	150	0.96	25.0	5.0	24	71	0.01	0.95	6.7
A02	云南民族大学学报（自然科学版）	116	0.97	20.0	4.3	14	40	0.00	0.73	5.8
A02	浙江大学学报（理学版）	93	1.00	24.2	3.6	22	56	0.01	0.86	7.9
A02	浙江万里学院学报	106	0.95	15.5	1.8	16	40	—	0.56	7.1
A02	镇江高专学报	121	0.98	12.7	1.5	20	71	—	0.39	9.9
A02	郑州大学学报（理学版）	73	0.96	22.5	4.1	19	43	0.00	0.97	5.0
A02	中国传媒大学学报（自然科学版）	60	0.90	23.0	3.0	11	32	—	0.72	5.3
A02	中国科学技术大学学报	80	0.84	36.3	3.7	3	13	0.05	0.76	7.8
A02	中国科学院大学学报	89	0.98	27.7	3.5	7	14	0.01	0.97	9.9
A02	中国人民公安大学学报（自然科学版）	58	1.00	19.5	2.9	12	24	—	0.86	4.5
A02	中南民族大学学报（自然科学版）	110	0.96	19.1	4.0	15	28	—	1.00	5.0
A02	中央民族大学学报（自然科学版）	52	0.90	19.6	3.0	15	23	—	0.87	5.8
A03	安徽师范大学学报（自然科学版）	80	1.00	21.3	3.1	15	42	0.01	0.89	6.5
A03	安庆师范大学学报（自然科学版）	95	0.96	14.7	2.8	7	31	—	0.82	6.0
A03	北京师范大学学报（自然科学版）	117	0.91	38.2	4.6	16	34	0.02	0.90	6.9
A03	重庆师范大学学报（自然科学版）	101	1.00	23.0	3.4	18	34	0.00	0.98	8.4

学科代码	期刊名称	来源文献量	文献选出率	平均引文数	平均作者数	地区分布数	机构分布数	海外论文比	基金论文比	引用半衰期
A03	东北师大学报（自然科学版）	93	0.99	18.7	3.7	19	48	0.00	0.99	7.9
A03	福建师范大学学报（自然科学版）	86	1.00	29.2	4.1	9	16	0.00	0.94	6.5
A03	阜阳师范大学学报（自然科学版）	68	0.92	24.7	3.7	7	22	—	1.00	4.0
A03	广西师范大学学报（自然科学版）	143	0.97	44.5	4.0	24	70	0.01	0.98	5.6
A03	贵州师范大学学报（自然科学版）	104	1.00	26.7	3.8	20	56	—	0.86	6.0
A03	海南师范大学学报（自然科学版）	66	1.00	20.5	3.9	17	30	—	0.79	5.6
A03	杭州师范大学学报（自然科学版）	93	0.90	27.2	4.6	11	28	0.00	0.75	8.5
A03	河北师范大学学报（自然科学版）	87	0.91	21.5	3.5	16	41	0.00	0.84	7.1
A03	河南师范大学学报（自然科学版）	117	0.92	24.6	4.2	22	63	0.01	0.97	6.6
A03	湖北师范大学学报（自然科学版）	75	0.95	13.1	3.3	15	30	—	0.71	5.4
A03	湖南师范大学自然科学学报	94	0.97	30.8	4.3	20	62	0.00	0.91	5.5
A03	华东师范大学学报（自然科学版）	99	0.99	24.9	3.6	18	32	0.03	0.75	8.4
A03	华南师范大学学报（自然科学版）	92	0.95	27.0	4.4	20	56	0.00	0.97	6.7
A03	华中师范大学学报（自然科学版）	128	0.91	27.2	3.7	23	82	0.01	0.93	7.1
A03	淮北师范大学学报（自然科学版）	66	0.94	18.9	3.4	5	16	—	0.94	6.1
A03	淮阴师范学院学报（自然科学版）	83	0.95	9.8	1.8	12	48	—	0.61	5.9
A03	吉林师范大学学报（自然科学版）	79	0.95	20.4	4.1	9	24	—	1.00	4.2
A03	江苏师范大学学报（自然科学版）	59	0.91	19.5	3.8	10	25	—	0.97	5.5
A03	江西师范大学学报（自然科学版）	91	0.95	24.1	4.0	21	46	0.01	0.98	6.6
A03	廊坊师范学院学报（自然科学版）	102	0.96	11.8	3.2	18	65	—	0.85	4.3
A03	辽宁师范大学学报（自然科学版）	73	0.99	20.7	3.4	5	9	—	0.84	5.8
A03	辽宁师专学报（自然科学版）	93	1.00	8.1	2.0	16	38	—	0.55	3.5
A03	闽南师范大学学报（自然科学版）	74	0.95	16.5	2.5	4	14	—	0.92	6.5
A03	牡丹江师范学院学报（自然科学版）	69	0.93	11.1	3.0	16	31	—	1.00	5.3
A03	南京师大学报（自然科学版）	75	1.00	24.3	4.3	21	49	0.04	0.92	7.1
A03	南京师范大学学报（工程技术版）	48	1.00	21.7	4.1	17	31	—	0.83	4.7
A03	南宁师范大学学报（自然科学版）	117	1.00	14.9	2.9	17	51	—	0.82	5.2
A03	内蒙古师范大学学报（自然科学汉文版）	97	0.90	20.1	2.9	15	28	0.00	0.89	8.6
A03	宁德师范学院学报（自然科学版）	73	0.95	15.4	3.2	5	28	—	0.86	6.3
A03	青海师范大学学报（自然科学版）	52	1.00	23.5	3.2	14	28	—	0.87	6.9
A03	曲阜师范大学学报（自然科学版）	73	0.91	17.1	2.8	20	38	—	0.95	7.7
A03	山东师范大学学报（自然科学版）	52	1.00	30.5	2.9	8	23	—	0.92	5.9
A03	山西师范大学学报（自然科学版）	74	0.95	16.7	2.7	12	35	—	0.77	6.9

学科代码	期刊名称	来源文献量	文献选出率	平均引文数	平均作者数	地区分布数	机构分布数	海外论文比	基金论文比	引用半衰期
A03	陕西师范大学学报（自然科学版）	80	0.90	38.0	4.3	17	46	0.04	0.95	6.6
A03	上海师范大学学报（自然科学版）	111	1.00	20.7	4.1	8	15	—	0.82	7.1
A03	沈阳师范大学学报（自然科学版）	99	1.00	18.8	4.0	8	21	0.01	0.95	5.7
A03	首都师范大学学报（自然科学版）	85	0.90	26.9	3.1	18	51	0.01	0.60	7.8
A03	四川师范大学学报（自然科学版）	109	0.92	21.1	3.5	21	52	0.00	0.98	9.7
A03	太原师范学院学报（自然科学版）	68	0.94	15.0	2.5	12	32	—	0.81	5.9
A03	天津师范大学学报（自然科学版）	69	0.97	23.2	4.6	11	25	0.01	0.88	7.5
A03	西北师范大学学报（自然科学版）	113	0.95	24.3	3.4	22	62	0.00	0.94	8.5
A03	西华师范大学学报（自然科学版）	70	0.95	24.0	3.3	14	26	—	0.99	5.8
A03	西南师范大学学报（自然科学版）	192	1.00	20.9	3.3	26	102	0.01	0.86	7.4
A03	新疆师范大学学报（自然科学版）	49	0.98	19.5	3.0	9	20	—	0.90	4.8
A03	信阳师范学院学报（自然科学版）	109	0.95	19.1	3.5	16	40	0.01	1.00	6.6
A03	伊犁师范大学学报（自然科学版）	42	0.91	16.4	2.8	11	15	—	0.83	9.2
A03	云南师范大学学报（自然科学版）	81	0.95	17.1	4.5	11	26	0.00	0.86	5.9
A03	浙江师范大学学报（自然科学版）	60	1.00	25.9	4.5	1	2	—	0.98	6.7
B01	Acta Mathematica Sinica	129	0.91	29.5	2.4	28	94	0.25	0.79	≥10
B01	Acta Mathematicae Applicatae Sinica	68	0.96	25.6	2.7	21	60	0.12	0.85	≥10
B01	Algebra Colloquium	49	0.92	19.7	2.1	12	49	0.55	0.69	≥10
B01	Analysis in Theory and Applications	21	1.00	27.6	2.1	8	21	0.62	0.62	≥10
B01	Applied Mathematics A Journal of Chinese Universities, B	41	0.98	27.7	3.1	12	36	0.34	0.66	9.3
B01	Applied Mathematics and Mechanics	121	0.91	42.6	4.0	20	65	0.12	0.93	6.3
B01	Chinese Annals of Mathematics, Series B	68	0.91	23.4	2.1	17	47	0.18	0.79	≥10
B01	Chinese Quarterly Journal of Mathematics	42	0.89	16.1	2.5	13	28	—	0.86	≥10
B01	Communications in Mathematical Research	28	1.00	26.1	2.2	9	18	0.18	0.68	≥10
B01	Frontiers of Mathematics in China	60	1.00	35.9	2.2	21	50	0.10	0.83	≥10
B01	Journal of Computational Mathematics	47	0.94	32.1	2.6	18	43	0.15	0.91	≥10
B01	Journal of Mathematical Research with Applications	56	0.90	21.0	2.2	19	45	0.09	0.91	≥10
B01	Journal of Mathematical Study	29	1.00	23.8	2.1	11	28	0.21	0.72	≥10
B01	Journal of Partial Differential Equations	24	0.86	25.1	2.1	10	17	0.21	0.62	≥10
B01	Peking Mathematical Journal	10	1.00	40.0	2.1	3	9	0.60	1.00	≥10
B01	Probability, Uncertainty and Quantitative Risk	20	0.83	28.8	2.5	5	16	0.50	0.75	≥10

学科代码	期刊名称	来源文献量	文献选出率	平均引文数	平均作者数	地区分布数	机构分布数	海外论文比	基金论文比	引用半衰期
B01	Science China (Mathematics)	119	0.92	33.5	2.5	19	86	0.35	0.78	≥10
B01	纯粹数学与应用数学	45	0.88	21.0	2.5	16	35	0.07	0.98	≥10
B01	大学数学	121	0.93	9.7	2.3	24	75	—	0.93	8.5
B01	高等数学研究	207	1.00	5.4	2.0	27	141	—	0.79	9.1
B01	高等学校计算数学学报	26	0.87	18.7	2.5	12	21	0.00	0.96	≥10
B01	高校应用数学学报	50	1.00	18.2	2.2	19	40	0.00	0.90	≥10
B01	计算数学	36	0.90	25.6	2.3	17	31	0.06	0.75	≥10
B01	模糊系统与数学	104	1.00	21.6	3.0	24	74	0.00	0.85	8.8
B01	数理天地（初中版）	866	0.96	2.8	1.1	30	702	—	0.04	2.1
B01	数理天地（高中版）	808	0.97	3.1	1.1	29	641	—	0.06	2.1
B01	数理统计与管理	82	0.93	25.8	2.8	22	52	0.04	0.85	8.0
B01	数学的实践与认识	348	1.00	16.9	2.7	30	238	0.00	0.73	8.6
B01	数学建模及其应用	45	1.00	16.9	3.3	17	35	—	0.62	6.8
B01	数学教学通讯	1332	0.97	1.3	1.1	28	1078	—	0.15	4.2
B01	数学教学研究	84	1.00	5.6	1.7	19	70	—	0.38	5.1
B01	数学教育学报	98	1.00	28.7	2.4	20	50	0.03	0.87	8.1
B01	数学进展	93	0.98	23.5	2.2	23	66	0.03	0.97	≥10
B01	数学理论与应用	39	0.93	22.5	2.9	11	31	—	0.95	≥10
B01	数学年刊 A 辑	29	0.94	24.8	2.2	17	27	0.00	0.86	≥10
B01	数学通报	159	0.92	7.6	1.7	24	117	—	0.43	9.1
B01	数学物理学报	142	1.00	22.8	2.4	27	97	0.02	0.92	≥10
B01	数学学报	94	0.94	18.9	2.2	26	73	0.03	0.93	≥10
B01	数学杂志	51	0.86	15.1	2.1	18	35	0.04	0.76	≥10
B01	应用概率统计	58	0.92	19.2	2.6	22	46	0.00	0.83	≥10
B01	应用数学	102	1.00	15.6	2.4	27	73	0.02	0.98	≥10
B01	应用数学学报	64	1.00	21.2	2.4	24	57	0.03	0.91	≥10
B01	应用数学与计算数学学报	56	1.00	37.3	2.6	9	51	0.68	0.79	≥10
B01	运筹学学报	44	1.00	22.1	3.3	19	34	0.07	0.95	≥10
B01	运筹与管理	412	0.98	19.1	2.9	29	202	0.01	0.94	6.2
B01	中国科学（数学）	78	0.87	28.2	2.6	22	63	0.13	0.97	≥10
B02	Journal of Systems Science and Complexity	129	0.99	32.7	3.1	23	87	0.03	0.98	7.4
B02	Journal of Systems Science and Information	36	1.00	39.1	3.4	11	25	—	0.78	7.0

2022年中国科技期刊来源指标按类刊名字顺索引(续)

学科代码	期刊名称	来源文献量	文献选出率	平均引文数	平均作者数	地区分布数	机构分布数	海外论文比	基金论文比	引用半衰期
B02	Journal of Systems Science and Systems Engineering	33	0.87	47.2	3.4	12	26	0.06	0.91	7.9
B02	复杂系统与复杂性科学	53	0.93	24.7	3.1	17	39	0.00	0.96	6.5
B02	控制理论与应用	247	0.97	27.2	3.7	26	137	0.03	0.92	5.9
B02	控制与决策	359	1.00	29.8	3.7	26	157	0.01	0.92	5.8
B02	系统工程	85	0.97	33.5	3.0	24	63	0.02	0.95	6.3
B02	系统工程理论与实践	230	0.94	40.2	3.4	25	104	0.02	0.97	6.9
B02	系统工程学报	60	0.94	35.5	2.9	18	44	0.02	0.98	8.4
B02	系统管理学报	99	0.94	41.9	2.9	19	64	0.01	0.97	6.6
B02	系统科学与数学	222	0.96	27.0	3.0	27	131	0.01	0.96	7.0
B02	信息与控制	69	1.00	34.6	3.6	19	49	0.01	0.91	5.5
B02	中国科学（信息科学）	134	0.86	44.4	4.8	20	62	0.06	0.86	5.9
B03	Acta Mechanica Sinica (English Series)	161	0.93	44.5	4.0	20	65	0.18	0.90	8.6
B03	Acta Mechanica Solida Sinica	87	1.00	35.8	4.1	21	57	0.06	0.91	7.6
B03	Theoretical & Applied Mechanics Letters	60	1.00	31.1	3.3	13	36	0.25	0.70	6.7
B03	动力学与控制学报	66	0.97	26.5	3.6	12	44	0.00	0.91	8.2
B03	固体力学学报	64	0.91	32.5	3.8	22	48	0.02	0.84	8.9
B03	计算力学学报	113	0.99	20.9	3.6	24	79	0.06	0.90	9.0
B03	力学季刊	94	0.95	24.5	3.4	20	49	0.02	0.83	8.6
B03	力学进展	26	0.96	147.1	3.9	8	18	—	0.85	7.2
B03	力学学报	280	0.97	43.5	4.3	23	100	0.04	0.91	7.5
B03	力学与实践	191	0.91	17.2	3.8	21	103	0.02	0.67	9.5
B03	气体物理	51	0.98	26.1	4.2	11	25	0.00	0.51	≥10
B03	实验力学	92	1.00	23.5	4.6	21	57	0.01	0.90	7.8
B03	医用生物力学	182	0.93	26.3	4.9	23	97	0.02	0.85	7.1
B03	应用力学学报	138	0.99	27.4	4.2	25	79	0.01	0.88	8.5
B03	应用数学和力学	132	0.92	24.3	3.3	25	77	0.01	0.91	8.9
B03	振动工程学报	162	0.99	22.6	4.1	25	86	0.02	0.93	8.2
B04	Acta Mathematica Scientia	141	0.99	32.6	2.5	25	115	0.24	0.70	≥10
B04	ChemPhysMater	32	1.00	76.2	6.6	13	27	0.16	0.88	4.9
B04	Chinese Journal of Acoustics	29	0.88	23.3	4.4	13	22	0.00	0.90	≥10
B04	Chinese Optics Letters	216	0.97	32.9	6.4	24	96	0.09	0.91	6.2
B04	Chinese Physics B	1109	1.00	43.6	5.8	29	378	0.10	0.78	7.6

学科代码	期刊名称	来源文献量	文献选出率	平均引文数	平均作者数	地区分布数	机构分布数	海外论文比	基金论文比	引用半衰期
B04	Chinese Physics C	258	0.95	64.8	7.8	22	144	0.35	0.77	≥10
B04	Chinese Physics Letters	182	0.97	46.2	6.8	22	73	0.21	0.86	7.4
B04	Communications in Theoretical Physics	200	1.00	52.8	3.4	25	130	0.19	0.76	9.6
B04	Frontiers of Physics	109	1.00	68.5	5.2	22	71	0.17	0.89	6.9
B04	Journal of Thermal Science	185	0.97	39.0	4.6	20	87	0.14	0.91	7.2
B04	Journal of Zhejiang University Science A: Applied Physics & Engineering	72	0.87	39.3	5.0	13	29	0.11	0.86	6.5
B04	Light: Science & Applications	316	0.94	52.4	6.7	20	175	0.65	0.43	5.6
B04	Magnetic Resonance Letters	30	0.86	38.6	4.6	9	24	0.23	0.87	9.3
B04	Science China Physics, Mechanics & Astronomy	182	0.90	61.7	6.7	23	105	0.24	0.77	6.8
B04	波谱学杂志	45	1.00	29.7	5.3	12	19	0.04	0.76	8.3
B04	大学物理	214	0.99	10.1	3.2	26	127	—	0.68	≥10
B04	低温物理学报	50	1.00	28.3	4.4	11	26	0.00	0.60	8.4
B04	低温与超导	191	1.00	15.9	5.1	21	109	—	0.97	6.0
B04	低温与特气	85	0.98	7.5	3.4	17	48	—	0.02	9.8
B04	发光学报	180	0.98	45.8	6.0	25	106	0.03	0.96	5.3
B04	高压物理学报	119	1.00	25.6	4.7	23	56	0.00	0.80	9.2
B04	光散射学报	52	0.95	20.4	4.6	17	38	0.04	0.85	8.4
B04	光学学报	685	0.98	32.8	5.5	27	214	0.01	0.89	6.5
B04	光子学报	372	0.99	37.0	5.3	26	160	0.01	0.95	6.5
B04	核聚变与等离子体物理	60	0.98	12.8	6.0	8	15	0.03	0.68	9.7
B04	红外与毫米波学报	127	0.99	30.2	6.5	21	65	0.03	0.88	7.8
B04	计算物理	77	0.90	26.8	3.8	21	48	0.03	0.92	8.3
B04	量子电子学报	87	0.94	37.1	4.6	18	58	0.00	0.90	7.5
B04	量子光学学报	45	0.92	33.6	4.2	10	19	—	0.91	7.8
B04	强激光与粒子束	275	0.94	22.2	6.6	21	86	0.00	0.67	8.7
B04	热科学与技术	78	0.98	20.4	4.8	19	56	0.00	0.72	7.8
B04	声学技术	133	1.00	21.4	3.9	24	78	0.00	0.53	9.2
B04	声学学报	84	0.91	25.2	4.3	16	39	0.01	0.83	≥10
B04	物理	142	0.94	18.6	2.1	15	59	0.07	0.20	≥10
B04	物理测试	76	0.95	10.2	3.8	14	49	—	0.22	7.0
B04	物理教师	326	1.00	5.4	1.8	25	249	0.00	0.49	4.2

学科代码	期刊名称	来源文献量	文献选出率	平均引文数	平均作者数	地区分布数	机构分布数	海外论文比	基金论文比	引用半衰期
B04	物理教学探讨	244	1.00	5.3	1.9	27	184	—	0.47	3.8
B04	物理实验	124	0.95	13.0	4.3	23	72	—	0.69	7.5
B04	物理通报	470	1.00	6.4	2.6	30	306	—	0.51	4.0
B04	物理学报	979	0.99	40.5	5.5	30	300	0.02	0.87	7.5
B04	物理学进展	14	1.00	86.6	3.6	9	12	—	0.86	6.6
B04	物理与工程	191	0.99	11.5	3.6	25	104	0.01	0.51	8.4
B04	现代应用物理	105	0.95	20.4	6.2	14	36	0.00	0.89	≥10
B04	应用光学	165	0.96	19.0	5.3	25	84	0.00	0.63	6.9
B04	应用声学	120	0.96	23.0	4.2	22	67	0.01	0.73	8.7
B04	原子核物理评论	70	0.96	27.2	6.8	13	28	0.04	0.86	≥10
B04	原子与分子物理学报	151	0.96	28.2	4.4	27	90	—	0.93	8.6
B04	真空与低温	101	0.81	20.7	6.0	14	42	0.00	0.65	≥10
B04	中国科学（物理学 力学 天文学）	156	0.89	53.0	4.5	24	90	0.08	0.87	8.1
B05	Chemical Research in Chinese Universities	200	0.94	54.8	5.4	22	117	0.07	0.92	5.0
B05	Chinese Chemical Letters	890	1.00	54.5	6.8	27	315	0.12	0.80	4.8
B05	Chinese Journal of Chemical Physics	104	0.91	51.3	4.7	20	58	0.08	0.94	9.9
B05	Chinese Journal of Chemistry	308	0.98	59.7	6.0	24	126	0.09	0.89	5.6
B05	Chinese Journal of Polymer Science	169	0.90	52.5	5.8	17	81	0.10	0.89	6.1
B05	Journal of Energy Chemistry	745	0.99	71.7	7.6	26	308	0.39	0.77	4.2
B05	Science China (Chemistry)	283	1.00	59.2	7.0	25	116	0.16	0.84	4.6
B05	催化学报	264	0.96	81.3	6.3	22	120	0.25	0.88	4.1
B05	大学化学	455	1.00	14.4	4.6	28	175	—	0.91	5.2
B05	电化学	87	0.84	49.0	5.4	21	55	0.06	0.80	5.2
B05	分析测试学报	235	0.98	35.7	5.7	28	154	0.00	0.74	4.7
B05	分析化学	199	0.96	38.2	5.5	28	146	—	0.86	5.1
B05	分析科学学报	131	0.96	22.8	5.2	28	106	0.01	0.77	5.5
B05	分析试验室	244	0.99	27.5	5.2	29	171	0.01	0.82	5.3
B05	分子催化	52	0.96	48.7	5.1	19	39	0.00	0.85	5.1
B05	分子科学学报	64	0.98	28.0	4.4	21	47	0.00	0.92	7.0
B05	高等学校化学学报	282	0.94	51.4	5.1	29	136	0.01	0.95	4.8
B05	高分子通报	195	0.98	28.5	4.5	28	127	0.00	0.58	5.7
B05	高分子学报	138	0.98	50.2	4.6	22	65	0.00	0.90	5.7
B05	功能高分子学报	65	0.93	31.5	4.7	17	29	0.00	0.88	5.3

学科代码	期刊名称	来源文献量	文献选出率	平均引文数	平均作者数	地区分布数	机构分布数	海外论文比	基金论文比	引用半衰期
B05	光谱学与光谱分析	600	0.98	16.4	5.8	31	307	0.02	0.93	5.4
B05	广州化学	66	1.00	22.7	3.5	13	31	—	0.58	5.1
B05	合成化学	140	0.97	21.6	4.9	24	97	0.00	0.79	7.1
B05	化学分析计量	244	0.95	19.5	4.4	26	191	0.00	0.22	6.0
B05	化学进展	190	0.99	96.8	4.8	25	111	0.04	0.85	5.3
B05	化学试剂	253	1.00	29.6	5.3	30	181	0.00	0.75	5.5
B05	化学通报（印刷版）	201	0.96	41.4	4.4	29	143	0.01	0.74	5.8
B05	化学学报	175	1.00	61.4	5.3	25	95	0.01	0.93	5.2
B05	化学研究	72	0.96	27.6	4.6	21	44	0.01	0.78	5.7
B05	化学研究与应用	407	1.00	22.7	4.8	31	258	0.00	0.72	6.0
B05	色谱	126	0.98	31.3	5.9	22	98	0.00	0.78	4.6
B05	无机化学学报	254	0.98	39.0	5.7	29	155	0.02	0.91	4.9
B05	物理化学学报	125	0.94	76.7	5.7	18	70	0.09	0.82	5.3
B05	影像科学与光化学	315	0.98	18.1	3.9	26	214	0.00	0.20	3.2
B05	应用化学	179	0.90	40.5	5.0	26	113	0.02	0.89	5.1
B05	有机化学	421	1.00	49.8	4.6	28	198	0.01	0.74	5.9
B05	质谱学报	77	0.97	35.8	5.8	19	55	0.01	0.71	6.7
B05	中国科学（化学）	180	0.91	71.6	4.8	23	103	0.03	0.88	4.9
B05	中国无机分析化学	146	1.00	16.2	4.6	28	131	—	0.79	5.1
B06	Astronomical Techniques and Instruments	73	1.00	16.6	4.8	15	30	—	0.99	7.4
B06	Research in Astronomy and Astrophysics	260	0.97	54.1	6.0	24	119	0.33	0.72	≥10
B06	空间科学学报	123	0.87	30.7	5.7	19	64	0.02	0.71	5.1
B06	时间频率学报	40	0.91	14.3	5.8	9	17	—	0.75	7.4
B06	天文学报	67	0.89	33.0	5.4	15	31	0.04	0.90	≥10
B06	天文学进展	39	0.95	49.4	4.3	10	18	0.03	0.90	≥10
B07	Acta Geochimica	69	1.00	78.4	4.7	17	55	0.41	0.75	≥10
B07	Frontiers of Earth Science	75	1.00	47.8	4.9	16	53	0.24	0.77	9.2
B07	GEOSCIENCE FRONTIERS	145	0.95	95.4	6.2	17	114	0.74	0.40	9.6
B07	Geospatial Information Science	40	0.93	51.2	5.2	7	24	0.30	0.85	5.8
B07	Journal of Earth Science	129	0.98	68.2	5.1	18	65	0.36	0.60	≥10
B07	Journal of Global Change Data & Discovery	78	1.00	19.6	4.6	19	42	—	0.94	7.6
B07	Science China (Earth Sciences)	156	1.00	85.2	6.3	19	83	0.04	0.97	9.3
B07	城市地质	66	0.99	18.5	3.8	12	35	—	0.52	7.0

学科代码	期刊名称	来源文献量	文献选出率	平均引文数	平均作者数	地区分布数	机构分布数	海外论文比	基金论文比	引用半衰期
B07	大地测量与地球动力学	233	0.95	14.2	4.6	27	102	0.00	0.85	8.0
B07	地球化学	60	1.00	54.6	5.2	14	28	0.03	0.88	≥10
B07	地球环境学报	61	0.90	46.5	4.7	12	34	0.03	0.92	8.0
B07	地球科学	368	0.95	62.4	5.4	29	118	0.03	0.73	8.7
B07	地球科学进展	102	0.89	65.0	4.9	19	53	0.02	0.82	8.8
B07	地球科学与环境学报	79	0.90	52.1	5.4	15	44	0.01	0.91	9.2
B07	地球学报	77	0.91	68.6	6.9	15	33	0.01	0.86	≥10
B07	地球与环境	94	0.97	46.8	5.7	24	58	0.01	0.88	8.4
B07	地学前缘	193	0.96	65.0	6.3	20	75	0.06	0.86	≥10
B07	复杂油气藏	86	0.98	13.5	3.8	13	57	—	0.53	7.5
B07	国土资源导刊	70	0.92	10.1	2.9	9	47	—	0.46	4.3
B07	吉林大学学报（地球科学版）	155	0.97	38.2	5.3	27	86	0.01	0.85	9.3
B07	矿物岩石地球化学通报	108	0.78	62.7	5.4	23	68	0.02	0.89	9.4
B07	四川地震	34	0.92	10.5	4.4	15	20	—	0.59	7.6
B07	中国科学（地球科学）	158	0.91	85.3	6.4	19	73	0.17	0.91	≥10
B08	Advances in Atmospheric Sciences	151	0.94	60.7	5.7	14	65	0.37	0.82	9.1
B08	Advances in Climate Change Research	89	1.00	51.9	5.1	12	50	0.09	0.98	5.5
B08	Atmospheric and Oceanic Science Letters	65	0.98	32.0	4.7	11	26	0.05	0.97	7.1
B08	Journal of Meteorological Research (JMR)	64	1.00	51.8	5.3	10	32	0.20	0.92	8.5
B08	Journal of Tropical Meteorology	35	1.00	48.9	4.9	11	23	—	1.00	8.7
B08	暴雨灾害	76	0.95	31.6	4.7	23	50	0.00	0.89	8.5
B08	大气科学	105	1.00	44.0	4.9	20	41	0.04	0.93	≥10
B08	大气科学学报	82	0.99	44.2	4.3	16	32	0.01	0.98	8.1
B08	大气与环境光学学报	58	0.91	39.3	5.3	12	41	0.02	0.93	7.1
B08	干旱气象	109	0.95	33.8	5.2	26	79	0.00	0.91	7.7
B08	高原气象	132	0.99	39.4	4.8	14	45	0.00	0.91	8.6
B08	高原山地气象研究	78	1.00	25.8	4.0	10	31	0.00	0.87	8.5
B08	广东气象	128	0.96	12.0	4.3	7	71	—	0.66	5.6
B08	海洋气象学报	46	0.98	33.2	4.0	11	22	—	1.00	7.6
B08	黑龙江气象	55	0.89	7.9	3.8	8	34	—	0.07	8.1
B08	内蒙古气象	52	0.93	12.7	2.9	8	30	—	0.27	7.9
B08	气候变化研究进展	70	0.82	35.2	4.1	12	37	0.01	0.81	4.6
B08	气候与环境研究	62	1.00	38.5	4.5	11	27	0.03	0.92	8.9

学科代码	期刊名称	来源文献量	文献选出率	平均引文数	平均作者数	地区分布数	机构分布数	海外论文比	基金论文比	引用半衰期
B08	气象	136	0.96	31.9	5.0	26	68	0.00	0.92	8.4
B08	气象科技	101	0.95	27.7	4.9	27	75	0.01	0.81	7.0
B08	气象科技进展	110	0.93	22.3	4.0	23	53	—	0.67	9.3
B08	气象科学	83	1.00	27.8	4.4	18	44	0.01	0.94	9.0
B08	气象学报	73	0.97	43.1	4.8	16	38	0.01	0.90	8.9
B08	气象研究与应用	90	0.99	19.4	4.4	14	45	—	0.92	5.5
B08	气象与环境科学	79	0.93	29.5	4.9	24	67	0.03	0.87	7.7
B08	气象与环境学报	92	0.97	28.9	5.5	26	66	0.00	0.85	7.7
B08	气象与减灾研究	42	0.89	15.8	3.8	12	30		0.93	6.3
B08	气象灾害防御	35	0.90	11.9	3.9	3	16	—	0.66	7.8
B08	热带气象学报	81	1.00	30.6	4.6	16	50	0.01	0.88	9.5
B08	沙漠与绿洲气象	111	0.95	26.3	5.1	21	72	0.00	0.78	8.1
B08	陕西气象	75	1.00	17.2	4.1	18	53	—	0.91	6.6
B08	应用气象学报	60	1.00	40.6	5.0	20	35	0.02	0.95	7.8
B08	浙江气象	33	1.00	13.4	4.0	2	20	—	0.48	5.8
B08	中低纬山地气象	120	0.97	13.6	4.5	15	70	—	0.79	5.9
B09	Earth and Planetary Physics	53	0.95	51.7	5.5	12	34	0.13	0.94	≥10
B09	Earthquake Engineering and Engineering Vibration	68	0.94	48.2	3.8	17	52	0.37	0.71	8.6
B09	Earthquake Science	51	1.00	28.3	2.9	7	35	0.47	0.57	≥10
B09	Geodesy and Geodynamics	58	0.98	50.5	4.2	13	46	0.50	0.74	9.5
B09	地球物理学报	363	0.99	61.3	5.4	23	103	0.03	0.94	9.9
B09	地球物理学进展	274	0.98	46.3	5.1	25	142	0.01	0.77	8.4
B09	地震	57	0.93	28.6	5.0	17	26	0.02	0.86	≥10
B09	地震地磁观测与研究	155	0.96	13.2	4.5	26	60	—	0.82	≥10
B09	地震地质	96	0.96	40.4	6.2	23	39	0.01	0.89	≥10
B09	地震工程学报	169	0.97	23.4	4.7	26	98	0.01	0.83	9.9
B09	地震工程与工程振动	158	0.99	24.7	4.1	25	72	0.02	0.94	8.6
B09	地震科学进展	87	0.97	12.7	3.6	21	42	—	0.66	7.9
B09	地震学报	87	0.98	36.5	4.2	20	41	0.01	0.84	≥10
B09	地震研究	69	0.96	32.7	4.8	20	42	0.00	0.83	≥10
B09	防灾减灾学报	43	1.00	16.1	4.3	19	26	—	0.67	7.5
B09	华北地震科学	65	0.96	15.4	4.4	18	34	0.00	0.85	8.9

学科代码	期刊名称	来源文献量	文献选出率	平均引文数	平均作者数	地区分布数	机构分布数	海外论文比	基金论文比	引用半衰期
B09	华南地震	71	0.95	16.9	3.9	22	39	0.01	0.76	≥10
B09	内陆地震	46	1.00	21.8	4.5	7	14	—	0.91	8.6
B09	世界地震工程	100	0.99	24.4	4.2	23	56	0.03	0.95	9.5
B09	灾害学	143	1.00	26.2	4.3	26	91	0.02	0.87	5.9
B09	中国地震	73	1.00	31.7	4.8	21	30	0.00	0.82	9.9
B10	Advances in Polar Science	31	0.86	44.1	4.8	9	23	0.06	0.90	≥10
B10	Chinese Geographical Science	72	1.00	58.6	4.8	19	54	0.10	0.96	6.7
B10	Geography and Sustainability	36	0.95	69.2	4.4	6	33	0.53	0.81	6.3
B10	International Journal of Sediment Research	71	0.92	60.5	4.8	13	63	0.58	0.83	9.8
B10	Journal of Arid Land	89	1.00	58.0	5.1	13	58	0.29	0.80	7.7
B10	Journal of Geographical Sciences	133	0.92	58.3	4.8	21	67	0.14	0.95	7.4
B10	Journal of Mountain Science	241	0.95	59.5	4.9	27	168	0.35	0.69	8.8
B10	Sciences in Cold and Arid Regions	38	0.90	44.9	4.9	13	23	0.11	0.97	8.9
B10	冰川冻土	168	0.95	47.0	5.6	26	86	0.04	0.84	8.7
B10	测绘地理信息	194	1.00	16.1	3.6	22	106	0.00	0.82	7.3
B10	地理科学	215	0.99	36.0	4.2	28	120	0.05	0.97	6.6
B10	地理科学进展	186	0.99	55.8	3.6	24	77	0.03	0.95	6.8
B10	地理学报	198	0.93	52.1	4.4	21	73	0.05	0.95	7.3
B10	地理研究	206	0.97	51.9	3.7	26	87	0.04	0.96	6.4
B10	地理与地理信息科学	112	1.00	34.5	4.1	27	76	0.04	0.93	5.4
B10	地域研究与开发	172	0.99	29.4	3.5	28	120	0.02	0.90	6.1
B10	干旱区地理	185	0.98	35.2	4.7	26	98	0.01	0.88	6.6
B10	干旱区研究	188	0.98	35.9	5.2	16	72	0.02	0.88	6.7
B10	国土与自然资源研究	138	0.97	17.0	3.2	24	61	—	0.65	5.4
B10	国土资源科技管理	59	0.89	27.3	2.7	16	37	0.02	0.66	6.0
B10	经济地理	299	0.96	37.8	3.5	26	137	0.02	0.96	5.7
B10	南方自然资源	135	0.67	3.9	2.1	11	62	—	0.27	4.9
B10	热带地理	181	0.98	46.8	3.8	24	85	0.04	0.87	7.4
B10	山地学报	73	0.95	38.9	4.2	23	52	0.01	0.86	6.7
B10	山东国土资源	143	0.99	23.1	4.8	4	66	—	0.82	5.6
B10	上海国土资源	88	0.94	17.2	2.7	17	54	—	0.90	4.6
B10	湿地科学	99	0.98	31.1	6.2	23	61	0.00	0.78	7.5
B10	湿地科学与管理	97	0.95	18.6	4.2	29	78	0.01	0.34	6.3

学科代码	期刊名称	来源文献量	文献选出率	平均引文数	平均作者数	地区分布数	机构分布数	海外论文比	基金论文比	引用半衰期
B10	时空信息学报	134	1.00	17.2	4.2	24	99	0.00	0.41	4.9
B10	世界地理研究	114	0.99	36.6	3.1	27	68	0.01	0.98	7.8
B10	西部资源	401	1.00	6.0	1.8	26	153	—	0.07	5.0
B10	云南地理环境研究	57	0.85	23.3	2.5	16	38	—	0.81	5.7
B10	浙江国土资源	268	0.68	—	1.8	2	120	—	—	—
B10	中国沙漠	161	0.98	43.0	5.2	26	83	0.00	0.88	9.1
B10	资源环境与工程	117	1.00	23.2	5.6	11	52	—	0.77	7.2
B10	自然资源情报	113	0.90	15.1	3.1	22	61	—	0.64	4.0
B11	Acta Geologica Sinica (English Edition)	153	0.96	76.8	5.8	21	94	0.27	0.68	≥10
B11	China Geology	60	0.87	63.0	8.1	14	38	0.08	0.48	8.2
B11	Earthquake Research Advances	33	0.89	32.3	5.3	12	24	0.12	0.88	9.8
B11	Global Geology	25	0.93	27.0	4.2	5	6	0.04	0.76	≥10
B11	Journal of Palaeogeography	32	0.89	83.5	5.3	8	26	0.41	0.81	≥10
B11	Journal of Rock Mechanics and Geotechnical Engineering	152	1.00	59.0	4.4	16	96	0.56	0.57	8.4
B11	Reviews of Geophysics and Planetary Physics	57	0.98	91.4	3.8	12	30	0.02	0.98	9.0
B11	安徽地质	83	0.99	11.6	2.9	8	28	—	0.59	8.2
B11	沉积学报	129	1.00	61.4	5.7	23	68	0.03	0.83	≥10
B11	大地构造与成矿学	79	0.96	68.7	5.9	18	39	0.01	0.92	≥10
B11	地层学杂志	34	0.83	54.3	5.8	13	23	0.03	0.82	≥10
B11	地质科技通报	215	0.96	37.9	5.1	24	96	0.02	0.81	8.2
B11	地质科学	74	1.00	54.6	5.9	19	49	0.00	0.82	≥10
B11	地质力学学报	76	0.94	86.1	6.2	19	35	0.01	0.78	9.3
B11	地质论评	166	0.92	85.7	6.0	24	91	0.01	0.80	≥10
B11	地质通报	180	0.93	47.9	6.1	26	81	0.01	0.71	≥10
B11	地质学报	272	0.96	101.3	6.2	27	97	0.03	0.88	≥10
B11	地质学刊	58	0.94	21.6	3.9	17	44	—	1.00	8.5
B11	地质与勘探	117	1.00	66.4	6.0	23	78	0.02	0.76	8.0
B11	地质与资源	94	0.90	30.0	5.3	23	48	0.00	0.68	9.6
B11	地质灾害与环境保护	69	0.95	15.1	3.8	14	42	—	0.36	6.9
B11	地质找矿论丛	63	0.98	21.3	4.4	19	43	0.00	0.46	≥10
B11	地质装备	58	0.95	11.6	3.7	17	38	—	0.29	7.0
B11	第四纪研究	138	0.97	68.5	5.5	24	65	0.08	0.96	≥10

2022年中国科技期刊来源指标按类刊名字顺索引(续)

学科代码	期刊名称	来源文献量	文献选出率	平均引文数	平均作者数	地区分布数	机构分布数	海外论文比	基金论文比	引用半衰期
B11	福建地质	36	0.90	16.5	1.4	3	15	—	0.53	≥10
B11	高校地质学报	89	0.97	41.6	5.1	14	38	0.00	0.76	≥10
B11	高原地震	49	0.98	9.1	3.9	19	27	—	0.53	8.7
B11	古地理学报	83	0.89	51.6	5.9	18	39	0.01	0.75	≥10
B11	古脊椎动物学报	18	0.95	41.0	3.9	4	7	0.17	0.89	≥10
B11	古生物学报	46	0.85	73.9	3.8	13	22	0.09	0.96	≥10
B11	贵州地质	51	0.93	21.8	4.6	7	27	—	0.75	9.1
B11	华北地质	36	0.97	53.0	5.6	5	8	—	1.00	≥10
B11	华东地质	49	0.94	36.8	5.6	9	15	—	0.98	9.3
B11	华南地质	60	0.91	44.2	6.1	10	17	—	1.00	8.9
B11	化工矿产地质	55	0.93	17.7	3.1	18	30	—	0.76	9.9
B11	吉林地质	59	1.00	9.4	3.3	5	31	—	0.24	≥10
B11	矿床地质	74	0.97	101.1	6.6	18	34	0.00	0.84	≥10
B11	矿物岩石	48	0.94	23.3	5.7	10	29	0.00	0.79	7.2
B11	山西地震	48	0.96	8.2	4.1	11	21	—	0.56	9.2
B11	陕西地质	31	0.94	12.7	4.4	1	17	—	0.61	9.3
B11	世界地质	84	0.95	30.9	4.9	16	35	0.00	0.85	9.6
B11	四川地质学报	140	0.97	11.9	3.5	20	86	—	0.36	8.2
B11	微体古生物学报	31	0.84	64.1	5.0	14	19	0.03	0.87	≥10
B11	物探化探计算技术	96	1.00	25.2	4.9	20	48	0.00	0.69	≥10
B11	物探与化探	184	1.00	24.8	4.9	24	103	0.00	0.72	9.0
B11	西北地质	109	0.96	42.8	5.5	17	60	0.01	0.65	9.5
B11	现代地质	141	0.97	41.8	6.1	27	84	—	0.79	≥10
B11	新疆地质	92	0.96	23.0	5.3	14	48	0.00	0.74	≥10
B11	岩矿测试	100	0.94	41.5	5.7	25	57	—	0.93	6.1
B11	岩石矿物学杂志	73	0.97	90.6	5.3	18	36	0.04	0.79	≥10
B11	岩石学报	225	0.97	118.2	5.8	23	56	0.06	0.88	≥10
B11	铀矿地质	109	0.92	25.5	5.2	14	28	0.00	0.57	9.1
B11	云南地质	81	1.00	10.2	3.4	12	44	—	0.33	≥10
B11	中国地质	126	0.75	83.4	7.6	24	58	0.07	0.67	9.8
B11	中国地质调查	78	1.00	25.6	5.3	19	58	0.00	0.79	8.3
B11	中国地质灾害与防治学报	93	0.97	24.3	4.9	23	66	0.01	0.82	5.9
B11	中国岩溶	90	0.99	38.5	5.3	18	54	0.01	0.80	9.2

学科代码	期刊名称	来源文献量	文献选出率	平均引文数	平均作者数	地区分布数	机构分布数	海外论文比	基金论文比	引用半衰期
B12	Acta Oceanologica Sinica	174	0.99	50.3	5.5	17	76	0.22	0.82	≥10
B12	China Ocean Engineering	86	0.96	34.1	4.5	13	42	0.23	0.87	8.5
B12	Journal of Ocean University of China	160	0.98	42.5	5.9	16	69	0.11	0.77	9.8
B12	Journal of Oceanology and Limnology	179	0.99	56.2	5.8	20	72	0.12	0.81	≥10
B12	Marine Science Bulletin	13	1.00	24.4	4.5	3	6	—	0.31	9.2
B12	城市与环境研究	36	0.90	29.1	2.0	7	28	0.03	0.75	8.0
B12	海岸工程	41	0.91	40.6	4.6	8	25	—	0.80	8.9
B12	海洋地质前沿	115	0.97	34.9	5.5	15	44	0.00	0.68	≥10
B12	海洋地质与第四纪地质	110	0.96	51.5	6.3	17	48	0.02	0.80	≥10
B12	海洋工程	104	0.98	21.4	4.5	17	43	0.01	0.88	8.6
B12	海洋工程装备与技术	50	0.93	11.5	4.1	7	16	—	0.42	5.8
B12	海洋湖沼通报	137	0.96	27.3	4.7	18	56	0.00	0.81	≥10
B12	海洋技术学报	81	0.93	21.8	3.6	14	53	0.00	0.64	8.0
B12	海洋经济	74	0.99	20.2	2.7	10	24	—	0.51	4.6
B12	海洋开发与管理	194	0.99	22.5	4.0	14	85	—	0.88	5.9
B12	海洋科学	192	1.00	38.4	5.4	14	65	0.01	0.90	9.5
B12	海洋科学进展	63	0.94	52.3	5.1	12	36	0.05	0.73	≥10
B12	海洋通报	76	0.99	33.1	4.6	12	35	0.03	0.84	8.3
B12	海洋信息技术与应用	32	0.97	16.2	4.5	12	21	—	0.41	6.2
B12	海洋学报（中文版）	177	0.95	37.8	5.4	19	75	0.01	0.86	≥10
B12	海洋学研究	44	0.88	31.6	4.8	13	26	0.00	0.89	≥10
B12	海洋与湖沼	154	0.98	38.6	5.6	18	58	0.01	0.90	9.6
B12	海洋预报	66	0.97	23.3	4.3	12	36	0.00	0.85	≥10
B12	湖泊科学	170	0.97	50.6	6.1	28	102	0.03	0.91	8.1
B12	极地研究	47	0.87	39.7	4.3	11	29	0.02	0.83	8.6
B12	热带海洋学报	109	0.97	39.8	5.1	11	45	0.03	0.90	9.8
B12	水文	108	0.96	18.0	4.4	27	69	0.00	0.84	7.8
B12	水文地质工程地质	137	0.96	27.6	5.2	26	73	0.00	0.91	7.9
B12	亚太安全与海洋研究	41	1.00	58.4	1.0	12	29	0.02	0.85	≥10
B12	盐湖研究	55	0.95	30.8	5.5	13	23	0.00	0.91	≥10
B12	应用海洋学学报	79	0.93	36.6	5.3	15	41	0.01	0.81	9.6
B13	Acta Biochimica et Biophysica Sinica	199	1.00	50.7	7.6	25	143	0.07	0.88	6.8
B13	Biomedical and Environmental Sciences	145	0.99	25.2	8.8	18	93	0.05	0.86	5.3

2022年中国科技期刊来源指标按类刊名字顺索引(续)

学科代码	期刊名称	来源文献量	文献选出率	平均引文数	平均作者数	地区分布数	机构分布数	海外论文比	基金论文比	引用半衰期
B13	Cell Research	148	0.99	34.9	10.7	12	115	0.51	0.49	6.1
B13	Genomics, Proteomics & Bioinformatics	92	0.97	60.4	10.4	17	74	0.37	0.67	7.1
B13	Journal of Molecular Cell Biology	82	0.93	51.8	8.8	15	71	0.39	0.65	6.6
B13	Journal of Zhejiang University Science B: Biomedicine & Biotechnology	85	0.89	62.8	7.0	23	64	0.12	0.68	5.8
B13	mLife	42	0.98	58.1	7.6	9	29	0.21	0.90	7.1
B13	Protein & Cell	74	1.00	61.4	10.2	12	56	0.34	0.65	7.5
B13	Science China (Life Sciences)	203	0.99	68.6	10.2	22	126	0.16	0.69	7.0
B13	工业微生物	52	1.00	26.3	4.4	10	24	—	0.54	5.2
B13	化石	53	0.76	0.1	1.5	12	21	—	0.04	—
B13	基因组学与应用生物学	214	0.95	33.4	5.7	30	102	0.01	0.95	7.1
B13	激光生物学报	73	0.99	31.4	5.8	20	42	0.00	0.84	6.1
B13	热带生物学报	86	0.91	32.4	5.5	9	25	0.00	0.83	8.4
B13	人类学学报	92	0.96	48.0	4.0	22	44	0.08	0.85	≥10
B13	生理科学进展	87	0.85	29.8	3.4	22	65	0.02	0.87	4.4
B13	生理学报	102	0.94	53.8	5.0	25	85	0.03	0.07	6.7
B13	生命的化学	291	0.98	45.8	4.3	28	186	0.00	0.74	4.4
B13	生命科学	164	0.89	74.2	3.8	24	107	0.00	0.91	5.4
B13	生命科学研究	75	0.99	40.2	4.5	20	52	0.00	0.81	6.7
B13	生物安全学报	53	0.93	33.2	6.4	20	37	0.02	0.75	8.3
B13	生物多样性	234	0.93	56.0	5.5	30	110	0.04	0.68	7.1
B13	生物化工	274	0.99	14.0	3.3	30	219	0.00	0.45	5.9
B13	生物化学与生物物理进展	217	0.97	59.1	5.2	25	132	0.02	0.82	6.9
B13	生物技术	126	1.00	30.0	4.7	25	97	0.00	0.58	4.3
B13	生物技术进展	121	0.95	44.8	4.8	24	81	0.01	0.60	6.6
B13	生物信息学	33	1.00	33.6	4.3	16	30	0.00	0.58	6.4
B13	生物学通报	205	0.97	6.7	2.2	25	166	—	0.45	6.6
B13	生物学杂志	143	1.00	28.8	4.8	29	97	0.00	0.87	6.6
B13	生物资源	72	0.92	32.2	5.2	26	55	0.00	0.58	6.9
B13	水生生物学报	212	0.98	39.4	6.3	25	80	0.00	0.89	9.9
B13	四川生理科学杂志	749	1.00	10.0	2.6	17	429	—	0.13	2.4
B13	遗传	98	0.86	60.4	5.2	22	68	0.01	0.90	8.0
B13	中国科学（生命科学）	149	0.83	83.7	5.2	19	70	0.03	0.69	7.2

学科代码	期刊名称	来源文献量	文献选出率	平均引文数	平均作者数	地区分布数	机构分布数	海外论文比	基金论文比	引用半衰期
B13	中国生物化学与分子生物学报	187	0.98	44.7	4.5	28	129	0.01	0.84	5.7
B13	中国细胞生物学学报	263	0.99	54.7	4.6	28	144	0.00	0.81	5.9
B13	中国野生植物资源	190	0.94	30.1	5.6	30	116	—	0.91	6.5
B13	中国应用生理学杂志	150	1.00	19.8	5.7	28	104	0.00	0.79	4.8
B13	中学生物教学	1088	0.97	3.6	1.6	30	794	—	0.33	3.7
B13	蛛形学报	28	0.97	6.6	2.9	10	13	0.07	0.75	≥10
B14	陆地生态系统与保护学报	65	0.96	49.9	5.7	12	19	—	0.98	7.4
B14	生态毒理学报	252	1.00	52.7	5.6	27	158	0.01	0.83	6.5
B14	生态环境学报	258	0.96	45.3	5.7	31	176	0.01	0.88	6.3
B14	生态科学	180	1.00	39.0	4.7	27	118	0.00	0.91	8.3
B14	生态文化	90	0.53	0.1	1.3	15	40	—	—	—
B14	生态学报	876	1.00	48.1	5.6	31	290	0.02	0.87	7.4
B14	生态学杂志	295	1.00	41.4	5.7	31	152	0.02	0.86	7.6
B14	水生态学杂志	108	1.00	31.5	5.8	26	71	0.00	0.79	≥10
B14	野生动物学报	164	0.98	25.6	6.1	29	97	—	0.90	8.0
B14	应用生态学报	403	0.99	42.1	5.7	30	158	0.02	0.92	7.4
B14	中国微生态学杂志	281	0.96	24.6	4.7	29	209	0.01	0.52	4.6
B14	自然保护地	50	0.91	30.9	4.1	14	39	0.02	0.70	6.0
B15	Journal of Integrative Plant Biology	161	0.99	82.4	8.3	23	81	0.30	0.78	8.7
B15	Journal of Plant Ecology	108	0.97	57.7	6.4	24	76	0.19	0.94	9.3
B15	Journal of Systematics and Evolution	92	1.00	84.1	6.4	17	64	0.71	0.62	≥10
B15	Molecular Plant	184	0.96	53.2	9.0	17	119	0.64	0.64	7.9
B15	Plant Diversity	61	0.91	62.2	6.3	15	36	0.43	0.79	≥10
B15	Plant Phenomics	28	1.00	59.6	7.0	8	23	0.43	—	4.3
B15	广西植物	221	0.98	36.1	5.5	31	114	0.00	0.93	9.0
B15	热带亚热带植物学报	101	0.99	39.2	5.7	19	55	0.01	0.87	9.8
B15	西北植物学报	231	0.98	35.9	5.1	29	113	0.03	0.87	8.3
B15	植物科学学报	88	0.98	39.9	5.5	23	60	0.00	0.84	7.6
B15	植物生理学报	224	0.99	41.4	6.0	30	115	0.00	0.89	7.8
B15	植物生态学报	134	0.99	54.6	5.8	28	67	0.02	0.96	8.1
B15	植物学报	79	0.74	54.5	5.4	23	51	0.01	0.80	7.5
B15	植物研究	117	1.00	31.7	5.4	27	61	0.01	0.79	9.5
B16	Asian Herpetological Research	25	1.00	53.6	6.4	11	15	0.08	0.92	9.5

学科代码	期刊名称	来源文献量	文献选出率	平均引文数	平均作者数	地区分布数	机构分布数	海外论文比	基金论文比	引用半衰期
B16	Avian Research	62	0.98	64.1	6.1	17	49	0.39	0.92	≥10
B16	Current Zoology	76	1.00	68.1	4.9	9	64	0.75	0.93	≥10
B16	Entomotaxonomia	36	0.86	18.3	3.3	15	23	0.03	0.86	≥10
B16	Insect Science	133	1.00	58.3	6.2	18	82	0.45	0.59	≥10
B16	Zoological Research	118	1.00	48.2	8.5	23	74	0.28	0.81	7.9
B16	Zoological Systematics	26	0.87	32.0	7.0	15	21	0.08	0.81	≥10
B16	动物学杂志	99	0.84	33.2	6.1	28	72	0.02	0.66	≥10
B16	昆虫学报	167	1.00	40.7	6.4	26	71	0.01	0.92	9.4
B16	实验动物科学	97	0.99	20.6	5.9	20	64	0.00	0.61	7.0
B16	兽类学报	76	0.90	57.4	6.1	23	50	0.04	0.75	9.8
B16	四川动物	80	0.75	46.0	6.0	23	47	0.00	0.53	9.9
B16	应用昆虫学报	150	0.99	38.1	5.9	29	84	0.00	0.85	8.9
B16	中国实验动物学报	145	0.94	39.3	6.0	25	99	0.00	0.80	5.8
B17	Virologica Sinica	119	1.00	39.6	10.2	23	83	0.09	0.74	6.0
B17	病毒学报	178	0.97	33.7	6.4	30	117	0.01	0.69	6.5
B17	国际病毒学杂志	107	0.94	18.1	6.7	18	69	0.00	0.48	3.3
B17	菌物学报	172	0.93	44.2	5.6	29	92	0.02	0.84	7.8
B17	菌物研究	34	0.92	46.7	4.3	9	12	0.00	0.91	8.7
B17	微生物学报	363	0.97	47.5	6.0	31	192	0.01	0.89	7.0
B17	微生物学免疫学进展	93	0.90	30.3	4.2	20	44	0.00	0.56	4.9
B17	微生物学通报	410	0.97	40.1	5.7	30	219	0.00	0.82	6.4
B17	微生物学杂志	95	0.95	35.9	5.8	26	73	0.00	0.81	5.7
B17	中国病毒病杂志	70	0.88	25.3	5.8	19	46	0.00	0.59	4.1
B17	中国病原生物学杂志	318	0.99	24.2	5.5	28	199	0.00	0.66	5.8
B17	中华实验和临床病毒学杂志	128	0.92	25.3	7.8	26	78	0.02	0.73	5.5
B18	心理发展与教育	100	1.00	56.6	4.0	27	55	0.02	0.89	≥10
B18	心理技术与应用	76	0.93	46.5	3.2	23	57	—	0.80	7.6
B18	心理科学	193	0.99	36.7	3.7	23	78	0.02	0.87	9.3
B18	心理科学进展	217	0.95	87.6	3.6	22	97	0.04	0.84	7.6
B18	心理学报	112	0.97	59.5	3.9	19	54	0.01	0.91	≥10
B18	心理研究	68	0.93	36.9	2.8	18	41	—	0.76	≥10
B18	心理与行为研究	120	1.00	37.0	3.8	27	64	—	0.92	8.1
B18	应用心理学	52	1.00	46.7	3.8	16	35	—	0.87	6.9

学科代码	期刊名称	来源文献量	文献选出率	平均引文数	平均作者数	地区分布数	机构分布数	海外论文比	基金论文比	引用半衰期
B18	中国临床心理学杂志	289	1.00	32.2	4.3	26	134	0.02	0.75	8.9
B18	中国心理卫生杂志	178	0.94	30.2	5.7	27	116	0.05	0.61	7.4
B18	中小学心理健康教育	798	0.98	5.4	1.4	29	595	—	0.13	7.0
C01	Agricultural Science & Technology	32	1.00	19.5	5.2	13	28	—	0.84	6.0
C01	Journal of Integrative Agriculture	293	1.00	54.4	7.7	27	98	0.15	0.89	9.6
C01	北方农业学报	101	0.99	29.0	6.1	20	53	0.00	0.68	7.1
C01	大豆科技	65	1.00	13.9	6.4	17	40	—	0.78	6.1
C01	东北农业科学	203	0.97	22.5	5.9	29	101	0.00	0.81	8.8
C01	福建农业学报	197	1.00	30.0	6.2	25	90	0.01	0.89	7.3
C01	甘肃农业	322	0.71	5.3	1.7	28	243	—	0.29	2.8
C01	干旱地区农业研究	183	0.98	32.8	6.2	24	81	0.00	0.85	7.1
C01	高等农业教育	109	1.00	10.7	3.1	23	47	—	0.83	3.5
C01	高原农业	82	1.00	21.0	3.9	8	19	—	0.88	6.1
C01	古今农业	57	1.00	37.6	1.7	15	30	—	0.53	≥10
C01	广东农业科学	227	0.95	35.8	5.8	24	92	0.01	0.80	5.5
C01	广西农学报	103	0.91	13.8	3.4	15	65	—	0.82	5.4
C01	贵州农业科学	238	0.98	23.0	6.0	25	153	0.00	0.80	7.7
C01	河北农业	433	0.80	1.7	2.0	24	288	0.00	0.10	2.8
C01	河北农业科学	128	1.00	25.7	4.8	22	61	—	0.97	5.6
C01	河南农业	1125	0.93	3.0	1.9	30	704	0.00	0.23	2.6
C01	河南农业科学	233	0.98	33.4	6.5	28	117	0.00	0.89	5.5
C01	核农学报	277	0.68	35.1	6.0	31	122	0.00	0.86	6.0
C01	黑龙江农业科学	295	0.96	22.3	5.5	24	94	—	0.93	6.8
C01	湖北农业科学	1059	1.00	20.0	4.3	31	458	0.00	0.69	6.7
C01	湖南农业	368	0.61	—	1.5	7	192	—	0.00	—
C01	湖南农业科学	286	0.96	17.9	5.3	27	184	—	0.83	6.2
C01	湖南生态科学学报	58	0.94	29.3	4.8	14	45	—	0.97	6.7
C01	华北农学报	162	1.00	32.0	7.0	27	80	0.00	0.86	7.1
C01	江苏农业科学	954	1.00	29.2	5.7	31	369	0.00	0.88	6.7
C01	江苏农业学报	198	1.00	37.6	6.5	26	96	0.01	0.90	6.6
C01	江西农业学报	457	0.99	24.7	5.4	28	247	0.00	0.76	6.7
C01	辽宁农业科学	131	1.00	15.5	4.5	14	46	0.02	0.79	7.3
C01	南方农业学报	370	1.00	35.4	6.8	28	143	0.02	0.95	6.0

学科代码	期刊名称	来源文献量	文献选出率	平均引文数	平均作者数	地区分布数	机构分布数	海外论文比	基金论文比	引用半衰期
C01	宁夏农林科技	183	0.68	11.5	4.1	18	99	—	0.55	6.4
C01	农产品质量与安全	98	0.96	22.9	4.9	20	58	0.02	0.54	4.1
C01	农村·农业·农民B	268	0.95	5.6	1.6	29	174	—	0.41	3.0
C01	农村科技	129	0.98	1.6	3.4	2	76	—	0.36	6.4
C01	农村实用技术	696	0.97	5.5	1.6	31	529	—	0.14	2.6
C01	农电管理	409	0.91	0.6	1.9	30	260	0.00	—	2.7
C01	农技服务	404	0.97	7.9	4.1	28	272	—	0.58	6.0
C01	农学学报	202	1.00	29.7	5.3	29	144	0.00	0.68	7.4
C01	农业大数据学报	68	1.00	20.0	5.0	15	32	—	0.91	6.2
C01	农业科技管理	146	0.99	14.0	4.0	20	51	0.01	0.51	3.2
C01	农业科技通讯	1021	1.00	7.1	4.7	30	639	—	0.49	5.7
C01	农业科技与信息	888	0.98	5.9	1.8	29	472	—	0.14	3.3
C01	农业科学研究	66	0.92	20.2	4.3	12	25	—	0.86	5.4
C01	农业生物技术学报	222	1.00	37.3	6.8	29	97	0.00	0.93	7.5
C01	农业与技术	1022	0.98	12.2	3.2	31	570	—	0.55	5.3
C01	农业灾害研究	763	0.99	7.5	2.5	29	606	0.00	0.19	5.4
C01	青海农技推广	88	0.94	3.4	1.8	8	51	—	0.05	5.5
C01	青海农林科技	88	0.98	17.8	3.0	11	37	—	0.67	6.8
C01	热带农业科学	260	0.97	22.1	4.7	20	128	0.00	0.63	6.8
C01	山地农业生物学报	81	0.95	31.2	5.2	11	35	0.00	0.84	7.4
C01	山东农业科学	283	1.00	30.3	6.8	25	104	0.00	0.94	7.3
C01	山西农业科学	231	0.95	29.7	4.9	18	62	0.01	0.78	6.7
C01	陕西农业科学	285	0.99	15.9	4.8	20	151	0.00	0.43	7.8
C01	上海农业科技	327	1.00	4.7	3.8	10	212	—	0.34	5.9
C01	上海农业学报	132	1.00	25.5	5.8	12	32	0.01	0.87	8.2
C01	世界农业	157	0.81	25.2	2.3	25	79	0.11	0.69	4.7
C01	世界竹藤通讯	115	0.73	14.3	3.9	18	67	—	0.76	7.9
C01	四川农业科技	378	0.96	8.7	4.9	15	196	—	0.51	5.0
C01	特产研究	157	0.97	25.6	5.8	19	62	0.00	0.68	6.3
C01	天津农林科技	109	0.99	6.3	3.0	10	42	—	0.32	5.9
C01	天津农业科学	195	0.93	21.7	4.7	30	116	—	0.82	6.2
C01	西北农业学报	179	0.99	29.6	6.1	28	83	0.00	0.84	7.7
C01	西南农业学报	367	1.00	31.0	6.6	31	170	0.01	0.91	7.0

2022 年中国科技期刊来源指标按类刊名字顺索引(续)

学科代码	期刊名称	来源文献量	文献选出率	平均引文数	平均作者数	地区分布数	机构分布数	海外论文比	基金论文比	引用半衰期
C01	西藏农业科技	100	0.97	10.9	3.6	9	38	—	0.60	6.2
C01	现代农村科技	1126	0.99	2.5	1.9	30	675	—	0.18	3.8
C01	现代农业	181	0.97	10.0	3.6	26	132	0.01	0.59	3.9
C01	现代农业科技	1469	1.00	11.4	4.0	31	1132	—	0.46	5.8
C01	现代农业研究	550	0.99	7.4	2.1	31	389	0.00	0.35	3.0
C01	乡村科技	1003	0.87	8.7	1.9	31	800	0.00	0.26	3.7
C01	乡村论丛	107	0.96	12.0	1.7	27	91	—	0.46	4.1
C01	新疆农业科技	107	1.00	5.5	3.3	4	69	—	0.31	5.0
C01	新疆农业科学	355	1.00	25.9	6.4	14	59	0.00	0.77	8.2
C01	新农业	1619	0.97	0.0	1.6	31	1015	—	0.08	4.3
C01	云南农业	278	0.56	1.0	2.4	4	232	—	0.03	5.1
C01	云南农业科技	139	0.99	3.9	4.0	8	113	—	0.20	5.7
C01	浙江农业科学	713	1.00	15.8	5.0	26	400	0.00	0.75	6.1
C01	浙江农业学报	289	0.99	30.3	5.9	30	130	0.00	0.85	7.0
C01	智慧农业（中英文）	52	0.96	45.6	6.2	13	23	0.10	0.81	3.7
C01	智慧农业导刊	1014	0.98	6.7	2.0	30	776	0.00	0.28	2.9
C01	中国农村科技	168	0.61	—	1.9	26	129	—	0.05	—
C01	中国农技推广	390	0.92	3.5	3.6	29	305	0.00	0.18	4.7
C01	中国农民合作社	226	0.61	0.0	1.7	26	163	—	0.12	≥10
C01	中国农史	76	0.97	85.5	1.8	18	50	0.01	0.74	≥10
C01	中国农学通报	850	0.96	33.2	5.7	31	408	0.00	0.76	7.4
C01	中国农业科技导报	266	0.96	34.9	5.9	30	121	0.00	0.79	6.6
C01	中国农业科学	382	1.00	42.5	7.4	28	98	0.01	0.95	7.5
C01	中国农业气象	83	0.50	34.6	5.4	24	49	0.01	0.84	7.4
C01	中国农业信息	49	0.89	22.0	5.5	16	29	—	0.94	3.8
C01	中国农业资源与区划	314	0.72	30.1	3.6	30	128	0.01	0.88	5.8
C01	中国热带农业	66	0.86	17.4	5.6	10	34	0.00	0.67	6.0
C01	中国生态农业学报（中英文）	185	0.95	45.1	5.7	26	73	0.02	0.95	7.1
C02	Journal of Northeast Agricultural University (English Edition)	36	0.92	32.8	6.4	7	9	—	0.94	8.9
C02	安徽农业大学学报	148	0.96	30.3	5.8	26	66	0.00	0.80	7.2
C02	北京林业大学学报	185	0.95	37.9	5.3	21	37	0.01	0.78	8.1
C02	北京农学院学报	87	0.96	19.9	5.6	5	12	—	0.93	5.2

2022年中国科技期刊来源指标按类刊名字顺索引(续)

学科代码	期刊名称	来源文献量	文献选出率	平均引文数	平均作者数	地区分布数	机构分布数	海外论文比	基金论文比	引用半衰期
C02	东北林业大学学报	258	0.97	28.1	5.1	29	92	0.01	0.78	7.6
C02	东北农业大学学报	123	0.99	27.0	6.2	24	41	0.00	0.95	6.4
C02	福建农林大学学报(自然科学版)	115	0.99	32.1	6.0	17	37	0.02	0.82	7.8
C02	甘肃农业大学学报	157	0.97	30.7	5.3	19	73	0.01	0.78	6.9
C02	河北农业大学学报	104	0.97	27.1	5.8	10	17	0.00	0.90	6.3
C02	河南农业大学学报	112	0.97	35.3	6.3	17	26	0.01	0.91	5.4
C02	黑龙江八一农垦大学学报	116	0.96	26.9	5.2	12	19	—	0.86	5.9
C02	湖南农业大学学报(自然科学版)	111	1.00	24.1	6.0	17	47	0.00	0.93	7.0
C02	华南农业大学学报	90	0.93	40.7	5.6	16	29	0.01	0.96	6.3
C02	华中农业大学学报	186	0.99	33.4	5.4	17	46	0.01	0.94	6.3
C02	吉林农业大学学报	99	0.95	31.2	5.4	8	16	0.00	0.93	8.2
C02	吉林农业科技学院学报	176	0.97	8.9	2.0	19	96	—	0.95	2.7
C02	江西农业大学学报	156	1.00	31.6	6.4	25	53	0.00	0.99	6.7
C02	南京林业大学学报(自然科学版)	184	0.98	41.2	5.2	22	54	0.00	0.91	7.5
C02	南京农业大学学报	135	0.96	41.1	5.9	14	21	0.01	0.94	6.9
C02	青岛农业大学学报(自然科学版)	50	1.00	24.7	5.5	6	9	—	1.00	7.3
C02	山东农业大学学报(自然科学版)	144	1.00	25.3	5.0	26	106	0.00	0.69	6.5
C02	山东农业工程学院学报	273	0.97	8.9	1.9	25	127	0.00	0.70	3.1
C02	山西农业大学学报(自然科学版)	85	0.88	31.8	6.1	17	36	0.01	0.84	5.9
C02	沈阳农业大学学报	87	0.94	33.0	6.0	13	31	0.00	0.93	6.9
C02	四川农业大学学报	123	1.00	31.7	6.3	27	51	0.01	0.80	7.4
C02	天津农学院学报	83	0.92	22.8	4.4	4	9	—	0.95	6.6
C02	西北林学院学报	223	0.98	30.0	5.0	29	102	0.00	0.83	7.4
C02	西北农林科技大学学报(自然科学版)	199	0.92	33.4	5.9	28	84	0.00	0.90	7.2
C02	西南林业大学学报	234	0.95	27.7	4.3	27	78	0.01	0.73	7.2
C02	新疆农业大学学报	68	1.00	32.9	5.2	3	6	—	0.97	6.3
C02	信阳农林学院学报	134	1.00	10.9	2.4	17	67	—	0.68	5.6
C02	延边大学农学学报	57	0.95	27.9	4.7	5	13	—	1.00	6.2
C02	扬州大学学报(农业与生命科学版)	111	1.00	25.9	6.5	17	37	0.00	0.94	6.6
C02	云南农业大学学报(自然科学)	134	0.96	30.4	6.2	22	58	—	1.00	6.5
C02	浙江大学学报(农业与生命科学版)	85	0.89	33.5	5.6	15	28	0.04	0.93	7.4
C02	浙江农林大学学报	155	0.99	32.4	5.7	22	51	0.00	0.90	7.9
C02	中国农业大学学报	311	0.96	36.3	5.6	30	107	0.01	0.88	6.6

学科代码	期刊名称	来源文献量	文献选出率	平均引文数	平均作者数	地区分布数	机构分布数	海外论文比	基金论文比	引用半衰期
C02	中南林业科技大学学报	240	1.00	33.0	5.3	26	78	0.00	0.95	6.8
C02	仲恺农业工程学院学报	43	1.00	28.4	6.1	2	4	—	0.88	6.0
C03	Oil Crop Science	28	1.00	47.0	6.6	9	21	0.18	0.82	7.4
C03	Rice Science	55	0.90	59.8	7.4	9	44	0.45	0.55	7.7
C03	The Crop Journal	176	0.97	59.7	9.2	22	86	0.26	0.81	8.6
C03	北方水稻	112	1.00	10.2	6.0	12	45	0.00	0.46	8.5
C03	茶叶	55	0.83	12.3	3.5	12	39	—	0.47	5.9
C03	大豆科学	100	0.95	26.1	6.3	23	62	0.00	0.80	7.6
C03	大麦与谷类科学	78	0.96	15.5	6.2	16	51	—	0.81	6.4
C03	分子植物育种	977	0.97	22.9	5.5	31	361	0.00	0.81	8.2
C03	福建茶叶	995	0.99	6.4	1.4	30	480	0.00	0.26	2.8
C03	福建稻麦科技	94	0.92	4.4	2.3	4	63	—	0.34	5.6
C03	福建热作科技	84	0.95	9.4	2.8	4	66	—	0.44	7.6
C03	甘蔗糖业	76	0.89	17.1	6.1	10	41	0.01	0.59	6.7
C03	耕作与栽培	266	0.99	11.7	4.8	26	180	—	0.63	7.2
C03	广西糖业	63	0.88	9.7	3.7	8	39	—	0.43	5.7
C03	花生学报	48	1.00	25.0	7.0	15	27	0.00	0.85	6.2
C03	麦类作物学报	174	0.83	32.3	7.0	20	74	0.00	0.86	8.6
C03	棉花科学	67	0.93	12.9	5.0	9	40	—	0.84	5.7
C03	棉花学报	44	0.60	46.8	7.7	11	26	0.05	0.82	8.0
C03	农业研究与应用	84	0.98	21.9	5.5	14	44	—	0.81	6.4
C03	热带农业科技	45	0.98	15.0	4.6	9	27	0.02	0.73	6.8
C03	热带作物学报	285	1.00	30.6	6.2	24	88	0.01	0.84	7.5
C03	世界热带农业信息	488	0.95	2.0	1.4	29	394	—	0.02	2.0
C03	特种经济动植物	684	0.98	5.6	2.4	31	556	—	0.17	4.7
C03	亚热带农业研究	45	0.94	29.9	4.4	8	27	0.00	0.76	5.8
C03	玉米科学	150	0.99	25.3	7.2	22	61	0.01	0.81	8.1
C03	杂交水稻	193	0.92	11.3	6.9	22	111	0.00	0.81	8.2
C03	植物遗传资源学报	172	0.93	38.5	7.8	27	85	0.01	0.81	7.7
C03	中国茶叶	151	0.87	19.5	4.1	20	101	0.01	0.70	5.9
C03	中国稻米	143	0.84	26.9	6.2	24	82	0.00	0.71	7.7
C03	中国麻业科学	47	0.94	28.9	5.9	13	20	0.00	0.72	6.4
C03	中国马铃薯	74	0.95	27.2	6.1	16	51	—	0.93	6.9

学科代码	期刊名称	来源文献量	文献选出率	平均引文数	平均作者数	地区分布数	机构分布数	海外论文比	基金论文比	引用半衰期
C03	中国棉花	141	0.90	11.3	6.4	16	61	0.00	0.70	5.0
C03	中国水稻科学	62	0.98	46.2	8.0	13	32	0.02	0.92	8.6
C03	中国糖料	57	1.00	27.1	6.1	15	26	—	0.98	5.3
C03	中国油料作物学报	151	1.00	35.8	7.1	24	70	0.01	0.87	8.2
C03	中国种业	547	1.00	8.3	5.8	30	317	—	0.65	4.7
C03	种业导刊	72	0.92	9.0	3.5	16	61		0.43	4.4
C03	种子	283	0.99	23.6	6.0	30	167	0.01	0.81	7.8
C03	种子科技	1132	0.96	7.5	1.9	31	889	—	0.09	2.9
C03	作物学报	271	0.97	41.8	7.8	28	88	0.02	0.94	8.6
C03	作物研究	108	0.96	22.1	6.5	18	65	0.00	0.65	6.8
C03	作物杂志	210	0.98	32.6	6.7	27	101	0.01	0.80	7.7
C04	Horticultural Plant Journal	70	1.00	59.1	6.8	16	42	0.16	0.76	9.2
C04	Horticulture Research	301	1.00	69.1	9.2	25	164	0.44	0.61	7.8
C04	Journal of Cotton Research	27	1.00	60.2	8.2	6	14	0.22	0.93	8.3
C04	北方果树	142	0.95	5.8	3.4	19	92	—	0.39	7.3
C04	北方园艺	563	0.96	23.7	5.0	29	285	—	0.95	6.2
C04	茶叶科学	73	0.99	39.8	6.5	13	30	0.00	0.81	6.0
C04	茶叶通讯	77	1.00	26.9	5.4	19	56	—	0.96	5.6
C04	长江蔬菜	609	0.99	5.6	4.6	29	365		0.44	6.3
C04	东南园艺	87	0.94	15.9	3.4	9	55	—	0.76	7.5
C04	广东园林	120	0.90	17.1	2.3	15	75	0.01	0.55	6.2
C04	果农之友	357	0.98	1.9	2.8	25	257	—	0.12	3.3
C04	果树学报	263	0.99	29.7	6.7	28	96	0.00	0.84	7.6
C04	果树资源学报	164	0.97	7.0	3.6	18	112	—	0.34	6.8
C04	河北果树	147	0.97	3.3	3.0	14	89		0.24	8.6
C04	花卉	839	0.79	5.7	1.4	30	588	0.00	0.02	2.3
C04	辣椒杂志	42	1.00	14.4	6.2	12	29	—	0.90	4.2
C04	林业与生态科学	64	0.98	25.9	4.8	8	18	0.00	0.55	6.7
C04	落叶果树	179	0.98	6.8	4.2	22	126	0.01	0.47	6.1
C04	南方园艺	103	1.00	10.6	5.1	12	58	—	0.72	7.2
C04	人参研究	101	1.00	18.5	5.0	15	42	—	0.76	6.2
C04	上海蔬菜	201	1.00	3.5	3.5	18	151		0.43	5.1
C04	食用菌	148	0.92	11.8	5.5	25	115	—	0.80	6.0

学科代码	期刊名称	来源文献量	文献选出率	平均引文数	平均作者数	地区分布数	机构分布数	海外论文比	基金论文比	引用半衰期
C04	食用菌学报	72	1.00	30.1	6.3	20	38	0.00	0.88	6.1
C04	蔬菜	242	0.95	8.6	4.2	26	151	—	0.61	5.6
C04	亚热带植物科学	71	0.92	26.1	5.0	14	48	—	0.96	7.5
C04	烟草科技	170	0.99	24.0	8.1	19	62	0.00	0.82	7.5
C04	烟台果树	105	0.95	3.9	4.0	15	68	—	0.24	5.6
C04	园艺学报	263	0.99	38.4	6.5	28	100	0.01	0.90	8.3
C04	园艺与种苗	453	0.97	8.7	3.6	29	293	—	0.42	5.9
C04	浙江柑橘	49	1.00	7.9	4.7	6	36	—	0.51	6.5
C04	中国瓜菜	297	0.99	20.7	4.9	29	173	—	0.82	6.1
C04	中国果菜	173	0.95	25.4	5.2	27	111	—	0.89	5.1
C04	中国果树	277	0.59	21.8	5.5	28	143	0.00	0.73	6.8
C04	中国南方果树	260	0.98	18.3	6.1	22	126	0.00	0.69	7.9
C04	中国食用菌	197	0.96	23.4	5.8	28	130	—	0.98	6.7
C04	中国蔬菜	228	0.80	20.4	5.9	30	116	0.01	0.79	6.8
C04	中国烟草科学	87	0.99	24.4	8.9	18	47	0.02	0.69	6.5
C04	中国烟草学报	92	0.94	26.0	7.9	19	52	0.01	0.71	7.6
C05	Journal of Bioresources and Bioproducts	32	0.91	47.5	4.4	4	22	0.62	0.72	5.0
C05	Pedosphere	80	0.94	78.2	5.8	15	63	0.69	0.36	9.2
C05	Soil Ecology Letters	41	1.00	64.0	5.9	13	31	0.20	0.95	7.6
C05	肥料与健康	105	0.99	10.1	3.7	23	70	—	0.28	6.5
C05	土壤	162	0.99	35.6	5.9	27	87	0.01	0.91	7.0
C05	土壤通报	167	0.97	38.2	5.8	30	112	0.01	0.86	7.0
C05	土壤学报	149	0.97	45.8	5.9	22	60	0.02	0.93	7.9
C05	土壤与作物	48	1.00	43.5	5.9	14	25	0.02	0.81	7.8
C05	植物医学	97	0.94	25.9	5.5	22	64	—	0.63	6.1
C05	植物营养与肥料学报	205	0.94	42.7	7.2	29	79	0.01	0.88	7.1
C05	中国土地科学	156	0.98	37.4	3.5	23	68	0.01	0.93	4.4
C05	中国土壤与肥料	365	0.98	35.4	6.2	29	154	0.00	0.84	7.4
C06	广西植保	30	0.97	18.3	4.2	10	27	—	0.33	≥10
C06	湖北植保	161	0.96	5.2	4.3	17	124	—	0.17	4.9
C06	环境昆虫学报	175	0.99	34.8	6.1	28	97	0.02	0.83	≥10
C06	农药	203	0.97	21.2	5.9	29	128	0.00	0.60	5.8
C06	农药科学与管理	96	0.74	10.4	4.5	21	60	0.00	0.14	5.7

2022 年中国科技期刊来源指标按类刊名字顺索引(续)

学科代码	期刊名称	来源文献量	文献选出率	平均引文数	平均作者数	地区分布数	机构分布数	海外论文比	基金论文比	引用半衰期
C06	农药学学报	158	0.93	40.3	6.1	27	66	0.00	0.80	6.2
C06	生物灾害科学	79	0.96	27.8	5.4	22	47	—	0.87	6.1
C06	世界农药	110	0.89	13.5	3.7	20	71	—	0.23	6.9
C06	现代农药	85	0.94	24.7	5.4	21	61	0.00	0.47	5.9
C06	杂草学报	42	0.98	26.3	6.0	16	34	0.00	0.69	6.8
C06	植物保护	298	0.98	30.6	6.5	30	116	0.01	0.86	8.3
C06	植物保护学报	195	0.98	47.4	5.6	30	75	0.03	0.90	8.1
C06	植物病理学报	120	0.99	25.7	6.7	21	54	0.00	0.84	8.6
C06	植物检疫	90	0.91	26.7	6.0	23	60	0.00	0.70	≥10
C06	中国生物防治学报	190	0.99	35.1	6.2	27	86	0.01	0.82	8.1
C06	中国植保导刊	282	0.95	12.3	5.8	30	190	—	0.73	6.8
C07	Forest Ecosystems	80	0.93	74.1	6.4	15	62	0.64	0.59	8.9
C07	Journal of Forestry Research	155	1.00	58.3	5.6	22	96	0.48	0.53	9.6
C07	安徽林业科技	101	0.90	7.2	2.4	14	91	—	0.21	6.9
C07	桉树科技	46	0.92	21.2	4.8	6	27	0.00	0.57	8.8
C07	防护林科技	161	0.99	12.3	3.4	23	124	—	0.59	8.6
C07	风景园林	224	0.89	36.2	2.8	17	84	0.15	0.57	7.2
C07	福建林业	68	0.57	5.0	1.9	5	52	—	0.34	≥10
C07	福建林业科技	100	0.97	17.5	3.4	15	77	0.01	0.85	9.1
C07	甘肃林业科技	62	0.95	12.0	3.4	5	31	—	0.58	≥10
C07	广西林业	193	0.69	—	1.6	2	67	—	—	—
C07	广西林业科学	130	0.96	28.0	5.1	19	61	0.00	0.77	8.0
C07	贵州林业科技	54	0.93	16.2	4.6	8	33	0.04	0.74	8.5
C07	河北林业科技	68	0.94	12.2	3.8	8	51	—	0.46	8.0
C07	河南林业科技	74	0.97	7.4	3.7	8	58	—	0.26	9.1
C07	湖北林业科技	118	0.96	15.2	4.6	20	84	—	0.65	7.1
C07	湖南林业科技	94	0.93	23.5	5.7	10	62	—	0.84	7.2
C07	吉林林业科技	69	1.00	11.2	4.2	8	46	—	0.30	8.1
C07	江苏林业科技	58	0.97	20.7	4.3	10	39	—	0.78	7.8
C07	经济林研究	120	1.00	30.1	6.5	26	58	0.00	0.87	6.1
C07	辽宁林业科技	121	0.99	15.1	2.9	12	63	—	0.45	7.8
C07	林产工业	146	1.00	30.6	4.1	22	54	0.01	0.84	5.0
C07	林区教学	349	0.97	8.2	1.5	31	222	—	0.57	4.5

学科代码	期刊名称	来源文献量	文献选出率	平均引文数	平均作者数	地区分布数	机构分布数	海外论文比	基金论文比	引用半衰期
C07	林业调查规划	204	0.97	14.9	3.7	27	107	0.00	0.38	7.5
C07	林业工程学报	164	0.98	24.7	4.8	16	37	0.01	0.91	4.7
C07	林业机械与木工设备	196	0.98	17.3	4.3	20	61	—	0.67	4.6
C07	林业建设	97	0.91	10.5	2.8	22	51	—	0.12	5.8
C07	林业勘查设计	89	0.86	6.3	2.0	16	73	—	0.06	5.4
C07	林业科技	87	0.94	14.3	4.1	22	67	0.01	0.66	8.5
C07	林业科技情报	219	1.00	12.0	1.9	27	157	—	0.22	3.9
C07	林业科技通讯	344	0.97	12.6	4.0	30	245	—	0.60	7.8
C07	林业科学	203	0.99	38.4	5.8	25	59	0.01	0.72	8.5
C07	林业科学研究	129	1.00	35.1	6.2	26	47	0.02	0.70	7.9
C07	林业与环境科学	136	0.99	24.5	6.0	14	69	—	0.91	6.9
C07	林业资源管理	128	1.00	25.2	4.5	23	64	—	0.83	6.2
C07	绿色科技	1533	0.98	18.7	3.0	31	925	0.00	0.44	5.6
C07	木材科学与技术	87	0.85	24.4	4.5	14	24	0.01	0.70	5.4
C07	南方林业科学	101	0.97	20.4	5.2	15	56	—	0.96	7.1
C07	内蒙古林业	176	0.75	—	2.7	7	90	—	0.02	—
C07	内蒙古林业科技	48	0.98	22.8	5.3	6	18	—	0.85	6.3
C07	热带林业	67	0.85	15.1	3.7	8	41	—	0.48	7.5
C07	森林防火	64	0.97	20.9	3.2	16	40	—	1.00	3.8
C07	森林工程	128	0.96	24.1	4.4	17	42	0.00	0.83	5.4
C07	森林与环境学报	80	1.00	28.2	5.1	21	37	0.00	0.73	6.7
C07	山东林业科技	134	0.95	18.4	5.2	20	84	—	0.55	6.5
C07	山西林业	122	0.81	0.1	1.1	2	55	—	—	2.2
C07	山西林业科技	95	0.96	4.8	1.6	6	43	—	0.34	5.6
C07	陕西林业科技	163	0.96	13.8	3.8	23	112	—	0.59	7.4
C07	世界林业研究	207	0.99	23.2	2.9	25	96	—	0.77	6.3
C07	四川林业科技	127	1.00	26.8	5.5	20	68	0.01	0.79	8.1
C07	温带林业研究	60	0.98	20.2	3.5	14	35	—	0.53	7.7
C07	西部林业科学	142	0.93	30.8	5.0	22	69	0.02	0.76	7.0
C07	新疆林业	91	0.79	—	1.7	3	67	—	—	—
C07	浙江林业科技	115	0.97	25.2	5.5	17	84	—	0.77	8.6
C07	中国城市林业	141	1.00	27.2	4.0	21	57	—	0.92	5.8
C07	中国林副特产	256	1.00	8.6	2.5	27	168	—	0.29	6.7

学科代码	期刊名称	来源文献量	文献选出率	平均引文数	平均作者数	地区分布数	机构分布数	海外论文比	基金论文比	引用半衰期
C07	中国林业经济	169	0.97	16.4	2.5	17	40	0.01	0.63	3.7
C07	中国森林病虫	52	0.98	36.0	4.8	16	31	0.00	0.67	≥10
C07	中国园林	283	0.96	30.6	3.1	21	81	0.05	0.80	8.4
C07	中南林业调查规划	59	1.00	12.9	3.3	9	24	—	0.17	6.6
C07	竹子学报	52	0.96	24.7	5.0	13	32	0.02	0.56	8.0
C08	Animal Nutrition	145	0.97	66.9	7.0	17	62	0.43	0.70	8.2
C08	Journal of Animal Science and Biotechnology	134	1.00	74.0	7.5	15	73	0.57	0.54	7.7
C08	北方蚕业	52	1.00	9.5	4.8	12	21	—	0.83	7.4
C08	北方牧业	384	0.65	1.4	3.2	20	196	—	0.28	5.3
C08	蚕桑茶叶通讯	78	0.93	7.9	3.5	16	59	—	0.58	4.8
C08	蚕桑通报	76	0.96	8.2	4.1	6	45	—	0.61	≥10
C08	蚕学通讯	65	0.97	7.9	3.7	15	39	—	0.86	6.2
C08	蚕业科学	71	0.96	27.9	6.0	17	31	0.00	0.89	7.5
C08	草食家畜	67	0.97	17.4	5.8	5	31	—	0.90	5.9
C08	草学	80	0.90	25.3	5.8	23	53	—	0.85	7.6
C08	草原与草业	45	0.73	22.6	4.8	7	27	—	0.73	9.8
C08	畜禽业	515	0.98	6.8	1.9	30	456	—	0.15	2.9
C08	当代畜禽养殖业	130	0.96	11.4	4.3	25	92	—	0.48	5.5
C08	动物医学进展	335	0.97	21.2	6.6	31	123	0.00	0.77	5.2
C08	动物营养学报	763	1.00	45.5	6.3	31	139	0.01	0.85	6.4
C08	福建畜牧兽医	272	0.99	5.6	2.0	10	190	—	0.17	5.9
C08	甘肃畜牧兽医	224	0.82	7.8	3.5	18	124	—	0.42	5.7
C08	广东蚕业	589	1.00	7.8	1.9	30	436	—	0.28	3.4
C08	广东饲料	113	0.71	0.9	3.4	18	76	0.01	0.35	6.9
C08	广东畜牧兽医科技	99	1.00	22.0	5.8	10	47	—	0.63	5.6
C08	广西蚕业	47	0.90	15.4	5.9	2	15	—	0.66	8.2
C08	广西畜牧兽医	112	0.95	4.6	4.1	5	75	—	0.35	5.1
C08	贵州畜牧兽医	130	1.00	9.8	5.0	15	84	—	0.77	5.6
C08	国外畜牧学—猪与禽	175	1.00	3.9	2.7	18	78	0.03	0.16	5.8
C08	河南畜牧兽医	654	0.90	0.4	2.0	25	460	—	0.04	4.9
C08	黑龙江动物繁殖	77	0.99	21.5	5.0	19	45	—	0.68	7.5
C08	湖南饲料	56	0.77	13.2	3.4	11	39	—	0.07	6.8
C08	湖南畜牧兽医	118	0.91	8.1	3.8	14	81	0.01	0.29	4.8

学科代码	期刊名称	来源文献量	文献选出率	平均引文数	平均作者数	地区分布数	机构分布数	海外论文比	基金论文比	引用半衰期
C08	吉林畜牧兽医	859	0.99	1.8	1.6	28	611	—	0.04	2.4
C08	家畜生态学报	197	0.97	28.3	6.0	30	97	0.00	0.78	7.1
C08	家禽科学	241	0.96	5.7	3.6	29	160	—	0.23	4.7
C08	江西农业	877	0.82	3.8	1.8	28	673	—	0.03	2.2
C08	江西畜牧兽医杂志	92	0.84	11.6	5.0	19	61	—	0.40	5.2
C08	今日畜牧兽医	829	1.00	4.6	1.9	30	646	—	0.08	2.9
C08	今日养猪业	194	0.88	—	2.1	23	113	0.04	0.06	—
C08	经济动物学报	52	0.98	29.4	6.4	12	15	0.00	0.85	7.6
C08	蜜蜂杂志	447	0.96	3.0	1.8	22	133	—	0.11	5.8
C08	青海畜牧兽医杂志	103	1.00	16.2	3.9	4	49	—	0.61	7.8
C08	山东畜牧兽医	286	0.99	7.9	3.2	23	184	—	0.28	4.7
C08	上海畜牧兽医通讯	108	0.93	14.7	4.6	24	67	—	0.51	5.8
C08	四川蚕业	78	0.95	6.3	4.2	11	40	—	0.42	7.0
C08	四川畜牧兽医	319	0.94	1.8	3.1	25	179	—	0.14	6.0
C08	饲料博览	103	1.00	18.9	4.2	22	85	0.01	0.41	6.2
C08	饲料工业	200	0.78	30.5	5.8	29	91	0.02	0.72	6.5
C08	饲料研究	808	1.00	32.4	5.2	31	362	0.00	0.59	4.6
C08	现代牧业	47	0.92	13.9	5.0	5	16	—	0.74	5.2
C08	现代畜牧兽医	260	0.96	23.2	4.8	28	147	—	0.53	3.8
C08	新疆畜牧业	54	0.69	11.2	3.5	2	37	—	0.30	5.2
C08	畜牧兽医科技信息	1124	0.99	4.0	1.8	31	817	—	0.10	2.6
C08	畜牧兽医学报	431	1.00	39.1	7.3	31	91	0.01	0.85	5.9
C08	畜牧兽医杂志	281	0.99	7.4	3.4	25	177	—	0.28	4.5
C08	畜牧业环境	1177	0.94	3.8	1.8	31	936	—	0.05	2.7
C08	畜牧与兽医	284	0.97	25.4	6.6	31	115	0.00	0.76	6.8
C08	畜牧与饲料科学	122	1.00	28.2	6.3	22	54	0.01	0.67	6.5
C08	养禽与禽病防治	127	0.92	11.3	4.3	17	66	—	0.42	5.5
C08	养殖与饲料	573	1.00	6.5	2.4	30	438	—	0.21	4.0
C08	养猪	222	0.97	12.2	4.7	27	127	—	0.45	5.5
C08	云南畜牧兽医	107	0.99	6.9	5.3	12	60	—	0.33	5.1
C08	浙江畜牧兽医	142	0.98	2.7	2.4	17	111	—	0.05	7.2
C08	中国蚕业	62	0.94	17.7	5.1	16	40	—	0.92	7.1
C08	中国草食动物科学	105	0.95	21.2	6.0	19	59	—	0.94	7.0

2022 年中国科技期刊来源指标按类刊名字顺索引(续)

学科代码	期刊名称	来源文献量	文献选出率	平均引文数	平均作者数	地区分布数	机构分布数	海外论文比	基金论文比	引用半衰期
C08	中国畜禽种业	1072	1.00	5.1	2.2	31	808	—	0.14	3.4
C08	中国动物保健	828	0.98	4.4	1.9	31	649	—	0.08	3.2
C08	中国动物传染病学报	192	1.00	24.2	7.2	25	99	0.00	0.80	9.2
C08	中国动物检疫	284	1.00	16.9	7.0	30	171	0.00	0.57	5.3
C08	中国蜂业	227	0.71	6.2	3.4	25	115	—	0.34	7.9
C08	中国工作犬业	204	0.63	—	2.6	29	114		0.12	—
C08	中国家禽	235	0.99	32.4	6.7	26	102	0.00	0.79	6.0
C08	中国奶牛	170	0.94	20.4	5.4	27	103	—	0.61	6.7
C08	中国牛业科学	130	0.98	18.7	6.4	22	86	0.02	0.77	6.1
C08	中国兽药杂志	148	1.00	19.5	6.9	25	69	—	0.35	6.6
C08	中国兽医科学	213	0.95	23.2	8.0	24	64	0.00	0.91	6.1
C08	中国兽医学报	379	0.98	26.6	7.3	29	88	0.00	0.87	6.2
C08	中国兽医杂志	349	1.00	16.6	5.9	31	163	—	0.74	5.3
C08	中国饲料	823	0.98	17.2	3.8	31	482	—	0.55	5.0
C08	中国畜牧兽医	504	1.00	37.6	7.0	31	136	0.01	0.80	5.7
C08	中国畜牧业	1109	0.78	—	2.0	30	786	0.00	0.04	—
C08	中国畜牧杂志	633	0.98	32.7	6.4	31	149	0.00	0.78	6.6
C08	中国养兔	92	0.94	10.6	4.6	17	52	—	0.50	5.8
C08	中国预防兽医学报	183	0.69	18.4	7.9	28	73	0.01	0.87	6.3
C08	中国猪业	144	0.78	10.1	2.9	27	121	—	0.32	3.6
C08	中兽医学杂志	400	0.99	6.8	1.5	31	364	—	0.03	2.9
C08	中兽医医药杂志	126	0.98	19.0	5.4	20	70	—	0.92	5.3
C08	猪业科学	347	0.81	0.0	3.9	28	170	0.03	0.42	—
C09	草地学报	400	1.00	40.3	6.5	27	89	0.01	0.83	7.2
C09	草业科学	261	0.90	35.6	6.0	29	106	—	0.74	7.2
C09	草业学报	229	0.97	42.7	6.1	27	80	0.00	0.90	8.0
C09	草原与草坪	115	1.00	33.8	5.4	18	40	0.01	0.75	8.0
C09	中国草地学报	161	0.99	34.4	6.0	25	62	0.01	0.80	6.9
C10	大连海洋大学学报	124	1.00	36.3	6.3	17	36	0.01	0.82	8.6
C10	淡水渔业	83	0.95	31.4	6.7	18	48	0.00	0.78	8.5
C10	广东海洋大学学报	110	0.96	32.6	5.9	13	27	0.00	0.83	6.8
C10	海洋渔业	72	1.00	36.2	5.9	12	27	0.00	0.82	8.7
C10	河北渔业	135	0.91	12.3	5.0	15	78	—	0.65	7.8

学科代码	期刊名称	来源文献量	文献选出率	平均引文数	平均作者数	地区分布数	机构分布数	海外论文比	基金论文比	引用半衰期
C10	河南水产	91	0.88	4.8	3.9	10	43	—	0.42	5.4
C10	黑龙江水产	104	0.93	9.4	2.7	23	83	—	0.12	6.9
C10	江苏海洋大学学报（自然科学版）	52	0.98	23.7	4.8	5	12	—	0.87	6.1
C10	江西水产科技	126	0.95	7.7	2.9	20	103	—	0.27	6.4
C10	科学养鱼	533	0.90	—	4.1	29	352	—	0.31	—
C10	南方水产科学	115	0.98	39.7	6.7	13	28	0.00	0.87	6.0
C10	上海海洋大学学报	157	0.99	36.4	4.9	14	24	0.01	0.84	8.6
C10	水产科技情报	60	0.86	24.5	5.3	18	47	—	0.88	8.4
C10	水产科学	128	1.00	39.6	6.4	23	54	0.02	0.88	9.9
C10	水产学报	219	0.98	40.4	6.3	21	64	0.01	0.92	8.8
C10	水产学杂志	99	0.96	35.3	5.9	24	57	—	0.96	8.6
C10	水产养殖	270	0.95	11.0	4.4	27	196	—	0.50	7.7
C10	渔业科学进展	135	0.99	36.6	6.6	17	39	0.00	0.90	8.6
C10	渔业现代化	84	0.98	34.9	5.0	12	28	0.00	0.79	6.2
C10	渔业研究	71	1.00	29.7	4.8	14	44	—	0.70	8.0
C10	浙江海洋大学学报（自然科学版）	78	1.00	29.9	6.3	7	18	—	0.99	7.5
C10	中国海洋大学学报（自然科学版）	188	1.00	32.8	4.6	12	27	0.00	0.94	9.7
C10	中国水产科学	159	0.96	40.2	6.3	20	36	0.00	0.92	9.6
C10	中国渔业经济	81	0.90	21.8	2.9	11	23	—	0.79	6.6
C10	中国渔业质量与标准	53	0.75	33.6	5.7	11	26	—	0.94	5.7
D01	Blood Science	39	1.00	38.1	6.7	9	28	0.23	0.54	5.9
D01	Chinese Journal of Integrative Medicine	143	0.97	39.6	7.0	24	105	0.15	0.69	6.8
D01	Chinese Medical Journal	535	0.97	27.5	8.3	29	334	0.13	0.59	5.5
D01	Chinese Medical Sciences Journal	48	0.98	27.7	5.4	12	35	0.02	0.35	5.8
D01	Current Medical Science	151	0.99	36.5	6.7	20	74	0.05	0.83	5.9
D01	Frontiers of Medicine	81	1.00	64.1	8.6	13	57	0.15	0.69	6.6
D01	Journal of Integrative Medicine	64	0.98	55.6	6.1	12	54	0.52	0.42	6.1
D01	安徽医学	363	0.95	18.7	4.2	23	212	0.00	0.45	4.2
D01	安徽医药	581	1.00	21.3	4.2	28	395	0.00	0.30	4.9
D01	包头医学	122	0.97	8.4	2.3	4	88	—	—	2.5
D01	北京医学	277	0.97	20.1	4.7	19	118	0.00	0.38	4.9
D01	兵团医学	155	1.00	9.8	3.5	3	50	—	0.01	4.4
D01	重庆医学	878	0.99	21.6	4.6	29	503	0.00	0.81	4.3

2022 年中国科技期刊来源指标按类刊名字顺索引(续)

学科代码	期刊名称	来源文献量	文献选出率	平均引文数	平均作者数	地区分布数	机构分布数	海外论文比	基金论文比	引用半衰期
D01	大医生	1107	0.98	13.6	2.4	30	801	—	0.14	2.9
D01	当代医药论丛	1494	1.00	12.9	2.6	31	1016	—	0.29	2.9
D01	东南国防医药	155	0.96	20.7	4.6	22	111	0.00	0.23	4.3
D01	甘肃医药	376	0.97	15.9	3.6	21	176	—	0.33	4.2
D01	广东医学	299	0.99	23.4	4.8	24	205	0.00	0.63	4.3
D01	广西医学	623	0.99	23.8	4.7	28	363	0.00	0.83	4.8
D01	广州医药	177	0.97	17.2	3.6	17	128	—	0.36	3.3
D01	贵州医药	1185	1.00	9.5	2.8	19	494	—	0.11	2.3
D01	国际医药卫生导报	832	0.99	22.1	4.2	26	411	—	0.54	3.3
D01	哈尔滨医药	386	0.98	9.3	1.8	15	269	—	0.08	3.2
D01	海军医学杂志	370	0.96	15.8	4.4	21	145	0.00	0.18	4.3
D01	海南医学	868	0.99	20.2	3.5	24	432	—	0.53	3.1
D01	罕见病研究	75	0.99	25.0	5.1	10	30	—	0.60	5.3
D01	罕少疾病杂志	521	0.97	14.1	2.6	20	350	—	0.15	3.1
D01	航空航天医学杂志	517	0.98	13.1	1.9	23	308	—	0.02	2.5
D01	河北医学	433	1.00	11.9	4.2	27	291	0.00	0.93	3.0
D01	河北医药	952	1.00	21.0	4.2	29	486	0.00	0.36	4.2
D01	河南医学研究	1252	0.98	16.9	3.1	24	448	—	0.21	2.8
D01	黑龙江医学	976	0.98	13.1	2.3	27	554	—	0.24	3.0
D01	黑龙江医药	566	1.00	9.9	2.3	21	397	—	0.22	2.4
D01	黑龙江医药科学	519	1.00	9.8	2.3	12	264	—	0.24	3.0
D01	华西医学	334	0.99	31.8	4.7	28	165	0.01	0.60	5.1
D01	华夏医学	241	0.98	16.6	3.0	12	132	—	0.42	2.6
D01	淮海医药	186	1.00	19.1	3.0	14	132	—	0.38	2.6
D01	基础医学与临床	361	0.96	16.4	4.5	30	195	0.00	0.63	4.2
D01	继续医学教育	504	1.00	13.9	2.9	27	240	—	0.41	2.1
D01	江苏医药	325	0.99	19.6	4.3	23	215	—	0.60	4.5
D01	江西医药	729	1.00	14.7	3.1	16	396	—	0.38	3.0
D01	交通医学	199	0.97	14.5	3.9	11	86	—	0.52	4.3
D01	解放军医学杂志	171	0.97	35.9	5.6	29	111	0.00	0.64	4.5
D01	解放军医药杂志	286	0.97	19.2	4.5	25	202	—	0.97	2.5
D01	精准医学杂志	120	1.00	25.1	5.2	12	31	—	0.88	4.0
D01	空军航空医学	144	0.89	17.0	6.1	20	61	0.00	0.11	6.3

学科代码	期刊名称	来源文献量	文献选出率	平均引文数	平均作者数	地区分布数	机构分布数	海外论文比	基金论文比	引用半衰期
D01	联勤军事医学	226	0.97	22.8	4.9	26	142	0.00	0.46	4.5
D01	辽宁医学杂志	216	0.97	15.0	1.9	8	135	—	0.08	2.9
D01	宁夏医学杂志	403	0.96	12.3	4.8	9	96	—	0.55	3.5
D01	农垦医学	135	0.96	15.6	4.1	9	36	—	0.45	3.0
D01	青岛医药卫生	126	0.95	13.4	2.5	10	107	—	0.09	2.8
D01	青海医药杂志	234	0.99	11.4	2.3	6	61	—	0.12	3.6
D01	山东医药	996	0.99	22.5	4.6	30	518	0.00	0.61	4.2
D01	山西医药杂志	876	0.98	13.7	2.9	28	607	—	0.20	2.8
D01	陕西医学杂志	375	1.00	22.5	3.8	22	132	0.00	0.80	3.6
D01	伤害医学（电子版）	40	0.91	27.0	4.8	15	25	0.05	0.60	5.3
D01	上海医学	169	0.90	21.3	4.5	19	91	0.00	0.60	5.9
D01	上海医药	466	0.95	14.1	3.4	19	249	—	0.39	3.9
D01	社区医学杂志	284	0.92	27.6	3.8	24	222	—	0.31	2.6
D01	实用休克杂志（中英文）	85	0.93	21.9	3.7	12	46	0.01	0.45	4.7
D01	世界复合医学	598	0.98	17.6	2.4	25	471	—	0.21	2.0
D01	世界睡眠医学杂志	803	1.00	11.3	1.8	25	422	—	0.04	2.1
D01	首都食品与医药	1135	0.88	13.1	2.1	25	693	—	0.16	2.3
D01	四川医学	264	0.96	23.1	4.3	22	137	0.00	0.15	5.0
D01	天津医药	253	1.00	22.8	4.9	30	164	0.00	0.73	3.6
D01	微创医学	202	0.97	20.0	3.7	20	141	—	0.55	3.9
D01	武警医学	287	0.97	20.4	4.3	30	136	0.00	0.20	4.7
D01	西部医学	355	1.00	26.2	5.0	27	215	0.01	0.69	4.1
D01	西藏医药	435	1.00	8.8	2.5	20	238	—	0.15	3.0
D01	系统医学	1144	0.98	19.0	2.3	30	787	—	0.23	2.0
D01	现代生物医学进展	944	0.98	30.5	5.5	30	443	0.00	0.93	3.1
D01	现代实用医学	720	1.00	12.3	3.5	11	265	—	0.43	3.4
D01	现代医学	300	0.96	22.0	3.9	27	221	0.00	0.37	4.4
D01	现代医学与健康研究（电子版）	1024	0.98	15.1	2.3	30	726	—	0.08	3.7
D01	协和医学杂志	147	0.88	29.1	5.2	15	51	0.02	0.59	4.7
D01	新疆医学	397	0.98	14.9	3.2	15	173	—	0.50	3.7
D01	新医学	188	0.99	18.5	4.4	26	118	0.01	0.39	4.1
D01	叙事医学	124	0.95	3.8	2.3	20	75	—	0.29	5.9
D01	亚太传统医药	600	0.97	22.3	4.3	30	231	0.01	0.79	5.1

2022年中国科技期刊来源指标按类刊名字顺索引(续)

学科代码	期刊名称	来源文献量	文献选出率	平均引文数	平均作者数	地区分布数	机构分布数	海外论文比	基金论文比	引用半衰期
D01	医师在线	282	0.99	8.9	2.3	27	202	—	0.16	3.2
D01	医学理论与实践	1851	0.99	11.5	2.6	31	1168	—	0.23	2.7
D01	医学临床研究	558	1.00	13.2	3.0	15	250	—	0.24	3.2
D01	医学新知	62	0.97	29.4	5.6	14	39	—	0.82	3.9
D01	医学信息	1198	0.98	24.0	2.9	31	687	—	0.33	3.3
D01	医学研究与战创伤救治	241	1.00	30.2	4.2	28	150	0.00	0.66	4.4
D01	医学研究杂志	457	0.97	22.4	4.5	29	216	0.00	0.71	4.3
D01	医学与法学	114	0.93	19.8	2.0	23	76	0.01	0.52	7.4
D01	医学综述	501	0.99	44.5	3.8	30	267	—	0.72	3.6
D01	医药论坛杂志	706	0.97	18.8	2.8	19	314	0.00	0.29	2.6
D01	英国医学杂志(中文版)	249	0.92	8.1	3.8	10	149	0.51	0.13	4.9
D01	右江医学	197	0.95	20.1	4.1	19	121	—	0.73	2.8
D01	云南医药	213	0.98	11.1	3.6	12	113	—	0.39	2.7
D01	浙江实用医学	141	0.98	15.4	3.5	2	92	—	0.28	3.5
D01	浙江医学	581	0.99	21.9	4.2	25	247	0.00	0.42	4.6
D01	中国当代医药	1758	0.96	19.8	3.3	31	984	—	0.60	2.5
D01	中国高等医学教育	881	0.99	6.0	4.0	30	374	—	0.61	3.6
D01	中国基层医药	428	0.98	16.8	3.6	26	253	—	0.51	3.2
D01	中国急救复苏与灾害医学杂志	408	0.97	19.8	4.5	28	287	0.00	0.63	3.9
D01	中国临床实用医学	112	1.00	19.5	6.0	16	50	—	0.71	3.3
D01	中国煤炭工业医学杂志	144	0.96	19.3	5.1	17	84	0.00	0.99	3.9
D01	中国民族民间医药	648	0.96	19.2	4.1	31	279	0.00	0.69	5.4
D01	中国实用医刊	766	0.99	14.8	3.5	10	280	—	0.09	2.4
D01	中国现代医生	1471	1.00	20.6	3.6	30	751	—	0.68	2.9
D01	中国现代医学杂志	394	0.89	23.0	4.2	30	280	0.00	0.70	3.6
D01	中国乡村医药	1012	1.00	5.3	2.7	24	430	—	0.13	3.4
D01	中国研究型医院	95	0.98	22.3	3.5	17	57	—	0.41	4.7
D01	中国医学创新	1576	1.00	21.9	3.0	29	814	0.00	0.44	2.4
D01	中国医学科学院学报	165	0.99	31.4	5.2	28	88	0.01	0.60	5.3
D01	中国医学前沿杂志(电子版)	134	0.91	24.5	4.4	21	79	0.00	0.45	4.8
D01	中国医药导报	1627	0.97	27.5	4.4	31	708	0.00	0.83	3.5
D01	中国医药科学	1156	0.96	19.6	3.7	31	761	—	0.59	2.8
D01	中国医院建筑与装备	244	0.92	6.2	2.7	24	157	0.02	0.16	3.6

学科代码	期刊名称	来源文献量	文献选出率	平均引文数	平均作者数	地区分布数	机构分布数	海外论文比	基金论文比	引用半衰期
D01	中华医学信息导报	256	0.57	—	1.9	23	109	0.00	—	—
D01	中华医学杂志	657	0.88	26.7	5.9	29	266	0.01	0.55	4.9
D01	中华重症医学电子杂志（网络版）	57	0.81	29.3	4.7	17	33	0.00	0.53	5.8
D01	中南医学科学杂志	228	1.00	16.8	4.0	26	166	0.00	0.62	4.0
D01	中日友好医院学报	121	0.92	11.8	4.8	8	31	0.00	0.16	4.7
D01	中外医学研究	1710	0.98	16.2	2.7	30	971	—	0.26	2.4
D01	中医药管理杂志	2504	0.99	10.0	2.6	27	597	0.00	0.21	2.3
D01	转化医学杂志	94	1.00	21.0	4.3	19	71	0.00	0.29	3.4
D02	安徽医科大学学报	371	0.99	14.4	5.8	27	131	0.00	0.97	4.4
D02	包头医学院学报	243	0.95	17.4	4.3	19	108	0.00	0.60	3.8
D02	北京大学学报（医学版）	188	0.98	24.1	6.4	10	32	0.02	0.55	6.2
D02	蚌埠医学院学报	422	0.97	18.6	4.4	24	230	0.00	0.52	4.7
D02	滨州医学院学报	106	0.95	17.1	4.8	11	33	—	0.58	4.1
D02	长治医学院学报	109	0.96	23.4	3.8	12	45	—	0.44	3.7
D02	成都医学院学报	174	1.00	22.4	4.8	15	70	0.00	0.67	4.6
D02	承德医学院学报	152	0.96	15.8	3.5	12	83	—	0.38	3.9
D02	重庆医科大学学报	274	0.93	27.7	5.0	27	167	0.00	0.60	5.7
D02	川北医学院学报	398	1.00	18.0	4.0	27	270	0.00	0.64	3.8
D02	大连医科大学学报	117	0.95	25.4	3.4	13	54	0.00	0.25	5.5
D02	东南大学学报（医学版）	150	0.96	23.4	4.3	21	109	0.01	0.51	4.6
D02	福建医科大学学报	91	0.92	24.1	4.3	6	49	0.00	0.46	4.6
D02	复旦学报（医学版）	148	0.99	28.5	5.0	6	33	0.00	0.66	5.9
D02	赣南医学院学报	260	1.00	27.8	4.3	13	70	—	0.62	4.4
D02	广东药科大学学报	138	0.93	22.6	5.0	18	91	0.00	0.62	4.1
D02	广东医科大学学报	182	1.00	20.6	4.5	7	83	—	0.63	3.6
D02	广西医科大学学报	326	0.98	20.0	5.2	24	131	0.00	0.80	4.2
D02	广州医科大学学报	186	1.00	18.3	3.9	15	89	—	0.54	3.5
D02	贵州医科大学学报	243	0.98	25.2	5.1	23	131	0.00	0.81	3.7
D02	哈尔滨医科大学学报	137	0.99	16.2	4.1	11	50	0.00	0.54	4.3
D02	海军军医大学学报	247	1.00	25.5	5.6	20	82	0.01	0.54	5.5
D02	海南医学院学报	274	1.00	32.2	5.8	23	80	0.00	0.80	4.6
D02	河北医科大学学报	301	0.96	21.9	3.9	25	180	0.00	0.64	3.5
D02	河南大学学报（医学版）	90	1.00	21.2	4.1	12	41	—	0.71	4.4

2022年中国科技期刊来源指标按类刊名字顺索引(续)

学科代码	期刊名称	来源文献量	文献选出率	平均引文数	平均作者数	地区分布数	机构分布数	海外论文比	基金论文比	引用半衰期
D02	河南医学高等专科学校学报	194	1.00	17.4	3.0	13	114	—	0.39	3.2
D02	菏泽医学专科学校学报	110	0.97	9.7	2.9	7	70	—	0.20	2.6
D02	湖北科技学院学报（医学版）	140	0.95	16.5	3.8	13	52	—	0.55	3.5
D02	湖北民族大学学报（医学版）	101	0.99	19.3	3.8	22	72	—	0.58	3.5
D02	湖北医药学院学报	146	0.99	21.4	4.4	7	42	—	0.66	3.7
D02	湖南师范大学学报（医学版）	320	1.00	18.3	4.2	23	221	0.00	0.34	3.9
D02	华北理工大学学报（医学版）	85	0.98	25.5	4.4	10	32	—	0.61	3.3
D02	华中科技大学学报（医学版）	145	0.98	30.6	5.2	22	76	0.00	0.83	5.1
D02	吉林大学学报（医学版）	208	1.00	28.3	5.5	26	100	0.00	0.99	4.5
D02	吉林医药学院学报	192	0.99	11.1	3.5	19	59	—	0.71	4.3
D02	济宁医学院学报	98	1.00	18.9	4.0	9	35	—	0.77	4.0
D02	江苏大学学报（医学版）	98	1.00	24.8	5.0	15	56	0.01	0.70	4.4
D02	解放军医学院学报	233	0.97	25.6	6.2	26	76	0.00	0.51	3.9
D02	锦州医科大学学报	133	0.96	18.6	3.5	8	28	—	0.92	2.9
D02	空军军医大学学报	224	0.97	25.4	5.8	18	59	—	1.00	4.3
D02	昆明医科大学学报	356	0.98	22.2	5.7	19	107	0.01	0.80	4.9
D02	兰州大学学报（医学版）	221	0.94	22.8	5.0	18	67	0.00	0.69	4.8
D02	陆军军医大学学报	332	0.98	25.5	6.0	24	101	0.00	0.62	4.9
D02	牡丹江医学院学报	264	0.99	18.0	4.8	20	63	—	0.78	3.5
D02	南昌大学学报（医学版）	121	0.95	26.6	4.3	19	70	0.00	0.74	4.6
D02	南方医科大学学报	250	1.00	31.4	6.1	26	123	0.01	0.82	4.3
D02	南京医科大学学报（自然科学版）	287	0.98	25.1	5.1	12	63	0.00	0.74	4.3
D02	南通大学学报（医学版）	161	1.00	17.3	4.5	10	69	—	0.70	4.3
D02	内蒙古医科大学学报	163	0.97	18.5	4.3	13	55	0.00	0.55	4.3
D02	宁夏医科大学学报	247	0.95	20.2	5.1	21	93	—	0.65	4.7
D02	黔南民族医专学报	127	0.98	9.8	2.9	15	80	—	0.33	3.5
D02	青岛大学学报（医学版）	201	1.00	25.4	4.9	13	59	0.00	0.79	5.7
D02	山东大学学报（医学版）	243	0.97	28.9	5.1	19	94	0.00	0.63	4.9
D02	山东第一医科大学（山东省医学科学院）学报	187	0.99	26.3	4.1	15	80	—	0.65	4.6
D02	山东医学高等专科学校学报	219	0.99	6.8	2.3	7	93	—	0.07	3.3
D02	山西医科大学学报	245	0.96	21.8	5.0	24	124	0.00	0.76	4.4
D02	汕头大学医学院学报	63	0.94	17.0	4.0	3	22	—	0.56	4.1

学科代码	期刊名称	来源文献量	文献选出率	平均引文数	平均作者数	地区分布数	机构分布数	海外论文比	基金论文比	引用半衰期
D02	上海交通大学学报（医学版）	240	0.99	31.8	4.6	17	72	0.01	0.80	5.3
D02	沈阳药科大学学报	194	0.99	26.5	4.3	26	123	0.00	0.52	6.0
D02	沈阳医学院学报	148	0.96	21.1	4.1	17	70	—	0.67	3.8
D02	首都医科大学学报	146	0.95	24.4	5.3	10	37	0.02	0.70	5.2
D02	四川大学学报（医学版）	180	0.98	36.5	5.2	17	56	0.00	0.71	5.1
D02	天津医科大学学报	137	0.96	22.5	3.5	5	38	—	0.65	3.8
D02	同济大学学报（医学版）	136	0.99	28.6	4.6	7	53	0.00	0.72	5.0
D02	皖南医学院学报	168	0.98	14.3	5.0	6	48	0.00	0.55	4.8
D02	潍坊医学院学报	141	0.99	13.4	4.3	7	43	—	0.49	4.5
D02	温州医科大学学报	198	0.99	18.8	4.7	10	70	0.00	0.34	5.4
D02	武汉大学学报（医学版）	194	0.98	19.9	4.7	17	69	0.01	0.51	5.1
D02	西安交通大学学报（医学版）	149	0.96	21.9	6.2	21	61	0.01	0.68	5.3
D02	西南医科大学学报	108	0.97	35.2	4.5	13	47	—	0.99	3.5
D02	新疆医科大学学报	259	1.00	19.0	4.6	22	92	0.00	0.90	3.4
D02	新乡医学院学报	236	1.00	26.3	4.4	24	130	0.00	0.47	3.9
D02	徐州医科大学学报	171	0.93	20.3	5.0	12	70	0.00	0.43	4.8
D02	延安大学学报（医学科学版）	95	1.00	18.9	3.7	9	52	—	0.51	3.0
D02	延边大学医学学报	89	0.98	18.1	3.4	5	12	—	0.51	4.1
D02	右江民族医学院学报	187	0.97	21.0	5.1	11	64	—	0.84	3.4
D02	浙江大学学报（医学版）	90	0.80	41.4	5.3	18	53	0.02	0.82	5.3
D02	郑州大学学报（医学版）	180	0.98	18.5	6.3	12	43	0.01	0.83	4.4
D02	中国高原医学与生物学杂志	36	0.97	25.6	5.3	4	6	—	0.94	4.2
D02	中国药科大学学报	90	0.96	31.8	5.0	13	34	0.01	0.68	4.7
D02	中国医科大学学报	228	1.00	19.0	4.1	19	55	0.00	0.71	5.1
D02	中南大学学报（医学版）	211	0.95	31.4	5.4	21	58	0.02	0.88	5.3
D02	中山大学学报（医学科学版）	119	0.99	26.7	5.3	12	42	0.03	0.79	4.8
D02	遵义医科大学学报	127	1.00	25.2	4.9	15	52	0.01	0.72	4.5
D03	Animal Models and Experimental Medicine	64	0.90	58.3	6.1	12	50	0.36	0.86	6.1
D03	Cellular & Molecular Immunology	154	1.00	64.3	8.2	17	126	0.63	0.38	6.2
D03	Genes & Diseases	160	1.00	64.8	7.9	15	123	0.37	0.90	6.5
D03	Journal of Genetics and Genomics	136	1.00	52.9	10.3	22	95	0.24	0.80	7.8
D03	分子诊断与治疗杂志	524	0.98	17.1	4.2	26	366	0.00	0.68	3.2
D03	国际免疫学杂志	112	0.99	28.8	3.7	25	75	0.00	0.57	4.9

2022 年中国科技期刊来源指标按类刊名字顺索引(续)

学科代码	期刊名称	来源文献量	文献选出率	平均引文数	平均作者数	地区分布数	机构分布数	海外论文比	基金论文比	引用半衰期
D03	国际遗传学杂志	88	0.99	25.6	4.4	22	57	—	0.67	5.0
D03	寄生虫病与感染性疾病	46	0.94	16.6	4.5	14	41	—	0.41	4.2
D03	寄生虫与医学昆虫学报	39	1.00	27.6	6.6	14	29	0.00	0.46	8.2
D03	解剖科学进展	187	0.93	14.4	4.1	19	89	0.00	0.82	4.2
D03	解剖学报	115	0.93	22.4	5.4	28	83	0.00	0.78	5.9
D03	解剖学研究	133	0.91	16.4	4.4	27	109	—	0.49	4.0
D03	解剖学杂志	150	0.86	16.5	5.1	27	101	0.00	0.43	5.1
D03	临床心身疾病杂志	214	0.97	18.4	3.8	11	112	—	0.38	3.5
D03	免疫学杂志	153	0.93	24.0	4.8	27	122	0.00	0.51	3.6
D03	神经解剖学杂志	120	0.99	26.5	5.3	25	67	0.00	0.90	4.0
D03	生物医学工程学进展	55	0.85	15.6	3.4	8	32	—	0.45	3.5
D03	生物医学转化	50	0.94	47.8	4.8	12	32	—	0.84	4.4
D03	实验动物与比较医学	81	0.87	25.8	5.4	21	65	0.00	0.60	6.3
D03	数理医药学杂志	606	0.98	11.9	2.0	14	405	—	0.11	2.4
D03	四川解剖学杂志	219	0.98	9.8	3.0	6	151	—	0.08	2.9
D03	微循环学杂志	65	0.96	25.2	3.8	16	48	0.00	0.38	4.4
D03	细胞与分子免疫学杂志	176	0.94	31.0	6.1	28	101	0.00	0.88	3.0
D03	现代免疫学	90	0.98	31.0	4.4	24	80	0.01	0.70	6.0
D03	医学分子生物学杂志	87	0.99	27.1	4.2	22	76	0.00	0.55	3.8
D03	医院管理论坛	301	0.97	11.8	3.7	15	131	—	0.38	2.9
D03	中国比较医学杂志	245	0.96	35.8	5.4	29	153	0.01	0.80	4.8
D03	中国病理生理杂志	291	0.98	30.7	5.6	30	194	0.01	0.93	4.6
D03	中国寄生虫学与寄生虫病杂志	135	0.94	32.1	6.2	27	78	0.01	0.76	6.7
D03	中国健康心理学杂志	370	1.00	33.0	3.9	29	230	0.01	0.94	6.1
D03	中国临床解剖学杂志	145	0.94	18.1	5.9	25	110	—	0.63	6.3
D03	中国免疫学杂志	551	0.99	27.8	4.8	30	369	0.00	0.67	5.0
D03	中国血液流变学杂志	144	0.97	18.0	3.9	14	79	—	0.38	5.1
D03	中国医学工程	390	0.97	14.9	3.0	23	269	—	0.20	3.0
D03	中国医学物理学杂志	259	1.00	26.4	5.1	26	158	—	0.82	5.1
D03	中国组织化学与细胞化学杂志	105	0.96	22.9	4.6	25	77	0.00	0.55	5.3
D03	中华病理学杂志	277	0.93	16.1	5.4	24	159	0.01	0.30	5.5
D03	中华解剖与临床杂志	161	0.99	21.9	5.8	20	99	0.00	0.50	5.3
D03	中华临床实验室管理电子杂志	44	0.92	28.9	4.9	12	31	—	0.80	3.1

学科代码	期刊名称	来源文献量	文献选出率	平均引文数	平均作者数	地区分布数	机构分布数	海外论文比	基金论文比	引用半衰期
D03	中华临床医师杂志（电子版）	226	0.98	22.5	5.0	28	169	0.00	0.38	4.6
D03	中华微生物学和免疫学杂志	139	0.97	30.5	6.4	28	108	0.00	0.71	4.8
D03	中华细胞与干细胞杂志（电子版）	55	0.87	43.1	4.3	17	53	0.00	0.53	4.2
D03	中华医学遗传学杂志	324	0.86	17.0	6.5	29	179	0.01	0.58	7.6
D05	Chronic Diseases and Translational Medicine	35	0.95	48.3	6.1	9	35	0.54	0.23	6.5
D05	Gynecology and Obstetrics Clinical Medicine	43	0.96	32.9	5.0	5	29	0.47	0.42	6.0
D05	Journal of Intensive Medicine	40	0.98	52.6	7.8	10	36	0.42	0.62	4.9
D05	World Journal of Emergency Medicine	103	1.00	20.3	6.1	15	76	0.29	0.51	6.2
D05	巴楚医学	112	0.97	22.8	3.8	17	51	0.01	0.84	3.7
D05	创伤与急危重病医学	128	1.00	18.9	4.5	23	66	0.00	0.48	4.0
D05	创伤与急诊电子杂志	43	0.91	23.1	3.6	5	14	—	0.42	4.5
D05	当代临床医刊	415	0.99	6.6	2.0	20	267	—	0.11	2.4
D05	临床和实验医学杂志	727	0.97	17.8	4.3	30	415	0.00	0.88	3.3
D05	临床荟萃	211	1.00	28.8	3.9	29	146	—	0.44	3.8
D05	临床急诊杂志	157	0.95	24.4	4.6	25	134	0.00	0.35	3.7
D05	临床军医杂志	373	0.97	19.1	5.8	27	174	0.00	0.77	3.6
D05	临床输血与检验	149	0.97	23.6	5.2	20	106	0.00	0.46	5.6
D05	临床误诊误治	318	0.96	21.4	4.5	27	234	0.00	0.64	3.6
D05	临床研究	642	1.00	16.3	2.0	19	343	—	0.05	2.2
D05	临床医学	566	0.98	11.1	1.8	22	355	—	0.06	2.7
D05	临床医学研究与实践	1974	0.98	19.1	3.0	25	690	—	0.25	2.7
D05	临床医药实践	269	0.96	13.5	3.2	23	194	—	0.40	2.8
D05	临床与病理杂志	460	1.00	24.6	3.4	28	299	0.00	0.35	4.2
D05	岭南急诊医学杂志	228	1.00	9.5	4.0	12	153	—	0.41	3.3
D05	全科医学临床与教育	341	0.96	11.3	3.8	14	178	—	0.57	3.0
D05	蛇志	151	0.97	16.7	3.4	13	95	—	0.43	2.9
D05	实用临床医学	233	0.98	16.4	3.5	18	129	—	0.42	3.5
D05	实用临床医药杂志	721	1.00	22.4	4.6	28	438	0.00	0.66	3.7
D05	实用医技杂志	384	0.99	13.1	2.6	26	316	—	0.11	3.0
D05	实用医学杂志	573	0.97	26.0	5.0	29	354	0.00	0.74	3.1
D05	实用医院临床杂志	386	1.00	20.5	4.1	24	212	0.00	0.40	3.8
D05	现代电生理学杂志	59	0.95	15.0	3.1	15	50	—	0.15	5.4
D05	现代临床医学	135	0.96	25.1	4.4	23	94	—	0.57	4.4

2022 年中国科技期刊来源指标按类刊名字顺索引(续)

学科代码	期刊名称	来源文献量	文献选出率	平均引文数	平均作者数	地区分布数	机构分布数	海外论文比	基金论文比	引用半衰期
D05	现代医药卫生	1094	1.00	20.5	3.7	31	671	—	0.61	3.7
D05	医学研究与教育	68	0.99	30.1	3.8	16	34	—	0.79	3.8
D05	疑难病杂志	280	0.99	24.9	4.1	28	208	0.00	0.79	3.4
D05	浙江临床医学	689	0.99	15.3	4.1	17	296	—	0.58	3.8
D05	中国合理用药探索	202	0.94	20.7	4.1	21	151	0.00	0.54	3.8
D05	中国激光医学杂志	59	0.91	19.6	4.6	19	47	0.00	0.42	4.7
D05	中国急救医学	185	0.92	24.3	5.1	27	134	0.00	0.45	4.5
D05	中国疗养医学	355	0.97	21.2	3.7	27	217	—	0.41	2.5
D05	中国临床新医学	254	0.97	25.5	4.5	28	176	0.00	0.55	4.8
D05	中国临床研究	386	0.98	23.0	4.4	28	228	0.00	0.56	4.2
D05	中国临床医生杂志	445	0.95	18.5	4.0	27	275	0.00	0.53	4.1
D05	中国临床医学	183	0.97	23.4	5.5	14	65	0.01	0.64	5.6
D05	中国美容整形外科杂志	231	0.95	20.4	4.7	25	131	0.00	0.22	4.0
D05	中国全科医学	686	0.94	31.4	5.4	29	336	0.01	0.73	5.0
D05	中国输血杂志	326	0.99	21.2	6.1	28	170	0.01	0.31	5.8
D05	中国疼痛医学杂志	156	0.76	25.1	5.1	27	101	0.01	0.57	5.2
D05	中国医刊	369	0.95	22.9	4.2	30	205	0.00	0.57	4.4
D05	中国医疗美容	253	0.99	20.4	4.0	25	172	0.00	0.16	4.4
D05	中国医师进修杂志	239	0.98	17.2	4.5	22	164	0.00	0.20	4.2
D05	中国医师杂志	449	0.98	23.5	4.5	29	294	0.00	0.52	3.5
D05	中国医药	435	0.99	21.6	4.7	31	221	0.00	0.75	4.1
D05	中国真菌学杂志	108	0.96	25.1	4.9	24	83	0.00	0.52	6.8
D05	中国综合临床	103	0.95	23.9	4.9	18	77	0.00	0.50	4.8
D05	中华急诊医学杂志	246	0.68	19.3	6.1	26	148	0.00	0.51	5.2
D05	中华全科医师杂志	220	0.89	20.4	4.9	19	144	0.00	0.40	4.9
D05	中华全科医学	542	0.99	20.8	4.7	29	274	0.01	0.92	3.6
D05	中华疼痛学杂志	150	0.99	20.6	5.7	27	106	0.01	0.35	4.5
D05	中华危重病急救医学	250	0.94	27.9	5.6	28	173	0.01	0.84	4.8
D05	中华危重症医学杂志(电子版)	108	0.98	26.0	4.8	16	69	0.00	0.58	5.1
D05	中华医学美学美容杂志	163	0.95	14.4	5.1	24	119	0.00	0.17	5.5
D05	中华诊断学电子杂志	57	0.93	21.6	4.7	13	36	—	0.72	4.1
D06	国际检验医学杂志	644	1.00	20.3	4.4	30	458	0.00	0.68	3.9
D06	检验医学	256	0.99	16.9	4.8	28	189	0.00	0.40	5.0

学科代码	期刊名称	来源文献量	文献选出率	平均引文数	平均作者数	地区分布数	机构分布数	海外论文比	基金论文比	引用半衰期
D06	检验医学与临床	959	0.99	17.1	3.7	30	684	—	0.46	2.9
D06	临床检验杂志	216	0.99	16.1	5.3	27	156	0.00	0.43	4.5
D06	临床与实验病理学杂志	403	0.97	17.5	4.9	30	263	0.00	0.43	4.6
D06	实验与检验医学	199	1.00	18.0	3.6	14	140	—	0.53	3.7
D06	实用检验医师杂志	107	0.99	18.0	3.2	24	84	—	0.31	3.5
D06	现代检验医学杂志	241	1.00	20.8	4.3	25	182	0.00	0.46	3.5
D06	现代诊断与治疗	1362	0.99	13.0	2.0	25	794	—	0.13	2.1
D06	循证医学	67	0.97	19.9	4.5	17	43	0.00	0.34	3.0
D06	医学检验与临床	242	1.00	14.4	2.9	18	196	—	0.16	3.5
D06	诊断病理学杂志	352	0.97	13.1	4.6	29	249	0.00	0.21	6.0
D06	诊断学理论与实践	136	0.97	19.7	5.0	14	41	0.00	0.38	4.8
D06	中国实验诊断学	523	0.99	17.8	4.4	28	249	0.00	0.38	5.0
D06	中国循证医学杂志	187	0.94	36.9	6.1	24	96	0.03	0.67	5.7
D06	中华检验医学杂志	199	0.97	25.0	6.2	22	136	0.02	0.53	4.6
D06	中华实用诊断与治疗杂志	303	0.99	17.8	5.3	23	122	0.01	0.90	3.8
D07	保健医学研究与实践	514	0.98	17.5	3.0	23	298	0.00	0.33	3.5
D07	大众健康	499	0.81	0.0	1.3	26	265	0.00	—	—
D07	反射疗法与康复医学	1052	1.00	11.5	2.0	26	660	—	0.09	2.1
D07	国际老年医学杂志	181	0.97	23.6	4.1	25	126	0.00	0.69	4.5
D07	健康博览	358	0.83	—	1.2	17	134	—	—	—
D07	健康教育与健康促进	163	0.96	13.7	4.0	22	126	—	0.44	3.4
D07	健康世界	279	0.81	0.2	1.5	23	121	—	0.02	3.8
D07	健康体检与管理	87	0.95	18.9	4.1	19	56	—	0.54	4.1
D07	健康向导	205	0.76	—	1.1	11	63	—	—	—
D07	健康研究	164	0.99	17.3	3.6	20	103	—	0.62	4.4
D07	老年医学研究	83	0.97	27.9	3.6	19	58	—	0.39	3.7
D07	老年医学与保健	300	0.98	20.9	4.3	21	155	0.00	0.45	3.9
D07	实用老年医学	321	0.96	18.4	4.4	23	186	0.00	0.41	4.6
D07	中国初级卫生保健	428	0.98	14.6	4.4	31	328	—	0.55	3.1
D07	中国康复	166	0.91	29.3	4.9	24	130	0.00	0.51	4.9
D07	中国康复理论与实践	197	0.98	35.9	5.4	19	100	0.04	0.56	4.8
D07	中国康复医学杂志	320	0.97	31.5	5.3	27	192	0.00	0.58	6.0
D07	中国老年保健医学	272	1.00	21.1	3.9	25	162	0.00	0.45	3.8

2022年中国科技期刊来源指标按类刊名字顺索引(续)

学科代码	期刊名称	来源文献量	文献选出率	平均引文数	平均作者数	地区分布数	机构分布数	海外论文比	基金论文比	引用半衰期
D07	中国老年学杂志	1636	1.00	23.9	4.4	30	865	0.00	0.63	4.2
D07	中国临床保健杂志	196	0.99	23.6	5.1	19	101	0.00	0.57	4.8
D07	中国听力语言康复科学杂志	128	1.00	19.0	3.6	20	80	0.08	0.30	7.2
D07	中华保健医学杂志	156	0.98	15.2	4.1	17	117	0.00	0.65	3.4
D07	中华老年病研究电子杂志	46	1.00	22.0	4.3	18	30	—	0.57	3.4
D07	中华老年多器官疾病杂志	204	0.97	23.8	4.7	25	118	0.01	0.58	4.6
D07	中华老年骨科与康复电子杂志	60	1.00	27.4	6.3	22	50	0.00	0.57	5.4
D07	中华老年医学杂志	289	0.98	21.8	5.2	26	156	0.00	0.57	5.0
D07	中华物理医学与康复杂志	254	0.90	26.7	5.6	25	185	0.01	0.54	6.2
D08	临床内科杂志	246	0.86	22.1	4.0	28	162	0.00	0.48	5.3
D08	内科	180	0.97	18.6	3.9	13	127	—	0.59	3.4
D08	内科急危重症杂志	133	0.98	20.6	4.1	23	98	0.00	0.35	4.9
D08	内科理论与实践	93	0.83	26.9	4.5	14	44	0.00	0.40	4.8
D08	糖尿病新世界	1197	0.98	17.0	2.2	26	717	—	0.04	1.7
D08	心血管病防治知识	977	0.98	11.2	1.9	24	335	0.00	0.05	1.9
D08	中国肛肠病杂志	413	1.00	6.2	2.5	27	270	—	0.12	3.4
D08	中国实用内科杂志	229	0.98	26.6	4.1	27	126	0.01	0.72	5.5
D08	中华内科杂志	218	0.91	25.3	5.4	23	107	0.00	0.43	5.8
D08	中华胃肠内镜电子杂志	39	0.53	22.7	5.5	12	24	0.00	0.38	6.1
D08	中华炎性肠病杂志（中英文）	69	0.93	27.1	4.9	14	46	0.01	0.42	5.3
D09	国际呼吸杂志	307	0.97	32.3	4.5	28	205	0.00	0.70	4.0
D09	结核与肺部疾病杂志	101	0.98	26.0	4.2	22	63	—	0.73	4.0
D09	临床肺科杂志	416	0.99	21.4	4.2	29	301	0.00	0.32	4.7
D09	中国防痨杂志	215	0.98	27.0	5.8	25	98	0.00	0.55	5.0
D09	中国呼吸与危重监护杂志	160	0.96	27.9	5.1	27	109	0.01	0.41	4.3
D09	中华肺部疾病杂志（电子版）	265	0.99	27.9	4.0	24	184	0.00	0.46	3.6
D09	中华结核和呼吸杂志	224	0.92	31.7	5.2	26	121	0.00	0.46	5.5
D10	Hepatobiliary & Pancreatic Diseases International	105	0.95	35.7	6.6	13	83	0.47	0.50	5.0
D10	Journal of Pancreatology	28	1.00	52.4	6.7	8	20	0.21	0.43	4.4
D10	Liver Research	37	0.90	47.4	5.9	7	21	0.32	0.89	5.6
D10	肝脏	356	0.98	19.1	4.2	28	222	0.00	0.46	4.4
D10	国际消化病杂志	81	0.93	27.7	3.8	21	64	0.00	0.43	4.5

学科代码	期刊名称	来源文献量	文献选出率	平均引文数	平均作者数	地区分布数	机构分布数	海外论文比	基金论文比	引用半衰期
D10	临床肝胆病杂志	520	0.90	29.6	4.8	30	241	0.01	0.74	4.6
D10	临床消化病杂志	118	0.94	19.7	4.3	24	97	0.00	0.36	5.3
D10	实用肝脏病杂志	228	0.94	22.1	4.1	28	188	0.00	0.64	3.7
D10	食管疾病	70	0.95	25.6	6.4	5	32	—	0.51	4.1
D10	胃肠病学	104	0.95	30.1	4.3	20	68	0.00	0.54	5.1
D10	胃肠病学和肝病学杂志	283	0.98	26.5	4.4	30	170	0.00	0.45	4.6
D10	现代消化及介入诊疗	367	0.97	28.9	4.8	28	251	0.00	0.75	3.9
D10	中国肝脏病杂志（电子版）	43	0.98	34.7	4.7	16	30	0.00	0.79	4.7
D10	中华肝脏病杂志	205	0.86	24.1	5.8	27	117	0.01	0.55	4.7
D10	中华肝脏外科手术学电子杂志	130	0.93	24.2	5.7	24	82	0.00	0.77	4.9
D10	中华结直肠疾病电子杂志	74	0.87	23.9	6.3	20	52	0.01	0.62	5.3
D10	中华消化病与影像杂志（电子版）	76	0.80	23.0	4.5	14	55	0.00	0.43	4.8
D10	中华消化内镜杂志	198	0.92	20.7	5.9	26	101	0.00	0.48	6.6
D10	中华消化杂志	144	0.92	22.2	6.3	23	92	0.02	0.47	4.9
D10	中华胰腺病杂志	95	0.94	25.9	5.5	22	62	0.00	0.62	5.5
D11	国际输血及血液学杂志	81	1.00	35.6	3.6	20	61	0.00	0.56	5.4
D11	临床肾脏病杂志	182	0.98	27.2	4.4	27	140	0.00	0.45	5.0
D11	临床血液学杂志	195	0.97	20.1	5.1	23	135	0.00	0.32	4.1
D11	血栓与止血学	518	1.00	6.4	2.4	16	237	—	0.04	2.7
D11	中国实验血液学杂志	314	0.98	21.6	6.0	28	207	0.00	0.59	5.3
D11	中国血液净化	206	0.96	20.6	4.8	26	138	0.00	0.37	5.4
D11	中华肾脏病杂志	148	0.91	26.3	6.3	22	88	0.01	0.64	6.4
D11	中华血液学杂志	166	0.83	26.4	7.6	17	64	0.00	0.57	5.6
D12	风湿病与关节炎	229	0.96	22.3	4.6	28	114	—	0.60	4.2
D12	国际内分泌代谢杂志	91	0.88	23.4	3.4	23	69	0.00	0.47	5.2
D12	实用妇科内分泌电子杂志	1357	0.98	11.0	2.0	30	876	—	0.12	2.2
D12	中国骨质疏松杂志	342	0.96	30.9	5.8	30	199	0.01	0.75	4.7
D12	中国糖尿病杂志	178	0.93	23.5	4.9	27	140	0.01	0.57	4.9
D12	中华风湿病学杂志	168	0.91	25.3	5.3	27	106	0.00	0.58	5.7
D12	中华骨质疏松和骨矿盐疾病杂志	86	0.97	35.2	6.1	24	60	0.02	0.74	6.5
D12	中华临床免疫和变态反应杂志	119	0.75	22.4	3.7	20	61	0.00	0.35	5.5
D12	中华内分泌代谢杂志	156	0.86	28.7	6.8	24	94	0.02	0.63	6.2
D12	中华糖尿病杂志	217	0.97	29.9	5.8	25	136	0.02	0.53	4.8

学科代码	期刊名称	来源文献量	文献选出率	平均引文数	平均作者数	地区分布数	机构分布数	海外论文比	基金论文比	引用半衰期
D13	Infectious Diseases & Immunity	42	0.98	42.2	9.6	17	33	0.10	0.64	5.1
D13	Infectious Diseases of Poverty	53	0.93	40.0	10.5	9	43	0.57	0.32	4.7
D13	Infectious Medicine	42	1.00	38.5	6.6	8	37	0.50	0.71	5.8
D13	传染病信息	100	0.89	29.8	5.6	20	77	0.04	0.56	4.1
D13	感染、炎症、修复	73	1.00	18.8	3.5	17	63	—	0.44	2.7
D13	国际流行病学传染病学杂志	91	0.94	20.2	5.3	21	70	0.00	0.42	4.6
D13	微生物与感染	52	0.85	32.5	5.1	19	39	0.00	0.62	4.9
D13	新发传染病电子杂志	80	0.95	25.1	5.2	16	52	0.01	0.50	3.9
D13	中国感染控制杂志	192	0.99	24.7	5.8	30	147	0.00	0.55	4.5
D13	中国感染与化疗杂志	145	0.96	23.0	6.1	26	107	0.00	0.41	5.2
D13	中华传染病杂志	140	0.93	27.9	6.1	25	103	0.00	0.54	4.6
D13	中华临床感染病杂志	62	0.86	31.1	5.6	18	51	0.02	0.53	3.9
D13	中华实验和临床感染病杂志（电子版）	62	0.91	29.7	5.5	12	43	0.00	0.69	4.5
D14	Chinese Journal of Plastic and Reconstructive Surgery	42	0.91	27.8	4.5	8	26	0.17	0.33	7.1
D14	Chinese Journal of Traumatology	69	0.96	32.4	5.1	9	63	0.55	0.22	7.8
D14	肠外与肠内营养	71	0.92	26.4	5.0	19	53	0.00	0.42	4.5
D14	国际麻醉学与复苏杂志	260	0.97	27.4	4.3	27	138	0.00	0.49	4.9
D14	国际外科学杂志	164	0.98	28.2	4.5	25	95	0.00	0.47	3.8
D14	国际移植与血液净化杂志	70	0.96	15.8	3.5	11	49	—	0.06	3.6
D14	河南外科学杂志	451	1.00	12.7	2.1	16	283	—	0.13	3.0
D14	机器人外科学杂志（中英文）	73	0.92	24.3	5.3	19	42	—	0.89	4.6
D14	局解手术学杂志	231	0.99	24.2	4.9	27	169	0.00	0.59	4.2
D14	临床麻醉学杂志	284	0.96	22.8	4.9	28	183	0.00	0.39	4.2
D14	临床普外科电子杂志	139	0.94	12.3	2.6	22	121	—	0.12	2.8
D14	临床外科杂志	336	0.96	17.4	4.2	27	239	0.00	0.22	4.4
D14	岭南现代临床外科	113	1.00	21.6	4.6	18	72	—	0.57	4.4
D14	器官移植	113	0.97	37.8	4.6	23	71	0.00	0.89	3.2
D14	实用器官移植电子杂志	114	0.87	30.8	4.8	20	65	0.00	0.61	5.1
D14	手术电子杂志	108	0.96	19.8	5.0	17	47	—	0.50	4.2
D14	外科理论与实践	116	0.98	26.1	3.7	15	59	0.00	0.34	5.2
D14	外科研究与新技术	71	0.91	14.4	3.1	11	55	—	0.20	3.0
D14	浙江创伤外科	577	1.00	8.6	2.9	4	289	—	0.12	2.4

学科代码	期刊名称	来源文献量	文献选出率	平均引文数	平均作者数	地区分布数	机构分布数	海外论文比	基金论文比	引用半衰期
D14	中国内镜杂志	170	0.88	25.7	5.2	27	140	0.00	0.28	4.6
D14	中国实用外科杂志	253	0.89	25.3	5.0	20	110	0.02	0.81	5.0
D14	中国体外循环杂志	81	0.93	20.1	6.3	20	51	0.00	0.36	4.3
D14	中国微创外科杂志	210	0.99	20.1	4.7	27	121	0.00	0.43	4.8
D14	中国现代手术学杂志	97	0.93	15.8	4.8	20	81	0.00	0.35	4.7
D14	中华肥胖与代谢病电子杂志	49	1.00	29.9	4.5	16	32	—	0.51	4.4
D14	中华麻醉学杂志	287	0.85	16.4	6.3	26	173	0.01	0.53	4.9
D14	中华内分泌外科杂志	162	0.97	11.0	5.0	23	106	0.01	0.59	4.0
D14	中华器官移植杂志	138	0.90	26.1	6.4	21	72	0.00	0.61	4.8
D14	中华实验外科杂志	632	0.88	15.1	5.3	29	271	0.00	0.57	4.2
D14	中华外科杂志	169	0.88	24.2	7.2	23	99	0.02	0.56	5.2
D14	中华显微外科杂志	172	0.98	14.7	5.7	24	101	0.01	0.42	5.7
D14	中华移植杂志（电子版）	60	0.88	27.6	6.0	19	41	0.00	0.68	5.4
D14	足踝外科电子杂志	100	0.97	23.9	5.7	20	79	—	0.75	4.4
D15	Chinese Journal of Heart Failure and Cardiomyopathy	47	0.90	28.8	7.4	13	36	0.00	0.32	4.9
D15	腹部外科	95	0.99	25.1	5.0	23	61	0.01	0.45	5.2
D15	腹腔镜外科杂志	213	0.91	19.6	4.7	26	167	0.00	0.26	4.5
D15	肝癌电子杂志	36	0.80	24.5	5.2	16	26	0.00	0.28	4.3
D15	肝博士	92	0.58	—	1.5	20	57	—	—	—
D15	肝胆外科杂志	116	0.94	21.9	4.2	22	78	0.00	0.30	5.3
D15	肝胆胰外科杂志	161	0.93	21.2	4.7	28	125	0.00	0.32	4.7
D15	加速康复外科杂志	38	1.00	29.0	3.5	9	17	—	0.26	3.7
D15	结直肠肛门外科	129	0.92	27.6	4.9	22	89	0.00	0.28	5.4
D15	临床心电学杂志	112	0.85	9.6	3.2	27	89	—	0.12	4.6
D15	心电与循环	150	0.97	17.2	3.3	12	102	—	0.38	3.5
D15	血管与腔内血管外科杂志	314	0.97	22.1	5.0	28	214	0.00	0.33	4.4
D15	中国普通外科杂志	201	0.96	36.7	5.7	28	134	0.00	0.63	4.5
D15	中国普外基础与临床杂志	283	0.96	31.8	4.7	25	132	0.00	0.43	4.7
D15	中国现代普通外科进展	258	0.91	17.7	4.2	27	193	0.00	0.28	5.2
D15	中国胸心血管外科临床杂志	258	0.99	30.5	6.1	26	128	0.02	0.49	5.3
D15	中国血管外科杂志（电子版）	89	0.91	23.0	4.7	21	58	0.00	0.40	5.7
D15	中华肝胆外科杂志	207	0.98	22.0	5.8	29	126	0.00	0.60	4.9

学科代码	期刊名称	来源文献量	文献选出率	平均引文数	平均作者数	地区分布数	机构分布数	海外论文比	基金论文比	引用半衰期
D15	中华脑科疾病与康复杂志（电子版）	70	0.92	22.1	4.5	21	60	0.00	0.31	4.9
D15	中华普通外科学文献（电子版）	85	0.78	19.6	4.7	22	62	0.01	0.44	4.7
D15	中华普通外科杂志	222	0.75	10.5	6.7	26	141	0.00	0.36	5.3
D15	中华普外科手术学杂志（电子版）	171	0.97	18.7	4.6	23	123	0.00	0.81	3.6
D15	中华腔镜外科杂志（电子版）	77	0.93	22.3	5.4	19	49	0.00	0.38	4.7
D15	中华乳腺病杂志（电子版）	72	0.91	31.1	4.6	22	60	0.03	0.28	5.3
D15	中华疝和腹壁外科杂志（电子版）	163	0.96	18.6	4.3	24	129	0.00	0.20	4.6
D15	中华胃肠外科杂志	164	0.80	30.5	5.8	21	84	0.00	0.60	5.3
D15	中华消化外科杂志	177	0.76	38.0	6.6	31	94	0.03	0.86	4.8
D15	中华胸部外科电子杂志	45	1.00	26.3	4.8	13	28	0.09	0.38	5.2
D15	中华胸心血管外科杂志	150	0.93	23.4	6.5	23	94	0.01	0.35	7.0
D15	中华血管外科杂志	53	1.00	24.6	5.9	15	31	—	0.51	5.2
D16	Cardiology Discovery	32	1.00	40.6	7.7	10	22	0.19	0.56	4.8
D16	Journal of Geriatric Cardiology	119	0.99	30.3	8.1	13	88	0.55	0.48	5.6
D16	South China Journal of Cardiology	36	1.00	34.5	5.1	9	19	—	0.78	6.8
D16	国际心血管病杂志	98	0.99	25.4	4.1	22	70	0.00	0.56	4.6
D16	临床心血管病杂志	199	0.98	23.7	5.5	28	120	0.00	0.54	4.4
D16	岭南心血管病杂志	120	0.96	19.6	4.8	22	83	0.01	0.39	5.1
D16	实用心电学杂志	93	1.00	20.3	3.6	23	71	—	0.68	4.0
D16	实用心脑肺血管病杂志	321	0.95	28.3	5.0	29	224	0.00	0.69	4.4
D16	心肺血管病杂志	256	0.94	21.3	5.3	21	107	0.00	0.39	5.3
D16	心脑血管病防治	145	0.89	18.2	4.0	22	128	0.00	0.34	4.6
D16	心血管病学进展	248	0.95	32.7	3.8	25	132	0.00	0.60	4.4
D16	心血管康复医学杂志	179	1.00	23.9	3.7	24	105	0.00	0.23	4.8
D16	心脏杂志	156	0.96	21.6	5.6	25	97	0.00	0.44	4.8
D16	中国动脉硬化杂志	168	0.95	36.4	4.6	25	123	0.02	0.85	4.5
D16	中国分子心脏病学杂志	121	1.00	24.1	5.0	24	77	0.00	0.42	5.4
D16	中国介入心脏病学杂志	172	0.94	22.5	6.0	24	90	0.00	0.39	4.9
D16	中国心血管病研究	196	0.96	26.6	5.0	26	128	0.00	0.56	4.4
D16	中国心血管杂志	119	0.90	23.5	4.7	23	90	0.00	0.41	4.5
D16	中国心脏起搏与心电生理杂志	147	0.95	13.0	5.1	24	103	0.01	0.29	6.2
D16	中国循环杂志	198	0.92	22.2	6.4	25	87	0.01	0.50	5.1
D16	中国循证心血管医学杂志	378	0.93	19.2	4.9	29	219	0.00	0.49	4.7

学科代码	期刊名称	来源文献量	文献选出率	平均引文数	平均作者数	地区分布数	机构分布数	海外论文比	基金论文比	引用半衰期
D16	中华高血压杂志	143	0.55	22.0	5.1	25	97	0.00	0.35	5.7
D16	中华老年心脑血管病杂志	358	0.98	14.9	5.1	29	230	0.01	0.61	2.9
D16	中华心律失常学杂志	77	0.83	18.3	7.2	17	40	0.00	0.45	7.3
D16	中华心血管病杂志	195	0.86	26.7	6.7	27	104	0.01	0.51	5.6
D16	中华心血管病杂志（网络版）	29	0.88	42.9	4.1	11	22	0.00	0.48	5.2
D16	中华心脏与心律电子杂志	53	0.98	20.3	4.6	11	31	—	0.45	4.4
D17	Asian Journal of Andrology	117	0.87	36.1	8.2	15	98	0.38	0.53	8.2
D17	Asian Journal of Urology	69	1.00	38.0	5.8	3	63	0.90	0.12	6.9
D17	国际泌尿系统杂志	311	0.98	20.2	4.1	29	258	0.00	0.30	5.5
D17	临床泌尿外科杂志	201	0.98	22.8	5.6	28	153	0.00	0.31	4.6
D17	泌尿外科杂志（电子版）	90	0.97	20.9	4.3	20	73	—	0.37	4.7
D17	肾脏病与透析肾移植杂志	96	0.79	29.8	4.2	17	44	0.00	0.70	5.5
D17	透析与人工器官	127	1.00	13.6	2.1	5	78	—	0.06	2.2
D17	微创泌尿外科杂志	87	0.98	20.3	6.5	21	60	0.00	0.20	5.3
D17	现代泌尿外科杂志	235	0.91	20.0	5.8	28	136	0.00	0.38	5.5
D17	中华泌尿外科杂志	206	0.90	19.9	7.1	27	108	0.00	0.30	4.9
D17	中华腔镜泌尿外科杂志（电子版）	130	0.99	20.4	5.8	25	87	0.00	0.35	5.7
D17	中华肾病研究电子杂志	68	0.91	26.5	4.5	19	51	0.01	0.60	4.1
D18	Bone Research	61	1.00	100.7	11.2	11	48	0.46	0.90	7.3
D18	骨科	113	0.94	22.8	5.4	20	82	0.00	0.35	5.7
D18	骨科临床与研究杂志	76	0.96	22.9	5.1	18	51	—	0.53	5.1
D18	国际骨科学杂志	80	0.93	33.3	4.0	18	49	0.00	0.36	4.2
D18	脊柱外科杂志	80	0.96	27.2	5.2	20	58	0.00	0.33	6.4
D18	颈腰痛杂志	297	1.00	12.9	4.1	27	220	0.00	0.20	4.2
D18	临床骨科杂志	201	0.65	11.2	4.4	25	177	0.00	0.43	4.2
D18	生物骨科材料与临床研究	115	0.93	23.5	5.5	22	89	0.00	0.35	5.3
D18	实用骨科杂志	219	0.81	18.8	5.3	24	168	0.00	0.36	5.3
D18	实用手外科杂志	195	1.00	13.2	4.5	26	151	—	0.24	5.1
D18	中国骨与关节损伤杂志	401	0.96	15.9	5.2	27	310	0.00	0.30	5.9
D18	中国骨与关节杂志	163	0.98	29.8	5.2	27	104	0.00	0.34	6.4
D18	中国脊柱脊髓杂志	157	0.96	30.3	6.2	28	101	0.01	0.48	5.9
D18	中华创伤骨科杂志	175	0.84	23.5	7.1	21	104	0.01	0.59	6.1
D18	中华骨科杂志	189	0.96	34.3	6.9	24	101	0.00	0.60	6.9

学科代码	期刊名称	来源文献量	文献选出率	平均引文数	平均作者数	地区分布数	机构分布数	海外论文比	基金论文比	引用半衰期
D18	中华骨与关节外科杂志	130	0.88	27.8	5.8	24	75	0.00	0.52	5.3
D18	中华关节外科杂志（电子版）	123	0.90	29.6	5.5	22	105	0.00	0.45	6.3
D18	中华肩肘外科电子杂志	65	0.94	28.4	5.3	18	48	0.00	0.55	5.5
D18	中华手外科杂志	157	0.97	15.7	6.5	24	109	0.00	0.20	8.2
D19	创伤外科杂志	197	0.97	21.6	4.8	29	138	0.00	0.34	4.5
D19	中国矫形外科杂志	513	0.98	21.4	5.4	30	310	0.00	0.41	5.2
D19	中国美容医学	614	0.99	19.1	3.7	29	425	0.00	0.14	4.2
D19	中国烧伤创疡杂志	107	0.98	16.8	2.9	19	80	—	0.20	3.0
D19	中国修复重建外科杂志	238	0.96	28.5	5.8	28	143	0.00	0.51	4.8
D19	中华创伤杂志	165	0.86	31.8	6.1	24	109	0.01	0.53	4.0
D19	中华烧伤与创面修复杂志	171	0.92	35.8	5.6	27	102	0.01	0.78	4.6
D19	中华损伤与修复杂志（电子版）	95	0.90	31.3	4.9	24	65	0.01	0.57	5.5
D19	中华整形外科杂志	225	0.97	27.3	5.8	24	111	0.00	0.32	6.5
D19	组织工程与重建外科杂志	122	0.94	23.9	4.5	20	66	0.00	0.34	5.8
D20	妇产与遗传（电子版）	46	1.00	22.2	4.4	11	31	—	0.43	4.9
D20	妇儿健康导刊	546	0.96	16.9	2.4	29	368	0.01	0.19	2.1
D20	国际妇产科学杂志	151	0.99	27.2	3.4	23	85	0.00	0.46	3.8
D20	实用妇产科杂志	227	0.93	18.8	3.6	27	116	0.00	0.35	4.9
D20	现代妇产科进展	224	0.98	25.1	4.6	27	135	0.00	0.46	4.2
D20	中国妇产科临床杂志	242	0.98	12.5	4.4	28	151	0.01	0.42	3.8
D20	中国实用妇科与产科杂志	246	0.87	26.1	3.6	25	132	0.00	0.85	4.9
D20	中华产科急救电子杂志	56	0.97	23.1	3.6	13	31	—	0.54	4.6
D20	中华妇产科杂志	146	0.88	23.9	6.0	20	78	0.00	0.51	5.3
D20	中华妇幼临床医学杂志（电子版）	98	0.97	29.3	4.8	21	60	0.00	0.94	4.3
D20	中华围产医学杂志	172	0.78	27.5	4.9	24	91	0.02	0.48	5.9
D21	Chinese Journal of Neonatology	150	0.97	18.7	5.4	25	94	0.00	0.30	5.4
D21	Pediatric Investigation	45	0.96	27.4	5.5	6	28	0.36	0.40	6.1
D21	World Journal of Pediatrics	120	0.91	34.2	6.7	12	90	0.49	0.64	5.1
D21	发育医学电子杂志	78	0.98	33.0	4.4	21	66	0.00	0.58	5.3
D21	国际儿科学杂志	187	0.95	32.1	1.9	26	82	0.00	0.53	4.8
D21	临床儿科杂志	167	0.98	28.2	4.6	23	71	0.01	0.40	4.8
D21	临床小儿外科杂志	223	0.96	22.3	5.4	23	82	0.00	0.65	6.5
D21	中国当代儿科杂志	214	0.94	26.4	6.0	28	125	0.01	0.30	4.0

学科代码	期刊名称	来源文献量	文献选出率	平均引文数	平均作者数	地区分布数	机构分布数	海外论文比	基金论文比	引用半衰期
D21	中国儿童保健杂志	307	0.98	25.9	4.7	28	200	0.01	0.57	5.1
D21	中国实用儿科杂志	177	0.86	26.8	3.5	23	69	0.01	0.35	5.9
D21	中国小儿急救医学	211	0.94	27.9	5.3	23	91	0.00	0.40	5.7
D21	中国循证儿科杂志	75	0.84	30.9	8.2	14	33	0.01	0.52	5.9
D21	中华儿科杂志	209	0.67	16.2	8.3	22	74	0.01	0.44	5.0
D21	中华实用儿科临床杂志	383	0.96	26.7	6.1	27	155	0.00	0.51	4.8
D21	中华小儿外科杂志	202	0.94	25.1	6.1	27	92	0.00	0.44	6.8
D22	Eye and Vision	25	1.00	45.1	6.6	5	19	0.44	0.76	8.1
D22	国际眼科杂志	428	0.99	30.1	4.5	30	270	0.01	0.51	5.0
D22	临床眼科杂志	140	0.96	19.6	4.1	24	105	0.00	0.27	6.6
D22	眼科	106	0.83	19.1	4.5	23	52	0.01	0.39	7.9
D22	眼科新进展	204	0.99	31.4	4.4	29	127	0.01	0.77	5.3
D22	眼科学报	142	0.97	33.5	3.6	21	69	—	0.62	4.3
D22	中国斜视与小儿眼科杂志	66	0.94	13.8	4.3	18	52	0.02	0.38	5.9
D22	中华实验眼科杂志	201	0.95	31.7	4.1	27	119	0.01	0.70	6.4
D22	中华眼底病杂志	184	0.89	25.1	5.0	20	86	0.00	0.61	5.5
D22	中华眼科医学杂志（电子版）	62	0.85	44.0	4.7	16	42	0.03	0.94	6.7
D22	中华眼科杂志	182	0.82	27.9	4.2	20	71	0.01	0.50	6.3
D22	中华眼视光学与视觉科学杂志	147	0.93	26.6	5.5	25	96	0.01	0.44	6.1
D22	中华眼外伤职业眼病杂志	165	0.98	20.0	3.6	24	103	—	0.38	4.6
D23	Journal of Otology	39	0.93	32.4	4.8	5	34	0.79	0.33	8.4
D23	World Journal of Otorhinolaryngology - Head and Neck Surgery	45	0.96	33.7	6.4	3	36	0.89	0.11	5.9
D23	国际耳鼻咽喉头颈外科杂志	89	0.96	27.4	3.3	20	71	—	0.55	5.1
D23	国际眼科纵览	102	0.95	41.4	2.7	20	56	—	0.74	5.4
D23	临床耳鼻咽喉头颈外科杂志	205	0.98	23.6	5.2	27	119	0.01	0.35	5.1
D23	山东大学耳鼻喉眼学报	161	0.98	33.4	4.2	21	91	0.01	0.52	5.4
D23	实用防盲技术	59	1.00	11.6	2.6	12	41	0.02	0.15	4.4
D23	听力学及言语疾病杂志	156	0.93	22.6	4.6	24	99	0.00	0.49	7.1
D23	中国耳鼻咽喉颅底外科杂志	150	0.97	22.1	4.8	24	108	0.02	0.44	6.2
D23	中国耳鼻咽喉头颈外科	218	0.98	16.9	4.8	25	161	0.00	0.40	5.6
D23	中国眼耳鼻喉科杂志	153	0.91	22.4	4.8	25	62	0.00	0.37	6.7
D23	中国医学文摘—耳鼻咽喉科学	443	1.00	8.3	2.1	26	307	—	0.07	2.5

学科代码	期刊名称	来源文献量	文献选出率	平均引文数	平均作者数	地区分布数	机构分布数	海外论文比	基金论文比	引用半衰期
D23	中华耳鼻咽喉头颈外科杂志	268	0.95	27.9	5.7	25	143	0.00	0.47	6.8
D23	中华耳科学杂志	187	0.99	24.5	4.9	28	125	0.01	0.49	6.9
D23	中医眼耳鼻喉杂志	74	0.97	19.8	3.6	15	26	—	0.47	5.4
D24	International Journal of Oral Science	53	1.00	73.7	9.3	11	39	0.25	0.74	6.0
D24	北京口腔医学	92	0.83	18.0	4.2	18	45	0.00	0.49	6.4
D24	国际口腔医学杂志	102	0.98	42.3	3.5	24	48	0.01	0.65	5.9
D24	华西口腔医学杂志	97	0.91	22.5	5.1	20	58	0.00	0.71	6.2
D24	口腔材料器械杂志	56	0.90	14.1	3.9	18	45	0.00	0.39	4.9
D24	口腔颌面外科杂志	71	0.99	19.8	3.7	20	53	0.00	0.51	5.5
D24	口腔颌面修复学杂志	78	0.93	30.2	4.1	21	57	0.00	0.51	5.2
D24	口腔疾病防治	141	0.97	25.9	4.3	25	75	0.00	0.94	4.0
D24	口腔生物医学	53	0.93	32.4	4.1	15	33	0.00	0.75	4.6
D24	口腔医学	220	0.98	32.0	4.3	20	89	0.00	0.66	5.0
D24	口腔医学研究	247	0.96	21.3	4.1	26	114	0.01	0.55	4.9
D24	临床口腔医学杂志	207	1.00	20.2	3.9	27	132	0.01	0.40	5.1
D24	上海口腔医学	126	0.94	20.7	4.4	23	85	0.00	0.60	5.8
D24	实用口腔医学杂志	157	0.94	17.9	4.7	26	99	0.00	0.53	5.6
D24	现代口腔医学杂志	87	0.98	25.8	4.0	18	47	0.00	0.60	5.0
D24	中国口腔颌面外科杂志	113	0.93	22.1	5.1	20	57	0.00	0.41	5.9
D24	中国口腔医学继续教育杂志	63	0.91	21.4	4.1	15	39	—	0.63	4.6
D24	中国口腔种植学杂志	70	0.93	25.2	3.6	18	41	—	0.33	5.8
D24	中国实用口腔科杂志	152	0.98	22.2	4.3	26	69	0.01	0.57	5.2
D24	中华口腔医学研究杂志（电子版）	65	0.98	29.7	4.2	16	41	0.00	0.60	4.6
D24	中华口腔医学杂志	187	0.90	33.4	4.7	23	67	0.01	0.59	5.7
D24	中华口腔正畸学杂志	40	0.70	17.8	4.2	12	26	0.03	0.35	6.6
D24	中华老年口腔医学杂志	74	0.95	23.7	3.9	19	56	0.01	0.53	5.3
D25	International Journal of Dermatology and Venereology	44	0.96	23.3	6.1	10	36	0.41	0.23	5.9
D25	临床皮肤科杂志	206	0.80	16.4	4.5	29	137	0.00	0.22	7.0
D25	皮肤病与性病	150	0.99	21.0	4.0	22	93	—	0.37	4.9
D25	皮肤科学通报	113	0.95	28.0	3.0	24	79	0.01	0.12	4.9
D25	皮肤性病诊疗学杂志	117	0.99	22.5	5.0	18	75	—	0.49	3.7
D25	实用皮肤病学杂志	99	0.90	19.4	4.6	22	68	0.00	0.28	5.0

2022 年中国科技期刊来源指标按类刊名字顺索引(续)

学科代码	期刊名称	来源文献量	文献选出率	平均引文数	平均作者数	地区分布数	机构分布数	海外论文比	基金论文比	引用半衰期
D25	中国艾滋病性病	344	0.98	21.3	6.2	30	173	0.00	0.57	4.9
D25	中国麻风皮肤病杂志	248	0.95	18.5	4.6	27	140	0.00	0.39	6.0
D25	中国皮肤性病学杂志	292	0.99	20.0	4.9	31	186	0.00	0.58	4.9
D25	中华皮肤科杂志	247	0.88	17.9	5.3	27	128	0.00	0.46	5.4
D26	中国男科学杂志	118	0.98	26.0	5.2	23	88	0.00	0.47	5.4
D26	中国性科学	481	0.98	19.7	4.3	28	365	0.01	0.40	4.0
D26	中华男科学杂志	165	0.90	28.0	5.2	26	119	0.01	0.48	6.5
D27	Chinese Neurosurgical Journal	37	1.00	30.7	7.4	13	26	0.19	0.78	7.7
D27	General Psychiatry	54	0.95	38.3	6.4	5	37	0.52	0.41	6.2
D27	Neural Regeneration Research	502	1.00	48.8	4.8	25	394	0.70	0.28	6.6
D27	Neuroscience Bulletin	150	0.94	53.1	6.9	19	95	0.17	0.79	7.6
D27	Translational Neurodegeneration	55	1.00	121.2	7.3	12	51	0.67	0.96	6.7
D27	阿尔茨海默病及相关病杂志	61	0.87	25.4	4.5	16	48	—	0.64	4.5
D27	卒中与神经疾病	117	0.89	27.3	4.1	21	83	0.00	0.55	4.7
D27	癫痫与神经电生理学杂志	74	0.94	23.3	4.8	18	55	—	0.73	4.4
D27	癫痫杂志	97	0.89	29.8	3.9	23	59	—	0.48	6.2
D27	国际精神病学杂志	318	1.00	12.8	3.9	24	174	0.00	0.52	3.8
D27	国际脑血管病杂志	152	0.70	41.8	4.7	23	112	0.00	0.42	4.6
D27	国际神经病学神经外科学杂志	109	1.00	27.4	4.9	26	90	0.00	0.51	4.6
D27	精神医学杂志	127	0.94	28.3	5.2	22	86	0.02	0.69	6.4
D27	立体定向和功能性神经外科杂志	74	0.99	20.2	4.6	17	51	0.00	0.26	4.1
D27	临床精神医学杂志	136	0.94	20.2	5.5	20	87	0.00	0.52	5.7
D27	临床神经病学杂志	113	0.94	24.4	4.6	20	89	0.01	0.32	5.6
D27	临床神经外科杂志	144	0.96	22.9	6.0	27	110	0.01	0.60	5.1
D27	脑与神经疾病杂志	148	0.78	19.4	4.9	21	97	0.00	0.69	4.0
D27	神经病学与神经康复学杂志	23	1.00	32.7	4.1	9	18	—	0.26	4.6
D27	神经疾病与精神卫生	155	0.97	34.6	4.8	21	80	0.00	0.68	5.4
D27	神经损伤与功能重建	232	0.90	24.5	4.6	26	151	0.00	0.42	5.7
D27	四川精神卫生	107	1.00	23.0	4.5	20	59	0.01	0.34	4.8
D27	中国卒中杂志	214	0.93	21.1	4.8	27	104	0.01	0.47	5.3
D27	中国临床神经科学	109	0.94	32.0	4.9	21	69	0.00	0.39	5.5
D27	中国临床神经外科杂志	309	0.79	15.1	4.5	30	202	0.00	0.26	5.3
D27	中国脑血管病杂志	133	0.98	31.7	5.5	22	89	0.00	0.55	5.4

学科代码	期刊名称	来源文献量	文献选出率	平均引文数	平均作者数	地区分布数	机构分布数	海外论文比	基金论文比	引用半衰期
D27	中国神经精神疾病杂志	144	0.97	24.9	5.2	25	113	0.00	0.55	4.9
D27	中国神经免疫学和神经病学杂志	107	0.92	21.3	5.0	25	84	0.00	0.47	5.0
D27	中国实用神经疾病杂志	289	1.00	36.6	4.4	29	211	0.00	0.53	3.4
D27	中国现代神经疾病杂志	165	0.94	33.1	4.3	26	93	0.01	0.71	4.1
D27	中华精神科杂志	71	0.93	32.3	6.0	17	44	0.03	0.70	5.7
D27	中华脑血管病杂志（电子版）	73	0.76	28.2	4.9	18	62	0.00	0.51	6.2
D27	中华神经创伤外科电子杂志	72	0.92	24.2	5.3	25	64	0.00	0.51	5.3
D27	中华神经科杂志	191	0.89	33.4	5.2	24	114	0.00	0.50	6.2
D27	中华神经外科杂志	252	0.95	22.4	5.9	28	115	0.00	0.50	6.2
D27	中华神经医学杂志	216	0.95	28.8	5.6	26	159	0.00	0.54	4.9
D27	中华行为医学与脑科学杂志	180	0.95	31.4	5.7	29	126	0.02	0.80	4.3
D27	中风与神经疾病杂志	286	0.97	23.7	5.2	29	199	0.01	0.49	5.7
D28	标记免疫分析与临床	428	1.00	19.7	4.8	29	237	0.00	0.50	4.3
D28	磁共振成像	434	0.98	35.5	5.3	29	223	0.00	0.68	3.5
D28	放射学实践	295	0.92	21.5	5.2	27	196	0.00	0.41	4.9
D28	分子影像学杂志	183	1.00	26.8	4.7	24	147	0.00	0.60	3.6
D28	国际放射医学核医学杂志	124	0.96	26.9	4.4	27	90	0.00	0.40	4.7
D28	国际医学放射学杂志	118	0.87	27.1	3.9	19	85	0.00	0.47	4.2
D28	介入放射学杂志	262	0.69	20.2	5.6	27	174	0.00	0.42	5.3
D28	临床超声医学杂志	246	0.90	13.1	4.5	25	177	0.00	0.39	4.0
D28	临床放射学杂志	407	0.88	19.2	5.8	29	236	0.00	0.39	4.3
D28	实用放射学杂志	522	0.92	14.6	5.1	30	330	0.00	0.29	4.7
D28	实用医学影像杂志	207	0.97	11.6	2.9	24	188	—	0.14	3.0
D28	现代医用影像学	668	0.98	11.2	2.7	27	498	—	0.13	2.6
D28	医学影像学杂志	636	0.98	12.7	4.2	30	431	0.00	0.36	4.7
D28	影视制作	158	0.80	2.5	1.4	24	86	—	0.05	4.8
D28	影像研究与医学应用	1553	1.00	13.8	2.4	30	1080	—	0.12	2.2
D28	影像诊断与介入放射学	88	0.88	24.7	4.3	24	70	0.00	0.31	5.1
D28	中国 CT 和 MRI 杂志	766	0.98	16.0	3.8	30	520	0.00	0.41	5.0
D28	中国超声医学杂志	355	0.79	11.0	5.2	28	226	0.00	0.28	3.7
D28	中国介入影像与治疗学	164	0.72	17.6	5.5	29	127	0.01	0.40	4.4
D28	中国临床医学影像杂志	243	0.96	16.2	5.0	28	144	0.00	0.42	5.1
D28	中国数字医学	276	0.98	12.6	4.1	25	193	0.00	0.29	3.2

学科代码	期刊名称	来源文献量	文献选出率	平均引文数	平均作者数	地区分布数	机构分布数	海外论文比	基金论文比	引用半衰期
D28	中国体视学与图像分析	47	0.90	35.9	4.9	16	34	—	0.83	6.8
D28	中国医学计算机成像杂志	127	0.93	14.7	5.4	22	85	0.00	0.45	5.0
D28	中国医学影像技术	366	0.71	16.5	5.7	29	236	0.01	0.42	4.4
D28	中国医学影像学杂志	262	0.98	20.7	5.0	29	176	0.00	0.48	3.4
D28	中华超声影像学杂志	181	0.93	19.2	6.5	26	112	0.00	0.67	4.1
D28	中华放射学杂志	246	0.94	21.5	6.4	25	152	0.02	0.54	4.9
D28	中华核医学与分子影像杂志	148	0.90	22.3	5.8	17	84	0.06	0.43	5.4
D28	中华介入放射学电子杂志	80	0.90	21.2	5.5	16	41	0.00	0.33	5.0
D28	中华医学超声杂志（电子版）	212	0.75	16.6	5.8	23	133	0.00	0.42	6.0
D29	Cancer Biology & Medicine	122	0.98	62.9	8.0	20	92	0.25	0.68	5.7
D29	Chinese Journal of Cancer Research	47	0.81	31.7	6.9	8	30	0.19	0.34	4.6
D29	Journal of Nutritional Oncology	20	0.80	50.7	9.6	12	15	0.10	0.80	5.9
D29	Oncology and Translational Medicine	43	0.98	33.2	4.5	13	33	0.00	0.44	5.5
D29	Signal Transduction and Targeted Therapy	386	1.00	110.2	9.6	22	244	0.34	0.65	5.0
D29	癌变·畸变·突变	87	0.98	23.9	5.4	21	58	0.00	0.68	5.1
D29	癌症	47	0.81	45.1	7.9	16	41	0.15	0.51	5.7
D29	癌症进展	659	0.99	23.4	3.7	28	332	—	0.20	3.0
D29	癌症康复	98	0.73	0.0	1.3	9	35	—	—	—
D29	白血病·淋巴瘤	184	0.96	19.6	6.2	30	121	—	0.43	4.2
D29	国际肿瘤学杂志	146	0.95	26.4	4.8	26	109	0.00	0.35	3.3
D29	临床肿瘤学杂志	197	0.99	25.2	4.4	25	155	0.00	0.27	3.7
D29	实用癌症杂志	556	1.00	16.3	3.5	23	191	—	0.47	2.6
D29	实用肿瘤学杂志	105	0.93	30.5	3.5	20	54	0.00	0.50	4.0
D29	实用肿瘤杂志	96	0.94	24.6	4.4	20	73	0.00	0.45	3.9
D29	现代泌尿生殖肿瘤杂志	83	0.88	17.9	5.0	22	65	0.00	0.16	5.5
D29	现代肿瘤医学	950	0.99	27.7	4.6	30	494	0.00	0.63	4.8
D29	消化肿瘤杂志（电子版）	82	0.94	26.2	4.1	20	59	0.00	0.37	4.7
D29	中国癌症防治杂志	111	0.96	32.4	5.0	23	74	0.01	0.76	4.3
D29	中国癌症杂志	116	0.84	33.6	5.7	21	67	0.00	0.53	4.7
D29	中国肺癌杂志	117	0.89	38.9	5.0	20	66	0.03	0.35	4.6
D29	中国小儿血液与肿瘤杂志	85	0.88	20.3	5.9	20	57	0.00	0.35	5.6
D29	中国肿瘤	117	0.90	30.4	6.0	27	80	0.01	0.47	4.1
D29	中国肿瘤临床	231	0.90	24.5	4.6	30	132	0.05	0.53	4.2

2022 年中国科技期刊来源指标按类刊名字顺索引(续)

学科代码	期刊名称	来源文献量	文献选出率	平均引文数	平均作者数	地区分布数	机构分布数	海外论文比	基金论文比	引用半衰期
D29	中国肿瘤临床与康复	382	0.96	13.6	3.4	16	224	—	0.07	2.3
D29	中国肿瘤生物治疗杂志	159	0.96	37.5	3.6	27	109	0.00	0.84	3.5
D29	中国肿瘤外科杂志	117	0.99	25.9	4.6	24	85	0.00	0.51	4.3
D29	中华放射肿瘤学杂志	185	0.90	26.5	6.0	24	91	0.00	0.44	5.9
D29	中华肿瘤防治杂志	258	0.89	30.9	5.5	30	167	0.00	0.66	3.7
D29	中华肿瘤杂志	123	0.70	23.5	7.2	19	67	0.02	0.50	5.4
D29	中华转移性肿瘤杂志	75	1.00	20.6	5.1	20	60	—	0.57	3.8
D29	中医肿瘤学杂志	83	0.89	25.0	4.7	20	42	0.01	0.49	5.3
D29	肿瘤	84	0.93	38.5	4.8	21	55	0.01	0.56	5.2
D29	肿瘤代谢与营养电子杂志	127	0.87	44.2	4.0	23	91	0.01	0.50	4.6
D29	肿瘤防治研究	213	0.87	30.9	4.5	28	137	0.00	0.54	3.9
D29	肿瘤基础与临床	139	0.96	18.6	3.8	10	57	—	0.47	3.5
D29	肿瘤学杂志	173	0.91	26.1	4.4	25	112	0.00	0.47	3.7
D29	肿瘤研究与临床	219	0.96	20.5	5.3	25	142	0.00	0.33	4.5
D29	肿瘤药学	119	0.94	29.5	4.3	26	98	0.00	0.38	4.6
D29	肿瘤影像学	105	0.99	21.2	5.0	20	76	0.01	0.51	4.7
D29	肿瘤预防与治疗	169	0.97	29.5	5.4	24	101	0.01	0.64	4.0
D29	肿瘤综合治疗电子杂志	66	0.80	33.4	4.2	18	44	0.00	0.47	3.9
D30	Chinese Nursing Frontiers	52	0.96	29.9	4.1	11	49	0.69	0.38	4.9
D30	International Journal of Nursing Sciences	67	0.92	39.5	5.2	12	56	0.58	0.24	5.4
D30	国际护理学杂志	1159	1.00	17.5	3.3	25	538	0.00	0.22	3.0
D30	护理管理杂志	182	0.92	28.5	5.0	30	136	0.01	0.40	4.5
D30	护理实践与研究	827	0.97	20.6	3.8	28	446	—	0.55	2.9
D30	护理学报	370	1.00	24.9	5.2	27	208	0.01	0.60	4.0
D30	护理学杂志	713	1.00	22.9	5.3	28	295	0.01	0.45	4.6
D30	护理研究	905	0.99	28.3	4.5	30	370	0.00	0.46	4.9
D30	护理与康复	352	0.99	14.5	4.1	20	134	—	0.60	3.2
D30	护士进修杂志	474	1.00	25.4	4.7	27	276	0.01	0.46	4.8
D30	军事护理	301	0.99	20.5	5.1	27	152	0.01	0.61	4.5
D30	临床护理杂志	158	1.00	14.6	3.4	21	118	—	0.44	2.6
D30	齐鲁护理杂志	1376	1.00	14.1	3.6	26	582	—	0.13	2.6
D30	全科护理	1396	0.97	25.9	3.7	29	650	—	0.40	3.2
D30	上海护理	208	0.95	21.8	3.9	23	134	—	0.62	4.3

学科代码	期刊名称	来源文献量	文献选出率	平均引文数	平均作者数	地区分布数	机构分布数	海外论文比	基金论文比	引用半衰期
D30	天津护理	198	1.00	18.4	3.3	21	100	—	0.41	4.0
D30	现代临床护理	158	0.96	29.0	4.9	24	109	0.01	0.46	4.3
D30	循证护理	719	0.99	24.8	4.1	30	397	0.00	0.49	4.0
D30	医药高职教育与现代护理	136	0.96	15.5	3.8	20	103	—	0.52	3.2
D30	中国护理管理	368	0.98	27.2	5.1	26	201	0.02	0.42	4.3
D30	中国临床护理	199	0.96	19.9	3.9	22	134	—	0.48	3.7
D30	中国实用护理杂志	467	0.98	24.2	5.2	30	265	0.00	0.35	4.8
D30	中华护理杂志	456	0.97	27.2	5.8	29	233	0.01	0.50	4.3
D30	中华急危重症护理杂志	122	1.00	17.0	5.0	18	54	—	0.54	3.5
D30	中华现代护理杂志	958	0.95	24.8	4.8	27	398	0.00	0.40	4.3
D30	中西医结合护理（中英文）	721	1.00	11.3	3.3	22	402	—	0.10	2.1
D31	安徽预防医学杂志	125	0.95	19.6	4.6	12	88	—	0.32	3.3
D31	毒理学杂志	102	0.98	22.5	6.1	24	79	0.06	0.69	5.7
D31	公共卫生与预防医学	220	0.99	20.2	4.5	26	166	0.00	0.36	3.2
D31	海峡预防医学杂志	237	0.99	11.9	4.3	18	119	—	0.43	3.8
D31	河南预防医学杂志	244	0.94	15.3	4.6	17	123	—	0.46	3.5
D31	华南预防医学	401	0.99	20.0	4.3	25	269	0.00	0.27	3.3
D31	基层医学论坛	1749	0.99	11.8	2.0	30	1000	—	0.12	2.7
D31	疾病监测与控制	144	0.96	15.8	2.4	8	91	—	0.14	2.4
D31	疾病预防控制通报	155	0.98	14.4	4.3	17	94	—	0.36	3.8
D31	江苏卫生事业管理	456	0.99	8.4	3.6	21	232	0.00	0.55	2.6
D31	江苏预防医学	255	0.98	13.3	4.3	16	155	—	0.41	3.2
D31	口岸卫生控制	91	1.00	9.8	4.1	20	60	—	0.29	4.3
D31	临床医学工程	888	1.00	7.6	2.8	15	452	—	0.42	2.6
D31	上海预防医学	239	0.95	23.2	5.6	20	122	0.00	0.49	4.6
D31	实用预防医学	391	1.00	19.5	5.1	26	265	0.01	0.39	4.3
D31	首都公共卫生	91	1.00	17.3	5.6	10	40	0.00	0.36	3.7
D31	微量元素与健康研究	231	1.00	7.5	2.6	20	127	—	0.27	4.0
D31	现代预防医学	824	0.99	22.1	5.8	31	322	0.00	0.68	4.0
D31	应用预防医学	159	0.98	17.3	4.0	24	115	—	0.35	3.8
D31	营养学报	103	0.92	23.6	5.6	25	63	0.00	0.50	6.3
D31	预防医学	254	0.98	18.6	5.3	24	137	0.00	0.52	3.9
D31	预防医学论坛	252	0.98	15.6	4.0	25	184	—	0.38	3.0

2022年中国科技期刊来源指标按类刊名字顺索引(续)

学科代码	期刊名称	来源文献量	文献选出率	平均引文数	平均作者数	地区分布数	机构分布数	海外论文比	基金论文比	引用半衰期
D31	预防医学情报杂志	272	0.95	17.7	5.4	26	122	0.00	0.27	4.4
D31	职业卫生与病伤	81	0.93	15.4	4.3	17	57	—	0.35	3.4
D31	职业卫生与应急救援	156	0.99	20.7	5.2	25	114	0.01	0.48	5.1
D31	中国城乡企业卫生	1073	1.00	10.5	1.6	21	367	—	0.04	1.5
D31	中国地方病防治杂志	213	0.99	9.8	4.1	22	143	—	0.25	3.7
D31	中国辐射卫生	141	0.92	19.7	5.2	25	87	0.00	0.23	5.3
D31	中国公共卫生	329	0.99	23.9	6.5	30	145	0.01	0.64	4.7
D31	中国疾病预防控制中心周报	233	0.94	12.6	8.0	22	93	0.16	0.45	2.8
D31	中国慢性病预防与控制	214	0.98	24.4	6.2	29	115	0.01	0.60	5.2
D31	中国实用乡村医生杂志	255	0.84	10.9	1.8	27	156	—	0.06	3.1
D31	中国食品药品监管	188	0.91	0.1	3.9	20	105	0.01	0.36	—
D31	中国卫生产业	1540	0.98	16.0	2.8	31	856	—	0.22	1.9
D31	中国卫生工程学	363	0.99	11.9	2.9	23	207	—	0.21	3.1
D31	中国卫生事业管理	199	0.99	21.8	4.4	28	100	—	1.00	2.9
D31	中国消毒学杂志	295	0.96	15.2	5.0	29	213	0.00	0.33	5.0
D31	中国校医	302	1.00	15.0	3.1	25	228	—	0.27	3.4
D31	中国医疗管理科学	106	0.97	15.9	3.5	22	73	—	0.59	3.0
D31	中国应急救援	84	0.88	8.5	2.7	21	67	—	0.14	4.0
D31	中国预防医学杂志	157	0.95	26.6	6.1	25	107	0.00	0.64	3.9
D31	中华疾病控制杂志	247	0.98	21.1	6.5	31	121	0.02	0.72	5.0
D31	中华临床营养杂志	54	0.96	29.1	4.6	17	39	0.00	0.46	4.5
D31	中华卫生应急电子杂志	84	0.95	22.5	4.5	17	58	—	0.69	5.7
D31	中华预防医学杂志	275	0.95	32.7	7.0	27	155	0.00	0.59	4.8
D32	Frigid Zone Medicine	31	0.97	57.5	5.5	8	21	0.23	0.61	6.2
D32	工业卫生与职业病	141	0.90	13.4	4.4	28	111	—	0.22	5.6
D32	环境与健康杂志	113	0.98	23.1	5.3	25	71	0.00	0.62	6.2
D32	环境与职业医学	220	0.96	32.4	6.0	28	99	0.02	0.77	5.4
D32	疾病监测	294	0.88	18.7	6.6	28	141	0.00	0.51	5.0
D32	热带病与寄生虫学	78	0.96	27.3	5.4	15	50	0.00	0.63	5.1
D32	热带医学杂志	377	1.00	20.0	5.0	25	275	0.00	0.72	4.4
D32	医学动物防制	300	1.00	20.2	6.5	27	178	0.00	0.66	4.9
D32	职业与健康	734	0.98	26.2	4.2	31	384	0.00	0.40	5.1
D32	中国工业医学杂志	188	0.90	11.0	4.6	25	120	0.00	0.32	5.6

学科代码	期刊名称	来源文献量	文献选出率	平均引文数	平均作者数	地区分布数	机构分布数	海外论文比	基金论文比	引用半衰期
D32	中国国境卫生检疫杂志	132	0.93	13.2	5.6	25	91	0.01	0.53	4.5
D32	中国检验检测	177	0.98	10.5	2.9	26	136	—	0.16	6.8
D32	中国媒介生物学及控制杂志	167	0.98	23.7	6.9	28	107	0.01	0.63	6.4
D32	中国热带医学	236	0.98	23.0	5.7	28	160	0.00	0.60	4.3
D32	中国人兽共患病学报	181	0.93	26.6	6.3	28	122	0.01	0.75	6.4
D32	中国血吸虫病防治杂志	108	0.95	30.8	6.5	20	64	0.01	0.71	5.2
D32	中国职业医学	132	0.98	33.3	5.8	24	83	0.00	0.64	2.7
D32	中华地方病学杂志	192	0.92	19.0	6.4	29	105	0.00	0.59	5.8
D32	中华劳动卫生职业病杂志	214	0.96	19.9	4.9	28	150	0.00	0.47	5.7
D32	中华流行病学杂志	303	0.98	30.2	7.5	24	87	0.02	0.68	4.6
D32	中华卫生杀虫药械	145	0.94	15.1	4.9	25	104	0.01	0.30	6.4
D33	Maternal-Fetal Medicine	41	0.98	48.5	6.0	8	32	0.34	0.51	6.0
D33	Reproductive and Developmental Medicine	39	1.00	53.9	6.0	6	22	0.28	0.69	7.0
D33	国际生殖健康/计划生育杂志	107	0.99	27.6	4.1	23	77	0.00	0.51	3.8
D33	生殖医学杂志	299	0.98	26.2	5.0	29	176	0.00	0.46	5.4
D33	中国产前诊断杂志（电子版）	53	0.93	19.8	4.8	16	39	0.02	0.40	7.5
D33	中国妇幼保健	1318	1.00	20.0	3.4	30	573	—	0.38	3.6
D33	中国妇幼健康研究	273	1.00	17.9	4.7	28	190	0.01	0.55	4.2
D33	中国妇幼卫生杂志	94	0.94	16.9	4.4	25	64	—	0.47	4.6
D33	中国计划生育和妇产科	326	1.00	22.6	4.0	30	208	0.00	0.29	4.9
D33	中国计划生育学杂志	622	0.98	16.9	3.6	30	431	0.00	0.17	3.7
D33	中国生育健康杂志	132	0.99	22.0	5.0	23	84	0.00	0.50	6.2
D33	中国优生与遗传杂志	470	0.97	20.3	4.2	29	313	0.00	0.34	4.0
D33	中华生殖与避孕杂志	202	0.99	32.6	5.4	25	124	0.00	0.53	6.4
D34	Military Medical Research	61	1.00	65.4	8.5	13	56	0.48	0.41	6.0
D34	Radiation Medicine and Protection	35	0.95	34.6	7.0	9	25	0.17	0.51	5.2
D34	法医学杂志	160	0.99	22.1	5.5	25	88	0.00	0.44	7.2
D34	军事医学	171	0.98	25.6	5.9	23	63	0.00	0.50	5.7
D34	中国法医学杂志	156	0.93	12.7	5.7	26	90	0.01	0.42	6.4
D34	中华放射医学与防护杂志	167	0.94	20.5	6.4	27	112	0.02	0.50	5.8
D34	中华航海医学与高气压医学杂志	207	0.99	17.6	5.7	24	95	0.00	0.22	5.3
D34	中华航空航天医学杂志	56	1.00	22.0	7.0	8	25	—	0.34	6.5
D35	Global Health Journal	38	0.95	44.6	3.7	4	31	0.61	0.45	5.2

2022 年中国科技期刊来源指标按类刊名字顺索引(续)

学科代码	期刊名称	来源文献量	文献选出率	平均引文数	平均作者数	地区分布数	机构分布数	海外论文比	基金论文比	引用半衰期
D35	儿童与健康	492	0.97	—	1.1	24	314	—	—	—
D35	基础医学教育	253	0.98	9.6	4.7	28	91	—	0.87	2.9
D35	卫生软科学	229	0.99	18.6	3.9	27	119	0.01	0.60	3.5
D35	卫生研究	177	0.96	24.1	6.0	27	78	0.01	0.50	5.9
D35	现代医院	553	1.00	19.4	4.1	27	312	0.00	0.59	2.6
D35	现代医院管理	178	0.97	12.1	3.6	25	139	—	0.49	2.9
D35	心理与健康	453	0.91	0.1	1.1	27	225	—	0.01	8.5
D35	医疗卫生装备	263	0.96	18.6	4.8	26	177	0.00	0.40	4.6
D35	医疗装备	1692	1.00	10.6	2.2	28	891	—	0.14	2.7
D35	医学教育管理	140	0.97	13.6	4.6	20	58	—	0.74	3.0
D35	医学教育研究与实践	167	0.97	16.2	4.8	25	89	0.01	0.87	2.9
D35	医学与哲学	396	0.94	21.2	2.8	28	212	0.01	0.62	6.6
D35	浙江医学教育	90	0.98	8.8	3.9	14	48	—	0.62	2.9
D35	中国病案	451	0.98	11.4	3.7	30	260	0.00	0.21	4.4
D35	中国继续医学教育	1170	0.99	17.1	4.0	30	506	0.00	0.64	2.1
D35	中国健康教育	227	0.98	19.3	5.4	30	131	0.01	0.39	4.7
D35	中国农村卫生	261	0.83	2.7	2.2	27	219	—	0.10	2.5
D35	中国农村卫生事业管理	165	0.92	19.5	4.2	29	108	—	0.82	3.0
D35	中国社会医学杂志	172	0.98	17.6	5.2	25	119	0.01	0.77	5.0
D35	中国食品卫生杂志	220	0.96	23.0	6.0	26	117	0.00	0.61	5.4
D35	中国卫生法制	157	0.96	11.0	2.4	21	91	0.01	0.34	4.1
D35	中国卫生检验杂志	776	0.99	18.0	4.1	28	451	—	0.51	3.9
D35	中国卫生经济	271	0.89	10.4	4.3	28	148	0.01	0.54	3.6
D35	中国卫生人才	211	0.71	—	2.2	23	125	—	0.16	—
D35	中国卫生统计	221	0.94	20.5	5.0	27	131	0.00	0.62	5.9
D35	中国卫生信息管理杂志	157	0.91	15.4	3.6	23	119	0.00	0.39	2.9
D35	中国卫生政策研究	131	0.98	22.4	4.2	16	44	0.02	0.60	3.8
D35	中国卫生质量管理	291	0.95	14.7	5.5	27	165	0.00	0.43	3.6
D35	中国卫生资源	160	0.98	16.5	5.5	16	68	0.01	0.55	3.3
D35	中国学校卫生	439	0.88	25.7	5.2	30	246	0.01	0.64	4.6
D35	中国医疗器械信息	1362	1.00	11.2	2.0	30	654	—	0.06	2.4
D35	中国医疗器械杂志	143	0.99	14.1	4.5	20	92	0.01	0.33	5.5
D35	中国医疗设备	478	0.97	22.4	4.7	27	293	0.00	0.57	4.0

学科代码	期刊名称	来源文献量	文献选出率	平均引文数	平均作者数	地区分布数	机构分布数	海外论文比	基金论文比	引用半衰期
D35	中国医学装备	521	0.97	17.7	5.0	28	335	0.00	0.50	4.0
D35	中国医院	344	1.00	11.3	4.6	27	193	0.00	0.61	3.4
D35	中国医院管理	291	0.96	10.9	5.3	23	152	0.03	0.52	3.6
D35	中国医院统计	96	0.94	14.9	3.9	20	65	—	0.58	3.4
D35	中华护理教育	211	1.00	17.5	4.8	28	143	0.00	0.65	3.6
D35	中华健康管理学杂志	154	0.93	24.9	5.9	24	106	0.01	0.59	4.7
D35	中华医学教育探索杂志	407	0.99	10.7	4.8	27	212	0.00	0.41	4.5
D35	中华医学教育杂志	256	0.98	13.5	5.2	23	137	0.01	0.34	3.9
D35	中华医学科研管理杂志	87	0.94	14.7	4.5	19	64	0.00	0.33	3.1
D35	中华医院管理杂志	189	0.98	18.1	5.5	19	129	0.01	0.48	2.5
D35	中外女性健康研究	2159	0.99	10.2	1.5	31	1261	—	0.03	2.4
D36	Acta Pharmaceutica Sinica B	297	0.95	81.9	10.1	22	159	0.32	0.75	5.7
D36	Acta Pharmacologica Sinica	268	0.99	61.7	9.8	20	138	0.21	0.85	7.0
D36	Asian Journal of Pharmaceutical Sciences	62	0.98	81.0	7.8	18	43	0.15	0.92	4.0
D36	Journal of Chinese Pharmaceutical Sciences	81	0.66	33.8	5.4	21	57	0.07	0.60	6.6
D36	Journal of Pharmaceutical Analysis	96	0.98	58.9	7.5	18	78	0.30	0.88	5.0
D36	北方药学	747	1.00	11.5	2.1	19	487	—	0.04	2.4
D36	儿科药学杂志	215	0.94	22.4	3.8	25	112	0.00	0.21	6.5
D36	福建医药杂志	418	0.99	11.1	3.5	7	145	—	0.20	3.8
D36	国外医药（抗生素分册）	77	0.99	30.4	4.0	22	55	—	0.40	4.0
D36	海峡药学	645	1.00	13.7	3.7	29	428	—	0.39	4.3
D36	华西药学杂志	150	0.96	12.2	5.1	24	71	0.02	0.61	6.1
D36	解放军药学学报	131	0.95	20.8	4.7	20	67	—	0.49	3.7
D36	今日药学	180	0.94	22.1	5.0	17	117	—	0.63	4.8
D36	抗感染药学	475	0.99	14.1	2.7	22	336	—	0.21	2.7
D36	临床合理用药	1977	1.00	13.6	2.3	30	1249	—	0.10	2.5
D36	临床药物治疗杂志	209	0.99	21.8	4.5	22	113	0.00	0.28	4.4
D36	神经药理学报	48	0.96	33.9	4.2	11	24	—	0.58	4.3
D36	实用药物与临床	239	0.95	24.8	4.0	25	162	0.00	0.36	4.5
D36	世界临床药物	257	0.84	25.5	4.2	25	164	0.00	0.40	4.8
D36	天津药学	100	0.98	19.3	2.5	13	73	—	0.33	2.9
D36	西北药学杂志	213	0.99	23.3	4.7	26	167	0.00	0.75	3.9
D36	现代药物与临床	507	1.00	23.1	4.2	29	337	0.00	0.59	5.4

学科代码	期刊名称	来源文献量	文献选出率	平均引文数	平均作者数	地区分布数	机构分布数	海外论文比	基金论文比	引用半衰期
D36	药品评价	412	0.94	15.2	3.2	22	224	—	0.42	3.2
D36	药物不良反应杂志	154	0.94	17.3	4.6	25	109	0.00	0.39	5.5
D36	药物分析杂志	260	1.00	22.3	6.0	31	141	0.02	0.48	6.1
D36	药物流行病学杂志	172	0.99	23.7	4.9	24	126	0.02	0.47	5.2
D36	药物评价研究	340	0.99	28.1	5.2	28	187	0.01	0.60	4.8
D36	药物生物技术	124	1.00	26.9	4.0	20	78	0.00	0.44	4.7
D36	药学服务与研究	20	0.95	12.0	3.6	8	19	—	0.40	4.3
D36	药学进展	94	0.94	59.9	3.7	12	42	0.04	0.60	3.3
D36	药学实践与服务	115	0.99	21.7	4.9	18	70	0.00	0.54	6.4
D36	药学学报	395	0.96	47.3	5.8	28	139	0.02	0.83	5.3
D36	药学研究	180	1.00	26.6	4.6	21	90	0.01	0.53	5.7
D36	药学与临床研究	133	0.99	15.3	4.6	13	86	0.01	0.38	4.6
D36	医药导报	353	0.97	22.6	4.9	29	187	0.01	0.52	4.6
D36	中国处方药	882	0.99	15.9	2.9	30	606	0.00	0.27	2.9
D36	中国海洋药物	74	0.99	25.9	5.6	15	35	0.00	0.86	7.3
D36	中国抗生素杂志	196	0.96	27.0	5.5	28	145	0.00	0.48	6.0
D36	中国临床药理学与治疗学	185	0.88	36.4	5.1	25	119	0.00	0.79	4.5
D36	中国临床药理学杂志	641	0.97	16.1	5.3	30	367	0.01	0.54	4.3
D36	中国临床药学杂志	191	0.97	20.7	4.8	24	148	0.01	0.45	4.6
D36	中国现代药物应用	1655	1.00	12.7	1.8	30	802	—	0.08	2.3
D36	中国现代医药杂志	317	0.96	18.6	3.7	28	234	—	0.36	3.4
D36	中国现代应用药学	488	0.94	27.0	5.2	30	324	0.01	0.64	5.1
D36	中国新药与临床杂志	153	0.97	23.3	4.5	27	123	0.00	0.53	4.3
D36	中国新药杂志	379	1.00	25.2	5.0	29	174	0.01	0.43	4.1
D36	中国药房	531	0.99	25.6	5.7	31	261		0.80	4.2
D36	中国药理学通报	308	0.92	23.0	6.1	29	163	0.01	0.96	4.5
D36	中国药理学与毒理学杂志	115	0.98	38.6	5.6	25	84	0.01	0.79	5.5
D36	中国药品标准	120	1.00	13.4	4.6	21	68	—	0.45	5.3
D36	中国药师	451	1.00	19.9	4.9	29	305	0.00	0.45	4.7
D36	中国药事	179	0.99	22.3	4.8	26	105	0.01	0.35	3.9
D36	中国药物化学杂志	109	0.68	25.6	4.8	26	62	0.00	0.48	7.2
D36	中国药物经济学	336	0.98	17.7	3.2	25	215	—	0.28	3.2
D36	中国药物警戒	294	0.97	22.9	5.1	28	162	0.01	0.76	5.6

学科代码	期刊名称	来源文献量	文献选出率	平均引文数	平均作者数	地区分布数	机构分布数	海外论文比	基金论文比	引用半衰期
D36	中国药物滥用防治杂志	427	0.98	11.8	3.1	26	308	—	0.38	3.2
D36	中国药物评价	99	0.84	22.2	4.3	20	69	—	0.49	4.9
D36	中国药物依赖性杂志	94	0.93	28.2	5.0	23	71	0.03	0.61	6.3
D36	中国药物应用与监测	110	0.98	18.2	4.3	23	85	0.00	0.40	3.9
D36	中国药学杂志	305	0.93	26.3	6.2	29	173	0.00	0.66	5.5
D36	中国药业	773	1.00	18.9	4.4	30	482	0.00	0.71	4.2
D36	中国医药导刊	227	0.84	23.6	4.2	23	144	—	0.53	3.5
D36	中国医药工业杂志	256	0.93	22.0	4.3	24	113	0.01	0.29	5.2
D36	中国医院药学杂志	524	1.00	21.0	5.4	30	308	0.01	0.55	4.7
D36	中国医院用药评价与分析	333	1.00	24.3	4.9	26	215	0.00	0.79	3.9
D36	中南药学	520	0.99	25.4	5.6	30	259	0.01	0.63	5.2
D37	Chinese Medicine and Culture	37	0.90	25.8	2.9	7	26	0.38	0.62	≥10
D37	Digital Chinese Medicine	40	0.91	36.3	5.2	9	19	0.18	0.82	3.8
D37	Journal of Traditional Chinese Medicine	126	0.98	36.2	7.4	25	91	0.12	0.87	6.0
D37	Traditional Chinese Medical Sciences	54	0.92	43.1	6.7	3	9	0.09	0.89	4.2
D37	World Journal of Traditional Chinese Medicine	49	0.94	60.9	6.3	15	40	0.45	0.49	6.3
D37	按摩与康复医学	501	1.00	22.1	3.8	29	270	0.00	0.52	4.5
D37	北京中医药	360	0.95	16.6	4.9	19	98	0.00	0.60	5.8
D37	福建中医药	233	1.00	15.3	4.2	7	51	0.00	0.75	4.8
D37	光明中医	1492	1.00	14.5	2.8	30	800	0.00	0.40	4.0
D37	广西中医药	142	0.96	14.2	3.3	18	81	0.01	0.48	4.5
D37	国际中医中药杂志	292	0.99	20.8	5.3	28	152	0.02	0.70	4.8
D37	国医论坛	175	0.97	12.1	3.0	23	105	—	0.68	4.8
D37	河北中医	440	1.00	24.7	4.3	26	255	0.00	0.60	4.0
D37	河北中医药学报	94	1.00	19.7	5.3	11	39	0.00	0.80	5.1
D37	河南中医	408	0.97	29.5	3.3	28	217	—	0.84	3.5
D37	湖南中医杂志	556	0.98	16.7	4.0	27	191	—	0.70	4.4
D37	环球中医药	498	0.96	24.7	5.0	28	153	0.01	0.67	5.9
D37	基层中医药	202	0.97	17.0	2.8	28	146	—	0.38	3.6
D37	吉林中医药	351	0.99	20.3	4.4	25	147	0.00	0.85	5.1
D37	江苏中医药	243	0.79	15.9	3.9	26	101	0.00	0.58	5.8
D37	江西中医药	283	1.00	17.4	3.7	22	129	—	0.57	5.8
D37	辽宁中医杂志	700	1.00	23.4	4.4	30	305	0.00	0.76	4.9

2022年中国科技期刊来源指标按类刊名字顺索引(续)

学科代码	期刊名称	来源文献量	文献选出率	平均引文数	平均作者数	地区分布数	机构分布数	海外论文比	基金论文比	引用半衰期
D37	内蒙古中医药	1039	1.00	11.2	2.4	31	640	—	0.22	3.1
D37	山东中医杂志	258	0.99	22.8	3.9	23	100	0.00	0.80	5.8
D37	山西中医	311	0.96	9.4	3.5	28	150	—	0.57	4.8
D37	陕西中医	446	1.00	24.1	4.5	27	203	0.01	0.88	3.7
D37	上海中医药杂志	237	0.96	25.4	5.4	21	86	0.00	0.95	5.6
D37	时珍国医国药	902	1.00	20.5	5.5	30	225	—	0.98	4.7
D37	实用中西医结合临床	878	1.00	16.5	2.2	21	617	—	0.18	2.3
D37	实用中医内科杂志	555	0.98	23.4	3.5	28	190	—	0.97	3.3
D37	实用中医药杂志	1157	0.99	11.0	2.4	30	702	—	0.26	3.1
D37	世界科学技术—中医药现代化	554	0.97	38.0	6.0	30	196	0.01	0.86	5.2
D37	世界中医药	618	0.95	31.0	5.7	28	193	0.00	0.91	5.4
D37	四川中医	783	1.00	16.8	3.7	29	425	0.00	0.50	4.1
D37	天津中医药	288	0.96	21.0	4.9	23	88	0.01	0.76	5.2
D37	西部中医药	449	1.00	22.7	4.4	28	224	0.00	0.69	5.9
D37	现代中医临床	94	0.97	22.3	5.8	9	27	0.01	0.82	6.7
D37	现代中医药	177	0.99	25.2	4.0	24	95	—	0.89	4.2
D37	新疆中医药	273	1.00	17.6	2.8	18	110	—	0.32	3.8
D37	新中医	1209	0.98	14.5	3.2	26	556	—	0.35	3.9
D37	浙江中西医结合杂志	323	0.95	16.1	3.9	7	133	—	0.45	3.8
D37	浙江中医杂志	492	0.99	4.9	3.4	17	195	—	0.58	5.6
D37	中国民间疗法	976	0.97	15.6	3.1	30	470	—	0.46	4.6
D37	中国民族医药杂志	398	1.00	12.8	2.7	26	183	—	0.42	4.6
D37	中国中医基础医学杂志	505	1.00	24.3	4.8	29	132	0.00	0.71	7.1
D37	中国中医急症	614	1.00	21.3	4.6	28	276	0.00	0.64	4.5
D37	中国中医眼科杂志	222	0.97	24.5	4.1	27	102	—	0.58	5.9
D37	中国中医药科技	524	0.99	14.2	3.0	21	282	—	0.39	4.5
D37	中国中医药信息杂志	332	1.00	24.1	5.9	28	101	0.00	0.84	5.2
D37	中华中医药学刊	703	1.00	34.9	5.3	29	297	0.00	0.91	4.8
D37	中药药理与临床	263	1.00	32.5	6.1	30	113	—	0.98	4.2
D37	中药与临床	136	1.00	25.8	5.3	10	30	0.01	0.89	5.1
D37	中医儿科杂志	166	0.99	10.3	3.1	24	111	—	0.51	4.9
D37	中医临床研究	1587	1.00	17.2	3.3	30	648	—	0.46	4.5
D37	中医外治杂志	358	1.00	12.4	3.2	27	253	—	0.36	3.8

2022 年中国科技期刊来源指标按类刊名字顺索引（续）

学科代码	期刊名称	来源文献量	文献选出率	平均引文数	平均作者数	地区分布数	机构分布数	海外论文比	基金论文比	引用半衰期
D37	中医文献杂志	133	0.97	14.4	2.9	19	60	0.01	0.76	≥10
D37	中医学报	477	0.98	27.9	4.3	26	152	0.00	0.73	5.4
D37	中医研究	275	0.96	27.1	3.5	15	123	—	0.90	3.7
D37	中医药导报	539	1.00	27.1	4.6	30	212	0.01	0.64	5.1
D37	中医药临床杂志	542	0.99	23.8	3.7	27	186	—	0.77	3.7
D37	中医药通报	205	0.99	15.7	3.8	25	102	0.00	0.67	4.9
D37	中医药文化	71	0.89	30.3	1.7	21	37	—	0.85	≥10
D37	中医药学报	285	0.98	28.7	4.9	27	97	0.00	0.88	5.2
D37	中医杂志	413	0.96	24.5	6.0	26	102	0.00	0.80	5.7
D38	安徽中医药大学学报	128	1.00	20.8	5.5	13	33	0.00	0.80	5.2
D38	北京中医药大学学报	194	0.97	26.8	5.4	20	57	0.00	0.89	5.7
D38	长春中医药大学学报	332	0.99	22.4	4.9	24	158	0.01	0.77	4.4
D38	成都中医药大学学报	88	1.00	20.4	5.0	10	28	—	1.00	5.3
D38	甘肃中医药大学学报	133	0.96	20.9	4.5	20	59	—	0.71	4.7
D38	广西中医药大学学报	144	0.95	15.8	3.9	19	62	—	0.76	4.5
D38	广州中医药大学学报	488	0.98	21.0	4.5	21	157	0.00	0.64	5.6
D38	贵州中医药大学学报	127	0.98	21.1	5.1	14	41	—	0.87	3.9
D38	湖北中医药大学学报	214	1.00	17.8	4.2	23	147	0.00	0.88	4.4
D38	湖南中医药大学学报	360	1.00	25.5	5.2	23	98	0.02	0.86	3.6
D38	江西中医药大学学报	187	1.00	18.1	4.2	18	66	0.01	0.67	5.6
D38	康复学报	80	1.00	27.9	5.5	18	51	0.03	0.90	4.8
D38	辽宁中医药大学学报	546	1.00	35.6	4.7	28	154	0.00	0.85	5.3
D38	南京中医药大学学报	159	0.99	32.0	5.7	18	59	0.00	0.81	5.9
D38	山东中医药大学学报	133	0.97	23.2	4.2	17	40	0.01	0.86	6.9
D38	山西中医药大学学报	131	0.96	21.5	4.8	22	68	—	0.99	5.0
D38	陕西中医药大学学报	194	0.99	24.6	4.9	25	91	—	0.89	4.9
D38	上海中医药大学学报	91	0.98	29.2	5.5	13	37	0.00	0.95	5.6
D38	天津中医药大学学报	144	0.95	22.1	4.7	16	61	0.00	0.71	5.7
D38	云南中医药大学学报	118	1.00	19.9	5.2	13	40	—	0.90	5.4
D38	浙江中医药大学学报	252	0.95	20.3	4.2	17	82	0.00	0.71	6.0
D39	深圳中西医结合杂志	991	0.98	13.4	3.2	20	564	—	0.23	2.6
D39	世界中西医结合杂志	495	0.96	25.3	4.5	26	252	0.00	0.75	4.8
D39	现代中西医结合杂志	732	0.97	23.8	4.8	29	331	0.00	0.60	5.0

学科代码	期刊名称	来源文献量	文献选出率	平均引文数	平均作者数	地区分布数	机构分布数	海外论文比	基金论文比	引用半衰期
D39	中国中西医结合儿科学	127	0.95	20.6	3.8	24	87	—	0.54	4.8
D39	中国中西医结合耳鼻咽喉科杂志	108	0.95	18.8	4.3	20	81	0.01	0.24	6.3
D39	中国中西医结合急救杂志	174	0.99	24.0	4.9	28	147	0.01	0.79	4.9
D39	中国中西医结合皮肤性病学杂志	169	1.00	14.7	4.1	25	112	0.01	0.26	6.2
D39	中国中西医结合肾病杂志	321	0.88	17.3	4.5	26	237	0.00	0.46	5.3
D39	中国中西医结合外科杂志	172	0.93	23.7	4.7	22	100	0.00	0.47	4.6
D39	中国中西医结合消化杂志	166	0.97	26.4	4.3	26	129	0.00	0.49	3.6
D39	中国中西医结合影像学杂志	148	0.99	20.1	4.6	23	109	0.00	0.35	5.1
D39	中国中西医结合杂志	181	0.73	25.1	6.3	25	96	0.01	0.70	6.4
D39	中西医结合肝病杂志	302	0.96	19.4	4.3	26	206	0.00	0.53	4.9
D39	中西医结合心脑血管病杂志	1036	1.00	23.5	4.2	29	491	0.00	0.50	5.3
D39	中西医结合研究	117	0.95	14.8	3.7	19	73	—	0.61	4.3
D40	Chinese Herbal Medicines	67	0.89	49.0	6.4	22	54	0.06	0.70	6.2
D40	Chinese Journal of Natural Medicines	89	0.98	52.2	6.8	19	63	0.02	0.82	6.9
D40	天然产物研究与开发	226	0.99	28.6	5.8	30	133	0.00	0.85	5.7
D40	现代中药研究与实践	110	0.95	21.1	5.5	24	73	0.00	0.73	4.7
D40	中草药	844	0.99	39.1	6.7	31	259	0.01	0.83	5.5
D40	中成药	794	1.00	23.9	5.4	30	367	0.01	0.75	5.5
D40	中国实验方剂学杂志	804	0.93	43.2	6.6	30	175	0.00	0.83	4.9
D40	中国现代中药	325	0.97	32.6	6.4	29	130	0.01	0.63	7.2
D40	中国中药杂志	765	0.99	37.2	6.9	29	182	0.02	0.83	5.3
D40	中药材	537	0.99	16.1	5.4	31	259	0.00	0.75	6.4
D40	中药新药与临床药理	230	0.96	26.3	6.0	28	111	0.00	0.85	4.7
D40	中医药信息	194	0.97	29.6	4.5	23	86	—	0.87	3.9
D41	Acupuncture and Herbal Medicine	30	0.91	63.9	7.7	7	16	0.17	0.90	4.4
D41	Journal of Acupuncture and Tuina Science	63	0.93	29.2	6.2	18	44	0.03	0.76	6.1
D41	World Journal of Acupuncture-Moxibustion	49	0.91	27.3	6.2	16	36	0.06	0.59	6.1
D41	上海针灸杂志	224	0.98	26.2	4.5	25	144	0.00	0.72	5.0
D41	针刺研究	175	0.96	30.5	6.3	25	73	0.01	0.86	5.9
D41	针灸临床杂志	237	0.95	26.8	4.9	22	89	0.00	0.84	5.9
D41	中国骨伤	224	0.97	21.0	5.2	25	158	0.00	0.40	5.7
D41	中国针灸	315	0.94	22.0	5.7	25	124	0.01	0.68	6.2
D41	中国中医骨伤科杂志	234	1.00	20.6	5.5	25	139	0.00	0.44	4.3

学科代码	期刊名称	来源文献量	文献选出率	平均引文数	平均作者数	地区分布数	机构分布数	海外论文比	基金论文比	引用半衰期
D41	中华针灸电子杂志	60	0.94	13.6	3.1	10	19	—	0.37	3.9
D41	中医正骨	206	1.00	28.0	4.9	25	113	0.00	0.40	4.5
E01	CT 理论与应用研究	83	0.90	22.7	5.1	19	55	0.01	0.39	5.8
E01	Friction	122	0.89	69.8	5.5	19	74	0.40	0.76	6.9
E01	International Journal of Extreme Manufacturing	44	1.00	93.1	5.9	13	35	0.36	0.95	5.3
E01	Journal of Bionic Engineering	133	1.00	51.7	5.3	21	90	0.37	0.63	6.4
E01	Science China Technological Sciences	255	0.99	49.6	5.9	23	108	0.10	0.93	5.2
E01	包装工程	1089	0.95	24.1	3.4	30	416	0.00	0.81	4.3
E01	包装世界	601	0.97	6.2	1.3	29	353	0.01	0.26	3.3
E01	包装学报	70	0.90	24.8	4.4	11	23	—	0.83	4.9
E01	包装与设计	210	0.81	7.8	2.1	17	51	—	0.34	3.8
E01	标准科学	240	1.00	12.9	3.4	21	115	—	0.59	6.9
E01	测试技术学报	85	0.93	15.1	3.9	17	35	0.01	0.61	6.1
E01	成组技术与生产现代化	40	0.93	12.0	3.5	10	22	—	0.35	4.9
E01	船舶标准化工程师	99	0.64	6.6	2.6	18	50	—	0.06	5.8
E01	大众标准化	1564	0.92	5.4	1.5	30	1089	0.00	0.09	2.6
E01	电信工程技术与标准化	207	0.95	4.2	3.4	25	75	—	0.01	3.3
E01	福建市场监督管理	300	0.64	—	1.4	1	108	—	—	—
E01	工程爆破	119	0.95	15.7	4.1	25	94	0.01	0.49	6.4
E01	工程地球物理学报	110	0.99	22.0	3.9	23	78	0.00	0.65	7.6
E01	工程地质学报	181	0.99	57.6	5.1	25	85	0.02	0.81	7.6
E01	工程技术研究	1791	0.99	7.0	1.6	31	1193	0.00	0.05	2.1
E01	工程建设	159	1.00	11.2	2.6	25	123	—	0.25	5.7
E01	工程建设与设计	1867	0.96	4.3	1.7	30	1133	0.00	0.03	2.9
E01	工程科学学报	207	0.95	40.1	4.8	21	70	0.00	0.93	6.1
E01	工程力学	275	0.96	30.7	4.1	26	98	0.01	0.92	7.8
E01	工程数学学报	80	0.96	20.3	2.8	24	65	0.00	0.96	≥10
E01	工程与试验	137	0.99	7.8	2.9	21	59	—	0.15	8.8
E01	工程造价管理	79	0.84	9.3	2.1	22	64	—	0.06	3.1
E01	工程质量	259	0.97	6.1	2.7	24	186	0.00	0.12	5.8
E01	工具技术	328	0.96	13.7	4.2	28	163	0.00	0.56	6.6
E01	工业 工程 设计	87	0.92	14.7	1.9	21	61	0.02	0.70	7.5

2022 年中国科技期刊来源指标按类刊名字顺索引(续)

学科代码	期刊名称	来源文献量	文献选出率	平均引文数	平均作者数	地区分布数	机构分布数	海外论文比	基金论文比	引用半衰期
E01	工业工程	120	0.98	18.5	2.9	22	69	0.00	0.92	5.8
E01	工业计量	157	0.99	9.4	3.1	25	108	—	0.09	7.2
E01	工业设计	553	0.73	7.8	1.9	28	236	0.00	0.40	3.8
E01	航空标准化与质量	76	0.85	6.3	2.9	13	48	—	—	8.3
E01	航天标准化	46	0.92	4.4	4.0	6	30	—	0.15	5.4
E01	河北工业科技	65	0.98	22.0	4.3	18	33	0.00	0.68	5.6
E01	计量科学与技术	156	0.95	21.3	4.6	24	55	—	0.72	5.6
E01	计量学报	256	1.00	19.9	4.6	19	94	0.00	0.67	7.0
E01	计量与测试技术	432	0.96	6.1	3.1	27	224	—	0.23	7.4
E01	节能	266	0.97	11.8	3.4	26	182	0.00	0.29	5.1
E01	科学技术与工程	1945	0.98	22.9	4.4	31	687	0.01	0.83	4.8
E01	冷藏技术	45	0.98	18.6	4.4	10	20	—	0.42	7.5
E01	宁夏工程技术	68	0.94	17.0	3.8	8	27	—	0.81	5.4
E01	轻工标准与质量	162	0.68	7.3	2.7	21	88	—	0.12	7.8
E01	热喷涂技术	44	0.92	19.6	5.2	12	27	—	0.34	8.8
E01	人类工效学	87	0.98	20.6	4.0	19	62	0.01	0.55	8.2
E01	润滑与密封	301	0.96	19.7	4.5	29	156	0.00	0.77	7.2
E01	山东工业技术	140	0.97	7.9	2.7	25	122	—	0.19	3.9
E01	上海计量测试	98	0.85	8.4	3.1	15	45	—	0.13	7.8
E01	设备管理与维修	1706	0.98	4.4	2.3	31	1073	0.00	0.04	5.3
E01	设备监理	103	0.95	4.9	2.3	19	67	—	0.09	7.1
E01	设计	820	0.81	11.0	2.1	28	223	0.01	0.39	3.5
E01	声学与电子工程	52	0.98	8.0	2.4	11	17	—	—	9.1
E01	实验技术与管理	552	1.00	17.1	4.3	27	206	—	0.93	3.4
E01	市政技术	462	0.99	16.3	3.1	26	316	0.00	0.40	5.1
E01	市政设施管理	95	0.96	2.8	1.7	17	55	—	—	5.9
E01	数字与缩微影像	58	0.92	4.2	1.4	18	40	—	0.14	4.1
E01	塑料包装	83	0.95	7.4	2.3	11	31	—	0.06	6.9
E01	新技术新工艺	206	0.98	12.0	3.7	28	148	—	0.22	6.7
E01	新媒体研究	656	0.81	10.1	1.6	29	298	—	0.33	4.1
E01	信息技术与标准化	204	0.91	6.1	3.7	18	132	—	0.20	4.7
E01	液晶与显示	160	0.95	31.7	4.8	24	88	0.01	0.87	6.0
E01	液压气动与密封	303	0.92	9.7	3.4	27	158	0.00	0.32	7.7

学科代码	期刊名称	来源文献量	文献选出率	平均引文数	平均作者数	地区分布数	机构分布数	海外论文比	基金论文比	引用半衰期
E01	仪器仪表标准化与计量	94	0.84	5.3	2.6	20	59	—	0.15	6.4
E01	印刷质量与标准化	28	0.76	—	2.0	9	19	—	—	—
E01	应用基础与工程科学学报	122	0.95	25.9	4.7	25	77	0.02	0.94	8.5
E01	真空	92	0.89	24.3	5.6	18	60	0.00	0.46	9.5
E01	真空科学与技术学报	133	0.97	21.5	5.3	23	82	—	0.78	7.1
E01	质量与可靠性	76	0.94	5.9	3.9	11	42	—	0.01	7.3
E01	质量与认证	268	0.88	2.1	2.3	21	156	—	0.05	6.3
E01	中国标准化	1295	0.92	6.1	2.7	31	776	0.00	0.25	3.9
E01	中国测试	317	1.00	16.9	4.5	30	220	0.01	0.62	5.2
E01	中国工程科学	132	0.96	25.8	5.6	16	85	0.00	0.98	2.9
E01	中国惯性技术学报	116	0.95	15.2	4.3	19	59	0.00	0.71	3.9
E01	中国科学（技术科学）	138	0.90	42.4	5.5	18	70	0.07	0.82	6.8
E01	中国新技术新产品	1078	0.98	5.6	2.2	30	808	0.00	0.14	4.7
E01	中国质量	198	0.62	3.1	2.3	25	150	0.05	0.03	5.6
E01	中国质量与标准导报	108	0.70	4.2	2.5	22	67	—	0.24	3.6
E02	Journal of Beijing Institute of Technology	56	1.00	28.6	4.4	14	32	0.05	0.79	6.0
E02	Journal of Central South University	296	0.99	39.6	5.4	24	143	0.19	0.84	6.6
E02	Journal of Donghua University (English Edition)	80	1.00	25.7	4.1	11	16	0.01	0.79	4.9
E02	Journal of Harbin Institute of Technology	60	1.00	38.1	3.9	17	43	0.17	0.60	7.2
E02	Journal of Shanghai Jiaotong University (Science)	90	1.00	29.3	4.1	16	48	0.01	0.82	5.9
E02	Journal of Southeast University (English Edition)	54	0.98	20.2	4.1	13	20	—	0.98	4.7
E02	Transactions of Tianjin University	40	1.00	72.9	4.9	14	22	0.05	0.98	4.0
E02	安徽工程大学学报	72	0.99	18.0	3.5	3	14	—	0.92	3.9
E02	安徽工业大学学报（自然科学版）	65	0.97	23.7	4.7	6	20	—	0.98	4.5
E02	安阳工学院学报	185	1.00	10.0	1.9	20	111	0.01	0.65	4.5
E02	北方工业大学学报	119	0.95	17.9	1.2	20	71	0.02	0.99	≥10
E02	北京电子科技学院学报	77	0.95	17.9	2.5	3	5	—	0.81	5.4
E02	北京工业大学学报	128	0.91	34.4	4.3	13	25	0.05	0.95	6.5
E02	北京理工大学学报	159	0.94	19.1	4.5	18	55	0.00	0.70	6.1
E02	北京信息科技大学学报（自然科学版）	91	0.94	17.0	3.5	3	6	—	0.87	3.9
E02	北京印刷学院学报	195	1.00	11.9	2.1	18	64	0.01	0.51	5.7

2022 年中国科技期刊来源指标按类刊名字顺索引(续)

学科代码	期刊名称	来源文献量	文献选出率	平均引文数	平均作者数	地区分布数	机构分布数	海外论文比	基金论文比	引用半衰期
E02	长春工程学院学报（自然科学版）	102	0.97	11.6	2.8	18	55	—	0.67	4.7
E02	长春工业大学学报	103	0.97	16.1	3.7	13	26	0.01	0.99	5.9
E02	长春理工大学学报（自然科学版）	122	1.00	14.5	3.9	6	15	0.01	0.86	5.6
E02	长沙理工大学学报（自然科学版）	57	0.98	28.8	4.3	10	21	—	1.00	3.8
E02	常熟理工学院学报	112	1.00	16.3	2.7	19	53	0.03	0.69	≥10
E02	常州工学院学报	107	0.95	11.4	2.5	12	58		0.71	3.0
E02	成都工业学院学报	90	0.92	13.6	2.6	13	58	—	0.71	3.2
E02	成都理工大学学报（自然科学版）	71	1.00	29.0	5.9	13	39	0.00	0.72	9.4
E02	成都信息工程大学学报	108	1.00	19.6	3.7	12	24	—	0.81	6.9
E02	重庆大学学报	153	0.94	20.5	4.5	22	71	0.03	0.88	6.8
E02	重庆科技学院学报（自然科学版）	123	0.95	13.8	3.9	18	62	—	0.98	4.7
E02	重庆理工大学学报	453	1.00	20.6	4.1	28	156		0.92	4.5
E02	大连工业大学学报	81	0.87	17.3	4.2	4	5	—	0.99	5.9
E02	大连理工大学学报	79	0.99	20.4	4.1	15	26	0.04	0.91	7.0
E02	电子科技大学学报	123	1.00	27.6	4.1	25	74	0.00	0.84	6.2
E02	东北大学学报（自然科学版）	234	1.00	18.3	3.6	22	37	0.01	0.95	6.5
E02	东莞理工学院学报	112	1.00	19.1	2.5	19	54	0.01	0.70	7.6
E02	东华大学学报（自然科学版）	115	0.97	21.5	4.2	5	12	0.01	0.69	5.8
E02	东南大学学报（自然科学版）	141	0.99	23.4	4.5	18	32	0.01	0.94	5.8
E02	纺织科学与工程学报	71	1.00	17.5	4.6	9	18	0.00	0.54	4.5
E02	福建工程学院学报	96	1.00	14.6	3.1	8	30	—	0.69	4.5
E02	工程科学与技术	141	0.95	31.3	5.2	24	83	0.04	0.93	5.8
E02	广东工业大学学报	104	1.00	27.9	4.0	11	26	0.01	0.98	4.4
E02	广西科技大学学报	71	0.95	20.0	4.1	4	10	—	1.00	4.2
E02	桂林电子科技大学学报	76	0.96	23.6	3.8	2	4		0.92	5.4
E02	桂林理工大学学报	123	0.99	26.6	4.5	17	49	0.01	0.94	7.3
E02	国防科技大学学报	144	1.00	23.6	4.3	20	57	0.02	0.81	6.5
E02	哈尔滨工程大学学报	241	1.00	20.4	4.4	21	94	0.01	0.82	7.4
E02	哈尔滨工业大学学报	219	0.95	21.9	4.3	23	75	0.01	0.88	7.1
E02	哈尔滨理工大学学报	120	0.97	23.1	4.3	18	44	0.00	0.90	5.4
E02	海军工程大学学报	107	0.96	13.0	3.9	9	15	0.00	0.55	5.3
E02	合肥工业大学学报（自然科学版）	269	0.99	17.6	4.0	24	55	0.01	0.89	7.6
E02	河北工程大学学报（自然科学版）	63	0.98	18.2	4.5	15	28	0.00	0.92	6.5

学科代码	期刊名称	来源文献量	文献选出率	平均引文数	平均作者数	地区分布数	机构分布数	海外论文比	基金论文比	引用半衰期
E02	河北工业大学学报	74	0.99	25.6	4.1	9	15	0.00	0.95	6.0
E02	河北科技大学学报	70	0.93	29.8	4.5	14	30	0.03	0.91	4.6
E02	河南城建学院学报	88	0.95	14.4	3.9	15	44	—	0.81	5.5
E02	河南工程学院学报（自然科学版）	63	1.00	12.6	2.8	10	31	—	0.87	4.3
E02	河南工学院学报	96	0.95	13.8	2.5	8	15	—	0.84	5.3
E02	河南工业大学学报（自然科学版）	103	1.00	32.9	4.9	12	25	0.00	0.77	5.1
E02	河南科技大学学报（自然科学版）	90	0.94	26.2	4.6	17	29	0.03	0.99	4.5
E02	河南科技学院学报（自然科学版）	62	1.00	24.2	4.4	14	27	—	1.00	5.4
E02	河南理工大学学报（自然科学版）	142	1.00	22.0	4.5	19	60	0.01	0.96	7.3
E02	黑龙江大学工程学报	56	0.89	18.1	3.5	6	14	—	0.98	4.9
E02	黑龙江工程学院学报	93	0.94	16.6	2.6	16	42	—	0.85	3.5
E02	黑龙江科技大学学报	137	0.96	14.8	3.5	14	31	0.01	0.66	5.1
E02	湖北工程学院学报	133	0.95	14.0	2.1	23	75	—	0.71	6.6
E02	湖北工业大学学报	138	1.00	14.7	3.0	3	4	—	0.64	5.3
E02	湖北科技学院学报	157	0.95	13.6	1.8	23	89	—	0.62	5.7
E02	湖北理工学院学报	88	0.98	11.8	3.6	13	44	—	0.74	3.5
E02	湖南大学学报（自然科学版）	271	0.99	24.6	4.5	26	86	0.02	0.96	6.4
E02	湖南工程学院学报（自然科学版）	63	0.97	14.0	4.0	6	17	—	0.90	5.5
E02	湖南工业大学学报	78	0.92	22.2	4.1	7	21	—	0.90	5.1
E02	湖南科技大学学报（自然科学版）	63	1.00	18.6	4.4	18	42	0.02	0.84	6.5
E02	湖南理工学院学报（自然科学版）	73	0.96	10.2	3.1	8	24	0.01	0.79	5.3
E02	华北科技学院学报	107	0.96	14.3	3.3	16	36	—	0.64	5.8
E02	华北理工大学学报（自然科学版）	68	1.00	13.4	3.6	3	4	—	1.00	5.7
E02	华东理工大学学报（自然科学版）	104	1.00	23.1	4.0	9	14	—	0.74	6.5
E02	华南理工大学学报（自然科学版）	187	0.97	24.3	4.2	25	52	0.01	0.98	5.8
E02	华中科技大学学报（自然科学版）	241	0.98	28.7	3.9	25	87	0.01	0.92	5.7
E02	淮阴工学院学报	95	0.96	14.3	2.6	14	45	—	0.89	4.9
E02	黄河科技学院学报	210	0.93	12.4	2.0	20	103	—	0.67	6.3
E02	吉林大学学报（工学版）	335	0.99	22.0	4.4	25	125	0.01	0.96	5.8
E02	江苏大学学报（自然科学版）	107	1.00	14.1	4.2	17	44	0.03	0.98	5.2
E02	江苏科技大学学报（自然科学版）	106	0.95	18.0	4.5	10	26	0.01	0.94	4.5
E02	江苏理工学院学报	100	0.93	20.0	2.7	13	36	—	0.90	5.7
E02	江西理工大学学报	90	1.00	22.7	2.3	18	43	0.01	0.80	5.1

学科代码	期刊名称	来源文献量	文献选出率	平均引文数	平均作者数	地区分布数	机构分布数	海外论文比	基金论文比	引用半衰期
E02	金陵科技学院学报	52	0.93	16.8	3.4	3	6	—	0.98	5.6
E02	空军工程大学学报	94	0.95	20.5	4.4	12	26	0.00	0.67	5.1
E02	昆明理工大学学报（自然科学版）	127	0.98	26.6	4.9	19	51	0.00	0.97	5.8
E02	兰州工业学院学报	173	0.98	10.1	2.2	19	86	0.01	0.66	4.6
E02	兰州理工大学学报	148	0.95	18.8	3.5	20	54	0.01	0.91	7.2
E02	兰州文理学院学报（自然科学版）	141	0.94	11.9	2.3	19	80	—	0.74	3.8
E02	辽宁工程技术大学学报（自然科学版）	84	1.00	16.9	4.0	13	26	0.00	0.88	7.2
E02	辽宁工业大学学报（自然科学版）	76	1.00	15.2	3.1	10	25	—	0.63	4.6
E02	辽宁科技大学学报	71	0.97	19.8	4.4	3	7	—	0.94	5.8
E02	辽宁科技学院学报	187	0.98	7.7	2.6	18	81	—	0.84	3.5
E02	陆军工程大学学报	101	0.94	19.7	4.1	11	19	—	0.74	4.7
E02	洛阳理工学院学报（自然科学版）	66	0.99	11.8	3.0	15	35	—	0.71	4.7
E02	美食研究	55	1.00	30.3	3.9	15	34	—	0.96	7.3
E02	南昌大学学报（工科版）	57	0.98	17.7	3.9	8	14	—	0.81	5.1
E02	南昌工程学院学报	107	0.97	21.6	3.6	9	22	—	0.94	5.5
E02	南京工程学院学报（自然科学版）	61	0.98	13.4	3.7	7	17	—	0.64	3.5
E02	南京工业大学学报（自然科学版）	82	1.00	34.5	4.6	8	27	0.02	0.85	6.4
E02	南京理工大学学报（自然科学版）	101	1.00	19.0	4.1	21	54	0.00	0.83	4.4
E02	南京信息工程大学学报	83	0.93	31.8	4.6	17	49	0.00	0.93	6.2
E02	南阳理工学院学报	137	0.96	13.9	1.9	24	72	0.01	0.64	5.5
E02	内蒙古工业大学学报（自然科学版）	77	0.97	16.0	3.9	2	7	—	0.92	6.5
E02	内蒙古科技大学学报	71	0.95	13.7	3.9	3	3	—	0.82	5.1
E02	宁波大学学报（理工版）	99	0.94	23.6	4.7	3	11	0.00	0.83	6.1
E02	宁波工程学院学报	83	0.95	12.0	2.6	14	33	—	0.76	5.6
E02	齐鲁工业大学学报	71	1.00	19.2	4.3	9	19	—	0.96	5.3
E02	青岛大学学报（工程技术版）	60	1.00	23.4	3.4	4	12	—	0.83	4.0
E02	青岛科技大学学报（自然科学版）	99	0.98	21.9	3.6	6	13	0.00	0.90	6.5
E02	青岛理工大学学报	120	1.00	15.6	4.1	13	27	—	0.94	6.2
E02	清华大学学报（自然科学版）	227	0.96	26.1	4.4	18	61	0.01	0.83	6.6
E02	山东大学学报（工学版）	107	0.96	27.2	4.9	20	52	0.05	0.76	6.6
E02	山东科技大学学报（自然科学版）	79	1.00	20.5	4.7	13	37	0.00	0.87	5.8
E02	山东理工大学学报（自然科学版）	86	1.00	15.8	3.9	10	28	—	0.66	5.5
E02	陕西科技大学学报	166	0.96	26.3	4.7	22	42	—	1.00	4.5

学科代码	期刊名称	来源文献量	文献选出率	平均引文数	平均作者数	地区分布数	机构分布数	海外论文比	基金论文比	引用半衰期
E02	陕西理工大学学报（自然科学版）	74	0.92	20.4	3.7	14	27	—	0.86	5.1
E02	上海第二工业大学学报	51	0.84	23.5	3.9	2	3	—	0.67	3.7
E02	上海工程技术大学学报	65	0.94	18.1	3.3	5	7	—	0.60	4.8
E02	上海理工大学学报	77	0.94	24.6	3.5	3	8	—	0.91	5.5
E02	深圳大学学报（理工版）	90	0.98	20.0	5.0	22	55	0.00	0.87	5.6
E02	沈阳工程学院学报（自然科学版）	68	0.94	12.4	3.5	8	22	—	0.29	5.3
E02	沈阳工业大学学报	118	1.00	14.6	3.7	23	63	0.00	0.94	4.7
E02	沈阳理工大学学报	92	0.97	15.6	4.1	4	5	—	0.91	4.3
E02	苏州科技大学学报（工程技术版）	42	1.00	16.9	3.1	2	3	—	0.69	6.2
E02	苏州科技大学学报（自然科学版）	49	1.00	24.0	2.9	3	5	—	1.00	5.9
E02	太原科技大学学报	99	1.00	14.6	3.9	6	16	—	0.95	6.0
E02	太原理工大学学报	137	0.96	26.9	4.3	16	36	0.03	0.90	5.7
E02	天津大学学报（自然科学与工程技术版）	146	0.95	24.6	4.4	11	25	0.01	0.94	6.9
E02	天津工业大学学报	76	1.00	22.9	3.7	6	11	0.03	0.96	6.2
E02	天津科技大学学报	67	1.00	29.2	4.4	5	8	—	0.82	4.6
E02	天津理工大学学报	63	0.91	16.7	3.6	6	11	—	0.92	4.8
E02	同济大学学报（自然科学版）	204	0.91	23.3	4.1	18	46	0.07	0.88	7.5
E02	武汉大学学报（工学版）	158	0.99	21.4	4.5	23	82	0.01	0.69	7.8
E02	武汉纺织大学学报	97	0.94	15.9	2.8	17	34	—	0.61	5.4
E02	武汉工程大学学报	118	0.97	23.1	4.6	7	17	—	0.91	4.8
E02	武汉科技大学学报	64	1.00	17.9	4.4	4	4	0.02	0.97	6.0
E02	武汉理工大学学报	183	0.94	16.5	3.9	17	43	—	0.76	5.1
E02	武汉轻工大学学报	114	0.95	19.2	3.8	5	18	—	0.70	4.8
E02	西安电子科技大学学报（自然科学版）	144	0.99	21.2	4.0	22	57	0.00	0.91	4.8
E02	西安工程大学学报	107	0.98	26.2	4.3	14	37	0.02	0.93	4.2
E02	西安工业大学学报	82	0.85	21.5	3.5	3	16	0.01	0.79	4.5
E02	西安科技大学学报	148	0.95	25.9	4.4	16	50	0.00	0.92	5.3
E02	西安理工大学学报	69	1.00	24.7	3.8	19	34	0.01	0.97	5.5
E02	西北工业大学学报	168	0.99	18.8	4.4	18	56	0.00	0.64	6.8
E02	西华大学学报（自然科学版）	90	1.00	20.8	4.2	18	43	0.01	0.80	6.1
E02	西南科技大学学报	58	0.97	21.0	4.1	1	3	—	0.79	5.5
E02	厦门理工学院学报	78	0.87	18.0	2.9	8	19	—	0.79	5.0
E02	信息工程大学学报	111	0.95	18.2	3.8	10	23	—	0.70	4.5

2022年中国科技期刊来源指标按类刊名字顺索引(续)

学科代码	期刊名称	来源文献量	文献选出率	平均引文数	平均作者数	地区分布数	机构分布数	海外论文比	基金论文比	引用半衰期
E02	徐州工程学院学报（自然科学版）	52	1.00	17.8	4.2	12	26	—	0.92	5.3
E02	烟台大学学报（自然科学与工程版）	71	1.00	17.8	4.1	1	2	—	0.89	6.8
E02	燕山大学学报	63	0.93	26.2	4.2	11	25	0.03	0.98	4.7
E02	盐城工学院学报（自然科学版）	65	0.90	10.9	2.8	12	45	—	0.57	5.8
E02	应用技术学报	60	0.95	28.6	4.2	6	15	—	0.75	4.7
E02	浙江大学学报（工学版）	269	1.00	26.6	4.4	26	121	0.02	0.91	5.3
E02	浙江工业大学学报	97	0.94	21.8	4.0	13	32	0.01	0.77	6.2
E02	浙江科技学院学报	64	0.84	20.0	3.2	1	4	—	0.95	3.6
E02	浙江理工大学学报	120	0.97	23.9	3.9	4	6	—	0.92	4.7
E02	郑州大学学报（工学版）	97	0.95	17.3	4.2	22	45	0.01	0.96	5.4
E02	中北大学学报（自然科学版）	81	0.87	17.6	3.9	10	18	—	0.79	5.1
E02	中国计量大学学报	80	0.96	22.3	3.8	5	9	—	0.89	5.8
E02	中南大学学报（自然科学版）	436	0.98	29.2	5.2	27	114	0.01	0.96	6.6
E02	中原工学院学报	94	0.94	15.5	3.7	13	40	0.01	0.82	5.5
E03	Biomimetic Intelligence and Robotics	18	0.95	35.9	5.2	6	16	0.33	0.83	6.8
E03	Blockchain: Research and Applications	31	1.00	58.5	3.5	1	30	0.97	0.41	3.9
E03	Control Theory and Technology	48	1.00	29.8	3.5	11	36	0.48	0.58	6.6
E03	IEEE/CAA Journal of Automatica Sinica	204	0.94	48.6	4.2	22	124	0.44	0.75	5.0
E03	Journal of Systems Engineering and Electronics	135	0.96	35.9	4.0	15	54	0.05	0.74	7.1
E03	Machine Intelligence Research	33	0.94	92.3	4.3	10	30	0.30	0.73	5.4
E03	Tsinghua Science and Technology	81	0.93	42.1	5.0	19	53	0.20	0.75	6.2
E03	当代电视	251	0.94	6.4	1.5	26	137	—	0.40	9.5
E03	电气电子教学学报	267	0.98	8.9	3.4	26	130	—	0.98	3.7
E03	电信快报	121	0.90	4.9	2.4	17	55	—	0.21	2.4
E03	光纤与电缆及其应用技术	79	1.00	4.5	4.2	11	38	—	0.03	8.2
E03	广播电视网络	362	0.91	2.6	1.9	28	165	—	0.08	3.5
E03	广播电视信息	304	0.80	2.7	1.5	29	177	0.01	0.05	3.8
E03	红外	81	0.91	15.4	4.2	14	41	—	0.32	7.5
E03	机电产品开发与创新	316	0.98	8.2	2.9	28	195	—	0.31	6.2
E03	机器人	66	0.99	41.7	4.9	19	46	0.02	0.89	5.6
E03	机器人技术与应用	54	0.60	9.7	3.2	12	39	—	0.35	5.2
E03	计算机测量与控制	538	1.00	23.1	3.7	30	304	0.00	0.47	4.7

学科代码	期刊名称	来源文献量	文献选出率	平均引文数	平均作者数	地区分布数	机构分布数	海外论文比	基金论文比	引用半衰期
E03	计算技术与自动化	129	0.99	15.2	3.2	27	113	0.01	0.29	3.7
E03	舰船电子对抗	150	1.00	8.8	2.7	18	61	0.01	0.09	6.3
E03	江苏通信	176	0.96	0.9	2.5	6	75	—	0.05	2.8
E03	今日自动化	725	0.99	4.4	1.8	29	617	0.00	0.04	2.7
E03	决策与信息	125	0.81	18.9	1.8	19	68	—	0.65	5.6
E03	决策咨询	125	0.95	7.9	2.0	19	70	0.01	0.50	4.2
E03	控制工程	316	0.98	20.9	3.5	27	167	0.01	0.79	6.1
E03	雷达与对抗	64	1.00	6.7	3.3	7	17	—	0.03	7.6
E03	模式识别与人工智能	92	0.90	35.9	4.0	18	52	0.01	0.90	4.3
E03	山西电子技术	193	1.00	5.1	2.5	18	77	—	0.38	4.0
E03	数字出版研究	11	0.85	22.3	1.9	4	9	—	0.55	≥10
E03	数字传媒研究	214	0.91	1.7	1.2	17	54	—	—	3.7
E03	数字技术与应用	902	0.99	5.9	2.0	31	692	0.00	0.26	2.9
E03	数字教育	73	0.91	14.7	2.8	18	47	0.04	0.96	4.7
E03	数字通信世界	765	1.00	4.7	1.8	31	591	0.00	0.12	2.5
E03	网络空间安全	92	1.00	11.7	2.0	22	60	—	0.25	3.4
E03	无人系统技术	63	0.93	25.1	4.0	18	35	—	0.81	3.9
E03	系统仿真技术	58	0.94	11.4	3.9	14	38	0.00	0.24	4.1
E03	系统仿真学报	255	0.98	21.0	3.8	29	141	0.01	0.79	5.3
E03	现代电视技术	385	0.88	1.0	1.4	24	62	—	0.06	5.9
E03	现代电影技术	110	0.86	7.9	1.8	12	45	0.01	0.12	4.8
E03	现代信息科技	1188	0.98	8.2	2.4	31	744	0.00	0.43	4.2
E03	信息化研究	75	0.93	13.4	3.0	9	36	—	0.31	5.3
E03	信息技术	391	0.97	14.2	2.9	30	281	0.00	0.34	3.8
E03	信息技术与信息化	656	0.94	11.5	2.6	29	370	—	0.37	4.0
E03	信息系统工程	502	0.94	8.7	1.9	28	339	—	0.19	3.0
E03	信息与管理研究	31	0.91	42.6	2.7	5	10	—	0.97	6.4
E03	遥测遥控	93	0.98	19.4	4.4	18	49	0.00	0.40	7.1
E03	印制电路信息	168	0.83	3.8	3.1	15	83	0.01	0.04	7.0
E03	应用科技	126	0.95	18.6	3.9	14	64	0.00	0.59	5.4
E03	制导与引信	41	0.98	12.9	4.4	7	13	—	0.29	7.5
E03	制造业自动化	568	1.00	11.4	3.4	29	294	0.00	0.51	5.4
E03	智能科学与技术学报	52	1.00	40.4	4.7	14	32	—	0.90	4.0

2022 年中国科技期刊来源指标按类刊名字顺索引(续)

学科代码	期刊名称	来源文献量	文献选出率	平均引文数	平均作者数	地区分布数	机构分布数	海外论文比	基金论文比	引用半衰期
E03	智能系统学报	129	0.88	30.9	3.6	21	73	0.02	0.89	5.1
E03	智能制造	147	0.80	5.7	2.8	23	112	—	0.18	4.6
E03	中国电视	211	0.97	10.4	1.6	21	96	0.01	0.68	9.4
E03	中国电子科学研究院学报	185	0.99	15.9	3.4	21	100	—	0.52	4.5
E03	中国广播	116	0.95	6.3	1.5	21	62	—	0.20	≥10
E03	中国信息安全	234	0.79	—	1.9	20	150		0.06	
E03	中国信息化	322	0.67	—	2.0	30	255	0.00	0.12	—
E03	中国信息技术教育	863	0.96	2.7	1.6	30	606	0.00	0.27	3.4
E03	中文信息学报	213	0.96	31.2	4.2	27	90	0.00	0.79	5.8
E03	自动化技术与应用	557	0.98	11.0	2.5	30	389		0.18	3.7
E03	自动化学报	230	1.00	46.0	4.0	28	121	0.09	0.93	6.6
E03	自动化应用	609	1.00	7.2	2.1	28	520	—	0.18	3.8
E03	自动化与信息工程	52	0.96	15.2	3.6	12	39	—	0.52	4.4
E03	自动化与仪器仪表	707	0.99	15.6	2.7	29	361	0.01	0.47	2.8
E04	aBIOTECH	26	1.00	63.6	6.6	12	22	0.08	0.96	6.3
E04	Bio-Design and Manufacturing	57	1.00	70.3	7.1	11	45	0.39	0.89	4.4
E04	Quantitative Biology	35	0.97	55.7	3.7	7	32	0.43	0.60	5.6
E04	合成生物学	80	0.95	101.9	3.8	15	46	0.02	0.86	5.6
E04	化学与生物工程	159	1.00	19.2	4.7	24	93	0.00	0.65	6.1
E04	生物工程学报	356	0.93	49.6	5.7	30	172	0.00	0.87	5.8
E04	生物技术通报	364	1.00	44.7	5.5	30	176	0.01	0.85	6.7
E04	生物加工过程	78	0.98	49.5	4.9	16	45	0.03	0.78	5.7
E04	中国生物工程杂志	151	0.94	53.5	5.2	25	99		0.79	5.3
E05	Frontiers of Agricultural Science and Engineering	55	0.87	70.3	6.2	13	37	0.36	0.80	6.0
E05	保鲜与加工	177	0.94	31.1	4.7	27	118	0.00	0.58	5.8
E05	当代农机	408	0.69	2.9	1.7	30	286	—	0.16	3.0
E05	福建农机	47	0.89	5.0	1.9	5	25	—	0.51	4.4
E05	灌溉排水学报	215	0.60	29.6	5.4	26	100	0.00	0.86	6.3
E05	广西农业机械化	123	0.78	—	1.4	13	83	—	0.02	—
E05	河北农机	1342	0.97	5.7	1.6	31	1022	—	0.10	2.6
E05	江苏农机化	86	0.67	2.0	2.6	4	56	—	0.16	4.9
E05	节水灌溉	199	0.99	27.4	5.0	27	107	0.00	0.86	6.1

学科代码	期刊名称	来源文献量	文献选出率	平均引文数	平均作者数	地区分布数	机构分布数	海外论文比	基金论文比	引用半衰期
E05	绿洲农业科学与工程	30	0.94	16.9	5.6	4	10	—	0.87	5.9
E05	南方农机	1414	0.98	11.6	2.3	30	784	—	0.48	2.9
E05	农机化研究	571	1.00	18.1	3.9	28	243	0.00	1.00	5.5
E05	农机科技推广	206	0.56	—	2.1	26	133	—	—	—
E05	农机使用与维修	668	0.98	5.7	1.8	28	359	—	0.31	2.7
E05	农业工程	358	0.99	17.2	4.3	29	174	0.01	0.53	4.5
E05	农业工程技术	1487	0.93	4.4	2.1	31	1134	0.00	0.10	3.0
E05	农业工程学报	845	1.00	35.6	5.7	30	243	0.01	0.92	4.7
E05	农业工程与装备	110	0.98	7.1	2.4	23	73	—	0.25	3.0
E05	农业环境科学学报	294	0.99	42.0	6.2	30	137	0.01	0.90	6.2
E05	农业机械学报	572	1.00	31.6	5.3	28	144	0.02	0.95	5.1
E05	农业技术与装备	782	0.98	6.9	2.5	31	646	—	0.28	4.0
E05	农业开发与装备	1052	1.00	5.0	2.0	31	838	0.00	0.12	2.6
E05	农业科技与装备	223	0.94	5.1	2.2	17	107	—	0.26	3.6
E05	农业现代化研究	108	1.00	36.0	3.6	22	55	0.02	0.97	4.7
E05	农业装备技术	124	0.90	5.0	2.8	18	90	—	0.18	3.8
E05	农业装备与车辆工程	427	1.00	12.5	3.4	23	106	—	0.33	5.4
E05	排灌机械工程学报	185	0.97	16.7	4.8	24	78	0.01	0.91	5.9
E05	热带农业工程	202	1.00	8.4	2.6	27	109	—	0.40	3.9
E05	山东农机化	134	0.71	0.0	2.1	5	81	—	—	1.5
E05	山西水土保持科技	72	0.96	3.9	1.4	13	53	—	0.10	5.7
E05	生态与农村环境学报	178	1.00	35.7	5.4	27	115	0.00	0.86	5.9
E05	数字农业与智能农机	1005	0.99	6.3	1.6	31	822	—	0.06	2.1
E05	水土保持通报	286	0.99	30.4	4.9	30	162	—	0.88	5.8
E05	水土保持学报	290	1.00	30.5	5.7	29	104	0.00	0.92	5.9
E05	水土保持研究	328	0.99	30.5	4.9	28	165	0.01	0.88	6.7
E05	水土保持应用技术	128	0.99	6.9	2.1	17	91	—	0.18	5.1
E05	四川农业与农机	151	0.75	3.3	3.1	9	115	—	0.29	4.2
E05	拖拉机与农用运输车	116	0.94	6.5	3.9	13	31	—	0.18	7.9
E05	现代化农业	390	0.97	6.9	2.5	27	199	—	0.27	4.3
E05	现代农机	315	0.98	5.2	2.1	27	243	0.00	0.35	2.6
E05	现代农业装备	88	0.94	17.5	4.2	18	45	—	0.77	4.9
E05	新疆农机化	86	0.92	10.7	3.7	10	46	—	0.63	4.4

2022年中国科技期刊来源指标按类刊名字顺索引(续)

学科代码	期刊名称	来源文献量	文献选出率	平均引文数	平均作者数	地区分布数	机构分布数	海外论文比	基金论文比	引用半衰期
E05	新疆农垦经济	115	0.95	29.0	2.4	21	49	—	0.95	4.7
E05	新疆农垦科技	157	0.88	6.4	3.9	13	97	—	0.55	6.4
E05	亚热带水土保持	50	0.94	10.3	2.7	13	39	—	0.30	6.8
E05	智能化农业装备学报（中英文）	16	1.00	29.6	4.8	2	9	—	1.00	3.3
E05	中国农村水利水电	443	0.99	20.8	4.4	30	223	0.00	0.76	6.7
E05	中国农机化学报	385	0.99	25.5	4.6	29	155	—	0.99	4.3
E05	中国农垦	345	0.77	0.2	1.3	26	217	—	0.01	3.9
E05	中国农业文摘—农业工程	133	0.89	11.3	2.3	21	110	—	0.20	2.8
E05	中国水土保持科学	108	0.95	23.9	5.5	26	68	0.00	0.89	7.4
E05	中国沼气	67	1.00	25.6	5.1	23	52	0.01	0.67	6.4
E06	Biomaterials Translational	29	1.00	76.3	4.6	5	16	0.66	0.72	5.8
E06	Biosafety and Health	58	0.97	57.7	6.5	12	48	0.28	0.34	3.7
E06	Chinese Journal of Biomedical Engineering	22	0.88	15.2	3.4	9	20	—	0.18	4.1
E06	Intelligent Medicine	23	0.96	75.0	9.2	7	21	0.43	1.00	4.3
E06	Laparoscopic, Endoscopic and Robotic Surgery	35	1.00	22.0	4.7	3	22	0.60	0.26	5.4
E06	The Journal of Biomedical Research	48	0.98	41.8	6.0	8	27	0.23	0.71	5.9
E06	北京生物医学工程	104	0.78	20.0	4.6	18	61	0.01	0.60	5.7
E06	国际生物制品学杂志	66	0.97	22.4	5.8	16	34	—	0.52	3.8
E06	生物医学工程学杂志	144	0.97	35.1	4.8	26	78	0.01	0.95	4.7
E06	生物医学工程研究	65	0.94	30.5	4.8	13	35	0.03	0.75	4.0
E06	生物医学工程与临床	141	0.95	19.1	4.5	22	118	0.00	0.35	4.3
E06	中国生物医学工程学报	86	1.00	38.3	4.7	22	54	0.02	0.87	5.6
E06	中国生物制品学杂志	266	0.98	27.5	5.8	26	124	0.00	0.84	4.8
E06	中国医药生物技术	85	0.92	27.1	5.2	17	49	0.00	0.53	5.5
E06	中国疫苗和免疫	131	0.96	22.5	7.2	23	63	0.00	0.37	4.7
E06	中国组织工程研究	932	0.94	42.0	5.4	30	486	0.01	0.73	5.5
E06	中华生物医学工程杂志	122	0.95	30.4	5.8	17	81	0.01	0.50	4.6
E07	Journal of Geodesy and Geoinformation Science	40	1.00	39.7	3.7	13	34	0.22	0.85	7.6
E07	北京测绘	326	0.95	14.9	3.0	27	191	—	0.48	4.0
E07	测绘	59	1.00	11.1	3.5	11	34	—	0.34	5.0
E07	测绘标准化	92	0.95	10.7	2.8	18	55	—	0.11	4.5

学科代码	期刊名称	来源文献量	文献选出率	平均引文数	平均作者数	地区分布数	机构分布数	海外论文比	基金论文比	引用半衰期
E07	测绘工程	71	0.99	17.2	4.3	22	47	0.00	0.69	6.7
E07	测绘技术装备	99	0.97	10.6	2.1	23	76	—	0.03	3.4
E07	测绘科学	320	1.00	22.3	4.2	28	119	0.00	0.80	5.8
E07	测绘通报	376	1.00	19.3	4.3	29	202	0.01	0.74	5.0
E07	测绘学报	218	0.80	48.4	4.8	18	92	0.06	0.85	6.8
E07	测绘与空间地理信息	849	0.99	10.6	2.6	31	469	—	0.28	4.6
E07	导航定位学报	151	1.00	18.5	4.0	22	79	0.01	0.59	4.9
E07	导航定位与授时	120	0.95	21.9	4.3	15	59	0.01	0.58	5.3
E07	地矿测绘	54	0.92	8.8	3.3	17	47	—	0.24	4.8
E07	地理空间信息	477	1.00	13.2	3.4	30	266	0.00	0.52	5.9
E07	地球信息科学学报	172	0.89	39.6	4.4	19	72	0.03	0.89	5.6
E07	海洋测绘	99	0.94	15.5	4.3	15	52	0.00	0.68	7.1
E07	全球定位系统	110	1.00	17.2	3.9	21	65	—	0.74	5.0
E07	武汉大学学报（信息科学版）	227	0.91	31.4	4.8	22	85	0.02	0.91	7.8
E07	现代测绘	90	0.98	11.0	2.8	15	59	—	0.56	4.8
E07	遥感技术与应用	145	1.00	35.6	4.9	27	84	0.01	0.92	6.2
E07	遥感信息	114	1.00	22.9	3.9	25	79	0.00	0.82	6.3
E07	遥感学报	195	0.94	47.7	5.6	24	102	0.06	0.92	7.0
E07	自然资源遥感	131	1.00	28.5	4.8	28	87	0.01	0.82	6.3
E08	China's Refractories	33	0.92	13.5	6.2	8	24	0.06	0.21	8.8
E08	Frontiers of Materials Science	44	1.00	74.6	6.1	17	39	0.27	0.68	6.4
E08	Journal of Advanced Ceramics	144	0.92	63.8	7.5	24	76	0.23	0.98	5.3
E08	Journal of Materials Science & Technology	897	0.93	61.2	7.1	28	306	0.36	0.73	5.4
E08	Journal of Materiomics	142	0.93	53.5	7.2	23	91	0.23	0.95	4.6
E08	Journal of Rare Earths	229	1.00	48.6	6.4	27	169	0.25	0.77	6.9
E08	Journal of Wuhan University of Technology (Materials Science Edition)	168	0.97	29.9	5.3	27	113	0.07	0.81	7.6
E08	Nano Materials Science	39	0.91	73.6	5.5	14	36	0.38	0.92	5.4
E08	Nano Research	1086	0.99	62.3	8.1	29	391	0.27	0.85	4.6
E08	Nanomanufacturing and Metrology	41	0.95	40.4	4.5	8	31	0.61	0.85	7.6
E08	Nano-Micro Letters	220	1.00	83.5	8.0	24	116	0.24	1.00	3.0
E08	Nanotechnology and Precision Engineering	23	0.96	49.2	5.0	7	13	0.26	0.74	6.7

2022 年中国科技期刊来源指标按类刊名字顺索引（续）

学科代码	期刊名称	来源文献量	文献选出率	平均引文数	平均作者数	地区分布数	机构分布数	海外论文比	基金论文比	引用半衰期
E08	Progress in Natural Science: Materials International	95	0.96	42.6	6.3	19	62	0.17	0.87	5.4
E08	Science China Materials	368	0.97	55.8	7.7	27	166	0.22	0.88	4.4
E08	玻璃	142	0.96	7.2	2.7	18	67	—	0.17	8.4
E08	玻璃搪瓷与眼镜	113	0.92	7.0	3.1	17	64	—	0.32	6.6
E08	玻璃纤维	50	0.85	11.6	4.7	10	18	—	0.16	9.3
E08	材料保护	361	1.00	25.7	5.0	27	246	0.01	0.45	7.9
E08	材料导报	765	1.00	46.9	5.2	30	295	0.01	0.86	6.5
E08	材料工程	212	0.96	42.8	5.4	25	117	0.02	0.76	5.9
E08	材料开发与应用	102	0.97	15.4	4.6	16	48	0.00	0.19	7.5
E08	材料科学与工程学报	158	0.96	25.9	4.7	22	98	0.00	0.78	6.9
E08	材料科学与工艺	67	0.99	28.0	5.0	22	53	0.00	0.78	4.6
E08	材料热处理学报	266	1.00	26.0	5.3	28	136	0.00	0.77	6.6
E08	材料研究学报	110	1.00	29.8	5.5	24	71	0.02	0.81	7.3
E08	腐蚀与防护	208	0.97	18.6	4.6	27	154	0.00	0.40	8.2
E08	腐植酸	99	0.63	10.6	3.8	17	57	0.09	0.25	6.0
E08	复合材料科学与工程	218	1.00	23.5	4.3	28	135	—	0.78	6.8
E08	复合材料学报	548	0.97	37.3	5.0	28	205	0.02	0.85	5.5
E08	高分子材料科学与工程	286	1.00	22.0	5.4	29	127	0.00	0.81	5.7
E08	功能材料	394	0.98	31.7	5.0	29	179	0.01	0.90	5.2
E08	合成材料老化与应用	304	0.95	13.9	3.1	28	206	0.00	0.18	5.4
E08	合成润滑材料	48	0.96	7.7	2.8	9	24	—	0.04	9.2
E08	化工新型材料	701	0.99	26.5	4.7	30	319	—	0.88	4.8
E08	化学推进剂与高分子材料	83	0.93	21.5	4.3	18	46	—	0.16	8.0
E08	绝缘材料	204	0.99	22.7	5.8	28	117	0.00	0.42	7.3
E08	理化检验—物理分册	231	0.98	7.2	4.1	24	175	—	0.16	7.0
E08	耐火材料	119	1.00	15.8	5.4	14	48		0.66	6.7
E08	耐火与石灰	94	1.00	7.9	3.2	17	49		0.18	7.8
E08	全面腐蚀控制	526	0.99	3.8	2.0	27	220	—	0.02	4.5
E08	人工晶体学报	239	0.92	35.0	5.5	30	162	0.00	0.79	6.9
E08	润滑油	71	0.93	17.4	4.0	17	49	—	0.13	5.7
E08	散装水泥	393	0.98	5.7	1.3	27	261	—	0.04	2.4
E08	石材	163	0.82	4.6	1.4	19	118	—	0.04	3.6

学科代码	期刊名称	来源文献量	文献选出率	平均引文数	平均作者数	地区分布数	机构分布数	海外论文比	基金论文比	引用半衰期
E08	无机材料学报	169	0.98	37.3	5.5	21	88	0.01	0.92	5.5
E08	稀土	102	0.98	24.8	5.2	22	54	0.00	0.77	7.3
E08	纤维复合材料	94	0.99	15.1	4.3	15	45	—	0.15	7.5
E08	纤维素科学与技术	33	0.97	30.2	5.1	17	24	—	0.85	6.0
E08	信息记录材料	937	1.00	8.6	2.0	30	657	—	0.21	2.6
E08	中国包装	229	0.79	5.9	1.9	25	114	0.00	0.35	3.9
E08	中国材料进展	114	0.97	55.5	4.6	22	78	0.02	0.80	5.9
E08	中国腐蚀与防护学报	144	1.00	30.0	5.4	24	79	0.01	0.77	7.7
E08	中国稀土学报	113	0.97	36.2	5.8	23	59	0.01	0.91	7.6
E09	Acta Metallurgica Sinica	171	0.98	48.4	6.6	26	77	0.15	0.81	6.5
E09	Baosteel Technical Research	25	0.89	10.4	2.6	1	5	—	0.04	9.3
E09	Journal of Iron and Steel Research, International	179	0.97	40.1	5.7	22	63	0.11	0.87	8.6
E09	Rare Metals	431	1.00	49.9	6.7	30	214	0.26	0.90	5.2
E09	Transactions of Nonferrous Metals Society of China	310	1.00	42.1	6.0	25	126	0.22	0.83	6.5
E09	材料研究与应用	133	0.94	31.8	5.0	19	78	0.02	0.72	4.9
E09	粉末冶金材料科学与工程	70	0.99	27.1	5.3	13	20	—	0.91	5.8
E09	钢结构	80	1.00	14.5	3.3	17	59	—	0.39	6.8
E09	钢铁	216	0.99	30.9	4.9	20	58	0.00	0.79	6.1
E09	钢铁钒钛	172	0.97	17.9	4.4	24	88	0.00	0.59	7.2
E09	钢铁研究学报	163	0.93	34.1	5.1	19	45	0.00	0.85	7.0
E09	贵金属	61	0.98	23.0	5.4	18	42	0.00	0.67	7.9
E09	湖南有色金属	131	0.97	7.6	2.8	16	80	—	0.18	6.4
E09	黄金	228	1.00	14.6	3.9	23	143	0.02	0.51	7.4
E09	黄金科学技术	88	0.73	49.3	4.6	20	33	0.00	0.83	6.3
E09	金属功能材料	101	0.94	24.3	4.4	23	72	0.03	0.40	6.4
E09	金属学报	140	0.99	54.4	5.2	20	49	0.06	0.94	8.2
E09	宽厚板	71	0.97	5.5	4.2	12	31	—	0.03	9.6
E09	南方金属	96	1.00	5.2	2.6	11	37	—	0.12	9.3
E09	轻金属	149	1.00	11.3	3.6	21	75	—	0.40	6.8
E09	上海金属	106	1.00	18.4	4.4	14	50	0.00	0.45	8.5
E09	四川有色金属	76	0.95	7.2	2.4	16	62	—	0.09	6.7

学科代码	期刊名称	来源文献量	文献选出率	平均引文数	平均作者数	地区分布数	机构分布数	海外论文比	基金论文比	引用半衰期
E09	钛工业进展	50	0.93	21.2	5.1	14	29	0.00	0.68	8.1
E09	铁合金	73	0.95	3.7	3.4	20	47	—	0.08	9.2
E09	稀有金属	169	0.95	37.0	5.1	28	97	0.01	0.98	5.8
E09	稀有金属材料与工程	600	1.00	30.9	5.8	28	207	0.01	0.86	7.4
E09	稀有金属与硬质合金	96	0.93	19.7	4.6	23	61	—	0.72	6.5
E09	新疆钢铁	70	0.95	2.7	1.9	4	23	—	—	9.9
E09	新疆有色金属	283	1.00	3.4	1.6	22	150	—	0.05	4.0
E09	冶金与材料	475	0.99	4.2	1.5	28	206	—	0.03	3.3
E09	硬质合金	63	0.94	24.2	4.6	13	35	0.02	0.43	7.2
E09	有色金属材料与工程	45	0.68	27.8	3.8	8	14	—	0.89	5.4
E09	有色金属工程	248	0.84	21.3	4.9	30	114	0.00	0.86	6.2
E09	有色金属科学与工程	108	1.00	33.0	4.8	19	50	—	0.83	5.4
E09	中国钢铁业	92	0.52	0.9	1.9	14	51	—	—	4.1
E09	中国锰业	105	0.95	12.9	3.6	22	71	0.00	0.31	5.6
E09	中国钼业	72	0.86	14.2	3.7	15	42	0.01	0.24	7.8
E09	中国钨业	66	0.92	20.3	4.7	11	32	0.00	0.35	6.6
E09	中国有色金属	310	0.51	—	1.3	25	136	0.02	—	—
E09	中国有色金属学报	321	0.99	37.5	5.7	27	122	0.02	0.90	6.8
E10	International Journal of Mining Science and Technology	111	0.99	53.0	5.7	20	54	0.23	0.83	6.2
E10	采矿技术	316	1.00	10.9	3.2	27	203	0.01	0.20	4.9
E10	采矿与安全工程学报	131	0.98	25.1	5.6	16	37	0.01	0.93	6.6
E10	采矿与岩层控制工程学报	54	0.90	29.5	5.0	15	35	0.00	0.83	5.9
E10	当代矿工	268	0.80	—	1.2	19	178	—	—	—
E10	非金属矿	154	1.00	14.6	5.1	25	87	0.00	0.75	5.1
E10	工矿自动化	240	0.99	18.5	4.2	19	98	0.01	0.77	3.7
E10	金属矿山	410	0.98	23.1	4.9	27	181	—	0.80	5.6
E10	勘察科学技术	79	0.94	10.1	3.3	24	69	0.00	0.29	7.8
E10	矿产保护与利用	142	0.95	31.1	5.3	21	64	0.01	0.74	6.3
E10	矿产勘查	218	0.97	23.4	5.0	27	128	0.00	0.53	8.4
E10	矿产与地质	158	0.99	22.3	4.9	25	102	0.01	0.61	≥10
E10	矿产综合利用	207	0.97	17.1	4.4	29	119	0.00	0.58	6.3
E10	矿山机械	189	0.84	8.0	3.3	24	115	0.00	0.22	6.3

学科代码	期刊名称	来源文献量	文献选出率	平均引文数	平均作者数	地区分布数	机构分布数	海外论文比	基金论文比	引用半衰期
E10	矿物学报	79	1.00	40.4	5.6	21	45	0.04	0.89	≥10
E10	矿业安全与环保	146	0.98	23.0	3.8	19	78	0.01	0.75	5.1
E10	矿业工程	101	1.00	4.8	2.4	20	60	—	0.08	5.6
E10	矿业工程研究	46	1.00	18.8	4.3	9	14	—	0.87	4.8
E10	矿业科学学报	82	0.93	29.3	4.6	11	15	—	0.96	5.7
E10	矿业研究与开发	396	0.99	20.1	4.4	30	152	0.00	0.82	4.5
E10	露天采矿技术	205	0.98	10.5	2.4	15	100	—	0.18	4.0
E10	煤矿安全	463	0.98	18.8	3.9	21	165	0.00	0.65	5.7
E10	煤矿爆破	35	1.00	11.5	3.0	12	26	—	0.31	4.9
E10	煤矿机电	106	0.96	8.2	2.2	17	59	—	0.28	5.2
E10	煤矿机械	741	0.99	6.5	2.4	27	282	0.00	0.21	5.4
E10	煤矿现代化	179	0.98	7.1	1.5	15	144	—	0.04	3.5
E10	煤炭加工与综合利用	274	0.98	10.7	2.6	21	188	—	0.13	5.4
E10	煤田地质与勘探	241	0.96	28.8	5.3	23	82	0.00	0.81	5.7
E10	西部探矿工程	713	1.00	5.6	2.0	29	409	0.00	0.11	7.3
E10	现代矿业	798	1.00	9.6	3.1	30	484	0.01	0.17	5.6
E10	铀矿冶	76	0.95	15.2	4.3	12	24	0.00	0.16	9.7
E10	有色金属（矿山部分）	127	0.99	18.3	4.3	23	78	0.00	0.65	6.0
E10	有色金属（选矿部分）	137	0.99	15.4	4.1	23	81	0.00	0.46	7.1
E10	凿岩机械气动工具	42	1.00	4.4	2.5	12	27	—	0.10	8.1
E10	中国非金属矿工业导刊	117	0.97	14.4	3.3	24	57	0.00	0.33	7.8
E10	中国矿业	300	0.95	18.8	4.1	26	177	0.01	0.45	6.3
E10	中国矿业大学学报	110	0.94	33.7	5.4	24	52	0.05	0.91	6.3
E10	钻探工程	133	1.00	20.8	4.9	23	70	0.01	0.68	5.5
E11	International Journal of Minerals, Metallurgy and Materials	215	0.98	52.8	5.5	21	104	0.31	0.53	5.9
E11	鞍钢技术	110	0.98	7.9	4.8	8	34	—	0.05	8.2
E11	包钢科技	139	0.96	4.8	3.7	3	33	—	0.04	≥10
E11	宝钢技术	82	0.93	6.9	2.5	6	25	—	0.01	8.9
E11	材料与冶金学报	68	0.91	18.3	4.8	11	23	—	0.90	8.5
E11	电工钢	70	0.93	6.9	3.3	12	25	—	0.17	6.9
E11	粉末冶金工业	129	0.96	24.9	4.2	24	93	0.02	0.62	6.5
E11	粉末冶金技术	68	0.92	31.9	5.3	20	52	0.00	0.60	5.9

2022年中国科技期刊来源指标按类刊名字顺索引(续)

学科代码	期刊名称	来源文献量	文献选出率	平均引文数	平均作者数	地区分布数	机构分布数	海外论文比	基金论文比	引用半衰期
E11	福建冶金	101	1.00	6.9	1.6	5	51	—	0.05	7.4
E11	甘肃冶金	200	0.98	4.2	2.9	16	74	—	0.06	9.7
E11	河北冶金	205	0.97	13.2	3.9	18	97	—	0.21	5.3
E11	河南冶金	89	0.96	5.5	3.0	11	29	—	0.02	7.5
E11	江西冶金	82	0.94	18.5	4.0	10	43	—	0.35	6.3
E11	金属材料与冶金工程	66	0.96	10.3	3.6	15	28	—	0.18	7.8
E11	矿冶	120	0.99	17.2	4.1	20	58	0.00	0.54	5.9
E11	矿冶工程	220	1.00	12.7	4.6	26	115	0.00	0.70	5.3
E11	昆明冶金高等专科学校学报	119	1.00	10.6	2.8	6	37	0.01	0.55	5.2
E11	理化检验—化学分册	236	0.89	19.3	4.8	30	198	0.00	0.42	6.6
E11	连铸	85	0.93	27.7	4.4	16	54	—	0.45	4.9
E11	炼钢	77	0.93	19.0	4.8	19	40	—	0.55	7.2
E11	炼铁	85	0.97	6.8	3.3	19	50	—	0.08	5.8
E11	绿色矿冶	111	0.98	8.5	3.0	18	49	0.01	0.19	6.3
E11	山东冶金	195	0.98	4.1	3.3	19	94	—	0.03	8.8
E11	烧结球团	97	0.97	18.3	5.0	20	49	—	0.77	5.0
E11	湿法冶金	102	1.00	22.2	5.0	24	68	—	0.67	5.4
E11	四川冶金	84	0.93	9.5	3.3	18	54	—	0.23	6.1
E11	特钢技术	66	0.97	6.3	3.1	8	30	—	0.08	9.1
E11	特殊钢	122	0.99	12.9	4.9	20	71	—	0.31	8.0
E11	天津冶金	129	0.96	4.4	2.7	9	47	—	0.01	7.7
E11	铜业工程	155	0.98	10.8	3.1	20	70	—	0.17	3.9
E11	武汉冶金管理干部学院学报	98	0.97	7.2	1.5	20	75	—	0.45	3.2
E11	现代交通与冶金材料	82	0.84	18.0	3.8	16	60	—	0.65	5.9
E11	冶金标准化与质量	93	0.95	4.0	2.8	16	55	—	—	≥10
E11	冶金分析	162	0.94	18.0	4.1	21	108	0.00	0.43	7.0
E11	冶金能源	71	0.86	12.0	3.9	19	46	0.00	0.45	7.3
E11	冶金设备管理与维修	125	1.00	1.9	3.2	14	74	—	—	≥10
E11	冶金信息导刊	99	0.96	5.3	2.4	12	58	—	0.02	9.2
E11	冶金自动化	77	0.93	22.6	4.5	16	38	—	0.68	5.2
E11	有色金属(冶炼部分)	244	0.97	19.2	4.9	24	110	0.00	0.78	6.4
E11	有色矿冶	94	0.99	6.5	2.4	14	48	0.04	0.09	8.8
E11	有色设备	105	0.97	6.4	3.0	20	54	0.04	0.15	6.5

学科代码	期刊名称	来源文献量	文献选出率	平均引文数	平均作者数	地区分布数	机构分布数	海外论文比	基金论文比	引用半衰期
E11	有色冶金设计与研究	80	0.99	7.1	2.2	15	37	—	0.24	6.5
E11	云南冶金	215	0.97	10.0	4.0	17	86	—	0.22	8.8
E11	轧钢	133	0.96	16.2	4.2	16	55	0.01	0.41	6.5
E11	中国金属通报	1905	1.00	—	1.8	31	1018	0.00	0.03	—
E11	中国矿山工程	101	0.98	10.1	3.0	18	60	0.02	0.27	5.2
E11	中国冶金	214	0.89	27.5	4.9	22	80	0.00	0.63	6.6
E11	中国冶金文摘	101	0.96	1.0	1.7	20	60	—	0.01	≥10
E11	中国有色冶金	132	0.96	15.2	4.0	24	85	0.01	0.45	6.2
E12	Chinese Journal of Mechanical Engineering	149	0.99	42.8	5.0	22	79	0.15	0.89	6.0
E12	Frontiers of Mechanical Engineering	59	1.00	54.6	5.4	16	29	0.02	1.00	5.1
E12	传动技术	35	1.00	8.7	2.9	9	23	—	0.17	7.7
E12	电子机械工程	81	1.00	11.3	3.5	13	28	—	0.26	6.2
E12	钢管	108	0.95	14.0	3.8	19	54	—	0.12	7.8
E12	工程机械	296	0.97	7.8	3.0	23	167	—	0.24	6.5
E12	工程设计学报	88	0.95	20.1	4.7	21	55	0.01	0.91	5.7
E12	机电工程	241	1.00	19.6	3.9	25	144	0.00	0.89	5.0
E12	机电设备	124	0.91	6.9	3.2	15	73	—	0.05	7.7
E12	机电一体化	38	0.90	11.7	3.7	4	10	—	0.39	5.8
E12	机电元件	103	1.00	4.1	3.0	19	40	—	0.03	9.7
E12	机械	141	1.00	14.1	4.0	21	87	—	0.68	5.5
E12	机械传动	307	1.00	18.0	4.3	29	170	0.01	0.66	6.9
E12	机械工程材料	197	0.99	23.1	4.7	28	142	0.01	0.69	7.3
E12	机械工程师	619	1.00	8.8	3.4	29	393	—	0.32	6.4
E12	机械工程学报	713	0.98	33.8	4.9	28	191	0.03	0.93	6.5
E12	机械工程与自动化	504	0.99	6.9	2.9	27	310	0.00	0.40	5.5
E12	机械工业标准化与质量	138	0.79	—	2.5	25	106	—	0.08	—
E12	机械科学与技术	269	0.95	18.5	4.0	28	126	0.01	0.86	6.1
E12	机械设计	274	0.96	16.3	3.9	28	163	0.01	0.68	6.1
E12	机械设计与研究	263	0.98	16.5	4.1	25	155	0.01	0.70	5.6
E12	机械设计与制造	769	0.99	12.0	3.3	29	324	0.00	0.80	7.5
E12	机械设计与制造工程	323	1.00	12.1	3.5	27	169	0.00	0.33	5.3
E12	机械研究与应用	373	0.96	8.6	2.9	27	268	—	0.29	6.2
E12	机械与电子	185	0.96	13.1	3.4	27	124	0.00	0.44	3.5

学科代码	期刊名称	来源文献量	文献选出率	平均引文数	平均作者数	地区分布数	机构分布数	海外论文比	基金论文比	引用半衰期
E12	机械制造与自动化	355	1.00	11.0	3.5	28	154	0.00	0.40	6.0
E12	教育与装备研究	255	0.91	7.0	1.9	27	211	—	0.51	4.0
E12	精密制造与自动化	56	0.93	7.7	2.5	13	32	—	0.20	7.5
E12	流体测量与控制	119	1.00	5.9	2.0	26	93	—	0.11	4.4
E12	流体机械	173	1.00	19.2	4.8	22	97	0.02	0.94	5.8
E12	摩擦学学报	120	0.99	31.9	5.5	19	55	0.01	0.93	6.3
E12	失效分析与预防	67	1.00	16.9	4.5	18	45	—	0.48	6.4
E12	图学学报	132	0.99	29.7	4.1	23	83	0.03	0.82	5.0
E12	现代机械	135	0.96	8.4	2.9	23	73	—	0.27	6.5
E12	压缩机技术	79	0.94	8.6	3.3	21	57	—	0.25	8.1
E12	液压与气动	284	0.99	20.9	4.4	25	169	0.00	0.66	4.8
E12	噪声与振动控制	263	0.98	15.2	4.1	27	162	—	0.67	6.8
E12	振动与冲击	916	0.97	22.1	4.3	28	277	0.01	0.85	7.5
E12	制造技术与机床	343	0.93	14.0	4.0	28	214	0.00	0.65	5.2
E12	中国机械工程	335	0.97	24.0	4.7	25	131	0.01	0.92	6.0
E12	中国设备工程	2958	0.97	5.0	1.9	31	2126	0.00	0.08	2.9
E12	组合机床与自动化加工技术	475	1.00	14.4	3.8	28	183	0.00	0.75	5.2
E13	China Foundry	63	1.00	31.6	6.0	19	41	0.05	0.83	8.1
E13	China Welding	31	1.00	22.9	4.7	16	28	0.13	0.84	7.2
E13	International Journal of Plant Engineering and Management	17	0.81	10.5	2.5	9	15	—	0.18	7.4
E13	大型铸锻件	97	0.97	8.4	4.1	18	50	—	0.12	7.7
E13	低温工程	75	1.00	10.4	5.0	15	40	0.00	0.69	8.2
E13	电焊机	200	0.99	17.0	4.9	23	122	0.01	0.39	6.6
E13	电加工与模具	67	0.97	19.6	4.5	13	34	0.03	0.88	7.0
E13	锻压技术	424	0.96	16.0	4.4	27	267	0.01	0.70	6.2
E13	锻压装备与制造技术	183	0.87	6.2	3.3	24	103	—	0.16	7.0
E13	锻造与冲压	287	0.78	—	2.8	24	151	—	0.01	—
E13	分析测试技术与仪器	72	0.99	19.9	4.2	20	59	—	0.61	5.7
E13	风机技术	66	1.00	19.6	4.0	16	45	0.03	0.71	8.1
E13	工程机械与维修	563	0.97	5.2	1.3	26	252	0.00	0.01	3.0
E13	管道技术与设备	83	1.00	11.9	4.0	16	64	—	0.24	6.2
E13	哈尔滨轴承	53	0.93	4.0	2.8	10	23	—	0.04	≥10

学科代码	期刊名称	来源文献量	文献选出率	平均引文数	平均作者数	地区分布数	机构分布数	海外论文比	基金论文比	引用半衰期
E13	焊管	139	0.96	14.9	4.8	20	93	—	0.42	6.7
E13	焊接	118	1.00	18.1	4.6	23	97	0.00	0.52	5.7
E13	焊接技术	332	0.94	9.6	3.7	29	216	0.00	0.17	6.5
E13	焊接学报	198	0.94	20.3	5.1	25	102	0.05	0.82	4.9
E13	机床与液压	827	0.97	15.3	3.9	29	381	0.01	0.70	5.8
E13	机电工程技术	790	1.00	13.5	3.5	28	445	—	0.43	5.1
E13	机电技术	196	0.97	7.4	2.3	20	107	—	0.42	3.9
E13	机械强度	211	1.00	17.9	4.2	27	122	0.01	0.79	7.7
E13	机械制造	264	0.96	11.7	3.1	25	168	—	0.31	6.1
E13	机械制造文摘—焊接分册	50	0.96	14.9	4.1	20	40	—	0.44	4.5
E13	今日制造与升级	514	0.76	4.9	2.3	30	387	0.00	0.12	6.4
E13	金刚石与磨料磨具工程	94	0.92	21.5	5.1	20	58	0.04	0.55	6.0
E13	金属加工（冷加工）	302	0.96	4.2	2.5	26	230	—	0.05	8.5
E13	金属加工（热加工）	307	1.00	7.8	3.7	27	207	—	0.18	6.9
E13	金属热处理	576	0.99	16.6	4.9	29	274	0.01	0.56	7.2
E13	金属世界	110	0.98	9.7	3.1	17	56	—	0.20	8.0
E13	金属制品	96	0.97	6.7	3.1	15	46	—	0.08	9.6
E13	精密成形工程	258	0.99	28.9	4.7	25	148	—	0.86	5.1
E13	铝加工	92	0.97	9.1	3.7	16	44	—	0.29	9.1
E13	模具工业	206	0.77	8.2	3.4	24	134	—	0.38	5.4
E13	模具技术	67	0.97	10.0	3.1	17	51	0.00	0.28	5.7
E13	模具制造	289	0.94	5.3	2.8	23	170	—	0.19	7.8
E13	起重运输机械	341	0.64	6.5	3.0	24	156	—	0.21	6.2
E13	气象水文海洋仪器	140	0.99	11.4	4.2	27	92	—	0.68	5.8
E13	轻工机械	99	1.00	14.3	3.6	8	24	0.00	0.48	5.8
E13	轻合金加工技术	127	0.92	13.2	4.4	22	76	—	0.35	8.3
E13	燃气涡轮试验与研究	64	0.91	14.5	5.4	12	25	—	0.31	≥10
E13	热处理	85	0.96	9.9	3.5	18	54	—	0.22	6.9
E13	热处理技术与装备	97	0.97	8.9	4.0	19	61	—	0.25	8.0
E13	热加工工艺	866	1.00	14.3	4.4	30	420	0.00	0.58	8.2
E13	石油管材与仪器	122	0.96	12.5	4.3	18	62	—	0.34	6.0
E13	世界制造技术与装备市场	121	0.66	1.0	2.0	20	77	0.03	—	9.3
E13	塑性工程学报	330	0.98	21.1	4.8	26	119	0.01	0.84	6.5

2022年中国科技期刊来源指标按类刊名字顺索引(续)

学科代码	期刊名称	来源文献量	文献选出率	平均引文数	平均作者数	地区分布数	机构分布数	海外论文比	基金论文比	引用半衰期
E13	特种铸造及有色合金	327	0.84	18.8	4.9	28	181	0.00	0.65	7.1
E13	无损检测	183	0.88	9.5	4.3	24	126	0.01	0.33	6.4
E13	无损探伤	69	1.00	7.7	3.4	20	60	—	0.14	7.0
E13	物探装备	104	0.95	3.1	4.3	10	24	—	0.07	6.2
E13	现代制造工程	273	0.96	17.1	4.2	26	162	0.01	0.75	5.4
E13	现代制造技术与装备	775	0.98	7.7	2.5	30	561	—	0.24	4.9
E13	压力容器	132	0.96	18.4	4.8	22	85	0.00	0.61	6.5
E13	一重技术	109	0.96	5.6	2.2	14	28	—	0.13	8.9
E13	有色金属加工	94	0.97	11.6	3.5	16	45	—	0.14	6.3
E13	中国表面工程	150	0.98	39.4	5.3	24	89	0.03	0.85	6.3
E13	中国工程机械学报	103	1.00	12.8	4.1	22	78	0.00	0.79	5.7
E13	中国重型装备	73	0.99	5.9	3.2	13	36	—	0.08	9.9
E13	中国铸造装备与技术	131	0.95	7.9	3.6	24	84	—	0.18	8.2
E13	重型机械	117	0.99	16.7	4.0	21	62	—	0.37	7.1
E13	轴承	173	0.98	16.2	4.0	25	108	0.01	0.60	7.3
E13	铸造	244	0.60	16.0	4.7	26	163	0.00	0.35	8.0
E13	铸造工程	98	0.59	4.8	3.4	19	71	—	0.12	≥10
E13	铸造技术	165	0.94	28.9	5.0	22	94	0.01	0.86	7.5
E13	铸造设备与工艺	113	0.95	8.3	3.3	22	66	—	0.21	6.0
E13	装备环境工程	231	0.99	26.6	4.7	24	110	0.00	0.33	9.4
E13	装备机械	67	0.96	9.4	2.2	14	48	—	0.12	5.9
E13	装备制造技术	814	1.00	7.1	3.0	30	420	0.00	0.49	5.0
E14	柴油机	70	0.79	7.8	4.3	17	35	0.01	0.44	7.5
E14	柴油机设计与制造	37	0.65	6.0	3.1	11	19	—	0.03	8.6
E14	车用发动机	81	1.00	16.2	4.8	19	55	0.00	0.54	6.6
E14	城市燃气	113	0.86	6.7	2.5	19	74	—	0.04	5.6
E14	电力科技与环保	70	0.95	27.8	5.6	17	50	—	1.00	4.7
E14	电力与能源	131	0.99	8.4	3.9	14	66	—	0.14	5.1
E14	东方汽轮机	68	0.99	5.9	4.2	7	18	—	0.06	9.5
E14	动力工程学报	163	0.94	18.9	4.8	20	65	0.00	0.66	5.0
E14	发电技术	103	0.96	31.8	4.6	24	68	0.03	0.83	4.2
E14	工程热物理学报	434	1.00	21.9	4.6	27	125	0.04	0.91	7.9
E14	工业锅炉	79	0.96	8.7	2.7	19	71	—	0.08	7.3

学科代码	期刊名称	来源文献量	文献选出率	平均引文数	平均作者数	地区分布数	机构分布数	海外论文比	基金论文比	引用半衰期
E14	工业加热	198	0.99	11.3	3.1	29	146	0.00	0.27	4.8
E14	工业炉	88	0.88	7.1	3.3	17	60	0.00	0.13	9.0
E14	锅炉技术	81	0.99	12.3	4.0	18	57	—	0.33	6.5
E14	锅炉制造	153	0.96	2.6	2.5	19	47	—	0.02	9.2
E14	节能与环保	323	0.78	3.4	1.8	28	262	—	0.09	4.0
E14	内燃机	71	0.92	9.4	4.5	15	36	—	0.34	7.1
E14	内燃机工程	78	1.00	19.8	5.1	17	40	0.00	0.74	5.9
E14	内燃机学报	70	1.00	20.4	4.8	19	35	0.01	0.86	7.3
E14	内燃机与动力装置	106	0.95	14.3	4.7	15	37	—	0.77	5.3
E14	内燃机与配件	1197	1.00	6.9	2.6	29	664	—	0.24	4.4
E14	能源工程	85	0.93	17.2	4.6	12	46	—	0.42	5.1
E14	能源研究与管理	98	0.96	23.0	3.7	22	71	—	0.56	4.8
E14	能源与环境	218	0.98	8.2	2.4	24	147	—	0.20	5.5
E14	汽轮机技术	125	0.96	10.5	4.5	21	67	0.00	0.20	8.1
E14	燃气轮机技术	51	0.93	14.6	3.2	14	35	—	0.24	7.5
E14	燃烧科学与技术	94	0.97	22.0	4.8	16	39	0.03	0.94	8.2
E14	热力透平	55	0.93	11.6	3.3	13	29	—	0.36	8.4
E14	热能动力工程	294	0.96	18.2	3.7	27	141	0.00	0.64	7.1
E14	特种设备安全技术	148	1.00	4.8	2.4	23	75	—	0.11	8.0
E14	现代车用动力	52	1.00	5.9	4.3	12	25	—	0.02	8.3
E14	小型内燃机与车辆技术	117	0.99	8.0	4.4	16	47	0.00	0.15	6.6
E14	冶金动力	205	1.00	4.4	2.4	22	120	—	0.01	7.9
E14	应用能源技术	161	0.94	6.0	1.9	25	112	0.01	0.11	4.5
E14	制冷	69	1.00	11.3	3.2	17	47	—	0.23	5.9
E14	制冷技术	80	0.98	24.5	4.1	12	38	—	0.49	5.8
E14	制冷学报	119	1.00	26.0	4.7	17	50	0.01	0.74	6.9
E14	制冷与空调	230	0.99	12.7	3.7	21	119	—	0.22	6.8
E14	制冷与空调（四川）	154	1.00	15.1	3.7	21	87	0.01	0.31	6.7
E15	变压器	177	0.95	18.8	4.6	25	136	—	0.31	2.0
E15	重庆电力高等专科学校学报	116	0.94	7.5	2.1	22	78	—	0.57	3.1
E15	磁性材料及器件	117	0.95	18.9	4.6	21	66	—	0.55	7.6
E15	大电机技术	84	0.99	19.5	4.4	21	57	0.00	0.33	7.6
E15	大众用电	338	0.79	—	2.2	23	181	—	0.01	—

2022年中国科技期刊来源指标按类刊名字顺索引(续)

学科代码	期刊名称	来源文献量	文献选出率	平均引文数	平均作者数	地区分布数	机构分布数	海外论文比	基金论文比	引用半衰期
E15	电池	159	0.88	12.3	3.7	28	111	0.02	0.57	4.3
E15	电池工业	63	1.00	14.3	4.0	23	56	—	0.43	4.6
E15	电瓷避雷器	183	1.00	22.2	5.6	26	114	0.01	0.70	6.1
E15	电动工具	43	0.77	6.3	2.6	15	30	—	0.14	5.6
E15	电工材料	117	0.95	10.1	3.5	22	76	—	0.29	6.0
E15	电工电能新技术	110	1.00	25.2	5.2	23	80	0.01	0.65	5.4
E15	电工电气	192	0.98	10.0	3.5	30	145	—	0.19	5.2
E15	电工技术学报	555	0.95	29.9	4.5	27	113	0.02	0.86	4.9
E15	电机技术	93	0.98	5.5	2.6	18	50	—	0.03	7.8
E15	电机与控制学报	180	1.00	22.2	4.2	22	63	0.01	0.89	5.7
E15	电机与控制应用	175	1.00	15.7	3.7	23	104	0.00	0.50	5.0
E15	电力大数据	132	0.92	29.1	4.9	22	89	—	0.10	1.9
E15	电力电容器与无功补偿	141	1.00	24.4	4.6	27	104	—	0.62	4.0
E15	电力电子技术	428	1.00	5.9	3.5	31	233	0.00	0.49	5.9
E15	电力工程技术	180	0.97	25.5	4.9	24	82	0.01	0.82	4.0
E15	电力建设	181	0.99	25.5	5.4	28	90	0.02	0.67	3.6
E15	电力勘测设计	198	0.97	6.5	3.3	26	88	0.01	0.09	6.6
E15	电力科学与工程	114	1.00	18.1	3.7	20	45	—	0.54	3.0
E15	电力科学与技术学报	150	0.96	19.5	5.1	25	86	0.01	0.69	3.3
E15	电力设备管理	2287	0.95	3.9	2.1	31	1511	0.00	0.03	2.7
E15	电力系统保护与控制	464	1.00	29.1	4.9	29	180	0.01	0.83	3.6
E15	电力系统及其自动化学报	226	1.00	20.2	4.2	30	128	0.00	0.50	4.8
E15	电力系统装备	708	0.94	4.5	2.0	31	565	0.00	0.03	3.0
E15	电力系统自动化	506	0.99	32.0	5.0	26	105	0.03	0.74	3.7
E15	电力信息与通信技术	172	0.97	22.5	4.9	27	93	0.01	0.24	3.9
E15	电力需求侧管理	107	0.98	15.5	4.7	22	74	0.00	0.45	3.7
E15	电力学报	69	0.99	18.3	3.9	21	51	—	0.38	4.9
E15	电力自动化设备	366	0.99	21.2	5.0	26	100	0.01	0.75	4.2
E15	电气传动	280	1.00	15.9	4.5	28	172	0.00	0.60	5.0
E15	电气传动自动化	89	0.99	8.9	2.3	22	74	—	0.17	4.9
E15	电气防爆	69	0.95	6.7	2.4	16	46	—	0.10	7.3
E15	电气工程学报	116	0.97	24.7	4.4	27	82	0.01	0.57	4.3
E15	电气技术	202	1.00	17.0	3.4	27	143	—	0.41	3.9

学科代码	期刊名称	来源文献量	文献选出率	平均引文数	平均作者数	地区分布数	机构分布数	海外论文比	基金论文比	引用半衰期
E15	电气技术与经济	267	0.99	6.7	2.3	28	195	0.00	0.08	3.6
E15	电气开关	172	0.97	8.3	2.9	22	101	—	0.16	4.6
E15	电气应用	180	1.00	12.5	3.6	30	142	—	0.31	4.7
E15	电气自动化	208	1.00	9.3	3.6	29	131	0.00	0.31	4.6
E15	电器工业	187	0.80	5.4	2.2	27	145	—	0.03	3.7
E15	电器与能效管理技术	170	0.97	15.4	3.9	25	104	—	0.51	3.9
E15	电世界	120	0.95	1.6	2.3	27	100	—	—	7.1
E15	电网技术	514	1.00	29.1	5.2	28	127	0.02	0.68	4.3
E15	电网与清洁能源	217	1.00	24.3	5.0	27	136	0.01	0.70	3.0
E15	电线电缆	73	0.99	9.3	3.8	15	50	—	0.15	6.6
E15	电源技术	338	0.97	13.9	3.8	29	213	0.00	0.49	5.4
E15	电源学报	142	0.93	18.9	3.9	25	93	—	0.82	5.5
E15	电站辅机	40	1.00	5.0	3.1	10	25	0.02	0.05	7.4
E15	电站系统工程	162	1.00	9.0	3.7	26	104	—	0.19	6.2
E15	东北电力大学学报	64	0.89	27.0	4.2	17	38	—	0.98	6.0
E15	东北电力技术	170	0.94	10.6	3.4	23	116	—	0.19	4.7
E15	东方电气评论	81	0.99	6.4	3.5	6	31	—	0.17	7.7
E15	发电设备	85	1.00	11.3	4.4	16	54	—	0.34	6.3
E15	防爆电机	113	1.00	5.4	2.1	16	49	—	0.13	9.5
E15	高电压技术	505	1.00	29.4	5.2	29	135	0.02	0.78	4.8
E15	高压电器	360	1.00	27.7	5.5	29	167	0.00	0.43	5.3
E15	供用电	155	0.99	25.3	5.2	23	100	0.01	0.53	3.5
E15	广东电力	183	0.99	24.6	5.2	26	113	0.00	0.49	4.0
E15	广西电力	88	0.94	16.5	3.7	12	46	—	0.23	4.9
E15	广西电业	207	0.74	0.7	2.1	7	67	—	—	7.2
E15	河北电力技术	115	0.94	12.2	4.1	17	61	—	0.46	4.2
E15	黑龙江电力	106	0.99	9.9	3.2	20	75	—	0.22	4.5
E15	湖北电力	126	0.95	27.5	4.8	16	56	—	0.88	4.4
E15	湖南电力	126	1.00	18.5	4.7	16	67	—	0.64	4.4
E15	华北电力大学学报（自然科学版）	81	1.00	22.4	4.4	7	12	0.00	0.62	4.8
E15	机电信息	562	1.00	5.2	2.4	29	401	—	0.15	6.3
E15	吉林电力	81	0.98	9.5	3.9	15	30	—	0.11	5.2
E15	家电科技	131	0.97	12.1	3.8	14	61	—	0.13	6.1

2022 年中国科技期刊来源指标按类刊名字顺索引(续)

学科代码	期刊名称	来源文献量	文献选出率	平均引文数	平均作者数	地区分布数	机构分布数	海外论文比	基金论文比	引用半衰期
E15	洁净与空调技术	107	0.96	8.1	2.7	20	78	0.01	0.07	9.1
E15	南方电网技术	191	0.96	29.0	5.4	25	89	0.01	0.61	4.4
E15	内蒙古电力技术	106	0.99	16.1	4.2	22	58	—	0.66	3.0
E15	宁夏电力	70	0.85	12.0	4.3	9	25	—	0.44	4.5
E15	农村电工	614	0.90	—	1.8	29	400	—	—	—
E15	农村电气化	331	0.93	5.6	3.0	29	246	0.00	0.06	4.8
E15	汽车电器	387	0.95	4.2	3.3	24	178	—	0.08	5.2
E15	汽车与新动力	151	0.89	5.3	1.8	18	106	—	0.17	2.6
E15	青海电力	60	0.86	7.4	4.4	16	37	—	0.13	5.3
E15	热力发电	282	0.99	26.1	5.5	25	139	0.00	0.67	4.9
E15	日用电器	294	0.69	5.3	3.0	17	103	—	0.07	8.8
E15	山东电力高等专科学校学报	123	0.99	7.8	2.8	28	87	—	0.38	4.1
E15	山东电力技术	162	1.00	18.4	4.6	21	58	—	0.78	4.2
E15	山西电力	105	0.96	8.2	2.5	18	64	—	0.16	5.0
E15	上海大中型电机	59	0.92	3.4	2.6	9	20	—	0.05	8.4
E15	上海电机学院学报	61	0.91	16.7	2.5	6	20	—	0.54	2.6
E15	上海电力大学学报	100	0.96	20.4	3.7	14	33	—	0.55	4.9
E15	上海电气技术	71	0.99	8.2	2.1	14	41	—	0.08	5.0
E15	四川电力技术	101	1.00	15.6	4.6	17	47	—	0.38	5.5
E15	微电机	205	1.00	13.5	3.8	24	136	0.00	0.42	6.7
E15	微特电机	145	0.95	12.4	3.4	21	83	0.00	0.37	6.1
E15	现代电力	87	1.00	21.7	4.5	24	56	0.01	0.49	4.4
E15	现代建筑电气	154	0.81	6.2	1.9	19	99	—	0.08	6.5
E15	移动电源与车辆	55	0.95	4.6	3.2	13	33	—	0.07	7.8
E15	云南电力技术	111	0.99	11.9	4.0	6	40	—	0.04	5.3
E15	云南电业	144	0.94	5.5	3.1	13	66	—	0.02	4.6
E15	浙江电力	170	0.98	21.7	5.2	18	81	0.00	0.51	4.1
E15	智慧电力	186	0.91	26.5	5.2	27	107	0.00	0.99	2.7
E15	中国电机工程学报	799	0.99	32.4	5.2	25	134	0.04	0.79	5.2
E15	中国电力	293	0.98	25.3	5.2	29	152	0.01	0.59	4.1
E15	中国核电	176	0.96	5.2	3.3	16	52	—	0.07	8.3
E16	Energy & Environmental Materials	114	1.00	86.3	7.2	22	73	0.15	0.96	3.8
E16	Frontiers in Energy	72	0.99	60.0	4.7	11	43	0.31	0.60	6.1

学科代码	期刊名称	来源文献量	文献选出率	平均引文数	平均作者数	地区分布数	机构分布数	海外论文比	基金论文比	引用半衰期
E16	Global Energy Interconnection	59	0.87	34.9	4.2	13	43	0.31	0.32	4.6
E16	Green Energy&Environment	128	0.96	63.7	6.4	21	86	0.29	0.88	5.5
E16	International Journal of Coal Science & Technology	90	1.00	51.5	5.0	19	69	0.49	0.56	7.2
E16	Journal of Modern Power Systems and Clean Energy	166	0.97	37.6	4.3	17	111	0.47	0.75	4.7
E16	储能科学与技术	392	0.91	34.7	5.2	29	222	0.07	0.64	3.9
E16	分布式能源	60	1.00	23.4	3.7	19	44	—	0.77	3.7
E16	建筑科技	188	0.95	2.3	1.7	11	103	—	0.11	4.7
E16	江西煤炭科技	309	0.99	6.4	1.2	15	241	—	0.02	2.0
E16	节能技术	99	1.00	16.9	4.5	23	81	0.00	0.46	5.1
E16	洁净煤技术	233	0.95	41.7	5.4	26	117	0.02	0.82	5.6
E16	晋控科学技术	105	0.92	4.5	1.4	9	84	—	0.05	5.7
E16	可再生能源	244	1.00	14.6	4.7	28	159	0.00	0.80	5.0
E16	煤	398	1.00	6.8	1.4	15	283	—	0.17	3.2
E16	煤气与热力	231	0.99	8.7	3.9	18	98	0.00	0.19	5.9
E16	煤炭工程	409	1.00	20.7	3.7	21	191	0.00	0.51	5.0
E16	煤炭技术	722	1.00	10.4	3.2	27	351	—	0.60	4.3
E16	煤炭科技	174	0.97	15.8	2.6	19	135	—	0.45	5.1
E16	煤炭科学技术	395	0.99	28.1	5.0	21	139	0.01	0.85	6.1
E16	煤炭学报	363	0.97	40.0	6.0	22	87	0.03	0.94	6.1
E16	煤炭与化工	509	1.00	9.0	1.9	25	312	—	0.14	5.6
E16	煤炭转化	67	0.91	29.6	5.5	17	43	0.01	0.73	6.6
E16	煤质技术	83	1.00	22.8	3.5	16	46	—	0.75	6.0
E16	南方能源建设	76	0.99	22.9	4.0	17	43	—	0.89	4.3
E16	能源技术与管理	390	1.00	5.3	2.2	20	273	—	0.13	5.3
E16	能源科技	121	0.97	9.6	2.7	19	92	—	0.21	4.8
E16	能源研究与利用	65	0.97	12.0	3.8	10	43	—	0.37	4.9
E16	能源研究与信息	33	0.82	19.8	3.9	11	16	0.03	0.42	5.9
E16	能源与环保	620	0.98	16.0	3.0	29	362	0.00	0.56	3.7
E16	能源与节能	868	0.99	7.4	1.7	28	583	—	0.09	3.3
E16	区域供热	140	1.00	9.0	3.1	17	86	—	0.19	5.6
E16	全球能源互联网	64	0.94	27.7	5.2	18	46	0.08	0.59	3.4

2022年中国科技期刊来源指标按类刊名字顺索引(续)

学科代码	期刊名称	来源文献量	文献选出率	平均引文数	平均作者数	地区分布数	机构分布数	海外论文比	基金论文比	引用半衰期
E16	燃料化学学报（中英文）	169	0.93	37.8	5.9	24	73	0.02	0.89	6.2
E16	山东煤炭科技	864	0.98	5.3	1.5	22	596	—	0.03	3.0
E16	山西焦煤科技	177	0.98	6.6	1.7	13	143	—	0.08	4.1
E16	山西煤炭	74	0.95	14.6	2.4	9	66	—	0.24	4.2
E16	陕西煤炭	294	0.98	13.1	2.4	15	161	—	0.15	4.6
E16	上海节能	249	0.76	7.5	2.3	21	155	0.00	0.19	4.8
E16	上海煤气	59	0.98	2.5	1.9	12	34	—	—	3.8
E16	世界石油工业	68	0.61	12.6	3.0	8	47	0.01	0.37	7.6
E16	水电能源科学	605	1.00	8.3	4.2	29	231	0.00	0.74	6.6
E16	太阳能学报	846	0.97	18.9	4.6	31	276	0.01	0.86	6.3
E16	新能源进展	71	1.00	32.1	4.8	14	43	0.00	0.77	5.4
E16	新型炭材料（中英文）	80	0.91	75.6	5.9	19	52	0.10	0.85	4.5
E16	选煤技术	105	1.00	18.3	3.4	17	81	—	0.36	5.8
E16	中国煤层气	61	1.00	8.6	3.5	11	33	—	0.28	5.4
E16	中国煤炭	182	0.98	15.2	3.2	19	111	0.01	0.20	4.1
E16	中国煤炭地质	169	0.98	18.0	3.8	24	85	0.00	0.57	7.4
E16	中国能源	124	0.90	12.0	2.7	12	70	0.02	0.15	2.7
E16	中外能源	183	0.94	16.1	3.0	22	119	0.01	0.27	4.6
E16	综合智慧能源	137	0.99	27.3	4.6	23	101	0.01	0.88	3.4
E17	China Oil & Gas	65	0.80	4.7	2.0	3	30	0.02	0.09	6.5
E17	China Petroleum Processing and Petrochemical Technology	64	1.00	31.3	5.5	17	38	—	0.78	5.8
E17	Petroleum Research	52	0.95	44.9	3.8	3	41	0.87	0.46	8.1
E17	Petroleum Exploration and Development	118	0.94	34.4	7.3	14	48	0.07	0.95	5.6
E17	Petroleum Science	246	1.00	53.9	6.3	21	71	0.04	0.97	6.3
E17	北京石油化工学院学报	46	0.96	18.4	4.5	7	15	—	0.61	7.0
E17	测井技术	118	0.96	16.7	5.2	14	50	0.00	0.28	8.4
E17	承德石油高等专科学校学报	118	0.91	8.4	2.8	18	59	—	0.58	7.1
E17	大庆石油地质与开发	124	0.99	25.7	4.7	15	70	0.03	0.87	6.6
E17	当代石油石化	127	1.00	7.1	1.7	11	47	0.01	0.05	4.0
E17	东北石油大学学报	60	0.87	35.5	5.9	15	30	0.03	0.78	6.1
E17	断块油气田	141	0.96	25.5	5.6	19	76	0.00	0.62	6.1
E17	非常规油气	102	0.95	19.8	5.0	19	65	0.01	0.95	6.4

学科代码	期刊名称	来源文献量	文献选出率	平均引文数	平均作者数	地区分布数	机构分布数	海外论文比	基金论文比	引用半衰期
E17	广东石油化工学院学报	121	0.96	11.8	3.0	21	60	—	0.77	6.6
E17	国际石油经济	178	0.89	11.6	3.0	16	74	0.02	0.06	2.1
E17	海相油气地质	43	0.91	26.4	6.6	10	17	0.02	0.47	7.8
E17	海洋石油	79	0.95	12.8	3.8	8	33	—	0.23	7.5
E17	江汉石油职工大学学报	224	0.99	4.3	1.5	20	98	—	0.17	6.1
E17	精细石油化工进展	67	0.96	19.1	3.6	18	49	—	0.33	6.2
E17	炼油技术与工程	168	0.99	8.2	2.9	20	78	—	0.26	5.9
E17	炼油与化工	111	1.00	12.6	2.9	20	70	—	0.07	7.5
E17	辽宁石油化工大学学报	90	1.00	24.0	4.1	11	23	—	0.99	5.5
E17	录井工程	95	0.96	11.7	4.7	17	45	—	0.35	7.7
E17	内蒙古石油化工	361	0.97	9.4	2.5	22	261	—	0.19	5.9
E17	能源化工	91	0.81	16.3	3.6	23	64	0.00	0.38	6.7
E17	齐鲁石油化工	72	0.99	5.7	2.3	16	41	—	0.01	9.0
E17	山东石油化工学院学报	67	0.91	12.4	3.1	12	45	—	0.45	7.5
E17	石化技术	1195	1.00	4.4	2.2	30	684	0.00	0.04	5.3
E17	石油地球物理勘探	153	0.92	28.1	4.9	24	76	0.01	0.68	8.6
E17	石油地质与工程	136	0.96	16.2	4.0	20	80	—	0.48	5.4
E17	石油工程建设	111	0.97	10.5	3.8	17	66	—	0.21	7.4
E17	石油工业技术监督	189	0.98	12.6	3.8	21	114	—	0.17	5.8
E17	石油化工	219	0.96	30.4	4.4	21	83	0.00	0.32	7.2
E17	石油化工安全环保技术	93	0.94	5.4	2.5	19	74	—	0.01	6.4
E17	石油化工腐蚀与防护	80	0.98	8.1	3.1	19	64	—	0.50	7.2
E17	石油化工高等学校学报	65	1.00	29.4	4.8	14	35	0.00	0.78	5.3
E17	石油化工技术与经济	82	0.86	7.7	1.9	15	38	—	0.04	6.3
E17	石油化工设备技术	74	0.87	9.0	2.5	15	48	0.00	0.12	8.4
E17	石油化工设计	63	0.94	6.4	1.9	15	22	—	0.06	8.0
E17	石油化工应用	314	0.91	11.9	4.4	23	144	—	0.38	7.2
E17	石油机械	240	0.95	18.8	5.1	18	85	0.00	0.70	7.1
E17	石油勘探与开发	118	0.94	34.3	7.3	14	46	0.08	0.66	6.0
E17	石油科技论坛	76	0.72	18.1	4.5	12	43	—	0.89	2.4
E17	石油科学通报	52	0.96	36.8	5.2	11	18	0.02	0.69	7.0
E17	石油库与加油站	69	0.92	6.0	1.9	21	50	—	0.03	6.3
E17	石油矿场机械	80	0.95	16.6	4.8	16	46	—	0.98	6.4

2022 年中国科技期刊来源指标按类刊名字顺索引(续)

学科代码	期刊名称	来源文献量	文献选出率	平均引文数	平均作者数	地区分布数	机构分布数	海外论文比	基金论文比	引用半衰期
E17	石油沥青	67	0.94	12.7	3.7	16	43	—	0.24	6.1
E17	石油炼制与化工	241	0.81	15.2	4.1	25	99	0.00	0.20	7.6
E17	石油商技	79	0.94	7.0	2.0	14	35	0.01	—	7.9
E17	石油石化节能	215	0.96	10.3	2.7	18	116	—	0.05	4.6
E17	石油石化绿色低碳	90	0.80	7.1	2.2	20	68	—	0.07	6.9
E17	石油实验地质	120	0.92	32.5	6.1	16	47	0.00	0.76	7.4
E17	石油物探	106	0.99	27.6	4.7	18	64	0.00	0.69	8.3
E17	石油学报	140	0.92	44.5	6.7	15	50	0.05	0.78	6.9
E17	石油学报(石油加工)	159	0.94	28.0	5.4	22	62	0.00	0.64	7.8
E17	石油与天然气地质	120	0.91	44.3	6.3	13	47	0.03	0.78	7.0
E17	石油与天然气化工	130	0.99	20.3	4.8	21	76	—	0.54	5.3
E17	石油知识	92	0.56	2.0	2.0	13	48	0.01	0.02	8.5
E17	石油钻采工艺	118	0.99	18.7	5.6	14	58	0.00	0.38	6.3
E17	石油钻探技术	117	0.95	22.2	4.4	15	62	0.00	0.56	4.2
E17	特种油气藏	143	0.94	21.9	5.0	18	62	0.02	0.64	6.4
E17	天然气地球科学	169	0.92	37.1	6.7	19	75	0.01	0.68	8.1
E17	天然气工业	197	0.80	36.4	6.3	17	85	0.03	0.56	5.2
E17	天然气技术与经济	78	0.95	16.7	4.1	15	45	—	0.62	4.5
E17	天然气勘探与开发	66	0.85	21.3	5.5	16	39	—	0.47	6.9
E17	天然气与石油	126	0.91	23.2	4.6	19	69	0.01	0.45	6.3
E17	西安石油大学学报(自然科学版)	108	1.00	19.4	5.0	18	60	0.00	0.79	7.3
E17	西南石油大学学报(自然科学版)	110	0.99	27.1	4.3	12	50	0.01	0.61	7.9
E17	新疆石油地质	100	0.94	26.4	5.5	17	49	0.00	0.65	6.3
E17	新疆石油天然气	62	0.98	19.7	4.9	10	34	—	0.56	6.1
E17	岩性油气藏	91	0.99	34.1	6.0	14	45	0.04	0.77	7.5
E17	乙烯工业	59	0.89	3.3	3.0	15	31	—	—	9.5
E17	油气藏评价与开发	101	0.94	26.0	5.4	15	66	0.01	0.60	6.0
E17	油气储运	177	0.98	29.5	4.9	19	83	0.01	0.50	5.1
E17	油气地质与采收率	112	0.96	29.0	4.6	15	53	0.01	0.52	5.6
E17	油气井测试	82	0.94	17.4	3.8	20	62	—	0.52	6.6
E17	油气田地面工程	218	0.92	12.3	3.6	22	131	—	0.11	5.3
E17	油气田环境保护	74	0.92	16.5	5.1	12	42	0.03	0.30	5.9
E17	油气与新能源	96	0.94	19.3	4.5	13	51	0.01	0.27	4.0

2022 年中国科技期刊来源指标按类刊名字顺索引(续)

学科代码	期刊名称	来源文献量	文献选出率	平均引文数	平均作者数	地区分布数	机构分布数	海外论文比	基金论文比	引用半衰期
E17	油田化学	121	1.00	22.8	5.6	14	64	0.00	0.60	6.6
E17	中国海上油气	143	0.99	21.2	5.5	9	48	0.01	0.43	6.7
E17	中国海洋平台	107	1.00	12.6	4.5	10	52	0.00	0.54	7.5
E17	中国石化	235	0.52	—	1.4	22	164	0.02	0.00	—
E17	中国石油大学学报（自然科学版）	132	0.96	24.5	6.3	18	45	0.02	0.87	7.4
E17	中国石油和化工标准与质量	1680	0.99	4.4	2.0	30	961	0.00	0.04	3.6
E17	中国石油勘探	85	0.93	32.8	6.6	13	43	0.06	0.46	5.2
E17	钻采工艺	172	0.98	15.0	5.3	21	107	—	0.90	5.6
E17	钻井液与完井液	116	0.98	16.3	5.0	16	66	0.00	0.36	5.9
E18	Nuclear Science and Techniques	161	1.00	39.5	7.6	20	72	0.17	0.81	8.3
E18	Plasma Science and Technology	235	0.96	35.6	7.4	24	102	0.09	0.92	7.8
E18	辐射防护	80	0.85	19.5	5.3	18	48	0.01	0.24	9.6
E18	辐射防护通讯	50	0.51	13.8	4.1	16	36	—	0.20	7.1
E18	辐射研究与辐射工艺学报	67	0.96	26.2	5.5	19	50	0.00	0.55	7.3
E18	核安全	93	0.94	10.7	4.1	16	45	—	0.17	7.0
E18	核标准计量与质量	45	0.88	3.5	3.8	9	23	—	—	9.4
E18	核电子学与探测技术	197	1.00	10.4	5.5	21	78	—	0.54	8.3
E18	核动力工程	230	0.98	12.5	5.6	17	54	0.00	0.39	8.8
E18	核化学与放射化学	64	0.93	35.5	5.3	12	27	0.00	0.41	9.6
E18	核技术	157	0.92	21.2	5.9	22	62	0.00	0.76	7.4
E18	核科学与工程	196	0.97	10.9	4.4	17	57	0.00	0.32	≥10
E18	世界核地质科学	76	0.95	23.6	4.8	14	27	0.00	0.46	≥10
E18	太阳能	167	0.99	10.8	3.8	26	131	—	0.28	5.4
E18	同位素	71	1.00	22.7	5.5	10	25	0.00	0.34	8.3
E18	原子能科学技术	315	0.96	20.5	6.3	20	67	0.01	0.53	≥10
E18	中国核工业	156	0.62	0.2	1.9	15	56	—	0.01	3.1
E19	CES Transactions on Electrical Machines and Systems	55	0.90	23.5	4.1	14	32	0.13	0.78	6.6
E19	Chinese Journal of Electrical Engineering	43	0.96	28.7	4.6	9	30	0.33	0.63	5.4
E19	Chinese Journal of Electronics	112	1.00	35.6	4.5	23	79	0.09	0.89	6.1
E19	CSEE Journal of Power and Energy Systems	157	0.96	37.4	4.8	20	92	0.50	0.50	6.3
E19	Cybersecurity	26	1.00	61.1	4.1	2	15	0.50	0.85	4.5

学科代码	期刊名称	来源文献量	文献选出率	平均引文数	平均作者数	地区分布数	机构分布数	海外论文比	基金论文比	引用半衰期
E19	Frontiers of Information Technology & Electronic Engineering	141	0.93	37.8	4.4	21	79	0.08	0.88	5.1
E19	High Voltage	109	0.94	39.5	6.4	19	43	0.08	0.93	5.0
E19	Journal of Electronic Science and Technology	31	0.97	38.8	5.2	7	19	0.32	0.77	6.1
E19	Journal of Semiconductors	144	0.96	43.5	6.0	22	95	0.18	0.67	5.2
E19	Microsystems & Nanoengineering	133	1.00	54.4	7.4	15	97	0.54	0.98	5.5
E19	The Journal of China Universities of Posts and Telecommunications	62	0.89	29.4	4.1	20	36	—	0.84	4.5
E19	半导体光电	176	0.98	25.5	4.7	21	92	0.00	0.63	6.2
E19	半导体技术	149	0.94	19.1	5.0	21	83	0.00	0.45	6.1
E19	传感技术学报	244	1.00	18.5	4.2	28	130	0.00	0.84	5.0
E19	传感器与微系统	478	1.00	14.0	4.0	29	172	0.00	0.71	5.7
E19	电声技术	446	0.97	7.2	2.0	29	292	—	0.14	5.5
E19	电视技术	659	0.98	7.8	1.6	30	405	—	0.10	3.3
E19	电子测量技术	636	1.00	19.4	3.8	30	236	0.00	0.68	3.8
E19	电子测量与仪器学报	341	1.00	22.7	4.2	26	126	0.02	0.85	3.9
E19	电子产品可靠性与环境试验	131	0.78	10.0	3.6	14	49	—	0.21	7.0
E19	电子产品世界	280	0.92	4.5	2.4	23	186	0.08	0.14	5.2
E19	电子工业专用设备	91	1.00	4.9	3.3	10	26	0.01	0.05	7.8
E19	电子工艺技术	94	1.00	6.9	4.0	15	42	—	0.27	5.8
E19	电子技术应用	321	1.00	15.1	3.7	28	188	0.00	0.41	5.3
E19	电子科技	155	1.00	20.1	3.3	17	37	—	1.00	4.1
E19	电子器件	253	0.98	15.9	3.9	27	162	0.01	0.56	5.6
E19	电子设计工程	959	1.00	16.8	3.2	31	521	0.00	0.29	3.4
E19	电子显微学报	90	0.85	28.1	5.0	19	53	0.01	0.82	8.2
E19	电子信息对抗技术	125	0.99	9.9	3.4	19	44	—	0.18	7.0
E19	电子学报	314	1.00	29.4	4.5	25	148	0.02	0.88	5.6
E19	电子与封装	180	0.96	14.2	3.8	18	72	—	0.26	6.2
E19	电子与信息学报	483	1.00	24.1	4.4	26	166	0.02	0.90	4.7
E19	电子元件与材料	196	1.00	23.1	4.0	27	109	0.01	0.78	5.1
E19	电子元器件与信息技术	842	1.00	7.2	2.0	31	715	0.00	0.21	2.5
E19	电子政务	121	0.80	35.7	2.2	17	71	—	0.95	3.9
E19	电子制作	668	0.99	7.0	2.8	30	430	—	0.40	4.1

学科代码	期刊名称	来源文献量	文献选出率	平均引文数	平均作者数	地区分布数	机构分布数	海外论文比	基金论文比	引用半衰期
E19	电子质量	452	0.87	6.1	2.6	27	242	—	0.16	6.0
E19	固体电子学研究与进展	88	0.93	12.6	4.9	18	46	0.00	0.51	7.6
E19	光源与照明	974	0.99	6.8	1.7	31	694	0.00	0.08	1.6
E19	广播与电视技术	315	0.95	3.7	1.9	27	160	—	0.15	4.3
E19	国外电子测量技术	322	0.97	19.2	3.7	30	164	0.00	0.72	3.6
E19	黑龙江广播电视技术	100	1.00	4.6	1.3	14	44	—	—	2.9
E19	吉林大学学报（信息科学版）	142	0.98	16.6	3.5	25	62	0.00	0.62	3.7
E19	密码学报	76	0.97	35.2	3.9	17	41	0.01	0.86	9.5
E19	太赫兹科学与电子信息学报	192	0.93	18.6	4.1	23	113	0.00	0.57	6.9
E19	微电子学	179	0.99	16.0	4.8	20	58	0.00	0.80	7.2
E19	微电子学与计算机	180	0.94	19.9	3.7	24	104	0.01	0.77	5.0
E19	微纳电子技术	186	0.99	23.7	4.9	22	83	0.01	0.81	5.5
E19	武汉理工大学学报（信息与管理工程版）	149	0.96	17.2	3.8	19	66	0.04	0.67	4.3
E19	系统工程与电子技术	451	1.00	31.8	4.1	26	112	0.00	0.68	5.5
E19	现代电子技术	804	1.00	15.8	3.4	30	299	0.00	0.77	4.2
E19	消费电子	265	0.72	6.4	1.7	28	222	0.00	0.10	2.5
E19	照明工程学报	171	0.88	15.1	3.4	21	105	—	0.39	5.6
E19	真空电子技术	102	0.98	15.4	4.7	12	35	—	0.30	≥10
E19	中国集成电路	156	0.89	6.2	2.9	17	85	0.01	0.09	6.7
E19	中国有线电视	277	0.89	4.4	1.5	27	189	0.03	2.8
E19	中国照明电器	126	0.90	9.0	2.8	13	76	—	0.21	6.9
E20	Advanced Photonics	49	0.98	69.0	6.4	13	39	0.37	0.76	4.4
E20	Frontiers of Optoelectronics	52	1.00	57.6	6.0	13	30	0.25	0.58	4.9
E20	High Power Laser Science and Engineering	45	1.00	37.9	8.7	9	25	0.31	0.96	7.5
E20	Opto-Electronic Advances	52	0.96	84.5	6.3	14	40	0.31	0.96	4.4
E20	Optoelectronics Letters	131	0.92	18.8	4.4	22	75	0.12	0.89	4.6
E20	Photonics Research	335	1.00	48.6	7.4	20	170	0.30	0.97	5.0
E20	光电工程	76	0.99	47.4	5.2	20	53	0.05	0.87	5.6
E20	光电子·激光	171	0.93	18.0	4.3	24	80	—	0.95	3.6
E20	光电子技术	53	0.95	16.5	4.6	14	32	0.00	0.30	6.9
E20	光学技术	119	1.00	19.3	4.5	23	71	0.00	0.69	6.0
E20	光学仪器	74	0.92	22.9	3.4	8	14	—	0.72	6.1
E20	光学与光电技术	116	1.00	18.9	3.5	16	49	0.00	0.29	7.2

2022 年中国科技期刊来源指标按类刊名字顺索引（续）

学科代码	期刊名称	来源文献量	文献选出率	平均引文数	平均作者数	地区分布数	机构分布数	海外论文比	基金论文比	引用半衰期
E20	红外技术	178	0.99	22.0	5.1	26	117	0.01	0.49	6.9
E20	红外与激光工程	561	0.97	29.8	5.2	27	229	0.01	0.74	6.2
E20	激光技术	126	0.95	28.1	4.8	23	83	0.00	0.73	6.4
E20	激光与光电子学进展	1053	0.99	30.4	4.6	28	356	0.01	0.80	6.0
E20	激光与红外	282	0.99	15.6	4.2	27	176	0.00	0.50	6.1
E20	激光杂志	498	1.00	18.2	3.2	30	255	0.01	0.90	3.6
E20	压电与声光	194	0.98	13.1	4.9	23	94	0.01	0.64	6.1
E20	应用激光	247	0.96	17.3	4.3	28	178	0.00	0.67	4.7
E20	中国光学	115	0.91	37.5	5.2	20	60	0.02	0.95	5.8
E20	中国激光	516	0.91	37.9	5.8	26	195	0.01	0.84	5.8
E21	China Communications	241	0.95	33.7	4.8	20	112	0.17	0.66	5.0
E21	Journal of Communications and Information Networks	39	1.00	37.2	4.7	13	31	0.21	0.90	3.8
E21	ZTE Communications	42	0.91	26.7	4.4	10	29	0.12	0.60	3.9
E21	北京邮电大学学报	120	0.97	14.3	4.0	20	43	0.02	0.83	4.5
E21	长江信息通信	944	1.00	7.6	2.1	31	590	—	0.18	2.9
E21	重庆邮电大学学报（自然科学版）	130	1.00	21.4	3.7	20	46	0.00	0.82	5.0
E21	电波科学学报	139	0.98	20.1	4.7	21	63	0.00	0.72	8.0
E21	电信科学	207	1.00	23.0	4.4	19	103	0.02	0.46	3.5
E21	电讯技术	274	0.96	14.7	3.5	23	122	0.00	0.53	5.4
E21	光通信技术	111	0.98	15.8	4.5	24	73	—	0.71	4.9
E21	光通信研究	82	1.00	13.5	4.1	20	53	0.00	0.66	5.5
E21	广东通信技术	206	0.96	6.3	2.5	18	91		0.10	4.0
E21	广西通信技术	41	0.98	4.7	2.9	1	17	—	—	2.0
E21	互联网天地	116	0.67	7.5	1.5	18	49	0.01	0.10	2.8
E21	互联网周刊	343	0.68	6.3	1.7	30	282	0.01	0.32	2.5
E21	江西通信科技	60	0.94	3.6	2.4	5	28	—	0.02	3.1
E21	空天预警研究学报	109	0.95	10.0	3.7	10	19	—	0.33	4.5
E21	雷达科学与技术	95	0.99	16.2	4.0	19	45	0.00	0.57	4.5
E21	雷达学报	80	0.93	47.5	5.2	16	36	0.00	0.91	6.3
E21	南京邮电大学学报（自然科学版）	78	0.93	23.0	3.4	9	17	0.01	0.91	4.2
E21	山东通信技术	47	0.92	2.9	3.5	2	20	—	—	3.1
E21	数据采集与处理	120	0.94	29.4	4.2	23	73	0.02	0.80	5.4

学科代码	期刊名称	来源文献量	文献选出率	平均引文数	平均作者数	地区分布数	机构分布数	海外论文比	基金论文比	引用半衰期
E21	数据通信	64	1.00	10.8	2.9	10	28	—	0.25	4.0
E21	数字经济	173	0.86	—	1.4	10	128	0.01	—	—
E21	天地一体化信息网络	49	0.98	24.1	4.4	12	34	—	0.80	3.5
E21	通信电源技术	1561	1.00	7.9	1.8	31	927	—	0.04	2.7
E21	通信技术	238	0.95	15.2	3.2	23	113	—	0.38	4.8
E21	通信学报	241	1.00	32.0	4.5	26	104	0.06	0.95	4.1
E21	通信与信息技术	165	0.98	5.4	2.1	20	77	—	0.10	3.4
E21	微波学报	111	0.98	15.2	3.9	21	67	0.00	0.57	7.3
E21	无线电工程	306	1.00	20.8	3.8	27	165	0.00	0.93	4.5
E21	无线电通信技术	150	0.99	21.0	4.3	22	78	—	0.87	3.9
E21	无线通信技术	50	0.98	11.8	2.2	5	10	—	0.52	5.9
E21	物联网学报	56	1.00	34.2	4.4	13	36	—	0.96	3.5
E21	西安邮电大学学报	77	0.93	24.5	3.5	9	14	0.04	0.87	5.0
E21	现代雷达	198	0.79	15.1	3.4	22	91	0.00	0.25	7.3
E21	信号处理	260	1.00	23.9	4.1	23	77	0.01	0.90	5.2
E21	信息通信技术	77	0.95	9.5	3.0	12	42	—	0.09	2.4
E21	信息通信技术与政策	169	1.00	13.3	3.0	10	82	—	0.14	3.1
E21	移动通信	207	0.95	21.7	3.7	21	114	—	0.42	2.8
E21	应用科学学报	86	0.97	21.8	4.1	22	66	0.01	0.77	5.2
E21	邮电设计技术	203	1.00	11.3	3.7	19	67	—	0.05	3.0
E21	中国电信业	188	0.74	—	2.0	22	80	—	0.01	—
E21	中国宽带	820	0.92	5.0	1.4	31	618	0.00	0.10	2.2
E21	中国新通信	2006	0.99	6.3	1.5	31	1436	0.00	0.19	2.1
E21	中兴通讯技术	73	0.88	16.5	2.9	12	42	0.01	0.48	1.9
E22	Computational Visual Media	40	1.00	58.8	5.2	13	32	0.15	0.88	4.7
E22	Frontiers of Computer Science	138	1.00	31.7	4.2	25	85	0.19	0.77	6.9
E22	Journal of Computer Science & Technology	87	0.95	45.5	4.9	14	51	0.28	0.85	6.3
E22	Photonic Sensors	36	1.00	36.9	5.4	13	30	0.33	0.86	7.5
E22	Science China Information Sciences	342	0.96	32.4	5.0	21	125	0.20	0.88	6.6
E22	保密科学技术	111	0.85	7.2	2.6	15	69	—	0.08	5.6
E22	传感器世界	81	0.57	11.5	3.2	22	61	0.04	0.31	5.3
E22	大数据	70	0.93	28.5	4.0	18	61	0.00	0.61	4.6
E22	单片机与嵌入式系统应用	246	0.84	10.6	3.2	25	160	0.00	0.26	3.9

2022 年中国科技期刊来源指标按类刊名字顺索引(续)

学科代码	期刊名称	来源文献量	文献选出率	平均引文数	平均作者数	地区分布数	机构分布数	海外论文比	基金论文比	引用半衰期
E22	电脑编程技巧与维护	656	0.98	5.7	2.3	31	433	—	0.34	3.2
E22	电脑与信息技术	177	0.97	8.0	2.5	25	124	—	0.63	3.3
E22	福建电脑	362	0.97	8.1	2.5	25	227	—	0.66	3.3
E22	工业控制计算机	755	1.00	8.1	3.0	28	347	—	0.31	4.3
E22	计算机仿真	1188	1.00	13.7	2.9	31	453	0.01	0.57	4.5
E22	计算机辅助工程	57	0.93	11.6	3.3	13	33	—	0.46	7.0
E22	计算机辅助设计与图形学学报	192	1.00	29.7	4.3	24	110	0.03	0.92	6.0
E22	计算机工程	478	0.98	27.7	3.7	29	188	0.01	0.93	4.2
E22	计算机工程与科学	264	0.99	28.2	3.7	25	139	0.01	0.77	5.9
E22	计算机工程与设计	462	0.99	17.1	3.5	31	224	0.00	0.86	4.2
E22	计算机工程与应用	840	0.98	32.3	3.7	30	277	0.01	0.87	4.8
E22	计算机集成制造系统	337	1.00	29.0	4.4	26	127	0.04	0.93	5.3
E22	计算机技术与发展	421	0.98	20.6	3.5	29	165	0.00	0.91	5.1
E22	计算机教育	526	0.98	7.7	3.2	28	275	0.01	0.80	2.5
E22	计算机科学	550	0.97	32.7	3.8	28	177	0.01	0.86	5.3
E22	计算机科学与探索	228	0.95	43.9	3.7	29	118	0.01	0.94	5.1
E22	计算机时代	429	0.97	9.6	2.8	30	256	—	0.70	3.7
E22	计算机系统应用	576	0.98	22.9	3.6	29	234	0.00	0.65	5.4
E22	计算机学报	144	1.00	63.0	4.8	19	65	0.05	0.90	5.5
E22	计算机研究与发展	190	0.97	44.1	4.5	25	100	0.03	0.95	5.1
E22	计算机应用	499	1.00	27.3	3.8	29	220	0.01	0.84	4.8
E22	计算机应用研究	639	1.00	29.5	3.6	30	250	0.01	0.86	4.7
E22	计算机应用与软件	626	0.98	18.9	3.1	30	319	0.00	0.74	6.4
E22	计算机与数字工程	518	1.00	17.6	3.1	28	183	0.01	0.52	6.4
E22	计算机与现代化	225	0.95	28.2	3.5	25	122	0.00	0.82	4.8
E22	金融科技时代	223	0.85	5.3	1.7	26	155	—	0.11	2.5
E22	人工智能	71	0.91	28.3	3.5	16	49	0.03	0.39	6.6
E22	软件	629	0.98	7.2	2.0	30	460	0.00	0.36	2.7
E22	软件导刊	518	0.99	20.3	3.2	28	203	—	0.78	3.8
E22	软件工程	161	0.95	12.5	2.7	27	72	—	0.55	3.8
E22	软件学报	262	0.94	51.8	4.6	23	100	0.05	0.94	6.5
E22	数据与计算发展前沿	81	0.94	22.2	3.9	15	45	—	0.75	5.4
E22	数值计算与计算机应用	32	0.94	24.2	3.0	15	24	—	0.88	≥10

学科代码	期刊名称	来源文献量	文献选出率	平均引文数	平均作者数	地区分布数	机构分布数	海外论文比	基金论文比	引用半衰期
E22	网络新媒体技术	54	0.87	21.2	3.2	5	14	0.00	0.44	6.7
E22	网络与信息安全学报	96	1.00	32.9	4.1	20	52	0.01	0.91	5.1
E22	微处理机	86	1.00	9.6	2.8	7	15	—	0.38	4.7
E22	微型电脑应用	678	0.98	10.6	2.6	31	421	0.00	0.22	3.7
E22	物联网技术	508	0.97	11.3	3.4	28	328	—	0.63	2.9
E22	现代计算机	513	1.00	12.4	2.8	31	251	0.01	0.51	4.3
E22	小型微型计算机系统	381	0.97	33.1	3.7	29	126	0.01	0.96	5.3
E22	信息安全与通信保密	154	0.87	11.1	2.9	18	77	0.03	0.25	5.2
E22	信息网络安全	128	0.59	22.0	3.4	20	67	0.00	0.95	4.5
E22	智能计算机与应用	439	0.98	13.7	3.1	27	128	—	0.56	4.3
E22	中国金融电脑	257	0.84	0.3	1.6	22	132	0.02	0.00	3.3
E22	中国图象图形学报	245	0.98	48.6	4.5	25	113	0.03	0.91	4.6
E22	中国自动识别技术	61	0.69	0.7	2.4	19	41	—	0.08	5.1
E23	China Surfactant Detergent & Cosmetics	204	0.80	21.2	4.5	28	139	0.00	0.36	6.3
E23	Chinese Journal of Chemical Engineering	398	0.96	52.0	6.0	27	151	0.14	0.87	6.5
E23	Chinese Journal of Structural Chemistry	159	1.00	52.6	5.4	28	107	0.01	0.94	3.6
E23	Frontiers of Chemical Science and Engineering	140	0.99	59.3	5.7	19	85	0.34	0.73	6.1
E23	Green Chemical Engineering	42	0.93	68.0	6.1	15	35	0.17	0.95	4.2
E23	Particuology	131	0.99	51.3	4.7	18	90	0.44	0.55	7.7
E23	安徽化工	342	0.99	10.8	3.8	26	172	—	0.65	4.9
E23	北京化工大学学报（自然科学版）	86	0.96	23.0	4.3	14	25	0.00	0.63	5.8
E23	纯碱工业	90	1.00	2.6	2.7	15	38	—	0.06	8.9
E23	大氮肥	112	0.96	3.6	1.8	25	62	—	0.01	8.9
E23	氮肥技术	93	0.94	1.1	2.0	15	45	—	—	7.2
E23	氮肥与合成气	210	1.00	4.4	2.1	25	96	—	—	6.6
E23	当代化工	632	1.00	19.7	4.3	30	303	0.00	0.70	5.6
E23	当代化工研究	1446	0.98	10.2	2.7	31	1051	0.00	0.27	4.6
E23	电镀与精饰	164	1.00	17.1	4.1	28	138	0.00	0.48	6.7
E23	发酵科技通讯	45	0.92	22.6	3.7	15	33	—	0.58	5.3
E23	佛山陶瓷	391	0.96	5.5	2.1	29	241	0.00	0.15	5.6
E23	高校化学工程学报	106	0.95	30.8	5.2	20	54	0.01	0.83	7.2
E23	工业催化	142	0.99	23.5	4.5	27	101	0.01	0.48	7.3
E23	广东化工	1971	0.99	13.6	3.6	31	1108	—	0.48	5.7

2022 年中国科技期刊来源指标按类刊名字顺索引(续)

学科代码	期刊名称	来源文献量	文献选出率	平均引文数	平均作者数	地区分布数	机构分布数	海外论文比	基金论文比	引用半衰期
E23	广州化工	1897	0.98	11.4	3.8	31	999	—	0.60	5.3
E23	硅酸盐通报	498	0.96	27.7	5.1	29	218	0.01	0.80	6.1
E23	硅酸盐学报	343	0.97	45.2	5.4	28	165	0.01	0.90	6.5
E23	过程工程学报	177	0.93	35.8	5.2	26	83	0.00	0.81	6.4
E23	杭州化工	46	0.92	10.4	2.9	17	34	—	0.30	5.4
E23	合成技术及应用	46	0.92	9.4	3.8	4	10	—	0.15	7.9
E23	河南化工	260	0.98	7.1	3.3	24	148	—	0.39	5.0
E23	湖南包装	320	0.87	11.8	2.1	25	140	0.00	0.65	3.6
E23	化肥设计	93	0.99	7.9	2.5	20	50	—	0.09	6.9
E23	化工管理	1731	0.98	6.7	2.1	31	1150	0.00	0.12	4.0
E23	化工机械	163	0.98	12.7	4.3	20	81	0.02	0.39	7.7
E23	化工技术与开发	213	0.99	17.5	3.7	24	123	—	0.42	5.9
E23	化工进展	659	1.00	45.6	5.2	29	248	0.02	0.81	5.4
E23	化工科技	96	1.00	23.9	5.4	12	26	0.00	0.69	5.6
E23	化工矿物与加工	128	0.92	24.9	4.6	22	54	—	0.76	5.4
E23	化工设备与管道	96	0.99	13.1	3.3	22	78	0.00	0.18	7.9
E23	化工设计	72	0.87	5.4	1.9	15	35	—	0.01	9.6
E23	化工设计通讯	835	0.99	5.5	1.9	30	642	0.00	0.14	3.9
E23	化工生产与技术	74	0.80	12.7	3.4	15	50	—	0.19	≥10
E23	化工时刊	210	0.98	10.7	3.6	26	121	—	0.62	4.3
E23	化工学报	511	1.00	44.0	5.1	28	140	0.01	0.92	6.3
E23	化工与医药工程	74	0.92	10.5	2.9	20	48	—	0.09	6.4
E23	化工装备技术	101	0.79	4.8	2.8	18	56	—	0.10	5.6
E23	化工自动化及仪表	125	0.89	11.5	3.2	27	73	0.00	0.32	6.0
E23	化学反应工程与工艺	65	0.92	26.7	5.1	19	38	—	0.58	7.6
E23	化学工程	180	0.70	14.4	4.6	25	117	0.00	0.63	6.2
E23	化学工程师	302	0.99	13.7	3.4	29	173	—	0.51	5.0
E23	化学工业与工程	83	1.00	30.5	4.6	15	30	0.00	0.70	6.1
E23	化学世界	55	0.90	27.5	4.0	18	35	—	0.62	7.0
E23	吉林化工学院学报	207	1.00	12.3	2.9	8	28	0.00	0.67	3.3
E23	江苏陶瓷	278	0.94	2.6	1.3	12	66	—	0.12	7.0
E23	江西化工	171	0.98	11.8	3.0	24	132	—	0.43	7.0
E23	景德镇陶瓷	147	0.67	5.7	1.4	10	44	—	0.12	≥10

学科代码	期刊名称	来源文献量	文献选出率	平均引文数	平均作者数	地区分布数	机构分布数	海外论文比	基金论文比	引用半衰期
E23	聚氨酯工业	75	0.93	10.0	4.3	19	60	0.00	0.32	6.9
E23	离子交换与吸附	49	0.92	26.3	4.6	17	32	0.00	0.69	5.1
E23	辽宁化工	490	1.00	16.8	3.2	27	252	—	0.33	4.1
E23	林产化学与工业	105	0.99	27.2	5.0	18	38	0.02	0.79	6.2
E23	磷肥与复肥	177	0.83	9.2	3.8	22	94	0.00	0.29	7.4
E23	硫磷设计与粉体工程	75	0.91	5.4	2.1	16	41	—	0.05	7.7
E23	硫酸工业	172	0.97	4.2	2.2	25	96		0.02	6.1
E23	绿色包装	365	0.89	6.3	1.9	28	205	0.01	0.47	3.5
E23	氯碱工业	168	0.93	2.7	2.5	25	92		0.02	8.3
E23	轮胎工业	172	0.95	8.8	4.7	17	53	—	0.01	3.9
E23	膜科学与技术	135	0.99	28.9	5.5	22	67	0.00	0.87	5.8
E23	清洗世界	812	1.00	4.9	2.0	30	606	0.00	0.06	2.8
E23	燃料与化工	123	0.99	3.0	3.0	23	82	—	0.03	7.3
E23	热固性树脂	73	0.62	20.2	4.5	21	54	0.00	0.49	5.7
E23	山东化工	1684	1.00	14.0	3.6	31	847	—	0.43	5.6
E23	山东陶瓷	81	0.75	8.1	1.9	17	43		0.35	9.1
E23	沈阳化工大学学报	87	0.97	16.4	3.9	4	4	—	0.89	6.1
E23	生物质化学工程	58	0.97	35.4	5.0	17	28	0.00	0.74	6.0
E23	石油化工设备	89	0.97	20.1	4.1	22	69	—	0.33	9.5
E23	石油化工自动化	136	0.98	11.0	2.4	24	95	0.01	0.17	5.9
E23	四川化工	96	0.95	6.8	2.8	20	75	—	0.19	6.2
E23	四川轻化工大学学报（自然科学版）	73	1.00	24.0	4.2	9	19		1.00	3.9
E23	炭素	33	0.94	18.4	4.5	8	17	—	0.12	6.3
E23	炭素技术	90	1.00	19.4	5.1	24	67	0.01	0.54	6.9
E23	陶瓷	705	0.99	6.5	1.5	28	433	0.00	0.11	4.0
E23	陶瓷学报	128	0.93	32.2	4.7	25	68	0.00	0.87	7.3
E23	陶瓷研究	268	0.81	7.6	1.3	19	136	0.01	0.28	8.5
E23	天津化工	252	0.98	7.7	2.4	26	155	—	0.11	3.9
E23	涂层与防护	141	0.97	9.2	4.0	20	82		0.06	7.4
E23	无机盐工业	270	0.96	27.1	4.9	27	152	0.00	0.67	5.0
E23	现代化工	587	0.99	22.5	4.7	31	292	0.00	0.60	5.3
E23	现代技术陶瓷	39	0.91	41.3	5.0	13	27	—	0.54	9.6
E23	盐科学与化工	158	0.92	8.9	3.7	22	76	0.00	0.21	7.1

2022年中国科技期刊来源指标按类刊名字顺索引(续)

学科代码	期刊名称	来源文献量	文献选出率	平均引文数	平均作者数	地区分布数	机构分布数	海外论文比	基金论文比	引用半衰期
E23	应用化工	722	1.00	26.2	4.9	30	216	0.01	0.96	5.7
E23	影像技术	89	0.96	19.1	2.6	16	78	—	0.28	2.5
E23	有机氟工业	50	0.94	16.5	3.5	12	32	—	0.10	7.8
E23	有机硅材料	89	0.92	21.8	5.0	14	58	0.00	0.17	3.2
E23	云南化工	637	1.00	9.5	3.5	31	371	—	0.46	5.3
E23	浙江化工	120	0.76	14.0	4.0	20	83	—	0.22	7.4
E23	中氮肥	124	0.98	3.2	2.0	20	68	—	0.01	8.6
E23	中国化工装备	58	1.00	6.0	2.5	15	39	—	—	7.6
E23	中国陶瓷	185	0.93	18.9	4.0	26	104	0.01	0.71	7.2
E23	中国洗涤用品工业	135	0.90	9.4	3.2	12	74	—	0.06	6.7
E24	高科技纤维与应用	66	0.80	12.7	4.2	14	46	0.00	0.14	6.3
E24	工程塑料应用	342	0.97	22.8	5.1	28	205	0.00	0.53	4.4
E24	合成树脂及塑料	111	1.00	14.9	3.8	24	89	0.00	0.30	6.9
E24	合成橡胶工业	88	0.83	21.9	4.6	17	53	0.02	0.45	7.1
E24	胶体与聚合物	47	0.94	14.5	4.2	13	24	—	0.60	4.5
E24	聚氯乙烯	159	0.93	2.8	3.0	19	60	—	0.06	7.7
E24	聚酯工业	109	0.81	4.7	2.9	11	61	—	0.05	≥10
E24	上海塑料	71	0.91	17.0	3.4	14	38	—	0.31	4.7
E24	塑料	172	0.98	24.1	4.6	22	106	0.00	0.43	6.3
E24	塑料工业	363	0.73	20.8	4.9	28	215	0.00	0.48	5.6
E24	塑料科技	305	0.92	21.1	4.3	29	225	0.00	0.39	4.2
E24	塑料助剂	125	0.98	11.4	2.2	20	76	0.00	0.22	3.6
E24	弹性体	96	1.00	18.9	4.9	22	49	0.00	0.61	6.0
E24	现代塑料加工应用	96	0.94	12.8	3.8	25	61	0.00	0.40	7.0
E24	橡胶工业	156	0.92	18.3	4.5	20	93	0.01	0.30	7.1
E24	橡胶科技	118	0.80	8.9	3.7	21	75	—	0.05	4.5
E24	橡塑技术与装备	175	0.63	8.0	3.1	26	105	—	0.13	7.0
E24	中国塑料	299	0.96	27.4	4.8	28	155	0.00	0.45	5.6
E25	表面技术	486	0.99	37.9	5.5	28	229	0.02	0.77	6.3
E25	电镀与涂饰	299	0.94	14.0	4.6	27	210	0.00	0.36	7.0
E25	化学与粘合	134	0.97	15.9	4.1	23	76	—	0.21	5.6
E25	精细化工	323	1.00	36.0	5.1	29	158	0.01	0.85	4.9
E25	精细化工中间体	111	1.00	17.3	4.8	19	62	0.00	0.37	6.0

学科代码	期刊名称	来源文献量	文献选出率	平均引文数	平均作者数	地区分布数	机构分布数	海外论文比	基金论文比	引用半衰期
E25	精细石油化工	107	0.99	16.3	4.6	22	78	0.00	0.35	7.2
E25	精细与专用化学品	162	0.90	13.1	3.6	18	69	—	0.25	5.7
E25	上海染料	59	0.74	4.0	1.6	10	30	—	—	≥10
E25	上海涂料	92	0.95	4.8	2.9	21	72	—	0.05	9.1
E25	涂料工业	164	0.97	17.7	5.1	22	121	0.00	0.28	5.8
E25	现代涂料与涂装	256	0.97	4.1	3.3	23	134	—	0.04	8.1
E25	香料香精化妆品	131	0.83	15.2	4.4	22	80	0.01	0.29	5.4
E25	印染助剂	146	0.97	15.0	4.0	21	93	0.01	0.37	6.7
E25	粘接	526	0.98	13.6	2.5	29	363	0.00	0.18	3.5
E25	中国胶粘剂	142	0.92	16.9	4.6	20	94	0.01	0.30	6.2
E25	中国氯碱	146	0.90	3.7	2.7	20	68	—	0.01	8.4
E25	中国生漆	56	0.89	8.3	1.8	17	41	0.02	0.41	≥10
E25	中国涂料	164	0.89	5.9	3.2	21	88	—	0.06	7.1
E26	China Detergent & Cosmetics	56	0.72	7.4	2.5	12	46	—	—	5.5
E26	Journal of Gems & Gemmology	93	0.98	25.9	3.6	13	40	0.02	0.62	≥10
E26	Paper and Biomaterials	25	0.93	33.3	5.4	9	15	0.16	0.52	4.8
E26	超硬材料工程	72	0.92	14.2	3.9	16	45	—	0.49	7.7
E26	低碳化学与化工	135	1.00	29.4	5.1	19	74	0.00	0.58	6.0
E26	华东纸业	494	0.98	5.6	1.5	30	372	0.00	0.46	2.6
E26	混凝土与水泥制品	254	0.98	20.4	4.5	28	184	—	0.72	5.6
E26	科技创新与应用	1798	1.00	7.6	2.5	31	1256	0.00	0.26	4.5
E26	粮食储藏	67	0.97	12.3	5.2	21	47	—	0.37	8.8
E26	煤化工	143	0.86	8.8	3.1	25	107	0.00	0.17	6.6
E26	木工机床	54	0.96	5.6	2.0	5	21	—	0.57	4.8
E26	皮革科学与工程	114	0.75	24.0	4.1	18	41	0.01	0.60	6.4
E26	皮革与化工	45	0.96	18.1	3.9	12	28	0.00	0.38	3.3
E26	皮革制作与环保科技	1560	0.95	6.3	1.5	31	1122	0.00	0.04	2.5
E26	石化技术与应用	102	0.94	11.5	4.1	17	60	0.01	0.17	6.9
E26	石油和化工设备	505	0.97	4.9	3.3	26	206	0.00	0.05	7.9
E26	石油化工建设	661	0.97	4.3	1.8	30	393	—	0.02	3.5
E26	水泥	327	0.98	2.7	2.8	29	208	0.01	0.05	6.7
E26	水泥工程	197	0.99	3.8	2.8	25	117	—	0.06	6.7
E26	水泥技术	89	0.98	3.4	2.7	18	51	—	0.08	5.9

学科代码	期刊名称	来源文献量	文献选出率	平均引文数	平均作者数	地区分布数	机构分布数	海外论文比	基金论文比	引用半衰期
E26	丝网印刷	554	0.86	3.3	1.7	29	321	0.01	0.44	3.4
E26	天津造纸	33	1.00	24.6	3.3	10	12	—	0.30	5.3
E26	文体用品与科技	1652	0.99	8.0	1.6	31	813	0.01	0.24	3.7
E26	西部皮革	1087	0.85	6.3	1.7	30	427	0.00	0.34	5.0
E26	现代面粉工业	78	0.96	8.4	2.8	12	42	—	0.23	4.7
E26	新世纪水泥导报	103	0.94	3.7	3.1	22	67	—	0.07	6.8
E26	蓄电池	61	1.00	9.6	4.9	13	39	—	0.15	6.8
E26	艺术设计研究	113	0.95	29.8	1.5	16	53	0.01	0.62	≥10
E26	印刷技术	111	0.78	—	1.4	18	93	0.01	—	—
E26	印刷杂志	124	0.80	0.0	1.4	16	69		0.04	
E26	造纸技术与应用	73	0.97	6.4	2.6	19	36	—	0.25	7.4
E26	造纸科学与技术	130	1.00	12.9	2.0	18	76	0.00	0.31	2.8
E26	造纸装备及材料	1011	1.00	9.1	1.6	30	660	—	0.24	2.2
E26	纸和造纸	64	0.78	11.9	4.2	15	36		0.47	5.9
E26	中国宝玉石	69	0.64	12.8	2.4	12	30	0.01	0.17	9.1
E26	中国皮革	385	0.93	14.8	2.1	21	142	0.00	0.58	3.6
E26	中国人造板	102	0.69	4.7	3.2	14	55	—	0.13	5.2
E26	中国水泥	266	0.74	2.8	2.6	27	157		0.04	6.3
E26	中国造纸	339	0.95	16.3	3.7	28	164	0.00	0.55	5.5
E26	中国造纸学报	64	1.00	30.3	5.1	13	24	0.00	0.75	5.5
E26	中国制笔	23	0.53	4.3	1.3	7	17	—	—	≥10
E26	中华纸业	232	0.54	3.8	2.3	24	132	0.03	0.07	7.2
E27	Journal of Measurement Science and Instrumentation	52	0.98	21.1	4.0	10	16	0.02	0.88	5.1
E27	电测与仪表	325	1.00	22.5	4.5	27	156	0.01	0.55	4.8
E27	阀门	114	0.79	13.7	3.9	15	70	—	0.12	≥10
E27	分析仪器	138	0.99	12.3	4.5	27	112	0.00	0.20	6.2
E27	工业仪表与自动化装置	152	0.97	13.3	3.6	27	119	0.00	0.32	3.2
E27	光学精密工程	287	0.99	26.5	4.7	25	132	0.01	0.89	5.9
E27	计测技术	80	1.00	21.8	4.1	15	39	—	0.80	7.8
E27	生命科学仪器	97	1.00	15.1	3.0	16	44	—	0.35	2.6
E27	水泵技术	70	0.92	7.9	3.4	18	52	—	0.04	8.8
E27	现代科学仪器	298	0.98	14.3	3.2	27	239	0.00	0.16	3.6

学科代码	期刊名称	来源文献量	文献选出率	平均引文数	平均作者数	地区分布数	机构分布数	海外论文比	基金论文比	引用半衰期
E27	现代仪器与医疗	126	1.00	16.8	3.4	21	100	—	0.58	3.0
E27	仪表技术	106	0.98	7.3	3.4	19	59	—	0.34	5.4
E27	仪表技术与传感器	273	0.99	14.8	4.2	26	143	0.01	0.70	5.3
E27	仪器仪表学报	357	0.99	24.6	4.3	25	138	0.00	0.85	4.9
E27	仪器仪表用户	301	0.95	8.2	3.0	28	169	—	0.12	7.4
E27	仪器仪表与分析监测	47	0.89	7.2	2.8	17	45	—	0.11	4.9
E27	中国仪器仪表	188	0.95	4.3	2.8	23	90	—	0.19	7.7
E27	自动化仪表	272	1.00	12.7	3.5	28	212	0.00	0.31	4.1
E27	自动化与仪表	259	1.00	12.1	2.9	25	178	0.00	0.30	3.8
E28	Defence Technology	173	1.00	40.3	5.0	17	88	0.29	0.58	7.4
E28	爆破	112	1.00	29.4	4.7	22	71	0.00	0.67	5.0
E28	爆破器材	62	1.00	17.5	4.8	15	37	0.02	0.45	8.5
E28	爆炸与冲击	166	1.00	27.8	5.1	19	72	0.01	0.83	9.9
E28	兵工学报	323	1.00	24.4	4.9	23	114	0.00	0.64	6.9
E28	兵工自动化	238	0.96	13.1	3.9	25	121	0.00	0.17	6.4
E28	兵器材料科学与工程	158	0.99	18.8	4.1	26	106	0.00	0.62	4.3
E28	兵器装备工程学报	554	1.00	19.4	4.3	27	189	0.00	0.45	6.5
E28	弹道学报	62	0.94	15.0	4.1	17	30	0.00	0.24	8.0
E28	弹箭与制导学报	134	0.99	15.5	4.2	19	73	0.00	0.28	7.0
E28	国防科技	127	0.98	15.1	3.0	18	64	—	0.45	3.3
E28	含能材料	149	0.83	31.7	5.7	16	45	0.01	0.58	7.5
E28	航空兵器	98	0.98	24.4	3.9	15	43	0.00	0.44	5.7
E28	火工品	98	0.98	13.5	5.1	17	44	—	0.34	7.8
E28	火控雷达技术	84	0.99	9.9	3.4	12	27	—	0.19	7.5
E28	火力与指挥控制	359	0.98	15.9	3.6	23	167	0.01	0.35	6.3
E28	火炮发射与控制学报	93	0.98	15.1	4.0	16	39	0.01	0.30	6.4
E28	火炸药学报	112	0.94	29.4	5.7	11	34	0.01	0.66	7.9
E28	军民两用技术与产品	153	0.93	1.1	3.2	19	83	—	0.07	8.2
E28	空天防御	57	0.93	16.8	4.6	10	25	—	0.46	7.1
E28	空天技术	47	0.90	51.1	4.6	11	28	0.00	0.45	7.6
E28	数字海洋与水下攻防	89	0.97	16.4	3.2	17	44	—	0.39	6.6
E28	水下无人系统学报	105	0.96	19.0	4.3	18	52	0.00	0.37	7.7
E28	探测与控制学报	117	0.98	15.1	3.8	18	53	0.00	0.29	6.2

学科代码	期刊名称	来源文献量	文献选出率	平均引文数	平均作者数	地区分布数	机构分布数	海外论文比	基金论文比	引用半衰期
E28	现代防御技术	99	1.00	18.1	3.7	16	51	0.00	0.19	5.9
E28	战术导弹技术	107	0.97	19.5	3.7	17	62	0.00	0.35	3.9
E28	指挥控制与仿真	138	0.97	15.0	3.3	15	57	0.00	0.09	5.7
E28	指挥信息系统与技术	98	0.94	20.3	3.5	12	39	—	0.84	5.4
E28	指挥与控制学报	58	0.92	26.8	4.2	14	32	0.02	0.53	4.3
E29	北京服装学院学报（自然科学版）	58	0.94	24.1	4.0	13	18	—	0.88	4.4
E29	产业用纺织品	98	0.88	17.8	3.9	20	56	—	0.44	6.0
E29	纺织报告	503	0.98	6.1	1.9	30	267	0.00	0.38	4.4
E29	纺织标准与质量	62	0.68	7.4	2.6	14	34	—	0.29	7.6
E29	纺织导报	111	0.64	10.9	3.5	15	59	—	0.31	5.1
E29	纺织高校基础科学学报	65	0.94	28.6	4.4	11	19	0.00	0.97	5.1
E29	纺织科技进展	175	0.88	13.5	3.1	25	94	—	0.64	4.8
E29	纺织器材	107	0.97	5.0	2.6	18	78	—	0.06	9.6
E29	纺织学报	358	0.98	23.4	4.7	24	76	0.03	0.81	5.2
E29	服饰导刊	119	0.94	18.9	2.4	22	46	—	0.81	9.7
E29	服装学报	83	0.99	19.6	2.5	14	30	—	0.73	7.0
E29	福建轻纺	229	0.97	8.4	2.0	24	131	—	0.63	4.1
E29	国际纺织导报	134	0.78	7.1	3.2	17	93	0.30	0.16	5.9
E29	合成纤维	173	0.91	14.7	3.7	19	100	0.00	0.28	6.0
E29	合成纤维工业	108	0.94	16.8	4.1	20	63	0.00	0.27	6.0
E29	黑龙江纺织	60	0.98	6.7	1.9	18	33	—	0.38	3.3
E29	化纤与纺织技术	969	1.00	6.4	1.9	29	534	0.00	0.27	2.6
E29	江苏丝绸	67	0.86	8.3	2.9	7	26	—	0.46	4.2
E29	辽宁丝绸	176	1.00	1.9	1.9	12	38	—	0.40	4.5
E29	毛纺科技	274	0.90	15.4	3.7	29	115	0.00	0.72	5.0
E29	棉纺织技术	207	0.85	13.7	3.8	19	90	0.00	0.55	5.0
E29	轻纺工业与技术	284	0.98	6.5	2.6	25	140	0.00	0.71	4.3
E29	染料与染色	66	0.99	12.8	3.9	13	30	—	0.27	8.0
E29	染整技术	161	0.91	9.2	3.4	18	97	—	0.30	6.8
E29	山东纺织经济	135	0.95	6.7	1.8	24	80	0.01	0.50	3.3
E29	山东纺织科技	102	0.94	7.0	3.0	18	62	—	0.47	5.0
E29	上海纺织科技	189	0.80	13.9	3.9	24	82	0.01	0.46	5.9
E29	丝绸	240	1.00	20.8	3.6	23	86	0.03	0.71	7.0

学科代码	期刊名称	来源文献量	文献选出率	平均引文数	平均作者数	地区分布数	机构分布数	海外论文比	基金论文比	引用半衰期
E29	天津纺织科技	97	0.99	7.6	2.6	18	56	—	0.42	5.1
E29	现代纺织技术	180	1.00	23.7	4.1	18	50	0.01	0.63	5.3
E29	印染	261	0.89	12.3	3.7	26	143	—	0.63	4.8
E29	针织工业	233	0.96	11.0	3.1	21	112	—	0.58	5.3
E29	中国棉花加工	71	0.85	1.7	2.1	7	39	—	0.06	5.2
E29	中国纤检	348	0.87	4.9	2.7	24	144	—	0.11	7.7
E30	Food Quality and Safety	68	1.00	51.6	6.4	17	54	0.21	0.91	5.9
E30	Food Science and Human Wellness	172	0.97	55.7	6.3	25	106	0.17	0.91	6.6
E30	Grain & Oil Science and Technology	20	1.00	56.7	5.6	5	7	0.10	0.95	5.9
E30	包装与食品机械	110	1.00	17.6	4.5	22	82	0.00	0.71	4.3
E30	茶业通报	41	0.89	11.5	3.0	15	30	—	0.37	8.3
E30	茶叶学报	40	0.87	27.0	5.3	11	22	—	0.90	5.2
E30	广东茶业	63	0.98	14.4	3.6	9	34	—	0.63	5.3
E30	黑龙江粮食	488	0.97	5.5	1.7	31	340	—	0.25	2.6
E30	江苏调味副食品	41	0.91	16.5	3.4	14	30	—	0.49	4.9
E30	粮食加工	181	0.90	11.6	3.6	25	110	—	0.41	6.1
E30	粮食问题研究	69	1.00	8.2	2.3	16	40	—	0.35	4.1
E30	粮食与食品工业	108	1.00	11.2	4.0	22	55	—	0.34	4.8
E30	粮食与饲料工业	95	0.88	18.0	4.7	24	70	0.01	0.26	6.1
E30	粮食与油脂	458	0.99	15.7	3.7	31	249	—	0.82	4.4
E30	粮油仓储科技通讯	124	1.00	6.3	4.1	26	97	—	0.06	5.7
E30	粮油食品科技	158	0.88	26.6	4.5	23	89	0.08	0.45	6.5
E30	酿酒	222	1.00	11.3	3.9	24	118	—	0.19	7.3
E30	酿酒科技	263	0.90	19.3	5.6	24	128	0.00	0.27	6.5
E30	轻工学报	94	0.97	30.0	6.4	15	47	—	1.00	4.3
E30	肉类工业	110	0.90	17.5	4.3	23	83	—	0.56	5.3
E30	肉类研究	119	0.89	45.1	5.7	24	62	0.01	0.82	4.9
E30	乳品与人类	39	0.64	8.2	2.3	6	16	—	0.49	5.5
E30	乳业科学与技术	64	0.93	41.2	4.6	16	24	0.00	0.70	6.3
E30	食品安全质量检测学报	1013	0.78	38.3	5.7	31	493	0.00	0.73	3.9
E30	食品工程	78	1.00	11.5	3.4	20	49	—	0.56	6.1
E30	食品工业	974	1.00	19.6	4.5	31	556	—	0.68	4.9
E30	食品工业科技	1389	0.99	41.2	5.9	31	450	0.01	0.74	5.1

2022年中国科技期刊来源指标按类刊名字顺索引(续)

学科代码	期刊名称	来源文献量	文献选出率	平均引文数	平均作者数	地区分布数	机构分布数	海外论文比	基金论文比	引用半衰期
E30	食品科技	567	0.99	20.8	5.4	30	294	—	0.94	4.4
E30	食品科学	1080	1.00	44.5	6.2	31	259	0.01	0.87	5.6
E30	食品科学技术学报	105	0.95	34.9	5.9	26	54	0.01	0.91	5.2
E30	食品研究与开发	714	0.75	29.9	5.7	30	284	0.00	0.72	5.5
E30	食品与发酵工业	1142	1.00	28.4	6.0	31	331	0.01	0.79	5.4
E30	食品与发酵科技	154	0.97	21.8	5.5	22	70	0.00	0.64	5.4
E30	食品与机械	463	0.83	25.1	4.4	30	268	0.00	0.77	4.6
E30	食品与健康	283	0.69	0.2	1.2	19	154	—	0.05	—
E30	食品与生物技术学报	147	0.90	39.0	5.4	26	71	0.00	0.89	5.9
E30	食品与药品	131	0.96	20.7	4.7	23	88	0.02	0.37	5.2
E30	现代食品	1382	0.99	10.9	3.1	31	914	0.00	0.33	5.2
E30	现代食品科技	493	1.00	34.6	5.9	30	203	0.01	0.87	5.7
E30	现代盐化工	318	1.00	7.2	2.3	31	248	—	0.38	3.7
E30	盐业史研究	30	0.88	57.9	1.6	15	26	0.03	0.57	≥10
E30	饮料工业	86	0.70	20.7	4.0	18	47	—	0.24	5.9
E30	中国茶叶加工	53	0.82	21.8	4.4	12	42	—	0.57	5.4
E30	中国井矿盐	87	0.96	4.2	2.3	11	47	—	0.03	7.0
E30	中国粮油学报	405	0.97	30.7	5.8	30	165	0.01	0.75	6.0
E30	中国酿造	496	0.98	32.2	5.9	30	254	0.00	0.65	5.1
E30	中国乳品工业	135	0.95	29.1	5.6	26	74	0.00	0.67	6.3
E30	中国乳业	242	0.97	13.8	3.7	28	161	—	0.36	5.0
E30	中国食品添加剂	384	0.99	25.6	4.9	30	254	0.00	0.59	5.3
E30	中国食品学报	526	0.96	38.3	5.4	29	162	0.00	0.89	6.0
E30	中国食物与营养	200	0.95	25.4	4.7	23	105	0.00	0.42	6.0
E30	中国甜菜糖业	31	0.97	24.0	3.2	6	12	—	0.55	6.1
E30	中国调味品	503	1.00	24.5	4.9	30	211	0.00	0.75	4.7
E30	中国盐业	265	0.50	1.5	1.4	27	126	—	0.02	5.1
E30	中国油脂	315	0.82	22.7	5.4	30	165	0.00	0.64	6.6
E30	中外葡萄与葡萄酒	96	0.96	26.9	5.8	21	50	—	0.99	6.5
E31	Building Simulation	135	0.92	52.3	5.0	18	81	0.41	0.83	6.1
E31	China City Planning Review	39	0.85	33.4	2.9	12	30	0.10	0.51	7.3
E31	Construction Technology	671	0.99	11.5	4.1	26	378	0.00	0.79	5.4
E31	Frontiers of Architectural Research	76	0.93	54.2	2.9	8	50	0.63	0.59	9.4

学科代码	期刊名称	来源文献量	文献选出率	平均引文数	平均作者数	地区分布数	机构分布数	海外论文比	基金论文比	引用半衰期
E31	Journal of Road Engineering	20	0.87	92.0	5.4	8	17	0.40	0.85	6.0
E31	Landscape Architecture Frontiers	41	0.98	30.6	3.4	11	29	0.46	0.34	7.8
E31	安徽建筑	969	1.00	7.1	2.1	27	502	0.00	0.27	5.6
E31	安徽建筑大学学报	94	1.00	16.8	3.0	5	20	—	1.00	4.7
E31	安装	313	0.86	2.5	2.7	22	106	—	0.03	3.8
E31	北方建筑	105	0.60	5.9	1.8	20	61	—	0.20	2.1
E31	北京建筑大学学报	79	0.99	14.5	3.4	7	11	—	0.95	5.4
E31	城市发展研究	273	0.98	25.9	3.0	24	131	0.05	0.71	7.2
E31	城市管理与科技	136	0.74	1.5	1.9	14	89	—	0.09	5.0
E31	城市规划	133	0.75	32.1	2.7	18	70	0.05	0.55	8.9
E31	城市规划学刊	84	0.62	32.9	3.2	12	39	0.07	0.51	5.7
E31	城市建筑	1146	1.00	9.9	2.3	30	439	0.01	0.32	4.5
E31	城市建筑空间	927	0.97	5.1	2.0	31	455	0.01	0.19	3.4
E31	城市开发	311	0.53	0.1	1.4	27	213	0.01	0.05	8.5
E31	城市勘测	281	0.99	11.5	2.7	26	149	—	0.27	4.6
E31	城市设计	59	0.94	14.3	2.7	9	25	0.17	0.10	≥10
E31	城乡规划	77	0.93	29.4	3.0	12	45	0.03	0.39	7.9
E31	城镇供水	129	0.84	5.8	2.8	20	91	—	0.05	8.0
E31	重庆建筑	213	0.88	8.8	2.7	27	122	—	0.24	5.8
E31	当代建筑	268	0.84	7.5	2.2	18	83	0.01	0.31	7.5
E31	地基处理	71	0.92	17.3	3.2	19	58	—	0.38	8.4
E31	低温建筑技术	415	0.97	12.3	3.0	28	222	—	0.35	6.4
E31	粉煤灰综合利用	127	0.93	14.2	3.2	23	85	0.00	0.53	5.3
E31	福建建材	402	0.98	6.3	1.4	22	225	—	0.13	5.3
E31	福建建设科技	223	1.00	7.1	1.6	7	115	—	0.18	5.7
E31	给水排水	309	0.94	13.1	4.3	25	179	0.01	0.40	6.7
E31	工程抗震与加固改造	130	0.76	15.3	3.7	27	100	0.00	0.62	9.9
E31	工业建筑	412	0.54	18.4	4.0	29	234	0.01	0.66	7.8
E31	供水技术	93	0.98	7.9	2.7	16	69	—	0.15	7.6
E31	古建园林技术	138	0.99	15.1	2.3	22	67	0.01	0.67	≥10
E31	广东建材	308	0.95	7.8	2.3	23	182	—	0.16	6.3
E31	广州建筑	87	1.00	15.7	3.4	6	46	—	0.54	5.1
E31	规划师	256	0.97	19.5	3.3	20	116	0.00	0.54	4.2

2022年中国科技期刊来源指标按类刊名字顺索引(续)

学科代码	期刊名称	来源文献量	文献选出率	平均引文数	平均作者数	地区分布数	机构分布数	海外论文比	基金论文比	引用半衰期
E31	国际城市规划	99	0.86	36.6	2.7	14	59	0.21	0.63	8.1
E31	河北建筑工程学院学报	139	0.97	9.9	3.5	7	30	—	0.55	5.0
E31	河南建材	749	1.00	6.3	1.4	27	297	—	0.06	2.5
E31	湖南城市学院学报（自然科学版）	78	1.00	17.4	3.5	15	41	—	0.87	5.7
E31	华中建筑	393	1.00	15.5	2.8	24	117	0.01	0.62	7.1
E31	混凝土	478	0.98	17.5	4.4	28	241	0.01	0.86	7.2
E31	混凝土世界	194	0.84	9.1	3.6	21	127	—	0.21	6.5
E31	吉林建筑大学学报	95	1.00	10.7	3.2	4	5	—	0.61	4.9
E31	家具与室内装饰	328	0.84	15.2	2.7	28	156	0.02	0.93	3.3
E31	建材技术与应用	113	0.96	9.4	2.2	20	70	—	0.30	4.9
E31	建材世界	199	1.00	7.9	3.1	23	113	0.01	0.17	5.9
E31	建材与装饰	1968	1.00	5.7	1.2	31	1067	0.00	0.02	2.4
E31	建井技术	75	0.99	14.5	3.0	15	51	—	0.52	5.5
E31	建设机械技术与管理	168	0.67	4.9	2.7	21	90	—	0.04	8.7
E31	建设监理	348	0.98	1.8	1.5	23	197	—	0.02	3.3
E31	建设科技	676	0.93	5.0	2.9	28	401	0.00	0.16	4.0
E31	建筑·建材·装饰	1583	1.00	4.9	1.2	30	943	0.00	0.01	2.0
E31	建筑安全	272	0.97	6.0	2.1	25	219	—	0.08	5.0
E31	建筑材料学报	180	0.98	18.7	4.3	24	90	0.02	0.87	7.2
E31	建筑电气	153	0.96	10.1	1.9	20	97	0.01	0.05	5.3
E31	建筑钢结构进展	132	0.99	23.5	4.2	24	76	0.02	0.80	9.2
E31	建筑机械	336	0.87	6.3	2.5	23	184	—	0.12	3.7
E31	建筑机械化	279	0.94	4.8	2.9	21	134	—	0.15	4.3
E31	建筑技术	495	1.00	4.8	3.7	21	185	0.01	0.12	7.2
E31	建筑技术开发	1280	1.00	5.3	2.1	28	711	0.00	0.08	5.0
E31	建筑技艺	215	0.93	6.3	2.5	16	95	0.05	0.31	7.5
E31	建筑节能（中英文）	283	0.90	17.7	3.7	26	151	0.01	0.49	6.0
E31	建筑结构	552	0.89	12.2	4.3	28	218	0.01	0.42	8.3
E31	建筑结构学报	317	0.99	26.8	4.3	24	95	0.02	0.96	8.6
E31	建筑经济	172	0.93	7.1	2.4	25	139	0.01	0.44	3.8
E31	建筑科学	337	0.87	17.6	4.5	27	137	0.03	0.60	7.0
E31	建筑科学与工程学报	110	0.96	29.8	4.3	24	54	0.02	0.99	6.5
E31	建筑设计管理	166	0.86	5.0	1.7	25	111	0.01	0.09	3.1

学科代码	期刊名称	来源文献量	文献选出率	平均引文数	平均作者数	地区分布数	机构分布数	海外论文比	基金论文比	引用半衰期
E31	建筑师	101	0.99	35.0	1.8	14	44	0.13	0.55	≥10
E31	建筑施工	852	0.98	6.3	2.7	26	269	—	0.15	5.2
E31	建筑学报	213	0.84	17.0	2.0	22	82	0.07	0.41	≥10
E31	建筑与预算	326	0.93	5.4	1.4	26	232	—	0.03	2.0
E31	建筑与装饰	1563	0.99	4.9	1.2	30	1096	0.00	0.01	2.4
E31	江苏建材	334	0.98	1.9	1.6	26	261	—	0.07	2.6
E31	江苏建筑	209	0.99	7.1	2.8	13	128	0.00	0.19	5.6
E31	结构工程师	153	0.97	15.8	3.4	23	86	0.00	0.57	9.1
E31	净水技术	309	0.96	21.4	4.3	28	173	0.00	0.51	5.5
E31	居业	814	0.98	4.6	1.4	30	590	0.00	0.05	2.2
E31	空间结构	47	0.92	15.1	4.1	17	29	—	0.85	8.7
E31	绿色建造与智能建筑	253	0.91	4.2	2.3	21	163	—	0.06	4.0
E31	绿色建筑	217	0.92	3.6	2.1	17	113	—	0.17	4.6
E31	南方建筑	145	0.98	29.6	3.2	18	62	0.06	0.92	7.6
E31	暖通空调	327	0.98	14.0	3.9	19	135	0.02	0.30	6.3
E31	山东建筑大学学报	104	0.95	22.2	4.1	3	23	0.01	0.79	5.0
E31	山西建筑	1258	1.00	9.3	2.5	31	842	0.00	0.33	5.9
E31	上海城市规划	139	0.84	24.8	2.9	18	68	0.05	0.53	7.0
E31	上海建材	49	0.68	9.1	2.0	9	31	—	0.12	6.6
E31	上海建设科技	178	0.98	4.9	1.6	10	104	0.01	0.10	5.5
E31	沈阳建筑大学学报（自然科学版）	140	0.96	18.2	4.0	16	25	0.02	0.99	6.7
E31	时代建筑	150	0.74	20.0	2.1	11	62	0.07	0.35	≥10
E31	世界建筑	212	0.65	10.4	2.3	15	63	0.05	0.35	≥10
E31	室内设计与装修	421	0.95	2.3	1.1	19	39	0.01	0.14	8.7
E31	四川建筑	587	0.96	8.1	2.4	26	291	0.00	0.19	6.5
E31	四川建筑科学研究	78	0.94	13.7	3.4	17	46	—	0.50	6.8
E31	特种结构	124	0.98	11.4	3.1	20	78	—	0.27	7.1
E31	天津城建大学学报	77	0.97	19.5	3.2	2	4	—	0.65	6.1
E31	天津建设科技	124	0.93	7.2	2.6	15	63	—	0.15	5.9
E31	土工基础	218	1.00	11.0	2.9	26	151	—	0.33	8.2
E31	土木建筑工程信息技术	120	0.95	13.4	3.5	20	89	0.01	0.57	3.7
E31	西安建筑科技大学学报（自然科学版）	111	0.97	22.8	4.3	23	54	0.00	0.88	6.9
E31	现代城市研究	226	0.82	27.5	2.9	22	106	0.04	0.72	7.5

2022年中国科技期刊来源指标按类刊名字顺索引(续)

学科代码	期刊名称	来源文献量	文献选出率	平均引文数	平均作者数	地区分布数	机构分布数	海外论文比	基金论文比	引用半衰期
E31	小城镇建设	180	0.90	20.0	2.7	26	94	0.01	0.59	4.8
E31	新建筑	170	0.96	22.1	2.7	19	61	0.03	0.68	9.8
E31	新型建筑材料	395	0.99	12.3	4.5	29	243	0.01	0.43	6.0
E31	园林	205	0.92	26.2	3.1	20	76	0.01	0.80	6.1
E31	云南建筑	265	0.90	4.3	2.1	11	102	0.01	0.02	8.9
E31	浙江建筑	106	0.98	5.4	2.8	8	69	—	0.24	6.5
E31	智能建筑与工程机械	506	0.99	4.9	1.4	30	395	0.00	0.02	2.3
E31	智能建筑与智慧城市	644	0.95	5.4	2.0	28	381	0.01	0.17	2.7
E31	中国电梯	446	0.81	2.4	2.3	26	195	—	0.11	5.3
E31	中国粉体技术	90	0.94	24.8	5.3	22	61	0.00	0.91	5.8
E31	中国给水排水	534	0.96	11.4	4.8	27	290	0.01	0.49	5.9
E31	中国建材科技	210	1.00	9.8	3.5	25	131		0.39	7.0
E31	中国建筑防水	165	0.93	3.5	3.0	21	118	—	0.13	4.1
E31	中国建筑金属结构	678	1.00	5.3	1.6	29	535		0.03	2.8
E31	中国建筑装饰装修	1133	0.86	6.3	1.5	30	740	0.01	0.07	2.9
E31	中国勘察设计	234	0.66	1.6	1.5	21	160		0.02	3.7
E31	中国市政工程	170	0.97	6.7	2.2	19	93	—	0.12	5.1
E31	中国住宅设施	669	1.00	5.8	1.9	30	377	0.00	0.05	2.4
E31	中外建筑	277	0.96	9.8	2.4	23	124	0.02	0.35	5.4
E31	中州建设	133	0.70	4.4	1.4	21	102	—	0.08	2.4
E31	住区	111	0.94	18.5	2.7	19	45	0.01	0.54	6.3
E31	住宅科技	149	0.96	10.2	2.3	18	70	0.01	0.45	6.1
E32	Frontiers of Structural and Civil Engineering	108	1.00	50.4	3.8	16	78	0.60	0.40	7.1
E32	地下空间与工程学报	230	1.00	22.4	4.0	27	143	0.01	0.78	7.6
E32	防护工程	69	0.92	21.4	4.5	11	16	—	0.26	6.9
E32	工程勘察	164	0.93	13.1	3.3	25	131	0.00	0.37	6.8
E32	广东土木与建筑	348	1.00	11.7	2.6	19	196		0.17	5.2
E32	土木工程学报	136	0.94	29.6	4.5	21	60	0.02	0.90	7.6
E32	土木工程与管理学报	132	0.96	20.2	3.8	25	87	0.00	0.75	6.2
E32	土木与环境工程学报（中英文）	133	0.99	26.2	4.6	24	74	0.03	0.96	6.9
E32	岩石力学与工程学报	201	0.94	35.8	5.4	25	80	0.02	0.96	7.6
E32	岩土工程技术	92	0.94	15.0	3.3	20	70	0.00	0.27	8.3
E32	岩土工程学报	250	0.94	25.6	4.7	24	96	0.03	0.96	8.5

学科代码	期刊名称	来源文献量	文献选出率	平均引文数	平均作者数	地区分布数	机构分布数	海外论文比	基金论文比	引用半衰期
E32	岩土力学	324	0.96	30.6	4.8	26	123	0.06	0.96	8.1
E32	砖瓦	650	0.92	6.7	1.8	31	467	0.00	0.16	2.9
E32	砖瓦世界	1916	0.99	5.6	1.2	31	1281	0.00	0.00	2.1
E33	International Soil and Water Conservation Research	58	0.94	66.2	5.9	11	47	0.41	0.95	8.5
E33	Journal of Hydrodynamics	90	0.94	37.5	4.3	15	45	0.26	0.82	7.3
E33	Water Science and Engineering	37	0.97	46.3	4.4	8	27	0.65	0.51	8.9
E33	北京水务	81	0.83	14.1	4.7	4	34	—	0.12	5.2
E33	长江科学院院报	289	0.96	22.4	4.3	27	154	0.01	0.79	8.0
E33	大坝与安全	92	0.98	7.1	2.8	24	58	—	0.11	7.0
E33	东北水利水电	284	0.96	5.2	2.0	24	142	0.00	0.03	4.9
E33	甘肃水利水电技术	162	0.91	10.2	2.2	19	89	—	0.14	6.6
E33	广东水利水电	256	0.93	13.7	2.5	22	101	—	0.26	6.0
E33	广西水利水电	179	0.92	2.6	1.8	16	74	—	0.13	6.7
E33	海河水利	195	0.92	7.0	2.0	19	115	—	0.07	4.7
E33	河北水利	292	0.81	—	1.2	7	78	—	0.01	—
E33	河北水利电力学院学报	51	0.93	11.9	3.0	13	39	—	0.92	4.7
E33	河海大学学报（自然科学版）	103	0.94	26.6	5.0	19	39	0.03	0.90	7.7
E33	河南水利与南水北调	550	0.93	2.8	1.6	24	357	0.00	0.05	2.7
E33	黑龙江水利科技	776	0.99	7.4	1.2	25	460	—	0.03	4.7
E33	红水河	172	0.98	8.5	2.0	17	64	—	0.19	6.1
E33	湖南水利水电	198	0.95	4.1	2.1	19	107	—	0.11	7.3
E33	华北水利水电大学学报（自然科学版）	81	0.98	27.5	4.5	14	35	0.00	0.93	7.2
E33	吉林水利	162	0.85	10.6	1.9	23	111	—	0.22	5.6
E33	江淮水利科技	77	0.93	9.5	2.1	6	46	—	0.19	5.7
E33	江苏水利	196	0.90	8.0	4.1	3	105	—	0.48	5.3
E33	江西水利科技	90	0.94	10.6	2.8	13	53	—	0.34	5.6
E33	南水北调与水利科技（中英文）	121	0.99	33.2	4.9	17	52	0.02	0.93	5.7
E33	泥沙研究	66	0.99	23.8	3.7	18	38	0.00	0.94	≥10
E33	人民长江	432	0.86	20.7	3.9	29	225	0.00	0.62	6.9
E33	人民黄河	374	0.79	18.4	4.0	29	172	0.01	0.88	7.0
E33	人民珠江	214	0.92	23.2	3.8	29	125	—	0.62	5.5
E33	三峡大学学报（自然科学版）	96	0.97	26.0	4.6	19	44	0.00	0.92	6.8

学科代码	期刊名称	来源文献量	文献选出率	平均引文数	平均作者数	地区分布数	机构分布数	海外论文比	基金论文比	引用半衰期
E33	山东水利	386	0.98	1.6	2.2	5	206	—	0.04	5.3
E33	山西水利科技	84	1.00	2.8	1.3	5	47	—	0.05	6.3
E33	陕西水利	818	1.00	3.8	1.7	27	489	—	0.05	5.0
E33	水电与抽水蓄能	138	0.99	10.4	3.8	20	76	—	0.37	6.0
E33	水电与新能源	226	0.96	7.5	2.9	23	116	—	0.13	5.4
E33	水电站机电技术	529	0.97	4.9	2.5	29	204	—	0.05	6.7
E33	水电站设计	98	0.95	6.9	2.7	9	26	—	0.02	6.2
E33	水动力学研究与进展 A 辑	105	0.99	20.7	4.3	18	42	0.01	0.86	8.4
E33	水科学进展	88	0.98	36.0	5.2	18	36	0.06	0.99	5.5
E33	水科学与工程技术	163	0.99	6.5	2.0	24	117	—	0.18	6.9
E33	水力发电	267	0.99	13.4	4.3	26	139	0.00	0.50	6.8
E33	水力发电学报	165	0.97	35.7	4.8	20	54	0.01	0.88	6.1
E33	水利发展研究	226	1.00	6.5	2.8	27	120	—	0.23	3.5
E33	水利规划与设计	338	1.00	15.2	3.2	25	170	0.00	0.67	5.7
E33	水利技术监督	785	1.00	10.8	1.9	29	483	—	0.12	2.9
E33	水利建设与管理	172	0.85	12.0	2.2	25	134	—	0.22	5.1
E33	水利经济	82	0.86	25.1	3.1	6	15	0.00	0.80	4.9
E33	水利科技与经济	393	0.96	8.8	1.7	28	279	—	0.10	3.3
E33	水利科学与寒区工程	517	0.97	7.3	1.5	25	344	—	0.06	3.8
E33	水利水电工程设计	64	0.89	3.7	2.4	9	9	—	—	≥10
E33	水利水电技术（中英文）	222	1.00	30.5	4.7	27	120	0.00	0.94	6.0
E33	水利水电科技进展	108	0.76	25.3	4.3	21	49	0.01	0.86	6.9
E33	水利水电快报	257	0.87	11.4	3.3	23	110	—	0.31	6.3
E33	水利水运工程学报	105	0.97	21.7	4.5	22	55	0.01	0.96	6.9
E33	水利信息化	101	0.99	11.2	3.3	21	67	—	0.29	3.7
E33	水利学报	132	0.99	31.8	4.7	15	44	0.01	0.92	6.9
E33	水利与建筑工程学报	210	0.98	21.3	3.8	28	145	—	0.86	5.3
E33	水资源保护	162	0.91	30.3	4.9	20	65	0.01	0.88	5.3
E33	水资源开发与管理	178	0.93	10.3	2.0	26	126	—	0.18	3.7
E33	水资源与水工程学报	170	1.00	28.4	4.6	25	95	0.00	0.88	4.7
E33	四川水力发电	200	0.97	5.9	2.5	8	53	0.01	0.06	8.0
E33	四川水利	293	1.00	5.9	2.3	21	107	—	0.14	6.2
E33	西北水电	157	0.99	12.5	3.3	26	77	—	0.35	6.3

学科代码	期刊名称	来源文献量	文献选出率	平均引文数	平均作者数	地区分布数	机构分布数	海外论文比	基金论文比	引用半衰期
E33	小水电	122	0.98	4.5	2.0	22	96	0.01	0.13	7.8
E33	云南水力发电	839	0.99	7.5	2.4	25	193	—	0.04	7.1
E33	浙江水利科技	129	0.98	7.3	3.2	6	82	—	0.32	7.8
E33	浙江水利水电学院学报	104	0.95	11.3	2.1	20	76	—	0.48	5.8
E33	治淮	452	0.90	0.2	2.0	10	208	—	0.01	6.9
E33	中国防汛抗旱	211	0.86	10.7	3.6	26	117	—	0.53	5.4
E33	中国水利	546	0.63	3.3	2.4	31	288	0.00	0.18	3.3
E33	中国水利水电科学研究院学报（中英文）	64	1.00	23.8	4.6	15	24	0.00	0.81	8.0
E33	中国水能及电气化	156	0.91	6.5	1.9	25	124	—	0.03	4.7
E33	中国水土保持	272	0.94	5.4	3.4	29	175	—	0.25	6.0
E34	Journal of Traffic and Transportation Engineering (English Edition)	63	0.91	80.3	4.0	11	46	0.71	0.51	7.1
E34	Journal of Transportation Engineering	91	0.94	13.8	3.2	19	70	—	0.46	5.2
E34	北方交通	285	1.00	5.5	1.7	26	143	—	0.13	6.1
E34	北京交通大学学报	108	0.97	20.8	3.9	17	51	0.01	0.95	5.5
E34	北京汽车	65	0.92	7.3	2.8	13	37	—	0.12	6.5
E34	车辆与动力技术	41	1.00	9.7	4.0	14	23	—	0.17	7.3
E34	城市道桥与防洪	798	0.97	6.3	2.0	29	360	0.00	0.08	6.9
E34	重庆交通大学学报（自然科学版）	252	1.00	17.2	3.8	24	100	0.00	0.85	6.2
E34	大连交通大学学报	128	0.98	12.7	3.4	16	32	0.00	0.64	6.1
E34	高速铁路新材料	101	0.94	11.8	4.8	20	37	—	0.66	6.6
E34	公路交通技术	147	0.94	16.0	3.3	22	90	—	0.40	4.6
E34	公路交通科技	282	0.96	20.1	3.8	26	181	0.00	0.73	6.8
E34	公路与汽运	222	0.98	12.1	2.8	25	157	—	0.38	5.4
E34	广东公路交通	88	0.97	10.8	2.4	9	53	—	0.20	5.0
E34	国防交通工程与技术	113	0.99	7.4	2.1	20	67	—	0.21	5.1
E34	黑龙江交通科技	725	1.00	6.3	1.6	31	457	—	0.09	4.5
E34	湖北汽车工业学院学报	66	0.97	11.8	3.6	4	4	—	0.83	4.7
E34	湖南交通科技	159	1.00	10.6	2.5	22	104	—	0.23	5.5
E34	华东交通大学学报	87	0.91	22.1	3.9	16	34	0.00	0.87	5.1
E34	集装箱化	120	0.68	0.8	1.6	11	40	—	0.02	7.5
E34	建筑与文化	1109	0.99	9.9	2.3	30	243	0.02	0.36	6.7
E34	交通节能与环保	218	0.97	11.4	3.0	29	164	—	0.34	4.7

学科代码	期刊名称	来源文献量	文献选出率	平均引文数	平均作者数	地区分布数	机构分布数	海外论文比	基金论文比	引用半衰期
E34	交通科技	170	0.99	9.3	3.1	23	111	—	0.45	4.3
E34	交通科技与经济	66	0.93	23.9	3.5	20	42	—	1.00	4.3
E34	交通科学与工程	68	0.96	15.8	3.9	9	23	—	0.69	5.5
E34	交通信息与安全	110	0.95	26.5	4.2	20	51	0.05	0.96	4.8
E34	交通与运输	120	0.94	10.4	2.4	17	61	—	0.24	4.1
E34	交通运输工程学报	130	0.93	42.7	4.8	20	45	0.07	0.98	5.9
E34	交通运输工程与信息学报	54	0.93	29.2	3.7	13	29	0.02	0.98	4.4
E34	交通运输系统工程与信息	203	0.97	17.6	4.0	24	66	0.05	0.94	4.6
E34	交通运输研究	83	0.92	25.1	4.1	15	38	0.00	0.51	4.4
E34	客车技术与研究	103	0.96	10.7	3.5	13	45	—	0.09	5.7
E34	控制与信息技术	111	1.00	13.8	4.1	10	29	—	0.55	4.6
E34	兰州交通大学学报	145	0.96	19.0	3.1	11	28	—	0.71	5.1
E34	辽宁省交通高等专科学校学报	131	0.96	6.5	1.4	21	78	—	0.56	3.1
E34	内蒙古公路与运输	79	0.90	12.4	2.3	23	66	—	0.23	5.8
E34	汽车工业研究	58	1.00	4.9	2.8	1	1	—	0.05	4.4
E34	汽车工艺师	155	0.83	2.3	2.5	20	91	—	0.01	7.8
E34	汽车工艺与材料	153	0.98	8.8	4.2	17	76	—	0.09	6.1
E34	汽车零部件	245	0.96	7.1	3.2	23	143	—	0.18	6.5
E34	汽车实用技术	962	0.97	7.4	2.9	29	389	—	0.26	4.5
E34	汽车维修	71	0.96	2.0	1.8	16	46	—	0.08	4.0
E34	汽车制造业	84	0.86	—	2.6	18	41	—	—	—
E34	人民公交	200	0.70	0.2	1.3	21	118	0.00	0.00	≥10
E34	山东交通科技	302	0.98	6.7	2.2	24	165	—	0.15	5.0
E34	山东交通学院学报	61	0.98	24.9	3.3	16	38	—	0.79	4.9
E34	山西交通科技	197	0.99	6.6	1.4	15	83	—	0.15	6.4
E34	上海公路	113	0.97	9.3	2.1	16	64	—	0.25	6.7
E34	上海交通大学学报	176	0.99	22.0	4.5	23	68	0.01	0.82	5.5
E34	上海汽车	136	0.99	5.7	2.4	9	44	—	0.04	6.0
E34	时代汽车	1733	0.97	5.1	2.1	31	884	0.00	0.32	2.8
E34	世界桥梁	107	0.76	16.9	3.1	20	76	0.00	0.39	3.8
E34	武汉理工大学学报（交通科学与工程版）	212	0.98	12.2	4.0	18	82	0.01	0.65	6.4
E34	物流技术	386	1.00	11.5	2.6	28	233	—	0.61	3.6
E34	西安交通大学学报	246	0.99	27.2	4.9	24	59	0.00	0.92	5.5

学科代码	期刊名称	来源文献量	文献选出率	平均引文数	平均作者数	地区分布数	机构分布数	海外论文比	基金论文比	引用半衰期
E34	西部交通科技	744	0.97	7.4	2.0	23	217	—	0.16	4.4
E34	西南交通大学学报	166	0.97	20.8	4.4	23	57	0.01	0.94	7.4
E34	现代城市轨道交通	256	0.98	14.3	2.6	24	146	—	0.30	4.0
E34	现代交通技术	104	1.00	10.7	2.7	22	73	—	0.27	5.6
E34	运输经理世界	1978	0.98	5.2	1.3	30	1204	—	0.02	2.5
E34	中国海事	261	0.66	3.8	2.0	18	157	—	0.03	4.8
E34	中国交通信息化	189	0.90	5.2	2.6	24	134	—	0.06	3.6
E34	中国修船	124	0.93	3.3	2.5	15	60	—	0.14	6.9
E34	重型汽车	122	0.90	3.3	3.6	14	37	—	—	9.1
E35	Tunnel Construction	226	0.91	20.7	4.2	24	121	0.01	0.62	5.2
E35	长安大学学报（自然科学版）	66	0.86	35.9	4.9	18	23	0.00	1.00	5.5
E35	城市交通	82	0.74	16.6	3.2	12	50	0.04	0.28	4.7
E35	公路	809	0.98	12.6	3.6	31	418	0.00	0.44	6.9
E35	公路工程	171	1.00	16.2	3.6	26	99	0.00	0.93	7.7
E35	摩托车技术	71	0.56	0.3	2.9	11	20	—	—	6.0
E35	汽车安全与节能学报	83	1.00	28.4	4.8	20	50	0.02	0.84	4.6
E35	汽车工程	205	0.96	23.4	5.0	22	61	0.02	0.80	5.2
E35	汽车工程学报	86	0.99	24.9	4.3	18	44	0.01	0.67	5.2
E35	汽车技术	101	0.97	19.8	3.9	23	64	0.02	0.60	5.7
E35	汽车科技	104	1.00	8.9	3.7	18	56	—	0.04	6.3
E35	隧道与地下工程灾害防治	45	0.90	28.1	4.3	17	39	—	0.71	6.6
E35	现代隧道技术	179	0.99	18.1	4.3	23	119	0.01	0.58	6.1
E35	中国公路	633	0.65	1.9	2.0	29	402	—	0.02	5.1
E35	中国公路学报	326	0.98	34.6	4.7	24	71	0.02	0.96	6.0
E35	中外公路	300	0.97	14.3	3.4	28	201	0.00	0.59	7.8
E35	专用汽车	359	0.98	5.3	2.0	28	220	—	0.23	3.0
E36	Railway Engineering Science	28	1.00	59.2	4.5	4	14	0.39	0.89	6.9
E36	城市轨道交通研究	578	0.87	6.8	2.9	25	264	0.00	0.31	6.3
E36	电力机车与城轨车辆	162	0.98	6.1	3.4	19	65	—	0.25	6.9
E36	电气化铁道	124	0.98	8.3	2.6	20	75	—	0.23	6.9
E36	都市快轨交通	153	0.92	13.0	3.5	18	86	0.01	0.48	5.1
E36	高速铁路技术	123	0.95	10.6	2.5	19	48	—	0.22	6.3
E36	轨道交通装备与技术	117	0.98	4.3	3.0	19	73	—	0.11	6.4

2022 年中国科技期刊来源指标按类刊名字顺索引(续)

学科代码	期刊名称	来源文献量	文献选出率	平均引文数	平均作者数	地区分布数	机构分布数	海外论文比	基金论文比	引用半衰期
E36	国外铁道机车与动车	69	0.97	2.9	2.1	2	2	—	0.01	6.7
E36	哈尔滨铁道科技	33	1.00	1.7	1.6	6	15	—	—	8.5
E36	机车车辆工艺	120	0.99	3.3	3.2	19	57	—	0.14	7.9
E36	机车电传动	135	0.94	15.9	4.3	17	60	0.01	0.59	5.6
E36	路基工程	255	0.98	12.5	3.2	26	163	0.00	0.49	7.4
E36	石家庄铁道大学学报（自然科学版）	76	0.96	13.3	3.6	15	33	0.00	0.71	5.8
E36	铁道标准设计	362	0.98	21.5	3.3	22	95	—	0.98	4.4
E36	铁道车辆	173	0.98	9.1	3.8	19	65	—	0.31	7.2
E36	铁道工程学报	217	0.98	8.1	3.3	21	59	0.00	0.42	6.3
E36	铁道货运	118	0.99	9.5	2.5	20	54	—	0.97	3.1
E36	铁道机车车辆	151	0.96	8.1	3.4	20	64	—	0.48	7.4
E36	铁道机车与动车	151	0.96	4.4	3.1	21	50	—	0.05	8.6
E36	铁道技术标准（中英文）	67	0.63	8.5	3.6	9	19	—	0.42	5.4
E36	铁道技术监督	152	0.69	7.0	2.8	22	77	0.01	0.21	8.5
E36	铁道建筑	399	1.00	12.0	3.7	28	136	—	0.83	5.3
E36	铁道建筑技术	531	1.00	12.7	1.4	25	187	—	0.93	4.0
E36	铁道勘察	146	0.96	17.5	2.5	19	55	—	0.63	5.3
E36	铁道科学与工程学报	409	1.00	19.0	4.2	25	128	0.00	0.89	5.9
E36	铁道通信信号	223	0.93	10.8	2.4	24	99	—	0.55	4.9
E36	铁道学报	224	1.00	22.7	4.4	21	47	0.01	0.83	7.4
E36	铁道运输与经济	260	0.98	11.4	3.0	23	97	0.00	0.93	3.5
E36	铁道运营技术	72	1.00	3.1	1.8	12	34	—	0.15	5.6
E36	铁道知识	53	0.53	—	1.6	10	20	—	—	—
E36	铁路采购与物流	185	0.82	2.9	1.3	25	103	—	0.07	3.6
E36	铁路工程技术与经济	83	0.93	9.1	1.5	14	41	—	0.19	5.2
E36	铁路计算机应用	186	0.99	9.9	3.1	17	75	—	0.78	3.8
E36	铁路技术创新	120	0.99	10.8	2.4	18	55	—	0.40	4.4
E36	铁路节能环保与安全卫生	70	0.92	10.6	2.8	18	38	—	0.34	5.2
E36	铁路通信信号工程技术	280	1.00	8.5	2.1	25	102	—	0.48	4.5
E36	智慧轨道交通	107	0.93	9.6	3.5	16	38	—	0.21	5.9
E36	中国铁道科学	121	1.00	21.3	4.8	18	30	0.00	0.80	6.9
E36	中国铁路	267	0.97	13.3	3.2	24	121	—	0.63	4.1
E37	Journal of Marine Science and Application	62	1.00	42.8	3.6	14	52	0.63	0.39	8.1

学科代码	期刊名称	来源文献量	文献选出率	平均引文数	平均作者数	地区分布数	机构分布数	海外论文比	基金论文比	引用半衰期
E37	产业创新研究	1404	0.98	6.8	1.4	31	895	0.01	0.28	3.0
E37	船舶	79	0.86	14.2	3.3	12	40	—	0.25	6.9
E37	船舶工程	336	0.91	15.4	4.0	19	129	0.00	0.49	6.4
E37	船舶力学	171	0.96	19.8	4.1	20	69	0.01	0.76	≥10
E37	船舶设计通讯	30	0.91	2.3	3.3	2	4	—	0.13	8.3
E37	船舶物资与市场	335	0.98	5.5	1.8	18	151	—	0.04	2.9
E37	船舶与海洋工程	87	0.99	8.4	3.4	11	47	—	0.32	6.8
E37	船舶职业教育	151	0.98	5.4	1.5	20	62	—	0.62	2.5
E37	船电技术	234	0.99	8.5	3.1	18	111	—	0.10	7.0
E37	船海工程	169	0.98	7.9	3.7	14	77	0.00	0.21	5.7
E37	大连海事大学学报	60	0.95	20.6	4.1	8	10	0.00	0.85	5.0
E37	港工技术	163	1.00	9.0	2.5	16	69	—	0.17	7.0
E37	港口科技	104	0.82	3.2	2.7	14	75	—	0.04	5.0
E37	港口装卸	140	1.00	3.5	2.3	17	75	0.01	0.06	6.9
E37	广船科技	93	1.00	1.7	2.3	1	14	—	—	≥10
E37	广东造船	162	0.79	3.9	2.5	13	66	—	0.14	8.2
E37	广州航海学院学报	63	0.94	10.9	2.8	10	36	—	0.71	4.6
E37	航海	107	0.63	4.0	2.1	13	57	—	0.06	5.4
E37	航海技术	136	0.99	3.2	1.8	11	83	0.01	0.07	5.8
E37	机电兵船档案	174	0.92	4.5	1.4	22	110	—	0.11	3.8
E37	舰船电子工程	507	0.99	14.8	2.9	22	180	0.00	0.15	7.0
E37	舰船科学技术	914	1.00	10.8	3.1	28	316	0.01	0.41	6.0
E37	江苏船舶	97	0.99	5.4	2.8	11	55	—	0.16	6.4
E37	桥梁建设	119	1.00	17.6	3.7	20	60	0.00	0.61	3.6
E37	上海海事大学学报	71	1.00	18.3	3.2	10	16	0.00	0.77	5.5
E37	世界海运	121	0.94	6.3	1.9	12	58	—	0.14	≥10
E37	水道港口	118	0.98	16.9	4.1	16	58	0.01	0.88	7.9
E37	水运工程	449	1.00	10.5	3.5	21	162	0.00	0.31	7.6
E37	水运管理	153	0.89	1.6	1.9	15	55	0.01	0.17	4.7
E37	天津航海	92	0.96	4.1	1.8	11	43	—	0.27	6.1
E37	造船技术	105	1.00	8.2	3.7	12	49	—	0.26	5.5
E37	中国港湾建设	229	0.99	9.9	3.1	16	70	0.02	0.16	6.7
E37	中国航海	85	1.00	18.3	3.8	12	23	0.05	0.67	5.5

学科代码	期刊名称	来源文献量	文献选出率	平均引文数	平均作者数	地区分布数	机构分布数	海外论文比	基金论文比	引用半衰期
E37	中国舰船研究	170	1.00	24.8	4.0	18	58	0.03	0.69	6.8
E37	中国远洋海运	165	0.50	0.1	1.4	9	70	0.02	—	—
E37	中国造船	135	1.00	17.4	4.1	15	47	0.00	0.52	8.1
E37	珠江水运	772	0.85	4.4	1.6	26	412	0.00	0.09	4.1
E38	Aerospace China	28	0.78	11.4	4.6	4	17	—	0.04	8.5
E38	Chinese Journal of Aeronautics	380	0.97	42.1	4.7	20	111	0.17	0.78	7.2
E38	Journal of Deep Space Exploration	69	0.93	26.9	6.0	11	32	0.06	0.74	7.2
E38	Transactions of Nanjing University of Aeronautics and Astronautics	65	0.93	30.6	4.1	15	35	0.05	0.72	8.4
E38	北华航天工业学院学报	121	0.95	5.0	2.8	4	11	—	0.90	3.5
E38	北京航空航天大学学报	270	0.95	24.6	4.3	25	113	0.01	0.74	6.5
E38	测控技术	222	0.95	17.3	4.1	21	135	0.00	0.47	6.4
E38	导弹与航天运载技术	176	0.99	10.3	4.5	12	38	0.00	0.07	9.8
E38	导航与控制	75	0.95	23.7	4.5	14	42	0.00	0.45	6.4
E38	电光与控制	260	0.98	15.9	3.7	25	106	0.00	0.58	5.9
E38	飞控与探测	71	0.90	18.1	4.5	13	39	—	0.65	6.3
E38	飞行力学	81	0.93	16.4	3.4	17	41	0.01	0.51	7.2
E38	固体火箭技术	126	0.96	23.0	5.3	18	54	0.00	0.40	8.1
E38	桂林航天工业学院学报	88	0.96	12.8	2.5	9	27	0.01	0.77	4.7
E38	国际太空	128	0.74	8.0	2.7	12	49	0.01	0.04	3.9
E38	海军航空大学学报	58	0.89	22.0	4.0	14	27	0.00	0.31	7.4
E38	航空材料学报	68	0.93	33.3	5.1	18	44	0.01	0.66	6.6
E38	航空电子技术	42	0.93	9.0	3.2	6	16	—	0.10	6.8
E38	航空动力学报	267	0.96	26.6	4.5	24	81	0.00	0.67	≥10
E38	航空发动机	119	0.95	21.0	4.1	15	45	0.01	0.40	≥10
E38	航空工程进展	122	0.95	24.3	3.8	17	47	0.00	0.39	7.6
E38	航空计算技术	179	0.97	10.8	3.6	11	35		0.54	5.0
E38	航空精密制造技术	92	0.88	8.4	3.3	14	48	0.00	0.11	8.5
E38	航空科学技术	166	0.94	22.4	4.0	18	75	—	0.52	6.7
E38	航空维修与工程	367	0.83	3.4	2.5	24	128	—	0.04	8.8
E38	航空学报	492	0.97	40.6	4.6	24	131	0.02	0.74	8.0
E38	航空制造技术	270	0.96	32.1	5.0	25	115	0.00	0.73	6.3
E38	航天电子对抗	77	0.96	10.7	4.0	16	44	—	0.10	6.6

2022年中国科技期刊来源指标按类刊名字顺索引(续)

学科代码	期刊名称	来源文献量	文献选出率	平均引文数	平均作者数	地区分布数	机构分布数	海外论文比	基金论文比	引用半衰期
E38	航天返回与遥感	85	0.91	25.4	5.2	18	41	0.00	0.42	6.1
E38	航天工业管理	232	0.99	0.5	3.8	11	79	—	—	7.1
E38	航天控制	71	0.99	15.5	4.0	11	38	0.00	0.31	6.5
E38	航天器工程	136	0.88	13.0	5.2	11	38	0.00	0.26	8.2
E38	航天器环境工程	97	0.98	17.6	5.7	12	53	0.00	0.35	9.6
E38	航天制造技术	95	0.98	11.1	5.3	14	54	—	0.21	6.9
E38	火箭推进	75	0.93	23.5	4.4	11	26	0.00	0.57	≥10
E38	教练机	50	0.96	4.1	3.5	6	10	—	—	≥10
E38	空间电子技术	105	0.94	19.0	4.6	14	40	—	0.71	6.8
E38	空间控制技术与应用	76	0.94	20.1	4.6	14	35	0.00	0.79	6.0
E38	空间碎片研究	28	0.97	27.0	4.2	9	26	—	0.32	8.1
E38	空气动力学学报	120	0.97	35.6	4.4	17	54	0.01	0.66	9.4
E38	民航学报	178	1.00	7.7	2.6	25	93	—	0.25	5.5
E38	民用飞机设计与研究	95	0.90	16.4	2.9	8	31	—	0.15	8.6
E38	南昌航空大学学报(自然科学版)	73	1.00	19.8	3.7	5	6	—	0.97	5.7
E38	南京航空航天大学学报	122	0.95	30.3	4.4	16	58	0.02	0.57	7.1
E38	强度与环境	71	0.97	16.8	4.8	7	24	0.00	0.55	9.0
E38	上海航天(中英文)	120	0.98	26.5	5.2	13	61	0.01	0.48	6.5
E38	沈阳航空航天大学学报	70	1.00	19.1	4.0	3	10	—	1.00	5.8
E38	实验流体力学	75	0.96	27.6	5.0	13	26	0.01	0.41	9.5
E38	推进技术	538	1.00	25.9	4.7	24	125	0.00	0.67	≥10
E38	卫星应用	121	0.65	6.6	3.9	20	80	0.01	0.12	2.9
E38	西安航空学院学报	89	0.95	16.5	2.4	16	40	—	0.45	6.0
E38	现代导航	89	0.96	8.8	2.4	9	26	—	0.10	6.7
E38	宇航材料工艺	92	0.93	27.9	4.6	19	55	0.01	0.45	7.2
E38	宇航计测技术	92	0.93	12.3	4.7	17	51	0.00	0.13	7.9
E38	宇航学报	168	0.94	27.8	4.6	14	50	0.01	0.70	5.6
E38	宇航总体技术	55	0.90	16.3	4.5	10	25	0.00	0.33	9.8
E38	载人航天	110	0.98	22.5	4.9	15	54	0.00	0.26	9.1
E38	振动、测试与诊断	163	0.95	19.8	4.4	24	96	0.03	0.86	6.9
E38	郑州航空工业管理学院学报	84	1.00	21.7	3.1	14	23	—	0.87	4.7
E38	直升机技术	56	0.93	7.9	3.0	9	17	—	0.04	≥10
E38	中国航天	140	0.85	—	3.4	15	68	—	0.03	6.7

2022 年中国科技期刊来源指标按类刊名字顺索引(续)

学科代码	期刊名称	来源文献量	文献选出率	平均引文数	平均作者数	地区分布数	机构分布数	海外论文比	基金论文比	引用半衰期
E38	中国空间科学技术	93	0.94	26.8	4.8	18	53	0.02	0.76	7.3
E38	中国民航大学学报	61	1.00	15.1	3.0	7	14	—	0.54	6.4
E38	中国民航飞行学院学报	105	0.95	8.1	2.0	17	43	—	0.46	8.3
E39	Chinese Journal of Population Resources and Environment	41	1.00	46.4	3.3	9	24	0.07	0.44	6.9
E39	Frontiers of Environmental Science & Engineering	157	0.98	53.7	6.2	22	101	0.18	0.93	4.8
E39	Journal of Environmental Sciences	335	0.98	55.7	7.0	26	188	0.29	0.76	7.2
E39	Journal of Resources and Ecology	106	0.93	42.7	4.7	20	56	0.10	0.87	7.2
E39	Regional Sustainability	30	1.00	63.5	3.7	6	30	0.70	0.80	6.3
E39	长江流域资源与环境	240	0.98	35.7	4.4	25	128	0.02	0.92	6.4
E39	低碳世界	781	1.00	5.7	1.6	29	609	0.00	0.06	3.2
E39	干旱环境监测	36	1.00	11.8	3.1	4	21	—	0.11	7.1
E39	干旱区资源与环境	320	1.00	28.4	4.1	27	153	—	0.97	5.2
E39	工业水处理	324	0.96	29.2	4.7	28	232	0.00	0.61	5.6
E39	工业用水与废水	111	1.00	15.0	4.0	22	91	0.02	0.36	4.9
E39	海洋环境科学	129	1.00	24.1	5.1	14	61	0.00	0.82	9.0
E39	河北环境工程学院学报	98	0.92	17.4	2.4	23	71	—	0.58	4.1
E39	黑龙江环境通报	206	0.96	5.9	1.7	28	185	—	0.07	3.6
E39	华北自然资源	269	0.86	4.7	1.3	21	114	—	0.04	4.7
E39	化工环保	118	0.96	25.3	4.6	28	84	0.00	0.60	5.3
E39	环保科技	69	1.00	18.6	3.8	21	56	—	0.43	7.8
E39	环境保护	315	0.84	9.4	3.1	25	148	0.00	0.42	3.4
E39	环境保护科学	139	1.00	25.4	4.5	25	103	0.01	0.74	6.3
E39	环境保护与循环经济	307	0.97	11.4	2.7	29	226	—	0.38	5.1
E39	环境工程技术学报	262	0.98	40.4	5.2	27	121	0.00	0.71	5.8
E39	环境工程学报	421	0.98	33.6	5.8	29	209	0.02	0.81	5.6
E39	环境化学	397	0.97	44.9	5.6	30	237	0.01	0.85	6.3
E39	环境技术	251	0.88	8.6	3.7	26	126	0.00	0.09	8.1
E39	环境监测管理与技术	93	1.00	18.9	5.0	23	75	0.00	0.86	5.4
E39	环境监控与预警	102	0.99	24.5	4.9	21	71	0.00	0.78	6.1
E39	环境科技	86	0.97	20.2	4.5	20	69	0.00	0.67	4.6
E39	环境科学	639	0.98	48.0	6.3	30	237	0.01	0.88	4.9

学科代码	期刊名称	来源文献量	文献选出率	平均引文数	平均作者数	地区分布数	机构分布数	海外论文比	基金论文比	引用半衰期
E39	环境科学导刊	107	0.95	13.1	3.4	18	78	—	0.27	6.9
E39	环境科学学报	557	0.99	39.5	6.0	28	226	0.03	0.90	6.1
E39	环境科学研究	294	0.98	44.5	6.1	26	143	0.01	0.88	5.0
E39	环境科学与管理	447	0.89	8.3	3.0	29	327	0.00	0.36	2.7
E39	环境科学与技术	332	0.99	36.3	5.2	28	222	0.00	0.86	5.8
E39	环境生态学	202	0.94	27.1	4.1	28	131	0.00	0.45	5.9
E39	环境卫生工程	87	0.71	24.0	4.3	18	65	0.01	0.59	5.6
E39	环境卫生学杂志	145	0.91	24.7	5.8	28	88	0.01	0.42	5.1
E39	环境污染与防治	288	0.99	27.2	5.1	30	213	0.00	0.81	6.0
E39	环境影响评价	102	0.88	13.9	4.3	18	66	—	0.55	5.0
E39	环境与可持续发展	129	0.92	3.2	1.5	22	86	0.01	0.09	4.5
E39	今日消防	558	0.98	6.3	1.4	31	343	—	0.05	2.5
E39	能源环境保护	101	0.94	24.7	4.8	24	80	—	0.76	5.3
E39	农业资源与环境学报	136	0.99	40.9	5.6	28	75	0.01	0.90	6.5
E39	青海环境	42	0.91	10.4	3.0	7	30	—	0.05	8.8
E39	三峡生态环境监测	42	0.98	28.0	4.6	12	29	—	0.81	5.6
E39	上海环境科学	52	0.83	10.2	2.0	9	33	—	0.12	7.3
E39	世界环境	115	0.58	—	1.8	14	67	0.07	0.08	—
E39	水处理技术	377	0.99	16.7	4.7	29	235	0.00	0.73	5.8
E39	四川环境	280	1.00	16.7	3.7	24	177	0.00	0.33	6.6
E39	西部人居环境学刊	120	1.00	32.6	3.3	19	60	0.08	0.79	6.4
E39	消防科学与技术	382	0.98	14.0	3.2	29	212	—	0.51	6.1
E39	新疆环境保护	28	0.82	16.7	3.6	6	17	—	0.57	6.5
E39	亚热带资源与环境学报	49	0.92	24.5	4.1	10	21	0.04	0.86	6.8
E39	应用与环境生物学报	206	1.00	44.5	6.4	30	94	0.01	0.80	8.1
E39	再生资源与循环经济	120	0.71	12.6	3.6	21	81	—	0.55	4.6
E39	植物资源与环境学报	77	0.99	28.7	5.7	20	43	0.01	0.87	7.8
E39	中国环保产业	192	0.57	5.3	3.2	23	113	0.01	0.11	5.9
E39	中国环境监测	148	0.99	31.3	5.9	26	101	0.00	0.69	6.8
E39	中国环境科学	633	1.00	40.7	5.7	30	237	0.01	0.90	5.9
E39	中国人口·资源与环境	204	0.99	41.5	2.8	26	97	0.03	0.93	5.2
E39	中国特种设备安全	222	0.98	8.9	3.2	28	110	0.00	0.33	7.4
E39	中国资源综合利用	690	0.98	8.3	2.7	31	549	0.00	0.24	4.9

2022年中国科技期刊来源指标按类刊名字顺索引(续)

学科代码	期刊名称	来源文献量	文献选出率	平均引文数	平均作者数	地区分布数	机构分布数	海外论文比	基金论文比	引用半衰期
E39	资源节约与环保	459	0.98	8.1	1.8	27	411	0.00	0.12	2.7
E39	资源科学	189	0.97	42.7	3.4	26	92	0.01	0.94	3.5
E39	资源信息与工程	227	0.99	6.3	2.0	23	137	—	0.18	4.8
E39	自然资源学报	217	0.98	41.3	4.1	28	120	0.02	0.92	5.1
E40	International Journal of Disaster Risk Science	72	0.95	53.7	3.9	7	62	0.69	0.67	7.2
E40	Journal of Safety Science and Resilience	35	1.00	64.4	4.2	6	28	0.43	0.80	7.8
E40	安全	153	0.90	17.6	3.1	23	86	—	0.58	5.7
E40	安全、健康和环境	142	1.00	11.3	3.0	14	63	—	0.37	5.9
E40	安全与环境工程	180	0.95	30.4	4.4	28	95	0.00	0.88	6.5
E40	安全与环境学报	438	0.95	22.5	4.1	29	178	0.00	0.73	6.6
E40	城市与减灾	77	0.93	—	2.5	22	66	0.01	0.38	—
E40	电力安全技术	264	0.96	4.7	2.8	30	199	0.00	0.04	3.6
E40	防灾减灾工程学报	150	0.96	23.4	4.4	23	85	0.01	0.94	8.8
E40	防灾科技学院学报	42	0.95	27.0	4.0	16	28	—	0.90	≥10
E40	工业安全与环保	295	1.00	10.2	3.8	27	153	—	0.49	6.0
E40	火灾科学	28	1.00	23.1	4.8	13	19	—	0.89	6.0
E40	现代职业安全	329	0.71	2.9	1.8	28	213	0.01	0.05	6.6
E40	信息安全学报	60	0.91	50.8	4.5	16	33	0.02	0.90	5.5
E40	信息安全研究	146	0.91	20.3	3.5	22	109	0.00	0.60	3.5
E40	震灾防御技术	79	0.95	23.2	4.6	20	38	0.00	0.80	8.8
E40	中国安防	211	0.83	1.6	1.8	20	123	—	0.05	5.7
E40	中国安全科学学报	331	0.88	18.9	4.2	26	127	0.02	0.89	5.2
E40	中国安全生产科学技术	408	0.90	18.4	4.4	27	153	0.01	0.89	5.3
E40	中国减灾	268	0.50	—	1.9	26	132	—	0.09	—
E40	自然灾害学报	157	0.99	30.7	4.2	28	102	—	0.95	8.5
F01	Frontiers of Engineering Management	55	1.00	56.7	3.9	11	43	0.27	0.75	5.3
F01	创新科技	103	0.87	28.9	2.5	20	67	—	0.79	4.5
F01	工程管理学报	163	1.00	18.0	3.2	21	78	0.02	0.69	4.3
F01	工程研究——跨学科视野中的工程	62	0.93	27.8	2.0	13	34	0.02	0.60	≥10
F01	工业工程与管理	140	0.99	22.1	3.1	21	68	0.02	0.94	6.8
F01	公共管理评论	39	0.85	48.7	1.9	13	25	0.05	0.72	7.8
F01	公共管理学报	54	0.87	45.3	2.3	18	37	—	0.91	7.6
F01	公共管理与政策评论	90	0.99	38.2	1.7	16	47	—	0.68	7.3

学科代码	期刊名称	来源文献量	文献选出率	平均引文数	平均作者数	地区分布数	机构分布数	海外论文比	基金论文比	引用半衰期
F01	供应链管理	87	0.94	27.5	2.6	21	69	0.02	0.72	3.8
F01	管理案例研究与评论	49	0.89	44.0	3.1	19	37	—	0.94	6.9
F01	管理工程师	74	1.00	14.1	2.3	17	40	0.01	0.68	4.1
F01	管理工程学报	130	0.99	44.5	3.1	21	77	0.02	1.00	8.2
F01	管理科学	69	1.00	51.2	3.0	22	51	0.01	0.96	6.0
F01	管理科学学报	77	0.86	51.0	3.3	17	46	0.06	0.99	9.6
F01	管理评论	340	0.98	48.2	3.0	27	148	0.02	0.96	8.9
F01	管理世界	192	0.89	57.3	2.7	20	74	0.02	0.77	8.9
F01	管理现代化	124	1.00	30.8	2.6	25	93	0.02	0.94	5.6
F01	管理学报	195	0.99	31.9	3.1	26	102	0.01	0.98	6.7
F01	管理学家	760	0.99	5.1	1.2	30	712	0.00	0.02	2.1
F01	管理学刊	71	0.96	35.5	2.3	22	60	—	0.89	5.4
F01	技术与创新管理	91	0.99	25.6	2.4	19	50	0.01	0.75	4.7
F01	交通建设与管理	200	0.64	3.6	1.6	23	160	—	0.01	2.8
F01	交通企业管理	203	0.97	—	1.9	24	147	—	0.15	—
F01	科技成果管理与研究	270	0.73	3.2	3.7	29	205	0.00	0.24	3.7
F01	科技管理研究	669	0.60	30.3	2.9	27	306	0.01	0.83	5.4
F01	科技进步与对策	386	0.77	33.7	2.7	28	173	0.02	0.95	6.3
F01	科技与管理	52	0.90	36.1	2.7	17	25	—	0.87	4.5
F01	科学管理研究	126	0.99	25.9	2.5	21	88	0.01	0.91	4.5
F01	科学学研究	223	1.00	29.4	2.7	22	109	0.03	0.91	7.2
F01	科学学与科学技术管理	120	1.00	53.3	2.9	19	76	0.03	0.89	7.7
F01	科学与管理	68	0.91	29.6	2.5	18	47	—	0.85	4.8
F01	科研管理	267	0.96	30.0	2.7	27	131	0.01	0.95	8.3
F01	林草政策研究	57	0.95	20.2	3.3	15	27	—	0.75	4.2
F01	南开管理评论	120	0.94	52.4	3.1	22	71	0.04	0.93	9.8
F01	企业改革与管理	1362	0.98	5.2	1.4	31	1150	0.01	0.06	2.2
F01	上海城市管理	74	0.94	12.7	1.7	13	62	—	0.46	4.9
F01	上海管理科学	134	0.96	13.0	2.0	12	46	0.01	0.40	7.6
F01	施工企业管理	361	0.81	0.0	1.2	24	235	—	—	—
F01	实验室研究与探索	783	1.00	16.5	4.0	30	301	0.00	0.69	4.4
F01	现代管理科学	96	0.93	23.3	2.4	25	82	0.02	0.76	6.3
F01	销售与管理	1506	1.00	3.9	1.2	30	1256	0.00	0.10	2.4

2022年中国科技期刊来源指标按类刊名字顺索引(续)

学科代码	期刊名称	来源文献量	文献选出率	平均引文数	平均作者数	地区分布数	机构分布数	海外论文比	基金论文比	引用半衰期
F01	研究与发展管理	78	0.91	46.7	3.0	20	50	0.00	0.92	6.3
F01	智库理论与实践	101	0.95	25.4	2.2	22	77	0.03	0.55	4.1
F01	中国公共卫生管理	228	0.98	13.1	4.2	29	172	—	0.50	2.7
F01	中国管理科学	321	0.96	28.8	3.2	26	151	0.03	0.98	7.2
F01	中国环境管理	105	0.98	29.0	3.6	19	64	—	0.83	4.1
F01	中国科技成果	432	0.51	4.2	3.3	30	242	—	0.57	4.7
F01	中国科技论坛	236	0.95	29.7	2.6	23	137	0.01	0.81	5.9
F01	中国软科学	209	1.00	33.3	2.8	24	120	0.02	0.88	5.8
F01	中国卫生标准管理	1119	1.00	16.8	2.7	30	669	—	0.31	2.0
H01	Confucian Academy	35	1.00	88.0	2.1	7	21	0.03	0.54	—
H01	Contemporary Social Sciences	54	0.90	39.2	1.7	8	31	0.04	0.50	≥10
H01	北方论丛	107	1.00	24.9	1.3	20	61	0.01	0.69	≥10
H01	北京社会科学	148	0.94	35.6	1.4	22	86	0.01	0.82	≥10
H01	才智	1974	1.00	6.6	1.5	31	1079	0.01	0.67	2.6
H01	长白学刊	104	0.90	21.4	1.6	24	85	—	0.87	6.4
H01	长江论坛	70	0.89	20.9	1.7	15	49	—	0.57	8.1
H01	畅谈	2012	0.98	5.5	1.3	30	1351	—	0.33	2.9
H01	重庆社会科学	112	0.82	31.2	1.8	23	68	—	0.78	6.1
H01	传承	72	0.95	15.3	1.7	14	55	—	0.90	8.8
H01	创新	67	1.00	22.1	1.7	21	47	—	0.84	5.1
H01	创新创业理论研究与实践	1419	1.00	8.9	2.6	30	763	0.00	0.91	2.2
H01	大庆社会科学	202	0.89	5.0	1.4	23	111	—	0.57	5.4
H01	当代韩国	32	0.97	50.4	1.6	7	21	0.03	0.44	≥10
H01	道德与文明	102	0.97	16.9	1.1	20	59	0.02	0.71	≥10
H01	德国研究	36	0.82	73.2	1.6	11	24	—	0.89	≥10
H01	邓小平研究	75	0.93	41.7	1.4	20	56	—	0.60	≥10
H01	东方论坛	76	0.89	46.8	1.5	22	48	—	0.91	≥10
H01	东疆学刊	70	0.91	20.8	1.7	16	33	0.01	0.69	≥10
H01	东南学术	145	0.95	28.9	1.5	17	76	0.01	0.70	≥10
H01	东吴学术	107	0.95	22.1	1.2	16	72	—	0.32	≥10
H01	东岳论丛	244	0.91	34.9	1.5	25	115	0.02	0.73	≥10
H01	福建论坛（人文社会科学版）	200	0.99	39.0	1.7	24	99	0.01	0.76	≥10
H01	甘肃社会科学	149	0.98	28.7	1.3	23	91	0.03	0.79	≥10

学科代码	期刊名称	来源文献量	文献选出率	平均引文数	平均作者数	地区分布数	机构分布数	海外论文比	基金论文比	引用半衰期
H01	观察与思考	142	0.87	22.9	1.4	21	81	—	0.58	7.8
H01	广东社会科学	156	0.93	47.8	1.4	22	75	0.01	0.69	≥10
H01	广西社会科学	226	0.95	22.2	1.6	29	146	0.00	0.96	8.6
H01	贵州社会科学	245	1.00	27.4	1.5	26	132	0.00	0.81	≥10
H01	桂海论丛	119	1.00	11.2	1.4	20	81	—	0.51	7.9
H01	国际公关	1355	0.91	5.7	1.4	31	761	0.01	0.29	3.7
H01	河北学刊	153	0.96	45.1	1.4	23	77	0.01	0.68	≥10
H01	河南社会科学	165	1.00	24.2	1.4	23	97	—	0.82	8.1
H01	黑河学刊	131	1.00	9.4	1.4	25	94	—	0.50	3.6
H01	黑龙江社会科学	117	0.86	18.4	1.4	26	81	0.02	0.70	≥10
H01	宏观质量研究	54	0.93	43.8	2.5	15	38	—	1.00	5.9
H01	湖北社会科学	233	1.00	26.5	1.5	22	125	0.01	0.76	9.8
H01	湖南社会科学	134	0.96	20.4	1.5	21	87	0.00	0.69	8.4
H01	湖湘论坛	69	0.95	22.2	1.3	18	54	—	0.86	6.9
H01	江海学刊	170	0.78	36.2	1.4	23	81	0.02	0.60	≥10
H01	江汉论坛	222	0.96	25.7	1.5	25	114	0.00	0.71	≥10
H01	江汉学术	75	1.00	30.7	1.7	22	54	—	0.85	8.6
H01	江淮论坛	147	0.96	24.4	1.7	21	96	0.01	0.83	8.5
H01	江南论坛	242	0.94	3.9	1.4	16	160	—	0.35	3.6
H01	江苏社会科学	147	0.90	36.4	1.5	15	70	0.01	0.86	≥10
H01	江西社会科学	242	0.88	27.9	1.6	24	115	0.01	0.73	≥10
H01	晋阳学刊	111	0.99	24.7	1.4	21	74	—	0.73	≥10
H01	荆楚学刊	76	0.99	24.8	1.3	23	64	—	0.55	≥10
H01	开发研究	93	0.92	26.9	2.1	23	64	0.01	0.86	5.5
H01	科技广场	61	0.92	13.2	2.3	10	40	—	0.72	4.6
H01	科技智囊	124	0.83	12.1	2.0	17	79	—	0.60	4.9
H01	科学·经济·社会	43	0.78	28.4	1.3	12	30	0.21	0.53	≥10
H01	科学决策	110	0.98	37.1	2.6	23	76	—	0.75	5.7
H01	科学与社会	39	1.00	32.0	1.8	10	31	0.05	0.74	≥10
H01	克拉玛依学刊	58	0.83	21.1	1.5	21	52	—	0.71	9.1
H01	兰州学刊	147	0.98	38.4	1.7	21	97	—	0.88	8.2
H01	老区建设	353	0.77	4.6	1.5	21	236	0.00	0.28	5.2
H01	理论建设	78	0.94	17.2	1.3	20	59	—	0.72	5.8

2022 年中国科技期刊来源指标按类刊名字顺索引(续)

学科代码	期刊名称	来源文献量	文献选出率	平均引文数	平均作者数	地区分布数	机构分布数	海外论文比	基金论文比	引用半衰期
H01	理论界	181	0.98	13.3	1.3	25	102	0.01	0.53	≥10
H01	理论学刊	106	0.95	27.8	1.4	21	68	—	0.95	≥10
H01	理论与现代化	51	0.94	16.6	1.6	6	29	—	0.80	7.2
H01	理论月刊	198	0.96	29.2	1.4	28	116	—	0.89	9.2
H01	岭南学刊	111	0.97	17.9	1.5	20	66	—	0.77	7.1
H01	领导科学	581	0.96	3.1	1.4	30	392	0.00	0.50	5.2
H01	民主与科学	97	0.85	4.1	1.4	13	50	0.02	0.11	≥10
H01	民族翻译	68	0.89	16.9	1.4	18	40	—	0.60	≥10
H01	南都学坛	93	1.00	26.2	1.5	17	60	0.02	0.74	≥10
H01	南海学刊	83	0.95	32.5	1.6	15	54	—	0.67	≥10
H01	南京社会科学	216	0.92	27.8	1.5	21	97	0.00	0.75	8.8
H01	南亚东南亚研究	63	0.85	49.0	1.4	13	35	0.02	0.59	≥10
H01	南洋资料译丛	27	0.87	22.3	2.3	4	14	0.26	0.22	≥10
H01	内蒙古社会科学	161	0.96	25.5	1.4	24	103	—	0.85	9.5
H01	宁夏社会科学	147	1.00	26.6	1.5	24	96	0.01	0.88	8.9
H01	品牌与标准化	254	0.95	5.0	2.1	27	177	—	0.09	4.1
H01	齐鲁学刊	88	0.93	41.0	1.3	23	55	—	0.72	≥10
H01	前沿	93	1.00	18.8	1.6	23	72	—	0.66	9.8
H01	青海社会科学	143	0.98	28.2	1.6	22	91	0.01	0.76	≥10
H01	青藏高原论坛	57	1.00	19.4	1.4	12	29	—	0.65	≥10
H01	求是学刊	98	0.95	42.3	1.6	21	57	—	0.82	≥10
H01	求索	131	0.97	28.6	1.1	19	73	0.00	0.89	≥10
H01	求知	167	0.67	—	1.4	20	99		0.28	
H01	人文杂志	163	0.99	45.5	1.4	22	86	0.01	0.68	≥10
H01	软科学	232	0.95	29.7	2.6	26	137	0.00	0.94	6.0
H01	山东社会科学	288	0.99	35.2	1.5	27	115	—	0.73	≥10
H01	山西高等学校社会科学学报	164	0.91	15.2	1.7	24	89	0.01	0.76	5.9
H01	社会发展研究	54	0.92	43.1	1.6	17	33	—	0.72	≥10
H01	社会工作与管理	61	0.91	38.5	2.0	18	45	0.03	0.75	7.0
H01	社会建设	47	0.89	44.9	1.7	12	32	0.02	0.66	≥10
H01	社会科学	209	0.92	56.1	1.3	24	77	0.01	0.72	≥10
H01	社会科学动态	229	0.99	25.2	1.4	26	129	0.01	0.42	9.9
H01	社会科学辑刊	132	0.96	27.9	1.3	24	72	0.01	0.86	≥10

学科代码	期刊名称	来源文献量	文献选出率	平均引文数	平均作者数	地区分布数	机构分布数	海外论文比	基金论文比	引用半衰期
H01	社会科学家	256	0.97	21.0	1.5	29	149	0.01	0.94	8.5
H01	社会科学论坛	145	0.91	23.4	1.2	22	98	0.03	0.44	≥10
H01	社会科学研究	130	0.98	48.7	1.5	20	61	0.02	0.62	≥10
H01	社会科学战线	365	0.91	42.4	1.5	25	128	0.02	0.69	≥10
H01	社科纵横	142	0.95	17.6	1.6	25	85	—	0.70	7.9
H01	深圳社会科学	84	0.93	33.5	1.6	22	65	0.01	0.75	8.5
H01	世界科技研究与发展	76	0.90	29.3	3.6	13	49	0.01	0.54	3.4
H01	数字人文研究	35	0.90	38.2	2.7	9	27	0.43	0.31	≥10
H01	思想战线	102	0.97	48.9	1.3	19	62	0.01	0.66	≥10
H01	探索与争鸣	287	0.92	18.1	1.2	20	94	0.03	0.47	≥10
H01	唐都学刊	102	0.94	20.9	1.3	19	60	—	0.64	≥10
H01	天府新论	102	0.95	40.9	1.2	18	57	0.02	0.50	≥10
H01	天津社会科学	108	1.00	44.3	1.3	22	63	—	0.75	≥10
H01	天中学刊	134	1.00	16.4	1.2	23	90	0.01	0.57	≥10
H01	未来与发展	222	1.00	15.4	1.8	26	135	—	0.81	5.2
H01	文史哲	83	0.91	72.7	1.1	15	48	0.06	0.40	≥10
H01	西部学刊	967	0.97	10.8	1.3	31	517	0.02	0.35	≥10
H01	西域研究	65	0.93	59.4	1.8	13	30	0.03	0.71	≥10
H01	西藏研究	112	0.96	28.8	1.4	19	52	—	0.61	≥10
H01	下一代	600	1.00	2.9	1.0	29	522	0.09	0.09	2.4
H01	现代交际	177	0.83	11.7	1.8	27	127	—	0.64	7.2
H01	新疆社会科学（汉文版）	103	0.91	34.4	1.7	22	77	0.01	0.84	8.7
H01	新疆社科论坛	128	0.92	10.9	1.4	20	59	—	0.55	4.6
H01	新文科理论与实践	56	0.88	20.0	1.5	15	34	0.02	0.52	4.3
H01	学会	121	0.60	8.4	2.0	24	79	—	0.31	4.2
H01	学术交流	182	0.92	22.0	1.5	28	115	—	0.81	8.3
H01	学术界	236	0.99	29.7	1.2	25	118	0.00	0.72	≥10
H01	学术论坛	65	0.97	49.3	1.2	16	45	—	0.68	≥10
H01	学术探索	225	1.00	25.7	1.6	27	111	0.00	0.68	8.8
H01	学术研究	274	0.86	38.0	1.5	20	95	0.04	0.68	≥10
H01	学术月刊	212	0.94	61.5	1.4	21	60	0.03	0.59	≥10
H01	学习与实践	167	0.88	25.1	1.8	22	96	0.01	0.83	6.1
H01	学习与探索	262	0.89	21.6	1.7	24	132	0.02	0.76	≥10

2022年中国科技期刊来源指标按类刊名字顺索引(续)

学科代码	期刊名称	来源文献量	文献选出率	平均引文数	平均作者数	地区分布数	机构分布数	海外论文比	基金论文比	引用半衰期
H01	阴山学刊	102	0.96	17.5	1.2	22	63	—	0.74	≥10
H01	殷都学刊	69	0.95	38.5	1.2	18	38	—	0.61	≥10
H01	原生态民族文化学刊	82	0.93	35.3	1.6	18	46	0.02	0.78	≥10
H01	阅江学刊	115	0.95	21.5	1.5	17	71	0.02	0.57	≥10
H01	云梦学刊	83	1.00	22.0	1.4	20	59	—	0.69	≥10
H01	云南社会科学	120	0.97	39.6	1.6	22	65	—	0.81	≥10
H01	浙江社会科学	208	0.96	28.8	1.6	17	88	0.02	0.66	≥10
H01	浙江学刊	149	0.93	40.7	1.4	18	80	0.01	0.64	≥10
H01	中国高校科技	393	1.00	8.9	1.8	28	310	0.00	0.59	4.1
H01	中国高校社会科学	92	0.93	38.6	1.3	18	51	—	0.67	≥10
H01	中国国情国力	205	0.90	4.4	1.7	22	126	—	0.23	2.9
H01	中国人事科学	106	0.85	20.0	2.1	20	83	0.01	0.44	6.0
H01	中国社会科学	125	0.97	62.0	1.2	19	50	0.00	0.10	≥10
H01	中国医学教育技术	150	0.99	16.8	4.4	27	96	—	0.83	2.6
H01	中州学刊	275	0.93	26.3	1.4	28	152	0.01	0.72	≥10
H01	自然辩证法通讯	183	0.97	25.6	1.5	21	92	0.05	0.67	≥10
H02	Journal of Eastern Liaodong University (Social Sciences)	121	0.90	19.0	1.5	27	72	—	0.95	≥10
H02	安徽大学学报（哲学社会科学版）	95	1.00	53.2	1.5	18	51	0.01	0.82	≥10
H02	安徽工业大学学报（社会科学版）	190	1.00	10.9	2.4	10	42	0.01	0.85	5.1
H02	安徽理工大学学报（社会科学版）	98	0.97	18.9	1.9	14	43	0.01	0.92	8.7
H02	安徽农业大学学报（社会科学版）	116	0.96	24.1	2.0	14	53	0.02	0.83	6.1
H02	安康学院学报	138	0.93	14.3	1.4	23	80	—	0.64	≥10
H02	百色学院学报	127	0.95	18.0	1.4	21	65	0.01	0.74	≥10
H02	宝鸡文理学院学报（社会科学版）	107	0.97	21.7	1.3	19	62	0.02	0.65	≥10
H02	保山学院学报	94	0.94	16.1	2.0	18	50	—	0.67	7.2
H02	北部湾大学学报	81	0.94	18.2	2.4	15	46	—	0.74	6.7
H02	北方民族大学学报（哲学社会科学版）	128	0.98	23.7	1.5	26	61	—	0.95	9.7
H02	北华大学学报（社会科学版）	110	0.89	20.5	1.5	23	66	0.01	0.73	≥10
H02	北京大学学报（哲学社会科学版）	86	0.91	54.2	1.1	11	33	0.05	0.47	≥10
H02	北京工商大学学报（社会科学版）	60	0.91	31.9	2.1	13	40	—	0.95	6.4
H02	北京工业大学学报（社会科学版）	68	0.96	41.9	2.0	11	25	0.00	0.82	7.6
H02	北京航空航天大学学报（社会科学版）	124	0.95	29.2	1.8	21	60	—	0.85	6.2

学科代码	期刊名称	来源文献量	文献选出率	平均引文数	平均作者数	地区分布数	机构分布数	海外论文比	基金论文比	引用半衰期
H02	北京化工大学学报（社会科学版）	57	0.97	28.8	1.6	14	36	—	0.72	8.5
H02	北京交通大学学报（社会科学版）	60	0.97	27.8	2.4	14	38	—	0.65	5.6
H02	北京教育学院学报	73	0.92	22.2	1.6	17	37	0.01	0.63	9.5
H02	北京科技大学学报（社会科学版）	90	1.00	26.8	1.8	21	55	0.01	0.72	8.2
H02	北京理工大学学报（社会科学版）	101	0.94	41.4	2.6	17	53	—	0.88	8.5
H02	北京联合大学学报（人文社会科学版）	62	1.00	23.2	1.7	12	38	—	0.66	9.2
H02	北京林业大学学报（社会科学版）	47	0.96	30.6	2.8	8	13	—	0.81	6.2
H02	北京宣武红旗业余大学学报	53	1.00	9.2	1.6	7	25	—	0.28	5.5
H02	北京邮电大学学报（社会科学版）	68	0.92	28.6	2.2	10	17	—	0.74	5.2
H02	滨州学院学报	83	0.93	17.2	1.9	17	47	—	0.61	≥10
H02	渤海大学学报（哲学社会科学版）	150	0.95	12.0	1.6	18	59	—	0.71	≥10
H02	长安大学学报（社会科学版）	50	1.00	37.4	2.5	13	33	—	0.94	5.0
H02	长春大学学报	249	0.96	9.9	1.6	27	144	—	0.97	5.4
H02	长春工程学院学报（社会科学版）	143	1.00	8.5	2.0	21	68	—	0.92	3.6
H02	长春理工大学学报（社会科学版）	184	1.00	12.9	1.9	25	78	0.01	0.64	5.7
H02	长江大学学报（社会科学版）	122	0.91	19.1	1.5	20	62	0.02	0.75	≥10
H02	长沙理工大学学报（社会科学版）	86	0.98	23.2	1.8	16	47	—	0.92	9.4
H02	长治学院学报	142	0.97	12.8	1.6	20	64	0.01	0.68	7.5
H02	常州大学学报（社会科学版）	70	1.00	26.8	1.7	13	33	—	0.87	7.8
H02	常州工学院学报（社会科学版）	161	0.97	13.8	1.4	22	85	—	0.48	≥10
H02	巢湖学院学报	124	0.95	24.4	1.6	21	52	0.01	0.64	≥10
H02	成都大学学报（社会科学版）	71	0.92	39.7	1.7	16	36	—	0.77	≥10
H02	成都理工大学学报（社会科学版）	92	0.98	20.9	1.6	20	63	—	0.67	≥10
H02	城市学刊	96	1.00	18.1	1.8	19	56	—	0.94	7.3
H02	赤峰学院学报（哲学社会科学版）	293	0.93	14.1	1.5	28	129	0.01	0.67	≥10
H02	重庆大学学报（社会科学版）	130	0.98	40.3	1.9	25	80	0.00	0.73	8.3
H02	重庆工商大学学报（社会科学版）	91	0.98	31.0	2.0	22	56	—	0.91	6.7
H02	重庆交通大学学报（社会科学版）	85	0.93	23.9	1.7	22	61	0.01	0.82	7.5
H02	重庆科技学院学报（社会科学版）	87	0.94	15.4	1.6	19	68	0.01	0.93	5.9
H02	重庆理工大学学报（社会科学版）	453	1.00	20.6	4.1	28	156	0.00	0.85	5.3
H02	重庆三峡学院学报	65	1.00	25.5	1.5	20	42	0.03	0.75	≥10
H02	重庆文理学院学报（社会科学版）	71	0.99	33.7	1.7	20	51	—	0.75	4.8
H02	重庆邮电大学学报（社会科学版）	106	0.98	25.2	1.7	23	72	0.04	0.96	5.7

2022 年中国科技期刊来源指标按类刊名字顺索引(续)

学科代码	期刊名称	来源文献量	文献选出率	平均引文数	平均作者数	地区分布数	机构分布数	海外论文比	基金论文比	引用半衰期
H02	滁州学院学报	154	0.96	14.0	2.2	11	68	0.01	0.84	6.7
H02	大理大学学报	222	0.94	17.4	3.1	24	100	0.01	0.82	5.8
H02	大连海事大学学报（社会科学版）	84	0.93	31.0	1.8	20	49	—	0.80	6.7
H02	大连理工大学学报（社会科学版）	82	0.93	28.5	1.8	22	51		0.95	5.3
H02	电子科技大学学报（社会科学版）	69	1.00	37.7	2.7	14	33	—	0.96	4.8
H02	东北大学学报（社会科学版）	109	1.00	25.3	1.7	17	44	0.01	0.84	8.7
H02	东北农业大学学报（社会科学版）	59	0.91	27.3	2.0	19	37	—	0.78	4.9
H02	东华大学学报（社会科学版）	62	0.94	18.8	1.7	14	31		0.77	≥10
H02	东华理工大学学报（社会科学版）	104	1.00	16.3	2.5	18	37	—	0.93	6.8
H02	东南大学学报（哲学社会科学版）	82	0.87	44.1	1.8	15	39	0.00	0.82	≥10
H02	佛山科学技术学院学报（社会科学版）	73	0.94	18.0	1.6	14	48	—	0.67	≥10
H02	福建江夏学院学报	70	0.97	25.4	1.6	19	41		0.86	8.8
H02	福建农林大学学报（哲学社会科学版）	79	1.00	22.1	2.1	16	41	0.01	0.87	4.6
H02	福建医科大学学报（社会科学版）	89	0.87	16.5	2.8	6	23	—	0.76	4.3
H02	福州大学学报（哲学社会科学版）	100	1.00	32.2	1.8	15	31	—	0.75	≥10
H02	复旦学报（社会科学版）	109	0.95	52.5	1.3	14	40	0.05	0.60	≥10
H02	广播电视大学学报（哲学社会科学版）	61	0.97	16.9	1.3	14	31	—	0.33	≥10
H02	广西大学学报（哲学社会科学版）	133	0.96	37.5	1.5	21	62		0.79	≥10
H02	广西民族大学学报（哲学社会科学版）	112	0.91	41.8	1.4	19	53	0.01	0.60	≥10
H02	广州大学学报（社会科学版）	90	1.00	28.8	1.5	19	58	0.08	0.72	≥10
H02	贵阳学院学报（社会科学版）	110	0.96	14.2	1.5	21	68	0.02	0.53	≥10
H02	贵州大学学报（社会科学版）	77	0.93	31.2	1.5	19	44	—	0.91	≥10
H02	贵州工程应用技术学院学报	139	0.97	13.7	1.7	16	57		0.69	8.8
H02	贵州民族大学学报（哲学社会科学版）	66	0.94	36.8	1.8	11	33	0.03	0.52	9.7
H02	哈尔滨工业大学学报（社会科学版）	129	1.00	21.6	1.4	25	91	—	0.83	9.8
H02	哈尔滨商业大学学报（社会科学版）	58	0.95	29.8	2.3	20	43	—	0.95	4.6
H02	哈尔滨师范大学社会科学学报	185	1.00	14.3	1.5	26	122	0.03	0.65	≥10
H02	海南大学学报（人文社会科学版）	126	0.91	27.4	1.9	21	63	0.02	0.83	9.6
H02	邯郸学院学报	72	0.94	13.8	1.8	12	37	0.04	0.69	≥10
H02	杭州电子科技大学学报（社会科学版）	66	1.00	23.4	1.9	6	12	—	0.97	7.1
H02	合肥工业大学学报（社会科学版）	97	1.00	25.9	2.1	14	40	0.02	0.82	6.6
H02	河北北方学院学报（社会科学版）	165	0.96	10.5	2.1	21	62	—	0.58	9.5
H02	河北大学学报（哲学社会科学版）	101	1.00	24.2	1.5	14	47	0.03	0.83	≥10

学科代码	期刊名称	来源文献量	文献选出率	平均引文数	平均作者数	地区分布数	机构分布数	海外论文比	基金论文比	引用半衰期
H02	河北工程大学学报（社会科学版）	75	0.97	18.4	2.1	17	45	—	0.91	5.1
H02	河北工业大学学报（社会科学版）	52	0.98	23.9	1.8	13	32	—	0.67	8.1
H02	河北经贸大学学报（综合版）	62	0.93	15.1	1.8	9	29	0.02	0.61	7.7
H02	河北科技大学学报（社会科学版）	56	0.90	24.6	2.2	17	34	—	0.96	5.9
H02	河北科技师范学院学报（社会科学版）	79	0.96	18.4	1.9	19	46	0.01	0.67	8.9
H02	河北农业大学学报（社会科学版）	91	0.95	22.6	2.5	18	43	—	0.79	4.0
H02	河海大学学报（哲学社会科学版）	92	0.90	27.3	3.1	18	57	0.02	0.90	6.3
H02	河南大学学报（社会科学版）	134	0.96	34.4	1.4	21	81	0.01	0.72	≥10
H02	河南工程学院学报（社会科学版）	56	1.00	22.3	1.5	11	32	—	0.48	6.9
H02	河南工业大学学报（社会科学版）	90	1.00	22.1	2.0	15	47	—	0.80	3.9
H02	河南教育学院学报（哲学社会科学版）	108	1.00	10.5	1.4	19	76	0.02	0.56	9.1
H02	河南科技大学学报（社会科学版）	100	0.97	20.6	1.6	21	67	0.01	0.71	≥10
H02	河南科技学院学报	131	0.98	24.3	1.6	26	72	—	1.00	6.6
H02	河南理工大学学报（社会科学版）	95	1.00	20.4	1.7	19	46	—	0.64	9.5
H02	菏泽学院学报	166	0.97	10.5	2.0	20	90	—	0.74	6.1
H02	贺州学院学报	89	0.96	17.3	1.5	15	49	—	0.79	≥10
H02	衡水学院学报	145	0.93	9.8	1.6	22	85	0.04	0.46	≥10
H02	红河学院学报	216	0.97	12.4	1.6	25	100	—	0.58	9.5
H02	湖北大学学报（哲学社会科学版）	109	0.90	52.0	1.4	20	50	0.01	0.82	≥10
H02	湖北经济学院学报（人文社会科学版）	412	0.96	14.7	1.7	29	165	—	0.57	6.0
H02	湖北理工学院学报（人文社会科学版）	74	0.96	23.5	1.8	14	43	0.01	0.82	≥10
H02	湖北民族大学学报（哲学社会科学版）	96	0.99	42.9	1.6	22	59	0.02	0.96	≥10
H02	湖南大学学报（社会科学版）	123	0.98	26.0	1.9	19	48	0.00	0.84	≥10
H02	湖南工程学院学报（社会科学版）	74	0.99	15.7	2.1	15	39	—	0.80	5.7
H02	湖南工业大学学报（社会科学版）	92	0.94	21.4	1.8	20	55	—	0.79	9.1
H02	湖南科技大学学报（社会科学版）	131	0.94	35.6	1.6	19	76	0.00	0.84	≥10
H02	湖南农业大学学报（社会科学版）	72	0.99	32.3	2.2	19	48	—	0.90	4.7
H02	湖南人文科技学院学报	120	0.94	14.1	1.7	21	72	—	0.80	9.0
H02	华北电力大学学报（社会科学版）	90	1.00	22.1	1.5	19	49	—	0.70	≥10
H02	华北理工大学学报（社会科学版）	153	1.00	12.5	2.5	24	59	—	1.00	4.7
H02	华北水利水电大学学报（社会科学版）	107	1.00	14.2	1.9	17	38	0.03	0.87	5.0
H02	华东理工大学学报（社会科学版）	63	0.91	46.3	1.9	14	42	0.03	0.81	8.8
H02	华南理工大学学报（社会科学版）	75	0.93	33.8	2.0	14	32	0.01	0.95	7.6

2022年中国科技期刊来源指标按类刊名字顺索引(续)

学科代码	期刊名称	来源文献量	文献选出率	平均引文数	平均作者数	地区分布数	机构分布数	海外论文比	基金论文比	引用半衰期
H02	华南农业大学学报（社会科学版）	71	0.99	34.5	1.8	18	54	—	1.00	5.1
H02	华侨大学学报（哲学社会科学版）	83	1.00	44.6	1.8	13	37	—	0.86	≥10
H02	华中科技大学学报（社会科学版）	88	1.00	37.1	1.5	17	39	0.01	0.86	9.2
H02	华中农业大学学报（社会科学版）	110	0.97	35.1	2.2	17	54	—	0.97	6.1
H02	吉林大学社会科学学报	112	0.90	39.7	1.6	17	46	0.01	0.79	≥10
H02	吉首大学学报（社会科学版）	102	0.94	29.3	1.5	21	65	0.02	0.92	9.1
H02	集美大学学报（哲学社会科学版）	71	0.99	21.0	1.6	10	27	0.04	0.72	≥10
H02	济南大学学报（社会科学版）	113	0.91	32.4	1.6	18	56	—	0.65	≥10
H02	暨南学报（哲学社会科学版）	120	1.00	52.8	1.4	21	60	0.01	0.89	≥10
H02	江汉大学学报（社会科学版）	64	0.90	29.8	1.8	17	38	—	0.81	6.7
H02	江南大学学报（人文社会科学版）	60	1.00	30.0	1.8	19	51	0.02	0.82	≥10
H02	江南社会学院学报	50	0.91	20.9	1.3	16	38	—	0.54	5.1
H02	江苏大学学报（社会科学版）	62	1.00	31.0	2.0	13	46	0.02	0.92	7.0
H02	江苏海洋大学学报（人文社会科学版）	83	1.00	22.9	1.7	15	50	0.01	0.84	9.9
H02	江苏科技大学学报（社会科学版）	61	1.00	22.7	1.8	19	38	—	0.90	≥10
H02	金陵科技学院学报（社会科学版）	49	0.94	19.4	1.7	7	20	—	0.78	5.9
H02	锦州医科大学学报（社会科学版）	156	0.99	11.4	1.9	22	76	—	0.72	5.4
H02	晋中学院学报	128	0.95	12.8	1.6	21	73	0.02	0.61	9.9
H02	井冈山大学学报（社会科学版）	97	1.00	19.7	1.7	20	56	—	0.99	≥10
H02	景德镇学院学报	174	0.93	8.9	1.7	13	88	0.01	0.79	4.4
H02	九江学院学报（社会科学版）	91	0.96	13.2	1.3	24	66	0.01	0.45	≥10
H02	昆明理工大学学报（社会科学版）	108	0.99	28.2	1.9	21	66	0.02	0.95	4.9
H02	兰州大学学报（社会科学版）	85	1.00	32.8	1.9	14	44	0.00	0.82	≥10
H02	兰州文理学院学报	124	0.95	14.1	1.5	17	54	0.02	0.59	≥10
H02	辽宁工业大学学报（社会科学版）	222	1.00	8.7	2.1	22	68	—	0.69	4.6
H02	聊城大学学报（社会科学版）	114	1.00	32.6	1.4	23	59	0.02	0.80	≥10
H02	鲁东大学学报（哲学社会科学版）	82	0.99	21.9	1.3	17	56	—	0.82	≥10
H02	洛阳理工学院学报（社会科学版）	103	1.00	14.9	1.3	20	64	0.01	0.60	≥10
H02	闽江学院学报	93	1.00	17.7	2.2	9	32	—	0.75	7.2
H02	南昌大学学报（人文社会科学版）	78	0.95	28.5	1.7	17	43	—	0.99	≥10
H02	南昌航空大学学报（社会科学版）	66	1.00	16.6	1.8	16	34	0.02	0.85	9.1
H02	南华大学学报（社会科学版）	89	0.95	21.1	1.9	13	34	—	0.87	9.0
H02	南京大学学报（哲学·人文科学·社会科学）	78	0.86	55.1	1.3	14	45	0.01	0.58	≥10

学科代码	期刊名称	来源文献量	文献选出率	平均引文数	平均作者数	地区分布数	机构分布数	海外论文比	基金论文比	引用半衰期
H02	南京工程学院学报（社会科学版）	57	1.00	18.0	1.9	10	27	—	0.81	7.5
H02	南京工业大学学报（社会科学版）	52	0.79	42.3	1.8	13	34	0.02	0.98	8.4
H02	南京航空航天大学学报（社会科学版）	82	0.95	24.0	1.7	12	39	—	0.74	7.2
H02	南京理工大学学报（社会科学版）	77	0.97	20.0	1.6	13	43	—	0.90	7.2
H02	南京林业大学学报（人文社会科学版）	68	0.97	17.5	1.7	13	40	0.03	0.71	≥10
H02	南京农业大学学报（社会科学版）	102	1.00	30.0	1.8	19	60	0.01	0.93	5.6
H02	南京晓庄学院学报	122	0.91	22.4	2.0	18	59	0.01	0.66	≥10
H02	南京医科大学学报（社会科学版）	108	0.95	20.1	3.1	17	47	0.01	0.92	3.3
H02	南京邮电大学学报（社会科学版）	59	0.97	22.6	1.8	11	22	0.02	0.95	5.9
H02	南京中医药大学学报（社会科学版）	67	0.93	16.9	2.4	17	34	—	0.84	6.8
H02	南开学报（哲学社会科学版）	106	1.00	48.3	1.4	19	36	0.01	0.78	≥10
H02	南通大学学报（社会科学版）	85	0.93	28.6	1.6	19	49	—	0.93	9.3
H02	内蒙古大学学报（哲学社会科学版）	87	1.00	25.2	1.4	16	37	—	0.69	≥10
H02	内蒙古民族大学学报（社会科学版）	100	0.94	18.8	1.6	20	44	—	0.80	≥10
H02	宁波大学学报（人文科学版）	96	0.93	25.3	1.4	15	52	0.01	0.77	≥10
H02	宁夏大学学报（人文社会科学版）	162	0.99	31.9	1.4	26	87	—	0.62	≥10
H02	萍乡学院学报	135	0.96	12.9	2.1	18	81	—	0.76	7.0
H02	齐齐哈尔大学学报（哲学社会科学版）	476	1.00	12.6	1.6	30	283	0.01	0.72	8.6
H02	青岛科技大学学报（社会科学版）	60	0.83	25.5	1.9	13	25	—	0.73	5.4
H02	青岛农业大学学报（社会科学版）	67	1.00	21.7	2.0	12	39	—	0.76	7.3
H02	青海民族大学学报（社会科学版）	91	0.98	27.7	1.8	22	46	—	0.85	≥10
H02	清华大学学报（哲学社会科学版）	99	0.94	70.6	1.2	18	50	0.03	0.49	≥10
H02	三峡大学学报（人文社会科学版）	115	0.98	23.4	1.9	19	51	0.01	0.67	≥10
H02	山东大学学报（哲学社会科学版）	95	0.94	43.0	1.8	16	53	0.05	0.74	6.7
H02	山东科技大学学报（社会科学版）	72	1.00	29.5	1.9	16	43	0.03	0.69	7.0
H02	山东理工大学学报（社会科学版）	92	0.93	16.9	1.8	11	24	—	0.77	7.9
H02	山东农业大学学报（社会科学版）	103	0.93	19.9	1.8	20	54	—	0.76	7.1
H02	山西大同大学学报（社会科学版）	191	0.94	15.1	1.6	29	94	—	0.65	≥10
H02	山西大学学报（哲学社会科学版）	105	0.96	32.4	1.3	22	53	—	0.75	≥10
H02	山西农业大学学报（社会科学版）	68	0.96	29.1	1.8	15	43	0.01	0.82	5.1
H02	陕西理工大学学报（社会科学版）	74	0.91	24.5	1.6	12	36	—	0.78	≥10
H02	汕头大学学报（人文社会科学版）	123	0.84	28.1	1.5	19	71	0.02	0.47	≥10
H02	上海财经大学学报（哲学社会科学版）	60	1.00	47.3	2.4	17	44	0.00	0.95	6.0

2022年中国科技期刊来源指标按类刊名字顺索引(续)

学科代码	期刊名称	来源文献量	文献选出率	平均引文数	平均作者数	地区分布数	机构分布数	海外论文比	基金论文比	引用半衰期
H02	上海大学学报（社会科学版）	63	0.97	30.9	1.3	14	40	0.03	0.71	9.0
H02	上海交通大学学报（哲学社会科学版）	81	1.00	39.1	1.3	14	46	0.01	0.72	≥10
H02	上海理工大学学报（社会科学版）	71	0.91	15.8	1.9	12	27	—	0.65	8.6
H02	韶关学院学报	234	0.95	13.3	2.1	20	96	—	0.79	7.0
H02	邵阳学院学报（社会科学版）	112	0.95	14.1	1.8	14	60	—	0.80	7.6
H02	深圳大学学报（人文社会科学版）	90	0.93	29.3	1.3	21	63	—	0.98	≥10
H02	沈阳大学学报（社会科学版）	80	1.00	17.9	1.7	19	46	—	0.74	5.4
H02	沈阳工程学院学报（社会科学版）	108	0.96	8.1	1.8	13	41	—	0.70	4.9
H02	沈阳工业大学学报（社会科学版）	76	1.00	24.2	1.9	20	40	—	0.99	4.6
H02	沈阳建筑大学学报（社会科学版）	101	0.94	12.7	2.7	14	24	0.01	1.00	3.3
H02	沈阳农业大学学报（社会科学版）	124	0.95	16.6	2.8	20	51	—	0.78	3.3
H02	石河子大学学报（哲学社会科学版）	95	0.89	27.4	1.7	23	57	—	0.74	≥10
H02	石家庄铁道大学学报（社会科学版）	66	0.96	19.2	2.0	15	40	—	0.85	3.9
H02	四川大学学报（哲学社会科学版）	110	0.98	52.1	1.2	16	53	0.03	0.63	≥10
H02	苏州大学学报（社会科学版）	107	1.00	43.8	1.6	16	57	0.02	0.74	≥10
H02	苏州科技大学学报（社会科学版）	96	0.89	20.7	1.5	17	46	0.01	0.76	≥10
H02	太原理工大学学报（社会科学版）	83	0.93	27.2	1.6	20	57	0.01	0.61	7.9
H02	太原学院学报（社会科学版）	80	0.92	20.2	1.2	19	55	0.02	0.35	8.1
H02	体育学研究	76	0.96	30.0	3.0	19	40	—	0.88	4.3
H02	天津大学学报（社会科学版）	74	0.94	23.4	2.4	11	23	0.01	0.73	6.7
H02	天津职业院校联合学报	298	1.00	4.2	1.4	2	55	—	0.45	2.6
H02	同济大学学报（社会科学版）	72	0.95	39.2	1.4	10	28	0.01	0.62	≥10
H02	潍坊学院学报	163	0.96	11.0	1.6	18	57	0.01	0.45	8.0
H02	温州大学学报（社会科学版）	70	0.93	28.1	1.4	19	42	0.04	0.79	≥10
H02	五邑大学学报（社会科学版）	73	0.90	17.5	1.4	16	45	0.03	0.56	≥10
H02	武汉大学学报（哲学社会科学版）	96	1.00	31.5	1.6	20	46	0.01	0.89	8.8
H02	武汉科技大学学报（社会科学版）	88	0.88	31.7	1.4	21	58	0.01	0.89	≥10
H02	武汉理工大学学报（社会科学版）	123	0.95	17.8	1.9	18	46	0.02	0.64	7.4
H02	西安电子科技大学学报（社会科学版）	68	1.00	21.9	2.1	12	36	—	0.88	5.8
H02	西安建筑科技大学学报（社会科学版）	75	0.96	24.5	1.8	16	46	0.01	0.72	7.4
H02	西安交通大学学报（社会科学版）	97	0.97	28.8	2.3	16	40	0.03	0.82	6.1
H02	西安石油大学学报（社会科学版）	91	0.94	16.4	1.8	15	35	—	0.58	5.9
H02	西安文理学院学报（社会科学版）	82	0.95	14.4	1.5	15	34	—	0.62	≥10

学科代码	期刊名称	来源文献量	文献选出率	平均引文数	平均作者数	地区分布数	机构分布数	海外论文比	基金论文比	引用半衰期
H02	西北大学学报（哲学社会科学版）	96	0.94	28.6	1.8	15	35	0.00	0.86	≥10
H02	西北工业大学学报（社会科学版）	58	0.92	29.0	1.7	13	33	—	0.79	7.8
H02	西北民族大学学报（哲学社会科学版）	122	0.97	33.6	1.6	22	85	0.04	0.84	≥10
H02	西北农林科技大学学报（社会科学版）	101	0.94	28.3	2.1	20	53	0.00	0.92	5.3
H02	西昌学院学报（社会科学版）	88	0.97	15.0	1.8	17	55	—	0.69	6.0
H02	西华大学学报（哲学社会科学版）	64	1.00	27.0	2.0	16	45	—	0.86	8.1
H02	西南大学学报（社会科学版）	139	1.00	40.7	2.0	21	66	0.01	0.86	7.1
H02	西南交通大学学报（社会科学版）	88	1.00	28.6	1.7	23	59	—	0.75	≥10
H02	西南科技大学学报（哲学社会科学版）	85	0.93	21.7	1.9	17	37	—	0.69	7.9
H02	西南民族大学学报（人文社科版）	340	1.00	33.8	1.6	29	158	0.01	0.79	9.5
H02	西南石油大学学报（社会科学版）	81	0.98	27.0	1.9	22	59	—	0.68	6.0
H02	西藏大学学报（社会科学版）	118	0.98	26.0	1.7	18	44	—	0.80	≥10
H02	厦门大学学报（哲学社会科学版）	88	0.98	54.0	1.7	14	27	0.01	0.88	≥10
H02	湘南学院学报	130	1.00	14.7	2.2	20	68	—	0.72	7.8
H02	湘潭大学学报（哲学社会科学版）	183	0.99	24.1	1.7	22	81	0.01	0.78	≥10
H02	新疆大学学报（哲学社会科学版）	117	0.99	34.5	1.5	20	69	—	0.91	≥10
H02	徐州工程学院学报（社会科学版）	76	0.99	18.0	1.5	19	55	—	0.70	9.1
H02	烟台大学学报（哲学社会科学版）	71	1.00	46.7	1.4	20	41	—	0.70	≥10
H02	燕山大学学报（哲学社会科学版）	79	0.89	22.7	1.7	17	53	0.01	0.71	≥10
H02	延安大学学报（社会科学版）	114	0.95	20.0	1.5	19	51	0.01	0.80	≥10
H02	延边大学学报（社会科学版）	98	0.92	28.4	1.6	25	55	—	0.69	≥10
H02	盐城工学院学报（社会科学版）	143	0.95	8.7	1.5	20	94	0.01	0.66	6.3
H02	扬州大学学报（人文社会科学版）	61	1.00	32.0	1.5	11	33	—	0.98	7.6
H02	应用型高等教育研究	57	0.98	18.5	2.5	13	42	0.26	0.56	6.5
H02	榆林学院学报	155	1.00	13.3	2.4	21	62	—	0.69	7.1
H02	云南大学学报（社会科学版）	86	0.99	41.4	1.3	17	47	0.03	0.56	≥10
H02	云南民族大学学报（哲学社会科学版）	103	0.94	39.4	1.5	23	64	0.00	0.91	9.7
H02	云南农业大学学报	134	0.96	30.4	6.2	22	58	0.01	0.93	7.3
H02	肇庆学院学报	130	0.92	16.5	2.0	16	52	0.02	0.78	7.6
H02	浙江大学学报（人文社会科学版）	143	0.76	47.3	1.9	16	61	0.03	0.80	≥10
H02	浙江工业大学学报（社会科学版）	73	1.00	17.1	2.0	4	18	—	0.86	5.5
H02	浙江海洋大学学报（人文版）	88	1.00	21.4	1.8	17	50	0.01	0.84	9.6
H02	浙江理工大学学报（社会科学版）	91	0.98	31.3	2.1	14	40	—	0.99	5.8

2022年中国科技期刊来源指标按类刊名字顺索引(续)

学科代码	期刊名称	来源文献量	文献选出率	平均引文数	平均作者数	地区分布数	机构分布数	海外论文比	基金论文比	引用半衰期
H02	浙江树人大学学报	60	0.86	29.2	2.0	14	39	0.03	0.83	5.6
H02	郑州大学学报（哲学社会科学版）	118	0.91	21.6	1.7	23	73	0.03	0.75	≥10
H02	郑州航空工业管理学院学报（社会科学版）	96	0.99	23.2	1.4	17	41	—	0.52	≥10
H02	郑州轻工业大学学报（社会科学版）	80	0.93	19.6	1.8	19	47	0.02	0.95	9.1
H02	中北大学学报（社会科学版）	142	0.96	16.2	1.6	23	75	0.01	0.61	≥10
H02	中国地质大学学报（社会科学版）	74	0.94	36.3	2.0	19	53	0.03	0.81	7.9
H02	中国海洋大学学报（社会科学版）	80	0.96	33.3	1.6	14	32	—	0.79	8.6
H02	中国矿业大学学报（社会科学版）	78	1.00	34.9	1.6	20	49		0.97	≥10
H02	中国农业大学学报（社会科学版）	93	0.99	29.9	1.8	19	50	0.02	0.74	7.2
H02	中国人民大学学报	101	0.97	45.8	1.6	10	28	0.01	0.65	≥10
H02	中国人民公安大学学报（社会科学版）	91	1.00	36.6	1.6	17	38	—	0.69	8.5
H02	中国社会科学院大学学报	94	0.72	54.9	1.3	17	49	0.01	0.61	≥10
H02	中国石油大学学报（社会科学版）	83	0.92	28.0	2.1	14	42	0.02	0.90	6.4
H02	中南大学学报（社会科学版）	109	0.95	39.9	1.8	21	55	—	0.91	≥10
H02	中南林业科技大学学报（社会科学版）	79	1.00	28.4	2.1	18	51	—	0.99	4.6
H02	中南民族大学学报（人文社会科学版）	260	0.87	20.3	1.6	29	103	0.01	0.81	8.6
H02	中山大学学报（社会科学版）	111	0.93	49.7	1.3	13	45	0.04	0.62	≥10
H02	中央民族大学学报（哲学社会科学版）	100	0.96	38.8	1.4	20	47	—	0.91	≥10
H03	阿坝师范学院学报	70	0.93	22.2	1.4	20	45	—	0.84	≥10
H03	安徽师范大学学报（人文社会科学版）	92	0.96	43.9	1.6	20	59	—	0.82	≥10
H03	安庆师范大学学报（社会科学版）	118	0.87	23.5	1.5	18	53	—	0.76	≥10
H03	安阳师范学院学报	180	0.96	10.9	1.5	27	109	0.01	0.58	≥10
H03	鞍山师范学院学报	131	0.96	9.7	1.9	15	44	0.01	0.62	≥10
H03	北京师范大学学报（社会科学版）	97	0.99	37.9	1.8	12	30	0.00	0.84	≥10
H03	沧州师范学院学报	101	0.93	10.9	2.1	16	51	0.01	0.70	7.4
H03	长春师范大学学报	493	1.00	10.6	2.1	28	219	0.01	0.75	6.0
H03	长江师范学院学报	87	0.93	22.1	1.7	24	70	0.01	0.79	7.8
H03	成都师范学院学报	195	0.97	20.1	2.1	26	118	0.01	0.88	6.1
H03	重庆第二师范学院学报	139	0.96	16.9	1.5	26	80	—	0.68	≥10
H03	重庆师范大学学报（社会科学版）	64	0.93	26.6	1.6	13	25	—	0.89	≥10
H03	楚雄师范学院学报	130	0.98	22.4	1.9	18	70	0.01	0.69	≥10
H03	大庆师范学院学报	87	1.00	29.7	1.8	23	61	—	0.83	≥10
H03	东北师大学报（哲学社会科学版）	129	0.99	31.6	1.7	21	55	—	0.88	≥10

学科代码	期刊名称	来源文献量	文献选出率	平均引文数	平均作者数	地区分布数	机构分布数	海外论文比	基金论文比	引用半衰期
H03	福建技术师范学院学报	100	0.97	18.1	2.1	9	39	—	0.73	6.1
H03	福建师范大学学报（哲学社会科学版）	93	0.94	41.2	1.6	18	53	0.02	0.90	8.7
H03	阜阳师范大学学报（社会科学版）	133	0.99	20.4	1.5	20	64	0.01	0.83	≥10
H03	赣南师范大学学报	145	0.93	19.4	2.5	17	42	0.01	0.91	≥10
H03	广东第二师范学院学报	61	0.91	26.4	2.2	14	37	—	0.77	8.7
H03	广东技术师范大学学报	106	0.95	16.2	2.3	12	50	0.01	0.80	7.9
H03	广西科技师范学院学报	85	0.93	14.0	1.6	20	60	0.01	0.54	≥10
H03	广西民族师范学院学报	111	0.95	12.9	1.5	14	46	0.01	0.69	≥10
H03	广西师范大学学报（哲学社会科学版）	71	0.92	34.2	1.8	16	48	0.01	0.77	6.9
H03	贵州师范大学学报（社会科学版）	87	0.99	28.9	1.6	19	66	—	0.97	8.2
H03	贵州师范学院学报	140	1.00	19.1	2.1	21	73	—	0.75	8.5
H03	桂林师范高等专科学校学报	116	0.98	9.6	1.6	12	43	—	0.92	6.3
H03	海南师范大学学报（社会科学版）	98	0.99	37.3	1.5	23	67	0.02	0.70	≥10
H03	韩山师范学院学报	90	0.90	16.7	2.1	16	40	—	0.71	≥10
H03	汉江师范学院学报	161	1.00	10.3	1.7	24	79	0.01	0.85	6.8
H03	杭州师范大学学报（社会科学版）	91	0.92	26.9	1.6	18	53	0.02	0.77	≥10
H03	合肥师范学院学报	167	0.93	13.0	2.1	17	75	0.01	0.82	8.6
H03	和田师范专科学校学报	108	0.96	11.9	1.8	23	67	—	0.77	9.2
H03	河北科技师范学院学报	50	0.98	22.4	5.9	3	10	—	0.86	6.6
H03	河北民族师范学院学报	76	0.95	15.5	1.7	22	51	—	0.68	≥10
H03	河北师范大学学报（哲学社会科学版）	114	0.98	42.4	1.3	21	73	0.03	0.54	≥10
H03	河南师范大学学报（哲学社会科学版）	131	0.96	31.4	1.7	25	76	—	0.88	≥10
H03	衡阳师范学院学报	125	0.98	19.1	2.1	19	60	0.02	0.77	≥10
H03	湖北第二师范学院学报	230	0.92	13.1	1.7	27	132	0.01	0.63	6.4
H03	湖北师范大学学报（哲学社会科学版）	146	1.00	17.0	1.6	20	84	0.01	0.63	≥10
H03	湖南第一师范学院学报	107	1.00	17.3	1.6	19	59	—	0.73	9.5
H03	湖南师范大学社会科学学报	110	1.00	27.9	1.5	18	54	0.00	0.78	≥10
H03	湖州师范学院学报	196	0.97	17.9	2.3	21	75	—	0.84	≥10
H03	华东师范大学学报（哲学社会科学版）	98	0.92	38.9	1.6	16	39	0.06	0.78	≥10
H03	华南师范大学学报（社会科学版）	99	0.92	40.3	1.8	16	50	0.01	0.68	≥10
H03	华中师范大学学报（人文社会科学版）	119	0.92	43.6	1.3	21	52	0.00	0.81	≥10
H03	淮北师范大学学报（哲学社会科学版）	108	0.99	20.6	1.4	20	55	0.01	0.87	≥10
H03	淮南师范学院学报	158	0.93	15.4	1.8	16	68	0.01	0.80	8.1

2022年中国科技期刊来源指标按类刊名字顺索引（续）

学科代码	期刊名称	来源文献量	文献选出率	平均引文数	平均作者数	地区分布数	机构分布数	海外论文比	基金论文比	引用半衰期
H03	淮阴师范学院学报（哲学社会科学版）	104	0.90	17.2	1.5	15	52	—	0.64	≥10
H03	黄冈师范学院学报	169	1.00	14.9	2.1	18	88	—	0.59	6.8
H03	吉林工程技术师范学院学报	311	0.96	6.2	1.8	22	132	—	0.77	3.3
H03	吉林师范大学学报（人文社会科学版）	103	0.99	19.7	1.4	22	61	—	0.71	≥10
H03	集宁师范学院学报	150	0.94	11.0	1.5	21	84	—	0.67	7.2
H03	江苏第二师范学院学报	120	0.88	12.6	1.5	18	68	0.01	0.63	9.7
H03	江苏师范大学学报（哲学社会科学版）	58	0.91	39.1	1.3	12	36	0.05	0.74	≥10
H03	江西师范大学学报（哲学社会科学版）	107	0.96	25.5	1.8	17	54	0.02	0.77	≥10
H03	焦作师范高等专科学校学报	79	0.95	13.0	1.5	19	49	—	0.53	≥10
H03	喀什大学学报	125	0.95	12.3	2.0	20	59	—	0.71	6.0
H03	廊坊师范学院学报（社会科学版）	65	0.94	27.2	1.5	20	45	—	0.68	≥10
H03	乐山师范学院学报	237	0.95	21.5	1.7	24	113	—	0.59	≥10
H03	连云港师范高等专科学校学报	83	1.00	12.4	1.5	22	56	—	0.63	≥10
H03	辽宁师范大学学报（社会科学版）	129	0.99	20.2	1.9	20	51	0.01	0.82	≥10
H03	辽宁师专学报（社会科学版）	283	1.00	5.0	1.2	14	43	—	0.42	4.4
H03	岭南师范学院学报	101	1.00	14.7	1.9	16	43	—	0.67	8.1
H03	六盘水师范学院学报	79	0.99	26.2	2.6	16	38	—	0.81	7.6
H03	洛阳师范学院学报	257	0.99	10.5	1.7	28	146	0.02	0.72	8.1
H03	绵阳师范学院学报	236	1.00	16.7	2.0	23	111	0.00	0.64	9.2
H03	闽南师范大学学报（哲学社会科学版）	95	0.95	17.8	1.5	9	28	0.02	0.68	≥10
H03	牡丹江师范学院学报（哲学社会科学版）	63	0.90	19.3	2.2	16	40	—	1.00	6.9
H03	南昌师范学院学报	150	0.93	13.1	1.5	22	94	0.01	0.74	7.8
H03	南京师大学报（社会科学版）	95	0.99	40.3	1.3	18	45	0.01	0.80	≥10
H03	南京师范大学文学院学报	77	0.95	33.9	1.3	21	59	0.01	0.66	≥10
H03	南宁师范大学学报（哲学社会科学版）	81	0.91	25.8	1.7	21	62	—	0.93	7.1
H03	南阳师范学院学报	81	1.00	14.5	2.7	13	37	0.01	0.89	5.8
H03	内江师范学院学报	243	0.93	18.9	2.0	25	97	—	0.67	8.5
H03	内蒙古师范大学学报（哲学社会科学版）	92	0.94	24.8	1.3	17	46	0.01	0.54	≥10
H03	宁德师范学院学报（哲学社会科学版）	81	0.96	13.5	1.8	10	31	—	0.70	6.4
H03	宁夏师范学院学报	198	0.97	18.7	1.6	22	96	0.01	0.65	≥10
H03	齐鲁师范学院学报	132	0.96	15.0	1.5	23	89	0.02	0.65	7.2
H03	齐齐哈尔师范高等专科学校学报	294	1.00	7.8	1.4	26	162	—	0.44	5.0
H03	黔南民族师范学院学报	104	0.94	17.5	1.9	16	44	0.01	0.87	≥10

学科代码	期刊名称	来源文献量	文献选出率	平均引文数	平均作者数	地区分布数	机构分布数	海外论文比	基金论文比	引用半衰期
H03	青海师范大学学报（哲学社会科学版）	140	0.99	20.7	1.5	25	81	0.01	0.74	≥10
H03	曲靖师范学院学报	112	0.93	15.0	1.6	15	45	—	0.75	7.3
H03	泉州师范学院学报	104	1.00	17.5	2.0	7	27	—	0.80	7.9
H03	山东师范大学学报（社会科学版）	79	0.95	42.8	1.3	15	42	0.01	0.78	≥10
H03	山西师大学报（社会科学版）	81	0.99	33.3	1.4	17	45	—	0.58	≥10
H03	陕西师范大学学报（哲学社会科学版）	90	0.93	35.5	1.6	19	47	0.00	0.82	9.2
H03	陕西学前师范学院学报	191	1.00	22.7	2.1	25	111	0.01	0.78	7.7
H03	商丘师范学院学报	249	0.95	15.9	1.9	26	144	0.04	0.65	≥10
H03	上海师范大学学报（哲学社会科学版）	96	1.00	39.6	1.2	18	55	0.04	0.66	≥10
H03	上饶师范学院学报	97	0.94	19.7	2.1	16	45	—	0.74	≥10
H03	沈阳师范大学学报（社会科学版）	97	0.94	15.8	1.7	12	26	—	0.90	8.1
H03	首都师范大学学报（社会科学版）	119	0.92	47.7	1.5	18	55	0.02	0.76	≥10
H03	四川师范大学学报（社会科学版）	147	0.97	46.3	1.5	22	75	0.02	0.71	≥10
H03	唐山师范学院学报	195	0.98	12.7	1.9	26	120	—	0.66	9.9
H03	天津师范大学学报（基础教育版）	84	1.00	10.7	1.8	21	49	—	0.88	3.9
H03	天津师范大学学报（社会科学版）	114	0.98	15.6	1.9	19	56	—	0.81	8.6
H03	天水师范学院学报	99	0.89	23.2	1.5	18	47	0.01	0.62	≥10
H03	通化师范学院学报	281	0.96	12.8	2.4	25	135	—	0.78	6.4
H03	渭南师范学院学报	151	0.96	17.1	1.5	23	82	0.01	0.69	≥10
H03	西北师大学报（社会科学版）	94	0.94	36.0	1.4	18	42	0.01	0.97	≥10
H03	西华师范大学学报（哲学社会科学版）	96	0.94	25.6	1.3	20	65	—	0.86	≥10
H03	咸阳师范学院学报	139	0.92	16.7	1.9	17	57	—	0.68	≥10
H03	忻州师范学院学报	139	0.96	15.9	1.6	24	80	—	0.59	≥10
H03	新疆师范大学学报（哲学社会科学版）	80	0.92	35.0	1.9	17	48	0.00	0.74	7.0
H03	信阳师范学院学报（哲学社会科学版）	140	0.90	19.3	1.7	19	63	0.01	0.95	8.6
H03	兴义民族师范学院学报	126	0.93	12.9	1.9	16	43	—	0.79	7.2
H03	盐城师范学院学报（人文社会科学版）	88	0.94	18.6	1.5	15	48	0.01	0.81	≥10
H03	伊犁师范大学学报	55	0.92	14.6	1.6	13	30	—	0.89	8.7
H03	玉林师范学院学报	132	0.95	26.9	1.3	27	82	0.02	0.70	≥10
H03	豫章师范学院学报	162	0.93	8.5	1.5	23	92	—	0.69	4.9
H03	云南师范大学学报（哲学社会科学版）	96	0.91	45.4	1.6	17	50	0.01	0.79	≥10
H03	浙江师范大学学报（社会科学版）	73	0.92	29.5	1.6	14	21	—	0.89	≥10
H03	周口师范学院学报	177	0.98	15.1	1.8	21	97	0.01	0.61	9.0

学科代码	期刊名称	来源文献量	文献选出率	平均引文数	平均作者数	地区分布数	机构分布数	海外论文比	基金论文比	引用半衰期
H03	遵义师范学院学报	253	0.96	10.4	1.9	22	123	0.00	0.66	7.4
J01	高校马克思主义理论研究	79	0.94	13.8	1.2	17	40	—	0.49	8.2
J01	理论探讨	135	0.97	20.0	1.7	22	72	0.01	0.92	6.5
J01	理论与改革	75	0.91	27.0	1.3	14	48	0.01	0.79	6.6
J01	马克思主义理论学科研究	156	1.00	13.5	1.2	20	64	0.01	0.66	9.9
J01	马克思主义研究	159	0.80	45.7	1.0	25	76	0.00	0.59	6.6
J01	马克思主义与现实	149	0.93	32.8	1.3	21	63	0.02	0.57	≥10
J01	毛泽东邓小平理论研究	137	0.92	24.1	1.3	19	76	—	0.60	≥10
J01	毛泽东思想研究	108	0.97	28.9	1.5	19	64	—	0.52	≥10
J01	毛泽东研究	77	0.91	33.3	1.3	13	40	—	0.69	≥10
J01	社会主义研究	129	0.98	31.5	1.5	24	67	0.00	0.78	8.5
J02	Frontiers of Philosophy in China	26	1.00	21.3	1.1	11	18	—	0.58	≥10
J02	管子学刊	37	0.90	68.1	1.1	16	33	0.03	0.65	—
J02	科学技术哲学研究	117	1.00	19.0	1.6	25	74	0.01	0.84	≥10
J02	科学与无神论	67	0.94	25.0	1.4	17	41	0.01	0.51	≥10
J02	孔子研究	88	0.87	40.6	1.1	18	53	0.02	0.55	≥10
J02	伦理学研究	109	0.97	18.0	1.3	21	66	0.00	0.83	≥10
J02	世界哲学	89	0.91	30.7	1.3	20	52	0.07	0.65	≥10
J02	系统科学学报	99	0.98	14.6	2.0	21	67	0.01	0.80	7.7
J02	现代哲学	115	0.99	40.5	1.2	17	54	0.03	0.70	—
J02	学海	136	0.96	34.8	1.5	13	66	0.01	0.71	≥10
J02	哲学动态	172	0.92	18.8	1.1	21	75	0.01	0.53	≥10
J02	哲学分析	88	0.88	34.7	1.3	13	36	0.03	0.61	≥10
J02	哲学研究	146	0.87	23.9	1.0	22	59	0.01	0.62	≥10
J02	中国哲学史	100	0.98	22.8	1.1	22	53	0.03	0.50	≥10
J02	周易研究	75	0.90	28.1	1.2	15	38	—	0.49	≥10
J02	自然辩证法研究	226	0.91	22.7	1.5	22	104	0.01	0.62	≥10
J03	法音	202	0.72	9.4	1.1	22	86	0.02	0.18	≥10
J03	世界宗教文化	147	0.96	36.1	1.2	23	69	0.06	0.70	≥10
J03	世界宗教研究	150	0.90	52.5	1.2	19	58	0.01	0.53	≥10
J03	天风	346	0.78	1.3	1.0	23	114	0.00	—	≥10
J03	五台山研究	40	0.93	15.8	1.3	16	29	0.02	0.82	≥10
J03	中国道教	63	0.56	12.1	1.2	13	39	0.02	0.25	≥10

学科代码	期刊名称	来源文献量	文献选出率	平均引文数	平均作者数	地区分布数	机构分布数	海外论文比	基金论文比	引用半衰期
J03	中国穆斯林	95	0.66	11.1	1.2	18	40	0.02	0.23	≥10
J03	中国宗教	376	0.63	0.0	1.2	28	183	0.02	0.14	0.0
J03	宗教学研究	159	0.98	36.9	1.2	23	78	0.01	0.55	≥10
K01	辞书研究	72	0.92	33.4	1.4	17	47	0.07	0.57	≥10
K01	当代外语研究	109	0.95	21.4	1.5	17	57	0.01	0.64	≥10
K01	当代修辞学	49	0.96	30.3	1.6	11	35	0.12	0.59	≥10
K01	当代语言学	57	0.93	44.7	1.7	15	39	0.09	0.63	≥10
K01	东北亚外语研究	44	0.92	26.2	1.5	14	33	0.05	0.68	≥10
K01	方言	54	0.98	27.6	1.2	15	32	0.06	0.57	≥10
K01	古汉语研究	42	0.91	34.7	1.3	18	33	0.02	0.83	≥10
K01	国际汉学	99	0.92	47.5	1.1	18	61	0.09	0.59	≥10
K01	国际汉语教学研究	42	0.91	24.4	1.6	6	17	0.10	0.79	≥10
K01	国家通用语言文字教学与研究	782	1.00	4.1	1.2	31	616	0.00	0.28	2.5
K01	海外英语	1180	0.99	7.8	1.4	30	633	—	0.46	6.5
K01	汉语学报	44	0.98	37.4	1.3	15	36	0.07	0.91	≥10
K01	汉语学习	67	1.00	24.3	1.5	15	39	0.04	0.73	≥10
K01	汉语言文学研究	71	1.00	38.7	1.2	16	34	0.04	0.30	≥10
K01	汉字汉语研究	50	0.86	29.2	1.3	18	37	—	0.66	≥10
K01	课外语文	368	0.86	1.6	1.1	26	294	—	0.05	2.6
K01	满语研究	43	0.96	14.1	1.2	5	15	0.05	0.63	≥10
K01	民族语文	70	0.97	29.5	1.4			—	0.84	≥10
K01	上海翻译	96	0.91	25.1	1.6	22	67	0.03	0.77	≥10
K01	世界汉语教学	40	0.93	43.6	1.6	11	29	0.15	0.60	≥10
K01	外语电化教学	113	0.98	22.5	1.8	22	81	—	0.66	6.6
K01	外语与翻译	54	0.86	26.5	1.9	18	43	0.06	0.83	≥10
K01	现代语文	168	0.87	18.6	1.3	24	105	0.02	0.52	≥10
K01	英语广场	435	0.97	7.8	1.5	28	235	0.01	0.41	6.6
K01	英语学习	144	0.83	8.5	1.5	21	98	0.01	0.29	≥10
K01	语文建设	625	0.93	2.9	1.2	29	470	0.00	0.22	8.7
K01	语文教学通讯·D刊（学术刊）	369	0.95	3.4	1.1	29	334	—	0.12	3.6
K01	语文教学之友	240	0.94	1.6	1.1	22	216	—	0.19	3.4
K01	语文天地	424	1.00	—	1.1	25	385	—	0.08	—
K01	语文研究	33	0.97	31.1	1.4	12	20	—	0.91	≥10

学科代码	期刊名称	来源文献量	文献选出率	平均引文数	平均作者数	地区分布数	机构分布数	海外论文比	基金论文比	引用半衰期
K01	语言教学与研究	63	0.88	34.4	1.4	16	36	0.06	0.62	≥10
K01	语言科学	54	0.96	35.4	1.4	21	44	0.06	0.85	≥10
K01	语言文字应用	56	0.86	29.5	2.1	13	33	0.05	0.73	≥10
K01	语言研究	65	0.93	28.3	1.4	20	47	0.00	0.85	≥10
K01	语言战略研究	100	0.89	16.3	1.5	16	58	0.08	0.35	7.8
K01	云南师范大学学报（对外汉语教学与研究版）	62	0.87	31.7	1.7	14	38	0.08	0.84	≥10
K01	中国翻译	142	0.87	20.5	1.5	22	80	0.06	0.50	≥10
K01	中国科技翻译	68	0.99	10.2	1.7	17	55	0.01	0.43	≥10
K01	中国文学研究	105	0.95	27.7	1.2	26	77	0.01	0.71	≥10
K01	中国语文	64	0.88	46.3	1.2	12	36	0.09	0.66	≥10
K03	北京第二外国语学院学报	58	1.00	31.1	1.6	17	46	0.02	0.88	≥10
K03	广东外语外贸大学学报	83	0.91	22.0	1.5	16	54	0.04	0.75	≥10
K03	基础外语教育	84	0.93	9.8	1.6	15	72	—	0.35	6.5
K03	解放军外国语学院学报	114	0.90	28.7	1.6	23	90	0.05	0.74	≥10
K03	日语学习与研究	70	0.91	33.5	1.4	18	53	0.09	0.54	≥10
K03	山东外语教学	80	0.93	25.8	1.5	19	61	0.01	1.00	≥10
K03	天津外国语大学学报	60	0.92	22.0	1.6	16	35	—	0.68	≥10
K03	外国语	78	0.99	36.6	1.8	20	53	0.04	0.60	≥10
K03	外国语文	110	0.95	26.2	1.5	20	70	0.02	0.75	≥10
K03	外国语言文学	70	0.84	23.2	1.4	21	53	0.01	0.70	≥10
K03	外语测试与教学	31	1.00	25.7	1.8	8	20	0.03	0.71	≥10
K03	外语教学	103	0.94	30.9	1.9	20	62	0.02	0.73	≥10
K03	外语教学理论与实践	66	1.00	34.6	1.6	20	47	—	0.88	≥10
K03	外语教学与研究	84	0.91	27.4	1.8	19	52	0.06	0.73	≥10
K03	外语教育研究前沿	51	0.86	20.8	1.7	10	30	—	0.63	7.0
K03	外语界	72	1.00	25.7	2.0	18	46	0.01	0.72	7.7
K03	外语学刊	107	1.00	26.7	1.6	23	76	0.01	0.86	≥10
K03	外语研究	101	0.91	31.8	1.6	17	69	0.02	0.72	≥10
K03	外语与外语教学	85	0.92	34.3	2.0	18	62	0.06	0.79	≥10
K03	西安外国语大学学报	92	0.96	25.1	1.8	19	66	0.03	0.77	≥10
K03	现代外语	74	0.92	32.3	2.2	17	50	0.04	0.86	8.8
K03	现代英语	745	1.00	7.5	1.3	31	382	0.01	0.50	5.4

学科代码	期刊名称	来源文献量	文献选出率	平均引文数	平均作者数	地区分布数	机构分布数	海外论文比	基金论文比	引用半衰期
K03	新东方	90	0.94	15.3	1.4	19	55	—	0.53	9.8
K03	中国俄语教学	41	0.98	20.7	1.3	14	27	—	0.80	≥10
K03	中国外语	84	0.94	31.3	1.9	19	55	0.02	0.77	9.4
K04	Frontiers of Literary Studies in China	29	0.88	31.7	1.1	12	24	—	0.24	—
K04	边疆文学	165	0.72	0.2	1.0	14	74	—	—	≥10
K04	曹雪芹研究	58	0.84	25.1	1.2	15	41	0.02	0.24	≥10
K04	长江学术	51	0.93	36.8	1.4	12	29	0.16	0.53	≥10
K04	大观	436	0.75	5.2	1.1	28	246	0.01	0.13	3.9
K04	大众文艺	1669	0.85	7.1	1.3	31	776	0.02	0.38	7.9
K04	当代长篇小说选刊	13	0.50	4.9	1.0	4	7	0.15	—	—
K04	当代人	163	0.59	—	1.1	17	48	—	—	—
K04	当代文坛	191	0.79	14.6	1.2	24	100	0.02	0.41	≥10
K04	当代作家评论	172	0.91	17.7	1.2	22	90	0.00	0.41	≥10
K04	杜甫研究学刊	39	0.89	61.3	1.1	13	29	0.03	0.36	≥10
K04	国学学刊	57	0.92	48.9	1.4	19	43	0.07	0.44	≥10
K04	海峡人文学刊	68	0.85	36.5	1.2	15	40	0.01	0.54	≥10
K04	红楼梦学刊	124	0.91	19.4	1.2	24	75	0.04	0.30	≥10
K04	华文文学	89	0.93	22.2	1.2	21	57	0.08	0.43	≥10
K04	黄河之声	1425	0.96	5.2	1.2	31	463	0.02	0.14	8.6
K04	家庭科技	118	0.80	—	1.6	25	66	—	0.18	—
K04	剧作家	202	0.93	4.1	1.1	19	111	—	0.09	7.6
K04	鲁迅研究月刊	124	0.84	26.7	1.3	1	1	0.00	0.38	≥10
K04	芒种	219	0.66	3.5	1.2	28	106	—	0.13	8.9
K04	民族文学研究	101	1.00	51.9	1.2	26	67	0.01	0.66	≥10
K04	名作欣赏	256	0.82	5.3	1.1	22	115	0.02	0.11	≥10
K04	明清小说研究	71	0.99	29.4	1.2	19	52	0.00	0.68	≥10
K04	南方文坛	171	0.90	14.6	1.1	20	99	0.02	0.25	≥10
K04	南腔北调	127	0.83	7.7	1.1	24	58	—	0.22	≥10
K04	青海湖	180	0.70	0.2	1.0	18	60	—	0.01	—
K04	青年记者	975	0.89	6.8	1.4	30	345	0.02	0.36	6.2
K04	山西青年	1552	0.98	5.7	1.6	31	828	0.01	0.51	2.8
K04	山西文学	182	0.60	0.1	1.0	21	76	0.01	—	≥10
K04	参花	1240	0.85	4.1	1.1	31	727	0.00	0.09	3.5

学科代码	期刊名称	来源文献量	文献选出率	平均引文数	平均作者数	地区分布数	机构分布数	海外论文比	基金论文比	引用半衰期
K04	丝绸之路	152	0.96	10.0	1.3	15	92	0.01	0.36	≥10
K04	文学评论	143	0.94	36.9	1.0	21	65	0.01	0.54	≥10
K04	文学遗产	100	0.94	55.4	1.0	17	51	0.02	0.46	≥10
K04	文学与文化	59	0.91	36.1	1.1	13	31	0.03	0.54	≥10
K04	文艺研究	143	0.85	40.8	1.2	16	59	0.05	0.53	≥10
K04	武汉文史资料	115	0.64	0.0	1.2	5	98	—	—	—
K04	戏剧文学	173	0.72	4.5	1.1	20	85	0.01	0.29	≥10
K04	小说评论	175	0.96	11.0	1.1	19	80	0.06	0.32	≥10
K04	校园心理	93	0.99	18.3	2.4	23	70	—	0.67	7.1
K04	新文学史料	103	0.90	16.7	1.1	21	62	0.02	0.27	≥10
K04	扬子江文学评论	107	0.84	14.0	1.0	16	62	0.02	0.29	≥10
K04	中国比较文学	61	0.95	37.2	1.1	13	50	0.18	0.54	≥10
K04	中国当代文学研究	166	0.92	14.8	1.2	26	103	—	0.28	≥10
K04	中国文学批评	89	0.90	27.4	1.0	22	63	—	0.55	≥10
K04	中国文艺评论	142	0.87	22.0	1.0	21	69	0.01	0.35	≥10
K04	中国现代文学研究丛刊	202	0.93	35.1	1.1	25	95	0.04	0.31	≥10
K04	中国韵文学刊	69	0.92	25.1	1.3	21	60	0.10	0.45	≥10
K04	紫禁城	99	0.67	0.0	1.2	11	33	0.02	0.07	—
K05	International Comparative Literature	53	0.85	56.3	1.1	11	41	0.28	0.32	≥10
K05	当代外国文学	90	0.98	19.4	1.3	21	57	0.01	0.60	≥10
K05	俄罗斯文艺	55	0.92	21.7	1.3	17	39	0.13	0.64	≥10
K05	国外文学	61	0.95	45.1	1.0	17	43	0.02	0.64	≥10
K05	世界华文文学论坛	57	0.93	23.1	1.3	16	39	0.16	0.42	≥10
K05	外国文学	100	0.99	25.4	1.0	16	47	0.00	0.53	≥10
K05	外国文学动态研究	93	0.95	25.8	1.0	21	49	0.01	0.48	≥10
K05	外国文学评论	41	0.84	84.0	1.0	9	26	0.22	0.54	≥10
K05	外国文学研究	87	0.92	25.9	1.1	21	63	0.08	0.67	≥10
K05	外文研究	59	0.94	26.4	1.5	17	41	—	0.56	≥10
K06	北京电影学院学报	169	0.87	34.2	1.4	18	74	0.05	0.41	≥10
K06	北京舞蹈学院学报	121	0.95	21.4	1.3	20	65	0.01	0.55	≥10
K06	大舞台	97	0.75	5.3	1.2	16	55	—	0.32	≥10
K06	大学书法	147	0.77	14.2	1.1	24	96	—	0.14	≥10
K06	当代电影	288	0.93	22.9	1.3	20	100	0.05	0.37	≥10

学科代码	期刊名称	来源文献量	文献选出率	平均引文数	平均作者数	地区分布数	机构分布数	海外论文比	基金论文比	引用半衰期
K06	当代动画	84	0.92	11.9	1.4	19	51	0.07	0.39	≥10
K06	当代美术家	96	0.79	10.6	1.4	15	34	0.03	0.28	≥10
K06	当代戏剧	74	0.61	4.9	1.2	13	36	0.03	0.34	≥10
K06	当代音乐	799	0.97	5.4	1.3	30	271	0.02	0.25	8.4
K06	电影评介	588	0.96	8.8	1.4	29	255	0.06	0.49	≥10
K06	电影文学	897	0.93	8.2	1.4	29	367	0.04	0.48	8.8
K06	电影新作	126	0.99	20.6	1.4	19	69	0.06	0.54	≥10
K06	电影艺术	120	0.88	27.6	1.3	13	55	0.10	0.43	≥10
K06	雕塑	146	0.78	3.5	1.3	16	58	0.03	0.25	9.6
K06	东方艺术	134	0.88	6.6	1.1	23	88	—	0.07	≥10
K06	福建艺术	140	0.75	4.2	1.1	6	62	0.07	0.11	≥10
K06	歌海	119	0.60	9.1	1.4	16	62	—	0.40	≥10
K06	公共艺术	80	0.81	10.1	1.3	15	44	0.15	0.22	≥10
K06	贵州大学学报（艺术版）	78	0.91	16.1	1.4	18	62	—	0.59	≥10
K06	湖北美术学院学报	58	0.87	23.1	1.3	9	39	0.09	0.40	≥10
K06	环球首映	1085	1.00	6.0	1.1	30	621	0.01	0.05	2.5
K06	黄钟—中国·武汉音乐学院学报	63	0.85	37.2	1.2	15	36	0.06	0.37	≥10
K06	吉林艺术学院学报	104	0.87	10.3	1.7	21	64	0.01	0.64	≥10
K06	交响—西安音乐学院学报	92	0.98	14.6	1.1	15	38	0.01	0.41	≥10
K06	流行色	589	0.94	6.3	1.3	30	310	0.03	0.15	5.1
K06	美术	346	0.90	11.1	1.2	26	166	0.04	0.24	≥10
K06	美术观察	633	0.90	5.0	1.1	30	247	0.01	0.25	≥10
K06	美术界	151	0.56	4.4	1.0	18	63	0.01	0.18	≥10
K06	美术文献	579	0.91	7.1	1.3	30	293	0.01	0.31	7.5
K06	美术学报	111	0.96	34.9	1.3	16	62	0.02	0.47	≥10
K06	美术研究	104	0.88	30.7	1.2	13	46	0.03	0.32	≥10
K06	民族艺林	71	0.91	13.9	1.3	22	51	—	0.46	≥10
K06	民族艺术	97	0.83	34.6	1.3	19	54	0.07	0.48	≥10
K06	民族艺术研究	109	0.96	23.9	1.5	21	69	0.01	0.61	≥10
K06	南京艺术学院学报（美术与设计版）	197	0.86	26.6	1.4	18	83	0.03	0.56	≥10
K06	南京艺术学院学报（音乐与表演版）	185	0.92	24.5	1.3	24	81	0.03	0.66	≥10
K06	内蒙古艺术学院学报	87	0.94	15.7	1.6	21	51	0.10	0.94	≥10
K06	齐鲁艺苑	123	0.95	11.9	1.3	20	66	0.01	0.63	≥10

学科代码	期刊名称	来源文献量	文献选出率	平均引文数	平均作者数	地区分布数	机构分布数	海外论文比	基金论文比	引用半衰期
K06	人民音乐	232	0.85	8.7	1.2	22	88	0.03	0.21	≥10
K06	人文天下	198	0.86	4.6	1.3	16	92	0.01	0.27	≥10
K06	山东工艺美术学院学报	119	0.85	15.1	1.5	26	76	0.01	0.61	≥10
K06	山东艺术	94	0.90	10.7	1.4	16	67	0.02	0.48	≥10
K06	时尚设计与工程	110	0.92	8.1	1.7	23	76	0.03	0.43	3.5
K06	世界电影	54	0.77	22.8	1.8	9	23	0.11	0.20	≥10
K06	世界美术	67	0.93	21.8	1.4	12	30	0.12	0.24	≥10
K06	书法研究	46	0.90	46.8	1.1	15	42	0.04	0.30	—
K06	四川戏剧	511	0.96	8.3	1.3	27	256	0.01	0.45	≥10
K06	天工	1074	0.96	5.6	1.4	30	542	0.01	0.30	6.4
K06	天津音乐学院学报	49	0.92	28.7	1.2	13	23	—	0.31	≥10
K06	文化艺术研究	83	0.79	17.3	1.3	13	39	0.04	0.35	≥10
K06	文艺理论研究	132	0.96	32.2	1.1	22	71	0.02	0.69	≥10
K06	文艺理论与批评	92	0.88	40.6	1.1	14	47	0.03	0.40	≥10
K06	文艺评论	84	0.92	18.9	1.3	20	61	0.01	0.48	≥10
K06	文艺争鸣	362	0.94	19.7	1.2	26	114	0.03	0.32	≥10
K06	西北美术	93	0.85	10.7	1.3	16	38	0.01	0.44	≥10
K06	西泠艺丛	98	0.68	23.5	1.1	14	49	0.04	0.05	≥10
K06	西藏艺术研究	70	0.95	10.9	1.2	9	27	0.01	0.21	≥10
K06	戏剧艺术	91	0.94	42.1	1.2	14	45	0.02	0.53	≥10
K06	戏剧—中央戏剧学院学报	71	0.83	25.1	1.4	13	37	0.06	0.55	≥10
K06	戏曲艺术	81	0.94	27.8	1.1	17	44	0.01	0.74	≥10
K06	新疆艺术学院学报	66	0.96	13.0	1.2	18	40	—	0.41	≥10
K06	新美术	111	0.95	43.0	1.3	11	38	0.01	0.20	≥10
K06	新美域	642	0.97	5.6	1.2	29	422	0.03	0.32	5.1
K06	演艺科技	71	0.93	3.5	1.8	13	45	—	0.13	8.4
K06	艺海	248	0.92	4.5	1.3	19	128	0.00	0.23	8.2
K06	艺术百家	126	0.88	19.1	1.5	16	73	0.02	0.56	≥10
K06	艺术传播研究	47	0.78	26.1	1.4	14	30	—	0.53	≥10
K06	艺术工作	131	0.90	14.2	1.5	17	52	0.01	0.25	≥10
K06	艺术科技	1908	0.98	6.0	1.5	27	283	0.01	0.24	5.0
K06	艺术评鉴	1183	0.97	7.0	1.1	31	539	0.02	0.27	4.8
K06	艺术评论	173	0.88	12.5	1.2	20	79	0.01	0.35	≥10

学科代码	期刊名称	来源文献量	文献选出率	平均引文数	平均作者数	地区分布数	机构分布数	海外论文比	基金论文比	引用半衰期
K06	艺术探索	84	0.88	26.5	1.2	19	60	0.01	0.70	≥10
K06	艺术学研究	75	0.83	37.5	1.1	13	44	0.01	0.49	≥10
K06	艺术研究	302	0.97	8.1	1.3	28	130	0.01	0.37	8.8
K06	音乐创作	125	0.82	3.0	1.4	21	56	0.01	0.20	≥10
K06	音乐生活	268	0.92	6.3	1.3	28	124	0.02	0.34	≥10
K06	音乐世界	111	0.94	4.5	1.2	19	53	0.01	0.11	7.1
K06	音乐探索	60	0.88	25.8	1.2	13	28	0.03	0.47	≥10
K06	音乐天地	116	0.56	4.7	1.2	19	48	—	0.23	≥10
K06	音乐文化研究	56	0.93	30.4	1.3	13	30	0.14	0.34	≥10
K06	音乐研究	82	0.93	35.9	1.2	22	51	0.01	0.55	≥10
K06	音乐艺术	61	0.87	35.4	1.3	15	30	0.03	0.62	≥10
K06	油画	39	0.63	1.7	1.1	15	29	0.13	0.03	≥10
K06	乐府新声	96	0.96	11.5	1.1	15	27	0.01	0.31	≥10
K06	云南艺术学院学报	71	0.95	18.8	1.3	15	33	—	0.54	≥10
K06	中国京剧	221	0.72	—	1.1	22	91	0.01	0.03	
K06	中国美术	118	0.83	12.8	1.3	21	72	0.02	0.23	≥10
K06	中国书法	286	0.69	11.1	1.1	22	153	0.01	0.14	≥10
K06	中国戏剧	378	0.87	2.3	1.1	26	207	0.01	0.18	≥10
K06	中国艺术	78	0.83	11.2	1.4	17	46	0.03	0.24	≥10
K06	中国音乐	147	0.90	25.4	1.1	24	65	0.02	0.44	≥10
K06	中国音乐学	66	0.90	30.8	1.2	15	34	0.03	0.52	≥10
K06	中央音乐学院学报	52	0.87	40.3	1.2	15	29	0.07	0.40	≥10
K06	装饰	304	0.86	19.2	2.0	20	105	0.04	0.51	≥10
K08	Frontiers of History in China	27	1.00	82.4	1.4	13	23	—	0.52	—
K08	安徽史学	109	0.96	63.5	1.3	17	50	0.01	0.62	≥10
K08	北方文物	79	0.93	30.7	1.7	18	41	0.01	0.54	≥10
K08	草原文物	27	0.93	26.3	2.0	7	12	0.04	0.41	≥10
K08	当代中国史研究	69	0.85	55.2	1.2	14	36	0.01	0.43	≥10
K08	敦煌学辑刊	75	0.94	43.5	1.4	21	43	0.01	0.77	≥10
K08	敦煌研究	89	0.93	40.1	1.7	15	45	0.07	0.69	≥10
K08	古代文明	53	0.87	91.5	1.1	16	29	0.02	0.51	—
K08	广西地方志	59	0.88	18.6	1.2	12	41	—	0.22	≥10
K08	贵州文史丛刊	47	0.92	73.1	1.1	17	35	0.02	0.23	≥10

2022年中国科技期刊来源指标按类刊名字顺索引(续)

学科代码	期刊名称	来源文献量	文献选出率	平均引文数	平均作者数	地区分布数	机构分布数	海外论文比	基金论文比	引用半衰期
K08	郭沫若学刊	50	0.91	20.3	1.2	13	27	0.04	0.48	≥10
K08	海交史研究	45	0.87	57.1	1.4	14	31	0.07	0.42	≥10
K08	华侨华人历史研究	38	0.90	50.1	1.4	12	28	0.16	0.53	≥10
K08	近代史研究	71	0.97	100.1	1.1	18	38	0.03	0.49	≥10
K08	军事历史	95	0.95	43.2	1.4	21	44	—	0.27	—
K08	历史研究	69	0.96	115.0	1.0	17	35	0.00	0.52	≥10
K08	岭南文史	56	0.84	16.3	1.3	5	37	0.05	0.18	≥10
K08	南方文物	209	0.98	40.1	1.9	21	93	0.04	0.44	≥10
K08	蒲松龄研究	60	0.88	12.2	1.3	15	39	0.02	0.35	≥10
K08	清史研究	72	0.92	93.1	1.2	19	44	0.01	0.56	—
K08	人文地理	122	0.93	46.0	3.3	26	69	0.08	0.99	7.6
K08	史林	115	0.93	87.8	1.1	17	40	—	0.56	≥10
K08	史学集刊	78	1.00	79.4	1.2	16	38	—	0.65	≥10
K08	史学理论研究	91	0.89	61.9	1.1	20	42	0.02	0.41	≥10
K08	史学史研究	53	0.91	60.6	1.2	17	31	—	0.66	—
K08	史学月刊	157	0.92	66.3	1.1	23	65	0.00	0.56	≥10
K08	史志学刊	44	0.92	23.6	1.1	16	42	—	0.27	≥10
K08	世界历史	59	0.91	118.3	1.1	19	33	—	0.59	≥10
K08	文史	59	0.98	124.9	1.1	18	38	0.03	0.47	—
K08	文史天地	200	0.69	—	1.1	21	134	0.02	0.06	—
K08	文史杂志	156	0.78	7.7	1.2	16	75	0.01	0.12	≥10
K08	西部蒙古论坛	40	0.58	44.8	1.2	10	21	—	0.45	≥10
K08	西夏研究	75	1.00	28.5	1.3	14	29	0.03	0.75	≥10
K08	新疆地方志	45	0.75	16.0	1.2	12	34	—	0.22	≥10
K08	中国地方志	80	0.91	46.3	1.1	24	59	0.00	0.33	≥10
K08	中国历史地理论丛	66	0.89	80.4	1.3	19	48	0.00	0.71	≥10
K08	中国名城	147	0.93	19.7	2.6	24	90	—	0.77	5.8
K08	中国史研究	66	1.00	78.4	1.1	17	42	—	0.61	—
K08	中国史研究动态	111	0.95	—	1.3	24	61	0.03	0.28	—
K08	中国文物科学研究	49	0.92	12.8	2.2	10	23	—	0.29	≥10
K08	中华文史论丛	56	0.72	108.2	1.0	16	41	0.05	0.46	—
K08	中华医史杂志	60	0.97	23.0	3.7	13	26	—	0.68	≥10
K10	大众考古	137	0.54	—	1.7	26	102	0.01	0.11	—

学科代码	期刊名称	来源文献量	文献选出率	平均引文数	平均作者数	地区分布数	机构分布数	海外论文比	基金论文比	引用半衰期
K10	华夏考古	85	0.90	30.5	2.1	18	43	—	0.39	≥10
K10	江汉考古	97	0.92	35.7	1.9	19	54	0.02	0.48	≥10
K10	考古	98	0.96	39.1	2.0	14	33	0.02	0.50	≥10
K10	考古学报	18	0.95	74.9	1.4	5	7	0.00	0.50	≥10
K10	考古与文物	83	0.93	31.6	2.1	16	33	0.01	0.45	≥10
K10	民俗研究	84	0.88	66.6	1.3	14	41	0.04	0.68	≥10
K10	农业考古	219	0.96	30.1	1.5	28	143	0.00	0.58	≥10
K10	石窟与土遗址保护研究	38	0.84	33.7	4.1	10	22	—	0.87	9.5
K10	四川文物	58	0.91	39.0	2.1	12	24		0.41	≥10
K10	文物	96	0.89	27.6	1.9	15	34	0.04	0.33	≥10
K10	文物保护与考古科学	95	0.95	22.1	3.9	15	55	0.04	0.54	≥10
K10	文物春秋	66	0.92	21.7	1.5	16	49	0.02	0.24	≥10
K10	文物季刊	47	0.96	32.9	1.9	10	18	—	0.34	≥10
K10	文物鉴定与鉴赏	1082	0.98	8.5	1.3	31	686	0.00	0.13	≥10
K10	寻根	121	0.76	—	1.1	24	83	—	0.24	—
K10	中国边疆史地研究	72	0.94	71.1	1.3	20	43	0.00	0.75	≥10
K10	中国国家博物馆馆刊	148	0.91	35.3	1.6	22	73	0.01	0.39	≥10
K10	中原文物	96	0.93	36.0	1.4	16	53	0.05	0.49	≥10
L01	China & World Economy	52	0.90	44.9	2.6	11	43	0.21	0.73	≥10
L01	Frontiers of Business Research in China	22	1.00	37.3	2.2	8	17	—	0.82	7.9
L01	Frontiers of Economics in China	29	1.00	22.7	1.9	10	22	—	0.59	4.1
L01	International Journal of Novation Studies	22	0.85	86.0	2.5	3	22	0.86	0.36	8.1
L01	办公室业务	1659	0.98	5.5	1.5	31	1264	0.00	0.29	2.4
L01	北方经济	249	0.98	5.7	1.5	28	146	—	0.25	2.8
L01	边疆经济与文化	380	1.00	8.2	1.8	30	182	0.01	0.69	4.8
L01	财经研究	132	1.00	44.1	2.6	18	64	0.02	0.95	8.7
L01	财政研究	108	0.96	35.7	2.2	16	45	0.02	0.69	8.0
L01	产经评论	62	0.93	36.0	2.5	16	42	—	0.97	6.5
L01	产业与科技论坛	3201	1.00	6.6	1.8	31	1314	0.00	0.51	3.0
L01	长江技术经济	125	0.99	11.2	2.9	22	91	—	0.41	4.3
L01	城市	76	0.88	15.1	1.9	16	32	—	0.83	3.8
L01	城市观察	77	0.83	23.9	2.3	12	48	—	0.69	6.9
L01	创造	222	0.75	—	1.2	10	138	—	0.08	—

2022 年中国科技期刊来源指标按类刊名字顺索引(续)

学科代码	期刊名称	来源文献量	文献选出率	平均引文数	平均作者数	地区分布数	机构分布数	海外论文比	基金论文比	引用半衰期
L01	当代经济	185	0.94	19.3	2.0	30	141	—	0.65	5.4
L01	当代经济科学	60	0.97	32.1	2.3	15	36	0.00	0.93	7.6
L01	当代经济研究	135	0.84	26.7	1.8	25	65	0.02	0.69	9.3
L01	发展	226	0.78	1.7	1.4	8	145	0.00	0.16	4.1
L01	发展研究	109	0.74	6.4	1.7	11	54	—	0.36	4.5
L01	改革	140	0.84	27.1	2.1	17	64	0.00	0.73	4.1
L01	改革与战略	71	0.92	24.7	1.6	21	53	—	0.93	6.9
L01	广东经济	169	0.82	5.6	1.8	24	121	0.01	0.33	4.3
L01	国际经济合作	53	0.76	23.4	2.1	12	36	0.06	0.38	2.3
L01	国际经济评论	69	1.00	32.2	1.7	10	34	0.01	0.42	4.3
L01	海峡科技与产业	314	0.96	7.3	2.0	30	189	—	0.47	3.0
L01	海峡科学	306	0.97	9.6	2.6	13	193	—	0.44	5.2
L01	合作经济与科技	1786	0.98	7.8	1.8	31	651	0.00	0.35	3.1
L01	河北企业	572	1.00	7.7	1.5	31	253	0.00	0.36	3.0
L01	河北职业教育	128	0.96	9.5	1.9	25	102	0.01	0.75	3.0
L01	宏观经济管理	138	0.75	17.9	1.9	17	64	0.01	0.41	3.5
L01	宏观经济研究	146	0.92	31.7	2.3	25	84	0.01	0.62	7.1
L01	华东经济管理	148	0.95	35.2	2.6	25	99	—	0.99	4.9
L01	环渤海经济瞭望	689	0.98	6.1	1.2	30	462	0.00	0.11	2.3
L01	价格月刊	152	1.00	15.4	1.9	26	106	0.04	0.99	3.6
L01	价值工程	1921	1.00	6.8	1.9	31	1255	—	0.18	4.5
L01	交通与港航	100	0.93	7.0	2.1	13	58	—	0.11	3.8
L01	金融评论	42	0.81	57.6	2.4	9	22	—	0.69	7.5
L01	经济	268	0.68	—	1.3	21	100	—	0.00	—
L01	经济管理	131	0.98	57.2	2.5	22	59	0.01	0.90	7.4
L01	经济界	73	0.94	13.6	1.8	20	58	—	0.55	4.9
L01	经济经纬	90	0.97	32.4	2.3	21	56	0.01	0.90	6.0
L01	经济科学	64	0.77	41.0	2.3	17	35	0.02	0.89	≥10
L01	经济理论与经济管理	89	0.88	38.7	2.5	18	46	0.04	0.80	8.7
L01	经济论坛	185	0.93	21.1	2.0	28	102	—	0.67	4.3
L01	经济评论	61	0.92	38.9	2.4	18	39	0.02	0.90	8.4
L01	经济社会史评论	38	0.90	69.6	1.3	16	28	0.05	0.55	≥10
L01	经济社会体制比较	106	0.99	35.8	2.0	15	59	0.02	0.77	8.7

学科代码	期刊名称	来源文献量	文献选出率	平均引文数	平均作者数	地区分布数	机构分布数	海外论文比	基金论文比	引用半衰期
L01	经济问题	183	0.98	27.4	2.2	25	100	0.02	0.78	5.6
L01	经济问题探索	148	1.00	38.2	2.4	21	76	0.02	0.88	6.0
L01	经济学（季刊）	102	0.95	45.6	2.7	17	44	0.08	0.92	≥10
L01	经济学报	43	0.96	52.4	2.5	14	32	0.02	0.79	9.8
L01	经济学动态	124	0.97	54.8	2.0	17	51	0.00	0.69	7.5
L01	经济学家	154	0.93	26.2	2.0	21	85	0.02	0.71	5.7
L01	经济研究	157	0.95	48.6	2.3	15	61	0.04	0.70	≥10
L01	经济研究参考	148	0.94	19.8	2.1	20	67	—	0.44	5.9
L01	经济研究导刊	1786	1.00	7.7	1.5	31	524	0.00	0.31	3.6
L01	经济与管理	64	0.86	28.7	2.1	18	46	—	0.78	5.7
L01	经济与管理研究	100	0.99	46.6	2.4	21	58	0.00	0.89	6.9
L01	经济资料译丛	42	0.91	19.9	1.8	13	27	0.14	0.55	≥10
L01	经济纵横	170	0.89	24.0	2.0	24	96	0.01	0.68	6.1
L01	经纬天地	156	0.93	5.7	1.6	26	119	—	0.05	2.9
L01	经营与管理	325	0.86	18.7	2.0	26	146	0.01	0.46	5.2
L01	开放导报	84	0.91	14.9	1.9	12	50	—	0.50	5.4
L01	开放时代	90	0.93	52.7	1.3	16	38	0.04	0.36	≥10
L01	科技创业月刊	421	1.00	13.7	2.2	28	254	0.00	0.70	4.3
L01	科技和产业	732	0.98	17.6	2.6	30	393	—	0.62	4.4
L01	空运商务	154	0.81	0.0	1.5	24	95		0.01	
L01	劳动经济研究	35	0.85	43.2	2.1	15	26		0.83	8.5
L01	辽宁经济	213	0.96	—	1.9	21	103		0.35	
L01	秘书	49	0.96	26.5	2.2	10	24	0.04	0.35	9.8
L01	秘书工作	278	0.63	—	1.2	29	213		0.01	
L01	秘书之友	197	0.88	2.8	1.2	25	154	—	0.18	6.6
L01	南方经济	118	0.94	37.0	2.2	20	58	0.01	0.69	7.3
L01	南开经济研究	121	1.00	43.4	2.5	20	63	0.02	0.86	9.3
L01	宁波经济（三江论坛）	147	0.99	2.2	1.5	5	66	0.01	0.39	3.3
L01	农林经济管理学报	81	1.00	31.0	2.4	19	44	—	1.00	4.5
L01	企业科技与发展	714	0.98	6.5	1.9	30	488	—	0.18	3.4
L01	青海国土经略	83	0.55	1.3	1.6	3	36	0.01		7.5
L01	清华金融评论	323	0.93	—	1.8	21	170	0.04	0.01	—
L01	区域经济评论	125	0.91	14.4	1.8	23	80	—	0.68	3.7

2022年中国科技期刊来源指标按类刊名字顺索引(续)

学科代码	期刊名称	来源文献量	文献选出率	平均引文数	平均作者数	地区分布数	机构分布数	海外论文比	基金论文比	引用半衰期
L01	全球化	75	0.84	16.6	1.6	6	32	—	0.36	3.5
L01	全球科技经济瞭望	131	1.00	16.4	2.4	11	37	0.00	0.33	1.7
L01	商学研究	76	0.99	27.1	2.3	21	54	—	0.83	6.0
L01	商业观察	797	0.87	6.9	1.2	30	711	0.01	0.10	2.1
L01	商业经济	759	0.99	9.0	1.8	30	406	0.01	0.63	3.4
L01	生产力研究	348	0.96	17.6	2.1	24	128	0.00	0.66	5.2
L01	世界经济	108	0.90	56.9	2.7	17	42	0.04	0.91	≥10
L01	世界经济文汇	40	1.00	45.8	2.4	11	31	—	0.85	9.2
L01	世界经济研究	116	0.89	40.4	2.2	21	68	0.03	0.80	8.6
L01	世界经济与政治论坛	42	0.91	68.6	1.8	11	31	0.02	0.62	7.2
L01	特区经济	405	0.89	12.3	1.9	27	192	0.01	0.55	4.7
L01	特区实践与理论	120	0.93	10.5	1.6	17	71	—	0.60	5.5
L01	天津经济	111	0.99	6.3	1.8	10	51	—	0.26	2.9
L01	外国经济与管理	109	1.00	41.3	3.0	21	64	0.01	0.93	6.6
L01	卫生经济研究	275	0.99	12.0	3.6	27	163	0.00	0.79	3.2
L01	西部论坛	48	0.94	41.6	2.4	19	39	—	0.90	5.7
L01	西藏发展论坛	89	0.98	16.4	1.4	20	55	—	0.65	6.5
L01	现代经济探讨	143	0.93	27.8	1.7	24	83	0.01	0.85	5.8
L01	现代企业	937	0.96	—	1.3	31	735	0.00	0.09	—
L01	现代日本经济	41	0.87	33.6	1.7	11	21	—	0.88	≥10
L01	新经济	264	0.78	12.3	1.6	22	107	0.01	0.37	7.0
L01	信息资源管理学报	75	0.99	46.3	3.0	20	43	—	0.84	4.6
L01	行政事业资产与财务	1018	0.98	5.3	1.2	31	923	—	0.12	1.8
L01	亚太经济	98	0.94	23.0	2.1	20	63	0.04	0.78	5.7
L01	沿海企业与科技	82	0.93	13.9	1.6	9	43	—	0.52	9.6
L01	冶金企业文化	120	0.63	—	1.4	19	90	—	—	—
L01	招标采购管理	209	0.72	0.0	1.8	26	160	0.00	—	—
L01	浙江经济	304	0.70	0.1	1.5	5	127	—	0.09	—
L01	政法学刊	85	0.93	27.2	1.4	22	53	—	0.65	7.2
L01	政治经济学评论	66	1.00	62.0	1.8	14	26	—	0.58	4.2
L01	知识经济	1486	1.00	5.5	1.3	29	1106	—	0.23	2.0
L01	知识就是力量	257	0.56	—	1.3	25	146	0.02	0.01	—
L01	中国大学生就业	99	0.89	10.2	2.0	24	78	0.01	0.70	4.1

学科代码	期刊名称	来源文献量	文献选出率	平均引文数	平均作者数	地区分布数	机构分布数	海外论文比	基金论文比	引用半衰期
L01	中国发展	95	0.93	12.9	2.0	18	57	0.03	0.21	5.4
L01	中国发展观察	256	0.79	—	1.6	18	93	—	0.17	—
L01	中国工程咨询	226	0.79	2.7	2.2	27	140	0.00	0.03	3.3
L01	中国工业和信息化	128	0.76	—	1.4	13	81	0.02	0.01	—
L01	中国国土资源经济	138	0.91	19.4	3.0	24	86	0.01	0.94	3.5
L01	中国经济报告	87	0.76	6.6	1.6	12	53	0.02	0.16	8.0
L01	中国经济评论	148	0.72	0.2	1.5	16	86	0.01	0.08	3.8
L01	中国经济史研究	95	0.97	78.9	1.4	18	53	0.01	0.65	≥10
L01	中国经济问题	87	0.96	35.4	2.1	21	54	0.01	0.76	8.6
L01	中国科技资源导刊	71	0.97	20.4	4.1	17	46	0.01	0.70	4.0
L01	中国煤炭工业	341	0.90	—	1.3	21	270	—	—	—
L01	中国民商	910	1.00	5.3	1.1	31	872	0.00	0.01	1.9
L01	中国社会经济史研究	39	1.00	78.2	1.3	15	33	—	0.56	≥10
L01	中国统计	298	0.90	0.6	1.3	29	106	—	0.03	≥10
L01	中国外汇	503	0.85	0.3	1.5	25	198	0.05	0.02	6.0
L01	中国招标	485	0.78	1.9	1.4	29	302	—	0.04	2.8
L01	中小企业管理与科技	1313	0.85	6.5	1.3	31	1029	0.01	0.18	2.9
L02	长春金融高等专科学校学报	80	0.99	9.7	1.4	20	41	0.01	0.51	3.9
L02	东北财经大学学报	49	0.98	27.5	1.9	10	19	0.02	0.78	6.3
L02	福建商学院学报	79	0.95	17.5	1.7	15	36	—	0.77	4.5
L02	广东财经大学学报	48	0.64	39.1	2.5	13	35	0.02	0.83	6.0
L02	广西财经学院学报	57	0.97	30.7	2.2	17	40	—	0.86	6.0
L02	贵州财经大学学报	62	1.00	33.1	2.4	22	43	0.02	0.82	7.3
L02	贵州商学院学报	30	0.91	30.3	2.2	10	21	—	0.83	8.6
L02	国际商务—对外经济贸易大学学报	54	1.00	42.1	2.4	15	36	0.02	0.87	8.7
L02	海关与经贸研究	54	0.95	32.2	1.8	13	37	0.02	0.46	≥10
L02	河北地质大学学报	123	0.98	18.0	3.7	17	39	—	0.85	6.8
L02	河北经贸大学学报	67	0.93	28.7	1.9	16	48	—	0.70	9.8
L02	河南财政税务高等专科学校学报	115	1.00	9.8	1.4	18	68	0.01	0.53	4.6
L02	河南牧业经济学院学报	86	0.93	18.3	1.4	21	60	—	0.58	6.0
L02	湖北经济学院学报	72	0.91	28.4	2.0	20	47	—	0.81	6.4
L02	湖南财政经济学院学报	71	0.91	27.2	2.5	13	30	0.01	1.00	4.9
L02	湖南税务高等专科学校学报	89	1.00	8.3	1.2	16	31	—	0.21	6.9

学科代码	期刊名称	来源文献量	文献选出率	平均引文数	平均作者数	地区分布数	机构分布数	海外论文比	基金论文比	引用半衰期
L02	吉林工商学院学报	125	0.98	15.2	1.8	23	64	0.01	0.67	5.2
L02	江西财经大学学报	73	0.92	32.2	1.7	19	51	0.00	0.92	6.5
L02	兰州财经大学学报	60	1.00	37.1	2.2	20	32	—	0.88	5.5
L02	南京财经大学学报	60	0.91	34.9	2.4	18	43	—	1.00	5.7
L02	南京审计大学学报	66	0.97	31.0	2.3	20	46	0.02	1.00	6.0
L02	内蒙古财经大学学报	201	1.00	10.8	1.5	22	102	0.00	0.65	4.0
L02	山东财经大学学报	61	0.92	31.3	2.3	14	26	—	0.93	5.8
L02	山东工商学院学报	73	0.92	23.5	2.3	13	33	—	0.79	5.7
L02	山西财经大学学报	109	0.59	37.6	2.3	22	54	0.00	0.87	6.0
L02	山西财政税务专科学校学报	94	0.94	9.3	1.3	20	42	0.01	0.27	2.9
L02	上海对外经贸大学学报	45	1.00	52.6	1.8	12	30	—	0.82	8.7
L02	上海立信会计金融学院学报	50	0.98	29.2	2.0	18	37	—	0.74	5.4
L02	上海商学院学报	47	1.00	29.4	2.1	18	43	—	0.91	5.6
L02	首都经济贸易大学学报	49	1.00	39.4	2.3	19	34	—	0.82	6.1
L02	四川旅游学院学报	110	0.97	13.2	2.2	25	84	—	0.82	5.3
L02	天津商业大学学报	52	0.91	24.5	2.2	15	26	—	0.88	4.9
L02	天津中德应用技术大学学报	99	0.91	8.3	1.7	21	71	—	0.75	3.3
L02	武汉商学院学报	87	0.92	22.6	1.9	17	54	—	0.70	5.4
L02	西安财经大学学报	68	0.99	29.5	1.9	17	45	0.01	0.84	5.0
L02	现代财经—天津财经大学学报	79	1.00	42.5	2.5	21	47	0.00	0.91	6.1
L02	新疆财经大学学报	39	0.93	24.7	1.8	12	28	—	0.59	6.2
L02	云南财经大学学报	83	1.00	37.8	2.2	20	53	0.02	0.90	6.6
L02	浙江工商大学学报	86	0.97	36.2	1.6	16	50	0.01	0.97	≥10
L02	中央财经大学学报	123	0.97	44.1	2.6	22	60	0.01	0.85	9.3
L04	Global Change Data Repository	117	1.00	10.0	5.0	19	43	0.01	—	≥10
L04	财会通讯	771	1.00	10.7	1.9	29	382	0.01	0.69	4.9
L04	财会研究	137	0.88	15.0	1.9	25	102	0.02	0.45	4.5
L04	财会月刊	487	1.00	22.1	2.1	30	223	0.01	0.76	6.0
L04	城市问题	122	0.91	33.0	2.5	21	80	0.01	0.86	5.4
L04	大陆桥视野	506	0.71	4.1	1.4	29	280	0.00	0.21	2.7
L04	工程管理科技前沿	75	0.99	25.4	3.1	19	54	0.03	0.87	5.8
L04	航空财会	116	0.87	5.3	1.6	20	91	0.01	0.13	3.4
L04	环境经济研究	31	0.86	44.1	2.6	11	26	—	0.90	5.9

学科代码	期刊名称	来源文献量	文献选出率	平均引文数	平均作者数	地区分布数	机构分布数	海外论文比	基金论文比	引用半衰期
L04	技术经济与管理研究	257	1.00	21.7	1.7	27	170	0.05	0.84	4.5
L04	交通财会	180	0.70	5.3	1.6	26	144	—	0.04	4.2
L04	教育财会研究	94	1.00	7.9	2.2	20	76	0.00	0.31	3.3
L04	教育与经济	63	1.00	33.9	2.1	19	45	0.00	0.83	7.2
L04	经济体制改革	154	0.96	19.8	2.0	25	101	0.01	0.84	4.3
L04	经济与管理评论	71	0.99	28.3	2.3	16	44	0.04	0.79	5.3
L04	经济与社会发展	66	0.92	21.4	1.8	17	53	—	0.55	7.8
L04	企业经济	187	0.93	27.9	2.1	24	118	0.02	0.96	5.3
L04	商业经济研究	1138	0.98	9.6	1.6	31	582	0.04	0.81	2.2
L04	商业经济与管理	85	0.97	47.8	2.3	18	55	0.00	0.99	8.1
L04	数量经济技术经济研究	109	0.96	45.3	2.5	21	63	0.05	0.88	8.3
L04	西部财会	276	0.90	5.1	1.3	26	204	—	0.18	2.4
L04	现代商业	1965	0.98	8.5	1.6	31	1248	0.01	0.25	2.8
L04	项目管理技术	320	1.00	11.3	2.8	25	192	0.01	0.30	4.6
L04	冶金财会	139	0.72	0.1	1.3	21	82	0.01	—	—
L04	中国改革	80	0.73	0.2	1.2	6	44	0.11	0.01	≥10
L04	中国证券期货	38	0.95	20.1	1.7	17	28	—	0.21	9.9
L04	中国资产评估	121	0.88	11.4	2.5	15	70	0.02	0.21	6.4
L05	当代会计	1367	0.98	6.3	1.1	31	1190	—	0.09	2.0
L05	会计研究	157	0.97	37.8	2.9	21	78	0.03	0.89	9.7
L05	会计与经济研究	42	0.95	48.8	2.7	14	32	0.00	0.98	9.0
L05	会计之友	528	0.99	18.4	2.3	29	285	—	0.81	4.7
L05	商业会计	729	0.94	9.5	1.8	29	420	0.00	0.53	4.4
L05	审计研究	75	0.91	15.6	2.4	15	34	0.00	0.81	5.6
L05	审计与经济研究	72	0.97	40.8	2.4	19	45	—	0.96	5.7
L05	现代审计与经济	66	0.51	—	1.5	13	57		0.08	—
L05	现代审计与会计	188	0.77	4.7	1.4	26	132		0.24	3.2
L05	新会计	185	0.91	6.0	1.4	21	142		0.18	4.4
L05	中国内部审计	201	0.84	3.0	1.9	25	170		0.15	2.7
L05	中国农业会计	419	0.89	5.5	1.6	30	256	0.01	0.21	3.3
L05	中国审计	499	0.73	—	1.5	30	290		0.02	—
L05	中国乡镇企业会计	774	0.99	5.0	1.2	29	633	—	0.16	1.8
L05	中国注册会计师	278	0.64	3.8	1.8	26	208	0.00	0.40	4.2

2022 年中国科技期刊来源指标按类刊名字顺索引(续)

学科代码	期刊名称	来源文献量	文献选出率	平均引文数	平均作者数	地区分布数	机构分布数	海外论文比	基金论文比	引用半衰期
L05	中国总会计师	621	0.77	4.5	1.6	30	446	0.00	0.09	2.7
L06	当代农村财经	164	0.81	6.6	1.7	27	117	—	0.45	3.0
L06	调研世界	104	0.96	24.3	2.3	21	70	—	0.77	5.6
L06	江苏农村经济	287	0.77	—	1.6	2	183	—	0.00	—
L06	粮食科技与经济	168	0.98	12.6	3.1	27	109	—	0.46	3.9
L06	林业经济	167	0.93	21.7	2.1	28	122	—	0.38	6.1
L06	林业经济问题	73	1.00	36.6	3.5	13	25	0.01	0.78	4.5
L06	南方农村	45	0.88	16.0	2.3	11	22	—	0.76	4.7
L06	农场经济管理	227	0.73	3.8	1.7	26	121	—	0.33	2.9
L06	农村金融研究	95	0.90	25.5	2.3	17	52	—	0.87	4.8
L06	农村经济	186	0.93	21.5	2.1	22	99	0.01	0.82	5.0
L06	农村经济与科技	1926	0.99	8.2	1.9	31	942	0.00	0.44	3.0
L06	农民科技培训	182	0.74	—	1.8	26	125	—	0.01	—
L06	农业发展与金融	301	0.69	1.0	1.4	26	137	—	0.02	—
L06	农业技术经济	111	0.82	42.7	2.8	21	58	0.02	0.95	7.5
L06	农业经济	644	1.00	5.7	1.7	30	370	0.00	0.66	2.6
L06	农业经济问题	135	0.82	38.4	2.5	20	68	0.01	0.82	6.9
L06	农业经济与管理	62	0.98	20.3	2.6	20	39	—	0.98	4.9
L06	农业科研经济管理	41	1.00	10.6	2.7	14	20	—	0.46	3.2
L06	农业展望	211	0.99	18.4	3.2	26	91	—	0.80	3.9
L06	上海农村经济	150	0.79	—	1.8	8	91	—	—	—
L06	生态经济	392	0.97	26.4	2.7	30	230	0.02	0.79	5.8
L06	台湾农业探索	69	0.93	18.2	2.7	11	29	0.01	0.81	4.3
L06	中国农村观察	61	1.00	48.0	2.6	16	40	0.00	0.85	8.5
L06	中国农村金融	715	0.74	—	1.2	31	432	—	0.00	—
L06	中国农村经济	93	0.95	46.3	2.5	16	42	0.02	0.82	9.0
L06	中国土地	248	0.91	1.5	2.2	24	139	—	0.12	2.2
L06	资源开发与市场	190	0.98	33.4	3.4	28	115	0.02	0.96	5.3
L06	资源与产业	92	0.94	30.0	2.7	22	46	0.00	0.72	4.4
L06	自然资源信息化	78	0.94	12.7	4.0	16	45	—	0.56	3.9
L08	产业经济评论	78	0.96	45.3	2.1	19	49	0.03	0.69	6.8
L08	产业经济研究	60	0.91	47.6	2.5	17	40	0.02	0.97	6.1
L08	对外经贸	460	0.97	7.8	1.7	29	251	—	0.61	2.7

学科代码	期刊名称	来源文献量	文献选出率	平均引文数	平均作者数	地区分布数	机构分布数	海外论文比	基金论文比	引用半衰期
L08	对外经贸实务	199	0.91	12.6	1.6	26	122	—	0.49	3.5
L08	工业技术创新	102	1.00	13.9	3.5	24	80	—	0.28	5.6
L08	工业技术经济	219	1.00	25.0	2.4	27	98	0.02	0.83	5.1
L08	国际经贸探索	84	1.00	38.3	2.3	19	48	0.02	0.94	7.1
L08	国际贸易	133	0.99	17.5	2.2	21	71	0.01	0.74	3.7
L08	国际贸易问题	119	0.96	43.5	2.4	20	61	0.00	0.93	8.2
L08	国际商务研究	54	1.00	31.3	1.7	16	44	0.02	0.69	8.5
L08	化学工业	53	0.93	4.8	3.1	8	21	—	—	2.8
L08	技术经济	179	0.93	44.7	2.6	27	117	0.02	0.89	5.5
L08	技术与市场	803	0.99	5.8	2.1	29	537	—	0.19	3.5
L08	价格理论与实践	516	0.92	14.4	2.4	28	298	0.03	0.55	4.1
L08	江苏商论	421	0.97	10.7	1.6	29	226	0.01	0.51	4.5
L08	科技经济市场	629	0.98	5.6	1.5	30	440	0.01	0.31	2.5
L08	旅游导刊	28	0.90	56.4	2.6	13	22	—	0.82	7.9
L08	旅游科学	45	1.00	67.0	2.8	17	28	0.04	0.89	8.4
L08	旅游论坛	71	0.97	31.4	2.5	21	44	0.03	0.65	7.7
L08	旅游学刊	177	0.88	44.4	2.7	21	83	0.07	0.71	9.2
L08	旅游研究	42	0.88	34.5	2.9	17	37	—	0.83	7.7
L08	旅游纵览	1403	0.97	8.2	1.9	31	769	0.01	0.53	3.7
L08	漫旅	1152	0.98	5.7	1.6	31	630	0.01	0.42	3.0
L08	煤炭经济研究	155	0.90	17.8	2.5	15	72	0.01	0.42	3.5
L08	内蒙古煤炭经济	1515	0.98	5.9	1.6	29	888	0.00	0.07	2.8
L08	欧亚经济	42	0.78	28.8	1.5	11	24	—	0.74	—
L08	商场现代化	1559	0.99	7.0	1.3	31	1011	0.01	0.15	2.4
L08	商业研究	88	1.00	27.1	2.4	21	60	0.02	0.91	7.6
L08	上海经济	50	0.91	22.8	1.6	7	24	—	0.44	6.5
L08	上海经济研究	119	0.93	40.4	1.9	15	45	0.00	0.80	8.4
L08	时代经贸	404	0.96	12.3	1.9	29	281	0.01	0.55	3.3
L08	市场论坛	178	0.98	12.4	1.8	20	109	—	0.40	6.5
L08	铁道经济研究	64	0.98	8.8	2.0	11	30	—	0.47	3.8
L08	物流工程与管理	655	1.00	9.5	2.1	29	309	0.00	0.54	2.8
L08	物流技术与应用	169	0.54	3.5	2.3	24	124	—	0.12	4.1
L08	物流研究	36	0.90	21.4	2.9	15	26	—	0.69	4.3

2022年中国科技期刊来源指标按类刊名字顺索引(续)

学科代码	期刊名称	来源文献量	文献选出率	平均引文数	平均作者数	地区分布数	机构分布数	海外论文比	基金论文比	引用半衰期
L08	西部旅游	771	0.97	6.9	1.7	31	508	0.00	0.51	3.3
L08	现代商贸工业	2245	1.00	5.5	1.7	31	1125	0.01	0.46	3.4
L08	消费经济	48	0.98	34.2	2.6	17	39	0.00	0.96	6.6
L08	冶金经济与管理	107	0.99	5.9	1.9	13	44	—	0.07	5.8
L08	营销科学学报	32	0.97	55.8	3.3	10	19	—	0.91	≥10
L08	邮政研究	92	0.93	5.2	2.7	15	32	—	0.16	3.0
L08	债券	205	0.82	3.9	1.7	15	130	0.02	0.05	≥10
L08	智能网联汽车	96	0.51	0.0	1.4	5	33	0.02	—	1.5
L08	中国储运	1167	0.82	5.1	1.6	31	679	—	0.22	2.5
L08	中国工业经济	123	0.93	43.2	2.6	17	52	0.02	0.90	9.2
L08	中国经贸导刊	309	0.77	0.0	1.4	15	91	—	0.06	—
L08	中国军转民	676	0.68	3.7	1.7	30	360	0.00	0.17	4.5
L08	中国口岸科学技术	185	0.99	17.0	5.8	27	105	—	0.74	6.7
L08	中国流通经济	128	0.96	37.6	1.9	23	98	0.00	0.94	4.5
L08	中国商论	1148	0.98	9.1	1.8	30	650	0.03	0.40	2.8
L08	中国市场监管研究	229	0.95	6.4	1.6	22	135	—	0.16	≥10
L08	中国外资	235	0.56	0.2	1.5	22	119	0.01	0.12	—
L08	中国物价	404	0.99	5.7	1.6	27	112	0.00	0.30	4.3
L10	保险研究	102	1.00	38.0	2.4	16	60	0.02	0.67	9.2
L10	北方金融	271	0.87	9.2	1.7	27	129	—	0.14	4.9
L10	财经界	1845	0.91	5.2	1.1	30	1609	0.01	0.03	1.9
L10	财经科学	134	0.91	29.3	2.3	22	65	0.01	0.71	7.3
L10	财经理论研究	57	1.00	34.2	2.3	20	40	—	0.74	4.9
L10	财经理论与实践	119	1.00	28.4	2.4	21	64	0.02	0.98	6.2
L10	财经论丛（浙江财经学院学报）	120	0.98	35.1	2.5	23	74	—	0.89	7.4
L10	财经问题研究	150	0.94	28.7	2.1	21	66	0.01	0.85	7.5
L10	财贸经济	133	0.94	36.9	2.4	16	49	0.02	0.74	9.1
L10	财贸研究	101	0.94	43.9	2.4	22	65	—	0.96	7.5
L10	财务研究	52	0.98	34.9	2.5	12	35	—	0.81	6.8
L10	财务与金融	74	0.94	15.3	2.0	22	63	0.01	0.49	4.1
L10	财政科学	167	0.97	24.4	1.8	25	84	0.01	0.45	7.4
L10	当代财经	150	0.93	28.9	2.2	25	81	0.00	0.92	6.3
L10	当代金融研究	84	0.98	25.8	2.1	23	50	0.01	0.56	5.5

学科代码	期刊名称	来源文献量	文献选出率	平均引文数	平均作者数	地区分布数	机构分布数	海外论文比	基金论文比	引用半衰期
L10	地方财政研究	140	0.85	21.5	1.9	21	92	0.01	0.61	6.8
L10	福建金融	139	0.88	10.4	1.7	15	83	—	0.14	4.3
L10	甘肃金融	162	0.79	10.4	1.8	23	87	0.01	0.22	4.2
L10	工信财经科技	56	0.92	19.9	2.0	13	36	—	0.43	6.6
L10	国际金融研究	104	0.92	32.0	2.6	20	50	0.01	0.88	7.1
L10	国际商务财会	512	1.00	7.4	1.4	29	367	0.01	0.20	3.8
L10	国际税收	123	0.98	27.7	2.0	18	60	0.05	0.37	≥10
L10	海南金融	106	0.94	19.3	1.5	20	68	0.01	0.32	4.6
L10	河北金融	190	0.94	7.3	1.8	23	111	—	0.15	3.7
L10	华北金融	109	1.00	21.6	1.7	22	69	—	0.27	7.9
L10	吉林金融研究	246	0.97	6.0	1.7	23	89	—	0.04	4.3
L10	金融博览	536	0.63	—	1.3	28	263	0.02	0.02	—
L10	金融发展研究	144	1.00	21.3	2.2	25	105	0.06	0.53	5.2
L10	金融监管研究	75	0.91	38.8	2.4	20	64	—	0.67	7.3
L10	金融教育研究	46	0.88	24.7	2.4	14	28	—	0.96	3.7
L10	金融经济	105	0.93	24.1	2.0	21	73	—	0.44	5.8
L10	金融经济学研究	62	0.98	37.3	2.7	18	45	0.00	0.90	6.7
L10	金融会计	120	0.69	7.3	1.5	23	75	—	—	6.8
L10	金融理论与实践	132	0.93	32.6	2.3	24	102	0.02	0.75	5.9
L10	金融论坛	96	0.88	31.5	2.3	19	61	0.02	0.74	8.1
L10	金融研究	132	1.00	41.8	2.7	14	49	0.04	0.91	9.3
L10	金融与经济	117	0.98	21.7	2.2	28	94	—	0.73	4.9
L10	科技与金融	114	0.53	5.9	1.5	18	67	0.04	0.20	3.6
L10	绿色财会	156	1.00	7.7	1.6	24	91	—	0.33	4.4
L10	南方金融	91	0.96	25.6	2.1	22	65	—	0.67	4.9
L10	农村财务会计	166	0.61	—	1.6	22	133	—	—	—
L10	农银学刊	111	0.90	3.2	1.6	22	50	—	—	3.7
L10	青海金融	127	0.89	10.3	1.6	20	73	—	0.11	4.5
L10	区域金融研究	125	0.98	18.3	2.2	24	88	—	0.49	4.1
L10	上海金融	77	0.87	40.6	2.3	21	55	0.00	0.52	7.5
L10	审计与理财	330	0.91	2.5	1.3	28	245	0.00	0.09	2.0
L10	税收经济研究	64	0.97	20.6	1.8	17	44	—	0.70	6.6
L10	税务研究	272	0.97	16.6	1.8	26	111	0.00	0.54	4.9

2022年中国科技期刊来源指标按类刊名字顺索引(续)

学科代码	期刊名称	来源文献量	文献选出率	平均引文数	平均作者数	地区分布数	机构分布数	海外论文比	基金论文比	引用半衰期
L10	税务与经济	89	0.99	20.5	1.8	20	56	0.02	0.62	7.5
L10	投资研究	105	0.93	39.1	2.5	24	79	—	0.79	6.6
L10	投资与创业	1524	1.00	6.4	1.3	31	1185	0.00	0.13	2.4
L10	武汉金融	116	1.00	32.2	2.2	24	84	—	0.70	4.7
L10	西部经济管理论坛	58	0.91	25.9	2.4	19	39	—	0.83	3.8
L10	西南金融	96	0.99	23.9	2.0	23	71	—	0.51	3.9
L10	新疆财经	46	0.88	28.2	2.1	12	20	—	0.80	5.7
L10	新金融	100	0.93	13.2	2.1	15	66	0.05	0.35	4.5
L10	银行家	383	0.83	0.6	1.6	27	197	0.02	0.04	4.8
L10	浙江金融	88	0.88	19.5	2.0	19	67	—	0.31	5.1
L10	证券市场导报	92	0.84	34.4	2.3	20	67	0.02	0.64	7.5
L10	中国保险	140	0.80	—	1.6	20	78	0.01	0.07	—
L10	中国财政	507	0.52	0.0	1.5	31	294	—	0.03	—
L10	中国金融	928	0.86	—	1.6	30	470	0.03	0.06	—
L10	中国科技投资	1930	1.00	5.6	1.3	31	1702	0.01	0.02	2.2
L10	中国钱币	65	0.90	17.6	1.4	19	36	0.05	0.25	≥10
M01	北京青年研究	59	0.94	16.4	1.3	17	42	—	0.69	5.8
M01	重庆行政	179	0.92	6.0	1.4	17	129	0.01	0.40	4.0
M01	大连干部学刊	117	0.90	11.9	1.4	23	79	—	0.55	9.8
M01	党的文献	102	0.89	40.8	1.2	19	59	0.00	0.31	≥10
M01	党建	201	0.59	—	1.3	31	150	—	0.04	—
M01	党史博采（理论版）	271	0.87	10.0	1.3	29	217	0.00	0.31	≥10
M01	党史研究与教学	64	0.91	61.0	1.2	17	46	—	0.64	≥10
M01	党政干部论坛	192	0.88	1.3	1.2	20	134	—	0.19	5.3
M01	党政干部学刊	132	0.95	13.8	1.7	23	79	—	0.77	6.6
M01	党政论坛	105	0.92	7.2	1.3	8	58	—	0.38	4.4
M01	党政研究	75	0.90	24.4	1.7	15	53	0.00	0.76	6.1
M01	地方治理研究	24	0.83	30.7	1.5	10	18	—	0.21	5.6
M01	福建党史月刊	110	0.51	3.7	1.2	13	75	—	0.05	≥10
M01	甘肃理论学刊	91	0.93	20.6	1.5	24	64	—	0.59	8.7
M01	广西文学	264	0.65	0.1	1.0	21	96	0.01	0.00	4.0
M01	国际安全研究	33	0.75	97.2	1.5	8	22	—	0.76	5.5
M01	国家治理	251	0.84	3.5	1.1	19	77	0.01	0.40	4.0

学科代码	期刊名称	来源文献量	文献选出率	平均引文数	平均作者数	地区分布数	机构分布数	海外论文比	基金论文比	引用半衰期
M01	科学社会主义	123	0.94	17.6	1.5	19	69	0.01	0.59	≥10
M01	理论导刊	226	1.00	18.2	1.5	26	137	—	0.89	7.3
M01	理论视野	179	0.95	15.5	1.4	26	93	—	0.55	7.2
M01	理论探索	99	1.00	18.6	1.5	21	67	—	0.88	6.6
M01	理论学习与探索	161	0.96	1.2	1.1	25	77	—	0.07	6.5
M01	廉政文化研究	79	0.89	16.6	1.5	18	53	—	0.75	6.2
M01	内蒙古统战理论研究	83	0.81	2.6	1.2	15	61	—	0.20	3.8
M01	旗帜	310	0.50	0.1	1.0	31	219	0.00	0.01	3.0
M01	前进	143	0.59	—	1.1	3	89	—	0.03	—
M01	前线	279	0.70	6.4	1.3	15	111	—	0.28	8.1
M01	求实	48	0.83	27.4	1.6	17	39	0.00	0.29	6.6
M01	求是	224	0.51	0.0	1.1	14	59	0.00	0.00	0.0
M01	人大研究	152	0.92	6.6	1.3	23	106	—	0.14	9.7
M01	三晋基层治理	135	0.96	7.0	1.5	28	101	—	0.53	3.9
M01	山东工会论坛	61	1.00	23.0	1.6	18	47	—	0.97	6.3
M01	上海党史与党建	102	0.96	23.6	1.4	14	57	—	0.33	≥10
M01	社会主义论坛	282	0.86	0.4	1.2	16	127	—	0.20	6.9
M01	石油政工研究	119	0.74	—	1.6	20	97	—	—	—
M01	实事求是	80	0.91	18.9	1.4	23	55	—	0.72	4.8
M01	世界知识	564	0.88	—	1.1	20	96	0.01	0.01	—
M01	思想教育研究	299	0.95	14.8	1.7	26	120	0.00	0.79	6.8
M01	思想政治课教学	338	0.97	1.6	1.3	27	294	—	0.44	5.1
M01	探求	80	0.98	17.5	1.5	10	36	—	0.64	6.0
M01	探索	91	0.93	33.0	1.3	18	62	0.00	0.90	4.5
M01	团结	108	0.86	0.3	1.4	19	75	—	0.15	≥10
M01	唯实	309	0.95	1.0	1.3	8	179	—	0.17	7.7
M01	新视野	103	1.00	18.1	1.7	17	56	0.01	0.64	7.1
M01	行政管理改革	126	1.00	16.9	1.5	13	63	—	0.61	4.7
M01	行政科学论坛	136	0.69	8.1	1.6	22	99	0.01	0.57	4.8
M01	行政与法	160	0.96	22.8	1.4	29	105	—	0.67	6.5
M01	学习论坛	101	1.00	19.0	1.6	18	63	0.01	0.84	5.3
M01	学习月刊	207	0.83	—	1.5	21	133	—	0.22	—
M01	学校党建与思想教育	612	0.95	5.6	1.7	28	268	0.00	0.74	5.1

2022 年中国科技期刊来源指标按类刊名字顺索引(续)

学科代码	期刊名称	来源文献量	文献选出率	平均引文数	平均作者数	地区分布数	机构分布数	海外论文比	基金论文比	引用半衰期
M01	政策瞭望	119	0.64	—	1.1	2	84	—	—	—
M01	政工学刊	526	0.89	—	1.3	31	306	0.00	0.00	—
M01	政治学研究	80	0.92	42.3	1.4	14	41	0.00	0.60	9.8
M01	治理现代化研究	65	0.93	21.0	1.7	17	47	—	0.98	5.5
M01	治理研究	66	0.84	44.2	1.9	10	33	0.02	0.92	6.9
M01	中共党史研究	81	0.96	75.3	1.1	15	44	0.07	0.41	≥10
M01	中国党政干部论坛	233	1.00	0.0	1.0	18	97	0.00	0.00	0.0
M01	中国青年研究	163	0.97	27.9	1.7	21	86	0.02	0.52	7.1
M01	中国特色社会主义研究	67	0.88	23.4	1.6	16	44	—	0.75	8.4
M02	北京石油管理干部学院学报	76	0.58	5.3	1.9	17	53	—	0.08	3.1
M02	北京市工会干部学院学报	34	0.94	9.8	1.8	10	23	—	0.35	6.6
M02	北京行政学院学报	83	1.00	28.6	1.8	20	50	0.00	0.73	9.8
M02	兵团党校学报	115	0.97	16.3	1.5	21	70	—	0.51	7.3
M02	长春市委党校学报	68	0.96	7.5	1.5	17	48	—	0.34	7.4
M02	长征学刊	68	0.97	17.4	1.7	16	49	—	0.47	9.9
M02	成都行政学院学报	67	0.85	17.6	1.8	16	45	—	0.54	5.6
M02	东北亚经济研究	55	0.90	18.7	1.5	15	39	—	0.62	3.4
M02	福建金融管理干部学院学报	35	0.97	15.2	1.2	12	22	—	0.46	6.1
M02	福建省社会主义学院学报	48	0.98	14.7	1.5	17	44	—	0.77	6.3
M02	福州党校学报	102	0.89	8.5	1.4	22	71	—	0.41	6.3
M02	甘肃行政学院学报	61	0.95	38.3	2.0	19	45	—	0.93	7.2
M02	工会理论研究—上海工会管理干部学院学报	36	0.86	40.9	1.5	7	25	0.06	0.61	≥10
M02	公共治理研究	62	0.91	26.0	1.8	18	44	—	0.82	6.3
M02	古田干部学院学报	56	0.92	16.4	1.4	7	27	—	0.52	≥10
M02	广东青年研究	51	0.96	20.2	1.8	13	31	0.08	0.61	8.0
M02	广东省社会主义学院学报	79	0.96	11.3	1.3	20	58	—	0.53	9.4
M02	广西社会主义学院学报	98	0.96	14.9	1.4	24	65	—	0.59	8.3
M02	广州社会主义学院学报	69	0.95	13.3	1.4	19	52	0.01	0.55	8.2
M02	广州市公安管理干部学院学报	42	1.00	11.1	2.0	10	16	0.02	0.48	4.3
M02	贵阳市委党校学报	70	1.00	9.7	1.3	20	52	—	0.44	4.9
M02	贵州社会主义学院学报	60	0.92	13.9	1.6	17	39	—	0.50	8.2
M02	贵州省党校学报	79	0.93	26.5	1.6	18	49	—	0.87	7.3

学科代码	期刊名称	来源文献量	文献选出率	平均引文数	平均作者数	地区分布数	机构分布数	海外论文比	基金论文比	引用半衰期
M02	国家教育行政学院学报	144	0.96	18.7	1.6	23	82	0.02	0.58	5.7
M02	国家林业和草原局管理干部学院学报	42	0.91	9.2	1.9	12	28	—	0.43	3.8
M02	哈尔滨市委党校学报	63	1.00	10.0	1.4	20	51	—	0.70	5.4
M02	河北青年管理干部学院学报	112	0.97	10.1	1.6	20	94	0.02	0.74	7.9
M02	河北省社会主义学院学报	50	0.88	17.2	1.4	17	44	—	0.62	9.4
M02	湖北省社会主义学院学报	94	0.90	10.4	1.5	18	66	—	0.53	5.9
M02	湖北行政学院学报	80	1.00	22.7	1.6	19	55	0.01	0.69	7.0
M02	湖南省社会主义学院学报	149	0.96	8.9	1.4	19	81	—	0.58	5.6
M02	湖南行政学院学报	98	0.95	12.5	1.5	14	54	0.01	0.53	5.9
M02	江苏省社会主义学院学报	70	0.90	10.8	1.5	16	49	—	0.47	4.9
M02	江苏行政学院学报	97	0.89	21.5	1.6	14	47	0.00	0.78	≥10
M02	理论学习—山东干部函授大学学报	177	0.74	6.5	1.5	19	114	—	0.45	4.4
M02	辽宁公安司法管理干部学院学报	76	0.95	22.1	1.6	14	44	—	0.39	8.7
M02	辽宁省社会主义学院学报	84	0.91	10.8	1.5	22	68	—	0.83	5.8
M02	辽宁行政学院学报	91	0.94	17.3	1.8	26	74	—	0.80	5.9
M02	闽台关系研究	40	0.89	32.4	1.5	10	26	—	0.75	≥10
M02	宁夏党校学报	93	0.90	15.3	1.3	24	67	—	0.68	6.5
M02	青年学报	87	0.94	17.3	1.5	12	57	—	0.48	9.4
M02	青少年研究与实践	53	0.93	16.2	1.6	21	46	—	0.55	8.8
M02	山东女子学院学报	61	0.86	34.9	1.4	19	37	0.02	0.59	≥10
M02	山东青年政治学院学报	95	0.95	21.9	1.5	23	61	—	0.54	8.5
M02	山东行政学院学报	88	0.94	24.6	1.5	21	70	—	0.83	5.1
M02	山西经济管理干部学院学报	72	0.95	9.3	1.4	17	61	—	0.71	3.7
M02	山西社会主义学院学报	41	0.84	11.1	1.2	12	30	—	0.59	6.9
M02	陕西社会主义学院学报	49	0.91	6.7	1.4	16	38	—	0.49	5.2
M02	陕西行政学院学报	95	1.00	14.4	1.5	19	72	0.01	0.66	6.0
M02	上海公安学院学报	67	1.00	12.6	1.4	10	25	—	0.18	7.4
M02	上海市经济管理干部学院学报	41	0.91	21.5	1.7	16	29	—	0.44	5.5
M02	上海市社会主义学院学报	68	0.91	18.5	1.2	14	47	0.01	0.40	≥10
M02	上海行政学院学报	54	0.90	36.3	1.9	15	32	0.04	0.85	7.6
M02	石油化工管理干部学院学报	94	0.90	1.8	1.2	15	52	0.02	—	3.5
M02	四川省干部函授学院学报	79	0.95	11.3	1.4	16	52	0.01	0.49	7.5
M02	四川省社会主义学院学报	35	0.97	12.6	1.5	12	23	—	0.57	9.8

2022年中国科技期刊来源指标按类刊名字顺索引(续)

学科代码	期刊名称	来源文献量	文献选出率	平均引文数	平均作者数	地区分布数	机构分布数	海外论文比	基金论文比	引用半衰期
M02	四川行政学院学报	55	0.86	24.4	1.5	20	45	—	0.51	5.2
M02	天津市工会管理干部学院学报	36	0.75	6.8	1.3	17	25	—	0.28	4.5
M02	天津市社会主义学院学报	49	0.92	9.9	1.4	17	33	—	0.55	6.6
M02	天津行政学院学报	55	1.00	32.9	1.5	18	45	—	0.93	6.1
M02	天水行政学院学报	141	0.95	10.8	1.4	28	93	—	0.51	7.4
M02	统一战线学研究	81	0.94	36.6	1.5	18	45	0.01	0.74	7.6
M02	武汉公安干部学院学报	74	0.95	8.8	1.6	21	44	—	0.58	4.0
M02	延边党校学报	100	0.94	7.0	1.4	25	72	—	0.34	4.7
M02	沂蒙干部学院学报	64	0.97	18.6	1.5	16	42	—	0.53	8.0
M02	云南社会主义学院学报	67	0.91	18.2	1.4	19	50	—	0.49	9.3
M02	云南行政学院学报	80	0.91	37.0	1.6	23	62	—	0.80	7.3
M02	中共成都市委党校学报	64	0.84	16.2	1.5	23	52	—	0.67	6.3
M02	中共福建省委党校（福建行政学院）学报	120	0.97	23.2	1.5	20	71	—	0.76	8.1
M02	中共桂林市委党校学报	61	0.86	10.1	1.6	15	39	—	0.51	6.0
M02	中共杭州市委党校学报	60	0.85	33.8	1.6	13	42	—	0.87	9.5
M02	中共合肥市委党校学报	56	0.60	12.2	1.4	15	38	—	0.52	5.7
M02	中共济南市委党校学报	111	0.99	10.6	1.5	22	80	—	0.47	5.8
M02	中共乐山市委党校学报	96	0.97	12.8	1.5	21	66	—	0.40	5.5
M02	中共南昌市委党校学报	70	0.97	10.5	1.5	21	51	—	0.50	6.4
M02	中共南京市委党校学报	77	0.93	20.6	1.6	19	58	0.01	0.61	7.4
M02	中共南宁市委党校学报	63	0.94	11.8	1.4	20	50	—	0.51	4.8
M02	中共宁波市委党校学报	78	1.00	23.7	1.4	19	57	0.01	0.79	7.8
M02	中共青岛市委党校青岛行政学院学报	133	0.97	13.7	1.4	20	73	0.01	0.57	6.8
M02	中共山西省委党校学报	140	0.97	12.0	1.4	25	99	—	0.61	4.9
M02	中共石家庄市委党校学报	108	0.89	9.4	1.5	22	71	—	0.60	5.6
M02	中共太原市委党校学报	132	0.96	7.2	1.5	22	90	—	0.40	4.8
M02	中共天津市委党校学报	55	1.00	28.8	1.8	21	51	—	1.00	4.7
M02	中共乌鲁木齐市委党校学报	50	0.96	7.6	1.2	14	33	—	0.34	3.9
M02	中共伊犁州委党校学报	94	0.90	9.5	1.2	17	52	—	0.37	4.9
M02	中共云南省委党校学报	106	0.91	31.1	1.6	22	77	—	0.75	7.4
M02	中共郑州市委党校学报	129	0.98	8.1	1.3	21	74	—	0.55	4.6
M02	中共中央党校学报	94	0.97	23.5	1.5	12	43	0.00	0.63	7.2
M02	中国井冈山干部学院学报	102	0.93	21.2	1.4	16	40	—	0.64	6.2

学科代码	期刊名称	来源文献量	文献选出率	平均引文数	平均作者数	地区分布数	机构分布数	海外论文比	基金论文比	引用半衰期
M02	中国劳动关系学院学报	70	0.92	29.4	1.7	18	48	—	0.66	9.1
M02	中国浦东干部学院学报	89	0.92	22.5	1.3	15	39	—	0.35	≥10
M02	中国青年社会科学	93	0.94	25.3	1.8	14	53	0.01	0.53	9.3
M02	中华女子学院学报	110	0.98	23.0	1.6	16	53	0.03	0.45	≥10
M02	中央社会主义学院学报	103	1.00	34.1	1.3	16	59	—	0.53	≥10
M03	公共行政评论	65	0.84	51.9	2.1	14	34	0.09	0.75	7.5
M03	行政论坛	111	0.90	30.6	1.7	23	73	0.01	0.95	6.0
M03	中国行政管理	268	0.90	26.3	1.7	24	126	0.00	0.71	8.4
M04	Contemporary International Relations	40	1.00	22.3	1.4	2	19	—	0.18	≥10
M04	阿拉伯世界研究	50	0.85	72.4	1.4	12	32	0.02	0.74	≥10
M04	当代世界	178	0.76	—	1.1	17	83	0.12	0.19	—
M04	当代世界社会主义问题	66	0.99	37.3	1.5	16	41	—	0.86	≥10
M04	当代世界与社会主义	121	0.99	40.8	1.4	16	60	0.04	0.60	≥10
M04	当代亚太	30	0.68	116.2	1.7	8	15	0.03	0.63	8.6
M04	东北亚论坛	50	0.81	45.1	1.5	10	28	0.00	0.76	4.8
M04	东南亚研究	42	0.84	93.5	1.5	11	24	—	0.76	7.2
M04	东南亚纵横	59	0.92	38.8	1.6	13	33	0.03	0.59	≥10
M04	俄罗斯东欧中亚研究	49	0.78	57.1	1.2	8	28	0.04	0.57	≥10
M04	俄罗斯研究	55	0.90	51.7	1.4	12	33	0.02	0.56	≥10
M04	国际关系研究	49	0.83	53.7	1.3	14	31	—	0.57	≥10
M04	国际观察	43	0.86	62.4	1.4	7	25	—	0.58	7.7
M04	国际论坛	59	0.84	48.9	1.3	10	30	—	0.64	5.8
M04	国际问题研究	49	0.74	40.8	1.4	8	27	—	0.33	6.1
M04	国际展望	55	0.81	44.3	1.6	11	31	0.02	0.60	9.6
M04	国际政治科学	24	0.77	103.9	1.6	4	13	—	0.75	≥10
M04	国际政治研究	39	0.93	89.3	1.3	13	23	—	0.51	≥10
M04	国外理论动态	113	0.96	29.2	1.8	17	83	0.35	0.43	≥10
M04	和平与发展	42	0.88	54.2	1.6	8	30	—	0.57	8.2
M04	拉丁美洲研究	50	0.83	50.9	1.4	11	23	0.04	0.42	≥10
M04	美国研究	40	0.87	89.8	1.2	6	19	0.02	0.55	≥10
M04	南亚研究	27	0.77	75.8	1.5	9	19	—	0.63	5.0
M04	南亚研究季刊	33	0.80	52.3	1.5	14	26	—	0.70	8.2
M04	南洋问题研究	33	0.89	74.5	1.7	12	22	0.09	0.85	4.0

学科代码	期刊名称	来源文献量	文献选出率	平均引文数	平均作者数	地区分布数	机构分布数	海外论文比	基金论文比	引用半衰期
M04	欧洲研究	37	0.86	100.0	1.5	8	19	0.03	0.65	≥10
M04	日本侵华南京大屠杀研究	44	0.98	85.1	1.2	17	30	0.02	0.50	≥10
M04	日本问题研究	46	1.00	32.6	1.5	14	27	0.02	0.89	≥10
M04	日本学刊	46	0.75	59.9	1.4	10	27	0.07	0.48	9.6
M04	日本研究	44	0.92	26.2	1.4	11	34	0.18	0.39	≥10
M04	世界经济与政治	66	0.76	108.8	1.5	12	33	0.02	0.59	9.4
M04	世界社会科学	97	0.92	47.1	1.6	14	58	0.04	0.73	≥10
M04	太平洋学报	96	0.97	55.2	1.4	19	56	—	0.95	9.0
M04	外国问题研究	58	0.94	59.1	1.1	14	27	—	0.69	≥10
M04	外交评论	35	0.90	106.9	1.4	10	23	0.00	0.63	≥10
M04	西伯利亚研究	55	0.93	34.9	1.6	15	36	0.13	0.47	—
M04	西亚非洲	42	0.78	68.8	1.6	10	21	—	0.79	≥10
M04	现代国际关系	88	0.80	32.0	1.4	11	32	—	0.38	—
M05	Frontiers of Law in China	26	1.00	51.3	1.0	7	12	—	0.35	≥10
M05	Science Technology and Law	92	0.94	35.1	1.6	20	45	0.02	0.62	7.5
M05	The Journal of Human Rights	59	0.86	54.7	2.3	12	32	—	0.44	≥10
M05	北方法学	75	0.93	63.9	1.2	18	49	0.01	0.77	≥10
M05	北京警察学院学报	111	0.94	16.6	1.5	20	45	—	0.51	7.1
M05	比较法研究	83	0.94	70.3	1.0	16	35	—	0.75	9.9
M05	财经法学	75	0.93	69.7	1.3	14	38	0.04	0.61	≥10
M05	当代法学	76	0.97	60.2	1.1	16	33	—	0.76	≥10
M05	地方立法研究	50	0.89	58.9	1.1	13	33	0.02	0.66	≥10
M05	电子知识产权	97	0.90	47.5	1.5	14	60	—	0.48	≥10
M05	东方法学	89	0.96	61.4	1.0	14	43	—	0.72	7.8
M05	法律科学—西北政法大学学报	92	0.97	60.7	1.0	16	44	0.00	0.70	≥10
M05	法律适用	214	0.96	38.1	1.4	21	97	0.00	0.30	≥10
M05	法商研究	84	0.93	56.1	1.0	16	46	—	0.76	9.3
M05	法学	149	0.93	72.4	1.0	20	73	0.01	0.68	≥10
M05	法学家	78	0.88	90.4	1.1	12	32	0.00	0.58	≥10
M05	法学论坛	84	1.00	55.2	1.1	16	51	0.00	0.69	8.8
M05	法学评论	104	0.95	65.1	1.1	18	48	0.00	0.64	≥10
M05	法学研究	75	0.99	85.4	1.0	13	37	0.00	0.56	≥10
M05	法学杂志	67	0.88	49.4	1.1	12	36	0.01	0.49	≥10

学科代码	期刊名称	来源文献量	文献选出率	平均引文数	平均作者数	地区分布数	机构分布数	海外论文比	基金论文比	引用半衰期
M05	法制博览	1937	0.98	6.1	1.3	31	1121	0.00	0.15	3.7
M05	法制与经济	126	0.95	14.4	1.5	22	72	—	0.46	8.3
M05	法制与社会发展	70	0.86	81.6	1.0	13	30	0.00	0.53	8.5
M05	法治研究	78	0.93	53.4	1.2	19	49	—	0.62	≥10
M05	犯罪研究	53	1.00	37.0	1.8	14	36	0.06	0.42	≥10
M05	福建警察学院学报	69	0.92	21.5	1.6	16	34	—	0.58	8.2
M05	甘肃政法大学学报	66	1.00	65.7	1.2	15	35	0.00	0.59	≥10
M05	公安学刊—浙江警察学院学报	96	0.89	19.5	1.6	16	49	—	0.62	7.9
M05	公安研究	151	0.84	4.5	1.4	26	88	0.05	0.12	3.9
M05	广西警察学院学报	88	0.94	22.4	1.5	22	49	—	0.65	6.3
M05	广西政法管理干部学院学报	93	0.92	23.5	1.7	22	71	—	0.48	9.4
M05	贵州警察学院学报	95	0.98	16.5	1.5	21	50	—	0.61	5.8
M05	国际法研究	44	0.96	98.2	1.3	11	24	0.02	0.66	—
M05	国际经济法学刊	40	0.91	80.5	1.4	14	28	—	0.68	—
M05	国家检察官学院学报	61	1.00	55.5	1.2	12	30	0.02	0.51	≥10
M05	海峡法学	53	0.95	35.5	1.4	12	37	0.02	0.75	9.3
M05	河北法学	124	1.00	57.2	1.5	20	59	—	0.79	≥10
M05	河南财经政法大学学报	93	0.94	43.3	1.4	20	43	0.01	0.72	≥10
M05	河南警察学院学报	89	0.92	22.1	1.4	16	45	0.06	0.58	7.2
M05	湖北警官学院学报	88	0.94	26.7	1.5	15	35	—	0.68	6.3
M05	湖南警察学院学报	92	1.00	19.7	1.4	21	47	—	0.54	7.0
M05	湖湘法学评论	46	0.96	70.8	1.5	13	29	0.07	0.46	9.7
M05	华东政法大学学报	81	1.00	66.9	1.1	15	40	0.01	0.65	≥10
M05	环球法律评论	71	0.86	62.8	1.0	13	38	0.01	0.63	≥10
M05	江苏警官学院学报	98	1.00	22.8	1.6	20	53	—	0.63	9.3
M05	江西警察学院学报	113	0.94	16.2	1.5	18	51	—	0.50	6.9
M05	交大法学	66	0.97	82.8	1.1	14	41	0.06	0.55	≥10
M05	辽宁警察学院学报	119	0.95	12.7	1.5	21	40	—	0.63	4.7
M05	南大法学	62	0.91	110.7	1.2	14	36	0.19	0.55	—
M05	清华法学	72	0.99	84.0	1.1	14	36	0.03	0.60	≥10
M05	山东法官培训学院学报	88	0.95	27.0	1.5	13	69	—	0.22	8.9
M05	山东警察学院学报	104	0.98	24.3	1.7	16	48	0.01	0.60	9.7
M05	山西警察学院学报	82	0.99	15.4	1.5	15	31	—	0.70	6.7

学科代码	期刊名称	来源文献量	文献选出率	平均引文数	平均作者数	地区分布数	机构分布数	海外论文比	基金论文比	引用半衰期
M05	山西省政法管理干部学院学报	92	0.95	8.9	1.4	23	61	—	0.37	5.5
M05	上海政法学院学报	66	1.00	53.8	1.3	14	36	0.06	0.64	≥10
M05	时代法学	67	0.92	47.6	1.3	19	40	0.01	0.70	≥10
M05	四川警察学院学报	83	0.95	23.3	1.8	16	46	—	0.55	6.0
M05	苏州大学学报（法学版）	48	1.00	77.8	1.3	13	35	0.17	0.67	≥10
M05	天津法学	41	0.89	28.0	1.7	7	23	—	0.39	6.4
M05	铁道警察学院学报	114	0.99	15.0	1.4	22	58	0.02	0.54	7.2
M05	武大国际法评论	47	0.89	72.7	1.2	15	30	—	0.72	≥10
M05	西部法学评论	57	1.00	63.6	1.1	16	33	—	0.53	9.4
M05	西南政法大学学报	73	0.95	45.2	1.4	16	36	—	0.77	≥10
M05	现代法学	78	0.96	60.6	1.0	18	43	0.00	0.76	8.5
M05	新疆警察学院学报	51	1.00	14.5	1.6	12	22	0.02	0.71	6.1
M05	行政法学研究	82	0.94	47.2	1.1	14	46	0.01	0.78	8.9
M05	云南警官学院学报	121	0.98	16.4	1.5	21	43	—	0.49	6.7
M05	征信	148	0.96	18.8	2.0	24	110	—	0.65	5.1
M05	政法论丛	81	0.94	48.9	1.1	19	47	—	0.99	≥10
M05	政法论坛	89	0.94	58.2	1.0	16	42	0.00	0.63	≥10
M05	政治与法律	137	0.92	64.4	1.0	18	64	0.00	0.60	8.5
M05	知识产权	76	0.84	74.1	1.2	11	41	0.01	0.59	≥10
M05	中国版权	66	0.85	15.3	1.3	11	44	—	0.11	≥10
M05	中国法律评论	104	0.94	58.0	1.1	16	41	0.02	0.45	≥10
M05	中国法学	87	1.00	76.0	1.0	15	46	0.00	0.62	≥10
M05	中国公证	139	0.65	3.4	1.2	22	93	—	0.01	—
M05	中国律师	258	0.68	—	1.3	26	180	0.00	—	—
M05	中国人民警察大学学报	193	0.94	13.7	1.8	25	68	0.01	0.56	4.1
M05	中国刑警学院学报	80	1.00	27.8	2.1	16	32	—	0.85	6.5
M05	中国应用法学	98	0.94	38.0	1.3	14	49	0.03	0.33	≥10
M05	中国政法大学学报	139	1.00	54.2	1.2	23	70	0.01	0.68	≥10
M05	中南财经政法大学学报	73	0.99	36.7	2.2	22	46	0.00	0.89	6.0
M05	中外法学	84	0.92	89.2	1.0	15	40	0.00	0.60	≥10
M05	专利代理	68	0.92	4.9	1.5	11	31	—	0.03	≥10
M07	Forensic Sciences Research	100	1.00	36.1	5.2	15	84	0.65	0.50	7.8
M07	广东公安科技	103	0.96	5.0	2.5	14	51	—	0.18	6.8

学科代码	期刊名称	来源文献量	文献选出率	平均引文数	平均作者数	地区分布数	机构分布数	海外论文比	基金论文比	引用半衰期
M07	警察技术	122	0.92	7.3	3.2	25	58	—	0.30	4.6
M07	青少年犯罪问题	74	0.93	43.0	1.4	19	42	0.03	0.30	7.5
M07	人民检察	332	0.61	10.0	1.8	27	109	0.00	0.10	3.3
M07	人民论坛	671	0.98	3.7	1.1	28	192	—	0.50	4.3
M07	刑事技术	106	0.96	16.9	5.5	21	53	0.00	0.56	7.0
M07	证据科学	50	1.00	75.2	1.8	14	29	0.08	0.44	≥10
M07	中国法治	219	0.75	6.7	1.3	28	127	—	0.11	6.1
M07	中国海商法研究	40	0.89	50.0	1.5	14	26	0.00	0.88	≥10
M07	中国检察官	478	0.98	5.6	1.7	30	276	—	0.18	7.5
M07	中国司法鉴定	92	0.95	22.5	3.3	19	59	0.00	0.50	8.0
M07	中国刑事法杂志	60	0.92	48.1	1.0	13	40	0.02	0.57	9.5
M08	军事运筹与评估	65	0.96	12.8	3.0	10	29	—	0.11	5.0
M08	抗日战争研究	43	0.96	98.5	1.0	14	30	0.07	0.35	≥10
M08	装甲兵学报	166	0.95	7.7	2.8	21	47	—	0.15	4.6
N01	China International Studies	40	0.71	45.2	1.3	5	22	—	—	8.0
N01	八桂侨刊	37	0.88	37.5	1.4	11	25	0.03	0.57	≥10
N01	残疾人研究	41	0.87	24.4	2.1	15	32	—	0.66	8.1
N01	成才之路	1489	0.97	7.2	1.3	31	1056	0.00	0.33	2.5
N01	创意设计源	87	0.94	13.3	1.9	18	54	0.01	0.51	8.2
N01	创意与设计	89	0.88	10.7	1.7	13	47	0.01	0.51	9.7
N01	大家	81	0.64	0.1	1.1	17	46	—	0.06	—
N01	当代青年研究	89	0.98	28.2	1.7	21	70	—	0.64	7.1
N01	妇女研究论丛	60	0.88	43.9	1.5	9	32	0.07	0.37	≥10
N01	科学发展	159	0.95	11.1	2.5	16	68	—	0.22	3.0
N01	科学观察	62	0.91	15.5	2.6	16	37	—	0.31	3.4
N01	科学教育与博物馆	89	0.93	17.2	2.0	19	69	0.03	0.30	7.9
N01	南方论刊	459	0.97	9.4	1.5	30	280	—	0.52	4.6
N01	攀登（汉文版）	108	0.93	17.3	1.5	24	77	—	0.56	5.5
N01	秦智	518	0.99	5.8	1.3	30	302	0.01	0.36	4.4
N01	青年探索	64	0.90	25.5	1.7	11	38	0.02	0.55	7.6
N01	青年研究	46	0.87	44.3	1.9	16	34	0.00	0.70	9.6
N01	青少年学刊	58	0.89	14.2	1.6	19	53	—	0.76	6.0
N01	情感读本	1150	0.70	4.3	1.2	30	902	0.00	0.20	2.9

2022 年中国科技期刊来源指标按类刊名字顺索引(续)

学科代码	期刊名称	来源文献量	文献选出率	平均引文数	平均作者数	地区分布数	机构分布数	海外论文比	基金论文比	引用半衰期
N01	群文天地	67	0.64	2.4	1.1	13	45	—	0.07	6.2
N01	人民论坛·学术前沿	286	1.00	18.9	1.1	22	117	0.01	0.53	7.8
N01	人与生物圈	73	0.65	—	1.5	15	51	0.14	0.03	—
N01	社会	52	0.93	67.8	1.4	12	31	0.08	0.44	≥10
N01	社会工作	48	0.84	38.5	2.3	14	35	0.06	0.69	7.7
N01	社会学评论	79	1.00	46.6	1.6	13	40	0.06	0.78	≥10
N01	社会学研究	61	0.91	61.1	1.7	9	29	0.07	0.72	≥10
N01	社会主义核心价值观研究	58	0.85	18.9	1.6	16	46	—	0.83	7.4
N01	视听	692	1.00	6.7	1.3	30	260	0.00	0.19	4.4
N01	视听界	246	0.98	3.0	1.2	15	103	0.00	0.14	4.1
N01	台湾研究	59	0.84	38.1	1.6	10	31	0.03	0.63	8.2
N01	台湾研究集刊	52	0.98	46.1	1.7	8	23	0.06	0.58	≥10
N01	文化创新比较研究	1660	0.99	8.8	1.6	31	934	0.02	0.57	6.2
N01	文化软实力	60	0.91	22.0	1.5	19	35	—	0.45	9.1
N01	文化软实力研究	65	0.86	17.3	1.6	16	49	0.06	0.60	8.7
N01	文化学刊	725	0.99	7.5	1.2	30	426	0.01	0.36	9.2
N01	无线互联科技	1392	0.98	5.6	1.9	31	897	—	0.33	2.6
N01	武陵学刊	115	0.98	21.2	1.4	21	71	0.01	0.79	≥10
N01	新华文摘	817	0.71	0.0	1.4	26	341	0.04	—	—
N01	医学与社会	317	1.00	19.9	4.2	27	143	0.01	0.87	4.9
N01	知与行	71	0.92	11.1	1.4	23	52	—	0.59	5.9
N01	中国医学伦理学	242	0.98	19.3	3.3	24	133	0.03	0.53	4.0
N02	劳动保护	350	0.67	1.0	1.9	27	245	0.00	0.02	4.6
N02	南方人口	38	0.86	30.6	2.4	15	25	—	0.84	7.2
N02	人才资源开发	887	0.88	—	1.6	31	727	0.01	0.25	—
N02	人口学刊	50	0.94	34.1	2.1	11	20	—	0.84	8.1
N02	人口研究	54	0.93	25.0	2.4	12	23	0.02	0.89	9.4
N02	人口与发展	82	0.96	36.9	2.2	18	57	—	0.95	7.9
N02	人口与经济	54	0.98	45.3	2.3	14	42	0.02	0.85	8.2
N02	人口与社会	52	0.90	26.8	1.9	17	33	—	0.77	6.3
N02	人类居住	40	0.53	2.0	2.2	11	26	0.02	0.05	≥10
N02	人力资源	1094	0.83	0.0	1.3	31	875	0.01	0.09	—
N02	社会保障评论	78	1.00	29.9	1.1	13	45	0.06	0.62	9.6

学科代码	期刊名称	来源文献量	文献选出率	平均引文数	平均作者数	地区分布数	机构分布数	海外论文比	基金论文比	引用半衰期
N02	社会保障研究	57	0.90	38.1	2.2	16	42	0.02	0.81	5.7
N02	西北人口	60	0.94	35.0	2.5	23	44	—	1.00	7.6
N02	职业技术	197	0.94	10.0	2.1	27	147	—	0.94	2.6
N02	中国劳动	34	0.94	39.0	2.2	10	23	0.03	0.62	5.2
N02	中国人口科学	55	0.86	25.5	2.1	16	36	0.00	0.82	6.5
N02	中国人力资源开发	95	0.82	57.0	2.9	20	70	0.02	0.92	6.7
N02	中国人力资源社会保障	204	0.56	—	1.2	26	120	—	0.06	
N02	中国社会保障	294	0.60	—	1.2	31	180	0.01	—	
N04	China Tibetology	16	0.89	34.9	1.6	5	11	0.06	0.12	—
N04	地方文化研究	71	0.88	41.4	1.3	19	48	0.07	0.77	≥10
N04	东南文化	133	0.88	26.7	1.6	15	63	0.00	0.27	≥10
N04	法国研究	28	0.97	58.5	1.9	9	21	—	0.46	
N04	广西民族研究	129	0.99	29.9	1.7	24	70	—	0.76	≥10
N04	贵州民族研究	192	0.97	15.6	1.8	24	95	—	0.89	8.9
N04	黑龙江民族丛刊	147	0.96	17.0	1.7	21	65	—	0.78	≥10
N04	科学文化评论	55	0.87	28.7	1.5	10	20	0.05	0.36	≥10
N04	老龄科学研究	73	0.86	29.4	2.0	20	60	—	0.71	6.7
N04	满族研究	72	0.89	27.0	1.5	15	44	—	0.56	≥10
N04	民族大家庭	107	0.72	—	1.5	3	65	—	—	
N04	民族学刊	184	0.95	29.0	1.8	20	79	0.01	0.85	≥10
N04	民族研究	62	0.97	67.6	1.5	23	41	0.02	0.68	≥10
N04	鄱阳湖学刊	70	0.79	42.1	1.5	19	55	0.14	0.61	≥10
N04	青海民族研究	129	1.00	35.9	1.6	26	80	—	0.76	≥10
N04	上海文化（文化研究）	91	0.83	18.9	1.1	15	44	0.02	0.34	≥10
N04	世界民族	63	1.00	64.5	1.4	16	36	0.02	0.75	≥10
N04	文化遗产	118	0.93	36.1	1.4	22	76	0.03	0.82	≥10
N04	文化纵横	93	0.83	12.3	1.3	10	37	0.06	0.26	9.9
N04	西北民族研究	48	0.92	41.2	1.6	16	32	0.04	0.81	≥10
N04	现代企业文化	1908	0.99	5.1	1.2	31	1613	0.00	0.02	2.4
N04	艺苑	117	0.82	9.1	1.4	17	64	0.02	0.56	9.6
N04	中国民族博览	1296	0.88	6.9	1.2	31	791	0.02	0.22	4.9
N04	中国文化	60	0.92	51.0	1.0	12	32	0.10	0.10	—
N04	中国文化研究	72	0.95	38.7	1.2	14	52	0.01	0.58	≥10

2022 年中国科技期刊来源指标按类刊名字顺索引(续)

学科代码	期刊名称	来源文献量	文献选出率	平均引文数	平均作者数	地区分布数	机构分布数	海外论文比	基金论文比	引用半衰期
N04	中国文化遗产	104	0.87	15.4	1.8	17	55	—	0.25	≥10
N04	中国藏学	115	0.90	46.0	1.4	18	45	0.01	0.63	≥10
N04	中华文化论坛	78	0.91	47.3	1.3	17	48	0.01	0.58	≥10
N04	中原文化研究	91	0.89	27.7	1.3	24	65	—	0.65	≥10
N04	自然与文化遗产研究	64	0.91	18.5	2.4	14	40	0.08	0.39	≥10
N05	编辑学报	144	0.89	17.3	3.2	22	111	0.01	0.17	2.9
N05	编辑学刊	125	0.95	6.9	1.4	17	89	—	0.28	4.2
N05	编辑之友	185	0.73	24.7	1.5	22	99	0.01	0.63	6.7
N05	采写编	880	0.99	4.8	1.2	31	554	0.00	0.09	2.5
N05	出版参考	289	0.99	5.9	1.2	23	170	0.04	0.07	4.2
N05	出版发行研究	193	0.93	22.2	1.6	25	102	0.01	0.58	8.8
N05	出版广角	440	0.97	8.1	1.6	28	270	—	0.36	5.5
N05	出版科学	90	0.99	22.5	1.6	22	59	0.01	0.58	6.7
N05	出版与印刷	84	0.87	16.2	1.7	17	58	—	0.42	5.0
N05	传播力研究	1944	0.98	6.1	1.1	31	1068	0.00	0.02	2.2
N05	传播与版权	450	0.97	7.6	1.5	28	340	0.00	0.40	3.4
N05	传媒	816	0.86	2.7	1.5	30	463	0.04	0.29	2.9
N05	传媒观察	168	0.88	19.1	1.7	21	81	0.01	0.60	9.7
N05	传媒论坛	806	0.97	8.4	1.5	30	479	0.00	0.38	4.7
N05	传媒评论	413	0.94	0.6	1.4	16	197	—	0.02	2.8
N05	当代传播	142	0.95	21.5	1.8	21	66	—	0.74	8.1
N05	电视研究	355	0.97	5.1	1.6	26	156	0.01	0.42	6.7
N05	东南传播	459	0.96	13.9	1.4	29	215	0.01	0.26	6.2
N05	公关世界	1373	0.84	4.2	1.5	31	799	0.00	0.40	2.9
N05	国际新闻界	101	1.00	57.4	1.9	17	53	0.01	0.83	9.7
N05	红旗文稿	255	0.85	—	1.0	27	162	—	—	—
N05	记者观察	1127	0.70	3.1	1.1	31	753	0.00	0.04	2.2
N05	记者摇篮	705	1.00	4.7	1.1	30	301	—	0.04	2.7
N05	教育传媒研究	156	0.92	7.8	1.6	22	88	—	0.35	5.0
N05	今传媒	494	0.95	6.6	1.4	30	276	—	0.33	3.9
N05	科技与出版	257	0.94	14.4	1.9	22	159	0.02	0.44	5.2
N05	科普研究	63	0.66	24.3	2.7	15	36	0.02	0.30	7.1
N05	全媒体探索	502	0.84	1.3	1.5	26	272	—	0.08	3.6

学科代码	期刊名称	来源文献量	文献选出率	平均引文数	平均作者数	地区分布数	机构分布数	海外论文比	基金论文比	引用半衰期
N05	全球传媒学刊	62	0.98	38.6	2.2	14	41	0.13	0.61	5.8
N05	声屏世界	919	0.90	6.0	1.2	30	407	0.00	0.16	4.1
N05	未来传播	82	0.87	29.2	1.8	16	45	0.01	0.76	≥10
N05	现代出版	63	0.98	25.5	1.6	11	36	—	0.62	9.8
N05	现代传播	239	0.95	24.7	1.7	22	95	0.01	0.70	8.1
N05	新闻爱好者	443	0.98	8.2	1.6	29	235	0.01	0.50	7.1
N05	新闻传播	1159	0.97	5.2	1.2	31	678	0.01	0.15	2.8
N05	新闻春秋	60	0.98	37.7	1.9	18	35	—	0.78	≥10
N05	新闻大学	101	0.80	42.1	1.9	14	44	0.05	0.55	≥10
N05	新闻记者	104	0.91	42.7	1.6	14	50	0.04	0.54	6.9
N05	新闻界	109	0.93	42.8	1.8	13	42	0.03	0.73	8.5
N05	新闻前哨	874	0.99	3.3	1.4	30	428	0.00	0.09	2.8
N05	新闻世界	270	0.95	6.1	1.3	27	184	—	0.30	4.1
N05	新闻研究导刊	1936	0.99	5.4	1.3	31	1041	0.01	0.20	3.1
N05	新闻与传播评论	65	1.00	35.8	1.9	15	41	0.02	0.91	8.8
N05	新闻与传播研究	85	0.78	69.4	1.7	17	45	0.02	0.69	≥10
N05	新闻与写作	151	0.88	27.0	1.9	14	48	0.01	0.61	7.0
N05	新闻知识	177	0.95	15.2	1.6	24	95	0.01	0.51	6.7
N05	中国报业	1279	0.92	4.0	1.1	31	819	0.01	0.07	2.3
N05	中国编辑	208	1.00	9.9	1.7	22	114	—	0.52	3.8
N05	中国出版	367	0.92	11.6	1.5	26	194	—	0.51	7.0
N05	中国传媒科技	523	0.99	9.3	1.5	30	384	0.02	0.15	2.3
N05	中国广播电视学刊	464	0.96	5.8	1.4	30	227	—	0.32	7.3
N05	中国记者	386	0.91	1.7	1.4	30	225	0.01	0.04	6.0
N05	中国科技期刊研究	204	0.93	23.5	3.3	24	129	0.00	0.44	2.9
N06	大学图书馆学报	98	0.88	24.9	2.2	20	49	0.00	0.23	5.3
N06	大学图书情报学刊	139	0.98	19.0	1.9	21	109		0.56	3.2
N06	高校图书馆工作	96	0.92	18.3	2.0	21	59		0.59	4.4
N06	古籍整理研究学刊	89	0.92	50.3	1.2	23	63	0.01	0.62	≥10
N06	广东党史与文献研究	53	0.85	76.8	1.2	14	37	—	0.47	≥10
N06	国家图书馆学刊	65	0.94	33.7	2.1	19	42	0.00	0.71	3.6
N06	河北科技图苑	100	0.94	20.0	1.6	21	75		0.41	3.8
N06	河南图书馆学刊	496	1.00	8.7	1.3	29	328	—	0.29	3.6

2022 年中国科技期刊来源指标按类刊名字顺索引(续)

学科代码	期刊名称	来源文献量	文献选出率	平均引文数	平均作者数	地区分布数	机构分布数	海外论文比	基金论文比	引用半衰期
N06	山东图书馆学刊	119	0.90	24.3	1.6	22	91	—	0.51	6.9
N06	数据分析与知识发现	157	0.93	34.5	3.5	23	84	0.01	0.82	5.5
N06	数字图书馆论坛	120	0.80	23.9	2.3	23	81	0.00	0.43	2.4
N06	四川图书馆学报	109	0.93	18.9	1.5	21	71	—	0.42	4.0
N06	图书馆	191	0.96	29.5	1.8	26	144	—	0.67	4.5
N06	图书馆工作与研究	199	0.95	23.3	1.5	24	153	0.02	0.59	2.3
N06	图书馆建设	126	0.91	26.1	1.9	22	70	0.05	0.52	3.8
N06	图书馆界	108	0.89	17.1	1.3	26	91	—	0.45	4.8
N06	图书馆理论与实践	117	0.90	21.9	2.0	24	92	0.02	0.68	3.8
N06	图书馆论坛	210	0.98	32.0	2.5	24	101	0.02	0.64	5.0
N06	图书馆学刊	227	0.95	14.5	1.6	27	158	—	0.44	3.1
N06	图书馆学研究	134	1.00	33.1	2.2	22	72	0.01	0.78	2.7
N06	图书馆研究	91	0.97	21.1	1.7	24	70	—	0.70	3.9
N06	图书馆研究与工作	184	0.96	18.4	1.5	24	134	0.02	0.50	4.8
N06	图书馆杂志	217	0.98	25.2	2.0	26	110	0.02	0.55	6.3
N06	文献与数据学报	43	0.96	32.0	2.4	15	30	—	0.44	3.4
N06	新世纪图书馆	174	0.91	18.7	1.7	23	114	—	0.55	3.8
N06	中国图书馆学报	61	0.98	35.7	2.0	11	29	0.03	0.51	5.0
N06	中国图书评论	154	0.65	12.0	1.1	22	84	0.02	0.34	≥10
N07	Big Data Mining and Analytics	25	0.86	48.3	4.3	10	22	0.44	0.48	4.4
N07	Journal of Data and Information Science	23	0.88	38.5	2.8	4	20	0.57	0.57	6.9
N07	晋图学刊	69	0.92	20.2	1.6	19	55	—	0.42	6.5
N07	竞争情报	40	0.68	22.4	2.0	12	27	0.00	0.35	5.9
N07	科技情报研究	34	0.94	30.6	3.0	8	22	—	0.71	5.5
N07	农业图书情报学报	112	0.98	29.1	2.6	21	72	0.02	0.75	4.3
N07	情报工程	60	0.95	28.3	2.9	17	50		0.63	5.4
N07	情报科学	287	0.98	31.0	2.9	21	110	0.01	0.75	4.8
N07	情报理论与实践	318	0.90	31.7	3.0	22	110	0.02	0.77	4.7
N07	情报探索	216	1.00	24.0	2.2	26	121	0.01	0.62	4.4
N07	情报学报	110	0.92	44.1	3.3	18	40	0.02	0.91	6.5
N07	情报杂志	339	0.98	26.0	2.5	28	155	0.01	0.71	4.5
N07	情报资料工作	71	0.97	35.3	2.4	18	45	0.00	0.69	4.5
N07	图书情报导刊	135	0.95	17.4	1.8	22	100	—	0.55	4.7

学科代码	期刊名称	来源文献量	文献选出率	平均引文数	平均作者数	地区分布数	机构分布数	海外论文比	基金论文比	引用半衰期
N07	图书情报工作	344	0.95	40.4	3.0	23	98	0.02	0.74	4.5
N07	图书情报知识	84	0.92	44.0	2.9	16	36	0.04	0.71	3.7
N07	图书与情报	92	0.95	36.1	2.2	25	55	0.00	0.76	4.1
N07	文献	68	0.92	62.0	1.1	16	41	—	0.46	—
N07	现代情报	192	0.99	39.8	2.8	22	80	0.02	0.85	5.0
N07	医学信息学杂志	226	0.95	15.2	4.0	25	139	0.00	0.55	3.7
N07	中国典籍与文化	87	0.96	39.4	1.0	18	56	0.03	0.34	—
N07	中国发明与专利	116	1.00	16.3	2.6	19	89	0.00	0.45	4.9
N07	中国中医药图书情报杂志	96	0.96	16.4	3.4	24	45	—	0.78	4.0
N07	中华医学图书情报杂志	126	0.98	23.8	3.6	23	72	0.01	0.63	4.5
N08	北京档案	217	0.88	9.0	1.6	21	115	0.00	0.35	7.6
N08	博物院	104	0.94	18.1	1.5	15	60	0.02	0.20	≥10
N08	档案	125	0.76	16.0	1.4	26	73	—	0.46	≥10
N08	档案管理	226	0.94	11.6	1.6	21	131	—	0.54	4.6
N08	档案记忆	197	0.69	0.3	1.3	15	157	—	0.01	5.4
N08	档案学通讯	86	1.00	26.7	1.9	17	40	0.02	0.56	4.3
N08	档案学研究	121	0.95	25.2	2.0	23	49	0.01	0.66	4.3
N08	档案与建设	313	0.87	10.8	1.8	23	170	0.00	0.42	8.5
N08	故宫博物院院刊	123	0.90	43.9	1.5	16	53	0.05	0.46	≥10
N08	兰台内外	1029	0.99	7.0	1.2	30	818	0.00	0.27	2.6
N08	兰台世界	517	0.97	9.7	1.4	28	284	—	0.40	7.7
N08	历史档案	57	0.71	51.4	1.2	20	40		0.49	—
N08	民国档案	40	0.87	75.8	1.3	14	26		0.57	—
N08	山东档案	230	0.86	1.6	1.3	11	185		0.03	4.0
N08	山西档案	150	0.97	18.7	1.9	19	69		0.53	3.6
N08	陕西档案	213	0.74	1.9	1.1	4	117		0.04	3.0
N08	上海地方志	47	0.87	37.6	1.1	18	35	—	0.26	≥10
N08	四川档案	130	0.65	1.4	1.4	9	82	—	0.11	3.4
N08	文博	86	0.93	31.7	1.7	15	44		0.30	≥10
N08	浙江档案	187	0.70	11.0	1.7	23	120	—	0.35	4.2
N08	中国博物馆	157	0.88	14.0	1.5	19	103	0.03	0.17	≥10
N08	中国档案	370	0.78	0.6	1.6	27	202	—	0.15	4.9
N08	自然科学博物馆研究	67	0.85	16.7	2.3	14	35	0.01	0.37	≥10

2022年中国科技期刊来源指标按类刊名字顺索引(续)

学科代码	期刊名称	来源文献量	文献选出率	平均引文数	平均作者数	地区分布数	机构分布数	海外论文比	基金论文比	引用半衰期
P01	Frontiers of Education in China	27	1.00	27.0	2.7	10	20	0.07	0.63	5.7
P01	安顺学院学报	148	0.97	13.2	1.9	21	63	—	0.74	6.9
P01	保定学院学报	118	0.94	18.4	1.6	20	64	—	0.58	≥10
P01	北京大学教育评论	38	0.84	53.0	1.8	7	23	0.16	0.55	≥10
P01	蚌埠学院学报	152	0.94	12.8	2.1	16	63	0.01	0.86	5.2
P01	比较教育研究	147	1.00	27.7	1.7	22	70	0.05	0.67	4.4
P01	兵团教育学院学报	80	0.98	18.7	2.2	17	39	—	0.75	5.9
P01	昌吉学院学报	89	0.96	11.2	1.7	16	45	—	0.76	6.0
P01	长沙大学学报	109	1.00	13.9	2.2	13	48	—	0.83	5.8
P01	池州学院学报	240	0.98	12.0	1.9	16	94	0.00	0.85	5.4
P01	创新人才教育	98	0.95	4.0	1.5	15	57	0.02	0.30	6.0
P01	创新与创业教育	127	0.95	16.4	2.1	24	92	0.01	0.89	4.6
P01	大连大学学报	128	0.95	16.6	1.9	24	71	—	0.71	≥10
P01	大连教育学院学报	110	0.98	3.5	1.2	10	59	—	0.38	4.7
P01	大连民族大学学报	110	0.96	14.9	2.7	14	37	0.01	0.79	5.7
P01	当代教师教育	59	0.95	16.8	1.6	16	38	—	0.75	7.9
P01	当代教育科学	153	0.95	21.0	1.5	24	80	0.01	0.65	9.7
P01	当代教育理论与实践	146	1.00	14.4	2.4	22	70	0.01	0.90	5.0
P01	当代教育论坛	83	0.95	24.5	1.9	22	61	0.01	0.93	5.2
P01	当代教育与文化	96	0.89	19.4	1.6	24	56	0.02	0.75	7.8
P01	电化教育研究	196	0.96	28.2	3.0	23	64	—	0.93	5.2
P01	鄂州大学学报	232	0.96	6.2	1.5	28	169	0.00	0.42	3.8
P01	纺织服装教育	145	1.00	6.6	2.7	19	58	—	0.87	2.5
P01	福建教育学院学报	482	0.94	5.5	1.3	14	338	0.00	0.59	4.3
P01	复旦教育论坛	80	0.89	34.3	1.9	13	48	—	0.78	7.7
P01	甘肃教育	769	0.85	4.5	1.2	24	576	—	0.29	3.8
P01	广西教育学院学报	254	0.97	10.9	1.7	26	157	—	0.71	6.0
P01	哈尔滨学院学报	418	1.00	8.8	1.5	28	238	0.00	0.57	7.6
P01	海南热带海洋学院学报	93	0.93	25.3	2.5	21	47	—	0.74	≥10
P01	航海教育研究	69	0.95	13.6	3.0	13	29	0.01	0.81	3.6
P01	河北师范大学学报(教育科学版)	103	0.90	24.9	1.7	25	64	0.02	0.71	8.6
P01	河池学院学报	108	0.99	17.1	1.5	20	61	—	0.71	≥10
P01	河西学院学报	112	0.92	18.1	2.1	15	49	—	0.69	≥10

学科代码	期刊名称	来源文献量	文献选出率	平均引文数	平均作者数	地区分布数	机构分布数	海外论文比	基金论文比	引用半衰期
P01	黑河学院学报	697	0.97	8.6	1.5	29	283	0.01	0.64	6.3
P01	黑龙江工业学院学报（综合版）	314	0.96	12.7	2.2	27	170	0.01	0.90	4.0
P01	黑龙江教师发展学院学报	562	1.00	7.5	1.5	31	362	0.00	0.68	4.2
P01	呼伦贝尔学院学报	169	0.95	10.3	1.7	20	91	—	0.78	5.8
P01	湖南师范大学教育科学学报	87	0.91	29.0	1.7	18	44	0.00	0.59	7.8
P01	华东师范大学学报（教育科学版）	119	0.99	41.6	2.1	14	48	0.11	0.60	9.5
P01	华文教学与研究	43	0.96	33.7	1.8	11	28	0.05	0.72	≥10
P01	华夏教师	1198	0.99	4.2	1.1	29	985	—	0.13	2.6
P01	吉林省教育学院学报	495	0.99	8.6	1.6	30	300	0.00	0.62	4.2
P01	集美大学学报	70	0.99	21.4	2.1	15	31	—	0.97	7.7
P01	济宁学院学报	100	0.98	16.1	1.5	21	59	—	0.63	≥10
P01	继续教育研究	254	1.00	12.6	1.7	27	188	0.00	0.70	4.3
P01	江西科技师范大学学报	107	1.00	17.4	2.1	21	56	—	0.85	6.0
P01	焦作大学学报	98	0.99	8.9	1.7	16	63	—	0.43	4.9
P01	教学管理与教育研究	1147	0.86	3.6	1.0	31	975	—	0.10	2.2
P01	教学研究	77	0.88	19.9	1.9	22	53	0.01	0.92	6.8
P01	教学与研究	141	0.94	33.0	1.4	19	59	0.00	0.62	8.2
P01	教育测量与评价	64	0.90	16.6	2.4	18	49	—	0.86	8.1
P01	教育导刊	145	0.92	16.4	1.8	24	84	0.01	0.70	6.8
P01	教育发展研究	240	0.73	26.5	1.9	24	95	0.02	0.72	8.3
P01	教育科学	77	1.00	24.6	1.9	19	44	0.01	0.86	8.0
P01	教育科学探索	72	0.91	17.9	2.0	21	50	0.01	0.74	6.9
P01	教育科学研究	172	0.90	17.0	2.0	25	79	0.01	0.77	8.2
P01	教育理论与实践	480	0.96	9.4	1.8	30	285	0.01	0.69	5.7
P01	教育评论	300	0.96	14.1	1.6	28	190	0.00	0.70	5.7
P01	教育生物学杂志	86	0.91	29.6	4.3	19	46	0.01	0.52	6.9
P01	教育探索	227	0.95	11.4	1.8	28	150	—	0.75	5.5
P01	教育文化论坛	112	0.99	17.8	1.8	23	52	0.01	0.73	9.4
P01	教育信息技术	232	0.96	9.6	2.0	24	165	0.00	0.76	4.5
P01	教育学报	99	0.96	33.5	1.8	17	45	0.03	0.75	≥10
P01	教育学术月刊	173	0.94	21.1	2.1	22	116	0.01	0.80	7.6
P01	教育研究	167	0.96	36.7	1.7	20	60	0.01	0.51	9.0
P01	教育研究与实验	91	1.00	24.2	1.7	17	45	0.02	0.71	≥10

2022年中国科技期刊来源指标按类刊名字顺索引(续)

学科代码	期刊名称	来源文献量	文献选出率	平均引文数	平均作者数	地区分布数	机构分布数	海外论文比	基金论文比	引用半衰期
P01	教育艺术	780	0.98	0.8	1.1	29	589	—	0.09	3.4
P01	教育与教学研究	134	0.92	22.6	2.1	24	78	—	0.76	6.0
P01	教育与考试	79	0.93	18.2	1.7	20	60	0.01	0.57	≥10
P01	金融理论探索	51	0.98	22.0	1.9	16	43	—	0.53	5.3
P01	金融理论与教学	144	0.96	11.5	1.9	19	69	0.01	0.79	4.0
P01	荆楚理工学院学报	84	0.99	19.7	1.9	21	56	0.01	0.65	6.6
P01	开封大学学报	90	0.96	8.9	1.3	8	31	—	0.49	4.8
P01	凯里学院学报	107	0.93	12.4	2.1	16	47	0.01	0.77	≥10
P01	科教导刊	1784	0.97	6.7	2.2	31	900	0.00	0.71	2.9
P01	科教文汇	825	0.85	6.9	2.1	29	534	0.00	0.74	3.1
P01	昆明学院学报	117	0.98	20.5	2.8	18	66	0.01	0.61	≥10
P01	历史教学（下半月）	92	0.93	68.0	1.2	19	47	0.03	0.52	≥10
P01	临沂大学学报	98	0.94	16.6	1.3	20	64	—	0.71	9.9
P01	领导科学论坛	398	0.97	8.5	1.6	30	297	—	0.58	4.3
P01	龙岩学院学报	110	0.94	16.3	1.9	11	47	—	0.78	9.4
P01	陇东学院学报	165	0.96	13.5	2.0	23	77	—	0.65	7.5
P01	鹿城学刊	90	0.96	9.2	1.5	21	62	0.01	0.43	8.6
P01	吕梁学院学报	125	0.95	10.6	1.4	17	54	—	0.53	≥10
P01	逻辑学研究	34	0.89	25.2	1.4	13	26	0.06	0.76	≥10
P01	美术教育研究	1602	0.86	5.6	1.4	30	578	0.00	0.29	5.2
P01	美育学刊	129	0.86	17.0	1.2	21	70	0.04	0.43	≥10
P01	民族教育研究	129	0.93	24.6	2.1	23	53	0.01	0.78	5.6
P01	牡丹江大学学报	193	1.00	11.0	1.5	29	127	—	0.60	8.7
P01	牡丹江教育学院学报	445	0.95	8.4	1.6	31	269	0.01	0.67	6.4
P01	南北桥	1578	0.99	5.6	1.3	31	1211	0.01	0.18	2.5
P01	内蒙古电大学刊	140	0.99	9.2	1.4	23	89	—	0.59	5.4
P01	内蒙古师范大学学报（教育科学版）	138	0.96	13.9	2.0	23	82	0.01	0.76	6.2
P01	宁波大学学报（教育科学版）	111	0.98	17.7	1.7	21	66	0.01	0.81	8.7
P01	宁波教育学院学报	179	0.96	7.5	1.6	24	114	0.02	0.65	5.5
P01	平顶山学院学报	132	1.00	17.1	1.9	22	74	—	0.66	≥10
P01	普洱学院学报	255	0.97	7.8	1.5	21	145	0.01	0.59	3.3
P01	青海教育	281	0.69	0.9	1.1	9	180	—	0.12	3.6
P01	清华大学教育研究	102	1.00	33.0	2.0	15	47	0.09	0.60	≥10

2022年中国科技期刊来源指标按类刊名字顺索引(续)

学科代码	期刊名称	来源文献量	文献选出率	平均引文数	平均作者数	地区分布数	机构分布数	海外论文比	基金论文比	引用半衰期
P01	全球教育展望	122	0.97	23.7	1.9	14	43	0.05	0.43	9.7
P01	三明学院学报	99	0.99	17.0	2.1	16	48	—	0.86	6.2
P01	商洛学院学报	100	0.96	19.3	1.8	12	26	0.01	0.69	6.3
P01	上海教育科研	187	0.95	12.1	1.6	16	113	—	0.49	7.0
P01	上海课程教学研究	152	0.96	4.1	1.2	10	102	—	0.12	3.8
P01	设计艺术研究	200	0.96	8.0	2.0	24	97	0.04	0.54	5.7
P01	沈阳师范大学学报（教育科学版）	83	0.93	24.8	2.0	22	47	0.01	0.89	8.3
P01	石家庄学院学报	147	1.00	18.1	2.2	18	75	—	0.80	8.4
P01	世界教育信息	144	0.97	14.6	2.1	17	75	0.08	0.60	7.0
P01	思想理论教育	204	1.00	10.7	1.4	21	83	—	0.71	7.3
P01	思想政治课研究	106	0.95	21.7	1.5	19	67	—	0.68	6.8
P01	四川民族学院学报	95	0.89	20.4	1.5	21	61	—	0.76	≥10
P01	四川文理学院学报	154	0.96	11.7	1.7	20	72	—	0.62	8.5
P01	苏州大学学报（教育科学版）	60	1.00	20.9	1.8	20	39	—	0.75	8.0
P01	苏州教育学院学报	82	0.90	24.8	1.2	20	55	0.01	0.59	≥10
P01	宿州教育学院学报	149	0.99	9.8	1.6	25	100	—	0.77	5.3
P01	太原学院学报（自然科学版）	57	0.98	14.0	2.1	12	38	—	0.70	4.9
P01	唐山学院学报	84	0.97	20.0	2.0	21	49	—	0.52	9.4
P01	天津教育	797	0.93	—	1.3	25	667	—	0.14	—
P01	天津市教科院学报	74	0.92	20.9	1.9	22	50	—	0.81	7.5
P01	铜陵学院学报	170	0.97	11.3	1.9	14	63	0.02	0.79	5.2
P01	铜仁学院学报	78	0.99	22.1	1.6	17	51	0.01	0.62	≥10
P01	文教资料	1145	0.98	7.6	1.4	31	621	0.00	0.54	4.7
P01	文山学院学报	137	0.96	14.0	1.9	17	73	—	0.68	≥10
P01	梧州学院学报	89	0.94	15.1	2.0	21	50	0.01	0.82	5.3
P01	武夷学院学报	231	0.95	12.9	2.1	18	81	—	0.80	5.7
P01	物理教学	249	0.99	4.3	1.8	29	193	0.01	0.37	3.9
P01	西部素质教育	1387	0.99	10.5	2.1	31	879	0.00	0.66	3.0
P01	西藏教育	216	0.79	2.8	1.5	24	127	—	0.38	4.4
P01	现代大学教育	83	0.88	32.5	1.7	20	50	—	0.70	≥10
P01	现代教育管理	175	1.00	23.0	2.1	23	83	0.01	0.96	5.3
P01	现代教育技术	163	0.94	22.4	3.3	24	77	—	0.90	5.5
P01	现代教育论丛	68	0.81	22.1	2.0	17	44	0.16	0.49	≥10

学科代码	期刊名称	来源文献量	文献选出率	平均引文数	平均作者数	地区分布数	机构分布数	海外论文比	基金论文比	引用半衰期
P01	现代远程教育研究	71	0.97	37.8	2.7	16	30	0.03	0.99	6.3
P01	现代远距离教育	60	1.00	38.3	3.0	20	37	—	1.00	4.9
P01	现代中文学刊	102	0.95	37.3	1.1	17	64	0.11	0.38	≥10
P01	新文科教育研究	47	0.85	27.2	1.3	16	35	—	0.53	≥10
P01	新湘评论	437	0.50	—	1.1	4	214	—	—	—
P01	新校园	364	0.96	0.1	1.3	27	298	0.00	0.11	5.0
P01	新余学院学报	104	0.95	14.2	2.0	21	72	—	0.65	6.9
P01	邢台学院学报	142	0.98	10.3	2.0	24	94	0.01	0.75	5.1
P01	许昌学院学报	186	0.97	13.7	1.9	26	86	0.02	0.74	9.4
P01	学理论	320	0.98	10.0	1.4	26	173	0.01	0.55	9.4
P01	延边教育学院学报	378	1.00	4.9	1.3	27	220	0.00	0.45	4.1
P01	扬州大学学报（高教研究版）	89	1.00	17.5	1.8	21	55	—	0.94	5.8
P01	扬州教育学院学报	84	0.98	12.0	1.3	13	40	—	0.46	≥10
P01	药学教育	114	0.95	11.7	4.1	26	71	—	0.77	3.6
P01	宜宾学院学报	159	0.98	21.3	2.2	27	99	—	0.67	7.7
P01	语文学刊	99	1.00	19.8	1.4	22	70	—	0.93	≥10
P01	语文学习	271	0.83	2.6	1.1	17	167	0.00	0.07	≥10
P01	远程教育杂志	65	0.94	38.5	3.6	17	42	0.02	1.00	4.7
P01	运城学院学报	103	0.93	18.3	1.5	20	53	—	0.60	≥10
P01	枣庄学院学报	129	0.98	13.1	1.7	23	76	0.02	0.62	7.7
P01	昭通学院学报	113	0.97	16.2	2.0	20	56	—	0.67	9.9
P01	浙江外国语学院学报	82	0.93	27.0	1.7	20	58	0.01	0.60	≥10
P01	政治思想史	51	0.88	54.8	1.2	14	34	0.02	0.43	—
P01	职教通讯	179	0.83	11.3	1.7	22	112	—	0.72	4.8
P01	中国毕业后医学教育	140	0.97	16.0	5.3	22	98	0.01	0.59	3.3
P01	中国电化教育	279	0.98	18.6	2.3	27	131	0.01	0.67	4.7
P01	中国教师	389	0.99	3.2	1.4	28	249	—	0.30	7.1
P01	中国教育科学（中英文）	88	1.00	29.8	1.7	25	49	—	0.68	≥10
P01	中国教育网络	225	0.51	1.2	2.0	23	113	0.01	0.12	3.1
P01	中国教育学刊	908	0.98	3.3	1.3	28	514	0.01	0.18	6.8
P01	中国考试	142	0.99	19.8	1.9	23	84	0.01	0.61	≥10
P01	中国林业教育	105	0.94	8.9	3.2	19	27	—	0.88	4.4
P01	中国农业教育	76	0.97	14.3	2.3	20	39	—	0.76	4.9

学科代码	期刊名称	来源文献量	文献选出率	平均引文数	平均作者数	地区分布数	机构分布数	海外论文比	基金论文比	引用半衰期
P01	中国轻工教育	83	0.99	10.9	2.2	15	38	—	0.93	3.1
P01	中国特殊教育	136	0.98	44.7	2.8	22	61	0.03	0.65	7.0
P01	中国现代教育装备	910	1.00	6.9	2.9	29	515	—	0.75	3.7
P01	中国冶金教育	211	0.97	8.5	3.0	23	69	—	0.76	3.1
P01	中国音乐教育	130	0.95	7.7	1.3	23	108	0.02	0.32	≥10
P01	中国远程教育	101	0.87	38.8	2.9	15	52	0.06	0.81	4.9
P01	中医教育	123	0.97	10.8	4.7	20	34	0.01	0.82	4.2
P01	中州大学学报	135	0.99	13.5	1.7	20	83	0.01	0.70	9.6
P03	比较教育学报	80	0.92	37.7	1.9	14	32	0.04	0.66	4.8
P03	地理教学	398	0.99	5.7	2.0	30	219	0.01	0.38	4.3
P03	地理教育	226	0.95	6.1	2.2	26	167	—	0.46	3.6
P03	福建基础教育研究	504	0.96	4.6	1.3	17	358	0.00	0.57	3.8
P03	福建中学数学	223	0.95	2.5	1.4	19	181	—	0.42	4.0
P03	甘肃高师学报	166	0.97	12.3	1.7	14	47	—	0.77	8.7
P03	高师理科学刊	261	0.96	14.7	3.5	29	139	—	0.87	5.1
P03	高校后勤研究	315	0.98	6.0	1.8	28	164	0.00	0.42	3.9
P03	高中数理化	680	0.99	—	1.5	28	459	—	0.10	—
P03	河北理科教学研究	85	0.96	1.3	1.2	21	72	—	0.22	5.0
P03	黑河教育	477	0.95	3.1	1.0	12	269	—	0.06	3.5
P03	化学教学	230	0.99	8.9	2.2	24	165	0.00	0.55	5.0
P03	化学教与学	265	1.00	6.2	1.8	24	216	—	0.44	3.9
P03	化学教育	528	0.99	14.6	3.3	29	278	0.00	0.65	5.0
P03	基础教育	54	0.87	27.3	3.0	16	28	0.04	0.96	8.2
P03	基础教育参考	240	0.97	5.8	1.5	27	182	0.00	0.37	5.1
P03	基础教育课程	249	0.92	3.8	1.4	23	188	—	0.45	5.7
P03	基础教育研究	734	1.00	2.1	1.4	29	476	—	0.33	3.8
P03	家教世界·现代幼教	408	1.00	0.0	1.3	14	297	—	0.12	2.0
P03	家长	677	0.73	—	1.2	23	535	—	0.14	—
P03	江苏高教	214	0.96	19.5	1.8	22	110	0.02	0.69	7.1
P03	教师博览	462	0.96	2.5	1.1	20	402	0.00	0.14	2.8
P03	教师发展研究	58	0.94	22.8	1.7	17	34	0.02	0.71	≥10
P03	课程·教材·教法	257	0.97	16.1	1.8	26	91	0.02	0.62	7.3
P03	课程教学研究	264	0.99	6.9	1.5	23	202	—	0.42	6.3

2022 年中国科技期刊来源指标按类刊名字顺索引(续)

学科代码	期刊名称	来源文献量	文献选出率	平均引文数	平均作者数	地区分布数	机构分布数	海外论文比	基金论文比	引用半衰期
P03	课堂内外（小学教研）	860	1.00	3.5	1.1	29	763	—	0.07	2.5
P03	快乐阅读	294	0.60	—	1.2	30	246	0.01	0.34	—
P03	历史教学问题	152	0.93	43.7	1.3	24	92	0.02	0.38	≥10
P03	辽宁教育	618	0.97	2.1	1.2	20	419	—	0.16	3.5
P03	七彩语文（教师论坛）	363	0.88	0.1	1.0	14	314	0.00	0.07	≥10
P03	人民教育	580	0.86	1.4	1.3	26	448	—	0.14	6.2
P03	上海中学数学	151	0.95	3.6	1.3	13	133	—	0.21	4.3
P03	生物学教学	476	0.98	4.0	1.6	28	394	0.00	0.46	4.7
P03	实验教学与仪器	404	0.97	3.6	1.6	28	379	—	0.36	4.5
P03	数理化解题研究	1648	0.99	3.0	1.1	30	1188	—	0.12	2.4
P03	思想理论教育导刊	240	0.92	13.2	1.3	23	115	0.00	0.61	5.9
P03	外国教育研究	98	0.89	35.5	1.9	17	52	0.06	0.76	6.8
P03	现代中小学教育	228	0.98	9.0	1.8	29	174	0.00	0.60	5.2
P03	小学教学参考	1153	1.00	1.7	1.1	25	950	—	0.10	2.4
P03	小学科学	1153	0.96	2.4	1.1	27	985	—	0.10	3.2
P03	小学语文	183	0.98	2.0	1.1	22	156	—	0.09	6.9
P03	新教师	659	0.98	0.2	1.1	23	479	—	0.21	7.4
P03	新课程导学	1080	0.93	3.3	1.1	30	851	—	0.15	2.7
P03	学前教育	431	0.75	0.4	1.4	19	220	—	0.13	6.4
P03	学前教育研究	124	0.82	31.7	2.1	21	81	0.03	0.93	7.6
P03	学语文	165	0.99	3.4	1.2	19	131	—	0.36	5.7
P03	幼儿教育研究	108	0.96	2.2	1.2	12	93	—	0.31	6.8
P03	早期儿童发展	40	0.89	32.0	2.3	8	25	0.10	0.50	9.5
P03	中等数学	103	0.88	1.1	1.0	20	40	—	0.03	5.6
P03	中华家教	71	0.86	15.3	1.7	13	43	—	0.44	9.3
P03	中小学班主任	668	0.99	2.9	1.2	26	528	—	0.20	4.6
P03	中小学管理	207	0.80	2.5	1.4	27	153	0.00	0.50	6.5
P03	中小学教材教学	199	0.97	7.0	1.5	25	147	—	0.40	5.6
P03	中小学教师培训	202	0.97	9.0	1.6	20	132	—	0.60	6.7
P03	中小学教学研究	107	0.96	4.9	1.4	14	94	—	0.56	4.3
P03	中小学课堂教学研究	193	0.96	6.6	1.4	21	150	—	0.59	5.4
P03	中小学实验与装备	140	0.97	2.5	1.6	20	127	—	0.33	5.1
P03	中小学数字化教学	259	1.00	3.4	1.6	23	216	—	0.46	4.1

学科代码	期刊名称	来源文献量	文献选出率	平均引文数	平均作者数	地区分布数	机构分布数	海外论文比	基金论文比	引用半衰期
P03	中小学外语教学	131	1.00	12.6	1.3	15	110	—	0.37	5.5
P03	中小学校长	221	1.00	2.7	1.4	27	200	—	0.27	6.8
P03	中小学信息技术教育	349	0.90	2.8	1.5	25	268	0.00	0.28	3.7
P03	中小学英语教学与研究	231	0.97	7.6	1.3	21	207	—	0.36	5.7
P03	中学地理教学参考	856	0.95	2.9	1.8	31	544	0.01	0.39	3.6
P03	中学化学教学参考	708	0.94	2.4	1.7	30	530	—	0.31	4.1
P03	中学教学参考	1132	0.99	3.6	1.3	30	860	—	0.27	3.5
P03	中学教研（数学）	147	1.00	2.7	1.4	13	131	—	0.29	3.1
P03	中学课程资源	337	0.97	3.4	1.3	25	260	—	0.26	3.0
P03	中学理科园地	226	1.00	3.3	1.5	11	150	—	0.50	3.4
P03	中学历史教学参考	476	0.65	4.3	1.2	5	11	—	0.29	6.5
P03	中学生物学	409	0.98	3.0	1.5	27	327	—	0.36	3.7
P03	中学数学	956	0.98	1.7	1.2	30	742	—	0.18	3.4
P03	中学数学教学	151	0.96	2.4	1.4	21	127	—	0.22	3.7
P03	中学数学教学参考	1014	0.99	1.5	1.2	30	783	—	0.21	4.2
P03	中学数学研究	383	1.00	1.1	1.4	24	274	—	0.17	3.7
P03	中学数学月刊	289	0.96	4.0	1.4	22	213	—	0.38	5.4
P03	中学物理教学参考	853	0.96	3.1	1.5	30	703	—	0.30	3.6
P03	中学语文教学	248	0.92	3.4	1.2	23	197	—	0.18	9.9
P03	中学语文教学参考	1171	0.96	2.3	1.1	31	963	0.00	0.19	5.4
P03	中学政史地（教学指导版）	498	0.98	0.0	1.1	27	425	—	0.06	2.2
P04	重庆高教研究	76	0.96	27.6	1.6	20	44	0.04	0.68	7.4
P04	大学教育	927	1.00	8.3	2.8	31	449	—	0.86	4.0
P04	大学教育科学	90	0.99	25.2	1.9	20	55	0.01	0.77	6.9
P04	大学物理实验	198	1.00	10.3	4.0	26	104	—	0.81	5.7
P04	高等工程教育研究	191	0.97	17.0	2.7	22	95	0.02	0.73	4.8
P04	高等继续教育学报	74	0.91	13.0	2.0	21	52	—	0.58	5.1
P04	高等建筑教育	155	0.98	13.1	3.4	24	82	—	0.91	4.0
P04	高等教育研究	143	0.95	31.8	1.8	19	61	0.03	0.59	≥10
P04	高等教育研究学报	84	0.98	11.7	3.1	15	36	—	0.63	4.5
P04	高等理科教育	95	0.94	21.9	2.6	20	49	0.01	0.78	4.1
P04	高教发展与评估	79	0.89	17.7	1.8	18	57	0.04	0.57	7.0
P04	高教论坛	345	0.96	11.1	1.8	27	213	—	0.82	4.2

2022 年中国科技期刊来源指标按类刊名字顺索引(续)

学科代码	期刊名称	来源文献量	文献选出率	平均引文数	平均作者数	地区分布数	机构分布数	海外论文比	基金论文比	引用半衰期
P04	高教探索	108	0.96	20.7	1.8	20	71	—	0.81	6.1
P04	高教学刊	1707	1.00	9.4	3.1	31	667	—	0.97	3.4
P04	高校辅导员	95	0.95	8.1	1.8	19	58	—	0.80	4.8
P04	高校辅导员学刊	102	0.95	10.8	1.5	22	55	—	0.63	4.7
P04	高校教育管理	80	0.99	21.4	1.8	21	52	0.06	0.75	5.9
P04	高校生物学教学研究（电子版）	77	0.99	11.2	4.2	20	50	—	0.90	4.8
P04	高校医学教学研究（电子版）	73	1.00	10.0	4.8	19	48	—	0.86	2.9
P04	工业和信息化教育	244	0.98	8.6	3.1	28	161	—	0.80	2.8
P04	黑龙江高教研究	299	1.00	21.1	1.9	28	185	0.01	0.85	5.4
P04	化工高等教育	153	0.96	11.8	4.0	27	69	—	0.76	4.2
P04	煤炭高等教育	113	0.95	15.3	2.1	20	61	—	0.80	5.8
P04	民族高等教育研究	85	0.90	14.0	1.8	19	45	—	0.91	5.0
P04	山东高等教育	75	0.87	17.6	2.0	20	50	—	0.72	7.3
P04	思想政治教育研究	179	0.97	14.5	1.5	25	106	—	0.94	6.5
P04	现代教育科学	147	0.96	15.5	1.6	22	108	—	0.81	5.6
P04	学位与研究生教育	153	0.94	20.3	2.3	21	79	0.02	0.55	6.5
P04	研究生教育研究	78	0.89	23.0	2.4	17	51	—	0.83	6.6
P04	中国大学教学	163	0.94	12.0	2.0	25	110	0.00	0.55	5.1
P04	中国地质教育	96	0.99	12.7	4.3	19	30	—	0.85	4.6
P04	中国高等教育	472	0.94	2.3	1.7	27	243	0.00	0.48	2.8
P04	中国高教研究	209	0.92	17.9	1.8	19	75	0.01	0.55	5.1
P04	中国教育信息化	202	0.99	15.8	2.6	27	148	0.01	0.64	4.1
P04	中国校外教育	66	0.86	19.7	2.5	10	45	0.02	0.36	5.6
P05	安徽电气工程职业技术学院学报	92	1.00	8.2	3.2	11	50	—	0.33	4.9
P05	安徽电子信息职业技术学院学报	141	0.97	6.6	1.8	20	95	—	0.81	2.6
P05	安徽警官职业学院学报	149	0.96	10.4	1.4	23	79	0.01	0.54	5.3
P05	安徽开放大学学报	36	1.00	11.9	1.8	9	21	—	0.83	5.4
P05	安徽商贸职业技术学院学报（社会科学版）	64	0.97	11.9	2.0	14	34	—	0.88	5.2
P05	安徽水利水电职业技术学院学报	97	0.97	5.6	1.8	6	56	—	0.58	3.4
P05	安徽冶金科技职业学院学报	128	0.96	4.8	2.1	8	64	—	0.26	5.7
P05	安徽职业技术学院学报	79	0.98	9.3	1.7	10	51	—	0.82	3.1
P05	包头职业技术学院学报	108	0.95	5.3	1.9	20	59	—	0.44	3.8

学科代码	期刊名称	来源文献量	文献选出率	平均引文数	平均作者数	地区分布数	机构分布数	海外论文比	基金论文比	引用半衰期
P05	保险职业学院学报	87	0.95	13.1	1.9	23	63	—	0.47	5.3
P05	北京财贸职业学院学报	47	0.94	12.0	1.6	12	26	—	0.79	2.7
P05	北京工业职业技术学院学报	98	0.98	8.5	2.4	10	43	—	0.70	3.4
P05	北京经济管理职业学院学报	41	0.85	15.3	1.7	16	23	—	0.66	3.9
P05	北京劳动保障职业学院学报	47	0.92	11.6	1.6	12	22	—	0.45	7.3
P05	北京农业职业学院学报	81	0.92	12.3	2.4	21	49	—	0.56	3.1
P05	北京政法职业学院学报	75	0.99	19.7	1.4	14	44	0.03	0.31	≥10
P05	长春教育学院学报	118	0.98	8.1	1.6	21	94	—	0.53	4.9
P05	长江工程职业技术学院学报	73	0.95	6.0	1.7	14	40	—	0.56	3.2
P05	长沙航空职业技术学院学报	81	1.00	7.6	2.1	17	53	—	0.72	3.4
P05	长沙民政职业技术学院学报	132	0.99	10.6	1.7	21	59	—	0.80	5.1
P05	常州信息职业技术学院学报	138	1.00	6.4	1.6	13	58	—	0.78	2.8
P05	成都航空职业技术学院学报	97	0.96	8.8	2.1	16	47	—	0.61	5.5
P05	成人教育	163	0.95	18.4	1.9	23	101	—	0.87	4.3
P05	重庆电子工程职业学院学报	132	0.97	10.1	1.4	23	84	0.01	0.64	4.8
P05	重庆开放大学学报	63	0.94	14.9	1.4	15	44	—	0.63	7.9
P05	滁州职业技术学院学报	99	0.94	6.9	1.5	11	36	—	0.55	4.3
P05	当代职业教育	80	0.92	22.3	1.9	21	56	—	0.94	5.2
P05	阜阳职业技术学院学报	112	1.00	7.1	1.5	18	61	—	0.72	3.7
P05	甘肃开放大学学报	103	0.95	13.2	1.5	23	67	—	0.67	8.0
P05	高等职业教育探索	71	0.91	17.4	1.7	18	60	0.03	0.73	3.6
P05	工业技术与职业教育	178	0.97	8.7	2.2	24	84	—	0.84	3.2
P05	广东交通职业技术学院学报	111	0.98	7.8	1.9	19	83	—	0.50	3.7
P05	广东开放大学学报	106	0.97	17.4	1.5	23	76	0.01	0.65	≥10
P05	广东农工商职业技术学院学报	74	0.92	10.4	2.0	12	42	—	0.72	4.3
P05	广东轻工职业技术学院学报	89	0.91	10.9	2.2	8	34	—	0.82	4.2
P05	广东水利电力职业技术学院学报	87	0.93	7.9	1.6	17	67	—	0.47	4.3
P05	广东职业技术教育与研究	289	0.89	6.6	1.9	25	169	0.00	0.72	2.8
P05	广西广播电视大学学报	110	0.95	7.7	1.6	21	67	—	0.70	3.5
P05	广西职业技术学院学报	75	0.96	14.1	2.1	18	47	0.01	0.91	3.6
P05	广西职业师范学院学报	56	0.95	20.5	2.1	16	39	—	0.79	4.5
P05	广州城市职业学院学报	79	0.98	9.6	1.9	11	35	—	0.90	4.3
P05	广州广播电视大学学报	101	0.92	15.8	1.6	21	58	—	0.59	6.3

2022年中国科技期刊来源指标按类刊名字顺索引(续)

学科代码	期刊名称	来源文献量	文献选出率	平均引文数	平均作者数	地区分布数	机构分布数	海外论文比	基金论文比	引用半衰期
P05	哈尔滨职业技术学院学报	312	0.99	6.4	1.5	30	204	—	0.58	2.7
P05	海南开放大学学报	75	0.97	17.1	1.7	22	54	—	0.76	≥10
P05	邯郸职业技术学院学报	95	0.96	7.3	2.2	9	33	0.01	0.61	4.4
P05	河北大学成人教育学院学报	68	0.99	13.2	1.8	12	39	—	0.74	5.0
P05	河北公安警察职业学院学报	79	0.98	10.6	1.4	15	30	0.01	0.43	5.1
P05	河北开放大学学报	148	1.00	8.7	1.5	23	88	—	0.66	8.1
P05	河北旅游职业学院学报	91	0.92	9.9	1.8	18	52	—	0.85	5.4
P05	河北能源职业技术学院学报	103	0.94	6.3	1.7	18	68	—	0.64	3.4
P05	河北软件职业技术学院学报	75	0.91	7.4	1.8	17	51	—	0.71	2.9
P05	河南广播电视大学学报	85	1.00	9.1	1.6	21	57	—	0.62	4.1
P05	河南司法警官职业学院学报	92	0.96	13.1	1.5	18	55	—	0.49	7.9
P05	黑龙江生态工程职业学院学报	200	0.97	13.4	2.0	30	146	—	0.72	4.6
P05	湖北成人教育学院学报	109	0.98	12.2	1.6	22	81	—	0.83	4.2
P05	湖北工业职业技术学院学报	101	0.97	10.0	1.6	22	54	0.01	0.50	7.6
P05	湖北开放大学学报	63	0.89	10.5	1.6	12	31	—	0.86	3.6
P05	湖北开放职业学院学报	1861	0.99	5.4	1.4	30	861	0.00	1.00	2.5
P05	湖北职业技术学院学报	80	0.96	12.4	1.5	20	54	0.01	0.45	≥10
P05	湖南大众传媒职业技术学院学报	106	0.95	6.6	1.4	18	61	—	0.75	6.0
P05	湖南工业职业技术学院学报	212	0.97	9.4	1.7	25	133	—	0.90	3.4
P05	湖南广播电视大学学报	51	1.00	15.3	1.5	15	40	0.02	0.53	9.2
P05	湖南邮电职业技术学院学报	122	0.96	6.9	1.6	18	71	—	0.84	2.2
P05	湖州职业技术学院学报	76	0.95	12.2	1.6	19	48	—	0.57	6.3
P05	淮南职业技术学院学报	296	1.00	5.3	1.5	28	220	0.00	0.62	2.0
P05	黄冈职业技术学院学报	171	0.97	8.2	1.5	21	75	—	0.57	4.2
P05	黄河水利职业技术学院学报	88	0.98	10.8	1.9	17	50	—	0.62	3.8
P05	机械职业教育	153	1.00	8.7	1.8	25	100	—	0.86	2.9
P05	吉林广播电视大学学报	309	0.97	6.9	1.4	28	182	—	0.60	3.5
P05	济南职业学院学报	190	1.00	6.9	1.6	27	140	—	0.72	3.2
P05	济源职业技术学院学报	69	0.92	13.5	1.7	11	34	—	0.52	4.9
P05	佳木斯职业学院学报	645	1.00	6.0	1.3	31	406	0.01	0.52	3.1
P05	江苏工程职业技术学院学报	88	0.99	12.8	1.6	19	53	—	0.55	7.9
P05	江苏航运职业技术学院学报	80	0.96	9.0	2.1	12	42	—	0.79	4.9
P05	江苏建筑职业技术学院学报	96	0.99	7.9	2.0	12	47	—	0.69	3.1

学科代码	期刊名称	来源文献量	文献选出率	平均引文数	平均作者数	地区分布数	机构分布数	海外论文比	基金论文比	引用半衰期
P05	江苏经贸职业技术学院学报	146	1.00	5.7	1.5	16	75	0.01	0.73	2.6
P05	江西电力职业技术学院学报	745	0.98	5.9	1.2	30	396	0.00	0.36	2.7
P05	江西广播电视大学学报	48	1.00	19.0	1.7	12	27	—	0.69	6.0
P05	教师教育学报	98	0.95	23.5	2.0	23	50	0.02	0.73	5.9
P05	教师教育研究	105	0.99	26.9	2.2	20	48	0.01	0.72	7.8
P05	教育与职业	424	0.98	9.5	1.8	27	241	—	0.90	2.7
P05	金华职业技术学院学报	89	0.91	12.7	1.6	21	62	—	0.52	6.6
P05	晋城职业技术学院学报	151	0.93	8.7	1.4	27	108	0.01	0.50	6.2
P05	九江职业技术学院学报	79	1.00	6.7	1.8	16	55	—	0.84	2.3
P05	开放教育研究	74	0.88	34.5	2.7	16	33	0.09	0.73	5.1
P05	开放学习研究	41	0.89	25.0	3.0	10	21	0.02	0.56	5.7
P05	开封文化艺术职业学院学报	485	0.98	7.1	1.3	31	310	—	0.48	6.0
P05	兰州石化职业技术学院学报	76	0.88	8.1	2.1	11	35	—	0.70	3.9
P05	兰州职业技术学院学报	172	0.97	7.8	1.7	25	106	0.02	0.65	6.2
P05	黎明职业大学学报	64	0.93	13.0	1.3	7	14	—	0.59	4.3
P05	连云港职业技术学院学报	75	0.95	9.8	1.9	15	47	—	0.77	5.5
P05	两岸终身教育	47	0.92	15.5	1.6	15	33	—	0.77	6.4
P05	辽宁高职学报	317	0.97	10.3	1.5	12	51	—	0.64	2.4
P05	辽宁经济职业技术学院·辽宁经济管理干部学院学报	231	0.96	6.0	1.4	24	143	—	0.64	2.7
P05	辽宁开放大学学报	124	0.98	6.5	1.4	11	45	—	0.60	2.4
P05	辽宁农业职业技术学院学报	88	1.00	7.3	2.0	19	43	—	0.80	3.0
P05	柳州职业技术学院学报	163	0.96	8.4	1.6	21	76	—	0.79	4.2
P05	漯河职业技术学院学报	129	0.95	16.2	1.6	21	87	—	0.96	5.6
P05	闽西职业技术学院学报	102	0.98	10.6	1.4	23	66	—	0.49	7.1
P05	南方职业教育学刊	84	1.00	10.4	1.8	13	50	—	0.83	3.4
P05	南京开放大学学报	51	0.98	11.9	1.9	6	22	—	0.78	4.7
P05	南宁职业技术学院学报	117	0.95	12.0	1.5	21	64	—	0.68	5.1
P05	南通职业大学学报	82	0.94	9.1	2.2	12	46	—	0.65	5.6
P05	宁波开放大学学报	100	0.93	13.3	1.3	21	68	0.01	0.63	8.7
P05	宁波职业技术学院学报	114	0.99	10.0	1.7	22	82	—	0.77	3.3
P05	濮阳职业技术学院学报	155	0.96	11.3	1.3	25	96	0.01	0.32	≥10
P05	青岛远洋船员职业学院学报	70	0.95	7.9	1.7	8	31	—	0.47	4.5

2022 年中国科技期刊来源指标按类刊名字顺索引(续)

学科代码	期刊名称	来源文献量	文献选出率	平均引文数	平均作者数	地区分布数	机构分布数	海外论文比	基金论文比	引用半衰期
P05	青岛职业技术学院学报	106	1.00	8.8	1.6	18	69	0.01	0.71	6.0
P05	青年发展论坛	58	0.89	21.9	1.5	11	38	—	0.74	7.2
P05	清远职业技术学院学报	79	0.94	9.4	1.7	11	49	0.01	0.73	4.0
P05	三门峡职业技术学院学报	98	1.00	13.7	1.4	22	68	—	0.52	8.3
P05	沙洲职业工学院学报	51	1.00	6.5	1.9	2	17	—	0.78	3.2
P05	山东开放大学学报	84	0.97	7.5	1.6	13	45	0.01	0.61	3.9
P05	山东商业职业技术学院学报	125	0.95	10.2	1.4	23	89	—	0.74	3.8
P05	山西广播电视大学学报	96	1.00	9.1	1.8	12	50	—	0.56	6.4
P05	山西青年职业学院学报	83	1.00	13.5	1.4	21	58	—	0.52	6.9
P05	山西卫生健康职业学院学报	558	1.00	4.2	1.7	14	302	—	0.09	2.8
P05	陕西开放大学学报	67	0.94	8.3	2.2	7	30	0.01	0.73	5.2
P05	陕西青年职业学院学报	77	0.97	4.6	1.6	18	54	—	0.68	2.4
P05	商丘职业技术学院学报	104	0.95	14.2	1.5	23	69	0.01	0.91	8.2
P05	深圳信息职业技术学院学报	78	0.95	10.9	1.8	11	41	—	0.81	4.4
P05	深圳职业技术学院学报	90	0.91	11.8	1.9	11	26	—	0.70	5.8
P05	石家庄铁路职业技术学院学报	106	0.96	6.9	1.9	14	49	—	0.41	4.5
P05	石家庄职业技术学院学报	102	0.99	10.0	1.6	12	39	—	0.56	6.5
P05	顺德职业技术学院学报	61	0.94	13.4	1.9	18	46	—	0.52	6.8
P05	司法警官职业教育研究	49	0.92	11.9	1.6	13	28	—	0.41	9.6
P05	四川职业技术学院学报	171	0.97	12.0	1.5	26	116	—	0.46	7.3
P05	苏州工艺美术职业技术学院学报	84	0.88	6.7	1.2	18	52	0.04	0.44	≥10
P05	苏州市职业大学学报	71	1.00	9.7	1.7	12	36	—	0.83	2.8
P05	太原城市职业技术学院学报	745	0.97	8.8	1.6	31	498	0.00	0.85	4.0
P05	泰州职业技术学院学报	158	1.00	8.4	2.7	6	60	—	0.50	3.3
P05	天津电大学报	54	0.93	9.5	1.6	15	34	—	0.63	4.8
P05	天津商务职业学院学报	67	0.96	12.7	1.6	18	40	—	0.76	3.8
P05	天津职业大学学报	94	1.00	9.9	1.7	23	63	—	0.86	2.9
P05	天津职业技术师范大学学报	53	0.85	17.9	3.3	1	2	—	0.94	4.5
P05	铜陵职业技术学院学报	83	0.95	10.0	1.8	17	53	0.01	0.64	5.5
P05	潍坊工程职业学院学报	108	0.93	13.2	1.8	23	84	—	0.54	6.5
P05	卫生职业教育	1449	0.98	10.7	3.8	30	561	0.00	0.77	3.3
P05	温州职业技术学院学报	71	0.92	13.9	1.5	14	47	0.01	0.59	≥10
P05	乌鲁木齐职业大学学报	49	0.94	8.4	1.8	17	32	—	0.65	3.3

学科代码	期刊名称	来源文献量	文献选出率	平均引文数	平均作者数	地区分布数	机构分布数	海外论文比	基金论文比	引用半衰期
P05	无锡商业职业技术学院学报	102	0.94	14.4	1.8	23	64	—	0.77	3.9
P05	无锡职业技术学院学报	114	1.00	9.0	1.5	22	85	—	0.68	3.1
P05	芜湖职业技术学院学报	85	0.93	9.0	1.7	7	38	—	0.79	4.5
P05	武汉船舶职业技术学院学报	136	1.00	6.2	1.7	15	52	—	0.51	2.7
P05	武汉工程职业技术学院学报	96	1.00	8.7	2.3	11	48	—	0.40	5.4
P05	武汉交通职业学院学报	83	0.99	20.3	1.5	17	48	0.01	0.60	8.2
P05	武汉职业技术学院学报	120	0.98	10.5	1.8	20	73	—	0.72	3.9
P05	西北成人教育学院学报	110	0.98	11.7	1.6	26	77	0.01	0.57	6.1
P05	厦门城市职业学院学报	61	0.95	14.2	1.2	16	38	—	0.54	4.1
P05	现代特殊教育	424	0.94	9.9	1.8	27	218	0.01	0.38	7.9
P05	襄阳职业技术学院学报	194	0.99	7.3	1.7	21	93	—	0.59	3.9
P05	新疆开放大学学报	60	0.92	9.2	1.9	15	32	—	0.75	3.4
P05	新疆职业大学学报	57	0.93	11.1	1.6	15	41	—	0.70	4.8
P05	新疆职业教育研究	51	0.93	9.0	1.7	15	39	—	0.78	2.5
P05	邢台职业技术学院学报	137	0.94	7.8	2.3	24	78	—	0.75	4.0
P05	烟台职业学院学报	83	0.94	5.9	1.3	15	43	—	0.64	3.2
P05	延安职业技术学院学报	146	0.96	9.4	1.7	21	91	—	0.65	≥10
P05	扬州职业大学学报	56	0.95	11.3	1.9	12	29	—	0.57	9.4
P05	杨凌职业技术学院学报	103	0.95	6.9	1.9	14	51	—	0.76	3.7
P05	岳阳职业技术学院学报	114	0.95	8.3	1.9	16	71	0.01	0.82	3.8
P05	云南开放大学学报	80	0.95	12.2	1.8	19	52	—	0.86	4.5
P05	张家口职业技术学院学报	101	0.97	6.5	1.9	25	61	—	0.68	4.4
P05	漳州职业技术学院学报	66	0.97	9.6	1.3	7	16	—	0.70	3.9
P05	浙江纺织服装职业技术学院学报	69	1.00	13.9	2.2	11	26	0.01	0.62	5.9
P05	浙江工贸职业技术学院学报	75	0.99	10.7	1.8	10	34	0.01	0.75	5.0
P05	浙江交通职业技术学院学报	73	0.95	7.7	2.0	15	48	—	0.63	3.2
P05	浙江艺术职业学院学报	82	0.90	14.2	1.2	18	56	—	0.46	≥10
P05	郑州铁路职业技术学院学报	126	0.98	4.8	1.9	17	46	—	0.42	4.0
P05	职教发展研究	49	1.00	18.0	2.0	15	31	0.02	0.88	8.4
P05	职教论坛	185	0.98	19.4	1.9	23	116	0.01	0.81	4.4
P05	职业	645	0.86	2.8	1.5	29	405	—	0.31	2.9
P05	职业技术教育	439	0.86	14.1	2.0	27	269	0.00	0.90	4.5
P05	职业教育研究	205	0.92	9.5	1.8	25	129	0.00	0.76	3.4

2022年中国科技期刊来源指标按类刊名字顺索引(续)

学科代码	期刊名称	来源文献量	文献选出率	平均引文数	平均作者数	地区分布数	机构分布数	海外论文比	基金论文比	引用半衰期
P05	中国成人教育	400	0.97	11.6	1.8	28	225	0.00	0.64	4.7
P05	中国职业技术教育	482	0.94	15.1	1.9	25	268	0.00	0.72	3.6
P05	终身教育研究	65	0.96	22.4	1.7	16	32	—	0.68	≥10
P07	Journal of Sport and Health Science (JSHS)	86	0.91	51.5	5.3	5	71	0.83	0.55	6.9
P07	安徽体育科技	113	1.00	11.9	2.3	19	57	—	0.47	4.8
P07	北京体育大学学报	172	0.99	36.5	2.5	22	71	0.02	0.81	6.0
P07	冰雪运动	121	0.95	16.4	2.9	16	48	—	0.74	3.5
P07	成都体育学院学报	137	0.99	23.8	2.5	22	66	—	0.88	7.6
P07	当代体育科技	1757	0.98	10.1	1.9	30	784	0.01	0.60	2.7
P07	广州体育学院学报	83	0.88	35.5	3.2	18	54	0.01	0.92	7.7
P07	哈尔滨体育学院学报	84	0.97	22.4	2.8	20	54	0.01	0.86	3.8
P07	河北体育学院学报	77	0.91	22.7	2.3	22	54	—	0.69	6.0
P07	湖北体育科技	213	1.00	23.9	2.7	21	94	0.00	0.60	5.2
P07	吉林体育学院学报	85	1.00	22.8	2.3	20	62	0.05	0.74	5.3
P07	辽宁体育科技	149	0.99	15.0	2.5	26	84	0.02	0.71	4.3
P07	南京体育学院学报	140	1.00	23.5	2.3	18	71	0.01	0.81	5.0
P07	青少年体育	524	0.98	4.9	1.8	29	311	0.00	0.35	3.1
P07	拳击与格斗	1008	0.99	5.1	1.3	31	665	0.00	0.20	3.1
P07	山东体育科技	73	0.92	22.4	2.5	20	51	0.01	0.68	5.9
P07	山东体育学院学报	80	1.00	32.9	2.8	18	54	0.01	0.92	5.2
P07	上海体育学院学报	116	0.94	41.6	2.9	18	59	0.01	0.77	5.9
P07	沈阳体育学院学报	119	0.99	26.0	2.6	20	63	—	0.99	4.2
P07	首都体育学院学报	76	0.97	39.1	3.2	15	39	—	0.84	7.9
P07	四川体育科学	171	0.96	19.2	2.5	26	121	0.01	0.61	6.5
P07	体育画报	2779	1.00	6.1	1.3	31	1908	0.00	0.16	2.7
P07	体育教学	434	0.98	1.1	1.7	21	311	—	0.14	3.2
P07	体育教育学刊	81	1.00	25.2	2.6	19	43	—	0.81	4.3
P07	体育科技	310	1.00	11.6	2.3	30	205	—	0.97	4.8
P07	体育科技文献通报	841	1.00	16.4	2.5	29	289	0.01	0.45	5.9
P07	体育科学	113	1.00	41.4	3.4	19	57	0.00	0.88	6.0
P07	体育科学研究	81	0.96	20.3	2.1	19	42	—	0.80	5.7
P07	体育科研	81	1.00	30.4	3.1	12	41	0.11	0.79	7.8
P07	体育师友	130	0.94	10.9	2.0	16	94	0.01	0.45	5.7

学科代码	期刊名称	来源文献量	文献选出率	平均引文数	平均作者数	地区分布数	机构分布数	海外论文比	基金论文比	引用半衰期
P07	体育文化导刊	192	0.94	17.7	2.6	25	95	0.02	0.87	3.8
P07	体育学刊	124	1.00	23.8	2.6	20	75	0.01	0.81	5.7
P07	体育研究与教育	90	1.00	22.5	2.4	21	63	0.01	0.76	6.3
P07	体育与科学	96	1.00	27.3	2.4	20	67	0.02	0.57	8.6
P07	天津体育学院学报	106	0.98	26.5	2.5	19	54	0.03	0.89	5.6
P07	武汉体育学院学报	147	1.00	25.7	2.9	22	66	0.01	0.94	4.9
P07	武术研究	524	0.98	11.1	2.1	30	240	0.01	0.54	6.3
P07	西安体育学院学报	90	1.00	32.8	2.9	19	46	0.01	0.98	5.2
P07	运动精品	370	0.99	10.1	2.0	28	232	—	0.46	4.5
P07	浙江体育科学	104	0.98	22.1	2.5	16	63	0.02	0.66	7.3
P07	中国体育教练员	101	0.94	7.4	1.6	15	58	0.01	0.13	6.3
P07	中国体育科技	174	0.99	39.1	3.6	20	81	0.02	0.83	8.3
P07	中国运动医学杂志	115	0.90	45.4	5.1	21	49	0.03	0.83	7.1
Q07	计量经济学报	48	1.00	47.5	3.1	14	35	—	0.96	7.6
Q07	内蒙古统计	142	0.84	3.8	1.5	11	57	—	0.08	3.3
Q07	统计科学与实践	182	0.90	2.8	1.6	6	83	—	0.09	8.5
Q07	统计理论与实践	129	0.92	12.2	2.1	22	67	0.01	0.47	4.9
Q07	统计学报	42	0.95	37.5	2.2	19	29	0.02	0.88	6.7
Q07	统计研究	126	0.95	37.7	2.5	20	56	0.02	0.90	≥10
Q07	统计与管理	230	0.95	17.9	2.0	31	147	0.01	0.51	5.4
Q07	统计与决策	873	0.97	14.5	2.4	30	338	0.01	0.84	5.7
Q07	统计与信息论坛	124	1.00	26.9	2.7	26	75	0.03	0.90	6.4
Q07	统计与咨询	77	0.93	5.5	1.9	20	46	—	0.35	4.2
Q07	中国计量	563	0.86	0.6	2.6	31	308	—	0.12	≥10

7　中国期刊名称类目索引

中国期刊名称类目索引

期刊名称	学科代码	被引指标页码	来源指标页码	期刊名称	学科代码	被引指标页码	来源指标页码
aBIOTECH	E04	90	292	Atmospheric and Oceanic Science Letters	B08	26	228
Acta Biochimica et Biophysica Sinica	B13	32	233	Avian Research	B16	34	236
Acta Geochimica	B07	25	227	Baosteel Technical Research	E09	95	297
Acta Geologica Sinica (English Edition)	B11	29	231	Big Data Mining and Analytics	N07	194	396
Acta Mathematica Scientia	B04	22	224	Bio-Design and Manufacturing	E04	90	292
Acta Mathematica Sinica	B01	20	222	Biomaterials Translational	E06	92	294
Acta Mathematicae Applicatae Sinica	B01	20	222	Biomedical and Environmental Sciences	B13	32	233
Acta Mechanica Sinica (English Series)	B03	22	224	Biomimetic Intelligence and Robotics	E03	88	290
Acta Mechanica Solida Sinica	B03	22	224	Biosafety and Health	E06	92	294
Acta Metallurgica Sinica	E09	95	297	Blockchain: Research and Applications	E03	88	290
Acta Oceanologica Sinica	B12	31	233	Blood Science	D01	47	249
Acta Pharmaceutica Sinica B	D36	75	277	Bone Research	D18	63	265
Acta Pharmacologica Sinica	D36	75	277	Building Simulation	E31	126	328
Acta Scientiarum Naturalium Universitatis Sunyatseni	A02	15	217	Cancer Biology & Medicine	D29	69	271
				Cardiology Discovery	D16	62	264
Acupuncture and Herbal Medicine	D41	80	282	Cell Research	B13	32	234
Advanced Photonics	E20	113	315	Cellular & Molecular Immunology	D03	53	255
Advances in Atmospheric Sciences	B08	26	228	CES Transactions on Electrical Machines and Systems	E19	111	313
Advances in Climate Change Research	B08	26	228				
Advances in Polar Science	B10	28	230	Chemical Research in Chinese Universities	B05	24	226
Aerospace China	E38	138	340	ChemPhysMater	B04	22	224
Agricultural Science & Technology	C01	35	237	China & World Economy	L01	169	371
Algebra Colloquium	B01	20	222	China City Planning Review	E31	126	328
Analysis in Theory and Applications	B01	20	222	China Communications	E21	114	316
Animal Models and Experimental Medicine	D03	53	255	China Detergent& Cosmetics	E26	121	323
Animal Nutrition	C08	44	246	China Foundry	E13	100	302
Applied Mathematics A Journal of Chinese Universities, B	B01	20	222	China Geology	B11	29	231
				China International Studies	N01	189	391
Applied Mathematics and Mechanics	B01	20	222	China Ocean Engineering	B12	31	233
Asian Herpetological Research	B16	34	235	China Oil & Gas	E17	108	310
Asian Journal of Andrology	D17	63	265	China Petroleum Processing and Petrochemical Technology	E17	108	310
Asian Journal of Pharmaceutical Sciences	D36	75	277				
Asian Journal of Urology	D17	63	265	China Surfactant Detergent & Cosmetics	E23	117	319
Astronomical Techniques and Instruments	B06	25	227	China Tibetology	N04	191	393

417

中国期刊名称类目索引（续）

期刊名称	学科代码	被引指标页码	来源指标页码	期刊名称	学科代码	被引指标页码	来源指标页码
China Welding	E13	100	302	Chinese Physics B	B04	23	224
China's Refractories	E08	93	295	Chinese Physics C	B04	23	225
Chinese Annals of Mathematics, Series B	B01	20	222	Chinese Physics Letters	B04	23	225
Chinese Chemical Letters	B05	24	226	Chinese Quarterly Journal of Mathematics	B01	20	222
Chinese Geographical Science	B10	28	230	Chronic Diseases and Translational Medicine	D05	55	257
Chinese Herbal Medicines	D40	80	282	Communications in Mathematical Research	B01	20	222
Chinese Journal of Acoustics	B04	22	224	Communications in Theoretical Physics	B04	23	225
Chinese Journal of Aeronautics	E38	138	340	Computational Visual Media	E22	115	317
Chinese Journal of Biomedical Engineering	E06	92	294	Confucian Academy	H01	144	346
Chinese Journal of Cancer Research	D29	69	271	Construction Technology	E31	127	328
Chinese Journal of Chemical Engineering	E23	117	319	Contemporary Social Sciences	H01	144	346
Chinese Journal of Chemical Physics	B05	24	226	Contemporary International Relations	M04	185	387
Chinese Journal of Chemistry	B05	24	226	Control Theory and Technology	E03	88	290
Chinese Journal of Electrical Engineering	E19	111	313	CSEE Journal of Power and Energy Systems	E19	111	313
Chinese Journal of Electronics	E19	111	313	CT 理论与应用研究	E01	81	283
Chinese Journal of Heart Failure and Cardiomyopathy	D15	61	263	Current Medical Science	D01	47	249
Chinese Journal of Integrative Medicine	D01	47	249	Current Zoology	B16	34	236
Chinese Journal of Mechanical Engineering	E12	99	301	Cybersecurity	E19	112	313
Chinese Journal of Natural Medicines	D40	80	282	Defence Technology	E28	123	325
Chinese Journal of Neonatology	D21	64	266	Digital Chinese Medicine	D37	77	279
Chinese Journal of Plastic and Reconstructive Surgery	D14	60	262	Earth and Planetary Physics	B09	27	229
Chinese Journal of Polymer Science	B05	24	226	Earthquake Engineering and Engineering Vibration	B09	27	229
Chinese Journal of Population Resources and Environment	E39	140	342	Earthquake Research Advances	B11	29	231
Chinese Journal of Structural Chemistry	E23	117	319	Earthquake Science	B09	27	229
Chinese Journal of Traumatology	D14	60	262	Energy & Environmental Materials	E16	107	308
Chinese Medical Journal	D01	47	249	Engineering	A01	13	215
Chinese Medical Sciences Journal	D01	47	249	Entomotaxonomia	B16	34	236
Chinese Medicine and Culture	D37	77	279	Eye and Vision	D22	65	267
Chinese Neurosurgical Journal	D27	67	269	Food Quality and Safety	E30	125	327
Chinese Nursing Frontiers	D30	70	272	Food Science and Human Wellness	E30	125	327
Chinese Optics Letters	B04	22	224	Forensic Sciences Research	M07	189	390
				Forest Ecosystems	C07	42	244
				Friction	E01	81	283

中国期刊名称类目索引(续)

期刊名称	学科代码	被引指标页码	来源指标页码	期刊名称	学科代码	被引指标页码	来源指标页码
Frigid Zone Medicine	D32	72	274	GEOSCIENCE FRONTIERS	B07	25	227
Frontiers in Energy	E16	107	308	Geospatial Information Science	B07	25	227
Frontiers of Agricultural Science and Engineering	E05	90	292	Global Change Data Repository	L04	174	376
Frontiers of Architectural Research	E31	127	328	Global Energy Interconnection	E16	107	309
Frontiers of Business Research in China	L01	169	371	Global Geology	B11	29	231
Frontiers of Chemical Science and Engineering	E23	117	319	Global Health Journal	D35	74	275
Frontiers of Computer Science	E22	115	317	Grain & Oil Science and Technology	E30	125	327
Frontiers of Earth Science	B07	25	227	Green Chemical Engineering	E23	117	319
Frontiers of Economics in China	L01	169	371	Green Energy&Environment	E16	107	309
Frontiers of Education in China	P01	196	398	Gynecology and Obstetrics Clinical Medicine	D05	55	257
Frontiers of Engineering Management	F01	142	344	Hepatobiliary & Pancreatic Diseases International	D10	58	260
Frontiers of Environmental Science & Engineering	E39	140	342	High Power Laser Science and Engineering	E20	113	315
Frontiers of History in China	K08	167	369	High Technology Letters	A01	13	215
Frontiers of Information Technology & Electronic Engineering	E19	112	314	High Voltage	E19	112	314
Frontiers of Law in China	M05	186	388	Horticultural Plant Journal	C04	40	242
Frontiers of Literary Studies in China	K04	163	365	Horticulture Research	C04	40	242
Frontiers of Materials Science	E08	93	295	IEEE/CAA Journal of Automatica Sinica	E03	88	290
Frontiers of Mathematics in China	B01	20	222	International Journal of dermatology and Venereology	D25	66	268
Frontiers of Mechanical Engineering	E12	99	301	Infectious Diseases & Immunity	D13	60	262
Frontiers of Medicine	D01	47	249	Infectious Diseases of Poverty	D13	60	262
Frontiers of Optoelectronics	E20	113	315	Infectious Medicine	D13	60	262
Frontiers of Philosophy in China	J02	160	362	Insect Science	B16	34	236
Frontiers of Physics	B04	23	225	Intelligent Medicine	E06	92	294
Frontiers of Structural and Civil Engineering	E32	130	332	International Comparative Literature	K05	164	366
Fundamental Research	A01	13	215	International Journal of Coal Science & Technology	E16	107	309
General Psychiatry	D27	67	269	International Journal of Disaster Risk Science	E40	142	344
Genes & Diseases	D03	53	255	International Journal of Extreme Manufacturing	E01	81	283
Genomics, Proteomics & Bioinformatics	B13	32	234	International Journal of Minerals, Metallurgy and Materials	E11	97	299
Geodesy and Geodynamics	B09	27	229	International Journal of Mining Science and Technology	E10	96	298
Geography and Sustainability	B10	28	230				

中国期刊名称类目索引(续)

期刊名称	学科代码	被引指标页码	来源指标页码	期刊名称	学科代码	被引指标页码	来源指标页码
International Journal of Novation Studies	L01	169	371	Journal of Genetics and Genomics	D03	53	255
International Journal of Nursing Sciences	D30	70	272	Journal of Geodesy and Geoinformation Science	E07	92	294
International Journal of Oral Science	D24	66	268	Journal of Geographical Sciences	B10	28	230
International Journal of Plant Engineering and Management	E13	100	302	Journal of Geriatric Cardiology	D16	62	264
International Journal of Sediment Research	B10	28	230	Journal of Global Change Data & Discovery	B07	25	227
International Soil and Water Conservation Research	E33	131	333	Journal of Harbin Institute of Technology	E02	83	285
Journal of Acupuncture and Tuina Science	D41	80	282	Journal of Hydrodynamics	E33	131	333
Journal of Advanced Ceramics	E08	93	295	Journal of Integrative Agriculture	C01	35	237
Journal of Animal Science and Biotechnology	C08	44	246	Journal of Integrative Medicine	D01	47	249
Journal of Arid Land	B10	28	230	Journal of Integrative Plant Biology	B15	33	235
Journal of Beijing Institute of Technology	E02	83	285	Journal of Intensive Medicine	D05	55	257
Journal of Bionic Engineering	E01	81	283	Journal of Iron and Steel Research, International	E09	95	297
Journal of Bioresources and Bioproducts	C05	41	243	Journal of Marine Science and Application	E37	137	338
Journal of Central South University	E02	83	285	Journal of Materials Science & Technology	E08	93	295
Journal of Chinese Pharmaceutical Sciences	D36	75	277	Journal of Materiomics	E08	93	295
Journal of Communications and Information Networks	E21	114	316	Journal of Mathematical Research with Applications	B01	20	222
Journal of Computational Mathematics	B01	20	222	Journal of Mathematical Study	B01	20	222
Journal of Computer Science & Technology	E22	115	317	Journal of Measurement Science and Instrumentation	E27	122	324
Journal of Cotton Research	C04	40	242				
Journal of Data and Information Science	N07	194	396	Journal of Meteorological Research (JMR)	B08	26	228
Journal of Deep Space Exploration	E38	138	340	Journal of Modern Power Systems and Clean Energy	E16	107	309
Journal of Donghua University (English Edition)	E02	83	285	Journal of Molecular Cell Biology	B13	32	234
Journal of Earth Science	B07	25	227	Journal of Mountain Science	B10	28	230
Journal of Eastern Liaodong University (Social Sciences)	H02	148	350	Journal of Northeast Agricultural University (English Edition)	C02	37	239
Journal of Electronic Science and Technology	E19	112	314	Journal of Nutritional Oncology	D29	69	271
Journal of Energy Chemistry	B05	24	226	Journal of Ocean University of China	B12	31	233
Journal of Environmental Sciences	E39	140	342	Journal of Oceanology and Limnology	B12	31	233
Journal of Forestry Research	C07	42	244	Journal of Otology	D23	65	267
Journal of Gems & Gemmology	E26	121	323	Journal of Palaeogeography	B11	29	231
				Journal of Pancreatology	D10	58	260

中国期刊名称类目索引(续)

期刊名称	学科代码	被引指标页码	来源指标页码
Journal of Partial Differential Equations	B01	20	222
Journal of Pharmaceutical Analysis	D36	75	277
Journal of Plant Ecology	B15	33	235
Journal of Rare Earths	E08	93	295
Journal of Resources and Ecology	E39	140	342
Journal of Road Engineering	E31	127	329
Journal of Rock Mechanics and Geotechnical Engineering	B11	29	231
Journal of Safety Science and Resilience	E40	142	344
Journal of Semiconductors	E19	112	314
Journal of Shanghai Jiaotong University (Science)	E02	83	285
Journal of Southeast University (English Edition)	E02	83	285
Journal of Sport and Health Science (JSHS)	P07	210	412
Journal of Systematics and Evolution	B15	33	235
Journal of Systems Engineering and Electronics	E03	88	290
Journal of Systems Science and Complexity	B02	21	223
Journal of Systems Science and Information	B02	22	223
Journal of Systems Science and Systems Engineering	B02	22	224
Journal of Thermal Science	B04	23	225
Journal of Traditional Chinese Medicine	D37	77	279
Journal of Traffic and Transportation Engineering (English Edition)	E34	133	335
Journal of Transportation Engineering	E34	133	335
Journal of Tropical Meteorology	B08	26	228
Journal of Wuhan University of Technology (Materials Science Edition)	E08	93	295
Journal of Zhejiang University Science A: Applied Physics & Engineering	B04	23	225
Journal of Zhejiang University Science B: Biomedicine & Biotechnology	B13	32	234
Landscape Architecture Frontiers	E31	127	329
Laparoscopic, Endoscopic and Robotic Surgery	E06	92	294
Light: Science & Applications	B04	23	225
Liver Research	D10	58	260
Machine Intelligence Research	E03	88	290
Magnetic Resonance Letters	B04	23	225
Marine Science Bulletin	B12	31	233
Maternal-Fetal Medicine	D33	73	275
Microsystems & Nanoengineering	E19	112	314
Military Medical Research	D34	73	275
mLife	B13	32	234
Molecular Plant	B15	33	235
Nano Materials Science	E08	93	295
Nano Research	E08	93	295
Nanomanufacturing and Metrology	E08	93	295
Nano-Micro Letters	E08	94	295
Nanotechnology and Precision Engineering	E08	94	295
National Science Review	A01	13	215
Neural Regeneration Research	D27	67	269
Neuroscience Bulletin	D27	67	269
Nuclear Science and Techniques	E18	111	313
Oil Crop Science	C03	39	241
Oncology and Translational Medicine	D29	69	271
Opto-Electronic Advances	E20	113	315
Optoelectronics Letters	E20	113	315
Paper and Biomaterials	E26	121	323
Particuology	E23	117	319
Pediatric Investigation	D21	64	266
Pedosphere	C05	41	243
Peking Mathematical Journal	B01	20	222
Petroleum Research	E17	108	310
Petroleum Exploration and Development	E17	108	310
Petroleum Science	E17	108	310
Photonic Sensors	E22	115	317

中国期刊名称类目索引(续)

期刊名称	学科代码	被引指标页码	来源指标页码	期刊名称	学科代码	被引指标页码	来源指标页码
Photonics Research	E20	113	315	The Journal of Biomedical Research	E06	92	294
Plant Diversity	B15	33	235	The Journal of China Universities of Posts and Telecommunications	E19	112	314
Plant Phenomics	B15	33	235				
Plasma Science and Technology	E18	111	313	The Journal of Human Rights	M05	186	388
Probability, Uncertainty and Quantitative Risk	B01	21	222	Theoretical & Applied Mechanics Letters	B03	22	224
Progress in Natural Science: Materials International	E08	94	296	Traditional Chinese Medical Sciences	D37	77	279
				Transactions of Nanjing University of Aeronautics and Astronautics	E38	138	340
Protein & Cell	B13	32	234				
Quantitative Biology	E04	90	292	Transactions of Nonferrous Metals Society of China	E09	95	297
Radiation Medicine and Protection	D34	73	275				
Railway Engineering Science	E36	135	337	Transactions of Tianjin University	E02	83	285
Rare Metals	E09	95	297	Translational Neurodegeneration	D27	67	269
Regional Sustainability	E39	140	342	Tsinghua Science and Technology	E03	88	290
Reproductive and Developmental Medicine	D33	73	275	Tunnel Construction	E35	135	337
Research	A01	13	215	Virologica Sinica	B17	34	236
Research in Astronomy and Astrophysics	B06	25	227	Water Science and Engineering	E33	131	333
Reviews of Geophysics and Planetary Physics	B11	29	231	World Journal of Acupuncture-Moxibustion	D41	80	282
Rice Science	C03	39	241	World Journal of Emergency Medicine	D05	55	257
Science Bulletin	A01	13	215	World Journal of Otorhinolaryngology – Head and Neck Surgery	D23	65	267
Science China Information Sciences	E22	115	317				
Science China Materials	E08	94	296	World Journal of Pediatrics	D21	64	266
Science China Physics, Mechanics & Astronomy	B04	23	225	World Journal of Traditional Chinese Medicine	D37	77	279
				Wuhan University Journal of Natural Sciences	A02	15	217
Science China Technological Sciences	E01	81	283	Zoological Research	B16	34	236
Science China (Chemistry)	B05	24	226	Zoological Systematics	B16	34	236
Science China (Earth Sciences)	B07	25	227	ZTE Communications	E21	114	316
Science China (Life Sciences)	B13	32	234	阿坝师范学院学报	H03	156	358
Science China (Mathematics)	B01	21	223	阿尔茨海默病及相关病杂志	D27	67	269
Science Technology and Law	M05	186	388	阿拉伯世界研究	M04	185	387
Sciences in Cold and Arid Regions	B10	28	230	癌变·畸变·突变	D29	69	271
Signal Transduction and Targeted Therapy	D29	69	271	癌症	D29	69	271
Soil Ecology Letters	C05	41	243	癌症进展	D29	69	271
South China Journal of Cardiology	D16	62	264	癌症康复	D29	69	271
The Crop Journal	C03	39	241	安徽大学学报（哲学社会科学版）	H02	148	350

中国期刊名称类目索引(续)

期刊名称	学科代码	被引指标页码	来源指标页码	期刊名称	学科代码	被引指标页码	来源指标页码
安徽大学学报（自然科学版）	A02	15	217	安全	E40	142	344
安徽地质	B11	29	231	安全、健康和环境	E40	142	344
安徽电气工程职业技术学院学报	P05	204	406	安全与电磁兼容	A01	13	215
安徽电子信息职业技术学院学报	P05	204	406	安全与环境工程	E40	142	344
安徽工程大学学报	E02	83	285	安全与环境学报	E40	142	344
安徽工业大学学报（社会科学版）	H02	148	350	安顺学院学报	P01	196	398
安徽工业大学学报（自然科学版）	E02	83	285	安阳工学院学报	E02	83	285
安徽化工	E23	117	319	安阳师范学院学报	H03	156	358
安徽建筑	E31	127	329	安装	E31	127	329
安徽建筑大学学报	E31	127	329	桉树科技	C07	42	244
安徽警官职业学院学报	P05	204	406	鞍钢技术	E11	97	299
安徽开放大学学报	P05	204	406	鞍山师范学院学报	H03	156	358
安徽科技	A01	13	215	按摩与康复医学	D37	77	279
安徽理工大学学报（社会科学版）	H02	148	350	八桂侨刊	N01	189	391
安徽林业科技	C07	42	244	巴楚医学	D05	55	257
安徽农业大学学报	C02	37	239	白血病·淋巴瘤	D29	69	271
安徽农业大学学报（社会科学版）	H02	148	350	百色学院学报	H02	148	350
安徽农业科学	A01	13	215	办公室业务	L01	169	371
安徽商贸职业技术学院学报（社会科学版）	P05	204	406	半导体光电	E19	112	314
安徽师范大学学报（人文社会科学版）	H03	156	358	半导体技术	E19	112	314
安徽师范大学学报（自然科学版）	A03	18	220	包钢科技	E11	97	299
安徽史学	K08	167	369	包头医学	D01	47	249
安徽水利水电职业技术学院学报	P05	205	406	包头医学院学报	D02	51	253
安徽体育科技	P07	210	412	包头职业技术学院学报	P05	205	406
安徽冶金科技职业学院学报	P05	205	406	包装工程	E01	81	283
安徽医科大学学报	D02	51	253	包装世界	E01	81	283
安徽医学	D01	47	249	包装学报	E01	81	283
安徽医药	D01	47	249	包装与设计	E01	81	283
安徽预防医学杂志	D31	71	273	包装与食品机械	E30	125	327
安徽职业技术学院学报	P05	205	406	宝钢技术	E11	97	299
安徽中医药大学学报	D38	79	281	宝鸡文理学院学报（社会科学版）	H02	148	350
安康学院学报	H02	148	350	宝鸡文理学院学报（自然科学版）	A02	15	217
安庆师范大学学报（社会科学版）	H03	156	358	保定学院学报	P01	196	398
安庆师范大学学报（自然科学版）	A03	18	220	保健医学研究与实践	D07	57	259

中国期刊名称类目索引(续)

期刊名称	学科代码	被引指标页码	来源指标页码	期刊名称	学科代码	被引指标页码	来源指标页码
保密科学技术	E22	115	317	北京大学学报（哲学社会科学版）	H02	148	350
保山学院学报	H02	148	350	北京大学学报（自然科学版）	A02	15	217
保鲜与加工	E05	90	292	北京档案	N08	195	397
保险研究	L10	178	380	北京第二外国语学院学报	K03	162	364
保险职业学院学报	P05	205	407	北京电影学院学报	K06	164	366
暴雨灾害	B08	26	228	北京电子科技学院学报	E02	83	285
爆破	E28	123	325	北京服装学院学报（自然科学版）	E29	124	326
爆破器材	E28	123	325	北京工商大学学报（社会科学版）	H02	148	350
爆炸与冲击	E28	123	325	北京工业大学学报	E02	83	285
北部湾大学学报	H02	148	350	北京工业大学学报（社会科学版）	H02	149	350
北方蚕业	C08	44	246	北京工业职业技术学院学报	P05	205	407
北方法学	M05	186	388	北京航空航天大学学报	E38	138	340
北方工业大学学报	E02	83	285	北京航空航天大学学报（社会科学版）	H02	149	350
北方果树	C04	40	242	北京化工大学学报（社会科学版）	H02	149	351
北方建筑	E31	127	329	北京化工大学学报（自然科学版）	E23	117	319
北方交通	E34	133	335	北京建筑大学学报	E31	127	329
北方金融	L10	178	380	北京交通大学学报	E34	133	335
北方经济	L01	169	371	北京交通大学学报（社会科学版）	H02	149	351
北方论丛	H01	144	346	北京教育学院学报	H02	149	351
北方民族大学学报（哲学社会科学版）	H02	148	350	北京经济管理职业学院学报	P05	205	407
北方牧业	C08	44	246	北京警察学院学报	M05	186	388
北方农业学报	C01	35	237	北京科技大学学报（社会科学版）	H02	149	351
北方水稻	C03	39	241	北京口腔医学	D24	66	268
北方文物	K08	167	369	北京劳动保障职业学院学报	P05	205	407
北方药学	D36	75	277	北京理工大学学报	E02	84	285
北方园艺	C04	40	242	北京理工大学学报（社会科学版）	H02	149	351
北华大学学报（社会科学版）	H02	148	350	北京联合大学学报	A02	15	217
北华大学学报（自然科学版）	A02	15	217	北京联合大学学报（人文社会科学版）	H02	149	351
北华航天工业学院学报	E38	138	340	北京林业大学学报	C02	38	239
北京财贸职业学院学报	P05	205	407	北京林业大学学报（社会科学版）	H02	149	351
北京测绘	E07	93	294	北京农学院学报	C02	38	239
北京城市学院学报	A02	15	217	北京农业职业学院学报	P05	205	407
北京大学教育评论	P01	196	398	北京汽车	E34	133	335
北京大学学报（医学版）	D02	51	253	北京青年研究	M01	180	382

中国期刊名称类目索引(续)

期刊名称	学科代码	被引指标页码	来源指标页码	期刊名称	学科代码	被引指标页码	来源指标页码
北京社会科学	H01	144	346	滨州学院学报	H02	149	351
北京生物医学工程	E06	92	294	滨州医学院学报	D02	51	253
北京师范大学学报（社会科学版）	H03	156	358	冰川冻土	B10	28	230
北京师范大学学报（自然科学版）	A03	18	220	冰雪运动	P07	210	412
北京石油管理干部学院学报	M02	182	384	兵工学报	E28	123	325
北京石油化工学院学报	E17	108	310	兵工自动化	E28	123	325
北京市工会干部学院学报	M02	182	384	兵器材料科学与工程	E28	123	325
北京水务	E33	131	333	兵器装备工程学报	E28	123	325
北京体育大学学报	P07	210	412	兵团党校学报	M02	182	384
北京舞蹈学院学报	K06	165	366	兵团教育学院学报	P01	196	398
北京信息科技大学学报（自然科学版）	E02	84	285	兵团医学	D01	48	249
北京行政学院学报	M02	182	384	病毒学报	B17	34	236
北京宣武红旗业余大学学报	H02	149	351	波谱学杂志	B04	23	225
北京医学	D01	47	249	玻璃	E08	94	296
北京印刷学院学报	E02	84	285	玻璃搪瓷与眼镜	E08	94	296
北京邮电大学学报	E21	114	316	玻璃纤维	E08	94	296
北京邮电大学学报（社会科学版）	H02	149	351	博物院	N08	195	397
北京政法职业学院学报	P05	205	407	渤海大学学报（哲学社会科学版）	H02	149	351
北京中医药	D37	77	279	渤海大学学报（自然科学版）	A02	15	217
北京中医药大学学报	D38	79	281	才智	H01	144	346
蚌埠学院学报	P01	196	398	材料保护	E08	94	296
蚌埠医学院学报	D02	51	253	材料导报	E08	94	296
比较法研究	M05	186	388	材料工程	E08	94	296
比较教育学报	P03	201	403	材料开发与应用	E08	94	296
比较教育研究	P01	196	398	材料科学与工程学报	E08	94	296
边疆经济与文化	L01	169	371	材料科学与工艺	E08	94	296
边疆文学	K04	163	365	材料热处理学报	E08	94	296
编辑学报	N05	192	394	材料研究学报	E08	94	296
编辑学刊	N05	192	394	材料研究与应用	E09	95	297
编辑之友	N05	192	394	材料与冶金学报	E11	97	299
变压器	E15	103	305	财经法学	M05	186	388
标记免疫分析与临床	D28	68	270	财经界	L10	178	380
标准科学	E01	81	283	财经科学	L10	178	380
表面技术	E25	120	322	财经理论研究	L10	178	380

中国期刊名称类目索引(续)

期刊名称	学科代码	被引指标页码	来源指标页码	期刊名称	学科代码	被引指标页码	来源指标页码
财经理论与实践	L10	178	380	测绘地理信息	B10	28	230
财经论丛（浙江财经学院学报）	L10	178	380	测绘工程	E07	93	295
财经问题研究	L10	178	380	测绘技术装备	E07	93	295
财经研究	L01	169	371	测绘科学	E07	93	295
财会通讯	L04	174	376	测绘通报	E07	93	295
财会研究	L04	174	376	测绘学报	E07	93	295
财会月刊	L04	174	376	测绘与空间地理信息	E07	93	295
财贸经济	L10	178	380	测井技术	E17	108	310
财贸研究	L10	178	380	测控技术	E38	138	340
财务研究	L10	178	380	测试技术学报	E01	81	283
财务与金融	L10	179	380	茶业通报	E30	125	327
财政科学	L10	179	380	茶叶	C03	39	241
财政研究	L01	169	371	茶叶科学	C04	40	242
采矿技术	E10	96	298	茶叶通讯	C04	40	242
采矿与安全工程学报	E10	96	298	茶叶学报	E30	125	327
采矿与岩层控制工程学报	E10	96	298	柴油机	E14	102	304
采写编	N05	192	394	柴油机设计与制造	E14	102	304
残疾人研究	N01	189	391	产经评论	L01	169	371
蚕桑茶叶通讯	C08	44	246	产业创新研究	E37	137	339
蚕桑通报	C08	44	246	产业经济评论	L08	177	378
蚕学通讯	C08	44	246	产业经济研究	L08	177	378
蚕业科学	C08	44	246	产业用纺织品	E29	124	326
沧州师范学院学报	H03	156	358	产业与科技论坛	L01	169	371
曹雪芹研究	K04	163	365	昌吉学院学报	P01	196	398
草地学报	C09	46	248	长安大学学报（社会科学版）	H02	149	351
草食家畜	C08	44	246	长安大学学报（自然科学版）	E35	135	337
草学	C08	44	246	长白学刊	H01	144	346
草业科学	C09	46	248	长春大学学报	H02	149	351
草业学报	C09	46	248	长春工程学院学报（社会科学版）	H02	149	351
草原文物	K08	167	369	长春工程学院学报（自然科学版）	E02	84	286
草原与草坪	C09	46	248	长春工业大学学报	E02	84	286
草原与草业	C08	44	246	长春教育学院学报	P05	205	407
测绘	E07	93	294	长春金融高等专科学校学报	L02	173	375
测绘标准化	E07	93	294	长春理工大学学报（社会科学版）	H02	149	351

中国期刊名称类目索引(续)

期刊名称	学科代码	被引指标页码	来源指标页码	期刊名称	学科代码	被引指标页码	来源指标页码
长春理工大学学报（自然科学版）	E02	84	286	车用发动机	E14	102	304
长春师范大学学报	H03	156	358	沉积学报	B11	29	231
长春市委党校学报	M02	182	384	沉积与特提斯地质	A01	13	215
长春中医药大学学报	D38	79	281	成才之路	N01	189	391
长江大学学报（社会科学版）	H02	149	351	成都大学学报（社会科学版）	H02	149	351
长江大学学报（自然科学版）	A02	15	217	成都大学学报（自然科学版）	A02	15	217
长江工程职业技术学院学报	P05	205	407	成都工业学院学报	E02	84	286
长江技术经济	L01	170	371	成都航空职业技术学院学报	P05	205	407
长江科学院院报	E33	131	333	成都理工大学学报（社会科学版）	H02	149	351
长江流域资源与环境	E39	140	342	成都理工大学学报（自然科学版）	E02	84	286
长江论坛	H01	144	346	成都师范学院学报	H03	156	358
长江师范学院学报	H03	156	358	成都体育学院学报	P07	210	412
长江蔬菜	C04	40	242	成都信息工程大学学报	E02	84	286
长江信息通信	E21	114	316	成都行政学院学报	M02	182	384
长江学术	K04	163	365	成都医学院学报	D02	51	253
长沙大学学报	P01	196	398	成都中医药大学学报	D38	79	281
长沙航空职业技术学院学报	P05	205	407	成人教育	P05	205	407
长沙理工大学学报（社会科学版）	H02	149	351	成组技术与生产现代化	E01	81	283
长沙理工大学学报（自然科学版）	E02	84	286	承德石油高等专科学校学报	E17	108	310
长沙民政职业技术学院学报	P05	205	407	承德医学院学报	D02	51	253
长征学刊	M02	182	384	城市	L01	170	371
长治学院学报	H02	149	351	城市道桥与防洪	E34	133	335
长治医学院学报	D02	51	253	城市地质	B07	26	227
肠外与肠内营养	D14	60	262	城市发展研究	E31	127	329
常熟理工学院学报	E02	84	286	城市观察	L01	170	371
常州大学学报（社会科学版）	H02	149	351	城市管理与科技	E31	127	329
常州大学学报（自然科学版）	A02	15	217	城市规划	E31	127	329
常州工学院学报	E02	84	286	城市规划学刊	E31	127	329
常州工学院学报（社会科学版）	H02	149	351	城市轨道交通研究	E36	135	337
常州信息职业技术学院学报	P05	205	407	城市建筑	E31	127	329
畅谈	H01	144	346	城市建筑空间	E31	127	329
超硬材料工程	E26	121	323	城市交通	E35	135	337
巢湖学院学报	H02	149	351	城市开发	E31	127	329
车辆与动力技术	E34	133	335	城市勘测	E31	127	329

中国期刊名称类目索引(续)

期刊名称	学科代码	被引指标页码	来源指标页码	期刊名称	学科代码	被引指标页码	来源指标页码
城市燃气	E14	102	304	重庆医学	D01	48	249
城市设计	E31	127	329	重庆邮电大学学报（社会科学版）	H02	150	351
城市问题	L04	174	376	重庆邮电大学学报（自然科学版）	E21	114	316
城市学刊	H02	149	351	出版参考	N05	192	394
城市与环境研究	B12	31	233	出版发行研究	N05	192	394
城市与减灾	E40	142	344	出版广角	N05	192	394
城乡规划	E31	127	329	出版科学	N05	192	394
城镇供水	E31	127	329	出版与印刷	N05	192	394
池州学院学报	P01	196	398	滁州学院学报	H02	150	352
赤峰学院学报（哲学社会科学版）	H02	149	351	滁州职业技术学院学报	P05	205	407
赤峰学院学报（自然科学版）	A02	15	217	储能科学与技术	E16	107	309
重庆大学学报	E02	84	286	楚雄师范学院学报	H03	157	358
重庆大学学报（社会科学版）	H02	149	351	畜禽业	C08	44	246
重庆第二师范学院学报	H03	156	358	川北医学院学报	D02	51	253
重庆电力高等专科学校学报	E15	103	305	传播力研究	N05	192	394
重庆电子工程职业学院学报	P05	205	407	传播与版权	N05	192	394
重庆高教研究	P04	203	405	传承	H01	144	346
重庆工商大学学报（社会科学版）	H02	149	351	传动技术	E12	99	301
重庆工商大学学报（自然科学版）	A02	15	217	传感技术学报	E19	112	314
重庆建筑	E31	127	329	传感器世界	E22	115	317
重庆交通大学学报（社会科学版）	H02	149	351	传感器与微系统	E19	112	314
重庆交通大学学报（自然科学版）	E34	133	335	传媒	N05	192	394
重庆开放大学学报	P05	205	407	传媒观察	N05	192	394
重庆科技学院学报（社会科学版）	H02	149	351	传媒论坛	N05	192	394
重庆科技学院学报（自然科学版）	E02	84	286	传媒评论	N05	192	394
重庆理工大学学报	E02	84	286	传染病信息	D13	60	262
重庆理工大学学报（社会科学版）	H02	149	351	船舶	E37	137	339
重庆三峡学院学报	H02	149	351	船舶标准化工程师	E01	81	283
重庆社会科学	H01	144	346	船舶工程	E37	137	339
重庆师范大学学报（社会科学版）	H03	157	358	船舶力学	E37	137	339
重庆师范大学学报（自然科学版）	A03	19	220	船舶设计通讯	E37	137	339
重庆文理学院学报（社会科学版）	H02	150	351	船舶物资与市场	E37	137	339
重庆行政	M01	180	382	船舶与海洋工程	E37	137	339
重庆医科大学学报	D02	51	253	船舶职业教育	E37	137	339

中国期刊名称类目索引（续）

期刊名称	学科代码	被引指标页码	来源指标页码	期刊名称	学科代码	被引指标页码	来源指标页码
船电技术	E37	137	339	大连海事大学学报（社会科学版）	H02	150	352
船海工程	E37	137	339	大连海洋大学学报	C10	46	248
创伤外科杂志	D19	64	266	大连交通大学学报	E34	133	335
创伤与急危重病医学	D05	55	257	大连教育学院学报	P01	196	398
创伤与急诊电子杂志	D05	55	257	大连理工大学学报	E02	84	286
创新	H01	144	346	大连理工大学学报（社会科学版）	H02	150	352
创新创业理论研究与实践	H01	144	346	大连民族大学学报	P01	196	398
创新科技	F01	142	344	大连医科大学学报	D02	51	253
创新人才教育	P01	196	398	大陆桥视野	L04	175	376
创新与创业教育	P01	196	398	大麦与谷类科学	C03	39	241
创意设计源	N01	189	391	大气科学	B08	26	228
创意与设计	N01	189	391	大气科学学报	B08	26	228
创造	L01	170	371	大气与环境光学学报	B08	26	228
纯粹数学与应用数学	B01	21	223	大庆社会科学	H01	144	346
纯碱工业	E23	117	319	大庆师范学院学报	H03	157	358
辞书研究	K01	161	363	大庆石油地质与开发	E17	108	310
磁共振成像	D28	67	269	大数据	E22	115	317
磁性材料及器件	E15	103	305	大舞台	K06	165	366
催化学报	B05	24	226	大型铸锻件	E13	100	302
卒中与神经疾病	D27	68	270	大学化学	B05	24	226
大坝与安全	E33	131	333	大学教育	P04	203	405
大氮肥	E23	117	319	大学教育科学	P04	203	405
大地测量与地球动力学	B07	26	228	大学书法	K06	165	366
大地构造与成矿学	B11	29	231	大学数学	B01	21	223
大电机技术	E15	104	305	大学图书馆学报	N06	193	395
大豆科技	C01	35	237	大学图书情报学刊	N06	193	395
大豆科学	C03	39	241	大学物理	B04	23	225
大观	K04	163	365	大学物理实验	P04	203	405
大家	N01	189	391	大医生	D01	48	250
大理大学学报	H02	150	352	大众标准化	E01	81	283
大连大学学报	P01	196	398	大众健康	D07	57	259
大连干部学刊	M01	180	382	大众考古	K10	169	370
大连工业大学学报	E02	84	286	大众科技	A01	13	215
大连海事大学学报	E37	137	339	大众文艺	K04	163	365

中国期刊名称类目索引(续)

期刊名称	学科代码	被引指标页码	来源指标页码	期刊名称	学科代码	被引指标页码	来源指标页码
大众用电	E15	104	305	当代农机	E05	90	292
大自然	A01	13	215	当代青年研究	N01	189	391
单片机与嵌入式系统应用	E22	116	317	当代人	K04	163	365
淡水渔业	C10	46	248	当代石油石化	E17	108	310
弹道学报	E28	123	325	当代世界	M04	185	387
弹箭与制导学报	E28	123	325	当代世界社会主义问题	M04	185	387
氮肥技术	E23	117	319	当代世界与社会主义	M04	185	387
氮肥与合成气	E23	117	319	当代体育科技	P07	210	412
当代财经	L10	179	380	当代外国文学	K05	164	366
当代长篇小说选刊	K04	163	365	当代外语研究	K01	161	363
当代畜禽养殖业	C08	44	246	当代文坛	K04	163	365
当代传播	N05	192	394	当代戏剧	K06	165	367
当代电视	E03	88	290	当代修辞学	K01	161	363
当代电影	K06	165	366	当代亚太	M04	185	387
当代动画	K06	165	367	当代医药论丛	D01	48	250
当代法学	M05	186	388	当代音乐	K06	165	367
当代韩国	H01	144	346	当代语言学	K01	161	363
当代化工	E23	117	319	当代职业教育	P05	205	407
当代化工研究	E23	117	319	当代中国史研究	K08	167	369
当代建筑	E31	127	329	当代作家评论	K04	163	365
当代教师教育	P01	196	398	党的文献	M01	180	382
当代教育科学	P01	196	398	党建	M01	180	382
当代教育理论与实践	P01	196	398	党史博采（理论版）	M01	180	382
当代教育论坛	P01	196	398	党史研究与教学	M01	180	382
当代教育与文化	P01	196	398	党政干部论坛	M01	180	382
当代金融研究	L10	179	380	党政干部学刊	M01	180	382
当代经济	L01	170	372	党政论坛	M01	180	382
当代经济科学	L01	170	372	党政研究	M01	180	382
当代经济研究	L01	170	372	档案	N08	195	397
当代会计	L05	175	377	档案管理	N08	195	397
当代矿工	E10	96	298	档案记忆	N08	195	397
当代临床医刊	D05	55	257	档案学通讯	N08	195	397
当代美术家	K06	165	367	档案学研究	N08	195	397
当代农村财经	L06	176	378	档案与建设	N08	195	397

中国期刊名称类目索引(续)

期刊名称	学科代码	被引指标页码	来源指标页码	期刊名称	学科代码	被引指标页码	来源指标页码
导弹与航天运载技术	E38	138	340	地学前缘	B07	26	228
导航定位学报	E07	93	295	地域研究与开发	B10	28	230
导航定位与授时	E07	93	295	地震	B09	27	229
导航与控制	E38	138	340	地震地磁观测与研究	B09	27	229
道德与文明	H01	144	346	地震地质	B09	27	229
德国研究	H01	144	346	地震工程学报	B09	27	229
德州学院学报	A02	15	217	地震工程与工程振动	B09	27	229
邓小平研究	H01	144	346	地震科学进展	B09	27	229
地层学杂志	B11	29	231	地震学报	B09	27	229
地方财政研究	L10	179	381	地震研究	B09	27	229
地方立法研究	M05	186	388	地质科技通报	B11	29	231
地方文化研究	N04	191	393	地质科学	B11	29	231
地方治理研究	M01	180	382	地质力学学报	B11	29	231
地基处理	E31	127	329	地质论评	B11	29	231
地矿测绘	E07	93	295	地质通报	B11	29	231
地理教学	P03	201	403	地质学报	B11	29	231
地理教育	P03	201	403	地质学刊	B11	29	231
地理科学	B10	28	230	地质与勘探	B11	29	231
地理科学进展	B10	28	230	地质与资源	B11	29	231
地理空间信息	E07	93	295	地质灾害与环境保护	B11	29	231
地理学报	B10	28	230	地质找矿论丛	B11	29	231
地理研究	B10	28	230	地质装备	B11	30	231
地理与地理信息科学	B10	28	230	低碳化学与化工	E26	121	323
地球化学	B07	26	228	低碳世界	E39	140	342
地球环境学报	B07	26	228	低温工程	E13	100	302
地球科学	B07	26	228	低温建筑技术	E31	127	329
地球科学进展	B07	26	228	低温物理学报	B04	23	225
地球科学与环境学报	B07	26	228	低温与超导	B04	23	225
地球物理学报	B09	27	229	低温与特气	B04	23	225
地球物理学进展	B09	27	229	第四纪研究	B11	30	231
地球信息科学学报	E07	93	295	癫痫与神经电生理学杂志	D27	67	269
地球学报	B07	26	228	癫痫杂志	D27	67	269
地球与环境	B07	26	228	电波科学学报	E21	114	316
地下空间与工程学报	E32	130	332	电测与仪表	E27	122	324

中国期刊名称类目索引(续)

期刊名称	学科代码	被引指标页码	来源指标页码
电池	E15	104	306
电池工业	E15	104	306
电瓷避雷器	E15	104	306
电大理工	A01	13	215
电动工具	E15	104	306
电镀与精饰	E23	117	319
电镀与涂饰	E25	120	322
电工材料	E15	104	306
电工电能新技术	E15	104	306
电工电气	E15	104	306
电工钢	E11	97	299
电工技术学报	E15	104	306
电光与控制	E38	138	340
电焊机	E13	100	302
电化教育研究	P01	196	398
电化学	B05	24	226
电机技术	E15	104	306
电机与控制学报	E15	104	306
电机与控制应用	E15	104	306
电加工与模具	E13	100	302
电力安全技术	E40	142	344
电力大数据	E15	104	306
电力电容器与无功补偿	E15	104	306
电力电子技术	E15	104	306
电力工程技术	E15	104	306
电力机车与城轨车辆	E36	135	337
电力建设	E15	104	306
电力勘测设计	E15	104	306
电力科技与环保	E14	102	304
电力科学与工程	E15	104	306
电力科学与技术学报	E15	104	306
电力设备管理	E15	104	306
电力系统保护与控制	E15	104	306
电力系统及其自动化学报	E15	104	306

期刊名称	学科代码	被引指标页码	来源指标页码
电力系统装备	E15	104	306
电力系统自动化	E15	104	306
电力信息与通信技术	E15	104	306
电力需求侧管理	E15	104	306
电力学报	E15	104	306
电力与能源	E14	102	304
电力自动化设备	E15	104	306
电脑编程技巧与维护	E22	116	318
电脑与信息技术	E22	116	318
电气传动	E15	104	306
电气传动自动化	E15	104	306
电气电子教学学报	E03	88	290
电气防爆	E15	104	306
电气工程学报	E15	105	306
电气化铁道	E36	135	337
电气技术	E15	105	306
电气技术与经济	E15	105	307
电气开关	E15	105	307
电气应用	E15	105	307
电气自动化	E15	105	307
电器工业	E15	105	307
电器与能效管理技术	E15	105	307
电声技术	E19	112	314
电世界	E15	105	307
电视技术	E19	112	314
电视研究	N05	192	394
电网技术	E15	105	307
电网与清洁能源	E15	105	307
电线电缆	E15	105	307
电信工程技术与标准化	E01	81	283
电信科学	E21	114	316
电信快报	E03	88	290
电讯技术	E21	114	316
电影评介	K06	165	367

中国期刊名称类目索引（续）

期刊名称	学科代码	被引指标页码	来源指标页码	期刊名称	学科代码	被引指标页码	来源指标页码
电影文学	K06	165	367	东北大学学报（社会科学版）	H02	150	352
电影新作	K06	165	367	东北大学学报（自然科学版）	E02	84	286
电影艺术	K06	165	367	东北电力大学学报	E15	105	307
电源技术	E15	105	307	东北电力技术	E15	105	307
电源学报	E15	105	307	东北林业大学学报	C02	38	240
电站辅机	E15	105	307	东北农业大学学报	C02	38	240
电站系统工程	E15	105	307	东北农业大学学报（社会科学版）	H02	150	352
电子测量技术	E19	112	314	东北农业科学	C01	35	237
电子测量与仪器学报	E19	112	314	东北师大学报（哲学社会科学版）	H03	157	358
电子产品可靠性与环境试验	E19	112	314	东北师大学报（自然科学版）	A03	19	221
电子产品世界	E19	112	314	东北石油大学学报	E17	108	310
电子工业专用设备	E19	112	314	东北水利水电	E33	131	333
电子工艺技术	E19	112	314	东北亚经济研究	M02	182	384
电子机械工程	E12	99	301	东北亚论坛	M04	185	387
电子技术应用	E19	112	314	东北亚外语研究	K01	161	363
电子科技	E19	112	314	东方电气评论	E15	105	307
电子科技大学学报	E02	84	286	东方法学	M05	186	388
电子科技大学学报（社会科学版）	H02	150	352	东方论坛	H01	144	346
电子器件	E19	112	314	东方汽轮机	E14	102	304
电子设计工程	E19	112	314	东方艺术	K06	165	367
电子显微学报	E19	112	314	东莞理工学院学报	E02	84	286
电子信息对抗技术	E19	112	314	东华大学学报（社会科学版）	H02	150	352
电子学报	E19	112	314	东华大学学报（自然科学版）	E02	84	286
电子与封装	E19	112	314	东华理工大学学报（社会科学版）	H02	150	352
电子与信息学报	E19	112	314	东疆学刊	H01	144	346
电子元件与材料	E19	112	314	东南传播	N05	192	394
电子元器件与信息技术	E19	112	314	东南大学学报（医学版）	D02	51	253
电子政务	E19	112	314	东南大学学报（哲学社会科学版）	H02	150	352
电子知识产权	M05	186	388	东南大学学报（自然科学版）	E02	84	286
电子制作	E19	113	314	东南国防医药	D01	48	250
电子质量	E19	113	315	东南文化	N04	191	393
雕塑	K06	165	367	东南学术	H01	144	346
调研世界	L06	176	378	东南亚研究	M04	185	387
东北财经大学学报	L02	173	375	东南亚纵横	M04	185	387

中国期刊名称类目索引(续)

期刊名称	学科代码	被引指标页码	来源指标页码	期刊名称	学科代码	被引指标页码	来源指标页码
东南园艺	C04	40	242	法律科学—西北政法大学学报	M05	186	388
东吴学术	H01	144	346	法律适用	M05	186	388
东岳论丛	H01	144	346	法商研究	M05	186	388
动力工程学报	E14	102	304	法学	M05	186	388
动力学与控制学报	B03	22	224	法学家	M05	186	388
动物学杂志	B16	34	236	法学论坛	M05	187	388
动物医学进展	C08	44	246	法学评论	M05	187	388
动物营养学报	C08	44	246	法学研究	M05	187	388
都市快轨交通	E36	135	337	法学杂志	M05	187	388
毒理学杂志	D31	71	273	法医学杂志	D34	73	275
杜甫研究学刊	K04	163	365	法音	J03	160	362
断块油气田	E17	109	310	法制博览	M05	187	389
锻压技术	E13	100	302	法制与经济	M05	187	389
锻压装备与制造技术	E13	100	302	法制与社会发展	M05	187	389
锻造与冲压	E13	100	302	法治研究	M05	187	389
对外经贸	L08	177	378	反射疗法与康复医学	D07	57	259
对外经贸实务	L08	177	379	犯罪研究	M05	187	389
敦煌学辑刊	K08	167	369	方言	K01	161	363
敦煌研究	K08	168	369	防爆电机	E15	105	307
俄罗斯东欧中亚研究	M04	185	387	防护工程	E32	130	332
俄罗斯文艺	K05	164	366	防护林科技	C07	42	244
俄罗斯研究	M04	185	387	防灾减灾工程学报	E40	142	344
鄂州大学学报	P01	196	398	防灾减灾学报	B09	27	229
儿科药学杂志	D36	75	277	防灾科技学院学报	E40	142	344
儿童与健康	D35	74	276	纺织报告	E29	124	326
发电技术	E14	102	304	纺织标准与质量	E29	124	326
发电设备	E15	105	307	纺织导报	E29	124	326
发光学报	B04	23	225	纺织服装教育	P01	196	398
发酵科技通讯	E23	117	319	纺织高校基础科学学报	E29	124	326
发育医学电子杂志	D21	64	266	纺织科技进展	E29	124	326
发展	L01	170	372	纺织科学与工程学报	E02	84	286
发展研究	L01	170	372	纺织器材	E29	124	326
阀门	E27	122	324	纺织学报	E29	124	326
法国研究	N04	191	393	放射学实践	D28	68	270

434

中国期刊名称类目索引（续）

期刊名称	学科代码	被引指标页码	来源指标页码	期刊名称	学科代码	被引指标页码	来源指标页码
飞控与探测	E38	138	340	福建稻麦科技	C03	39	241
飞行力学	E38	138	340	福建地质	B11	30	232
非常规油气	E17	109	310	福建电脑	E22	116	318
非金属矿	E10	96	298	福建分析测试	A01	13	215
肥料与健康	C05	41	243	福建工程学院学报	E02	84	286
分布式能源	E16	107	309	福建基础教育研究	P03	201	403
分析测试技术与仪器	E13	100	302	福建技术师范学院学报	H03	157	359
分析测试学报	B05	24	226	福建建材	E31	127	329
分析化学	B05	24	226	福建建设科技	E31	127	329
分析科学学报	B05	24	226	福建江夏学院学报	H02	150	352
分析试验室	B05	24	226	福建教育学院学报	P01	196	398
分析仪器	E27	122	324	福建金融	L10	179	381
分子催化	B05	24	226	福建金融管理干部学院学报	M02	182	384
分子科学学报	B05	24	226	福建警察学院学报	M05	187	389
分子影像学杂志	D28	68	270	福建林业	C07	42	244
分子诊断与治疗杂志	D03	54	255	福建林业科技	C07	42	244
分子植物育种	C03	39	241	福建论坛（人文社会科学版）	H01	145	346
粉煤灰综合利用	E31	127	329	福建农机	E05	90	292
粉末冶金材料科学与工程	E09	95	297	福建农林大学学报（哲学社会科学版）	H02	150	352
粉末冶金工业	E11	98	299	福建农林大学学报（自然科学版）	C02	38	240
粉末冶金技术	E11	98	299	福建农业科技	A01	13	215
风机技术	E13	100	302	福建农业学报	C01	35	237
风景园林	C07	42	244	福建轻纺	E29	124	326
风湿病与关节炎	D12	59	261	福建热作科技	C03	39	241
佛山科学技术学院学报（社会科学版）	H02	150	352	福建商学院学报	L02	173	375
佛山科学技术学院学报（自然科学版）	A02	15	217	福建省社会主义学院学报	M02	182	384
佛山陶瓷	E23	117	319	福建师范大学学报（哲学社会科学版）	H03	157	359
服饰导刊	E29	124	326	福建师范大学学报（自然科学版）	A03	19	221
服装学报	E29	124	326	福建市场监督管理	E01	81	283
辐射防护	E18	111	313	福建畜牧兽医	C08	44	246
辐射防护通讯	E18	111	313	福建冶金	E11	98	300
辐射研究与辐射工艺学报	E18	111	313	福建医科大学学报	D02	51	253
福建茶叶	C03	39	241	福建医科大学学报（社会科学版）	H02	150	352
福建党史月刊	M01	180	382	福建医药杂志	D36	75	277

中国期刊名称类目索引(续)

期刊名称	学科代码	被引指标页码	来源指标页码
福建艺术	K06	165	367
福建中学数学	P03	201	403
福建中医药	D37	77	279
福州大学学报（哲学社会科学版）	H02	150	352
福州大学学报（自然科学版）	A02	15	217
福州党校学报	M02	182	384
腐蚀与防护	E08	94	296
腐植酸	E08	94	296
妇产与遗传（电子版）	D20	64	266
妇儿健康导刊	D20	64	266
妇女研究论丛	N01	189	391
阜阳师范大学学报（社会科学版）	H03	157	359
阜阳师范大学学报（自然科学版）	A03	19	221
阜阳职业技术学院学报	P05	205	407
复旦教育论坛	P01	196	398
复旦学报（社会科学版）	H02	150	352
复旦学报（医学版）	D02	51	253
复旦学报（自然科学版）	A02	16	217
复合材料科学与工程	E08	94	296
复合材料学报	E08	94	296
复杂系统与复杂性科学	B02	22	224
复杂油气藏	B07	26	228
腹部外科	D15	61	263
腹腔镜外科杂志	D15	61	263
改革	L01	170	372
改革与战略	L01	170	372
干旱地区农业研究	C01	35	237
干旱环境监测	E39	140	342
干旱气象	B08	26	228
干旱区地理	B10	28	230
干旱区研究	B10	28	230
干旱区资源与环境	E39	140	342
甘肃高师学报	P03	201	403
甘肃教育	P01	196	398

期刊名称	学科代码	被引指标页码	来源指标页码
甘肃金融	L10	179	381
甘肃开放大学学报	P05	205	407
甘肃科技	A01	13	215
甘肃科技纵横	A01	13	215
甘肃科学学报	A01	13	215
甘肃理论学刊	M01	181	382
甘肃林业科技	C07	42	244
甘肃农业	C01	35	237
甘肃农业大学学报	C02	38	240
甘肃社会科学	H01	145	346
甘肃水利水电技术	E33	131	333
甘肃行政学院学报	M02	182	384
甘肃畜牧兽医	C08	44	246
甘肃冶金	E11	98	300
甘肃医药	D01	48	250
甘肃政法大学学报	M05	187	389
甘肃中医药大学学报	D38	79	281
甘蔗糖业	C03	39	241
肝癌电子杂志	D15	61	263
肝博士	D15	61	263
肝胆外科杂志	D15	61	263
肝胆胰外科杂志	D15	61	263
肝脏	D10	59	260
感染、炎症、修复	D13	60	262
赣南师范大学学报	H03	157	359
赣南医学院学报	D02	51	253
钢管	E12	99	301
钢结构	E09	95	297
钢铁	E09	95	297
钢铁钒钛	E09	95	297
钢铁研究学报	E09	95	297
港工技术	E37	137	339
港口科技	E37	137	339
港口装卸	E37	137	339

中国期刊名称类目索引(续)

期刊名称	学科代码	被引指标页码	来源指标页码	期刊名称	学科代码	被引指标页码	来源指标页码
高等工程教育研究	P04	203	405	高校应用数学学报	B01	21	223
高等继续教育学报	P04	203	405	高压电器	E15	105	307
高等建筑教育	P04	203	405	高压物理学报	B04	23	225
高等教育研究	P04	203	405	高原地震	B11	30	232
高等教育研究学报	P04	204	405	高原科学研究	A01	13	215
高等理科教育	P04	204	405	高原农业	C01	35	237
高等农业教育	C01	35	237	高原气象	B08	26	228
高等数学研究	B01	21	223	高原山地气象研究	B08	26	228
高等学校化学学报	B05	24	226	高中数理化	P03	201	403
高等学校计算数学学报	B01	21	223	歌海	K06	165	367
高等职业教育探索	P05	205	407	给水排水	E31	127	329
高电压技术	E15	105	307	耕作与栽培	C03	39	241
高分子材料科学与工程	E08	94	296	工程爆破	E01	81	283
高分子通报	B05	24	226	工程地球物理学报	E01	81	283
高分子学报	B05	24	226	工程地质学报	E01	81	283
高技术通讯	A01	13	215	工程管理科技前沿	L04	175	376
高教发展与评估	P04	204	405	工程管理学报	F01	142	344
高教论坛	P04	204	405	工程机械	E12	99	301
高教探索	P04	204	406	工程机械与维修	E13	100	302
高教学刊	P04	204	406	工程技术研究	E01	81	283
高科技纤维与应用	E24	120	322	工程建设	E01	81	283
高师理科学刊	P03	201	403	工程建设与设计	E01	81	283
高速铁路技术	E36	136	337	工程勘察	E32	130	332
高速铁路新材料	E34	133	335	工程抗震与加固改造	E31	127	329
高校地质学报	B11	30	232	工程科学学报	E01	81	283
高校辅导员	P04	204	406	工程科学与技术	E02	84	286
高校辅导员学刊	P04	204	406	工程力学	E01	81	283
高校后勤研究	P03	201	403	工程热物理学报	E14	103	304
高校化学工程学报	E23	117	319	工程设计学报	E12	99	301
高校教育管理	P04	204	406	工程数学学报	E01	81	283
高校马克思主义理论研究	J01	160	362	工程塑料应用	E24	120	322
高校生物学教学研究（电子版）	P04	204	406	工程研究——跨学科视野中的工程	F01	142	344
高校图书馆工作	N06	193	395	工程与试验	E01	81	283
高校医学教学研究（电子版）	P04	204	406	工程造价管理	E01	81	283

中国期刊名称类目索引(续)

期刊名称	学科代码	被引指标页码	来源指标页码	期刊名称	学科代码	被引指标页码	来源指标页码
工程质量	E01	82	283	公共艺术	K06	165	367
工会理论研究—上海工会管理干部学院学报	M02	182	384	公共治理研究	M02	182	384
工具技术	E01	82	283	公关世界	N05	192	394
工矿自动化	E10	96	298	公路	E35	135	337
工信财经科技	L10	179	381	公路工程	E35	135	337
工业 工程 设计	E01	82	283	公路交通技术	E34	133	335
工业安全与环保	E40	142	344	公路交通科技	E34	133	335
工业催化	E23	118	319	公路与汽运	E34	133	335
工业工程	E01	82	284	功能材料	E08	94	296
工业工程与管理	F01	142	344	功能高分子学报	B05	25	226
工业锅炉	E14	103	304	供水技术	E31	127	329
工业和信息化教育	P04	204	406	供应链管理	F01	143	345
工业计量	E01	82	284	供用电	E15	105	307
工业技术创新	L08	177	379	古代文明	K08	168	369
工业技术经济	L08	177	379	古地理学报	B11	30	232
工业技术与职业教育	P05	205	407	古汉语研究	K01	161	363
工业加热	E14	103	305	古籍整理研究学刊	N06	193	395
工业建筑	E31	127	329	古脊椎动物学报	B11	30	232
工业控制计算机	E22	116	318	古建园林技术	E31	127	329
工业炉	E14	103	305	古今农业	C01	35	237
工业设计	E01	82	284	古生物学报	B11	30	232
工业水处理	E39	140	342	古田干部学院学报	M02	182	384
工业微生物	B13	32	234	骨科	D18	63	265
工业卫生与职业病	D32	72	274	骨科临床与研究杂志	D18	63	265
工业仪表与自动化装置	E27	122	324	固体电子学研究与进展	E19	113	315
工业用水与废水	E39	140	342	固体火箭技术	E38	138	340
公安学刊—浙江警察学院学报	M05	187	389	固体力学学报	B03	22	224
公安研究	M05	187	389	故宫博物院院刊	N08	195	397
公共管理评论	F01	142	344	观察与思考	H01	145	347
公共管理学报	F01	143	344	管道技术与设备	E13	101	302
公共管理与政策评论	F01	143	344	管理案例研究与评论	F01	143	345
公共卫生与预防医学	D31	71	273	管理工程师	F01	143	345
公共行政评论	M03	185	387	管理工程学报	F01	143	345
				管理科学	F01	143	345

中国期刊名称类目索引(续)

期刊名称	学科代码	被引指标页码	来源指标页码	期刊名称	学科代码	被引指标页码	来源指标页码
管理科学学报	F01	143	345	广东党史与文献研究	N06	194	395
管理评论	F01	143	345	广东第二师范学院学报	H03	157	359
管理世界	F01	143	345	广东电力	E15	105	307
管理现代化	F01	143	345	广东工业大学学报	E02	84	286
管理学报	F01	143	345	广东公安科技	M07	189	390
管理学家	F01	143	345	广东公路交通	E34	133	335
管理学刊	F01	143	345	广东海洋大学学报	C10	46	248
管子学刊	J02	160	362	广东化工	E23	118	319
灌溉排水学报	E05	90	292	广东技术师范大学学报	H03	157	359
光电工程	E20	113	315	广东建材	E31	127	329
光电技术应用	A01	13	215	广东交通职业技术学院学报	P05	205	407
光电子·激光	E20	113	315	广东经济	L01	170	372
光电子技术	E20	113	315	广东开放大学学报	P05	205	407
光明中医	D37	77	279	广东农工商职业技术学院学报	P05	205	407
光谱学与光谱分析	B05	25	227	广东农业科学	C01	35	237
光散射学报	B04	23	225	广东气象	B08	26	228
光通信技术	E21	114	316	广东青年研究	M02	182	384
光通信研究	E21	114	316	广东轻工职业技术学院学报	P05	205	407
光纤与电缆及其应用技术	E03	88	290	广东社会科学	H01	145	347
光学技术	E20	113	315	广东省社会主义学院学报	M02	182	384
光学精密工程	E27	122	324	广东石油化工学院学报	E17	109	311
光学学报	B04	23	225	广东水利电力职业技术学院学报	P05	205	407
光学仪器	E20	113	315	广东水利水电	E33	131	333
光学与光电技术	E20	114	315	广东饲料	C08	44	246
光源与照明	E19	113	315	广东通信技术	E21	114	316
光子学报	B04	23	225	广东土木与建筑	E32	130	332
广播电视大学学报（哲学社会科学版）	H02	150	352	广东外语外贸大学学报	K03	162	364
广播电视网络	E03	88	290	广东畜牧兽医科技	C08	44	246
广播电视信息	E03	88	290	广东药科大学学报	D02	51	253
广播与电视技术	E19	113	315	广东医科大学学报	D02	51	253
广船科技	E37	137	339	广东医学	D01	48	250
广东财经大学学报	L02	173	375	广东园林	C04	40	242
广东蚕业	C08	44	246	广东造船	E37	137	339
广东茶业	E30	125	327	广东职业技术教育与研究	P05	205	407

中国期刊名称类目索引(续)

期刊名称	学科代码	被引指标页码	来源指标页码
广西财经学院学报	L02	173	375
广西蚕业	C08	44	246
广西大学学报（哲学社会科学版）	H02	150	352
广西大学学报（自然科学版）	A02	16	218
广西地方志	K08	168	369
广西电力	E15	105	307
广西电业	E15	105	307
广西广播电视大学学报	P05	205	407
广西教育学院学报	P01	196	398
广西警察学院学报	M05	187	389
广西科技大学学报	E02	84	286
广西科技师范学院学报	H03	157	359
广西科学	A01	13	215
广西科学院学报	A01	13	215
广西林业	C07	42	244
广西林业科学	C07	42	244
广西民族大学学报（哲学社会科学版）	H02	150	352
广西民族大学学报（自然科学版）	A02	16	218
广西民族师范学院学报	H03	157	359
广西民族研究	N04	191	393
广西农学报	C01	35	237
广西农业机械化	E05	90	292
广西社会科学	H01	145	347
广西社会主义学院学报	M02	182	384
广西师范大学学报（哲学社会科学版）	H03	157	359
广西师范大学学报（自然科学版）	A03	19	221
广西水利水电	E33	131	333
广西糖业	C03	39	241
广西通信技术	E21	114	316
广西文学	M01	181	382
广西畜牧兽医	C08	44	246
广西医科大学学报	D02	51	253
广西医学	D01	48	250
广西政法管理干部学院学报	M05	187	389
广西职业技术学院学报	P05	206	407
广西职业师范学院学报	P05	206	407
广西植保	C06	41	243
广西植物	B15	33	235
广西中医药	D37	77	279
广西中医药大学学报	D38	79	281
广州城市职业学院学报	P05	206	407
广州大学学报（社会科学版）	H02	150	352
广州大学学报（自然科学版）	A02	16	218
广州广播电视大学学报	P05	206	407
广州航海学院学报	E37	137	339
广州化工	E23	118	320
广州化学	B05	25	227
广州建筑	E31	128	329
广州社会主义学院学报	M02	182	384
广州市公安管理干部学院学报	M02	183	384
广州体育学院学报	P07	210	412
广州医科大学学报	D02	51	253
广州医药	D01	48	250
广州中医药大学学报	D38	79	281
规划师	E31	128	329
硅酸盐通报	E23	118	320
硅酸盐学报	E23	118	320
轨道交通装备与技术	E36	136	337
贵金属	E09	95	297
贵阳市委党校学报	M02	183	384
贵阳学院学报（社会科学版）	H02	150	352
贵阳学院学报（自然科学版）	A02	16	218
贵州财经大学学报	L02	173	375
贵州大学学报（社会科学版）	H02	150	352
贵州大学学报（艺术版）	K06	165	367
贵州大学学报（自然科学版）	A02	16	218
贵州地质	B11	30	232
贵州工程应用技术学院学报	H02	150	352

中国期刊名称类目索引(续)

期刊名称	学科代码	被引指标页码	来源指标页码	期刊名称	学科代码	被引指标页码	来源指标页码
贵州警察学院学报	M05	187	389	国际法研究	M05	187	389
贵州科学	A01	13	215	国际纺织导报	E29	124	326
贵州林业科技	C07	42	244	国际放射医学核医学杂志	D28	68	270
贵州民族大学学报（哲学社会科学版）	H02	150	352	国际妇产科学杂志	D20	64	266
贵州民族研究	N04	191	393	国际公关	H01	145	347
贵州农业科学	C01	35	237	国际骨科学杂志	D18	63	265
贵州商学院学报	L02	173	375	国际关系研究	M04	185	387
贵州社会科学	H01	145	347	国际观察	M04	185	387
贵州社会主义学院学报	M02	183	384	国际汉学	K01	161	363
贵州省党校学报	M02	183	384	国际汉语教学研究	K01	161	363
贵州师范大学学报（社会科学版）	H03	157	359	国际呼吸杂志	D09	58	260
贵州师范大学学报（自然科学版）	A03	19	221	国际护理学杂志	D30	70	272
贵州师范学院学报	H03	157	359	国际检验医学杂志	D06	57	258
贵州文史丛刊	K08	168	369	国际金融研究	L10	179	381
贵州畜牧兽医	C08	44	246	国际经济法学刊	M05	187	389
贵州医科大学学报	D02	51	253	国际经济合作	L01	170	372
贵州医药	D01	48	250	国际经济评论	L01	170	372
贵州中医药大学学报	D38	79	281	国际经贸探索	L08	177	379
桂海论丛	H01	145	347	国际精神病学杂志	D27	67	269
桂林电子科技大学学报	E02	84	286	国际口腔医学杂志	D24	66	268
桂林航天工业学院学报	E38	138	340	国际老年医学杂志	D07	57	259
桂林理工大学学报	E02	84	286	国际流行病学传染病学杂志	D13	60	262
桂林师范高等专科学校学报	H03	157	359	国际论坛	M04	185	387
郭沫若学刊	K08	168	370	国际麻醉学与复苏杂志	D14	60	262
锅炉技术	E14	103	305	国际贸易	L08	177	379
锅炉制造	E14	103	305	国际贸易问题	L08	177	379
国防交通工程与技术	E34	133	335	国际泌尿系统杂志	D17	63	265
国防科技	E28	123	325	国际免疫学杂志	D03	54	255
国防科技大学学报	E02	84	286	国际脑血管病杂志	D27	67	269
国际安全研究	M01	181	382	国际内分泌代谢杂志	D12	59	261
国际病毒学杂志	B17	34	236	国际商务—对外经济贸易大学学报	L02	173	375
国际城市规划	E31	128	330	国际商务财会	L10	179	381
国际儿科学杂志	D21	64	266	国际商务研究	L08	177	379
国际耳鼻咽喉头颈外科杂志	D23	65	267	国际神经病学神经外科学杂志	D27	67	269

中国期刊名称类目索引(续)

期刊名称	学科代码	被引指标页码	来源指标页码	期刊名称	学科代码	被引指标页码	来源指标页码
国际生物制品学杂志	E06	92	294	国外文学	K05	164	366
国际生殖健康/计划生育杂志	D33	73	275	国外畜牧学—猪与禽	C08	44	246
国际石油经济	E17	109	311	国外医药（抗生素分册）	D36	75	277
国际输血及血液学杂志	D11	59	261	国学学刊	K04	163	365
国际税收	L10	179	381	国医论坛	D37	77	279
国际太空	E38	138	340	果农之友	C04	40	242
国际外科学杂志	D14	60	262	果树学报	C04	40	242
国际问题研究	M04	185	387	果树资源学报	C04	40	242
国际消化病杂志	D10	59	260	过程工程学报	E23	118	320
国际心血管病杂志	D16	62	264	哈尔滨工程大学学报	E02	84	286
国际新闻界	N05	192	394	哈尔滨工业大学学报	E02	84	286
国际眼科杂志	D22	65	267	哈尔滨工业大学学报（社会科学版）	H02	150	352
国际眼科纵览	D23	65	267	哈尔滨理工大学学报	E02	84	286
国际医学放射学杂志	D28	68	270	哈尔滨商业大学学报（社会科学版）	H02	150	352
国际医药卫生导报	D01	48	250	哈尔滨商业大学学报（自然科学版）	A02	16	218
国际移植与血液净化杂志	D14	60	262	哈尔滨师范大学社会科学学报	H02	150	352
国际遗传学杂志	D03	54	256	哈尔滨师范大学自然科学学报	A02	16	218
国际展望	M04	185	387	哈尔滨市委党校学报	M02	183	385
国际政治科学	M04	185	387	哈尔滨体育学院学报	P07	210	412
国际政治研究	M04	185	387	哈尔滨铁道科技	E36	136	338
国际中医中药杂志	D37	77	279	哈尔滨学院学报	P01	196	398
国际肿瘤学杂志	D29	69	271	哈尔滨医科大学学报	D02	51	253
国家检察官学院学报	M05	187	389	哈尔滨医药	D01	48	250
国家教育行政学院学报	M02	183	385	哈尔滨职业技术学院学报	P05	206	408
国家林业和草原局管理干部学院学报	M02	183	385	哈尔滨轴承	E13	101	302
国家通用语言文字教学与研究	K01	161	363	海岸工程	B12	31	233
国家图书馆学刊	N06	194	395	海关与经贸研究	L02	173	375
国家治理	M01	181	382	海河水利	E33	131	333
国土与自然资源研究	B10	28	230	海交史研究	K08	168	370
国土资源导刊	B07	26	228	海军工程大学学报	E02	85	286
国土资源科技管理	B10	28	230	海军航空大学学报	E38	138	340
国外电子测量技术	E19	113	315	海军军医大学学报	D02	51	253
国外理论动态	M04	185	387	海军医学杂志	D01	48	250
国外铁道机车与动车	E36	136	338	海南大学学报（人文社会科学版）	H02	150	352

中国期刊名称类目索引(续)

期刊名称	学科代码	被引指标页码	来源指标页码	期刊名称	学科代码	被引指标页码	来源指标页码
海南大学学报（自然科学版）	A02	16	218	海洋渔业	C10	47	248
海南金融	L10	179	381	海洋与湖沼	B12	31	233
海南开放大学学报	P05	206	408	海洋预报	B12	31	233
海南热带海洋学院学报	P01	196	398	邯郸学院学报	H02	150	352
海南师范大学学报（社会科学版）	H03	157	359	邯郸职业技术学院学报	P05	206	408
海南师范大学学报（自然科学版）	A03	19	221	含能材料	E28	123	325
海南医学	D01	48	250	韩山师范学院学报	H03	157	359
海南医学院学报	D02	51	253	罕见病研究	D01	48	250
海外英语	K01	161	363	罕少疾病杂志	D01	48	250
海峡法学	M05	187	389	汉江师范学院学报	H03	157	359
海峡科技与产业	L01	170	372	汉语学报	K01	161	363
海峡科学	L01	170	372	汉语学习	K01	161	363
海峡人文学刊	K04	163	365	汉语言文学研究	K01	161	363
海峡药学	D36	75	277	汉字汉语研究	K01	161	363
海峡预防医学杂志	D31	71	273	焊管	E13	101	303
海相油气地质	E17	109	311	焊接	E13	101	303
海洋测绘	E07	93	295	焊接技术	E13	101	303
海洋地质前沿	B12	31	233	焊接学报	E13	101	303
海洋地质与第四纪地质	B12	31	233	杭州电子科技大学学报（社会科学版）	H02	150	352
海洋工程	B12	31	233	杭州化工	E23	118	320
海洋工程装备与技术	B12	31	233	杭州科技	A01	13	215
海洋湖沼通报	B12	31	233	杭州师范大学学报（社会科学版）	H03	157	359
海洋环境科学	E39	140	342	杭州师范大学学报（自然科学版）	A03	19	221
海洋技术学报	B12	31	233	航海	E37	137	339
海洋经济	B12	31	233	航海技术	E37	137	339
海洋开发与管理	B12	31	233	航海教育研究	P01	197	398
海洋科学	B12	31	233	航空标准化与质量	E01	82	284
海洋科学进展	B12	31	233	航空兵器	E28	123	325
海洋气象学报	B08	26	228	航空材料学报	E38	138	340
海洋石油	E17	109	311	航空财会	L04	175	376
海洋通报	B12	31	233	航空电子技术	E38	138	340
海洋信息技术与应用	B12	31	233	航空动力学报	E38	138	340
海洋学报（中文版）	B12	31	233	航空发动机	E38	138	340
海洋学研究	B12	31	233	航空工程进展	E38	138	340

中国期刊名称类目索引(续)

期刊名称	学科代码	被引指标页码	来源指标页码	期刊名称	学科代码	被引指标页码	来源指标页码
航空航天医学杂志	D01	48	250	河北大学学报（哲学社会科学版）	H02	151	352
航空计算技术	E38	138	340	河北大学学报（自然科学版）	A02	16	218
航空精密制造技术	E38	138	340	河北地质大学学报	L02	173	375
航空科学技术	E38	138	340	河北电力技术	E15	105	307
航空维修与工程	E38	138	340	河北法学	M05	187	389
航空学报	E38	138	340	河北工程大学学报（社会科学版）	H02	151	353
航空制造技术	E38	139	340	河北工程大学学报（自然科学版）	E02	85	286
航天标准化	E01	82	284	河北工业大学学报	E02	85	287
航天电子对抗	E38	139	340	河北工业大学学报（社会科学版）	H02	151	353
航天返回与遥感	E38	139	341	河北工业科技	E01	82	284
航天工业管理	E38	139	341	河北公安警察职业学院学报	P05	206	408
航天控制	E38	139	341	河北果树	C04	40	242
航天器工程	E38	139	341	河北环境工程学院学报	E39	140	342
航天器环境工程	E38	139	341	河北建筑工程学院学报	E31	128	330
航天制造技术	E38	139	341	河北金融	L10	179	381
合成材料老化与应用	E08	94	296	河北经贸大学学报	L02	173	375
合成化学	B05	25	227	河北经贸大学学报（综合版）	H02	151	353
合成技术及应用	E23	118	320	河北开放大学学报	P05	206	408
合成润滑材料	E08	94	296	河北科技大学学报	E02	85	287
合成生物学	E04	90	292	河北科技大学学报（社会科学版）	H02	151	353
合成树脂及塑料	E24	120	322	河北科技师范学院学报	H03	157	359
合成纤维	E29	124	326	河北科技师范学院学报（社会科学版）	H02	151	353
合成纤维工业	E29	124	326	河北科技图苑	N06	194	395
合成橡胶工业	E24	120	322	河北理科教学研究	P03	201	403
合肥工业大学学报（社会科学版）	H02	150	352	河北林业科技	C07	42	244
合肥工业大学学报（自然科学版）	E02	85	286	河北旅游职业学院学报	P05	206	408
合肥师范学院学报	H03	157	359	河北民族师范学院学报	H03	157	359
合肥学院学报（综合版）	A02	16	218	河北能源职业技术学院学报	P05	206	408
合作经济与科技	L01	170	372	河北农机	E05	91	292
和平与发展	M04	185	387	河北农业	C01	35	237
和田师范专科学校学报	H03	157	359	河北农业大学学报	C02	38	240
河北北方学院学报（社会科学版）	H02	151	352	河北农业大学学报（社会科学版）	H02	151	353
河北北方学院学报（自然科学版）	A02	16	218	河北农业科学	C01	35	237
河北大学成人教育学院学报	P05	206	408	河北企业	L01	170	372

中国期刊名称类目索引（续）

期刊名称	学科代码	被引指标页码	来源指标页码	期刊名称	学科代码	被引指标页码	来源指标页码
河北青年管理干部学院学报	M02	183	385	河南化工	E23	118	320
河北软件职业技术学院学报	P05	206	408	河南建材	E31	128	330
河北省科学院学报	A01	13	215	河南教育学院学报（哲学社会科学版）	H02	151	353
河北省社会主义学院学报	M02	183	385	河南教育学院学报（自然科学版）	A02	16	218
河北师范大学学报（教育科学版）	P01	197	398	河南警察学院学报	M05	187	389
河北师范大学学报（哲学社会科学版）	H03	157	359	河南科技	A01	13	215
河北师范大学学报（自然科学版）	A03	19	221	河南科技大学学报（社会科学版）	H02	151	353
河北水利	E33	131	333	河南科技大学学报（自然科学版）	E02	85	287
河北水利电力学院学报	E33	131	333	河南科技学院学报	H02	151	353
河北体育学院学报	P07	210	412	河南科技学院学报（自然科学版）	E02	85	287
河北学刊	H01	145	347	河南科学	A01	13	215
河北冶金	E11	98	300	河南理工大学学报（社会科学版）	H02	151	353
河北医科大学学报	D02	52	253	河南理工大学学报（自然科学版）	E02	85	287
河北医学	D01	48	250	河南林业科技	C07	42	244
河北医药	D01	48	250	河南牧业经济学院学报	L02	174	375
河北渔业	C10	47	248	河南农业	C01	35	237
河北职业教育	L01	170	372	河南农业大学学报	C02	38	240
河北中医	D37	77	279	河南农业科学	C01	35	237
河北中医药学报	D37	77	279	河南社会科学	H01	145	347
河池学院学报	P01	197	398	河南师范大学学报（哲学社会科学版）	H03	157	359
河海大学学报（哲学社会科学版）	H02	151	353	河南师范大学学报（自然科学版）	A03	19	221
河海大学学报（自然科学版）	E33	131	333	河南水产	C10	47	249
河南财经政法大学学报	M05	187	389	河南水利与南水北调	E33	131	333
河南财政税务高等专科学校学报	L02	173	375	河南司法警官职业学院学报	P05	206	408
河南城建学院学报	E02	85	287	河南图书馆学刊	N06	194	395
河南大学学报（社会科学版）	H02	151	353	河南外科学杂志	D14	60	262
河南大学学报（医学版）	D02	52	253	河南畜牧兽医	C08	44	246
河南大学学报（自然科学版）	A02	16	218	河南冶金	E11	98	300
河南工程学院学报（社会科学版）	H02	151	353	河南医学高等专科学校学报	D02	52	254
河南工程学院学报（自然科学版）	E02	85	287	河南医学研究	D01	48	250
河南工学院学报	E02	85	287	河南预防医学杂志	D31	71	273
河南工业大学学报（社会科学版）	H02	151	353	河南中医	D37	77	279
河南工业大学学报（自然科学版）	E02	85	287	河西学院学报	P01	197	398
河南广播电视大学学报	P05	206	408	核安全	E18	111	313

中国期刊名称类目索引(续)

期刊名称	学科代码	被引指标页码	来源指标页码	期刊名称	学科代码	被引指标页码	来源指标页码
核标准计量与质量	E18	111	313	黑龙江生态工程职业学院学报	P05	206	408
核电子学与探测技术	E18	111	313	黑龙江水产	C10	47	249
核动力工程	E18	111	313	黑龙江水利科技	E33	131	333
核化学与放射化学	E18	111	313	黑龙江医学	D01	48	250
核技术	E18	111	313	黑龙江医药	D01	48	250
核聚变与等离子体物理	B04	23	225	黑龙江医药科学	D01	48	250
核科学与工程	E18	111	313	衡水学院学报	H02	151	353
核农学报	C01	35	237	衡阳师范学院学报	H03	157	359
菏泽学院学报	H02	151	353	红河学院学报	H02	151	353
菏泽医学专科学校学报	D02	52	254	红楼梦学刊	K04	163	365
贺州学院学报	H02	151	353	红旗文稿	N05	192	394
黑河教育	P03	201	403	红水河	E33	131	333
黑河学刊	H01	145	347	红外	E03	88	290
黑河学院学报	P01	197	399	红外技术	E20	114	316
黑龙江八一农垦大学学报	C02	38	240	红外与毫米波学报	B04	23	225
黑龙江大学工程学报	E02	85	287	红外与激光工程	E20	114	316
黑龙江大学自然科学学报	A02	16	218	宏观经济管理	L01	170	372
黑龙江电力	E15	105	307	宏观经济研究	L01	170	372
黑龙江动物繁殖	C08	44	246	宏观质量研究	H01	145	347
黑龙江纺织	E29	124	326	呼伦贝尔学院学报	P01	197	399
黑龙江高教研究	P04	204	406	湖北成人教育学院学报	P05	206	408
黑龙江工程学院学报	E02	85	287	湖北大学学报（哲学社会科学版）	H02	151	353
黑龙江工业学院学报（综合版）	P01	197	399	湖北大学学报（自然科学版）	A02	16	218
黑龙江广播电视技术	E19	113	315	湖北第二师范学院学报	H03	157	359
黑龙江环境通报	E39	140	342	湖北电力	E15	105	307
黑龙江交通科技	E34	133	335	湖北工程学院学报	E02	85	287
黑龙江教师发展学院学报	P01	197	399	湖北工业大学学报	E02	85	287
黑龙江科技大学学报	E02	85	287	湖北工业职业技术学院学报	P05	206	408
黑龙江科学	A01	13	215	湖北经济学院学报	L02	174	375
黑龙江粮食	E30	125	327	湖北经济学院学报（人文社会科学版）	H02	151	353
黑龙江民族丛刊	N04	191	393	湖北警官学院学报	M05	187	389
黑龙江农业科学	C01	35	237	湖北开放大学学报	P05	206	408
黑龙江气象	B08	26	228	湖北开放职业学院学报	P05	206	408
黑龙江社会科学	H01	145	347	湖北科技学院学报	E02	85	287

中国期刊名称类目索引（续）

期刊名称	学科代码	被引指标页码	来源指标页码	期刊名称	学科代码	被引指标页码	来源指标页码
湖北科技学院学报（医学版）	D02	52	254	湖南广播电视大学学报	P05	206	408
湖北理工学院学报	E02	85	287	湖南交通科技	E34	133	335
湖北理工学院学报（人文社会科学版）	H02	151	353	湖南警察学院学报	M05	187	389
湖北林业科技	C07	42	244	湖南科技大学学报（社会科学版）	H02	151	353
湖北美术学院学报	K06	165	367	湖南科技大学学报（自然科学版）	E02	85	287
湖北民族大学学报（医学版）	D02	52	254	湖南理工学院学报（自然科学版）	E02	85	287
湖北民族大学学报（哲学社会科学版）	H02	151	353	湖南林业科技	C07	42	244
湖北民族大学学报（自然科学版）	A02	16	218	湖南农业	C01	35	237
湖北农业科学	C01	35	237	湖南农业大学学报（社会科学版）	H02	151	353
湖北汽车工业学院学报	E34	133	335	湖南农业大学学报（自然科学版）	C02	38	240
湖北社会科学	H01	145	347	湖南农业科学	C01	35	237
湖北省社会主义学院学报	M02	183	385	湖南人文科技学院学报	H02	151	353
湖北师范大学学报（哲学社会科学版）	H03	157	359	湖南社会科学	H01	145	347
湖北师范大学学报（自然科学版）	A03	19	221	湖南生态科学学报	C01	35	237
湖北体育科技	P07	210	412	湖南省社会主义学院学报	M02	183	385
湖北文理学院学报	A02	16	218	湖南师范大学教育科学学报	P01	197	399
湖北行政学院学报	M02	183	385	湖南师范大学社会科学学报	H03	157	359
湖北医药学院学报	D02	52	254	湖南师范大学学报（医学版）	D02	52	254
湖北职业技术学院学报	P05	206	408	湖南师范大学自然科学学报	A03	19	221
湖北植保	C06	41	243	湖南水利水电	E33	131	333
湖北中医药大学学报	D38	79	281	湖南税务高等专科学校学报	L02	174	375
湖南包装	E23	118	320	湖南饲料	C08	44	246
湖南财政经济学院学报	L02	174	375	湖南文理学院学报（自然科学版）	A02	16	218
湖南城市学院学报（自然科学版）	E31	128	330	湖南畜牧兽医	C08	45	246
湖南大学学报（社会科学版）	H02	151	353	湖南行政学院学报	M02	183	385
湖南大学学报（自然科学版）	E02	85	287	湖南邮电职业技术学院学报	P05	206	408
湖南大众传媒职业技术学院学报	P05	206	408	湖南有色金属	E09	95	297
湖南第一师范学院学报	H03	157	359	湖南中医药大学学报	D38	79	281
湖南电力	E15	105	307	湖南中医杂志	D37	77	279
湖南工程学院学报（社会科学版）	H02	151	353	湖泊科学	B12	31	233
湖南工程学院学报（自然科学版）	E02	85	287	湖湘法学评论	M05	187	389
湖南工业大学学报	E02	85	287	湖湘论坛	H01	145	347
湖南工业大学学报（社会科学版）	H02	151	353	湖州师范学院学报	H03	157	359
湖南工业职业技术学院学报	P05	206	408	湖州职业技术学院学报	P05	206	408

中国期刊名称类目索引(续)

期刊名称	学科代码	被引指标页码	来源指标页码	期刊名称	学科代码	被引指标页码	来源指标页码
互联网天地	E21	114	316	华东纸业	E26	121	323
互联网周刊	E21	114	316	华南地震	B09	28	230
护理管理杂志	D30	70	272	华南地质	B11	30	232
护理实践与研究	D30	70	272	华南理工大学学报（社会科学版）	H02	152	353
护理学报	D30	70	272	华南理工大学学报（自然科学版）	E02	85	287
护理学杂志	D30	70	272	华南农业大学学报	C02	38	240
护理研究	D30	70	272	华南农业大学学报（社会科学版）	H02	152	354
护理与康复	D30	70	272	华南师范大学学报（社会科学版）	H03	158	359
护士进修杂志	D30	70	272	华南师范大学学报（自然科学版）	A03	19	221
花卉	C04	40	242	华南预防医学	D31	71	273
花生学报	C03	39	241	华侨大学学报（哲学社会科学版）	H02	152	354
华北地震科学	B09	28	229	华侨大学学报（自然科学版）	A02	16	218
华北地质	B11	30	232	华侨华人历史研究	K08	168	370
华北电力大学学报（社会科学版）	H02	151	353	华文教学与研究	P01	197	399
华北电力大学学报（自然科学版）	E15	105	307	华文文学	K04	163	365
华北金融	L10	179	381	华西口腔医学杂志	D24	66	268
华北科技学院学报	E02	85	287	华西药学杂志	D36	75	277
华北理工大学学报（社会科学版）	H02	151	353	华西医学	D01	48	250
华北理工大学学报（医学版）	D02	52	254	华夏教师	P01	197	399
华北理工大学学报（自然科学版）	E02	85	287	华夏考古	K10	169	371
华北农学报	C01	35	237	华夏医学	D01	48	250
华北水利水电大学学报（社会科学版）	H02	151	353	华中建筑	E31	128	330
华北水利水电大学学报（自然科学版）	E33	131	333	华中科技大学学报（社会科学版）	H02	152	354
华北自然资源	E39	140	342	华中科技大学学报（医学版）	D02	52	254
华东地质	B11	30	232	华中科技大学学报（自然科学版）	E02	85	287
华东交通大学学报	E34	133	335	华中农业大学学报	C02	38	240
华东经济管理	L01	170	372	华中农业大学学报（社会科学版）	H02	152	354
华东科技	A01	13	215	华中师范大学学报（人文社会科学版）	H03	158	359
华东理工大学学报（社会科学版）	H02	152	353	华中师范大学学报（自然科学版）	A03	19	221
华东理工大学学报（自然科学版）	E02	85	287	化肥设计	E23	118	320
华东师范大学学报（教育科学版）	P01	197	399	化工高等教育	P04	204	406
华东师范大学学报（哲学社会科学版）	H03	157	359	化工管理	E23	118	320
华东师范大学学报（自然科学版）	A03	19	221	化工环保	E39	140	342
华东政法大学学报	M05	187	389	化工机械	E23	118	320

中国期刊名称类目索引(续)

期刊名称	学科代码	被引指标页码	来源指标页码	期刊名称	学科代码	被引指标页码	来源指标页码
化工技术与开发	E23	118	320	化学与生物工程	E04	90	292
化工进展	E23	118	320	化学与粘合	E25	120	322
化工科技	E23	118	320	怀化学院学报	A02	16	218
化工矿产地质	B11	30	232	淮北师范大学学报（哲学社会科学版）	H03	158	359
化工矿物与加工	E23	118	320	淮北师范大学学报（自然科学版）	A03	19	221
化工设备与管道	E23	118	320	淮海医药	D01	48	250
化工设计	E23	118	320	淮南师范学院学报	H03	158	359
化工设计通讯	E23	118	320	淮南职业技术学院学报	P05	206	408
化工生产与技术	E23	118	320	淮阴工学院学报	E02	85	287
化工时刊	E23	118	320	淮阴师范学院学报（哲学社会科学版）	H03	158	360
化工新型材料	E08	94	296	淮阴师范学院学报（自然科学版）	A03	19	221
化工学报	E23	118	320	环保科技	E39	140	342
化工与医药工程	E23	118	320	环渤海经济瞭望	L01	170	372
化工装备技术	E23	118	320	环境保护	E39	140	342
化工自动化及仪表	E23	118	320	环境保护科学	E39	140	342
化石	B13	32	234	环境保护与循环经济	E39	140	342
化纤与纺织技术	E29	124	326	环境工程技术学报	E39	140	342
化学反应工程与工艺	E23	118	320	环境工程学报	E39	140	342
化学分析计量	B05	25	227	环境化学	E39	140	342
化学工程	E23	118	320	环境技术	E39	140	342
化学工程师	E23	118	320	环境监测管理与技术	E39	140	342
化学工业	L08	177	379	环境监控与预警	E39	140	342
化学工业与工程	E23	118	320	环境经济研究	L04	175	376
化学教学	P03	201	403	环境科技	E39	141	342
化学教与学	P03	201	403	环境科学	E39	141	342
化学教育	P03	201	403	环境科学导刊	E39	141	343
化学进展	B05	25	227	环境科学学报	E39	141	343
化学世界	E23	118	320	环境科学研究	E39	141	343
化学试剂	B05	25	227	环境科学与管理	E39	141	343
化学通报（印刷版）	B05	25	227	环境科学与技术	E39	141	343
化学推进剂与高分子材料	E08	94	296	环境昆虫学报	C06	41	243
化学学报	B05	25	227	环境生态学	E39	141	343
化学研究	B05	25	227	环境卫生工程	E39	141	343
化学研究与应用	B05	25	227	环境卫生学杂志	E39	141	343

中国期刊名称类目索引(续)

期刊名称	学科代码	被引指标页码	来源指标页码	期刊名称	学科代码	被引指标页码	来源指标页码
环境污染与防治	E39	141	343	机电工程技术	E13	101	303
环境影响评价	E39	141	343	机电技术	E13	101	303
环境与健康杂志	D32	72	274	机电设备	E12	99	301
环境与可持续发展	E39	141	343	机电信息	E15	105	307
环境与职业医学	D32	72	274	机电一体化	E12	99	301
环球法律评论	M05	187	389	机电元件	E12	99	301
环球首映	K06	165	367	机器人	E03	89	290
环球中医药	D37	77	279	机器人技术与应用	E03	89	290
黄冈师范学院学报	H03	158	360	机器人外科学杂志（中英文）	D14	60	262
黄冈职业技术学院学报	P05	206	408	机械	E12	99	301
黄河科技学院学报	E02	85	287	机械传动	E12	99	301
黄河水利职业技术学院学报	P05	206	408	机械工程材料	E12	99	301
黄河之声	K04	163	365	机械工程师	E12	99	301
黄金	E09	95	297	机械工程学报	E12	99	301
黄金科学技术	E09	95	297	机械工程与自动化	E12	99	301
黄山学院学报	A02	16	218	机械工业标准化与质量	E12	99	301
黄钟—中国·武汉音乐学院学报	K06	165	367	机械科学与技术	E12	99	301
惠州学院学报	A02	16	218	机械强度	E13	101	303
混凝土	E31	128	330	机械设计	E12	99	301
混凝土世界	E31	128	330	机械设计与研究	E12	99	301
混凝土与水泥制品	E26	121	323	机械设计与制造	E12	99	301
火工品	E28	123	325	机械设计与制造工程	E12	99	301
火箭推进	E38	139	341	机械研究与应用	E12	100	301
火控雷达技术	E28	123	325	机械与电子	E12	100	301
火力与指挥控制	E28	123	325	机械职业教育	P05	206	408
火炮发射与控制学报	E28	123	325	机械制造	E13	101	303
火灾科学	E40	142	344	机械制造文摘—焊接分册	E13	101	303
火炸药学报	E28	123	325	机械制造与自动化	E12	100	302
机车车辆工艺	E36	136	338	基层医学论坛	D31	71	273
机车电传动	E36	136	338	基层中医药	D37	77	279
机床与液压	E13	101	303	基础教育	P03	201	403
机电兵船档案	E37	137	339	基础教育参考	P03	201	403
机电产品开发与创新	E03	88	290	基础教育课程	P03	201	403
机电工程	E12	99	301	基础教育研究	P03	201	403

中国期刊名称类目索引(续)

期刊名称	学科代码	被引指标页码	来源指标页码	期刊名称	学科代码	被引指标页码	来源指标页码
基础外语教育	K03	162	364	吉林中医药	D37	77	279
基础医学教育	D35	74	276	吉首大学学报（社会科学版）	H02	152	354
基础医学与临床	D01	48	250	吉首大学学报（自然科学版）	A02	16	218
基因组学与应用生物学	B13	32	234	极地研究	B12	31	233
激光技术	E20	114	316	疾病监测	D32	72	274
激光生物学报	B13	32	234	疾病监测与控制	D31	71	273
激光与光电子学进展	E20	114	316	疾病预防控制通报	D31	71	273
激光与红外	E20	114	316	集成技术	A01	13	215
激光杂志	E20	114	316	集美大学学报	P01	197	399
吉林大学社会科学学报	H02	152	354	集美大学学报（哲学社会科学版）	H02	152	354
吉林大学学报（地球科学版）	B07	26	228	集美大学学报（自然科学版）	A02	16	218
吉林大学学报（工学版）	E02	85	287	集宁师范学院学报	H03	158	360
吉林大学学报（理学版）	A02	16	218	集装箱化	E34	133	335
吉林大学学报（信息科学版）	E19	113	315	脊柱外科杂志	D18	63	265
吉林大学学报（医学版）	D02	52	254	计测技术	E27	122	324
吉林地质	B11	30	232	计量经济学报	Q07	211	413
吉林电力	E15	106	307	计量科学与技术	E01	82	284
吉林工程技术师范学院学报	H03	158	360	计量学报	E01	82	284
吉林工商学院学报	L02	174	376	计量与测试技术	E01	82	284
吉林广播电视大学学报	P05	206	408	计算机测量与控制	E03	89	290
吉林化工学院学报	E23	118	320	计算机仿真	E22	116	318
吉林建筑大学学报	E31	128	330	计算机辅助工程	E22	116	318
吉林金融研究	L10	179	381	计算机辅助设计与图形学学报	E22	116	318
吉林林业科技	C07	42	244	计算机工程	E22	116	318
吉林农业大学学报	C02	38	240	计算机工程与科学	E22	116	318
吉林农业科技学院学报	C02	38	240	计算机工程与设计	E22	116	318
吉林省教育学院学报	P01	197	399	计算机工程与应用	E22	116	318
吉林师范大学学报（人文社会科学版）	H03	158	360	计算机集成制造系统	E22	116	318
吉林师范大学学报（自然科学版）	A03	19	221	计算机技术与发展	E22	116	318
吉林水利	E33	131	333	计算机教育	E22	116	318
吉林体育学院学报	P07	210	412	计算机科学	E22	116	318
吉林畜牧兽医	C08	45	246	计算机科学与探索	E22	116	318
吉林医药学院学报	D02	52	254	计算机时代	E22	116	318
吉林艺术学院学报	K06	165	367	计算机系统应用	E22	116	318

中国期刊名称类目索引(续)

期刊名称	学科代码	被引指标页码	来源指标页码	期刊名称	学科代码	被引指标页码	来源指标页码
计算机学报	E22	116	318	家教世界·现代幼教	P03	201	403
计算机研究与发展	E22	116	318	家具与室内装饰	E31	128	330
计算机应用	E22	116	318	家禽科学	C08	45	247
计算机应用研究	E22	116	318	家庭科技	K04	163	365
计算机应用与软件	E22	116	318	家长	P03	201	403
计算机与数字工程	E22	116	318	嘉兴学院学报	A02	16	218
计算机与现代化	E22	116	318	嘉应学院学报	A02	16	218
计算技术与自动化	E03	89	291	价格理论与实践	L08	177	379
计算力学学报	B03	22	224	价格月刊	L01	170	372
计算数学	B01	21	223	价值工程	L01	170	372
计算物理	B04	23	225	检验医学	D06	57	258
记者观察	N05	192	394	检验医学与临床	D06	57	259
记者摇篮	N05	192	394	建材技术与应用	E31	128	330
技术经济	L08	177	379	建材世界	E31	128	330
技术经济与管理研究	L04	175	377	建材与装饰	E31	128	330
技术与创新管理	F01	143	345	建井技术	E31	128	330
技术与市场	L08	177	379	建设机械技术与管理	E31	128	330
济南大学学报（社会科学版）	H02	152	354	建设监理	E31	128	330
济南大学学报（自然科学版）	A02	16	218	建设科技	E31	128	330
济南职业学院学报	P05	206	408	建筑·建材·装饰	E31	128	330
济宁学院学报	P01	197	399	建筑安全	E31	128	330
济宁医学院学报	D02	52	254	建筑材料学报	E31	128	330
济源职业技术学院学报	P05	206	408	建筑电气	E31	128	330
继续教育研究	P01	197	399	建筑钢结构进展	E31	128	330
继续医学教育	D01	48	250	建筑机械	E31	128	330
寄生虫病与感染性疾病	D03	54	256	建筑机械化	E31	128	330
寄生虫与医学昆虫学报	D03	54	256	建筑技术	E31	128	330
暨南大学学报（自然科学与医学版）	A02	16	218	建筑技术开发	E31	128	330
暨南学报（哲学社会科学版）	H02	152	354	建筑技艺	E31	128	330
加速康复外科杂志	D15	61	263	建筑节能（中英文）	E31	128	330
佳木斯大学学报（自然科学版）	A02	16	218	建筑结构	E31	128	330
佳木斯职业学院学报	P05	207	408	建筑结构学报	E31	128	330
家畜生态学报	C08	45	247	建筑经济	E31	128	330
家电科技	E15	106	307	建筑科技	E16	107	309

中国期刊名称类目索引(续)

期刊名称	学科代码	被引指标页码	来源指标页码	期刊名称	学科代码	被引指标页码	来源指标页码
建筑科学	E31	128	330	江苏第二师范学院学报	H03	158	360
建筑科学与工程学报	E31	129	330	江苏高教	P03	201	403
建筑设计管理	E31	129	330	江苏工程职业技术学院学报	P05	207	408
建筑师	E31	129	331	江苏海洋大学学报（人文社会科学版）	H02	152	354
建筑施工	E31	129	331	江苏海洋大学学报（自然科学版）	C10	47	249
建筑学报	E31	129	331	江苏航运职业技术学院学报	P05	207	408
建筑与文化	E34	134	335	江苏建材	E31	129	331
建筑与预算	E31	129	331	江苏建筑	E31	129	331
建筑与装饰	E31	129	331	江苏建筑职业技术学院学报	P05	207	408
健康博览	D07	57	259	江苏经贸职业技术学院学报	P05	207	409
健康教育与健康促进	D07	57	259	江苏警官学院学报	M05	187	389
健康世界	D07	57	259	江苏科技大学学报（社会科学版）	H02	152	354
健康体检与管理	D07	57	259	江苏科技大学学报（自然科学版）	E02	86	287
健康向导	D07	57	259	江苏科技信息	A01	13	215
健康研究	D07	57	259	江苏理工学院学报	E02	86	287
舰船电子对抗	E03	89	291	江苏林业科技	C07	42	244
舰船电子工程	E37	137	339	江苏农村经济	L06	176	378
舰船科学技术	E37	137	339	江苏农机化	E05	91	292
江海学刊	H01	145	347	江苏农业科学	C01	35	237
江汉大学学报（社会科学版）	H02	152	354	江苏农业学报	C01	35	237
江汉大学学报（自然科学版）	A02	16	218	江苏商论	L08	177	379
江汉考古	K10	169	371	江苏社会科学	H01	145	347
江汉论坛	H01	145	347	江苏省社会主义学院学报	M02	183	385
江汉石油职工大学学报	E17	109	311	江苏师范大学学报（哲学社会科学版）	H03	158	360
江汉学术	H01	145	347	江苏师范大学学报（自然科学版）	A03	19	221
江淮论坛	H01	145	347	江苏水利	E33	131	333
江淮水利科技	E33	131	333	江苏丝绸	E29	124	326
江南大学学报（人文社会科学版）	H02	152	354	江苏陶瓷	E23	118	320
江南论坛	H01	145	347	江苏调味副食品	E30	125	327
江南社会学院学报	H02	152	354	江苏通信	E03	89	291
江苏船舶	E37	137	339	江苏卫生事业管理	D31	71	273
江苏大学学报（社会科学版）	H02	152	354	江苏行政学院学报	M02	183	385
江苏大学学报（医学版）	D02	52	254	江苏医药	D01	48	250
江苏大学学报（自然科学版）	E02	85	287	江苏预防医学	D31	71	273

中国期刊名称类目索引(续)

期刊名称	学科代码	被引指标页码	来源指标页码
江苏中医药	D37	78	279
江西财经大学学报	L02	174	376
江西电力职业技术学院学报	P05	207	409
江西广播电视大学学报	P05	207	409
江西化工	E23	119	320
江西警察学院学报	M05	187	389
江西科技师范大学学报	P01	197	399
江西科学	A01	13	215
江西理工大学学报	E02	86	287
江西煤炭科技	E16	107	309
江西农业	C08	45	247
江西农业大学学报	C02	38	240
江西农业学报	C01	35	237
江西社会科学	H01	145	347
江西师范大学学报（哲学社会科学版）	H03	158	360
江西师范大学学报（自然科学版）	A03	19	221
江西水产科技	C10	47	249
江西水利科技	E33	131	333
江西通信科技	E21	114	316
江西畜牧兽医杂志	C08	45	247
江西冶金	E11	98	300
江西医药	D01	48	250
江西中医药	D37	78	279
江西中医药大学学报	D38	79	281
交大法学	M05	187	389
交通财会	L04	175	377
交通建设与管理	F01	143	345
交通节能与环保	E34	134	335
交通科技	E34	134	336
交通科技与经济	E34	134	336
交通科学与工程	E34	134	336
交通企业管理	F01	143	345
交通信息与安全	E34	134	336
交通医学	D01	48	250
交通与港航	L01	170	372
交通与运输	E34	134	336
交通运输工程学报	E34	134	336
交通运输工程与信息学报	E34	134	336
交通运输系统工程与信息	E34	134	336
交通运输研究	E34	134	336
交响—西安音乐学院学报	K06	165	367
胶体与聚合物	E24	120	322
焦作大学学报	P01	197	399
焦作师范高等专科学校学报	H03	158	360
教练机	E38	139	341
教师博览	P03	202	403
教师发展研究	P03	202	403
教师教育学报	P05	207	409
教师教育研究	P05	207	409
教学管理与教育研究	P01	197	399
教学研究	P01	197	399
教学与研究	P01	197	399
教育财会研究	L04	175	377
教育测量与评价	P01	197	399
教育传媒研究	N05	192	394
教育导刊	P01	197	399
教育发展研究	P01	197	399
教育科学	P01	197	399
教育科学探索	P01	197	399
教育科学研究	P01	197	399
教育理论与实践	P01	197	399
教育评论	P01	197	399
教育生物学杂志	P01	197	399
教育探索	P01	197	399
教育文化论坛	P01	197	399
教育信息技术	P01	197	399
教育学报	P01	198	399
教育学术月刊	P01	198	399

中国期刊名称类目索引(续)

期刊名称	学科代码	被引指标页码	来源指标页码	期刊名称	学科代码	被引指标页码	来源指标页码
教育研究	P01	198	399	今日自动化	E03	89	291
教育研究与实验	P01	198	399	金刚石与磨料磨具工程	E13	101	303
教育艺术	P01	198	400	金华职业技术学院学报	P05	207	409
教育与教学研究	P01	198	400	金陵科技学院学报	E02	86	288
教育与经济	L04	175	377	金陵科技学院学报（社会科学版）	H02	152	354
教育与考试	P01	198	400	金融博览	L10	179	381
教育与职业	P05	207	409	金融发展研究	L10	179	381
教育与装备研究	E12	100	302	金融监管研究	L10	179	381
节能	E01	82	284	金融教育研究	L10	179	381
节能技术	E16	107	309	金融经济	L10	179	381
节能与环保	E14	103	305	金融经济学研究	L10	179	381
节水灌溉	E05	91	292	金融科技时代	E22	116	318
洁净煤技术	E16	107	309	金融会计	L10	179	381
洁净与空调技术	E15	106	308	金融理论探索	P01	198	400
结构工程师	E31	129	331	金融理论与教学	P01	198	400
结核与肺部疾病杂志	D09	58	260	金融理论与实践	L10	179	381
结直肠肛门外科	D15	61	263	金融论坛	L10	179	381
解放军外国语学院学报	K03	162	364	金融评论	L01	170	372
解放军药学学报	D36	75	277	金融研究	L10	179	381
解放军医学院学报	D02	52	254	金融与经济	L10	179	381
解放军医学杂志	D01	48	250	金属材料与冶金工程	E11	98	300
解放军医药杂志	D01	48	250	金属功能材料	E09	95	297
解剖科学进展	D03	54	256	金属加工（冷加工）	E13	101	303
解剖学报	D03	54	256	金属加工（热加工）	E13	101	303
解剖学研究	D03	54	256	金属矿山	E10	96	298
解剖学杂志	D03	54	256	金属热处理	E13	101	303
介入放射学杂志	D28	68	270	金属世界	E13	101	303
今传媒	N05	193	394	金属学报	E09	95	297
今日科苑	A01	14	216	金属制品	E13	101	303
今日消防	E39	141	343	锦州医科大学学报	D02	52	254
今日畜牧兽医	C08	45	247	锦州医科大学学报（社会科学版）	H02	152	354
今日养猪业	C08	45	247	近代史研究	K08	168	370
今日药学	D36	75	277	晋城职业技术学院学报	P05	207	409
今日制造与升级	E13	101	303	晋控科学技术	E16	107	309

中国期刊名称类目索引(续)

期刊名称	学科代码	被引指标页码	来源指标页码	期刊名称	学科代码	被引指标页码	来源指标页码
晋图学刊	N07	194	396	荆楚理工学院学报	P01	198	400
晋阳学刊	H01	145	347	荆楚学刊	H01	145	347
晋中学院学报	H02	152	354	精密成形工程	E13	101	303
经济	L01	170	372	精密制造与自动化	E12	100	302
经济地理	B10	28	230	精神医学杂志	D27	67	269
经济动物学报	C08	45	247	精细化工	E25	121	322
经济管理	L01	170	372	精细化工中间体	E25	121	322
经济界	L01	170	372	精细石油化工	E25	121	323
经济经纬	L01	170	372	精细石油化工进展	E17	109	311
经济科学	L01	170	372	精细与专用化学品	E25	121	323
经济理论与经济管理	L01	170	372	精准医学杂志	D01	49	250
经济林研究	C07	42	244	井冈山大学学报（社会科学版）	H02	152	354
经济论坛	L01	171	372	井冈山大学学报（自然科学版）	A02	16	218
经济评论	L01	171	372	颈腰痛杂志	D18	63	265
经济社会史评论	L01	171	372	景德镇陶瓷	E23	119	320
经济社会体制比较	L01	171	372	景德镇学院学报	H02	152	354
经济体制改革	L04	175	377	警察技术	M07	189	391
经济问题	L01	171	373	净水技术	E31	129	331
经济问题探索	L01	171	373	竞争情报	N07	194	396
经济学（季刊）	L01	171	373	九江学院学报（社会科学版）	H02	152	354
经济学报	L01	171	373	九江学院学报（自然科学版）	A02	17	218
经济学动态	L01	171	373	九江职业技术学院学报	P05	207	409
经济学家	L01	171	373	居业	E31	129	331
经济研究	L01	171	373	局解手术学杂志	D14	60	262
经济研究参考	L01	171	373	剧作家	K04	163	365
经济研究导刊	L01	171	373	聚氨酯工业	E23	119	321
经济与管理	L01	171	373	聚氯乙烯	E24	120	322
经济与管理评论	L04	175	377	聚酯工业	E24	120	322
经济与管理研究	L01	171	373	决策与信息	E03	89	291
经济与社会发展	L04	175	377	决策咨询	E03	89	291
经济资料译丛	L01	171	373	绝缘材料	E08	94	296
经济纵横	L01	171	373	军民两用技术与产品	E28	123	325
经纬天地	L01	171	373	军事护理	D30	70	272
经营与管理	L01	171	373	军事历史	K08	168	370

中国期刊名称类目索引(续)

期刊名称	学科代码	被引指标页码	来源指标页码	期刊名称	学科代码	被引指标页码	来源指标页码
军事医学	D34	73	275	科技情报研究	N07	194	396
军事运筹与评估	M08	189	391	科技通报	A01	14	216
菌物学报	B17	34	236	科技与出版	N05	193	394
菌物研究	B17	34	236	科技与创新	A01	14	216
喀什大学学报	H03	158	360	科技与管理	F01	143	345
开发研究	H01	145	347	科技与金融	L10	179	381
开放导报	L01	171	373	科技与经济	A01	14	216
开放教育研究	P05	207	409	科技智囊	H01	145	347
开放时代	L01	171	373	科技中国	A01	14	216
开放学习研究	P05	207	409	科技资讯	A01	14	216
开封大学学报	P01	198	400	科教导刊	P01	198	400
开封文化艺术职业学院学报	P05	207	409	科教文汇	P01	198	400
凯里学院学报	P01	198	400	科普研究	N05	193	394
勘察科学技术	E10	96	298	科学（上海）	A01	14	216
康复学报	D38	79	281	科学·经济·社会	H01	145	347
抗感染药学	D36	75	277	科学发展	N01	189	391
抗日战争研究	M08	189	391	科学观察	N01	189	391
考古	K10	169	371	科学管理研究	F01	143	345
考古学报	K10	169	371	科学技术创新	A01	14	216
考古与文物	K10	169	371	科学技术与工程	E01	82	284
科技成果管理与研究	F01	143	345	科学技术哲学研究	J02	160	362
科技传播	A01	14	216	科学教育与博物馆	N01	189	391
科技创新发展战略研究	A01	14	216	科学决策	H01	145	347
科技创新与生产力	A01	14	216	科学社会主义	M01	181	383
科技创新与应用	E26	121	323	科学通报	A01	14	216
科技创业月刊	L01	171	373	科学文化评论	N04	191	393
科技促进发展	A01	14	216	科学学研究	F01	143	345
科技导报	A01	14	216	科学学与科学技术管理	F01	143	345
科技风	A01	14	216	科学养鱼	C10	47	249
科技管理研究	F01	143	345	科学与管理	F01	143	345
科技广场	H01	145	347	科学与社会	H01	145	347
科技和产业	L01	171	373	科学与无神论	J02	160	362
科技进步与对策	F01	143	345	科研管理	F01	143	345
科技经济市场	L08	177	379	可再生能源	E16	107	309

中国期刊名称类目索引(续)

期刊名称	学科代码	被引指标页码	来源指标页码	期刊名称	学科代码	被引指标页码	来源指标页码
克拉玛依学刊	H01	145	347	会计与经济研究	L05	175	377
客车技术与研究	E34	134	336	会计之友	L05	175	377
课程·教材·教法	P03	202	403	宽厚板	E09	95	297
课程教学研究	P03	202	403	矿产保护与利用	E10	96	298
课堂内外（小学教研）	P03	202	404	矿产勘查	E10	96	298
课外语文	K01	161	363	矿产与地质	E10	96	298
空间电子技术	E38	139	341	矿产综合利用	E10	97	298
空间结构	E31	129	331	矿床地质	B11	30	232
空间科学学报	B06	25	227	矿山机械	E10	97	298
空间控制技术与应用	E38	139	341	矿物学报	E10	97	299
空间碎片研究	E38	139	341	矿物岩石	B11	30	232
空军工程大学学报	E02	86	288	矿物岩石地球化学通报	B07	26	228
空军航空医学	D01	49	250	矿冶	E11	98	300
空军军医大学学报	D02	52	254	矿冶工程	E11	98	300
空气动力学学报	E38	139	341	矿业安全与环保	E10	97	299
空天防御	E28	123	325	矿业工程	E10	97	299
空天技术	E28	123	325	矿业工程研究	E10	97	299
空天预警研究学报	E21	114	316	矿业科学学报	E10	97	299
空运商务	L01	171	373	矿业研究与开发	E10	97	299
孔子研究	J02	160	362	昆虫学报	B16	34	236
控制工程	E03	89	291	昆明理工大学学报（社会科学版）	H02	152	354
控制理论与应用	B02	22	224	昆明理工大学学报（自然科学版）	E02	86	288
控制与决策	B02	22	224	昆明学院学报	P01	198	400
控制与信息技术	E34	134	336	昆明冶金高等专科学校学报	E11	98	300
口岸卫生控制	D31	71	273	昆明医科大学学报	D02	52	254
口腔材料器械杂志	D24	66	268	拉丁美洲研究	M04	185	387
口腔颌面外科杂志	D24	66	268	辣椒杂志	C04	40	242
口腔颌面修复学杂志	D24	66	268	兰台内外	N08	195	397
口腔疾病防治	D24	66	268	兰台世界	N08	195	397
口腔生物医学	D24	66	268	兰州财经大学学报	L02	174	376
口腔医学	D24	66	268	兰州大学学报（社会科学版）	H02	152	354
口腔医学研究	D24	66	268	兰州大学学报（医学版）	D02	52	254
快乐阅读	P03	202	404	兰州大学学报（自然科学版）	A02	17	219
会计研究	L05	175	377	兰州工业学院学报	E02	86	288

中国期刊名称类目索引(续)

期刊名称	学科代码	被引指标页码	来源指标页码	期刊名称	学科代码	被引指标页码	来源指标页码
兰州交通大学学报	E34	134	336	理论与改革	J01	160	362
兰州理工大学学报	E02	86	288	理论与现代化	H01	146	348
兰州石化职业技术学院学报	P05	207	409	理论月刊	H01	146	348
兰州文理学院学报（社会科学版）	H02	152	354	力学季刊	B03	22	224
兰州文理学院学报（自然科学版）	E02	86	288	力学进展	B03	22	224
兰州学刊	H01	145	347	力学学报	B03	22	224
兰州职业技术学院学报	P05	207	409	力学与实践	B03	22	224
廊坊师范学院学报（社会科学版）	H03	158	360	历史档案	N08	195	397
廊坊师范学院学报（自然科学版）	A03	19	221	历史教学（下半月）	P01	198	400
劳动保护	N02	190	392	历史教学问题	P03	202	404
劳动经济研究	L01	171	373	历史研究	K08	168	370
老龄科学研究	N04	191	393	立体定向和功能性神经外科杂志	D27	67	269
老年医学研究	D07	57	259	连云港师范高等专科学校学报	H03	158	360
老年医学与保健	D07	57	259	连云港职业技术学院学报	P05	207	409
老区建设	H01	146	347	连铸	E11	98	300
乐山师范学院学报	H03	158	360	联勤军事医学	D01	49	251
雷达科学与技术	E21	114	316	廉政文化研究	M01	181	383
雷达学报	E21	114	316	炼钢	E11	98	300
雷达与对抗	E03	89	291	炼铁	E11	98	300
冷藏技术	E01	82	284	炼油技术与工程	E17	109	311
丽水学院学报	A02	17	219	炼油与化工	E17	109	311
离子交换与吸附	E23	119	321	粮食储藏	E26	121	323
黎明职业大学学报	P05	207	409	粮食加工	E30	125	327
理化检验—化学分册	E11	98	300	粮食科技与经济	L06	176	378
理化检验—物理分册	E08	94	296	粮食问题研究	E30	125	327
理论导刊	M01	181	383	粮食与食品工业	E30	125	327
理论建设	H01	146	347	粮食与饲料工业	E30	125	327
理论界	H01	146	348	粮食与油脂	E30	125	327
理论视野	M01	181	383	粮油仓储科技通讯	E30	125	327
理论探索	M01	181	383	粮油食品科技	E30	125	327
理论探讨	J01	160	362	两岸终身教育	P05	207	409
理论学刊	H01	146	348	量子电子学报	B04	23	225
理论学习—山东干部函授大学学报	M02	183	385	量子光学学报	B04	23	225
理论学习与探索	M01	181	383	辽东学院学报（自然科学版）	A02	17	219

中国期刊名称类目索引(续)

期刊名称	学科代码	被引指标页码	来源指标页码	期刊名称	学科代码	被引指标页码	来源指标页码
辽宁大学学报(自然科学版)	A02	17	219	林产工业	C07	43	244
辽宁高职学报	P05	207	409	林产化学与工业	E23	119	321
辽宁工程技术大学学报(自然科学版)	E02	86	288	林区教学	C07	43	244
辽宁工业大学学报(社会科学版)	H02	152	354	林业调查规划	C07	43	245
辽宁工业大学学报(自然科学版)	E02	86	288	林业工程学报	C07	43	245
辽宁公安司法管理干部学院学报	M02	183	385	林业机械与木工设备	C07	43	245
辽宁化工	E23	119	321	林业建设	C07	43	245
辽宁教育	P03	202	404	林业经济	L06	176	378
辽宁经济	L01	171	373	林业经济问题	L06	176	378
辽宁经济职业技术学院·辽宁经济管理干部学院学报	P05	207	409	林业勘查设计	C07	43	245
辽宁警察学院学报	M05	187	389	林业科技	C07	43	245
辽宁开放大学学报	P05	207	409	林业科技情报	C07	43	245
辽宁科技大学学报	E02	86	288	林业科技通讯	C07	43	245
辽宁科技学院学报	E02	86	288	林业科学	C07	43	245
辽宁林业科技	C07	42	244	林业科学研究	C07	43	245
辽宁农业科学	C01	36	237	林业与环境科学	C07	43	245
辽宁农业职业技术学院学报	P05	207	409	林业与生态科学	C04	40	242
辽宁省交通高等专科学校学报	E34	134	336	林业资源管理	C07	43	245
辽宁省社会主义学院学报	M02	183	385	临床超声医学杂志	D28	68	270
辽宁师范大学学报(社会科学版)	H03	158	360	临床儿科杂志	D21	64	266
辽宁师范大学学报(自然科学版)	A03	19	221	临床耳鼻咽喉头颈外科杂志	D23	65	267
辽宁师专学报(社会科学版)	H03	158	360	临床放射学杂志	D28	68	270
辽宁师专学报(自然科学版)	A03	19	221	临床肺科杂志	D09	58	260
辽宁石油化工大学学报	E17	109	311	临床肝胆病杂志	D10	59	261
辽宁丝绸	E29	124	326	临床骨科杂志	D18	63	265
辽宁体育科技	P07	210	412	临床合理用药	D36	75	277
辽宁行政学院学报	M02	183	385	临床和实验医学杂志	D05	55	257
辽宁医学杂志	D01	49	251	临床护理杂志	D30	70	272
辽宁中医药大学学报	D38	79	281	临床荟萃	D05	55	257
辽宁中医杂志	D37	78	279	临床急诊杂志	D05	55	257
聊城大学学报(社会科学版)	H02	152	354	临床检验杂志	D06	57	259
聊城大学学报(自然科学版)	A02	17	219	临床精神医学杂志	D27	67	269
林草政策研究	F01	143	345	临床军医杂志	D05	55	257
				临床口腔医学杂志	D24	66	268

中国期刊名称类目索引（续）

期刊名称	学科代码	被引指标页码	来源指标页码	期刊名称	学科代码	被引指标页码	来源指标页码
临床麻醉学杂志	D14	60	262	岭南学刊	H01	146	348
临床泌尿外科杂志	D17	63	265	领导科学	H01	146	348
临床内科杂志	D08	58	260	领导科学论坛	P01	198	400
临床皮肤科杂志	D25	66	268	流体测量与控制	E12	100	302
临床普外科电子杂志	D14	60	262	流体机械	E12	100	302
临床神经病学杂志	D27	67	269	流行色	K06	165	367
临床神经外科杂志	D27	67	269	硫磷设计与粉体工程	E23	119	321
临床肾脏病杂志	D11	59	261	硫酸工业	E23	119	321
临床输血与检验	D05	55	257	柳州职业技术学院学报	P05	207	409
临床外科杂志	D14	60	262	六盘水师范学院学报	H03	158	360
临床误诊误治	D05	55	257	龙岩学院学报	P01	198	400
临床消化病杂志	D10	59	261	陇东学院学报	P01	198	400
临床小儿外科杂志	D21	65	266	鲁东大学学报（哲学社会科学版）	H02	152	354
临床心电学杂志	D15	61	263	鲁东大学学报（自然科学版）	A02	17	219
临床心身疾病杂志	D03	54	256	鲁迅研究月刊	K04	163	365
临床心血管病杂志	D16	62	264	陆地生态系统与保护学报	B14	33	235
临床血液学杂志	D11	59	261	陆军工程大学学报	E02	86	288
临床研究	D05	55	257	陆军军医大学学报	D02	52	254
临床眼科杂志	D22	65	267	录井工程	E17	109	311
临床药物治疗杂志	D36	75	277	鹿城学刊	P01	198	400
临床医学	D05	55	257	路基工程	E36	136	338
临床医学工程	D31	71	273	露天采矿技术	E10	97	299
临床医学研究与实践	D05	55	257	吕梁学院学报	P01	198	400
临床医药实践	D05	55	257	旅游导刊	L08	177	379
临床与病理杂志	D05	55	257	旅游科学	L08	177	379
临床与实验病理学杂志	D06	57	259	旅游论坛	L08	177	379
临床肿瘤学杂志	D29	69	271	旅游学刊	L08	177	379
临沂大学学报	P01	198	400	旅游研究	L08	177	379
磷肥与复肥	E23	119	321	旅游纵览	L08	177	379
岭南急诊医学杂志	D05	55	257	铝加工	E13	101	303
岭南师范学院学报	H03	158	360	绿色包装	E23	119	321
岭南文史	K08	168	370	绿色财会	L10	179	381
岭南现代临床外科	D14	60	262	绿色建造与智能建筑	E31	129	331
岭南心血管病杂志	D16	62	264	绿色建筑	E31	129	331

中国期刊名称类目索引(续)

期刊名称	学科代码	被引指标页码	来源指标页码	期刊名称	学科代码	被引指标页码	来源指标页码
绿色科技	C07	43	245	煤炭技术	E16	107	309
绿色矿冶	E11	98	300	煤炭加工与综合利用	E10	97	299
绿洲农业科学与工程	E05	91	293	煤炭经济研究	L08	177	379
氯碱工业	E23	119	321	煤炭科技	E16	107	309
伦理学研究	J02	160	362	煤炭科学技术	E16	107	309
轮胎工业	E23	119	321	煤炭学报	E16	107	309
逻辑学研究	P01	198	400	煤炭与化工	E16	107	309
洛阳理工学院学报(社会科学版)	H02	152	354	煤炭转化	E16	107	309
洛阳理工学院学报(自然科学版)	E02	86	288	煤田地质与勘探	E10	97	299
洛阳师范学院学报	H03	158	360	煤质技术	E16	107	309
落叶果树	C04	40	242	美国研究	M04	186	387
漯河职业技术学院学报	P05	207	409	美食研究	E02	86	288
马克思主义理论学科研究	J01	160	362	美术	K06	165	367
马克思主义研究	J01	160	362	美术观察	K06	165	367
马克思主义与现实	J01	160	362	美术教育研究	P01	198	400
麦类作物学报	C03	39	241	美术界	K06	165	367
满语研究	K01	161	363	美术文献	K06	165	367
满族研究	N04	191	393	美术学报	K06	165	367
漫旅	L08	177	379	美术研究	K06	165	367
芒种	K04	163	365	美育学刊	P01	198	400
毛纺科技	E29	124	326	泌尿外科杂志(电子版)	D17	63	265
毛泽东邓小平理论研究	J01	160	362	秘书	L01	171	373
毛泽东思想研究	J01	160	362	秘书工作	L01	171	373
毛泽东研究	J01	160	362	秘书之友	L01	171	373
煤	E16	107	309	密码学报	E19	113	315
煤化工	E26	121	323	蜜蜂杂志	C08	45	247
煤矿安全	E10	97	299	绵阳师范学院学报	H03	158	360
煤矿爆破	E10	97	299	棉纺织技术	E29	124	326
煤矿机电	E10	97	299	棉花科学	C03	39	241
煤矿机械	E10	97	299	棉花学报	C03	39	241
煤矿现代化	E10	97	299	免疫学杂志	D03	54	256
煤气与热力	E16	107	309	民国档案	N08	195	397
煤炭高等教育	P04	204	406	民航学报	E38	139	341
煤炭工程	E16	107	309	民俗研究	K10	169	371

中国期刊名称类目索引(续)

期刊名称	学科代码	被引指标页码	来源指标页码	期刊名称	学科代码	被引指标页码	来源指标页码
民用飞机设计与研究	E38	139	341	木工机床	E26	121	323
民主与科学	H01	146	348	耐火材料	E08	94	296
民族大家庭	N04	191	393	耐火与石灰	E08	94	296
民族翻译	H01	146	348	南北桥	P01	198	400
民族高等教育研究	P04	204	406	南昌大学学报（工科版）	E02	86	288
民族教育研究	P01	198	400	南昌大学学报（理科版）	A02	17	219
民族文学研究	K04	163	365	南昌大学学报（人文社会科学版）	H02	152	354
民族学刊	N04	191	393	南昌大学学报（医学版）	D02	52	254
民族研究	N04	191	393	南昌工程学院学报	E02	86	288
民族艺林	K06	165	367	南昌航空大学学报（社会科学版）	H02	152	354
民族艺术	K06	165	367	南昌航空大学学报（自然科学版）	E38	139	341
民族艺术研究	K06	165	367	南昌师范学院学报	H03	158	360
民族语文	K01	161	363	南大法学	M05	187	389
闽江学院学报	H02	152	354	南都学坛	H01	146	348
闽南师范大学学报（哲学社会科学版）	H03	158	360	南方电网技术	E15	106	308
闽南师范大学学报（自然科学版）	A03	19	221	南方建筑	E31	129	331
闽台关系研究	M02	183	385	南方金融	L10	179	381
闽西职业技术学院学报	P05	207	409	南方金属	E09	95	297
名作欣赏	K04	163	365	南方经济	L01	171	373
明清小说研究	K04	163	365	南方林业科学	C07	43	245
模糊系统与数学	B01	21	223	南方论刊	N01	189	391
模式识别与人工智能	E03	89	291	南方能源建设	E16	107	309
膜科学与技术	E23	119	321	南方农村	L06	176	378
摩擦学学报	E12	100	302	南方农机	E05	91	293
摩托车技术	E35	135	337	南方农业学报	C01	36	237
模具工业	E13	101	303	南方人口	N02	190	392
模具技术	E13	101	303	南方水产科学	C10	47	249
模具制造	E13	101	303	南方文坛	K04	163	365
牡丹江大学学报	P01	198	400	南方文物	K08	168	370
牡丹江教育学院学报	P01	198	400	南方医科大学学报	D02	52	254
牡丹江师范学院学报（哲学社会科学版）	H03	158	360	南方园艺	C04	40	242
牡丹江师范学院学报（自然科学版）	A03	19	221	南方职业教育学刊	P05	207	409
牡丹江医学院学报	D02	52	254	南方自然资源	B10	28	230
木材科学与技术	C07	43	245	南海学刊	H01	146	348

中国期刊名称类目索引(续)

期刊名称	学科代码	被引指标页码	来源指标页码	期刊名称	学科代码	被引指标页码	来源指标页码
南华大学学报（社会科学版）	H02	153	354	南京中医药大学学报（社会科学版）	H02	153	355
南华大学学报（自然科学版）	A02	17	219	南开大学学报（自然科学版）	A02	17	219
南京财经大学学报	L02	174	376	南开管理评论	F01	143	345
南京大学学报（哲学·人文科学·社会科学）	H02	153	354	南开经济研究	L01	171	373
南京大学学报（自然科学版）	A02	17	219	南开学报（哲学社会科学版）	H02	153	355
南京工程学院学报（社会科学版）	H02	153	355	南宁师范大学学报（哲学社会科学版）	H03	158	360
南京工程学院学报（自然科学版）	E02	86	288	南宁师范大学学报（自然科学版）	A03	19	221
南京工业大学学报（社会科学版）	H02	153	355	南宁职业技术学院学报	P05	207	409
南京工业大学学报（自然科学版）	E02	86	288	南腔北调	K04	163	365
南京航空航天大学学报	E38	139	341	南水北调与水利科技（中英文）	E33	131	333
南京航空航天大学学报（社会科学版）	H02	153	355	南通大学学报（社会科学版）	H02	153	355
南京开放大学学报	P05	207	409	南通大学学报（医学版）	D02	52	254
南京理工大学学报（社会科学版）	H02	153	355	南通大学学报（自然科学版）	A02	17	219
南京理工大学学报（自然科学版）	E02	86	288	南通职业大学学报	P05	207	409
南京林业大学学报（人文社会科学版）	H02	153	355	南亚东南亚研究	H01	146	348
南京林业大学学报（自然科学版）	C02	38	240	南亚研究	M04	186	387
南京农业大学学报	C02	38	240	南亚研究季刊	M04	186	387
南京农业大学学报（社会科学版）	H02	153	355	南阳理工学院学报	E02	86	288
南京社会科学	H01	146	348	南阳师范学院学报	H03	158	360
南京审计大学学报	L02	174	376	南洋问题研究	M04	186	387
南京师大学报（社会科学版）	H03	158	360	南洋资料译丛	H01	146	348
南京师大学报（自然科学版）	A03	19	221	脑与神经疾病杂志	D27	67	269
南京师范大学文学院学报	H03	158	360	内江科技	A01	14	216
南京师范大学学报（工程技术版）	A03	19	221	内江师范学院学报	H03	158	360
南京体育学院学报	P07	210	412	内科	D08	58	260
南京晓庄学院学报	H02	153	355	内科急危重症杂志	D08	58	260
南京信息工程大学学报	E02	86	288	内科理论与实践	D08	58	260
南京医科大学学报（社会科学版）	H02	153	355	内陆地震	B09	28	230
南京医科大学学报（自然科学版）	D02	52	254	内蒙古财经大学学报	L02	174	376
南京艺术学院学报（美术与设计版）	K06	166	367	内蒙古大学学报（哲学社会科学版）	H02	153	355
南京艺术学院学报（音乐与表演版）	K06	166	367	内蒙古大学学报（自然科学版）	A02	17	219
南京邮电大学学报（社会科学版）	H02	153	355	内蒙古电大学刊	P01	198	400
南京邮电大学学报（自然科学版）	E21	114	316	内蒙古电力技术	E15	106	308
南京中医药大学学报	D38	79	281	内蒙古工业大学学报（自然科学版）	E02	86	288

中国期刊名称类目索引(续)

期刊名称	学科代码	被引指标页码	来源指标页码	期刊名称	学科代码	被引指标页码	来源指标页码
内蒙古公路与运输	E34	134	336	能源与节能	E16	107	309
内蒙古科技大学学报	E02	86	288	泥沙研究	E33	131	333
内蒙古科技与经济	A01	14	216	酿酒	E30	125	327
内蒙古林业	C07	43	245	酿酒科技	E30	125	327
内蒙古林业科技	C07	43	245	宁波大学学报(教育科学版)	P01	198	400
内蒙古煤炭经济	L08	177	379	宁波大学学报(理工版)	E02	86	288
内蒙古民族大学学报(社会科学版)	H02	153	355	宁波大学学报(人文科学版)	H02	153	355
内蒙古民族大学学报(自然科学版)	A02	17	219	宁波工程学院学报	E02	86	288
内蒙古气象	B08	26	228	宁波教育学院学报	P01	198	400
内蒙古社会科学	H01	146	348	宁波经济(三江论坛)	L01	171	373
内蒙古师范大学学报(教育科学版)	P01	198	400	宁波开放大学学报	P05	208	409
内蒙古师范大学学报(哲学社会科学版)	H03	158	360	宁波职业技术学院学报	P05	208	409
内蒙古师范大学学报(自然科学汉文版)	A03	19	221	宁德师范学院学报(哲学社会科学版)	H03	158	360
内蒙古石油化工	E17	109	311	宁德师范学院学报(自然科学版)	A03	19	221
内蒙古统计	Q07	211	413	宁夏大学学报(人文社会科学版)	H02	153	355
内蒙古统战理论研究	M01	181	383	宁夏大学学报(自然科学版)	A02	17	219
内蒙古医科大学学报	D02	52	254	宁夏党校学报	M02	183	385
内蒙古艺术学院学报	K06	166	367	宁夏电力	E15	106	308
内蒙古中医药	D37	78	280	宁夏工程技术	E01	82	284
内燃机	E14	103	305	宁夏农林科技	C01	36	238
内燃机工程	E14	103	305	宁夏社会科学	H01	146	348
内燃机学报	E14	103	305	宁夏师范学院学报	H03	159	360
内燃机与动力装置	E14	103	305	宁夏医科大学学报	D02	52	254
内燃机与配件	E14	103	305	宁夏医学杂志	D01	49	251
能源工程	E14	103	305	农产品质量与安全	C01	36	238
能源化工	E17	109	311	农场经济管理	L06	176	378
能源环境保护	E39	141	343	农村·农业·农民B	C01	36	238
能源技术与管理	E16	107	309	农村财务会计	L10	179	381
能源科技	E16	107	309	农村电工	E15	106	308
能源研究与管理	E14	103	305	农村电气化	E15	106	308
能源研究与利用	E16	107	309	农村金融研究	L06	176	378
能源研究与信息	E16	107	309	农村经济	L06	176	378
能源与环保	E16	107	309	农村经济与科技	L06	176	378
能源与环境	E14	103	305	农村科技	C01	36	238

中国期刊名称类目索引(续)

期刊名称	学科代码	被引指标页码	来源指标页码	期刊名称	学科代码	被引指标页码	来源指标页码
农村实用技术	C01	36	238	农业生物技术学报	C01	36	238
农电管理	C01	36	238	农业图书情报学报	N07	194	396
农机化研究	E05	91	293	农业现代化研究	E05	91	293
农机科技推广	E05	91	293	农业研究与应用	C03	39	241
农机使用与维修	E05	91	293	农业与技术	C01	36	238
农技服务	C01	36	238	农业灾害研究	C01	36	238
农垦医学	D01	49	251	农业展望	L06	176	378
农林经济管理学报	L01	171	373	农业装备技术	E05	91	293
农民科技培训	L06	176	378	农业装备与车辆工程	E05	91	293
农学学报	C01	36	238	农业资源与环境学报	E39	141	343
农药	C06	42	243	农银学刊	L10	179	381
农药科学与管理	C06	42	243	暖通空调	E31	129	331
农药学学报	C06	42	244	欧亚经济	L08	177	379
农业大数据学报	C01	36	238	欧洲研究	M04	186	388
农业发展与金融	L06	176	378	排灌机械工程学报	E05	91	293
农业工程	E05	91	293	攀登（汉文版）	N01	189	391
农业工程技术	E05	91	293	攀枝花学院学报	A02	17	219
农业工程学报	E05	91	293	皮肤病与性病	D25	66	268
农业工程与装备	E05	91	293	皮肤科学通报	D25	66	268
农业环境科学学报	E05	91	293	皮肤性病诊疗学杂志	D25	67	268
农业机械学报	E05	91	293	皮革科学与工程	E26	121	323
农业技术经济	L06	176	378	皮革与化工	E26	121	323
农业技术与装备	E05	91	293	皮革制作与环保科技	E26	121	323
农业经济	L06	176	378	品牌与标准化	H01	146	348
农业经济问题	L06	176	378	平顶山学院学报	P01	199	400
农业经济与管理	L06	176	378	萍乡学院学报	H02	153	355
农业开发与装备	E05	91	293	鄱阳湖学刊	N04	191	393
农业考古	K10	169	371	莆田学院学报	A02	17	219
农业科技管理	C01	36	238	蒲松龄研究	K08	168	370
农业科技通讯	C01	36	238	濮阳职业技术学院学报	P05	208	409
农业科技与信息	C01	36	238	普洱学院学报	P01	199	400
农业科技与装备	E05	91	293	七彩语文（教师论坛）	P03	202	404
农业科学研究	C01	36	238	齐鲁工业大学学报	E02	86	288
农业科研经济管理	L06	176	378	齐鲁护理杂志	D30	70	272

中国期刊名称类目索引（续）

期刊名称	学科代码	被引指标页码	来源指标页码	期刊名称	学科代码	被引指标页码	来源指标页码
齐鲁师范学院学报	H03	159	360	汽车科技	E35	135	337
齐鲁石油化工	E17	109	311	汽车零部件	E34	134	336
齐鲁学刊	H01	146	348	汽车实用技术	E34	134	336
齐鲁艺苑	K06	166	367	汽车维修	E34	134	336
齐齐哈尔大学学报（哲学社会科学版）	H02	153	355	汽车与新动力	E15	106	308
齐齐哈尔大学学报（自然科学版）	A02	17	219	汽车制造业	E34	134	336
齐齐哈尔师范高等专科学校学报	H03	159	360	汽轮机技术	E14	103	305
旗帜	M01	181	383	器官移植	D14	60	262
企业改革与管理	F01	143	345	前进	M01	181	383
企业经济	L04	175	377	前线	M01	181	383
企业科技与发展	L01	172	373	前沿	H01	146	348
起重运输机械	E13	101	303	前沿科学	A01	14	216
气候变化研究进展	B08	26	228	黔南民族师范学院学报	H03	159	360
气候与环境研究	B08	27	228	黔南民族医专学报	D02	52	254
气体物理	B03	22	224	强度与环境	E38	139	341
气象	B08	27	229	强激光与粒子束	B04	23	225
气象科技	B08	27	229	桥梁建设	E37	137	339
气象科技进展	B08	27	229	秦智	N01	189	391
气象科学	B08	27	229	青岛大学学报（工程技术版）	E02	86	288
气象水文海洋仪器	E13	101	303	青岛大学学报（医学版）	D02	52	254
气象学报	B08	27	229	青岛大学学报（自然科学版）	A02	17	219
气象研究与应用	B08	27	229	青岛科技大学学报（社会科学版）	H02	153	355
气象与环境科学	B08	27	229	青岛科技大学学报（自然科学版）	E02	86	288
气象与环境学报	B08	27	229	青岛理工大学学报	E02	86	288
气象与减灾研究	B08	27	229	青岛农业大学学报（社会科学版）	H02	153	355
气象灾害防御	B08	27	229	青岛农业大学学报（自然科学版）	C02	38	240
汽车安全与节能学报	E35	135	337	青岛医药卫生	D01	49	251
汽车电器	E15	106	308	青岛远洋船员职业学院学报	P05	208	409
汽车工程	E35	135	337	青岛职业技术学院学报	P05	208	410
汽车工程学报	E35	135	337	青海大学学报（自然科学版）	A02	17	219
汽车工业研究	E34	134	336	青海电力	E15	106	308
汽车工艺师	E34	134	336	青海国土经略	L01	172	373
汽车工艺与材料	E34	134	336	青海湖	K04	163	365
汽车技术	E35	135	337	青海环境	E39	141	343

中国期刊名称类目索引(续)

期刊名称	学科代码	被引指标页码	来源指标页码	期刊名称	学科代码	被引指标页码	来源指标页码
青海教育	P01	199	400	清洗世界	E23	119	321
青海金融	L10	179	381	清远职业技术学院学报	P05	208	410
青海科技	A01	14	216	情报工程	N07	194	396
青海民族大学学报(社会科学版)	H02	153	355	情报科学	N07	194	396
青海民族研究	N04	191	393	情报理论与实践	N07	194	396
青海农技推广	C01	36	238	情报探索	N07	194	396
青海农林科技	C01	36	238	情报学报	N07	195	396
青海社会科学	H01	146	348	情报杂志	N07	195	396
青海师范大学学报(哲学社会科学版)	H03	159	361	情报资料工作	N07	195	396
青海师范大学学报(自然科学版)	A03	19	221	情感读本	N01	190	391
青海畜牧兽医杂志	C08	45	247	求实	M01	181	383
青海医药杂志	D01	49	251	求是	M01	181	383
青年发展论坛	P05	208	410	求是学刊	H01	146	348
青年记者	K04	164	365	求索	H01	146	348
青年探索	N01	190	391	求知	H01	146	348
青年学报	M02	183	385	区域供热	E16	108	309
青年研究	N01	190	391	区域金融研究	L10	179	381
青少年犯罪问题	M07	189	391	区域经济评论	L01	172	373
青少年体育	P07	210	412	曲阜师范大学学报(自然科学版)	A03	19	221
青少年学刊	N01	190	391	曲靖师范学院学报	H03	159	361
青少年研究与实践	M02	183	385	全科护理	D30	71	272
青藏高原论坛	H01	146	348	全科医学临床与教育	D05	55	257
轻纺工业与技术	E29	124	326	全媒体探索	N05	193	394
轻工标准与质量	E01	82	284	全面腐蚀控制	E08	94	296
轻工机械	E13	101	303	全球传媒学刊	N05	193	395
轻工学报	E30	125	327	全球定位系统	E07	93	295
轻合金加工技术	E13	101	303	全球化	L01	172	374
轻金属	E09	95	297	全球教育展望	P01	199	401
清华大学教育研究	P01	199	400	全球科技经济瞭望	L01	172	374
清华大学学报(哲学社会科学版)	H02	153	355	全球能源互联网	E16	108	309
清华大学学报(自然科学版)	E02	86	288	泉州师范学院学报	H03	159	361
清华法学	M05	188	389	拳击与格斗	P07	210	412
清华金融评论	L01	172	373	群文天地	N01	190	392
清史研究	K08	168	370	燃料化学学报(中英文)	E16	108	310

中国期刊名称类目索引(续)

期刊名称	学科代码	被引指标页码	来源指标页码	期刊名称	学科代码	被引指标页码	来源指标页码
燃料与化工	E23	119	321	人口与经济	N02	190	392
燃气轮机技术	E14	103	305	人口与社会	N02	191	392
燃气涡轮试验与研究	E13	101	303	人类工效学	E01	82	284
燃烧科学与技术	E14	103	305	人类居住	N02	191	392
染料与染色	E29	124	326	人类学学报	B13	32	234
染整技术	E29	124	326	人力资源	N02	191	392
热处理	E13	101	303	人民长江	E33	131	333
热处理技术与装备	E13	101	303	人民公交	E34	134	336
热带病与寄生虫学	D32	72	274	人民黄河	E33	131	333
热带地理	B10	28	230	人民检察	M07	189	391
热带海洋学报	B12	31	233	人民教育	P03	202	404
热带林业	C07	43	245	人民论坛	M07	189	391
热带农业工程	E05	91	293	人民论坛·学术前沿	N01	190	392
热带农业科技	C03	39	241	人民音乐	K06	166	368
热带农业科学	C01	36	238	人民珠江	E33	132	333
热带气象学报	B08	27	229	人参研究	C04	40	242
热带生物学报	B13	32	234	人文地理	K08	168	370
热带亚热带植物学报	B15	33	235	人文天下	K06	166	368
热带医学杂志	D32	72	274	人文杂志	H01	146	348
热带作物学报	C03	39	241	人与生物圈	N01	190	392
热固性树脂	E23	119	321	日本侵华南京大屠杀研究	M04	186	388
热加工工艺	E13	101	303	日本问题研究	M04	186	388
热科学与技术	B04	23	225	日本学刊	M04	186	388
热力发电	E15	106	308	日本研究	M04	186	388
热力透平	E14	103	305	日用电器	E15	106	308
热能动力工程	E14	103	305	日语学习与研究	K03	162	364
热喷涂技术	E01	82	284	肉类工业	E30	125	327
人才资源开发	N02	190	392	肉类研究	E30	125	327
人大研究	M01	181	383	乳品与人类	E30	125	327
人工晶体学报	E08	94	296	乳业科学与技术	E30	125	327
人工智能	E22	116	318	软件	E22	116	318
人口学刊	N02	190	392	软件导刊	E22	116	318
人口研究	N02	190	392	软件工程	E22	116	318
人口与发展	N02	190	392	软件学报	E22	116	318

469

中国期刊名称类目索引(续)

期刊名称	学科代码	被引指标页码	来源指标页码	期刊名称	学科代码	被引指标页码	来源指标页码
软科学	H01	146	348	山东工商学院学报	L02	174	376
润滑油	E08	94	296	山东工业技术	E01	82	284
润滑与密封	E01	82	284	山东工艺美术学院学报	K06	166	368
三晋基层治理	M01	181	383	山东国土资源	B10	28	230
三门峡职业技术学院学报	P05	208	410	山东化工	E23	119	321
三明学院学报	P01	199	401	山东建筑大学学报	E31	129	331
三峡大学学报（人文社会科学版）	H02	153	355	山东交通科技	E34	134	336
三峡大学学报（自然科学版）	E33	132	333	山东交通学院学报	E34	134	336
三峡生态环境监测	E39	141	343	山东警察学院学报	M05	188	389
散装水泥	E08	95	296	山东开放大学学报	P05	208	410
色谱	B05	25	227	山东科技大学学报（社会科学版）	H02	153	355
森林防火	C07	43	245	山东科技大学学报（自然科学版）	E02	87	288
森林工程	C07	43	245	山东科学	A01	14	216
森林与环境学报	C07	43	245	山东理工大学学报（社会科学版）	H02	153	355
沙漠与绿洲气象	B08	27	229	山东理工大学学报（自然科学版）	E02	87	288
沙洲职业工学院学报	P05	208	410	山东林业科技	C07	43	245
山地农业生物学报	C01	36	238	山东煤炭科技	E16	108	310
山地学报	B10	28	230	山东农机化	E05	91	293
山东财经大学学报	L02	174	376	山东农业大学学报（社会科学版）	H02	153	355
山东大学耳鼻喉眼学报	D23	65	267	山东农业大学学报（自然科学版）	C02	38	240
山东大学学报（工学版）	E02	86	288	山东农业工程学院学报	C02	38	240
山东大学学报（理学版）	A02	17	219	山东农业科学	C01	36	238
山东大学学报（医学版）	D02	52	254	山东女子学院学报	M02	183	385
山东大学学报（哲学社会科学版）	H02	153	355	山东青年政治学院学报	M02	183	385
山东档案	N08	195	397	山东商业职业技术学院学报	P05	208	410
山东第一医科大学（山东省医学科学院）学报	D02	52	254	山东社会科学	H01	146	348
山东电力高等专科学校学报	E15	106	308	山东师范大学学报（社会科学版）	H03	159	361
山东电力技术	E15	106	308	山东师范大学学报（自然科学版）	A03	19	221
山东法官培训学院学报	M05	188	389	山东石油化工学院学报	E17	109	311
山东纺织经济	E29	124	326	山东水利	E33	132	334
山东纺织科技	E29	124	326	山东陶瓷	E23	119	321
山东高等教育	P04	204	406	山东体育科技	P07	210	412
山东工会论坛	M01	181	383	山东体育学院学报	P07	210	412
				山东通信技术	E21	114	316

中国期刊名称类目索引(续)

期刊名称	学科代码	被引指标页码	来源指标页码	期刊名称	学科代码	被引指标页码	来源指标页码
山东图书馆学刊	N06	194	396	山西青年职业学院学报	P05	208	410
山东外语教学	K03	162	364	山西社会主义学院学报	M02	183	385
山东行政学院学报	M02	183	385	山西省政法管理干部学院学报	M05	188	390
山东畜牧兽医	C08	45	247	山西师大学报（社会科学版）	H03	159	361
山东冶金	E11	98	300	山西师范大学学报（自然科学版）	A03	20	221
山东医学高等专科学校学报	D02	52	254	山西水利科技	E33	132	334
山东医药	D01	49	251	山西水土保持科技	E05	91	293
山东艺术	K06	166	368	山西卫生健康职业学院学报	P05	208	410
山东中医药大学学报	D38	79	281	山西文学	K04	164	365
山东中医杂志	D37	78	280	山西医科大学学报	D02	53	254
山西财经大学学报	L02	174	376	山西医药杂志	D01	49	251
山西财政税务专科学校学报	L02	174	376	山西中医	D37	78	280
山西大同大学学报（社会科学版）	H02	153	355	山西中医药大学学报	D38	79	281
山西大同大学学报（自然科学版）	A02	17	219	陕西档案	N08	195	397
山西大学学报（哲学社会科学版）	H02	153	355	陕西地质	B11	30	232
山西大学学报（自然科学版）	A02	17	219	陕西开放大学学报	P05	208	410
山西档案	N08	195	397	陕西科技大学学报	E02	87	288
山西地震	B11	30	232	陕西理工大学学报（社会科学版）	H02	154	355
山西电力	E15	106	308	陕西理工大学学报（自然科学版）	E02	87	289
山西电子技术	E03	89	291	陕西林业科技	C07	43	245
山西高等学校社会科学学报	H01	146	348	陕西煤炭	E16	108	310
山西广播电视大学学报	P05	208	410	陕西农业科学	C01	36	238
山西建筑	E31	129	331	陕西气象	B08	27	229
山西交通科技	E34	134	336	陕西青年职业学院学报	P05	208	410
山西焦煤科技	E16	108	310	陕西社会主义学院学报	M02	183	385
山西经济管理干部学院学报	M02	183	385	陕西师范大学学报（哲学社会科学版）	H03	159	361
山西警察学院学报	M05	188	389	陕西师范大学学报（自然科学版）	A03	20	222
山西林业	C07	43	245	陕西水利	E33	132	334
山西林业科技	C07	43	245	陕西行政学院学报	M02	183	385
山西煤炭	E16	108	310	陕西学前师范学院学报	H03	159	361
山西农业大学学报（社会科学版）	H02	153	355	陕西医学杂志	D01	49	251
山西农业大学学报（自然科学版）	C02	38	240	陕西中医	D37	78	280
山西农业科学	C01	36	238	陕西中医药大学学报	D38	79	281
山西青年	K04	164	365	汕头大学学报（人文社会科学版）	H02	154	355

中国期刊名称类目索引(续)

期刊名称	学科代码	被引指标页码	来源指标页码	期刊名称	学科代码	被引指标页码	来源指标页码
汕头大学学报(自然科学版)	A02	17	219	上海海事大学学报	E37	137	339
汕头大学医学院学报	D02	53	254	上海海洋大学学报	C10	47	249
伤害医学(电子版)	D01	49	251	上海航天(中英文)	E38	139	341
商场现代化	L08	177	379	上海护理	D30	71	272
商洛学院学报	P01	199	401	上海环境科学	E39	141	343
商丘师范学院学报	H03	159	361	上海计量测试	E01	82	284
商丘职业技术学院学报	P05	208	410	上海建材	E31	129	331
商学研究	L01	172	374	上海建设科技	E31	129	331
商业观察	L01	172	374	上海交通大学学报	E34	134	336
商业经济	L01	172	374	上海交通大学学报(医学版)	D02	53	255
商业经济研究	L04	175	377	上海交通大学学报(哲学社会科学版)	H02	154	356
商业经济与管理	L04	175	377	上海教育科研	P01	199	401
商业会计	L05	175	377	上海节能	E16	108	310
商业研究	L08	177	379	上海金融	L10	180	381
上海财经大学学报(哲学社会科学版)	H02	154	355	上海金属	E09	96	297
上海城市管理	F01	143	345	上海经济	L08	177	379
上海城市规划	E31	129	331	上海经济研究	L08	177	379
上海大学学报(社会科学版)	H02	154	356	上海课程教学研究	P01	199	401
上海大学学报(自然科学版)	A02	17	219	上海口腔医学	D24	66	268
上海大中型电机	E15	106	308	上海理工大学学报	E02	87	289
上海党史与党建	M01	181	383	上海理工大学学报(社会科学版)	H02	154	356
上海地方志	N08	195	397	上海立信会计金融学院学报	L02	174	376
上海第二工业大学学报	E02	87	289	上海煤气	E16	108	310
上海电机学院学报	E15	106	308	上海农村经济	L06	176	378
上海电力大学学报	E15	106	308	上海农业科技	C01	36	238
上海电气技术	E15	106	308	上海农业学报	C01	36	238
上海对外经贸大学学报	L02	174	376	上海汽车	E34	134	336
上海翻译	K01	161	363	上海染料	E25	121	323
上海纺织科技	E29	125	326	上海商学院学报	L02	174	376
上海工程技术大学学报	E02	87	289	上海师范大学学报(哲学社会科学版)	H03	159	361
上海公安学院学报	M02	183	385	上海师范大学学报(自然科学版)	A03	20	222
上海公路	E34	134	336	上海市经济管理干部学院学报	M02	183	385
上海管理科学	F01	143	345	上海市社会主义学院学报	M02	183	385
上海国土资源	B10	28	230	上海蔬菜	C04	41	242

中国期刊名称类目索引（续）

期刊名称	学科代码	被引指标页码	来源指标页码	期刊名称	学科代码	被引指标页码	来源指标页码
上海塑料	E24	120	322	社会科学家	H01	147	349
上海体育学院学报	P07	210	412	社会科学论坛	H01	147	349
上海涂料	E25	121	323	社会科学研究	H01	147	349
上海文化（文化研究）	N04	191	393	社会科学战线	H01	147	349
上海行政学院学报	M02	184	385	社会学评论	N01	190	392
上海畜牧兽医通讯	C08	45	247	社会学研究	N01	190	392
上海医学	D01	49	251	社会主义核心价值观研究	N01	190	392
上海医药	D01	49	251	社会主义论坛	M01	181	383
上海预防医学	D31	71	273	社会主义研究	J01	160	362
上海针灸杂志	D41	80	282	社科纵横	H01	147	349
上海政法学院学报	M05	188	390	社区医学杂志	D01	49	251
上海中学数学	P03	202	404	参花	K04	164	365
上海中医药大学学报	D38	79	281	深圳大学学报（理工版）	E02	87	289
上海中医药杂志	D37	78	280	深圳大学学报（人文社会科学版）	H02	154	356
上饶师范学院学报	H03	159	361	深圳社会科学	H01	147	349
烧结球团	E11	98	300	深圳信息职业技术学院学报	P05	208	410
韶关学院学报	H02	154	356	深圳职业技术学院学报	P05	208	410
邵阳学院学报（社会科学版）	H02	154	356	深圳中西医结合杂志	D39	80	281
邵阳学院学报（自然科学版）	A02	17	219	神经病学与神经康复学杂志	D27	67	269
蛇志	D05	55	257	神经疾病与精神卫生	D27	67	269
设备管理与维修	E01	82	284	神经解剖学杂志	D03	54	256
设备监理	E01	82	284	神经损伤与功能重建	D27	67	269
设计	E01	82	284	神经药理学报	D36	75	277
设计艺术研究	P01	199	401	沈阳大学学报（社会科学版）	H02	154	356
社会	N01	190	392	沈阳大学学报（自然科学版）	A02	17	219
社会保障评论	N02	191	392	沈阳工程学院学报（社会科学版）	H02	154	356
社会保障研究	N02	191	393	沈阳工程学院学报（自然科学版）	E02	87	289
社会发展研究	H01	146	348	沈阳工业大学学报	E02	87	289
社会工作	N01	190	392	沈阳工业大学学报（社会科学版）	H02	154	356
社会工作与管理	H01	146	348	沈阳航空航天大学学报	E38	139	341
社会建设	H01	146	348	沈阳化工大学学报	E23	119	321
社会科学	H01	146	348	沈阳建筑大学学报（社会科学版）	H02	154	356
社会科学动态	H01	147	348	沈阳建筑大学学报（自然科学版）	E31	129	331
社会科学辑刊	H01	147	348	沈阳理工大学学报	E02	87	289

中国期刊名称类目索引(续)

期刊名称	学科代码	被引指标页码	来源指标页码	期刊名称	学科代码	被引指标页码	来源指标页码
沈阳农业大学学报	C02	38	240	生物技术进展	B13	32	234
沈阳农业大学学报（社会科学版）	H02	154	356	生物技术通报	E04	90	292
沈阳师范大学学报（教育科学版）	P01	199	401	生物加工过程	E04	90	292
沈阳师范大学学报（社会科学版）	H03	159	361	生物信息学	B13	32	234
沈阳师范大学学报（自然科学版）	A03	20	222	生物学教学	P03	202	404
沈阳体育学院学报	P07	210	412	生物学通报	B13	32	234
沈阳药科大学学报	D02	53	255	生物学杂志	B13	32	234
沈阳医学院学报	D02	53	255	生物医学工程学进展	D03	54	256
审计研究	L05	175	377	生物医学工程学杂志	E06	92	294
审计与经济研究	L05	175	377	生物医学工程研究	E06	92	294
审计与理财	L10	180	381	生物医学工程与临床	E06	92	294
肾脏病与透析肾移植杂志	D17	63	265	生物医学转化	D03	54	256
生产力研究	L01	172	374	生物灾害科学	C06	42	244
生理科学进展	B13	32	234	生物质化学工程	E23	119	321
生理学报	B13	32	234	生物资源	B13	32	234
生命的化学	B13	32	234	生殖医学杂志	D33	73	275
生命科学	B13	32	234	声屏世界	N05	193	395
生命科学研究	B13	32	234	声学技术	B04	23	225
生命科学仪器	E27	122	324	声学学报	B04	23	225
生态毒理学报	B14	33	235	声学与电子工程	E01	82	284
生态环境学报	B14	33	235	失效分析与预防	E12	100	302
生态经济	L06	176	378	施工企业管理	F01	143	345
生态科学	B14	33	235	湿地科学	B10	28	230
生态文化	B14	33	235	湿地科学与管理	B10	29	230
生态学报	B14	33	235	湿法冶金	E11	98	300
生态学杂志	B14	33	235	石材	E08	95	296
生态与农村环境学报	E05	91	293	石河子大学学报（哲学社会科学版）	H02	154	356
生物安全学报	B13	32	234	石河子大学学报（自然科学版）	A02	17	219
生物多样性	B13	32	234	石河子科技	A01	14	216
生物工程学报	E04	90	292	石化技术	E17	109	311
生物骨科材料与临床研究	D18	63	265	石化技术与应用	E26	121	323
生物化工	B13	32	234	石家庄铁道大学学报（社会科学版）	H02	154	356
生物化学与生物物理进展	B13	32	234	石家庄铁道大学学报（自然科学版）	E36	136	338
生物技术	B13	32	234	石家庄铁路职业技术学院学报	P05	208	410

中国期刊名称类目索引(续)

期刊名称	学科代码	被引指标页码	来源指标页码	期刊名称	学科代码	被引指标页码	来源指标页码
石家庄学院学报	P01	199	401	石油学报	E17	110	312
石家庄职业技术学院学报	P05	208	410	石油学报（石油加工）	E17	110	312
石窟与土遗址保护研究	K10	169	371	石油与天然气地质	E17	110	312
石油地球物理勘探	E17	109	311	石油与天然气化工	E17	110	312
石油地质与工程	E17	109	311	石油政工研究	M01	181	383
石油工程建设	E17	109	311	石油知识	E17	110	312
石油工业技术监督	E17	109	311	石油钻采工艺	E17	110	312
石油管材与仪器	E13	101	303	石油钻探技术	E17	110	312
石油和化工设备	E26	121	323	时代法学	M05	188	390
石油化工	E17	109	311	时代建筑	E31	129	331
石油化工安全环保技术	E17	109	311	时代经贸	L08	177	379
石油化工腐蚀与防护	E17	109	311	时代汽车	E34	134	336
石油化工高等学校学报	E17	109	311	时间频率学报	B06	25	227
石油化工管理干部学院学报	M02	184	385	时空信息学报	B10	29	231
石油化工技术与经济	E17	109	311	时尚设计与工程	K06	166	368
石油化工建设	E26	121	323	时珍国医国药	D37	78	280
石油化工设备	E23	119	321	实事求是	M01	181	383
石油化工设备技术	E17	109	311	实验动物科学	B16	34	236
石油化工设计	E17	109	311	实验动物与比较医学	D03	54	256
石油化工应用	E17	109	311	实验技术与管理	E01	82	284
石油化工自动化	E23	119	321	实验教学与仪器	P03	202	404
石油机械	E17	109	311	实验科学与技术	A01	14	216
石油勘探与开发	E17	109	311	实验力学	B03	22	224
石油科技论坛	E17	109	311	实验流体力学	E38	139	341
石油科学通报	E17	109	311	实验室科学	A01	14	216
石油库与加油站	E17	110	311	实验室研究与探索	F01	143	345
石油矿场机械	E17	110	311	实验与检验医学	D06	57	259
石油沥青	E17	110	312	实用癌症杂志	D29	69	271
石油炼制与化工	E17	110	312	实用防盲技术	D23	65	267
石油商技	E17	110	312	实用放射学杂志	D28	68	270
石油石化节能	E17	110	312	实用妇产科杂志	D20	64	266
石油石化绿色低碳	E17	110	312	实用妇科内分泌电子杂志	D12	59	261
石油实验地质	E17	110	312	实用肝脏病杂志	D10	59	261
石油物探	E17	110	312	实用骨科杂志	D18	63	265

中国期刊名称类目索引(续)

期刊名称	学科代码	被引指标页码	来源指标页码	期刊名称	学科代码	被引指标页码	来源指标页码
实用检验医师杂志	D06	57	259	食品与健康	E30	126	328
实用口腔医学杂志	D24	66	268	食品与生物技术学报	E30	126	328
实用老年医学	D07	57	259	食品与药品	E30	126	328
实用临床医学	D05	55	257	食用菌	C04	41	242
实用临床医药杂志	D05	55	257	食用菌学报	C04	41	243
实用皮肤病学杂志	D25	67	268	史林	K08	168	370
实用器官移植电子杂志	D14	60	262	史学集刊	K08	168	370
实用手外科杂志	D18	63	265	史学理论研究	K08	168	370
实用心电学杂志	D16	62	264	史学史研究	K08	168	370
实用心脑肺血管病杂志	D16	62	264	史学月刊	K08	168	370
实用休克杂志（中英文）	D01	49	251	史志学刊	K08	168	370
实用药物与临床	D36	75	277	世界地理研究	B10	29	231
实用医技杂志	D05	55	257	世界地震工程	B09	28	230
实用医学影像杂志	D28	68	270	世界地质	B11	30	232
实用医学杂志	D05	55	257	世界电影	K06	166	368
实用医院临床杂志	D05	55	257	世界复合医学	D01	49	251
实用预防医学	D31	71	273	世界海运	E37	137	339
实用中西医结合临床	D37	78	280	世界汉语教学	K01	161	363
实用中医内科杂志	D37	78	280	世界核地质科学	E18	111	313
实用中医药杂志	D37	78	280	世界华文文学论坛	K05	164	366
实用肿瘤学杂志	D29	69	271	世界环境	E39	141	343
实用肿瘤杂志	D29	69	271	世界建筑	E31	129	331
食管疾病	D10	59	261	世界教育信息	P01	199	401
食品安全质量检测学报	E30	125	327	世界经济	L01	172	374
食品工程	E30	125	327	世界经济文汇	L01	172	374
食品工业	E30	126	327	世界经济研究	L01	172	374
食品工业科技	E30	126	327	世界经济与政治	M04	186	388
食品科技	E30	126	328	世界经济与政治论坛	L01	172	374
食品科学	E30	126	328	世界科技研究与发展	H01	147	349
食品科学技术学报	E30	126	328	世界科学技术—中医药现代化	D37	78	280
食品研究与开发	E30	126	328	世界历史	K08	168	370
食品与发酵工业	E30	126	328	世界林业研究	C07	43	245
食品与发酵科技	E30	126	328	世界临床药物	D36	75	277
食品与机械	E30	126	328	世界美术	K06	166	368

中国期刊名称类目索引（续）

期刊名称	学科代码	被引指标页码	来源指标页码	期刊名称	学科代码	被引指标页码	来源指标页码
世界民族	N04	191	393	数据分析与知识发现	N06	194	396
世界农药	C06	42	244	数据通信	E21	115	317
世界农业	C01	36	238	数据与计算发展前沿	E22	116	318
世界桥梁	E34	134	336	数理化解题研究	P03	202	404
世界热带农业信息	C03	39	241	数理天地（初中版）	B01	21	223
世界社会科学	M04	186	388	数理天地（高中版）	B01	21	223
世界石油工业	E16	108	310	数理统计与管理	B01	21	223
世界睡眠医学杂志	D01	49	251	数理医药学杂志	D03	54	256
世界哲学	J02	160	362	数量经济技术经济研究	L04	175	377
世界知识	M01	181	383	数学的实践与认识	B01	21	223
世界制造技术与装备市场	E13	102	303	数学建模及其应用	B01	21	223
世界中西医结合杂志	D39	80	281	数学教学通讯	B01	21	223
世界中医药	D37	78	280	数学教学研究	B01	21	223
世界竹藤通讯	C01	36	238	数学教育学报	B01	21	223
世界宗教文化	J03	160	362	数学进展	B01	21	223
世界宗教研究	J03	161	362	数学理论与应用	B01	21	223
市场论坛	L08	177	379	数学年刊 A 辑	B01	21	223
市政技术	E01	82	284	数学通报	B01	21	223
市政设施管理	E01	82	284	数学物理学报	B01	21	223
视听	N01	190	392	数学学报	B01	21	223
视听界	N01	190	392	数学杂志	B01	21	223
室内设计与装修	E31	129	331	数值计算与计算机应用	E22	117	318
手术电子杂志	D14	60	262	数字出版研究	E03	89	291
首都公共卫生	D31	71	273	数字传媒研究	E03	89	291
首都经济贸易大学学报	L02	174	376	数字海洋与水下攻防	E28	123	325
首都师范大学学报（社会科学版）	H03	159	361	数字技术与应用	E03	89	291
首都师范大学学报（自然科学版）	A03	20	222	数字教育	E03	89	291
首都食品与医药	D01	49	251	数字经济	E21	115	317
首都体育学院学报	P07	210	412	数字农业与智能农机	E05	91	293
首都医科大学学报	D02	53	255	数字人文研究	H01	147	349
兽类学报	B16	34	236	数字通信世界	E03	89	291
书法研究	K06	166	368	数字图书馆论坛	N06	194	396
蔬菜	C04	41	243	数字与缩微影像	E01	82	284
数据采集与处理	E21	115	316	水泵技术	E27	123	324

中国期刊名称类目索引(续)

期刊名称	学科代码	被引指标页码	来源指标页码	期刊名称	学科代码	被引指标页码	来源指标页码
水产科技情报	C10	47	249	水泥技术	E26	122	323
水产科学	C10	47	249	水生生物学报	B13	32	234
水产学报	C10	47	249	水生态学杂志	B14	33	235
水产学杂志	C10	47	249	水土保持通报	E05	91	293
水产养殖	C10	47	249	水土保持学报	E05	91	293
水处理技术	E39	141	343	水土保持研究	E05	91	293
水道港口	E37	137	339	水土保持应用技术	E05	91	293
水电能源科学	E16	108	310	水文	B12	31	233
水电与抽水蓄能	E33	132	334	水文地质工程地质	B12	31	233
水电与新能源	E33	132	334	水下无人系统学报	E28	124	325
水电站机电技术	E33	132	334	水运工程	E37	137	339
水电站设计	E33	132	334	水运管理	E37	137	339
水动力学研究与进展 A 辑	E33	132	334	水资源保护	E33	132	334
水科学进展	E33	132	334	水资源开发与管理	E33	132	334
水科学与工程技术	E33	132	334	水资源与水工程学报	E33	132	334
水力发电	E33	132	334	税收经济研究	L10	180	381
水力发电学报	E33	132	334	税务研究	L10	180	381
水利发展研究	E33	132	334	税务与经济	L10	180	382
水利规划与设计	E33	132	334	顺德职业技术学院学报	P05	208	410
水利技术监督	E33	132	334	司法警官职业教育研究	P05	208	410
水利建设与管理	E33	132	334	丝绸	E29	125	326
水利经济	E33	132	334	丝绸之路	K04	164	366
水利科技与经济	E33	132	334	丝网印刷	E26	122	324
水利科学与寒区工程	E33	132	334	思想教育研究	M01	181	383
水利水电工程设计	E33	132	334	思想理论教育	P01	199	401
水利水电技术（中英文）	E33	132	334	思想理论教育导刊	P03	202	404
水利水电科技进展	E33	132	334	思想战线	H01	147	349
水利水电快报	E33	132	334	思想政治教育研究	P04	204	406
水利水运工程学报	E33	132	334	思想政治课教学	M01	181	383
水利信息化	E33	132	334	思想政治课研究	P01	199	401
水利学报	E33	132	334	四川蚕业	C08	45	247
水利与建筑工程学报	E33	132	334	四川大学学报（医学版）	D02	53	255
水泥	E26	121	323	四川大学学报（哲学社会科学版）	H02	154	356
水泥工程	E26	122	323	四川大学学报（自然科学版）	A02	17	219

中国期刊名称类目索引(续)

期刊名称	学科代码	被引指标页码	来源指标页码	期刊名称	学科代码	被引指标页码	来源指标页码
四川档案	N08	195	397	四川医学	D01	49	251
四川地震	B07	26	228	四川有色金属	E09	96	297
四川地质学报	B11	30	232	四川职业技术学院学报	P05	208	410
四川电力技术	E15	106	308	四川中医	D37	78	280
四川动物	B16	34	236	饲料博览	C08	45	247
四川化工	E23	119	321	饲料工业	C08	45	247
四川环境	E39	141	343	饲料研究	C08	45	247
四川建筑	E31	129	331	苏州大学学报（法学版）	M05	188	390
四川建筑科学研究	E31	129	331	苏州大学学报（教育科学版）	P01	199	401
四川解剖学杂志	D03	54	256	苏州大学学报（社会科学版）	H02	154	356
四川精神卫生	D27	67	269	苏州工艺美术职业技术学院学报	P05	208	410
四川警察学院学报	M05	188	390	苏州教育学院学报	P01	199	401
四川林业科技	C07	43	245	苏州科技大学学报（工程技术版）	E02	87	289
四川旅游学院学报	L02	174	376	苏州科技大学学报（社会科学版）	H02	154	356
四川民族学院学报	P01	199	401	苏州科技大学学报（自然科学版）	E02	87	289
四川农业大学学报	C02	38	240	苏州市职业大学学报	P05	208	410
四川农业科技	C01	36	238	宿州教育学院学报	P01	199	401
四川农业与农机	E05	91	293	宿州学院学报	A02	17	219
四川轻化工大学学报（自然科学版）	E23	119	321	塑料	E24	120	322
四川生理科学杂志	B13	32	234	塑料包装	E01	82	284
四川省干部函授学院学报	M02	184	385	塑料工业	E24	120	322
四川省社会主义学院学报	M02	184	385	塑料科技	E24	120	322
四川师范大学学报（社会科学版）	H03	159	361	塑料助剂	E24	120	322
四川师范大学学报（自然科学版）	A03	20	222	塑性工程学报	E13	102	303
四川水力发电	E33	132	334	隧道与地下工程灾害防治	E35	135	337
四川水利	E33	133	334	塔里木大学学报	A02	17	219
四川体育科学	P07	210	412	台州学院学报	A02	17	219
四川图书馆学报	N06	194	396	台湾农业探索	L06	176	378
四川文理学院学报	P01	199	401	台湾研究	N01	190	392
四川文物	K10	169	371	台湾研究集刊	N01	190	392
四川戏剧	K06	166	368	太赫兹科学与电子信息学报	E19	113	315
四川行政学院学报	M02	184	386	太平洋学报	M04	186	388
四川畜牧兽医	C08	45	247	太阳能	E18	111	313
四川冶金	E11	98	300	太阳能学报	E16	108	310

中国期刊名称类目索引(续)

期刊名称	学科代码	被引指标页码	来源指标页码	期刊名称	学科代码	被引指标页码	来源指标页码
太原城市职业技术学院学报	P05	208	410	特种铸造及有色合金	E13	102	304
太原科技大学学报	E02	87	289	体育画报	P07	210	412
太原理工大学学报	E02	87	289	体育教学	P07	210	412
太原理工大学学报（社会科学版）	H02	154	356	体育教育学刊	P07	210	412
太原师范学院学报（自然科学版）	A03	20	222	体育科技	P07	210	412
太原学院学报（社会科学版）	H02	154	356	体育科技文献通报	P07	210	412
太原学院学报（自然科学版）	P01	199	401	体育科学	P07	211	412
钛工业进展	E09	96	298	体育科学研究	P07	211	412
泰山学院学报	A02	17	219	体育科研	P07	211	412
泰州职业技术学院学报	P05	208	410	体育师友	P07	211	412
弹性体	E24	120	322	体育文化导刊	P07	211	413
炭素	E23	119	321	体育学刊	P07	211	413
炭素技术	E23	119	321	体育学研究	H02	154	356
探测与控制学报	E28	124	325	体育研究与教育	P07	211	413
探求	M01	181	383	体育与科学	P07	211	413
探索	M01	181	383	天地一体化信息网络	E21	115	317
探索与争鸣	H01	147	349	天风	J03	161	362
唐都学刊	H01	147	349	天府新论	H01	147	349
唐山师范学院学报	H03	159	361	天工	K06	166	368
唐山学院学报	P01	199	401	天津城建大学学报	E31	129	331
糖尿病新世界	D08	58	260	天津大学学报（社会科学版）	H02	154	356
陶瓷	E23	119	321	天津大学学报（自然科学与工程技术版）	E02	87	289
陶瓷学报	E23	119	321	天津电大学报	P05	208	410
陶瓷研究	E23	119	321	天津法学	M05	188	390
特产研究	C01	36	238	天津纺织科技	E29	125	327
特钢技术	E11	98	300	天津工业大学学报	E02	87	289
特区经济	L01	172	374	天津航海	E37	137	339
特区实践与理论	L01	172	374	天津护理	D30	71	273
特殊钢	E11	98	300	天津化工	E23	119	321
特种结构	E31	129	331	天津建设科技	E31	129	331
特种经济动植物	C03	39	241	天津教育	P01	199	401
特种设备安全技术	E14	103	305	天津经济	L01	172	374
特种橡胶制品	A01	14	216	天津科技	A01	14	216
特种油气藏	E17	110	312	天津科技大学学报	E02	87	289

中国期刊名称类目索引(续)

期刊名称	学科代码	被引指标页码	来源指标页码	期刊名称	学科代码	被引指标页码	来源指标页码
天津理工大学学报	E02	87	289	天水师范学院学报	H03	159	361
天津农林科技	C01	36	238	天水行政学院学报	M02	184	386
天津农学院学报	C02	38	240	天文学报	B06	25	227
天津农业科学	C01	36	238	天文学进展	B06	25	227
天津商务职业学院学报	P05	208	410	天中学刊	H01	147	349
天津商业大学学报	L02	174	376	铁道标准设计	E36	136	338
天津社会科学	H01	147	349	铁道车辆	E36	136	338
天津师范大学学报（基础教育版）	H03	159	361	铁道工程学报	E36	136	338
天津师范大学学报（社会科学版）	H03	159	361	铁道货运	E36	136	338
天津师范大学学报（自然科学版）	A03	20	222	铁道机车车辆	E36	136	338
天津市工会管理干部学院学报	M02	184	386	铁道机车与动车	E36	136	338
天津市教科院学报	P01	199	401	铁道技术标准（中英文）	E36	136	338
天津市社会主义学院学报	M02	184	386	铁道技术监督	E36	136	338
天津体育学院学报	P07	211	413	铁道建筑	E36	136	338
天津外国语大学学报	K03	162	364	铁道建筑技术	E36	136	338
天津行政学院学报	M02	184	386	铁道经济研究	L08	178	379
天津药学	D36	75	277	铁道警察学院学报	M05	188	390
天津冶金	E11	98	300	铁道勘察	E36	136	338
天津医科大学学报	D02	53	255	铁道科学与工程学报	E36	136	338
天津医药	D01	49	251	铁道通信信号	E36	136	338
天津音乐学院学报	K06	166	368	铁道学报	E36	136	338
天津造纸	E26	122	324	铁道运输与经济	E36	136	338
天津职业大学学报	P05	208	410	铁道运营技术	E36	136	338
天津职业技术师范大学学报	P05	208	410	铁道知识	E36	136	338
天津职业院校联合学报	H02	154	356	铁合金	E09	96	298
天津中德应用技术大学学报	L02	174	376	铁路采购与物流	E36	136	338
天津中医药	D37	78	280	铁路工程技术与经济	E36	136	338
天津中医药大学学报	D38	79	281	铁路计算机应用	E36	136	338
天然产物研究与开发	D40	80	282	铁路技术创新	E36	136	338
天然气地球科学	E17	110	312	铁路节能环保与安全卫生	E36	136	338
天然气工业	E17	110	312	铁路通信信号工程技术	E36	136	338
天然气技术与经济	E17	110	312	听力学及言语疾病杂志	D23	65	267
天然气勘探与开发	E17	110	312	通化师范学院学报	H03	159	361
天然气与石油	E17	110	312	通信电源技术	E21	115	317

中国期刊名称类目索引(续)

期刊名称	学科代码	被引指标页码	来源指标页码	期刊名称	学科代码	被引指标页码	来源指标页码
通信技术	E21	115	317	图书馆杂志	N06	194	396
通信学报	E21	115	317	图书情报导刊	N07	195	396
通信与信息技术	E21	115	317	图书情报工作	N07	195	397
通讯世界	A01	14	216	图书情报知识	N07	195	397
同济大学学报(社会科学版)	H02	154	356	图书与情报	N07	195	397
同济大学学报(医学版)	D02	53	255	图学学报	E12	100	302
同济大学学报(自然科学版)	E02	87	289	涂层与防护	E23	119	321
同位素	E18	111	313	涂料工业	E25	121	323
铜陵学院学报	P01	199	401	土工基础	E31	129	331
铜陵职业技术学院学报	P05	208	410	土木工程学报	E32	130	332
铜仁学院学报	P01	199	401	土木工程与管理学报	E32	130	332
铜业工程	E11	98	300	土木建筑工程信息技术	E31	129	331
统计科学与实践	Q07	211	413	土木与环境工程学报(中英文)	E32	130	332
统计理论与实践	Q07	211	413	土壤	C05	41	243
统计学报	Q07	211	413	土壤通报	C05	41	243
统计研究	Q07	211	413	土壤学报	C05	41	243
统计与管理	Q07	211	413	土壤与作物	C05	41	243
统计与决策	Q07	211	413	团结	M01	181	383
统计与信息论坛	Q07	211	413	推进技术	E38	139	341
统计与咨询	Q07	211	413	拖拉机与农用运输车	E05	91	293
统一战线学研究	M02	184	386	外国教育研究	P03	202	404
投资研究	L10	180	382	外国经济与管理	L01	172	374
投资与创业	L10	180	382	外国文学	K05	164	366
透析与人工器官	D17	63	265	外国文学动态研究	K05	164	366
图书馆	N06	194	396	外国文学评论	K05	164	366
图书馆工作与研究	N06	194	396	外国文学研究	K05	164	366
图书馆建设	N06	194	396	外国问题研究	M04	186	388
图书馆界	N06	194	396	外国语	K03	162	364
图书馆理论与实践	N06	194	396	外国语文	K03	162	364
图书馆论坛	N06	194	396	外国语言文学	K03	162	364
图书馆学刊	N06	194	396	外交评论	M04	186	388
图书馆学研究	N06	194	396	外科理论与实践	D14	60	262
图书馆研究	N06	194	396	外科研究与新技术	D14	61	262
图书馆研究与工作	N06	194	396	外文研究	K05	164	366

中国期刊名称类目索引(续)

期刊名称	学科代码	被引指标页码	来源指标页码	期刊名称	学科代码	被引指标页码	来源指标页码
外语测试与教学	K03	162	364	唯实	M01	181	383
外语电化教学	K01	161	363	潍坊工程职业学院学报	P05	209	410
外语教学	K03	162	364	潍坊学院学报	H02	154	356
外语教学理论与实践	K03	162	364	潍坊医学院学报	D02	53	255
外语教学与研究	K03	162	364	卫生经济研究	L01	172	374
外语教育研究前沿	K03	162	364	卫生软科学	D35	74	276
外语界	K03	162	364	卫生研究	D35	74	276
外语学刊	K03	162	364	卫生职业教育	P05	209	410
外语研究	K03	162	364	卫星应用	E38	139	341
外语与翻译	K01	161	363	未来传播	N05	193	395
外语与外语教学	K03	163	364	未来与发展	H01	147	349
皖南医学院学报	D02	53	255	胃肠病学	D10	59	261
皖西学院学报	A02	18	219	胃肠病学和肝病学杂志	D10	59	261
网络空间安全	E03	89	291	渭南师范学院学报	H03	159	361
网络新媒体技术	E22	117	319	温带林业研究	C07	43	245
网络与信息安全学报	E22	117	319	温州大学学报(社会科学版)	H02	154	356
微波学报	E21	115	317	温州大学学报(自然科学版)	A02	18	220
微处理机	E22	117	319	温州医科大学学报	D02	53	255
微创泌尿外科杂志	D17	63	265	温州职业技术学院学报	P05	209	410
微创医学	D01	49	251	文博	N08	195	397
微电机	E15	106	308	文化创新比较研究	N01	190	392
微电子学	E19	113	315	文化软实力	N01	190	392
微电子学与计算机	E19	113	315	文化软实力研究	N01	190	392
微量元素与健康研究	D31	71	273	文化学刊	N01	190	392
微纳电子技术	E19	113	315	文化遗产	N04	191	393
微生物学报	B17	34	236	文化艺术研究	K06	166	368
微生物学免疫学进展	B17	34	236	文化纵横	N04	191	393
微生物学通报	B17	34	236	文教资料	P01	199	401
微生物学杂志	B17	34	236	文山学院学报	P01	199	401
微生物与感染	D13	60	262	文史	K08	168	370
微特电机	E15	106	308	文史天地	K08	168	370
微体古生物学报	B11	30	232	文史杂志	K08	168	370
微型电脑应用	E22	117	319	文史哲	H01	147	349
微循环学杂志	D03	54	256	文体用品与科技	E26	122	324

中国期刊名称类目索引(续)

期刊名称	学科代码	被引指标页码	来源指标页码	期刊名称	学科代码	被引指标页码	来源指标页码
文物	K10	169	371	武汉船舶职业技术学院学报	P05	209	411
文物保护与考古科学	K10	169	371	武汉大学学报(工学版)	E02	87	289
文物春秋	K10	169	371	武汉大学学报(理学版)	A02	18	220
文物季刊	K10	169	371	武汉大学学报(信息科学版)	E07	93	295
文物鉴定与鉴赏	K10	169	371	武汉大学学报(医学版)	D02	53	255
文献	N07	195	397	武汉大学学报(哲学社会科学版)	H02	154	356
文献与数据学报	N06	194	396	武汉纺织大学学报	E02	87	289
文学评论	K04	164	366	武汉工程大学学报	E02	87	289
文学遗产	K04	164	366	武汉工程职业技术学院学报	P05	209	411
文学与文化	K04	164	366	武汉公安干部学院学报	M02	184	386
文艺理论研究	K06	166	368	武汉交通职业学院学报	P05	209	411
文艺理论与批评	K06	166	368	武汉金融	L10	180	382
文艺评论	K06	166	368	武汉科技大学学报	E02	87	289
文艺研究	K04	164	366	武汉科技大学学报(社会科学版)	H02	154	356
文艺争鸣	K06	166	368	武汉理工大学学报	E02	87	289
乌鲁木齐职业大学学报	P05	209	410	武汉理工大学学报(交通科学与工程版)	E34	134	336
无机材料学报	E08	95	297	武汉理工大学学报(社会科学版)	H02	154	356
无机化学学报	B05	25	227	武汉理工大学学报(信息与管理工程版)	E19	113	315
无机盐工业	E23	119	321	武汉轻工大学学报	E02	87	289
无人系统技术	E03	89	291	武汉商学院学报	L02	174	376
无损检测	E13	102	304	武汉体育学院学报	P07	211	413
无损探伤	E13	102	304	武汉文史资料	K04	164	366
无锡商业职业技术学院学报	P05	209	411	武汉冶金管理干部学院学报	E11	98	300
无锡职业技术学院学报	P05	209	411	武汉职业技术学院学报	P05	209	411
无线电工程	E21	115	317	武警医学	D01	49	251
无线电通信技术	E21	115	317	武陵学刊	N01	190	392
无线互联科技	N01	190	392	武术研究	P07	211	413
无线通信技术	E21	115	317	武夷科学	A01	14	216
芜湖职业技术学院学报	P05	209	411	武夷学院学报	P01	199	401
梧州学院学报	P01	199	401	物理	B04	23	225
五台山研究	J03	161	362	物理测试	B04	23	225
五邑大学学报(社会科学版)	H02	154	356	物理化学学报	B05	25	227
五邑大学学报(自然科学版)	A02	18	220	物理教师	B04	24	225
武大国际法评论	M05	188	390	物理教学	P01	199	401

中国期刊名称类目索引(续)

期刊名称	学科代码	被引指标页码	来源指标页码	期刊名称	学科代码	被引指标页码	来源指标页码
物理教学探讨	B04	24	226	西安邮电大学学报	E21	115	317
物理实验	B04	24	226	西北成人教育学院学报	P05	209	411
物理通报	B04	24	226	西北大学学报（哲学社会科学版）	H02	155	357
物理学报	B04	24	226	西北大学学报（自然科学版）	A02	18	220
物理学进展	B04	24	226	西北地质	B11	30	232
物理与工程	B04	24	226	西北工业大学学报	E02	87	289
物联网技术	E22	117	319	西北工业大学学报（社会科学版）	H02	155	357
物联网学报	E21	115	317	西北林学院学报	C02	38	240
物流工程与管理	L08	178	379	西北美术	K06	166	368
物流技术	E34	135	336	西北民族大学学报（哲学社会科学版）	H02	155	357
物流技术与应用	L08	178	379	西北民族大学学报（自然科学版）	A02	18	220
物流研究	L08	178	379	西北民族研究	N04	191	393
物探化探计算技术	B11	30	232	西北农林科技大学学报（社会科学版）	H02	155	357
物探与化探	B11	30	232	西北农林科技大学学报（自然科学版）	C02	38	240
物探装备	E13	102	304	西北农业学报	C01	37	238
西安财经大学学报	L02	174	376	西北人口	N02	191	393
西安电子科技大学学报（社会科学版）	H02	154	356	西北师大学报（社会科学版）	H03	159	361
西安电子科技大学学报（自然科学版）	E02	87	289	西北师范大学学报（自然科学版）	A03	20	222
西安工程大学学报	E02	87	289	西北水电	E33	133	334
西安工业大学学报	E02	87	289	西北药学杂志	D36	76	277
西安航空学院学报	E38	139	341	西北植物学报	B15	33	235
西安建筑科技大学学报（社会科学版）	H02	154	356	西伯利亚研究	M04	186	388
西安建筑科技大学学报（自然科学版）	E31	130	331	西部财会	L04	175	377
西安交通大学学报	E34	135	336	西部法学评论	M05	188	390
西安交通大学学报（社会科学版）	H02	155	356	西部交通科技	E34	135	337
西安交通大学学报（医学版）	D02	53	255	西部经济管理论坛	L10	180	382
西安科技大学学报	E02	87	289	西部林业科学	C07	43	245
西安理工大学学报	E02	87	289	西部旅游	L08	178	380
西安石油大学学报（社会科学版）	H02	155	356	西部论坛	L01	172	374
西安石油大学学报（自然科学版）	E17	110	312	西部蒙古论坛	K08	168	370
西安体育学院学报	P07	211	413	西部皮革	E26	122	324
西安外国语大学学报	K03	163	364	西部人居环境学刊	E39	141	343
西安文理学院学报（社会科学版）	H02	155	356	西部素质教育	P01	199	401
西安文理学院学报（自然科学版）	A02	18	220	西部探矿工程	E10	97	299

中国期刊名称类目索引(续)

期刊名称	学科代码	被引指标页码	来源指标页码	期刊名称	学科代码	被引指标页码	来源指标页码
西部学刊	H01	147	349	西藏研究	H01	147	349
西部医学	D01	49	251	西藏医药	D01	49	251
西部中医药	D37	78	280	西藏艺术研究	K06	166	368
西部资源	B10	29	231	稀土	E08	95	297
西昌学院学报(社会科学版)	H02	155	357	稀有金属	E09	96	298
西昌学院学报(自然科学版)	A02	18	220	稀有金属材料与工程	E09	96	298
西华大学学报(哲学社会科学版)	H02	155	357	稀有金属与硬质合金	E09	96	298
西华大学学报(自然科学版)	E02	87	289	戏剧文学	K04	164	366
西华师范大学学报(哲学社会科学版)	H03	159	361	戏剧艺术	K06	166	368
西华师范大学学报(自然科学版)	A03	20	222	戏剧—中央戏剧学院学报	K06	166	368
西泠艺丛	K06	166	368	戏曲艺术	K06	166	368
西南大学学报(社会科学版)	H02	155	357	系统仿真技术	E03	89	291
西南大学学报(自然科学版)	A02	18	220	系统仿真学报	E03	89	291
西南交通大学学报	E34	135	337	系统工程	B02	22	224
西南交通大学学报(社会科学版)	H02	155	357	系统工程理论与实践	B02	22	224
西南金融	L10	180	382	系统工程学报	B02	22	224
西南科技大学学报	E02	88	289	系统工程与电子技术	E19	113	315
西南科技大学学报(哲学社会科学版)	H02	155	357	系统管理学报	B02	22	224
西南林业大学学报	C02	38	240	系统科学学报	J02	160	362
西南民族大学学报(人文社版)	H02	155	357	系统科学与数学	B02	22	224
西南民族大学学报(自然科学版)	A02	18	220	系统医学	D01	49	251
西南农业学报	C01	37	238	细胞与分子免疫学杂志	D03	54	256
西南师范大学学报(自然科学版)	A03	20	222	厦门城市职业学院学报	P05	209	411
西南石油大学学报(社会科学版)	H02	155	357	厦门大学学报(哲学社会科学版)	H02	155	357
西南石油大学学报(自然科学版)	E17	110	312	厦门大学学报(自然科学版)	A02	18	220
西南医科大学学报	D02	53	255	厦门科技	A01	14	216
西南政法大学学报	M05	188	390	厦门理工学院学报	E02	88	289
西夏研究	K08	168	370	下一代	H01	147	349
西亚非洲	M04	186	388	纤维复合材料	E08	95	297
西域研究	H01	147	349	纤维素科学与技术	E08	95	297
西藏大学学报(社会科学版)	H02	155	357	咸阳师范学院学报	H03	159	361
西藏发展论坛	L01	172	374	现代财经—天津财经大学学报	L02	174	376
西藏教育	P01	199	401	现代测绘	E07	93	295
西藏农业科技	C01	37	239	现代车用动力	E14	103	305

中国期刊名称类目索引(续)

期刊名称	学科代码	被引指标页码	来源指标页码	期刊名称	学科代码	被引指标页码	来源指标页码
现代城市轨道交通	E34	135	337	现代口腔医学杂志	D24	66	268
现代城市研究	E31	130	331	现代矿业	E10	97	299
现代出版	N05	193	395	现代雷达	E21	115	317
现代传播	N05	193	395	现代临床护理	D30	71	273
现代大学教育	P01	200	401	现代临床医学	D05	56	257
现代导航	E38	139	341	现代泌尿生殖肿瘤杂志	D29	69	271
现代地质	B11	30	232	现代泌尿外科杂志	D17	63	265
现代电力	E15	106	308	现代免疫学	D03	54	256
现代电生理学杂志	D05	56	257	现代面粉工业	E26	122	324
现代电视技术	E03	89	291	现代牧业	C08	45	247
现代电影技术	E03	89	291	现代农村科技	C01	37	239
现代电子技术	E19	113	315	现代农机	E05	92	293
现代法学	M05	188	390	现代农药	C06	42	244
现代防御技术	E28	124	326	现代农业	C01	37	239
现代纺织技术	E29	125	327	现代农业科技	C01	37	239
现代妇产科进展	D20	64	266	现代农业研究	C01	37	239
现代管理科学	F01	144	345	现代农业装备	E05	92	293
现代国际关系	M04	186	388	现代企业	L01	172	374
现代化工	E23	119	321	现代企业文化	N04	191	393
现代化农业	E05	91	293	现代情报	N07	195	397
现代机械	E12	100	302	现代日本经济	L01	172	374
现代计算机	E22	117	319	现代商贸工业	L08	178	380
现代技术陶瓷	E23	120	321	现代商业	L04	175	377
现代检验医学杂志	D06	57	259	现代审计与经济	L05	175	377
现代建筑电气	E15	106	308	现代审计与会计	L05	175	377
现代交际	H01	147	349	现代生物医学进展	D01	49	251
现代交通技术	E34	135	337	现代实用医学	D01	49	251
现代交通与冶金材料	E11	98	300	现代食品	E30	126	328
现代教育管理	P01	200	401	现代食品科技	E30	126	328
现代教育技术	P01	200	401	现代塑料加工应用	E24	120	322
现代教育科学	P04	204	406	现代隧道技术	E35	135	337
现代教育论丛	P01	200	401	现代特殊教育	P05	209	411
现代经济探讨	L01	172	374	现代涂料与涂装	E25	121	323
现代科学仪器	E27	123	324	现代外语	K03	163	364

中国期刊名称类目索引(续)

期刊名称	学科代码	被引指标页码	来源指标页码	期刊名称	学科代码	被引指标页码	来源指标页码
现代消化及介入诊疗	D10	59	261	湘潭大学学报（哲学社会科学版）	H02	155	357
现代信息科技	E03	89	291	湘潭大学学报（自然科学版）	A02	18	220
现代畜牧兽医	C08	45	247	襄阳职业技术学院学报	P05	209	411
现代盐化工	E30	126	328	项目管理技术	L04	175	377
现代药物与临床	D36	76	277	橡胶工业	E24	120	322
现代医学	D01	49	251	橡胶科技	E24	120	322
现代医学与健康研究（电子版）	D01	49	251	橡塑技术与装备	E24	120	322
现代医药卫生	D05	56	258	消防科学与技术	E39	141	343
现代医用影像学	D28	68	270	消费电子	E19	113	315
现代医院	D35	74	276	消费经济	L08	178	380
现代医院管理	D35	74	276	消化肿瘤杂志（电子版）	D29	69	271
现代仪器与医疗	E27	123	325	销售与管理	F01	144	345
现代应用物理	B04	24	226	小城镇建设	E31	130	332
现代英语	K03	163	364	小水电	E33	133	335
现代语文	K01	161	363	小说评论	K04	164	366
现代预防医学	D31	71	273	小型内燃机与车辆技术	E14	103	305
现代远程教育研究	P01	200	402	小型微型计算机系统	E22	117	319
现代远距离教育	P01	200	402	小学教学参考	P03	202	404
现代哲学	J02	160	362	小学科学	P03	202	404
现代诊断与治疗	D06	57	259	小学语文	P03	202	404
现代职业安全	E40	142	344	校园心理	K04	164	366
现代制造工程	E13	102	304	协和医学杂志	D01	49	251
现代制造技术与装备	E13	102	304	心电与循环	D15	61	263
现代中文学刊	P01	200	402	心肺血管病杂志	D16	62	264
现代中西医结合杂志	D39	80	281	心理发展与教育	B18	34	236
现代中小学教育	P03	202	404	心理技术与应用	B18	34	236
现代中药研究与实践	D40	80	282	心理科学	B18	34	236
现代中医临床	D37	78	280	心理科学进展	B18	34	236
现代中医药	D37	78	280	心理学报	B18	34	236
现代肿瘤医学	D29	69	271	心理研究	B18	34	236
乡村科技	C01	37	239	心理与健康	D35	74	276
乡村论丛	C01	37	239	心理与行为研究	B18	35	236
香料香精化妆品	E25	121	323	心脑血管病防治	D16	62	264
湘南学院学报	H02	155	357	心血管病防治知识	D08	58	260

中国期刊名称类目索引(续)

期刊名称	学科代码	被引指标页码	来源指标页码	期刊名称	学科代码	被引指标页码	来源指标页码
心血管病学进展	D16	62	264	新疆医学	D01	49	251
心血管康复医学杂志	D16	62	264	新疆艺术学院学报	K06	166	368
心脏杂志	D16	62	264	新疆有色金属	E09	96	298
忻州师范学院学报	H03	159	361	新疆职业大学学报	P05	209	411
新东方	K03	163	365	新疆职业教育研究	P05	209	411
新发传染病电子杂志	D13	60	262	新疆中医药	D37	78	280
新华文摘	N01	190	392	新教师	P03	202	404
新技术新工艺	E01	82	284	新金融	L10	180	382
新建筑	E31	130	332	新经济	L01	172	374
新疆财经	L10	180	382	新课程导学	P03	202	404
新疆财经大学学报	L02	174	376	新会计	L05	175	377
新疆大学学报（哲学社会科学版）	H02	155	357	新媒体研究	E01	82	284
新疆大学学报（自然科学版）（中英文）	A02	18	220	新美术	K06	166	368
新疆地方志	K08	168	370	新美域	K06	166	368
新疆地质	B11	30	232	新能源进展	E16	108	310
新疆钢铁	E09	96	298	新农业	C01	37	239
新疆环境保护	E39	141	343	新世纪水泥导报	E26	122	324
新疆警察学院学报	M05	188	390	新世纪图书馆	N06	194	396
新疆开放大学学报	P05	209	411	新视野	M01	181	383
新疆林业	C07	43	245	新文科教育研究	P01	200	402
新疆农机化	E05	92	293	新文科理论与实践	H01	147	349
新疆农垦经济	E05	92	294	新文学史料	K04	164	366
新疆农垦科技	E05	92	294	新闻爱好者	N05	193	395
新疆农业大学学报	C02	38	240	新闻传播	N05	193	395
新疆农业科技	C01	37	239	新闻春秋	N05	193	395
新疆农业科学	C01	37	239	新闻大学	N05	193	395
新疆社会科学（汉文版）	H01	147	349	新闻记者	N05	193	395
新疆社科论坛	H01	147	349	新闻界	N05	193	395
新疆师范大学学报（哲学社会科学版）	H03	159	361	新闻前哨	N05	193	395
新疆师范大学学报（自然科学版）	A03	20	222	新闻世界	N05	193	395
新疆石油地质	E17	110	312	新闻研究导刊	N05	193	395
新疆石油天然气	E17	110	312	新闻与传播评论	N05	193	395
新疆畜牧业	C08	45	247	新闻与传播研究	N05	193	395
新疆医科大学学报	D02	53	255	新闻与写作	N05	193	395

中国期刊名称类目索引(续)

期刊名称	学科代码	被引指标页码	来源指标页码	期刊名称	学科代码	被引指标页码	来源指标页码
新闻知识	N05	193	395	行政法学研究	M05	188	390
新乡学院学报	A02	18	220	行政管理改革	M01	181	383
新乡医学院学报	D02	53	255	行政科学论坛	M01	181	383
新湘评论	P01	200	402	行政论坛	M03	185	387
新校园	P01	200	402	行政事业资产与财务	L01	172	374
新型工业化	A01	14	216	行政与法	M01	182	383
新型建筑材料	E31	130	332	兴义民族师范学院学报	H03	159	361
新型炭材料（中英文）	E16	108	310	徐州工程学院学报（社会科学版）	H02	155	357
新医学	D01	49	251	徐州工程学院学报（自然科学版）	E02	88	290
新余学院学报	P01	200	402	徐州医科大学学报	D02	53	255
新中医	D37	78	280	许昌学院学报	P01	200	402
信号处理	E21	115	317	叙事医学	D01	50	251
信息安全学报	E40	142	344	畜牧兽医科技信息	C08	45	247
信息安全研究	E40	142	344	畜牧兽医学报	C08	45	247
信息安全与通信保密	E22	117	319	畜牧兽医杂志	C08	45	247
信息工程大学学报	E02	88	289	畜牧业环境	C08	45	247
信息化研究	E03	89	291	畜牧与兽医	C08	45	247
信息记录材料	E08	95	297	畜牧与饲料科学	C08	45	247
信息技术	E03	89	291	蓄电池	E26	122	324
信息技术与标准化	E01	83	284	选煤技术	E16	108	310
信息技术与信息化	E03	89	291	学海	J02	160	362
信息通信技术	E21	115	317	学会	H01	147	349
信息通信技术与政策	E21	115	317	学理论	P01	200	402
信息网络安全	E22	117	319	学前教育	P03	202	404
信息系统工程	E03	89	291	学前教育研究	P03	202	404
信息与管理研究	E03	89	291	学术交流	H01	147	349
信息与控制	B02	22	224	学术界	H01	147	349
信息资源管理学报	L01	172	374	学术论坛	H01	147	349
信阳农林学院学报	C02	38	240	学术探索	H01	147	349
信阳师范学院学报（哲学社会科学版）	H03	159	361	学术研究	H01	147	349
信阳师范学院学报（自然科学版）	A03	20	222	学术月刊	H01	147	349
刑事技术	M07	189	391	学位与研究生教育	P04	204	406
邢台学院学报	P01	200	402	学习论坛	M01	182	383
邢台职业技术学院学报	P05	209	411	学习与实践	H01	148	349

中国期刊名称类目索引(续)

期刊名称	学科代码	被引指标页码	来源指标页码	期刊名称	学科代码	被引指标页码	来源指标页码
学习与探索	H01	148	349	延边党校学报	M02	184	386
学习月刊	M01	182	383	延边教育学院学报	P01	200	402
学校党建与思想教育	M01	182	383	岩矿测试	B11	30	232
学语文	P03	202	404	岩石矿物学杂志	B11	30	232
血管与腔内血管外科杂志	D15	61	263	岩石力学与工程学报	E32	130	332
血栓与止血学	D11	59	261	岩石学报	B11	30	232
寻根	K10	169	371	岩土工程技术	E32	131	332
循证护理	D30	71	273	岩土工程学报	E32	131	332
循证医学	D06	57	259	岩土力学	E32	131	333
压电与声光	E20	114	316	岩性油气藏	E17	110	312
压力容器	E13	102	304	沿海企业与科技	L01	172	374
压缩机技术	E12	100	302	研究生教育研究	P04	204	406
亚热带农业研究	C03	39	241	研究与发展管理	F01	144	346
亚热带水土保持	E05	92	294	盐城工学院学报（社会科学版）	H02	155	357
亚热带植物科学	C04	41	243	盐城工学院学报（自然科学版）	E02	88	290
亚热带资源与环境学报	E39	141	343	盐城师范学院学报（人文社会科学版）	H03	159	361
亚太安全与海洋研究	B12	31	233	盐湖研究	B12	31	233
亚太传统医药	D01	50	251	盐科学与化工	E23	120	321
亚太经济	L01	172	374	盐业史研究	E30	126	328
烟草科技	C04	41	243	眼科	D22	65	267
烟台大学学报（哲学社会科学版）	H02	155	357	眼科新进展	D22	65	267
烟台大学学报（自然科学与工程版）	E02	88	290	眼科学报	D22	65	267
烟台果树	C04	41	243	演艺科技	K06	166	368
烟台职业学院学报	P05	209	411	扬州大学学报（高教研究版）	P01	200	402
燕山大学学报	E02	88	290	扬州大学学报（农业与生命科学版）	C02	38	240
燕山大学学报（哲学社会科学版）	H02	155	357	扬州大学学报（人文社会科学版）	H02	155	357
延安大学学报（社会科学版）	H02	155	357	扬州大学学报（自然科学版）	A02	18	220
延安大学学报（医学科学版）	D02	53	255	扬州教育学院学报	P01	200	402
延安大学学报（自然科学版）	A02	18	220	扬州职业大学学报	P05	209	411
延安职业技术学院学报	P05	209	411	扬子江文学评论	K04	164	366
延边大学农学学报	C02	38	240	杨凌职业技术学院学报	P05	209	411
延边大学学报（社会科学版）	H02	155	357	养禽与禽病防治	C08	45	247
延边大学学报（自然科学版）	A02	18	220	养殖与饲料	C08	45	247
延边大学医学学报	D02	53	255	养猪	C08	45	247

中国期刊名称类目索引(续)

期刊名称	学科代码	被引指标页码	来源指标页码	期刊名称	学科代码	被引指标页码	来源指标页码
遥测遥控	E03	89	291	伊犁师范大学学报（自然科学版）	A03	20	222
遥感技术与应用	E07	93	295	医疗卫生装备	D35	74	276
遥感信息	E07	93	295	医疗装备	D35	74	276
遥感学报	E07	93	295	医师在线	D01	50	252
药品评价	D36	76	278	医学动物防制	D32	72	274
药物不良反应杂志	D36	76	278	医学分子生物学杂志	D03	54	256
药物分析杂志	D36	76	278	医学检验与临床	D06	57	259
药物流行病学杂志	D36	76	278	医学教育管理	D35	74	276
药物评价研究	D36	76	278	医学教育研究与实践	D35	74	276
药物生物技术	D36	76	278	医学理论与实践	D01	50	252
药学服务与研究	D36	76	278	医学临床研究	D01	50	252
药学教育	P01	200	402	医学新知	D01	50	252
药学进展	D36	76	278	医学信息	D01	50	252
药学实践与服务	D36	76	278	医学信息学杂志	N07	195	397
药学学报	D36	76	278	医学研究与教育	D05	56	258
药学研究	D36	76	278	医学研究与战创伤救治	D01	50	252
药学与临床研究	D36	76	278	医学研究杂志	D01	50	252
冶金标准化与质量	E11	98	300	医学影像学杂志	D28	68	270
冶金财会	L04	175	377	医学与法学	D01	50	252
冶金动力	E14	103	305	医学与社会	N01	190	392
冶金分析	E11	98	300	医学与哲学	D35	74	276
冶金经济与管理	L08	178	380	医学综述	D01	50	252
冶金能源	E11	98	300	医药导报	D36	76	278
冶金企业文化	L01	172	374	医药高职教育与现代护理	D30	71	273
冶金设备管理与维修	E11	98	300	医药论坛杂志	D01	50	252
冶金信息导刊	E11	98	300	医用生物力学	B03	22	224
冶金与材料	E09	96	298	医院管理论坛	D03	54	256
冶金自动化	E11	98	300	仪表技术	E27	123	325
野生动物学报	B14	33	235	仪表技术与传感器	E27	123	325
液晶与显示	E01	83	284	仪器仪表标准化与计量	E01	83	285
液压气动与密封	E01	83	284	仪器仪表学报	E27	123	325
液压与气动	E12	100	302	仪器仪表用户	E27	123	325
一重技术	E13	102	304	仪器仪表与分析监测	E27	123	325
伊犁师范大学学报	H03	159	361	沂蒙干部学院学报	M02	184	386

中国期刊名称类目索引(续)

期刊名称	学科代码	被引指标页码	来源指标页码	期刊名称	学科代码	被引指标页码	来源指标页码
宜宾学院学报	P01	200	402	印刷杂志	E26	122	324
宜春学院学报	A02	18	220	印刷质量与标准化	E01	83	285
移动电源与车辆	E15	106	308	印制电路信息	E03	89	291
移动通信	E21	115	317	应用概率统计	B01	21	223
遗传	B13	33	234	应用光学	B04	24	226
疑难病杂志	D05	56	258	应用海洋学学报	B12	31	233
乙烯工业	E17	110	312	应用化工	E23	120	322
艺海	K06	166	368	应用化学	B05	25	227
艺术百家	K06	166	368	应用基础与工程科学学报	E01	83	285
艺术传播研究	K06	166	368	应用激光	E20	114	316
艺术工作	K06	167	368	应用技术学报	E02	88	290
艺术科技	K06	167	368	应用科技	E03	89	291
艺术评鉴	K06	167	368	应用科学学报	E21	115	317
艺术评论	K06	167	368	应用昆虫学报	B16	34	236
艺术设计研究	E26	122	324	应用力学学报	B03	22	224
艺术探索	K06	167	369	应用能源技术	E14	103	305
艺术学研究	K06	167	369	应用气象学报	B08	27	229
艺术研究	K06	167	369	应用生态学报	B14	33	235
艺苑	N04	192	393	应用声学	B04	24	226
阴山学刊	H01	148	350	应用数学	B01	21	223
音乐创作	K06	167	369	应用数学和力学	B03	22	224
音乐生活	K06	167	369	应用数学学报	B01	21	223
音乐世界	K06	167	369	应用数学与计算数学学报	B01	21	223
音乐探索	K06	167	369	应用心理学	B18	35	236
音乐天地	K06	167	369	应用型高等教育研究	H02	155	357
音乐文化研究	K06	167	369	应用与环境生物学报	E39	141	343
音乐研究	K06	167	369	应用预防医学	D31	71	273
音乐艺术	K06	167	369	英国医学杂志（中文版）	D01	50	252
殷都学刊	H01	148	350	英语广场	K01	161	363
银行家	L10	180	382	英语学习	K01	161	363
饮料工业	E30	126	328	营销科学学报	L08	178	380
印染	E29	125	327	营养学报	D31	71	273
印染助剂	E25	121	323	影视制作	D28	68	270
印刷技术	E26	122	324	影像技术	E23	120	322

中国期刊名称类目索引(续)

期刊名称	学科代码	被引指标页码	来源指标页码	期刊名称	学科代码	被引指标页码	来源指标页码
影像科学与光化学	B05	25	227	渔业现代化	C10	47	249
影像研究与医学应用	D28	68	270	渔业研究	C10	47	249
影像诊断与介入放射学	D28	68	270	榆林学院学报	H02	155	357
硬质合金	E09	96	298	宇航材料工艺	E38	139	341
邮电设计技术	E21	115	317	宇航计测技术	E38	139	341
邮政研究	L08	178	380	宇航学报	E38	139	341
油画	K06	167	369	宇航总体技术	E38	139	341
油气藏评价与开发	E17	110	312	语文建设	K01	161	363
油气储运	E17	110	312	语文教学通讯·D刊（学术刊）	K01	162	363
油气地质与采收率	E17	110	312	语文教学之友	K01	162	363
油气井测试	E17	110	312	语文天地	K01	162	363
油气田地面工程	E17	110	312	语文学刊	P01	200	402
油气田环境保护	E17	110	312	语文学习	P01	200	402
油气与新能源	E17	111	312	语文研究	K01	162	363
油田化学	E17	111	313	语言教学与研究	K01	162	364
铀矿地质	B11	30	232	语言科学	K01	162	364
铀矿冶	E10	97	299	语言文字应用	K01	162	364
有机氟工业	E23	120	322	语言研究	K01	162	364
有机硅材料	E23	120	322	语言战略研究	K01	162	364
有机化学	B05	25	227	玉林师范学院学报	H03	159	361
有色金属（矿山部分）	E10	97	299	玉米科学	C03	39	241
有色金属（选矿部分）	E10	97	299	预防医学	D31	72	273
有色金属（冶炼部分）	E11	99	300	预防医学论坛	D31	72	273
有色金属材料与工程	E09	96	298	预防医学情报杂志	D31	72	274
有色金属工程	E09	96	298	豫章师范学院学报	H03	160	361
有色金属加工	E13	102	304	园林	E31	130	332
有色金属科学与工程	E09	96	298	园艺学报	C04	41	243
有色矿冶	E11	99	300	园艺与种苗	C04	41	243
有色设备	E11	99	301	原生态民族文化学刊	H01	148	350
有色冶金设计与研究	E11	99	301	原子核物理评论	B04	24	226
右江民族医学院学报	D02	53	255	原子能科学技术	E18	111	313
右江医学	D01	50	252	原子与分子物理学报	B04	24	226
幼儿教育研究	P03	202	404	远程教育杂志	P01	200	402
渔业科学进展	C10	47	249	岳阳职业技术学院学报	P05	209	411

中国期刊名称类目索引(续)

期刊名称	学科代码	被引指标页码	来源指标页码	期刊名称	学科代码	被引指标页码	来源指标页码
阅江学刊	H01	148	350	运筹学学报	B01	21	223
乐府新声	K06	167	369	运筹与管理	B01	21	223
云梦学刊	H01	148	350	运动精品	P07	211	413
云南财经大学学报	L02	174	376	运输经理世界	E34	135	337
云南大学学报（社会科学版）	H02	155	357	杂草学报	C06	42	244
云南大学学报（自然科学版）	A02	18	220	杂交水稻	C03	39	241
云南地理环境研究	B10	29	231	灾害学	B09	28	230
云南地质	B11	30	232	再生资源与循环经济	E39	141	343
云南电力技术	E15	106	308	载人航天	E38	139	341
云南电业	E15	106	308	凿岩机械气动工具	E10	97	299
云南化工	E23	120	322	早期儿童发展	P03	202	404
云南建筑	E31	130	332	枣庄学院学报	P01	200	402
云南警官学院学报	M05	188	390	造船技术	E37	137	339
云南开放大学学报	P05	209	411	造纸技术与应用	E26	122	324
云南民族大学学报（哲学社会科学版）	H02	155	357	造纸科学与技术	E26	122	324
云南民族大学学报（自然科学版）	A02	18	220	造纸装备及材料	E26	122	324
云南农业	C01	37	239	噪声与振动控制	E12	100	302
云南农业大学学报	H02	155	357	轧钢	E11	99	301
云南农业大学学报（自然科学）	C02	38	240	债券	L08	178	380
云南农业科技	C01	37	239	粘接	E25	121	323
云南社会科学	H01	148	350	战术导弹技术	E28	124	326
云南社会主义学院学报	M02	184	386	张家口职业技术学院学报	P05	209	411
云南师范大学学报（对外汉语教学与研究版）	K01	162	364	张江科技评论	A01	14	216
云南师范大学学报（哲学社会科学版）	H03	160	361	漳州职业技术学院学报	P05	209	411
云南师范大学学报（自然科学版）	A03	20	222	招标采购管理	L01	172	374
云南水力发电	E33	133	335	昭通学院学报	P01	200	402
云南行政学院学报	M02	184	386	照明工程学报	E19	113	315
云南畜牧兽医	C08	45	247	肇庆学院学报	H02	155	357
云南冶金	E11	99	301	哲学动态	J02	160	362
云南医药	D01	50	252	哲学分析	J02	160	362
云南艺术学院学报	K06	167	369	哲学研究	J02	160	362
云南中医药大学学报	D38	79	281	浙江创伤外科	D14	61	262
运城学院学报	P01	200	402	浙江大学学报（工学版）	E02	88	290
				浙江大学学报（理学版）	A02	18	220

中国期刊名称类目索引(续)

期刊名称	学科代码	被引指标页码	来源指标页码	期刊名称	学科代码	被引指标页码	来源指标页码
浙江大学学报（农业与生命科学版）	C02	38	240	浙江水利水电学院学报	E33	133	335
浙江大学学报（人文社会科学版）	H02	155	357	浙江体育科学	P07	211	413
浙江大学学报（医学版）	D02	53	255	浙江外国语学院学报	P01	200	402
浙江档案	N08	196	397	浙江万里学院学报	A02	18	220
浙江电力	E15	106	308	浙江畜牧兽医	C08	45	247
浙江纺织服装职业技术学院学报	P05	209	411	浙江学刊	H01	148	350
浙江柑橘	C04	41	243	浙江医学	D01	50	252
浙江工贸职业技术学院学报	P05	209	411	浙江医学教育	D35	74	276
浙江工商大学学报	L02	174	376	浙江艺术职业学院学报	P05	209	411
浙江工业大学学报	E02	88	290	浙江中西医结合杂志	D37	78	280
浙江工业大学学报（社会科学版）	H02	156	357	浙江中医药大学学报	D38	79	281
浙江国土资源	B10	29	231	浙江中医杂志	D37	78	280
浙江海洋大学学报（人文科学版）	H02	156	357	针刺研究	D41	80	282
浙江海洋大学学报（自然科学版）	C10	47	249	针灸临床杂志	D41	80	282
浙江化工	E23	120	322	针织工业	E29	125	327
浙江建筑	E31	130	332	真空	E01	83	285
浙江交通职业技术学院学报	P05	209	411	真空电子技术	E19	113	315
浙江金融	L10	180	382	真空科学与技术学报	E01	83	285
浙江经济	L01	172	374	真空与低温	B04	24	226
浙江科技学院学报	E02	88	290	诊断病理学杂志	D06	57	259
浙江理工大学学报	E02	88	290	诊断学理论与实践	D06	57	259
浙江理工大学学报（社会科学版）	H02	156	357	振动、测试与诊断	E38	139	341
浙江林业科技	C07	43	245	振动工程学报	B03	22	224
浙江临床医学	D05	56	258	振动与冲击	E12	100	302
浙江农林大学学报	C02	39	240	震灾防御技术	E40	142	344
浙江农业科学	C01	37	239	镇江高专学报	A02	18	220
浙江农业学报	C01	37	239	征信	M05	188	390
浙江气象	B08	27	229	证据科学	M07	189	391
浙江社会科学	H01	148	350	证券市场导报	L10	180	382
浙江师范大学学报（社会科学版）	H03	160	361	郑州大学学报（工学版）	E02	88	290
浙江师范大学学报（自然科学版）	A03	20	222	郑州大学学报（理学版）	A02	18	220
浙江实用医学	D01	50	252	郑州大学学报（医学版）	D02	53	255
浙江树人大学学报	H02	156	358	郑州大学学报（哲学社会科学版）	H02	156	358
浙江水利科技	E33	133	335	郑州航空工业管理学院学报	E38	139	341

中国期刊名称类目索引(续)

期刊名称	学科代码	被引指标页码	来源指标页码	期刊名称	学科代码	被引指标页码	来源指标页码
郑州航空工业管理学院学报（社会科学版）	H02	156	358	植物学报	B15	33	235
郑州轻工业大学学报（社会科学版）	H02	156	358	植物研究	B15	34	235
郑州铁路职业技术学院学报	P05	209	411	植物医学	C05	41	243
政策瞭望	M01	182	384	植物遗传资源学报	C03	39	241
政法论丛	M05	188	390	植物营养与肥料学报	C05	41	243
政法论坛	M05	188	390	植物资源与环境学报	E39	141	343
政法学刊	L01	172	374	纸和造纸	E26	122	324
政工学刊	M01	182	384	指挥控制与仿真	E28	124	326
政治经济学评论	L01	173	374	指挥信息系统与技术	E28	124	326
政治思想史	P01	200	402	指挥与控制学报	E28	124	326
政治学研究	M01	182	384	制导与引信	E03	90	291
政治与法律	M05	188	390	制冷	E14	103	305
知识产权	M05	188	390	制冷技术	E14	103	305
知识经济	L01	173	374	制冷学报	E14	103	305
知识就是力量	L01	173	374	制冷与空调	E14	103	305
知与行	N01	190	392	制冷与空调（四川）	E14	103	305
直升机技术	E38	140	341	制造技术与机床	E12	100	302
职教发展研究	P05	209	411	制造业自动化	E03	90	291
职教论坛	P05	210	411	质量与可靠性	E01	83	285
职教通讯	P01	200	402	质量与认证	E01	83	285
职业	P05	210	411	质谱学报	B05	25	227
职业技术	N02	191	393	治淮	E33	133	335
职业技术教育	P05	210	411	治理现代化研究	M01	182	384
职业教育研究	P05	210	411	治理研究	M01	182	384
职业卫生与病伤	D31	72	274	智慧电力	E15	106	308
职业卫生与应急救援	D31	72	274	智慧轨道交通	E36	136	338
职业与健康	D32	73	274	智慧农业（中英文）	C01	37	239
植物保护	C06	42	244	智慧农业导刊	C01	37	239
植物保护学报	C06	42	244	智库理论与实践	F01	144	346
植物病理学报	C06	42	244	智能城市	A01	14	216
植物检疫	C06	42	244	智能化农业装备学报（中英文）	E05	92	294
植物科学学报	B15	33	235	智能计算机与应用	E22	117	319
植物生理学报	B15	33	235	智能建筑与工程机械	E31	130	332
植物生态学报	B15	33	235	智能建筑与智慧城市	E31	130	332

中国期刊名称类目索引(续)

期刊名称	学科代码	被引指标页码	来源指标页码	期刊名称	学科代码	被引指标页码	来源指标页码
智能科学与技术学报	E03	90	291	中国癌症防治杂志	D29	69	271
智能网联汽车	L08	178	380	中国癌症杂志	D29	69	271
智能系统学报	E03	90	292	中国艾滋病性病	D25	67	269
智能制造	E03	90	292	中国安防	E40	142	344
中北大学学报（社会科学版）	H02	156	358	中国安全科学学报	E40	142	344
中北大学学报（自然科学版）	E02	88	290	中国安全生产科学技术	E40	142	344
中草药	D40	80	282	中国版权	M05	188	390
中成药	D40	80	282	中国包装	E08	95	297
中氮肥	E23	120	322	中国宝玉石	E26	122	324
中等数学	P03	202	404	中国保险	L10	180	382
中低纬山地气象	B08	27	229	中国报业	N05	193	395
中共成都市委党校学报	M02	184	386	中国比较文学	K04	164	366
中共党史研究	M01	182	384	中国比较医学杂志	D03	54	256
中共福建省委党校（福建行政学院）学报	M02	184	386	中国毕业后医学教育	P01	200	402
中共桂林市委党校学报	M02	184	386	中国边疆史地研究	K10	169	371
中共杭州市委党校学报	M02	184	386	中国编辑	N05	193	395
中共合肥市委党校学报	M02	184	386	中国标准化	E01	83	285
中共济南市委党校学报	M02	184	386	中国表面工程	E13	102	304
中共乐山市委党校学报	M02	184	386	中国病案	D35	74	276
中共南昌市委党校学报	M02	184	386	中国病毒病杂志	B17	34	236
中共南京市委党校学报	M02	184	386	中国病理生理杂志	D03	54	256
中共南宁市委党校学报	M02	184	386	中国病原生物学杂志	B17	34	236
中共宁波市委党校学报	M02	184	386	中国博物馆	N08	196	397
中共青岛市委党校青岛行政学院学报	M02	184	386	中国材料进展	E08	95	297
中共山西省委党校学报	M02	184	386	中国财政	L10	180	382
中共石家庄市委党校学报	M02	184	386	中国蚕业	C08	46	247
中共太原市委党校学报	M02	184	386	中国草地学报	C09	46	248
中共天津市委党校学报	M02	184	386	中国草食动物科学	C08	46	247
中共乌鲁木齐市委党校学报	M02	184	386	中国测试	E01	83	285
中共伊犁州委党校学报	M02	184	386	中国茶叶	C03	39	241
中共云南省委党校学报	M02	185	386	中国茶叶加工	E30	126	328
中共郑州市委党校学报	M02	185	386	中国产前诊断杂志（电子版）	D33	73	275
中共中央党校学报	M02	185	386	中国超声医学杂志	D28	68	270
中国 CT 和 MRI 杂志	D28	68	270	中国成人教育	P05	210	412

中国期刊名称类目索引(续)

期刊名称	学科代码	被引指标页码	来源指标页码	期刊名称	学科代码	被引指标页码	来源指标页码
中国城市林业	C07	44	245	中国电子科学研究院学报	E03	90	292
中国城乡企业卫生	D31	72	274	中国动脉硬化杂志	D16	62	264
中国出版	N05	193	395	中国动物保健	C08	46	248
中国初级卫生保健	D07	57	259	中国动物传染病学报	C08	46	248
中国储运	L08	178	380	中国动物检疫	C08	46	248
中国处方药	D36	76	278	中国俄语教学	K03	163	365
中国畜禽种业	C08	46	248	中国儿童保健杂志	D21	65	267
中国传媒大学学报（自然科学版）	A02	18	220	中国耳鼻咽喉颅底外科杂志	D23	65	267
中国传媒科技	N05	193	395	中国耳鼻咽喉头颈外科	D23	65	267
中国卒中杂志	D27	67	269	中国发明与专利	N07	195	397
中国大学教学	P04	204	406	中国发展	L01	173	375
中国大学生就业	L01	173	374	中国发展观察	L01	173	375
中国当代儿科杂志	D21	65	266	中国法律评论	M05	188	390
中国当代文学研究	K04	164	366	中国法学	M05	188	390
中国当代医药	D01	50	252	中国法医学杂志	D34	73	275
中国党政干部论坛	M01	182	384	中国法治	M07	189	391
中国档案	N08	196	397	中国翻译	K01	162	364
中国道教	J03	161	362	中国防痨杂志	D09	58	260
中国稻米	C03	39	241	中国防汛抗旱	E33	133	335
中国地方病防治杂志	D31	72	274	中国非金属矿工业导刊	E10	97	299
中国地方志	K08	168	370	中国肺癌杂志	D29	69	271
中国地震	B09	28	230	中国分子心脏病学杂志	D16	62	264
中国地质	B11	30	232	中国粉体技术	E31	130	332
中国地质大学学报（社会科学版）	H02	156	358	中国蜂业	C08	46	248
中国地质调查	B11	30	232	中国辐射卫生	D31	72	274
中国地质教育	P04	204	406	中国腐蚀与防护学报	E08	95	297
中国地质灾害与防治学报	B11	31	232	中国妇产科临床杂志	D20	64	266
中国典籍与文化	N07	195	397	中国妇幼保健	D33	73	275
中国电化教育	P01	200	402	中国妇幼健康研究	D33	73	275
中国电机工程学报	E15	106	308	中国妇幼卫生杂志	D33	73	275
中国电力	E15	106	308	中国改革	L04	175	377
中国电视	E03	90	292	中国肝脏病杂志（电子版）	D10	59	261
中国电梯	E31	130	332	中国感染控制杂志	D13	60	262
中国电信业	E21	115	317	中国感染与化疗杂志	D13	60	262

中国期刊名称类目索引(续)

期刊名称	学科代码	被引指标页码	来源指标页码	期刊名称	学科代码	被引指标页码	来源指标页码
中国肛肠病杂志	D08	58	260	中国国境卫生检疫杂志	D32	73	275
中国钢铁业	E09	96	298	中国国情国力	H01	148	350
中国港湾建设	E37	138	339	中国国土资源经济	L01	173	375
中国高等教育	P04	204	406	中国果菜	C04	41	243
中国高等医学教育	D01	50	252	中国果树	C04	41	243
中国高教研究	P04	204	406	中国海商法研究	M07	189	391
中国高校科技	H01	148	350	中国海上油气	E17	111	313
中国高校社会科学	H01	148	350	中国海事	E34	135	337
中国高新科技	A01	14	216	中国海洋大学学报（社会科学版）	H02	156	358
中国高原医学与生物学杂志	D02	53	255	中国海洋大学学报（自然科学版）	C10	47	249
中国给水排水	E31	130	332	中国海洋平台	E17	111	313
中国工程机械学报	E13	102	304	中国海洋药物	D36	76	278
中国工程科学	E01	83	285	中国航海	E37	138	339
中国工程咨询	L01	173	375	中国航天	E38	140	341
中国工业和信息化	L01	173	375	中国合理用药探索	D05	56	258
中国工业经济	L08	178	380	中国核电	E15	106	308
中国工业医学杂志	D32	73	274	中国核工业	E18	111	313
中国工作犬业	C08	46	248	中国呼吸与危重监护杂志	D09	58	260
中国公共卫生	D31	72	274	中国护理管理	D30	71	273
中国公共卫生管理	F01	144	346	中国化工装备	E23	120	322
中国公路	E35	135	337	中国环保产业	E39	141	343
中国公路学报	E35	135	337	中国环境管理	F01	144	346
中国公证	M05	188	390	中国环境监测	E39	141	343
中国骨伤	D41	81	282	中国环境科学	E39	141	343
中国骨与关节损伤杂志	D18	63	265	中国机械工程	E12	100	302
中国骨与关节杂志	D18	63	265	中国基层医药	D01	50	252
中国骨质疏松杂志	D12	59	261	中国基础科学	A01	14	216
中国瓜菜	C04	41	243	中国激光	E20	114	316
中国管理科学	F01	144	346	中国激光医学杂志	D05	56	258
中国惯性技术学报	E01	83	285	中国急救复苏与灾害医学杂志	D01	50	252
中国光学	E20	114	316	中国急救医学	D05	56	258
中国广播	E03	90	292	中国疾病预防控制中心周报	D31	72	274
中国广播电视学刊	N05	193	395	中国集成电路	E19	113	315
中国国家博物馆馆刊	K10	169	371	中国脊柱脊髓杂志	D18	63	265

中国期刊名称类目索引(续)

期刊名称	学科代码	被引指标页码	来源指标页码	期刊名称	学科代码	被引指标页码	来源指标页码
中国计划生育和妇产科	D33	73	275	中国经济史研究	L01	173	375
中国计划生育学杂志	D33	73	275	中国经济问题	L01	173	375
中国计量	Q07	211	413	中国经贸导刊	L08	178	380
中国计量大学学报	E02	88	290	中国井冈山干部学院学报	M02	185	386
中国记者	N05	193	395	中国井矿盐	E30	126	328
中国继续医学教育	D35	74	276	中国军转民	L08	178	380
中国寄生虫学与寄生虫病杂志	D03	54	256	中国勘察设计	E31	130	332
中国家禽	C08	46	248	中国康复	D07	57	259
中国检察官	M07	189	391	中国康复理论与实践	D07	57	259
中国检验检测	D32	73	275	中国康复医学杂志	D07	58	259
中国减灾	E40	142	344	中国抗生素杂志	D36	76	278
中国建材科技	E31	130	332	中国考试	P01	201	402
中国建筑防水	E31	130	332	中国科技成果	F01	144	346
中国建筑金属结构	E31	130	332	中国科技翻译	K01	162	364
中国建筑装饰装修	E31	130	332	中国科技论坛	F01	144	346
中国健康教育	D35	74	276	中国科技论文	A01	15	217
中国健康心理学杂志	D03	54	256	中国科技论文在线精品论文	A01	15	217
中国舰船研究	E37	138	340	中国科技期刊研究	N05	193	395
中国交通信息化	E34	135	337	中国科技人才	A01	15	217
中国胶粘剂	E25	121	323	中国科技史杂志	A01	15	217
中国矫形外科杂志	D19	64	266	中国科技术语	A01	15	217
中国教师	P01	200	402	中国科技投资	L10	180	382
中国教育科学（中英文）	P01	200	402	中国科技信息	A01	15	217
中国教育网络	P01	200	402	中国科技资源导刊	L01	173	375
中国教育信息化	P04	204	406	中国科技纵横	A01	15	217
中国教育学刊	P01	201	402	中国科学（地球科学）	B07	26	228
中国介入心脏病学杂志	D16	62	264	中国科学（化学）	B05	25	227
中国介入影像与治疗学	D28	68	270	中国科学（技术科学）	E01	83	285
中国金融	L10	180	382	中国科学（生命科学）	B13	33	234
中国金融电脑	E22	117	319	中国科学（数学）	B01	21	223
中国金属通报	E11	99	301	中国科学（物理学 力学 天文学）	B04	24	226
中国京剧	K06	167	369	中国科学（信息科学）	B02	22	224
中国经济报告	L01	173	375	中国科学基金	A01	15	217
中国经济评论	L01	173	375	中国科学技术大学学报	A02	18	220

501

中国期刊名称类目索引(续)

期刊名称	学科代码	被引指标页码	来源指标页码
中国科学数据（中英文网络版）	A01	15	217
中国科学院大学学报	A02	18	220
中国科学院院刊	A01	15	217
中国空间科学技术	E38	140	342
中国口岸科学技术	L08	178	380
中国口腔颌面外科杂志	D24	66	268
中国口腔医学继续教育杂志	D24	66	268
中国口腔种植学杂志	D24	66	268
中国宽带	E21	115	317
中国矿山工程	E11	99	301
中国矿业	E10	97	299
中国矿业大学学报	E10	97	299
中国矿业大学学报（社会科学版）	H02	156	358
中国劳动	N02	191	393
中国劳动关系学院学报	M02	185	387
中国老年保健医学	D07	58	259
中国老年学杂志	D07	58	260
中国历史地理论丛	K08	168	370
中国粮油学报	E30	126	328
中国疗养医学	D05	56	258
中国林副特产	C07	44	245
中国林业教育	P01	201	402
中国林业经济	C07	44	246
中国临床保健杂志	D07	58	260
中国临床护理	D30	71	273
中国临床解剖学杂志	D03	54	256
中国临床神经科学	D27	67	269
中国临床神经外科杂志	D27	67	269
中国临床实用医学	D01	50	252
中国临床心理学杂志	B18	35	237
中国临床新医学	D05	56	258
中国临床研究	D05	56	258
中国临床药理学与治疗学	D36	76	278
中国临床药理学杂志	D36	76	278
中国临床药学杂志	D36	76	278
中国临床医生杂志	D05	56	258
中国临床医学	D05	56	258
中国临床医学影像杂志	D28	69	270
中国流通经济	L08	178	380
中国律师	M05	188	390
中国氯碱	E25	121	323
中国麻风皮肤病杂志	D25	67	269
中国麻业科学	C03	40	241
中国马铃薯	C03	40	241
中国慢性病预防与控制	D31	72	274
中国媒介生物学及控制杂志	D32	73	275
中国煤层气	E16	108	310
中国煤炭	E16	108	310
中国煤炭地质	E16	108	310
中国煤炭工业	L01	173	375
中国煤炭工业医学杂志	D01	50	252
中国美容医学	D19	64	266
中国美容整形外科杂志	D05	56	258
中国美术	K06	167	369
中国锰业	E09	96	298
中国棉花	C03	40	242
中国棉花加工	E29	125	327
中国免疫学杂志	D03	54	256
中国民航大学学报	E38	140	342
中国民航飞行学院学报	E38	140	342
中国民间疗法	D37	78	280
中国民商	L01	173	375
中国民族博览	N04	192	393
中国民族民间医药	D01	50	252
中国民族医药杂志	D37	78	280
中国名城	K08	168	370
中国钼业	E09	96	298
中国穆斯林	J03	161	363

中国期刊名称类目索引(续)

期刊名称	学科代码	被引指标页码	来源指标页码	期刊名称	学科代码	被引指标页码	来源指标页码
中国奶牛	C08	46	248	中国浦东干部学院学报	M02	185	387
中国男科学杂志	D26	67	269	中国普通外科杂志	D15	61	263
中国南方果树	C04	41	243	中国普外基础与临床杂志	D15	61	263
中国脑血管病杂志	D27	68	269	中国钱币	L10	180	382
中国内部审计	L05	175	377	中国青年社会科学	M02	185	387
中国内镜杂志	D14	61	263	中国青年研究	M01	182	384
中国能源	E16	108	310	中国轻工教育	P01	201	403
中国酿造	E30	126	328	中国全科医学	D05	56	258
中国牛业科学	C08	46	248	中国热带农业	C01	37	239
中国农村观察	L06	176	378	中国热带医学	D32	73	275
中国农村金融	L06	176	378	中国人口·资源与环境	E39	141	343
中国农村经济	L06	176	378	中国人口科学	N02	191	393
中国农村科技	C01	37	239	中国人力资源开发	N02	191	393
中国农村水利水电	E05	92	294	中国人力资源社会保障	N02	191	393
中国农村卫生	D35	74	276	中国人民大学学报	H02	156	358
中国农村卫生事业管理	D35	74	276	中国人民公安大学学报（社会科学版）	H02	156	358
中国农机化学报	E05	92	294	中国人民公安大学学报（自然科学版）	A02	18	220
中国农技推广	C01	37	239	中国人民警察大学学报	M05	188	390
中国农垦	E05	92	294	中国人事科学	H01	148	350
中国农民合作社	C01	37	239	中国人兽共患病学报	D32	73	275
中国农史	C01	37	239	中国人造板	E26	122	324
中国农学通报	C01	37	239	中国乳品工业	E30	126	328
中国农业大学学报	C02	39	240	中国乳业	E30	126	328
中国农业大学学报（社会科学版）	H02	156	358	中国软科学	F01	144	346
中国农业教育	P01	201	402	中国森林病虫	C07	44	246
中国农业科技导报	C01	37	239	中国沙漠	B10	29	231
中国农业科学	C01	37	239	中国商论	L08	178	380
中国农业会计	L05	176	377	中国烧伤创疡杂志	D19	64	266
中国农业气象	C01	37	239	中国设备工程	E12	100	302
中国农业文摘—农业工程	E05	92	294	中国社会保障	N02	191	393
中国农业信息	C01	37	239	中国社会经济史研究	L01	173	375
中国农业资源与区划	C01	37	239	中国社会科学	H01	148	350
中国皮肤性病学杂志	D25	67	269	中国社会科学院大学学报	H02	156	358
中国皮革	E26	122	324	中国社会医学杂志	D35	74	276

中国期刊名称类目索引(续)

期刊名称	学科代码	被引指标页码	来源指标页码	期刊名称	学科代码	被引指标页码	来源指标页码
中国神经精神疾病杂志	D27	68	269	中国食用菌	C04	41	243
中国神经免疫学和神经病学杂志	D27	68	270	中国史研究	K08	168	370
中国审计	L05	176	377	中国史研究动态	K08	168	370
中国生漆	E25	121	323	中国市场监管研究	L08	178	380
中国生态农业学报（中英文）	C01	37	239	中国市政工程	E31	130	332
中国生物防治学报	C06	42	244	中国兽药杂志	C08	46	248
中国生物工程杂志	E04	90	292	中国兽医科学	C08	46	248
中国生物化学与分子生物学报	B13	33	235	中国兽医学报	C08	46	248
中国生物医学工程学报	E06	92	294	中国兽医杂志	C08	46	248
中国生物制品学杂志	E06	92	294	中国书法	K06	167	369
中国生育健康杂志	D33	73	275	中国输血杂志	D05	56	258
中国石化	E17	111	313	中国蔬菜	C04	41	243
中国石油大学学报（社会科学版）	H02	156	358	中国数字医学	D28	69	270
中国石油大学学报（自然科学版）	E17	111	313	中国水产科学	C10	47	249
中国石油和化工标准与质量	E17	111	313	中国水稻科学	C03	40	242
中国石油勘探	E17	111	313	中国水利	E33	133	335
中国实验动物学报	B16	34	236	中国水利水电科学研究院学报（中英文）	E33	133	335
中国实验方剂学杂志	D40	80	282	中国水能及电气化	E33	133	335
中国实验血液学杂志	D11	59	261	中国水泥	E26	122	324
中国实验诊断学	D06	57	259	中国水土保持	E33	133	335
中国实用儿科杂志	D21	65	267	中国水土保持科学	E05	92	294
中国实用妇科与产科杂志	D20	64	266	中国司法鉴定	M07	189	391
中国实用护理杂志	D30	71	273	中国饲料	C08	46	248
中国实用口腔科杂志	D24	66	268	中国塑料	E24	120	322
中国实用内科杂志	D08	58	260	中国糖料	C03	40	242
中国实用神经疾病杂志	D27	68	270	中国糖尿病杂志	D12	59	261
中国实用外科杂志	D14	61	263	中国陶瓷	E23	120	322
中国实用乡村医生杂志	D31	72	274	中国特色社会主义研究	M01	182	384
中国实用医刊	D01	50	252	中国特殊教育	P01	201	403
中国食品添加剂	E30	126	328	中国特种设备安全	E39	142	343
中国食品卫生杂志	D35	74	276	中国疼痛医学杂志	D05	56	258
中国食品学报	E30	126	328	中国体视学与图像分析	D28	69	271
中国食品药品监管	D31	72	274	中国体外循环杂志	D14	61	263
中国食物与营养	E30	126	328	中国体育教练员	P07	211	413

中国期刊名称类目索引(续)

期刊名称	学科代码	被引指标页码	来源指标页码	期刊名称	学科代码	被引指标页码	来源指标页码
中国体育科技	P07	211	413	中国文化遗产	N04	192	394
中国甜菜糖业	E30	126	328	中国文物科学研究	K08	169	370
中国调味品	E30	126	328	中国文学批评	K04	164	366
中国铁道科学	E36	136	338	中国文学研究	K01	162	364
中国铁路	E36	137	338	中国文艺评论	K04	164	366
中国听力语言康复科学杂志	D07	58	260	中国钨业	E09	96	298
中国统计	L01	173	375	中国无机分析化学	B05	25	227
中国图书馆学报	N06	194	396	中国物价	L08	178	380
中国图书评论	N06	194	396	中国西部	A01	15	217
中国图象图形学报	E22	117	319	中国稀土学报	E08	95	297
中国涂料	E25	121	323	中国洗涤用品工业	E23	120	322
中国土地	L06	176	378	中国戏剧	K06	167	369
中国土地科学	C05	41	243	中国细胞生物学学报	B13	33	235
中国土壤与肥料	C05	41	243	中国纤检	E29	125	327
中国外汇	L01	173	375	中国现代教育装备	P01	201	403
中国外语	K03	163	365	中国现代普通外科进展	D15	61	263
中国外资	L08	178	380	中国现代神经疾病杂志	D27	68	270
中国微创外科杂志	D14	61	263	中国现代手术学杂志	D14	61	263
中国微生态学杂志	B14	33	235	中国现代文学研究丛刊	K04	164	366
中国卫生标准管理	F01	144	346	中国现代药物应用	D36	76	278
中国卫生产业	D31	72	274	中国现代医生	D01	50	252
中国卫生法制	D35	74	276	中国现代医学杂志	D01	50	252
中国卫生工程学	D31	72	274	中国现代医药杂志	D36	76	278
中国卫生检验杂志	D35	74	276	中国现代应用药学	D36	76	278
中国卫生经济	D35	74	276	中国现代中药	D40	80	282
中国卫生人才	D35	74	276	中国乡村医药	D01	50	252
中国卫生事业管理	D31	72	274	中国乡镇企业会计	L05	176	377
中国卫生统计	D35	74	276	中国消毒学杂志	D31	72	274
中国卫生信息管理杂志	D35	74	276	中国小儿急救医学	D21	65	267
中国卫生政策研究	D35	74	276	中国小儿血液与肿瘤杂志	D29	69	271
中国卫生质量管理	D35	74	276	中国校外教育	P04	204	406
中国卫生资源	D35	74	276	中国校医	D31	72	274
中国文化	N04	192	393	中国斜视与小儿眼科杂志	D22	65	267
中国文化研究	N04	192	393	中国心理卫生杂志	B18	35	237

中国期刊名称类目索引(续)

期刊名称	学科代码	被引指标页码	来源指标页码	期刊名称	学科代码	被引指标页码	来源指标页码
中国心血管病研究	D16	62	264	中国眼耳鼻喉科杂志	D23	66	267
中国心血管杂志	D16	62	264	中国养兔	C08	46	248
中国心脏起搏与心电生理杂志	D16	62	264	中国药房	D36	76	278
中国新技术新产品	E01	83	285	中国药科大学学报	D02	53	255
中国新通信	E21	115	317	中国药理学通报	D36	76	278
中国新药与临床杂志	D36	76	278	中国药理学与毒理学杂志	D36	76	278
中国新药杂志	D36	76	278	中国药品标准	D36	76	278
中国信息安全	E03	90	292	中国药师	D36	76	278
中国信息化	E03	90	292	中国药事	D36	76	278
中国信息技术教育	E03	90	292	中国药物化学杂志	D36	76	278
中国刑警学院学报	M05	188	390	中国药物经济学	D36	77	278
中国刑事法杂志	M07	189	391	中国药物警戒	D36	77	278
中国行政管理	M03	185	387	中国药物滥用防治杂志	D36	77	279
中国性科学	D26	67	269	中国药物评价	D36	77	279
中国胸心血管外科临床杂志	D15	61	263	中国药物依赖性杂志	D36	77	279
中国修船	E34	135	337	中国药物应用与监测	D36	77	279
中国修复重建外科杂志	D19	64	266	中国药学杂志	D36	77	279
中国畜牧兽医	C08	46	248	中国药业	D36	77	279
中国畜牧业	C08	46	248	中国冶金	E11	99	301
中国畜牧杂志	C08	46	248	中国冶金教育	P01	201	403
中国学校卫生	D35	74	276	中国冶金文摘	E11	99	301
中国血管外科杂志（电子版）	D15	62	263	中国野生植物资源	B13	33	235
中国血吸虫病防治杂志	D32	73	275	中国医刊	D05	56	258
中国血液净化	D11	59	261	中国医科大学学报	D02	53	255
中国血液流变学杂志	D03	54	256	中国医疗管理科学	D31	72	274
中国循环杂志	D16	63	264	中国医疗美容	D05	56	258
中国循证儿科杂志	D21	65	267	中国医疗器械信息	D35	74	276
中国循证心血管医学杂志	D16	63	264	中国医疗器械杂志	D35	75	276
中国循证医学杂志	D06	57	259	中国医疗设备	D35	75	276
中国烟草科学	C04	41	243	中国医师进修杂志	D05	56	258
中国烟草学报	C04	41	243	中国医师杂志	D05	56	258
中国岩溶	B11	31	232	中国医学创新	D01	50	252
中国研究型医院	D01	50	252	中国医学工程	D03	54	256
中国盐业	E30	126	328	中国医学计算机成像杂志	D28	69	271

中国期刊名称类目索引(续)

期刊名称	学科代码	被引指标页码	来源指标页码	期刊名称	学科代码	被引指标页码	来源指标页码
中国医学教育技术	H01	148	350	中国有色金属学报	E09	96	298
中国医学科学院学报	D01	50	252	中国有色冶金	E11	99	301
中国医学伦理学	N01	190	392	中国有线电视	E19	113	315
中国医学前沿杂志(电子版)	D01	50	252	中国渔业经济	C10	47	249
中国医学文摘—耳鼻咽喉科学	D23	66	267	中国渔业质量与标准	C10	47	249
中国医学物理学杂志	D03	54	256	中国语文	K01	162	364
中国医学影像技术	D28	69	271	中国预防兽医学报	C08	46	248
中国医学影像学杂志	D28	69	271	中国预防医学杂志	D31	72	274
中国医学装备	D35	75	277	中国园林	C07	44	246
中国医药	D05	56	258	中国远程教育	P01	201	403
中国医药导报	D01	50	252	中国远洋海运	E37	138	340
中国医药导刊	D36	77	279	中国运动医学杂志	P07	211	413
中国医药工业杂志	D36	77	279	中国韵文学刊	K04	164	366
中国医药科学	D01	51	252	中国藏学	N04	192	394
中国医药生物技术	E06	92	294	中国造船	E37	138	340
中国医院	D35	75	277	中国造纸	E26	122	324
中国医院管理	D35	75	277	中国造纸学报	E26	122	324
中国医院建筑与装备	D01	51	252	中国招标	L01	173	375
中国医院统计	D35	75	277	中国沼气	E05	92	294
中国医院药学杂志	D36	77	279	中国照明电器	E19	113	315
中国医院用药评价与分析	D36	77	279	中国哲学史	J02	160	362
中国仪器仪表	E27	123	325	中国针灸	D41	81	282
中国艺术	K06	167	369	中国真菌学杂志	D05	56	258
中国疫苗和免疫	E06	92	294	中国证券期货	L04	175	377
中国音乐	K06	167	369	中国政法大学学报	M05	188	390
中国音乐教育	P01	201	403	中国职业技术教育	P05	210	412
中国音乐学	K06	167	369	中国职业医学	D32	73	275
中国应急救援	D31	72	274	中国植保导刊	C06	42	244
中国应用法学	M05	188	390	中国制笔	E26	122	324
中国应用生理学杂志	B13	33	235	中国质量	E01	83	285
中国优生与遗传杂志	D33	73	275	中国质量与标准导报	E01	83	285
中国油料作物学报	C03	40	242	中国中西医结合儿科学	D39	80	282
中国油脂	E30	126	328	中国中西医结合耳鼻咽喉科杂志	D39	80	282
中国有色金属	E09	96	298	中国中西医结合急救杂志	D39	80	282

中国期刊名称类目索引(续)

期刊名称	学科代码	被引指标页码	来源指标页码	期刊名称	学科代码	被引指标页码	来源指标页码
中国中西医结合皮肤性病学杂志	D39	80	282	中华病理学杂志	D03	54	256
中国中西医结合肾病杂志	D39	80	282	中华产科急救电子杂志	D20	64	266
中国中西医结合外科杂志	D39	80	282	中华超声影像学杂志	D28	69	271
中国中西医结合消化杂志	D39	80	282	中华传染病杂志	D13	60	262
中国中西医结合影像学杂志	D39	80	282	中华创伤骨科杂志	D18	64	265
中国中西医结合杂志	D39	80	282	中华创伤杂志	D19	64	266
中国中药杂志	D40	80	282	中华地方病学杂志	D32	73	275
中国中医骨伤科杂志	D41	81	282	中华儿科杂志	D21	65	267
中国中医基础医学杂志	D37	78	280	中华耳鼻咽喉头颈外科杂志	D23	66	268
中国中医急症	D37	78	280	中华耳科学杂志	D23	66	268
中国中医眼科杂志	D37	78	280	中华放射学杂志	D28	69	271
中国中医药科技	D37	78	280	中华放射医学与防护杂志	D34	73	275
中国中医药图书情报杂志	N07	195	397	中华放射肿瘤学杂志	D29	70	272
中国中医药信息杂志	D37	78	280	中华肥胖与代谢病电子杂志	D14	61	263
中国肿瘤	D29	70	271	中华肺部疾病杂志（电子版）	D09	58	260
中国肿瘤临床	D29	70	271	中华风湿病学杂志	D12	59	261
中国肿瘤临床与康复	D29	70	272	中华妇产科杂志	D20	64	266
中国肿瘤生物治疗杂志	D29	70	272	中华妇幼临床医学杂志（电子版）	D20	64	266
中国肿瘤外科杂志	D29	70	272	中华肝胆外科杂志	D15	62	263
中国种业	C03	40	242	中华肝脏病杂志	D10	59	261
中国重型装备	E13	102	304	中华肝脏外科手术学电子杂志	D10	59	261
中国猪业	C08	46	248	中华高血压杂志	D16	63	265
中国住宅设施	E31	130	332	中华骨科杂志	D18	64	265
中国注册会计师	L05	176	377	中华骨与关节外科杂志	D18	64	266
中国铸造装备与技术	E13	102	304	中华骨质疏松和骨矿盐疾病杂志	D12	59	261
中国资产评估	L04	175	377	中华关节外科杂志（电子版）	D18	64	266
中国资源综合利用	E39	142	343	中华航海医学与高气压医学杂志	D34	73	275
中国自动识别技术	E22	117	319	中华航空航天医学杂志	D34	74	275
中国宗教	J03	161	363	中华核医学与分子影像杂志	D28	69	271
中国综合临床	D05	56	258	中华护理教育	D35	75	277
中国总会计师	L05	176	378	中华护理杂志	D30	71	273
中国组织工程研究	E06	92	294	中华急危重症护理杂志	D30	71	273
中国组织化学与细胞化学杂志	D03	54	256	中华急诊医学杂志	D05	56	258
中华保健医学杂志	D07	58	260	中华疾病控制杂志	D31	72	274

中国期刊名称类目索引(续)

期刊名称	学科代码	被引指标页码	来源指标页码	期刊名称	学科代码	被引指标页码	来源指标页码
中华家教	P03	202	404	中华皮肤科杂志	D25	67	269
中华肩肘外科电子杂志	D18	64	266	中华普通外科学文献（电子版）	D15	62	264
中华检验医学杂志	D06	57	259	中华普通外科杂志	D15	62	264
中华健康管理学杂志	D35	75	277	中华普外科手术学杂志（电子版）	D15	62	264
中华结核和呼吸杂志	D09	58	260	中华器官移植杂志	D14	61	263
中华结直肠疾病电子杂志	D10	59	261	中华腔镜泌尿外科杂志（电子版）	D17	63	265
中华解剖与临床杂志	D03	55	256	中华腔镜外科杂志（电子版）	D15	62	264
中华介入放射学电子杂志	D28	69	271	中华全科医师杂志	D05	56	258
中华精神科杂志	D27	68	270	中华全科医学	D05	56	258
中华口腔医学研究杂志（电子版）	D24	66	268	中华乳腺病杂志（电子版）	D15	62	264
中华口腔医学杂志	D24	66	268	中华疝和腹壁外科杂志（电子版）	D15	62	264
中华口腔正畸学杂志	D24	66	268	中华烧伤与创面修复杂志	D19	64	266
中华劳动卫生职业病杂志	D32	73	275	中华神经创伤外科电子杂志	D27	68	270
中华老年病研究电子杂志	D07	58	260	中华神经科杂志	D27	68	270
中华老年多器官疾病杂志	D07	58	260	中华神经外科杂志	D27	68	270
中华老年骨科与康复电子杂志	D07	58	260	中华神经医学杂志	D27	68	270
中华老年口腔医学杂志	D24	66	268	中华肾病研究电子杂志	D17	63	265
中华老年心脑血管病杂志	D16	63	265	中华肾脏病杂志	D11	59	261
中华老年医学杂志	D07	58	260	中华生物医学工程杂志	E06	92	294
中华临床感染病杂志	D13	60	262	中华生殖与避孕杂志	D33	73	275
中华临床免疫和变态反应杂志	D12	59	261	中华实验和临床病毒学杂志	B17	34	236
中华临床实验室管理电子杂志	D03	55	256	中华实验和临床感染病杂志（电子版）	D13	60	262
中华临床医师杂志（电子版）	D03	55	257	中华实验外科杂志	D14	61	263
中华临床营养杂志	D31	72	274	中华实验眼科杂志	D22	65	267
中华流行病学杂志	D32	73	275	中华实用儿科临床杂志	D21	65	267
中华麻醉学杂志	D14	61	263	中华实用诊断与治疗杂志	D06	57	259
中华泌尿外科杂志	D17	63	265	中华手外科杂志	D18	64	266
中华男科学杂志	D26	67	269	中华损伤与修复杂志（电子版）	D19	64	266
中华脑科疾病与康复杂志（电子版）	D15	62	264	中华糖尿病杂志	D12	60	261
中华脑血管病杂志（电子版）	D27	68	270	中华疼痛学杂志	D05	56	258
中华内分泌代谢杂志	D12	60	261	中华外科杂志	D14	61	263
中华内分泌外科杂志	D14	61	263	中华危重病急救医学	D05	56	258
中华内科杂志	D08	58	260	中华危重症医学杂志（电子版）	D05	56	258
中华女子学院学报	M02	185	387	中华微生物学和免疫学杂志	D03	55	257

中国期刊名称类目索引(续)

期刊名称	学科代码	被引指标页码	来源指标页码	期刊名称	学科代码	被引指标页码	来源指标页码
中华围产医学杂志	D20	64	266	中华医学教育杂志	D35	75	277
中华卫生杀虫药械	D32	73	275	中华医学科研管理杂志	D35	75	277
中华卫生应急电子杂志	D31	72	274	中华医学美学美容杂志	D05	56	258
中华胃肠内镜电子杂志	D08	58	260	中华医学图书情报杂志	N07	195	397
中华胃肠外科杂志	D15	62	264	中华医学信息导报	D01	51	253
中华文化论坛	N04	192	394	中华医学遗传学杂志	D03	55	257
中华文史论丛	K08	169	370	中华医学杂志	D01	51	253
中华物理医学与康复杂志	D07	58	260	中华医院感染学杂志	A01	15	217
中华细胞与干细胞杂志（电子版）	D03	55	257	中华医院管理杂志	D35	75	277
中华显微外科杂志	D14	61	263	中华胰腺病杂志	D10	59	261
中华现代护理杂志	D30	71	273	中华移植杂志（电子版）	D14	61	263
中华消化病与影像杂志（电子版）	D10	59	261	中华预防医学杂志	D31	72	274
中华消化内镜杂志	D10	59	261	中华针灸电子杂志	D41	81	283
中华消化外科杂志	D15	62	264	中华诊断学电子杂志	D05	56	258
中华消化杂志	D10	59	261	中华整形外科杂志	D19	64	266
中华小儿外科杂志	D21	65	267	中华纸业	E26	122	324
中华心律失常学杂志	D16	63	265	中华中医药学刊	D37	78	280
中华心血管病杂志	D16	63	265	中华肿瘤防治杂志	D29	70	272
中华心血管病杂志（网络版）	D16	63	265	中华肿瘤杂志	D29	70	272
中华心脏与心律电子杂志	D16	63	265	中华重症医学电子杂志（网络版）	D01	51	253
中华行为医学与脑科学杂志	D27	68	270	中华转移性肿瘤杂志	D29	70	272
中华胸部外科电子杂志	D15	62	264	中南财经政法大学学报	M05	188	390
中华胸心血管外科杂志	D15	62	264	中南大学学报（社会科学版）	H02	156	358
中华血管外科杂志	D15	62	264	中南大学学报（医学版）	D02	53	255
中华血液学杂志	D11	59	261	中南大学学报（自然科学版）	E02	88	290
中华炎性肠病杂志（中英文）	D08	58	260	中南林业调查规划	C07	44	246
中华眼底病杂志	D22	65	267	中南林业科技大学学报	C02	39	241
中华眼科医学杂志（电子版）	D22	65	267	中南林业科技大学学报（社会科学版）	H02	156	358
中华眼科杂志	D22	65	267	中南民族大学学报（人文社会科学版）	H02	156	358
中华眼视光学与视觉科学杂志	D22	65	267	中南民族大学学报（自然科学版）	A02	18	220
中华眼外伤职业眼病杂志	D22	65	267	中南药学	D36	77	279
中华医史杂志	K08	169	370	中南医学科学杂志	D01	51	253
中华医学超声杂志（电子版）	D28	69	271	中日友好医院学报	D01	51	253
中华医学教育探索杂志	D35	75	277	中山大学学报（社会科学版）	H02	156	358

中国期刊名称类目索引（续）

期刊名称	学科代码	被引指标页码	来源指标页码	期刊名称	学科代码	被引指标页码	来源指标页码
中山大学学报（医学科学版）	D02	53	255	中学课程资源	P03	203	405
中兽医学杂志	C08	46	248	中学理科园地	P03	203	405
中兽医医药杂志	C08	46	248	中学历史教学参考	P03	203	405
中外法学	M05	189	390	中学生物教学	B13	33	235
中外公路	E35	135	337	中学生物学	P03	203	405
中外建筑	E31	130	332	中学数学	P03	203	405
中外能源	E16	108	310	中学数学教学	P03	203	405
中外女性健康研究	D35	75	277	中学数学教学参考	P03	203	405
中外葡萄与葡萄酒	E30	126	328	中学数学研究	P03	203	405
中外医学研究	D01	51	253	中学数学月刊	P03	203	405
中文信息学报	E03	90	292	中学物理教学参考	P03	203	405
中西医结合肝病杂志	D39	80	282	中学语文教学	P03	203	405
中西医结合护理（中英文）	D30	71	273	中学语文教学参考	P03	203	405
中西医结合心脑血管病杂志	D39	80	282	中学政史地（教学指导版）	P03	203	405
中西医结合研究	D39	80	282	中央财经大学学报	L02	174	376
中小企业管理与科技	L01	173	375	中央民族大学学报（哲学社会科学版）	H02	156	358
中小学班主任	P03	202	404	中央民族大学学报（自然科学版）	A02	18	220
中小学管理	P03	202	404	中央社会主义学院学报	M02	185	387
中小学教材教学	P03	202	404	中央音乐学院学报	K06	167	369
中小学教师培训	P03	202	404	中药材	D40	80	282
中小学教学研究	P03	203	404	中药新药与临床药理	D40	80	282
中小学课堂教学研究	P03	203	404	中药药理与临床	D37	78	280
中小学实验与装备	P03	203	404	中药与临床	D37	78	280
中小学数字化教学	P03	203	404	中医儿科杂志	D37	79	280
中小学外语教学	P03	203	405	中医教育	P01	201	403
中小学校长	P03	203	405	中医临床研究	D37	79	280
中小学心理健康教育	B18	35	237	中医外治杂志	D37	79	280
中小学信息技术教育	P03	203	405	中医文献杂志	D37	79	281
中小学英语教学与研究	P03	203	405	中医学报	D37	79	281
中兴通讯技术	E21	115	317	中医研究	D37	79	281
中学地理教学参考	P03	203	405	中医眼耳鼻喉杂志	D23	66	268
中学化学教学参考	P03	203	405	中医药导报	D37	79	281
中学教学参考	P03	203	405	中医药管理杂志	D01	51	253
中学教研（数学）	P03	203	405	中医药临床杂志	D37	79	281

中国期刊名称类目索引(续)

期刊名称	学科代码	被引指标页码	来源指标页码	期刊名称	学科代码	被引指标页码	来源指标页码
中医药通报	D37	79	281	珠江水运	E37	138	340
中医药文化	D37	79	281	猪业科学	C08	46	248
中医药信息	D40	80	282	蛛形学报	B13	33	235
中医药学报	D37	79	281	竹子学报	C07	44	246
中医杂志	D37	79	281	住区	E31	130	332
中医正骨	D41	81	283	住宅科技	E31	130	332
中医肿瘤学杂志	D29	70	272	铸造	E13	102	304
中原工学院学报	E02	88	290	铸造工程	E13	102	304
中原文化研究	N04	192	394	铸造技术	E13	102	304
中原文物	K10	169	371	铸造设备与工艺	E13	102	304
中州大学学报	P01	201	403	专利代理	M05	189	390
中州建设	E31	130	332	专用汽车	E35	135	337
中州学刊	H01	148	350	砖瓦	E32	131	333
终身教育研究	P05	210	412	砖瓦世界	E32	131	333
肿瘤	D29	70	272	转化医学杂志	D01	51	253
肿瘤代谢与营养电子杂志	D29	70	272	装备环境工程	E13	102	304
肿瘤防治研究	D29	70	272	装备机械	E13	102	304
肿瘤基础与临床	D29	70	272	装备制造技术	E13	102	304
肿瘤学杂志	D29	70	272	装甲兵学报	M08	189	391
肿瘤研究与临床	D29	70	272	装饰	K06	167	369
肿瘤药学	D29	70	272	资源环境与工程	B10	29	231
肿瘤影像学	D29	70	272	资源节约与环保	E39	142	344
肿瘤预防与治疗	D29	70	272	资源开发与市场	L06	176	378
肿瘤综合治疗电子杂志	D29	70	272	资源科学	E39	142	344
种业导刊	C03	40	242	资源信息与工程	E39	142	344
种子	C03	40	242	资源与产业	L06	176	378
种子科技	C03	40	242	紫禁城	K04	164	366
中风与神经病杂志	D27	68	270	自动化技术与应用	E03	90	292
仲恺农业工程学院学报	C02	39	241	自动化学报	E03	90	292
重型机械	E13	102	304	自动化仪表	E27	123	325
重型汽车	E34	135	337	自动化应用	E03	90	292
周口师范学院学报	H03	160	361	自动化与信息工程	E03	90	292
周易研究	J02	160	362	自动化与仪表	E27	123	325
轴承	E13	102	304	自动化与仪器仪表	E03	90	292

中国期刊名称类目索引(续)

期刊名称	学科代码	被引指标页码	来源指标页码	期刊名称	学科代码	被引指标页码	来源指标页码
自然保护地	B14	33	235	综合智慧能源	E16	108	310
自然辩证法通讯	H01	148	350	足踝外科电子杂志	D14	61	263
自然辩证法研究	J02	160	362	组合机床与自动化加工技术	E12	100	302
自然科学博物馆研究	N08	196	397	组织工程与重建外科杂志	D19	64	266
自然科学史研究	A01	15	217	钻采工艺	E17	111	313
自然与文化遗产研究	N04	192	394	钻井液与完井液	E17	111	313
自然杂志	A01	15	217	钻探工程	E10	97	299
自然灾害学报	E40	142	344	遵义师范学院学报	H03	160	362
自然资源情报	B10	29	231	遵义医科大学学报	D02	53	255
自然资源信息化	L06	177	378	作物学报	C03	40	242
自然资源学报	E39	142	344	作物研究	C03	40	242
自然资源遥感	E07	93	295	作物杂志	C03	40	242
宗教学研究	J03	161	363				